부의 설계자들

부의

일론 머스크와 피터 틸,
실리콘밸리를 만든
아웃사이더들의 성공 전략

지미 소니 지음 | 박세연·임상훈 옮김

ELON
MUSK

PETER
THIEL

설계자들

The Founders

위즈덤하우스

새로운 질서를 도입하는 것보다 더 어렵고, 더 위험하며, 성공이 더 불확실한 일은 없다는 사실을 명심해야 한다. 혁신가는 그 이전 체제에서 잘나가던 사람들을 적으로 만들고, 새로운 체제에서 잘할 수 있는 사람들로부터는 미온적인 지지밖에 얻지 못하기 때문이다. 이런 미온적인 태도는 두 가지 이유에서 비롯된다. 첫째, 사람들은 자기 반대편에 서서 법을 소유하고 있는 자들을 두려워한다. 둘째, 사람들은 새로운 것을 쉽사리 믿지 않으며, 오랜 경험을 쌓은 후에야 비로소 새로운 것을 믿는다.

니콜로 마키아벨리, 《군주론》

과학을 통해 미지의 세계에 발을 들여놓은 사람들은 상상력이라는 순백의 날개를 펼쳐 우리 주변의 미개척 세계로 더 높이 날아갈 수 있다.

에이다 러브레이스 Ada Lovelace

이 프로젝트 시작에 때맞춰 찾아와 준 내 딸 베니스와

이 프로젝트가 끝나며 떠난 편집자 고 앨리스에게

목차

3부 궤도에 오르다

"젠장, 케케묵은 다락방이나 뒤지게 만들다니"라고 일론 머스크Elon
Musk는 말했다.

우리는 다락이 아닌 그의 거실에 앉아 있었는데, 은유랍시고 하는 그
의 말이 터무니없게 들리지는 않았다. 머스크는 페이팔 이야기를 들려
주려는 참이었다.

2019년 1월 만났을 때, 그는 20년 전 공동 창업했던 페이팔에서 마음
이 완전히 떠난 듯했다. 바로 전날, 그는 2003년 이후 자신이 이끌어온
전기 자동차 회사 테슬라의 대규모 정리 해고를 발표했다. 그리고 이보
다 바로 한 주 전에는 2002년 창업한 항공우주 제조 및 운송업체 스페
이스X에서도 10분의 1의 노동력을 감축했다. 이렇게 혼란스러운 상황
이다 보니 머스크가 과거를 얼마나 밝히고 싶어 할지 짐작도 할 수 없
었다. 그저 누구나 아는 몇 개의 이야기만 던져주고 나를 내쫓는다고 해
도 어쩔 수 없는 일이었다.

그러나 인터넷 발전과 페이팔의 기원에 관해 말을 나누다 보니 이야
기가 꼬리에 꼬리를 물고 이어졌다. 캐나다 은행에서 인턴으로 일했던
경험. 첫 번째 스타트업, 그리고 두 번째 스타트업. 자신이 창업했던 기

업 CEO 자리에서 쫓겨나는 기분이 어땠는지 등등.

거의 세 시간이 지나 날이 저물 무렵, 나는 오늘은 그만하자고 제안했다. 한 시간으로 예정했던 인터뷰는 시간을 훌쩍 넘겨서, 이미 충분히 많은 시간을 베풀어준 그에게 더는 부담을 주고 싶지 않았다. 하지만 자리에서 일어난 그는 나를 문까지 안내하면서 페이팔과 관련된 또 다른 이야기를 꺼냈다. 47세에 불과한 머스크는 마치 노인이 영광스러운 젊은 날을 회상하듯 열정을 담아 말했다. "20년 전이라니 믿기 힘든 일이네요!"[1]

그렇다. 믿기 힘든 일이었다. 그만큼 오랜 세월이 흘러서가 아니라, 그토록 짧은 시간에 페이팔 출신들이 엄청난 업적을 이루어놓았기 때문이다. 지난 20년간 인터넷을 이용해본 경험이 있는 사람이라면 누구나 페이팔 출신이 만든 제품, 서비스, 웹사이트와 접촉할 수밖에 없었다. 게다가 우리 시대를 정의하는 기업, 다시 말해 유튜브, 옐프Yelp, 테슬라, 스페이스X, 링크드인LinkedIn, 팔란티어Palantir를 만든 사람들, 그리고 지금 구글, 페이스북, 여러 실리콘밸리 벤처캐피털 기업의 고위직을 담당하고 있는 사람들 거의 모두가 한때는 페이팔 직원이었다.

무대 위와 무대 뒤에서 페이팔 동문은 지난 20년간 거의 모든 주요 실리콘밸리 기업을 설립하고, 투자하고, 자문했다. 하나의 집단으로서 이들은 이제껏 만들어진 어떤 그룹보다도 강력하고, 성공적인 네트워크이다. 이들을 부르는 '페이팔 마피아'라는 표현은 비록 논란의 여지는 있지만, 이들의 권력과 영향력을 짐작하게 한다. 페이팔을 통해 몇몇 억만장자는 물론 수많은 백만장자가 탄생했다. 이 집단의 총 순자산을 합치면 뉴질랜드 GDP보다도 많다.

하지만 테크놀로지에 미치는 영향과 엄청난 부에만 집중하다 보면

이 집단이 행사하고 있는 더 폭넓은 영향력을 놓칠 수도 있다. 페이팔 동문은 마이크로 대출micro-lending(저소득층이나 영세 소상공인에게 제공되는 소액 대출-옮긴이) 비영리 단체, 작품성과 예술성을 인정받는 영화들, 베스트셀러, 주정부에서 연방정부에까지 이르는 모든 수준에서의 정치 자문을 통해 세상을 바꾸고 있다. 이들의 작업은 여기서 그치지 않는다. 오늘날 페이팔 동문은 전 세계 생태계 족보를 만들고, 30억 에이커에 달하는 숲 생태계 복원을 '사랑 확장scaling love(사랑 개념을 비즈니스까지 확장하는 것-옮긴이)'의 과제로 만들며, 페이팔 경험의 결실을 맺고 있다.[2]

언론 자유, 금융 규제, 테크놀로지 시대의 사생활 보호, 소득 불균형, 암호화폐 유용성, 실리콘밸리 내 차별 철폐 운동 등 우리 시대 가장 커다란 사회·문화·정치적 논쟁의 핵심에도 이들이 자리 잡고 있다. 이 페이팔 창업자들을 본받아야 할 세력이라고 찬양하는 사람들도 있다. 하지만 비판적인 입장에서 보자면, 이들은 거대 테크놀로지 기업의 부정적인 면들을 모두 대변하는 세력으로, 역사상 유례를 찾아볼 수 없을 정도의 엄청난 힘을 소수의 테크노-유토피아적 자유지상주의자(신자유주의자-옮긴이)들의 손에 쥐여주고 있다. 실제로 페이팔 창업자들을 냉정하고 객관적인 시각으로 보는 사람들은 드물다. 판단하는 사람에 따라서 이들은 무조건 숭배해야 할 영웅이거나 처단해야 할 이교도 둘 중 하나이다.

이 모든 결과는 차치하고, 이들의 초창기 페이팔 시절은 대체로 그저 근사하게만 치장돼 있다. 초창기란 대개 나중의 화려한 업적을 가능하게 만든 시절로 한 문단 정도 감사의 글을 헌정 받으며 끝나는 게 보통이다. 이후 이 집단의 성공이 (논란도 두드러지지만) 워낙 전설적이다 보니 초창기보다는 이후의 시기가 훨씬 더 많은 관심의 대상이 되는 것도 당연하다. 어쨌든 우주여행이 결제 서비스보다는 훨씬 더 사람의 흥미를 끄는 이야기 아닌가.

그러나 나는 이렇게 이들의 초창기가 소홀한 취급을 받고 있다는 사실이 다소 의아하게 느껴졌다. 마치 이들이 다 같이 좁디좁은 도시에서 자라나, 눈빛만 봐도 마음이 통했다는 이야기처럼 들렸다. 다른 한편으로는 조금은 창피한 일이라는 생각도 들었다. 페이팔 탄생 이야기를 건너뛴다면 그 창업자들과 관련해 가장 흥미로운 부분을 무시하고 지나가는 셈이다. 게다가 이들이 직장생활 초기에 겪은 가장 중요한 경험이자, 후에 등장할 많은 일에 막대한 영향을 미치는 경험을 놓치게 될 수밖에 없다.

페이팔의 시작과 관련된 질문을 던지며 여기저기 들쑤시고 다니다 보니 이 이야기가 얼마나 간과돼왔는지, 그리고 이 이야기가 재연되면서 중요한 인물들이 얼마나 무시돼왔는지가 명확하게 드러났다. 내가 접촉했던 사람 중 적지 않은 사람들은 이전에 페이팔 경험에 대해 상세히 말해달라는 부탁을 단 한 번도 받아본 적이 없다고 했다. 이들이 들려준 이야기는 우리에게 익숙한 이름을 지닌 사람들이 들려준 이야기만큼이나 풍성하고도 흥미진진했다.

실제로 많은 엔지니어, UX 디자이너, 네트워크 설계자, 제품 전문가, 사기 방지 담당자 및 지원 부서 직원들의 회상을 통해 페이팔 이야기는 생생하게 되살아났다. 전 직원 중 하나는 이렇게 말했다. "피터 틸Peter Thiel, 맥스 레브친Max Levchin, 리드 호프먼Reid Hoffman 같은 사람도 물론 있었죠. 하지만 제가 처음 입사했을 땐, 제겐 이름 모를 데이터베이스 관리자들이 신과 같은 존재였어요."[3]

유명인도 있고 그렇지 않은 사람도 있지만, 어쨌든 1998년에서 2002년까지 페이팔에서 일했던 수백 명에 달하는 사람들은 거기서의 경험을 삶의 분수령이라고 생각했다. 페이팔 경험은 이들의 리더십, 전략, 테크놀로지에 대한 접근 방식 모두에 영향을 미쳤다. 몇몇 사람은 그 시절에 비견될 수 있는 열정, 지성, 주도력을 가진 팀을 찾는 데 자신의 평생을 바쳤다고 말하기까지 했다. "정말 특별한 게 있었어요. 그런데 그 시절에는 모두가 그걸 깨닫지 못했던 것 같아요"라고 한 제품 관리팀 직원은 말했다. "하지만 이제는 제가 어떤 팀에 속하게 되면, 무엇보다 먼저 페이팔 초기에 느낄 수 있었던 그 마법 같은 힘을 찾게 돼요. 정말 드문 힘이죠. 하지만 우리는 그걸 계속 찾게 돼요."[4]

한 직원은 페이팔의 나비효과를 언급했다. 페이팔이 미친 영향은 창의력을 통해 수백만 명을 감동하게 했던 머스크, 레브친, 호프먼 같은 사람들의 업적에서도 볼 수 있지만, 그 창의적인 업적의 순간을 함께했던 수백 명의 삶에서도 찾아볼 수 있다. "그건… 저와 제 삶을 규정하는 어떤 거예요. 그리고 아마도 제 평생을 규정하겠죠."[5]

페이팔 시대를 관심 깊게 살피다 보면 테크놀로지 역사에서 특별히 주목받아 마땅한 한 대단한 시기와 더불어 그러한 시대를 낳은 엄청난 인물들이 선연히 떠오를 것이다. 이 시대를 알면 알게 될수록 '다락방'을 뒤져보길 잘했다는 확신이 든다.

페이팔 설립은 인터넷 시대의 위대하면서도 믿기 힘든 이야기 중 하나이다. 20년이 지난 지금 '전자상거래e-commerce'의 e가 이젠 없어도 당연할 정도로, 전자상거래가 모든 상거래를 대표하는 시대에 살고 쇼핑하다 보니 우리는 페이팔 같은 서비스를 너무도 쉽고 당연히 생각한다. 그저 몇 번의 마우스 클릭만으로도 목적지까지 모셔줄 자동차가 문 앞에 도착하는 상황에서 인터넷 결제란 대수로운 일로 여겨지지도 않는다. 하지만 그렇다고 해서 디지털 송금의 기반이 되는 테크놀로지가 쉽게 구축되었다거나, 페이팔이 애초에 성공할 수밖에 없는 운명이었다고 가정해선 안 된다.

우리가 오늘날 알고 있는 페이팔은 사실은 두 기업의 합병으로 만들어졌다. 원래는 필드링크FieldLink라는 이름이었고, 나중에 콘피니티Confinity라고 개명한 한 회사는 1998년 당시 전혀 이름이 알려지지 않았던 두 사람, 마크 레브친과 피터 틸이 설립했다. 설립 과정 중 콘피니티는 돈을 이메일과 연결하는 '페이팔PayPal'이라는 이름의 서비스를 구축하고, 경매 웹사이트 이베이eBay를 열성적인 고객으로 확보했다.

그러나 전자 결제 분야에서 콘피니티가 유일한 기업은 아니었다. 자신의 첫 번째 스타트업을 막 팔아치운 일론 머스크 역시 사용자들의 이메일 송금을 가능하게 하는 기업 X.com을 차렸다. 물론 그 기술과 기업은 모두 머스크가 애초에 품었던 야심에는 한참 미치지 못했다. 머스크는 금융 서비스는 혁신이 필요하고, X.com은 그 혁신의 플랫폼이 되리라고 확신하고 있었다. 그는 단 하나의 문자 X로 이루어진 금융 웹사이트를 세워, 모든 금융 상품 및 서비스를 제공하며 전 세계 금융을 지배하려 했다. 그러나 일련의 전략적인 전환으로 인해 X.com은 콘피니티와 마찬가지로 온라인 결제 시장을 타기팅하게 되었고, 디지털 결제를 발판으로 삼아 더 큰 금융 서비스 시장으로 진출하려고 방향을 수정했다.

콘피니티와 X.com은 이베이라는 시장의 점유율을 놓고 치열한 경쟁을 벌였다. 양측의 경쟁심은 불타올랐고, 이 싸움은 결국 불안정한 합병으로 끝났다. 그 후 몇 년간 회사는 존립조차 위태로웠다. 소송, 사기, 복제는 물론 조롱과도 싸워야 했던 페이팔은 애초부터 사방에서 공격받는 스타트업이었다. 창업자들은 수십억 달러 규모의 금융회사, 비판적인 언론, 회의적인 대중, 적대적인 규제 당국, 심지어 외국 사기꾼들과 싸우고 또 싸웠다. 4년이 지나 페이팔은 닷컴 버블의 붕괴, 검찰의 조사, 투자자 중 한 명이 만든 복제품에도 불구하고 살아남았다.

시장 환경에서도 경쟁이 치열했다. 초창기에는 온라인 결제 시장에 진입하는 회사가 열 개는 훨씬 넘었다. 페이팔은 이들과는 물론이고, 대형 은행들, 그리고 비자나 마스터카드와 같은 신용카드 회사를 포함한 소위 레거시legacy 기업들과도 싸워야 했다. 그리고 애당초 이베이의 주요 결제 플랫폼으로 출범했다는 바로 그 이유로, 페이팔을 이베이가 당연히 받아야 할 서비스 수수료를 빼돌리는 침입자로 간주했던 이베이 경영진으로부터 질시를 받아야 했다. 이베이는 페이팔의 지위를 빼앗기 위해 나름대로 하나의 결제 플랫폼을 인수한 다음 출시해 페이팔과 이베이 내부 경쟁 구도를 만들기도 했다.

어쩌면 당연한 말이지만, 외부의 격랑 때문에라도 회사 내 평화는 유지될 수 없었다. 초기 이사진 중 하나였던 존 말로이John Malloy는 "우리를 마피아라고 부르는 건 진짜 마피아에 대한 모욕이죠"라고 농담을 던졌다. "마피아가 우리보단 훨씬 더 조직적이었거든요."[6] 회사가 존속하던 2년 동안 세 명의 CEO가 있었고, 고위 경영진은 두 번씩이나 총사퇴를 무기로 CEO를 협박했다.

전통적인 의미에서 보자면, 페이팔 고위 경영진은 그리 대단한 경력과 지식을 가지고 있는 사람들이 아니다. 창업자와 초창기 직원 중 많은 사람이 20대에 처음 회사에 몸을 담았고, 대부분은 대학을 막 졸업한 상태였다. 페이팔은 이들이 처음으로 맛본 직업의 세계였다. 물론 일확천금을 꿈꾸는 젊은 기술자들이 넘쳐흘렀던 1990년대 후반 실리콘밸리에서 젊은 직원이란 그다지 드문 현상도 아니었다. 하지만 페이팔은 실리콘밸리의 기준으로 볼 때도 우상 파괴적인 문화를 갖고 있었다. 초창기에 고용한 사람 중에는 고등학교 중퇴자, 최고의 체스 선수, 퍼즐 챔피언이 포함돼 있었다. 이들은 기발하고 특이하다는 특징에도 '불구하고'가 아니라, 바로 그 이유로 선택되었다.

한때 회사 사무실에는 그날그날 사용자 수를 추적하는 '세계 지배 지수'라는 지표와 라틴어로 '당신도 죽는다는 사실을 기억하라'라는 의미의 '메멘토 모리Memento Mori'가 새겨진 깃발이 있었다. 괴짜들로 이루어진 페이팔 팀은 결국 세계를 지배하든지, 아니면 지배하려 애쓰다가 죽어가든지 둘 중 하나가 될 것으로 보였다.

대부분 사람은 후자의 결과를 예측했다. 1990년대 후반 당시에는 모든 온라인 상거래의 10퍼센트만이 디지털 방식으로 이루어지고 있었다. 거래 대부분은 여전히 구매자가 우편으로 수표를 보내는 것으로 종결되었다. 많은 사람은 온라인에 개인 신용카드나 은행 정보를 입력하는 행위가 마뜩잖았고, 페이팔 같은 사이트는 흔히 돈세탁이나 마약 및 무기 판매 등 불법 활동을 위해 사용되는 포털 정도로 생각했다. 페이팔 기업공개 바로 전날, 한 저명한 전문 매체는 페이팔을 '탄저균만큼' 세상에 필요 없는 기업이라고 선언하기도 했다.[7]

나쁜 언론은 무시하면 그만이다. 하지만 세계를 뒤흔든 사건은 그럴 수 없었다. 페이팔 창업자들이 자신들에게 가장 위대한 승리가 될 수 있었던 조건들을 마무리하며 기업공개 준비에 한창일 때 두 대의 비행기가 뉴욕 하늘을 찢으며 세계무역센터World Trade Center, WTC를 강타했다. 페이팔은 2001년 9월 11일 이후 기업공개를 신청한 최초의 기업이 되었다. 미국이라는 나라와 금융시장이 9·11로부터 이제 막 회복되기 시작하던 참이었다.

기업공개로 가는 도중 페이팔은 수많은 소송에 직면했다. 게다가 미국증권거래회SEC도 세간의 이목을 끌었던 몇몇 기업의 회계 조작 사건 이후, 눈에 불을 켜고 페이팔을 감시하고 있었다. 잔인한 합병, 사기로 인한 수천만 달러 손실, 테크놀로지 주식이 맞이해야 했던 혹독한 환경 등 도무지 끝이 보이지 않았던 여러 난관을 뚫고 페이팔은 결국 모두가 불가능하다고 생각한 일을 해냈다. 놀랍도록 성공적인 기업공개와 더불어 같은 해 이베이에 15억 달러에 인수된 것이다.

머스크는 나중에 페이팔을 만드느라 고생했다는 인터뷰어의 말을 받아들이지 않았다. 그는 회사 창업은 문제도 아니었다고 말했다. 오히려 "살아 있는 상태를 유지하기가 힘들었죠."[8] 20년이 지난 지금의 시각에서 보자면, 페이팔은 그 시대의 회사 중에서는 상당히 보기 드문 승리를 거두었다고 할 수 있다. 지금도 페이팔은 엄연히 존재하고 있으니 말이다. 이베이는 결국 페이팔을 자기업으로 분사했고, 오늘날 대략 3000억 달러의 가치가 있는, 세계에서 가장 큰 기업 중 하나로 키웠다.

X.com-콘피니티 합병과 페이팔의 나스닥 상장은 불과 2년이라는 짧은 시간에 걸쳐 일어났지만, 많은 직원에게는 평생처럼 느껴졌다. 당시 직원들은 회사를 극한의 창의성과 경쟁 열기로 가득 찬 용광로 같은 장소로 기억하고 있다. 출근 첫날 바로 그 특징을 생생하게 체험했던 직원도 있었다. 자신의 칸막이 방으로 걸어가다가 그는 오른쪽에 산더미처럼

쌓인 타이레놀을 발견했다. 왼쪽 옆 칸막이에서는 직원 하나가 남편을 윽박지르는 소리가 들려왔다. "그가 남편에게 '잘 들어요. 오늘 밤 집에 가지 않을 거예요! 그러니 그만 물어봐요!'라고 말하던 게 기억납니다."[9]

직원들은 이 시기를 '불투명한 시대', 다시 말해 피로, 아드레날린, 불안으로 앞이 잘 보이지 않던 시기였다고 말한다. 당시 워낙 잠이 부족하다 보니 페이팔 사무실에서 밤늦게 집으로 돌아가다가 졸음운전으로 자동차 사고를 낸 직원도 있었다. 회사의 최고기술책임자CTO는 당시 직원들을 "치열한 군사작전을 함께한 전우처럼 느낀다"라고 묘사하기도 했다.[10]

페이팔의 모든 직원은 여전히 그 시절을 그리워하고 있다. 에이미 로우 클레멘트Amy Rowe Klement는 "정말 미친 듯이 재미있었어요."라고 말한다. "하지만 당시엔 뭐가 뭔지도 몰랐던 것 같아요."[11] 이 시절에 자신의 인생에서 가장 근사한 일을 해보았다고 말하는 사람도 적지 않았다. "뭔가 거창한 것, 살면서 이제껏 한 번도 가져보지 못한 것의 일부가 된 느낌이었어요." 품질 보증 분석가 옥사나 우튼Oxana Wooton은 말했다.[12] 사기 분석 전문가인 제레미 로이발Jeremy Roybal은 "저는 아직도 뼛속까지 페이팔 사람입니다"라고 말했다.[13]

사람들은 여러 다른 경로를 통해 페이팔에 모여 일하게 되었다. 페이팔의 탄생을 연구하는 이 프로젝트 역시 비슷한 방식으로 등장했다. 나는 정보 이론 분야의 창시자이자 20세기에 잊혀버린 위대한 천재 중 하나인 고 클로드 섀넌Claude Shannon 박사의 전기를 쓰면서 그가 일했던 벨 연구소를 살펴볼 기회가 있었다. 벨 연구소는 벨 텔레폰 기업의 연구 부서로, 이 연구소 소속 과학자와 엔지니어들은 모두 합쳐 여섯 개씩이나 되는 노벨상을 받았으며, 무엇보다 터치식 전화, 레이저, 셀룰러 네트워크, 통신위성, 태양전지, 그리고 트랜지스터 발명으로 잘 알려져 있다.

나는 벨과 같은 천재적 재능을 갖춘 인재들이 함께 모여 있는 집단들에 대해 궁금증이 일기 시작했다. 그 집단에는 페이팔, 제너럴 매직General Magic, 페어차일드 반도체Fairchild Semiconductor 같은 테크놀로지 기업도 있었지만, 은둔파 시인Fugitive Poets, 블룸즈버리 그룹Bloomsbury Group, 소울쿼리Soulquarians와 같이 테크놀로지와 아무 상관 없는 집단도 있었다.* 영국의 음악가이자 프로듀서 브라이언 이노Brian Eno는 시각 예술을 배우며, 예술 혁명은 피카소, 칸딘스키, 렘브란트 같은 고독한 인물들로부터 비롯된다고 들었다고 한다. 하지만 막상 이 혁명가들을 연구하다가 이노는 이들이 사실은 '많고 많은 사람이 관련된 매우 비옥한 현장의 산물이라는 사실'을 발견했다. "그들 중 일부는 예술가, 일부는 수집가, 일부는 큐레이터, 사상가, 이론가… 다시 말해 모든 종류의 사람들이 모여 일종의 재능의 생태학을 창조한 거죠."

이노는 이를 '시니어스scenius(현장scene과 천재성genius의 합성어이다. 따라서 이 낱말은 개별적인 천재들이 아니라, 특정한 환경이나 집단 안에서 협력과 상호작용을 통해 창의성과 혁신이 발전하는 현상을 설명한다 현장 천재성 혹은 장면 천재성이라고도 한다–옮긴이)'라고 불렀

---

* 마이클 파렐Michael Farrell의 《협력 집단Collaborative Circles: Friendship Dynamics and Creative Work》은 이 주제에 대한 나의 이해를 넓혀주었다. 파렐은 '협력 집단' 속에 은둔파 시인들은 물론 로스앤젤레스 예술가들의 집단 거주지역 라이 서클Rye Circle과 프랑스 인상파들까지도 포함하고 있다. 이들 집단의 형성과 발전에 대한 그의 통찰은 정말 뛰어나다. (Michael P. Farrell, Collaborative Circles: Friendship Dynamics and Creative Work, [Chicago: University of Chicago Press, 2001].)

다. 그는 "시니어스는 모든… 사람의 집단 혹은 운영 지능입니다. 그리고 저는 사실 이 시니어스가 문화를 생각하는 대단히 유용한 방법이라고 생각합니다"라고 말했다.[14] 이 방법은 페이팔 이야기에도 적용될 수 있다. 소비자 인터넷이 형성된 시점을 배경으로 수백 명의 삶과 교차점, 상호작용에 관한 이야기에서 말이다.

현대 테크놀로지를 이야기하다 보면 대개는 개인의 성공담으로 귀결되는 경향이 있다. 따라서 시니어스보다는 '천재'와 관련된 이야기를 흔히 듣게 된다. 아마존의 베이조스, 마이크로소프트의 게이츠, 페이스북의 저커버그와 마찬가지로 애플 이야기 역시 잡스의 성공담이다. 그러나 페이팔의 성공은 완전히 다른 이야기다. 여기엔 하나의 영웅이나 주인공이 없다. 기업 역사의 다양한 순간마다 다양한 팀원들이 중요하면서도 회사를 구하는 돌파구를 뚫는다. 그중 하나라도 없었으면 전체가 무너져 내려 버렸을 것이다.

게다가 페이팔의 특징적인 성과들은 대체로 그룹 내 생산적인 마찰에서 비롯되었다. 제품, 엔지니어링 및 사업팀 간의 긴장은 보석과 같은 혁신을 낳았다. 차이를 메우기 힘들 정도로 완전히 다른 의견 불일치가 회사 초창기의 특징이라고 말할 수도 있지만, 초창기 엔지니어였던 제임스 호건James Hogan의 말처럼 "우리에겐 정말 기능 장애로 확산되지 않도록 상호 개인적으로나 감정적으로, 서로를 화나게 하지 않는, 어떤 방식이 있었습니다."[15] 페이팔에서 불협화음은 기능 장애보다는 발견을 낳았다.

나는 이 생태학, 사람들 사이의 생산적인 조합, 그들이 직면했던 도전, 그리고 그들의 도전이 이루어지던 테크놀로지 역사의 한순간을 그려보고 싶었다.

페이팔 초창기 이야기에는 스릴이 넘쳐흐른다. 하지만 막상 쓰려면 벅찬 측면도 있다. 나는 다른 사람들이 이 주제에 대해 이미 말하고 쓴 내용을 살펴보는 것으로 시작했다. 고맙게도 창업자 중 적지 않은 사람이 대중들이 볼 수 있도록 많은 기록을 남겼다. 책을 쓰고, 팟캐스트를 진행하고, 콘퍼런스, 텔레비전, 라디오 및 인쇄물에서 페이팔에 관해 이야기했다. 나는 수백 시간은 넘는 이들의 논평과 페이팔 초창기에 관한 수백 편의 기사, 그리고 사례 연구로 페이팔이 포함된 책과 학술 논문들을 열심히 뒤져보았다.

또 페이팔 상장 이전에 일했던 직원들과 연락을 시도했고, 이 프로젝트 중 수백 명을 인터뷰했다. 공동창업자 모두와 이사회 구성원 및 초기 투자자들 대부분과 이야기하고 인터뷰할 수 있어서 감사했다. 나는 또 회사의 기술 고문, '페이팔'이라는 이름을 낳은 기업 소유주, 방아쇠를 당길 뻔했던 예비 투자자, 그리고 경쟁사의 리더 등 소중한 관점을 제공해준 외부인들과도 이야기를 나눴다. 너그럽게도 페이팔 초창기의 노트, 문서, 사진, 기념품 및 수만 페이지에 달하는 이메일을 뒤적일 수 있도록 허락해주신 모든 분께 감사드리는 바이다.

많은 경우, 이전에 알려지지 않은 이야기를 발굴할 수 있었다. 예를 들어 콘피니티-X.com 합병이 거의 결렬될 뻔했다는 섬뜩한 이야기, 그리고 몇 번씩이나 회사가 망할 뻔했다는 이야기도 있다. 나는 페이팔의 인터넷 혁신이 어떻게 이 엄청난 혼란을 뚫고 생겨났는지, 그리고 어떻게 오늘날의 인터넷 환경을 형성하는 배경이 되었는지를 이해하려고 노력했다.

수년간의 연구에서 야망과 발명, 그리고 반복에 관한 이야기가 등장했다. 고통의 시기가 지나자 기업가들의 시대가 왔고, 이들의 창작물에는 페이팔이라는 각인이 새겨져 있다. 하지만 최초의 승리라 할 수 있는 페이팔의 성공은 그리 쉽게 이루어지지 않았다. 제대로 이해하자면, 페이팔 이야기는 파산을 코앞에 두고 난관을 극복하고 또 극복한 4년간의 오디세이라고 할 수 있다.

그런 의미에서 페이팔 이야기는 미래의 페이팔 설립자가 컴퓨터 기술에 처음으로 노출되었던 현장이자, 실리콘밸리에서 수천 마일 떨어진 곳에서 일어난 역사적인 테크놀로지 붕괴 현장에서부터 시작하는 것이 적절할 것이다.

1부

다양한 시작

1장

프로그래머를 꿈꾼 난민 소년

1986년《소비에트 라이프_Soviet Life_》2월호에는 10페이지에 달하는 호화 화보가 실렸다. 화보 제목은 '프리피야트의 평화와 풍요Peace and Plenty in Pripyat'였다. 기사에 따르면, 프리피야트는 세계적인 전원도시였다. 저자들은 "오늘날 이 도시에는 소련 전역 30개국에서 온 사람들이 자리 잡고 있다"라고 썼다. "거리에는 꽃이 넘쳐흐르고, 아파트 단지는 소나무 숲에 자리 잡고 있다. 주거지역마다 학교, 도서관, 상점, 스포츠 시설, 운동장이 가까이 있다. 아침에는 사람이 많지 않아, 유모차를 미는 젊은 여성들이 여유 있게 산책을 즐긴다."

이 도시에 문제가 있다면, 그저 전입을 원하는 사람을 위한 공간이 모자란 정도였다. 시장은 "프리피야트에서는 베이비 붐이 일어나고 있습니다. 그래서 수십 개에 달하는 보육원과 유아원을 지었고, 앞으로도 더 지을 텐데, 그래도 수요를 충당하지 못할까 걱정입니다"라고 말했다.

수요가 많을 만도 했다. 프리피야트는 경이로운 소련 테크놀로지의 본산으로, 바로 체르노빌 핵발전소를 위한 도시였다. 기사에 따르면, 핵발전소가 주요 고용원이었다. 넉넉한 임금은 물론 '막대한 양의 화석연료를 태우는 화력발전소보다 생태학적으로 훨씬 깨끗한' 에너지까지 제공하고 있었다.

안전 문제는 어땠을까? 직접 이 질문을 받은 한 소련 관료는 전형적인 관료답게 자신과 확신을 담아 대답했다. "멜트다운 가능성은 1만 년에 한 번 있을까 말까 하는 정도입니다." 그는 거들먹거리며 말했다.[1]

《소비에트 라이프》가 프리피야트의 삶에 대해 믿기 힘들 정도로 허황한 이야기를 마구 쏟아낸 지 몇 달도 지니지 않아 도시는 연기 자욱한 방사능 폐허로 변했다. 1986년 4월 26일 오전 1시 23분 체르노빌 핵발전소 4번 원자로가 녹아내리면서 폭발이 일어났고, 그 결과 1000톤 규모의 건물 지붕이 찢겨 날려가 버렸다. 얼마 가지 않아 프리피야트의 하늘에는 히로시마에 떨어진 방사성 물질보다 400배는 더 많은 물질이 넘쳐흐르고 있었다.

막시밀리안 '맥스' 라팔로비치 레브친Maksymilian 'Max' Rafailovych Levchin은 당시 열 살이었다. 체르노빌이 폭발했을 때 그는 겨우 145킬로미터 떨어진 곳에서 잠들어 있었다. 잠에서 깨어난 그는 이제 재난으로 인해 완전히 바뀌어버린, 재난에 의해 규정되는 삶을 살아야 했다. 그가 불안에 떨며 어쩔 줄 모르던 그 순간, 부모는 그와 동생을 기차에 밀어 넣었다. 여행 중에는 게이거 카운터Geiger counter로 방사능 검사를 받았다. 기계의 경고등이 켜졌다. 결국은 신발에 박힌 장미 가시가 원인으로 밝혀졌지만, 그 이전에는 다리를 잘라야 할 가능성마저 제기되면서 그는 패닉에 빠지기도 했다.

레브친 가족 모두가 체르노빌 재난에 영향을 받았다. 레브친의 어머니 엘비나 젤츠먼Elvina Zeltsman 역시 마찬가지였다. 그는 물리학자로 식품 과학 연구소 방사능 측정 연구실에서 일했다.

체르노빌 이전에는 그저 졸음만 쏟아지는 일이었다. 아들에 따르면, 그가 하던 일이라고는 우크라이나에서 공급되는 식빵 (방사능과 상관없는) 안전을 점검하는 정도였다고 한다. 하지만 체르노빌 이후 우크라이나 북부에서 방사성 식품이 등장하면서 그가 책임질 일은 많아졌고, 긴급한 사건도 빈번히 일어났다.

소련 정부는 그의 일을 돕기 위해 두 대의 컴퓨터를 보냈다. 소련제 DVK-2와 동독에서 만든 로보트론 PC 1715라는 모델이었다. 레브친은 이따금 일터에 가는 어머니를 따라다녔다. 처음에는 이 컴퓨터들이 마냥 지겹고 투박하게 느껴졌다. 하지만 그것은 DVK-2: 스타칸(1984년 소련 과학 아카데미 엔지니어가 만든 테트리스의 이름 중 하나)이라는 게임을 보기 전까지였다. 그는 이 게임에 빠져들었다.

레브친의 호기심은 곧 로보트론으로 향했다. 로보트론에는 인간이 만든 소스 코드를 기계 명령어로 바꾸는 프로그램인 파스칼 컴파일러가 설치돼 있었다. 터보 파스칼 버전 3.0 매뉴얼 불법 복제판도 기계에 들어 있어서 컴파일러 이용 방법도 익힐 수 있었다. 당시 소련에서 정말 구하기 힘든 책이었다. 이 매뉴얼이 레브친에게는 성경이 되었다.

얼마 지나지 않아 기초적인 프로그램을 짤 수 있게 되면서 레브친은 하늘을 나는 듯한 기분을 느꼈다. 그는 몇 년 후에 "기계에다가 미래에 어떤 일을 수행하라고 명령할 수 있고, 그 일의 결과에 대해서는 나중에 가서야 알 수 있다는 것은 정말 놀라운 발견이었습니다. 그때부터 어떤 일을 끝내기 위해 모든 것을 미리 알아야 할 필요가 없어졌습니다. 우선

몇 가지를 적는 것으로 시작하죠. 그러면 나중에 모든 일은 저절로 이루어져 있었습니다"라고 말했다.[2] 컴퓨터를 만나기 이전 레브친은 수학 교사가 되고 싶었다. 하지만 이제는 자라서 컴퓨터 프로그래머가 되겠다고 우쭐거리며 말하고 있었다.

레브친은 코딩과 게임을 하며 보낸 어린 시절을 소중한 기억으로 간직하고 있다. 하지만 레브친이 가지고 놀라고 컴퓨터가 제공되었던 것은 아니다. 사실 그 컴퓨터들은 소련 식품의 방사능 농도를 측정해 보고하는 엘비나를 위한 도구였다. 아들이 자신보다 컴퓨터를 훨씬 능숙하게 다루는 것을 지켜본 그는 아들에게 한 가지 제안을 했다. 일단 그가 원하는 일을 다 해주고, 그다음에는 마음대로 컴퓨터를 쓰라는 제안이었다.

그렇다고 해서 레브친이 여유롭게 코딩할 수 있을 정도로 시간이 남아돌았던 것은 아니다. 그래서 그 소중한 로보트론을 쓸 수 있는 한정된 시간을 최대한 이용하기 위해 그는 하나의 방법을 고안했다. 일단 종이와 연필을 이용해 코딩한다. 가족이 살던 집에서 가까운 공원에서 그는 일일이 손으로 프로그램의 초안을 잡고 편집하곤 했다. 어머니가 주는 일을 마친 후, 레브친은 노트 내용을 컴퓨터로 옮겼다. 그러면 기계가 판정을 내렸다. "노트에 있는 내용을 있는 그대로 입력하면 프로그램이 시작될 때 컴파일되고 실행될까? 아니면 디버깅을 해야 할까 하는 판정이었지요."[3]

이러한 학습 과정을 통해 레브친은 아주 엄격한 기준을 익힐 수 있었다. 그는 말했다. "프로그래머로서 저는 제 출발점을 이 낡아빠진 컴퓨터들이라고 여기고 있습니다. 그 컴퓨터들에서는 다양한 어셈블리 언어로 된, 절차가 매우 중요한 프로그래밍이 필요했습니다. 아마도 그 때문에 제가 조금은 엘리트주의자가 되었는지도 모르겠지만, 어쨌든 끈질긴 개발자가 될 수 있던 것은 분명히 그 덕분입니다. 제게는 쉬운 길을 택할 수 있는 선택권이 아예 없었습니다."[4]

쉬운 길을 택하지 않는 것은 가문의 전통이기도 했다. 유대주의에 반대하는 국가에서 살아가는 유대인으로서 성과를 내기 위해서는 남들보다 두 배 더 일해야 했고, 다른 사람들은 마주하지 않아도 되는 장애물과도 맞서 싸워야 했다. 어느 날 아침, 잠에서 깬 레브친의 아버지는 현관문에 누가 그려놓은 다윗의 별Star of David(유대인의 표식-옮긴이)을 발견하기도 했다. 부모는 레브친에게 (유대교라는) 종교 때문에라도 고등학교에서 전체 수석을 하는 것만이 좋은 대학에 갈 수 있는 유일한 방법이라고 말하곤 했다.

이러한 장애물에도 불구하고 레브친 가족은 많은 성과를 거두었다. 레브친의 외할머니가 가장 먼저 길을 개척했다. 프리마 이오시포브나 루카츠카야Frima Iosifovna Lukatskaya 박사는 키가 142센티미터밖에 안 되는 작은 체구로, 천체물리학 석사 학위를 취득한 다음 키예프 과학 아카데미의 주 천문대에서 근무했던 천재 과학자이다. 그는 천문학의 분광학, 다시 말해 항성들에서부터 '식변광성eclipsing variables'을 측정하는 분야에서 커다란 진전을 이루었고, 그의 〈불규칙 및 반주기 변광성 밝기의 자기상관 분석〉과 〈변광성과 퀘이사의 광학 복사 특성〉에 관한 장문의 논문들은 권위 있는 학술지에 발표되었다.[5]

레브친에게 그는 불굴의 용기를 상징하는 인물이었다. 남성이 지배하던 분야에서 득의양양한 승리를 거두고, 유대인에 적대적인 나라에서 성공한 유대인 여성이었기 때문이다. 그가 보기에 그의 끈기는 정말

초자연적이었다. 맥스가 태어나던 해 루카츠카야는 아주 희귀하면서도 대단히 치명적인 유방암 진단을 받았다. "그분은 기본적으로 이렇게 말했던 것 같아요. '나는 죽을 수 없어. 내 손자가 여기 있는데.' 그래서 그분은 25년은 더 살아야겠다고 다짐하셨죠. 저는 어떠한 상황 앞에서도 굴복하지 않는 생생한 예를 할머니에게서 찾아볼 수 있었죠." 레브친은 말했다.[6]

1980년대 초 레브친이 10대에 이르렀을 때 소련 경제는 끝도 모를 추락을 경험하고 있었고, 이에 따라 공산당 정치국은 패닉에 빠져 있었다. 루카츠카야는 자신이 직접 체험했던 제2차 세계대전이라는 불길한 공포의 그림자를 느끼기 시작했다. KGB가 레브친의 아버지를 감시하고 있다는 사실은 가족도 이미 알고 있었지만, 이제는 정부가 그를 납치할 가능성마저 제기되었다.

루카츠카야는 유대인 난민 기관에 자금 지원을 신청하는 동시에 가족의 미국 이민을 계획했다. 출발 시점은 극비 사항이었다. "그 나라를 떠나리라는 사실은 알고 있었지만, 누구에게도 이야기할 수 없었던, 미칠 것 같은 나날이 대략 열두 달 정도는 이어졌어요." 레브친은 회상했다.[7]

가족은 최소한의 짐만 챙겨 공항을 향해 출발했다. 따뜻한 7월 날씨였지만, 레브친 가족은 겨울 코트를 꽁꽁 여민 채 터미널에 도착했다. 신분이 노출될까 두려워서였다. 소련 국경 감시원과 마지막 출국 인터뷰가 있었다. 그는 가족에게 한 번 가면 다시는 돌아올 수 없다고 분명히 못 박았다. 마침내 가족은 미국행 비행기에 몸을 실었다.

레브친 가족은 1991년 7월 18일 여전히 코트를 단단히 여민 채 시카고 오헤어 국제공항에 내렸다. 치명적인 더위가 시카고를 덮치기 하루

전이었다. 가족은 한 암거래상에게 헐값에 코트를 팔았다. 수입은 변변 찮았지만, 그들에게는 커다란 도움이 되었다. 우크라이나를 떠나기 직전 루블화의 가치가 폭락하며, 가족이 가진 수천 달러의 종잣돈은 겨우 몇백 달러 가치로 줄어들어 버린 상태였기 때문이었다.

가족에게 미국 이민은 위험한 일이었지만, 막 열여섯 살로 접어든 레브친에게는 서사시적인 모험의 첫걸음이었다. 모험은 바로 시작되었다. 우크라이나 시절 뛰어난 학생이었던 그는 시카고 교육위원회가 고등학교 성적을 그대로 인정해주길 원했다. 그는 부모님께 도움을 요청하는 대신, 혼자 일을 처리하겠다며 시내버스에 뛰어올라 교육위원회로 향했다.

그러나 레브친은 정류장을 착각해 당시 도시에서 가장 범죄율이 높던 카브리니-그린 주택 단지 한가운데서 내려 거리를 배회하는 신세가 되었다. "저는 그냥 어슬렁거리며 생각했습니다. '오, 여기에는 날 닮은 사람이 하나도 없구나. 안녕하세요, 훌륭하신 미국인 여러분.'" 레브친은 회상했다. "저는 완전히 잊고 있었습니다. 제가 깡마른 유대인 아이이고, 폭탄 같은 곱슬머리를 하고 있다는 사실을요. 게다가 상트페테르부르크 레닌 공장에서나 만들 법한 옷을 입고 있었죠. 사실도 그랬고요."[8]

미국 문화 적응은 그리 쉽지 않았다. 미국에 도착한 지 얼마 지나지 않아, 레브친은 쓰레기통에서 고장 난 텔레비전을 찾아냈다. 물리학자 가족은 이 물건을 고쳐 시트콤 〈디퍼런트 스트로크스Diff'rent Strokes〉(사회적·문화적 차별 문제를 다루면서 인종 간 이해와 평등을 강조한 코미디, 제목은 '다양한 태도' 정도로 번역할 수 있다-옮긴이)를 시청했다. 몇 년 후 사라 레이시Sarah Lacy 기자에게 말했듯이, 레브친은 할렘에서 자란 아놀드 잭슨 역할을 맡았던 게리 콜먼Gary Coleman의 어투를 모델로 영어를 배웠다. 레브친을 가르친 교사 중 하나는 그의 뉴욕 사투리와 키예프 사투리가 결합된 어투에 호기심을 느껴, 어디서 영어를 배웠냐고 물었다. "무슨 말씀이쥬, 해리스 씨?" 그는 대답했다. 교사는 레브친에게 하나의 특정 프로그램만 보지 말라고 부드럽게 충고했다.[9]

언어와 문화는 완전히 달라졌지만, 변치 않았던 것도 있었다. 바로 컴퓨터에 대한 사랑이었다. 미국에서 레브친은 마침내 여유롭게 사용할 수 있는 컴퓨터를 갖게 되었다. 한 친척이 준 선물은 소련 시절 낡은 기계들로는 꿈도 꾸지 못했던 일을 쉽사리 할 수 있었다. 바로 인터넷 접속이었다. 레브친은 이내 월드와이드웹에 폭 빠졌고, 비슷비슷한 디지털 정신으로 가득 찬 네트워크와 포럼을 발견했다.

학교에도 그런 네트워크가 있었다. 시카고 북쪽 스티븐 팅 매더 고등학교Stephen Tyng Mather High School에서 레브친은 체스 클럽에 가입했고, 컴퓨터 클럽 운영을 도왔으며, 당시 트롬본 주자이자 나중에 페이팔 동료가 된 에릭 클라인Erik Klein과 어울려 학교 밴드에서 클라리넷을 연주했다. 고등학교 시절부터 이미 레브친은 나중에 그를 대표하는 특징이 된 집중력의 징후를 보여주기 시작했다. 당시 친구였고 훗날 페이팔 직원이 된 짐 켈라스Jim Kellas는 미술 수업 시간 뒷자리에서 있었던 일을 회상했다. 수업이 지루했던 켈라스와 레브친은 미술용 나이프를 다트처럼 벽에 던지는 게임을 하기로 했다. "맥스는 완벽주의자죠. 항상 자신이 하는 일마다 최고가 되기를 원합니다. 그때도 그는 자리에 앉아 손가락을 나이프에 얹고 무게를 재며 '오, 이게 이걸 던지는 완벽한 자세야'라고 말하더군요. 저는 '아니, 아니, 아니. 그냥 더 세게 던져'라고 말하는 쪽이었지요."[10]

수학과 과학에서 뛰어났던 레브친은 대학에 지원할 때가 되자 야심에 가득 차 진학 상담교사를 찾았다. 레브친은 'MTI'에 가고 싶어 했다. "저는 정말 'MTI'에 가고 싶습니다. 저를 MTI에 넣어주세요. 그러자 그가 묻더군요. 'MTI가 대체 뭐죠?'라고 말입니다."[11]

물론 레브친은 MIT를 가고 싶었다. 하지만 진학 상담교사는 MIT 대신 인근 일리노이대학교 어바나 샴페인 분교University of Illinois at Urbana-Champaign, UIUC를 추천했다. 하지만 여기에도 문제가 있었다. 일리노이대학교 지원 마감일이 이미 지났기 때문이다. 하지만 여러 조건을 살펴보니 외국 출신 학생의 마감일은 아직 지나지 않았다는 사실을 알 수 있었다. 하늘이 무너져도 솟아날 구멍은 있는 법이다. "저는 국제 학생이지, 미국 시민이 아니잖아요. 미국에 온 지 2년도 안 됐어요. 그렇지 않아요?" 일리노이대학교는 그의 주장이 일리 있다고 인정하고 레브친을 합격시켰다.[12]

가족과 함께 사는 데 지쳐 있었던 레브친은 예정보다 2주 앞서 대학으로 이사했다. 개강을 앞둔 구내식당들은 아직 문이 닫혀 있어서, 레브친은 그린 스트리트에 있는 맥도날드에서 대학 시절 최초의 끼니를 채웠다. 그는 가능한 한 다른 사람 눈에 띄지 않으려 노력했다. 캠퍼스에 도착하기 전, 레브친은 대학 환영위원회가 인근 윌라드 공항에서 새내기 국제 학생들을 맞이하는 행사를 열 것이라는 편지를 받았다. 무조건 참가해야 하는 행사처럼 여겨졌다.

"참가하지 않으면, 밀입국자라고 폭로할까 봐 두려웠습니다." 레브친은 회상했다. 그래서 환영위원회가 국제 학생을 맞이하기로 한 날, 그는 굳이 여행 가방 두 개를 다시 싸서 손에 들고 캠퍼스를 떠나 공항으로 갔다. 그러곤 놀라움에 눈이 휘둥그레진 모습을 연기했다. 마치 2년 만에 고향 미국에 다시 돌아온 사람처럼 말이다. 레브친은 "모든 계획 또는 사기는 상당히 정교했습니다"라고 말했다.

사기였든 아니든 간에, 맥스 레브친의 UIUC 입학은 행운의 제품-시장 적합성product-market fit(비즈니스에서 제품이나 서비스가 특정 시장의 요구를 충족하는 상황을 설명하는 용어-옮긴이) 조합이었다. 이제 막 싹수가 보이는 에너지 넘치는 기술자가 세계 컴퓨팅의 진원지 중 하나에 진입했으니 말이다. 수십 년에 걸쳐 UIUC 연구원들은 디지털 테크놀로지를 개척하고 세계 최초의 소셜 네트워크를 구축하고 있었다. 그리고 레브친이 미국에 막 도착한 외국인 연기를 하고 있던 바로 그때 UIUC에 기반을 둔 국립 초고성능 컴퓨팅 응용 프로그램 센터NCSA는 모자이크Mosaic라는 새로운 웹 브라우저를 발표했다. 모자이크는 이전 브라우저들에 비해 많은 발전을 이루었는데, 그중에서도 특히 웹에 그래픽을 추가하고 브라우저 설치 프로세스를 간소화하며, 인터넷을 주요 산업으로 진입시키고 그 성장을 가속하는 데 큰 역할을 했다. UIUC가 바로 이 모든 발전의 중심이었다.

신입생이었던 맥스 레브친에게 UIUC의 컴퓨팅 성공은 주목할 만한 일이었지만, 당시에 그는 모든 신입생이 그렇듯이 그저 소속감 찾기와 놀이 문화에 폭 빠져 있었다. 그는 학생 단체들이 신입생을 모집하는 캠퍼스 쿼드데이Quad Day 행사에서 이 두 가지 모두를 충족시키는 수단을 발견했다. 레브친은 모니터 주변을 종이 상자로 둘러싼 컴퓨터 옆에 옹기종기 모여 서 있는, 모두 너드nerd처럼 보이는 집단을 발견했다. 종이 상자는 화면을 햇빛으로부터 보호하는 동시에 미래의 컴퓨팅 기계 모임Association for Computing Machine, ACM 회원들에게 아무리 햇살이 눈부셔도 야외 컴퓨터 사용을 막을 수는 없다고 선포하는 듯했다. 레브친은 그 순간 이들이 '나와 같은 사람들이다'라는 결론을 내렸다.

사실도 그랬다. 1960년대 중반 설립된 UIUC ACM 지부는 빠르게 캠퍼스 내 모든 컴퓨팅 허브가 되었고, 여러 세대에 걸친 컴퓨터공학과 학부생들에겐 사실상의 본거지라 할 수 있었다. 레브친이 캠퍼스에 입학했을 때 ACM 내 여러 학회는 고급 네트워킹에서 몰입형 가상현실에 이르기까지 다양한 기술을 실험하고 있었다. 당시 한 회원은 "다른 컴퓨터공학과 전체 컴퓨터 성능이 우리 동아리 사무실 하나보다도 못한 경우도 많이 보았습니다"라고 자랑할 정도였다.[13]

레브친은 이 장소가 편했다. 얼마 지나지 않아서는 브레이스델 홀에 있는 기숙사보다 디지털 컴퓨터 랩Digital Computer Lab, DCL 사무실에서 보내는 시간이 더 많을 정도였다. 그는 몇 년 후 "에릭 존슨Eric Johnson의 〈음악을 통해Ah Via Musicom〉 기타 연주곡은 블레이스델에서 정확히 아침 7시에 자전거를 타고 출발해서 DCL에 도착할 때까지 들을 수 있는 곡입니다. 제가 여러 번 경험했습니다"라고 대학 동문지에 고백하기도 했다.[14]

ACM에서 레브친은 나중에 페이팔에서 중요한 역할을 담당할 두 명의 학부생을 만난다. 바로 루크 노섹Luke Nosek과 스콧 바니스터Scott Banister였다. 어느 날 늦은 밤에 노섹과 바니스터가 ACM 사무실에 들어서며 셋은 처음 만났다. 노섹과 바니스터에 따르면 레브친은 둘이 방에 들어온 것도 모르고, 키보드를 부서지라 두드리고 있었다고 한다. 이때 이미 이 방의 터줏대감 역할을 하고 있던 레브친에게 둘은 호기심을 느꼈다.

"뭐 하는 거야?" 노섹이 물었다.

"폭발 시뮬레이터를 만드는 중이야." 레브친이 대답했다.

"그걸로 뭐 하게? 목적이 뭐야?" 바니스터가 물었다.

"무슨 소리야? 이쁘잖아?" 레브친이 답했다. "실시간으로 작동하고 매번 무작위로 폭발을 일으키도록 다시 계산하잖아."

"좋아, 근데 왜 그래야 하지?" 노섹이 물었다.

"몰라. 근사하지 않아?" 레브친이 말했다.

"금요일 밤이야. 어디 갈 데도 없어?" 바니스터가 물었다.

"아니… 난 이게 좋아. 너흰 어디 갈 데라도 있어?" 레브친이 대답했다.

"우린 회사를 하나 만들어볼까 하는데. 어때, 같이 해볼래?" 노섹은 응수했다.[15]

레브친과 마찬가지로 루크 노섹 역시 공산주의에서 탈출한 이민자 가족에서 자랐났다. 원래 폴란드 출신이었던 그는 1970년대에 미국에 왔다.

노섹은 똑똑했고, 특히 기술 분야를 편애하긴 했지만 모든 공부를 좋아했다. 하지만 그에게 고등학교는 답답하기만 했다. "저는 사람들이 제게 어떤 일을 하라고 강요하는 게 아니라, 제가 해야 할 일을 스스로 설정하고 거기에 따라 공부해야 한다고 생각했죠." 노섹은 말했다. 하지만 그의 어머니는 대학에 들어가면 좀 더 자유롭고 좀 더 독자적인 학습이 가능하다고 달래며, 아들이 고등학교를 마치도록 설득했다.

노섹은 지원 과정이 번거롭지 않다는 이유로 UIUC를 선택했다. 하지만 대학에 다닌 지 얼마 되지도 않아 다시금 공교육에 환멸을 느끼기 시작했다. "첫해가 끝나기도 전에 저는 어떻게 하면 수업을 빠질 수 있을까 하는 문제에만 골몰하고 있었습니다." 노섹은 대학 편람을 꼼꼼히 읽으며 졸업 최소 요건을 확인했다. 그리고 가능할 때마다 시험을 통해

결석을 메꾸곤 했다.

노섹은 대학에서 자신과 생각이 비슷한 사람들을 찾아 헤맸다. 그리고 이내 ACM에서 그런 친구들을 여럿 만날 수 있었다. "ACM은… 마치 교육에 반대하는 저항 집단 같았어요." 노섹은 말했다. 여러 학생 단체 중에서도 ACM은 특출나 보였다. "다른 동아리에 가입하는 친구들은 그 모임을 체제 안에 편입되기 위한 징검다리쯤으로 이용하려는 속셈이 뻔히 보였죠." 하지만 ACM 회원들은 체제 따윈 상관치 않았다. 이들은 혁신적인 원형prototype을 만들고 아무도 하지 않았던 실험을 하며 창조를 통한 반란을 꾀하는 집단처럼 보였다.

대표적인 예로 ACM 사무실 내 온라인 소다 자판기를 꼽을 수 있다. "우리는 인터넷을 재미있게 써보자는 생각으로 사무실 팝 기계(중서부에서는 소다라고 하지 않고 팝이라고 합니다)를 온라인에 연결해보기로 했어요." 노섹은 말했다. 이 기계 별명은 '카페인'이었다. 컴퓨터공학과 학회지에 따르면, "ACM 회원들이 낡은 닥터 페퍼 자판기에 마이크로컨트롤러를 설치하고 인터넷에 연결해 학생들이 학생증을 긁어서 소다를 살 수 있게 만들었다."[16]

노섹을 위시한 ACM 회원들은 이 스마트 소다 자판기에 자부심을 느꼈다. 그 기계의 설계는 물론 설계의 어려움에도 자부심을 느꼈다. "소다 자판기를 해킹해서 인터넷에 연결하는 작업은 무척 힘들었지요. 그걸 하는 데 걸린 시간으로 이베이도 만들 수 있었을 거예요." 노섹은 말했다.[17]

레브친을 만나기 전, 노섹은 이미 스콧 바니스터를 역시 ACM에서 만났다. 바니스터는 이 삼총사 중 제일 먼저 실리콘밸리로 떠났는데, 처음으로 스타트업을 매각했고, 페이팔의 초창기 투자자가 되었으며, 결국 최초의 이사가 되었다.

미주리 출신인 바니스터는 일찍부터 테크놀로지에 심취했다. 고등학교 때부터 대학 시절에 이르기까지 그는 웹사이트를 만들겠다는 열정에 빠져 있었는데, 그 때문에 컴퓨터공학으로 명망이 높았던 UIUC에 진학했다.

노섹과 처음 만나던 당시 바니스터 역시 전통 교육의 한계에 진절머리를 내고 있었던 터라 대학을 해킹 대상 정도로 취급하고 있었다. 그는 UIUC의 학칙을 우회하는 방법을 찾아내곤 했는데, 그중에는 회사를 만들고 자신을 인턴으로 고용한 후 인턴십을 이용해 학점을 따는 대담한 방법도 있었다.

우상 파괴적이고 열정적이며 사근사근한 목소리와 '예수 스타일의 머리'를 가진 바니스터는 노섹과 레브친을 인도하는 등댓불이었다.[18] 셋은 곧 떼려야 뗄 수 없는 친구이자 협력자가 되었다. 이들은 최초의 공동 사업으로 1995년 공대 오픈 하우스 행사를 위한 티셔츠를 만들어 팔았다. 이 행사는 학생회 주최로 매년 개최되고 있었는데, 마침 그해의 기조연설자가 애플 공동창업자 스티브 워즈니악Steve Wozniak이었다. 셋은 소소한 물건을 만들어 팔기로 합의했고, 이 경험은 언젠가 대단한 물건을 만들어 커다란 성공을 거둘 수 있으리라는 확신을 안겨주었다.

서로 친해지면서 노섹과 바니스터는 레브친에게 신자유주의를 집중적으로 가르쳤다. 둘은 이미 신자유주의 학회를 공동 설립했고, 바니스터는 이 모임을 위한 웹사이트도 개발했다. 이들은 레브친을 세뇌하려 했다. 레브친에게 여러 신자유주의 행사에 참석하고, 아인 랜드Ayn Rand의 《파운틴헤드The Fountainhead》와 프리드리히 하이에크Friedrich Hayek의

《노예의 길The Road to Serfdom》 같은 책을 읽으라고 강권하다시피 했다. "[노섹과 바니스터는] 우리 그룹 내부에서도 반체제적이었죠. 신자유주의에 대한 사랑으로 불타오르고 있었으니까요. 저야 뭐 '이봐, 난 그저 코딩이나 하고 싶어.' 뭐 이런 식이다 보니 늘 셋 중에서 제가 좀 모자란다는 생각이 들곤 했어요." 레브친은 말했다.[19]

레브친은 소프트웨어 공학 전공이었다. 바니스터는 기능적이긴 하지만 우아함과는 거리가 먼 프로그래밍 언어 펄Perl을 이용해 이따금 프로그램을 짜곤 했다. 사람들은 이 펄을 두고 반은 농담 삼아 '인터넷의 덕트 테이프'라고 부르기도 했다. 레브친은 질색이었다. "제발 그걸 근처에 가지고 오지도 마. 끔찍해"라고 그는 말하곤 했다. 바니스터로서는 다행스러운 노릇이었다. 이제 모든 코딩은 레브친에게 넘겨줄 수 있었으니 말이다. "맥스는 제가 프로그래머 그릇은 아니라는 확신을 심어주었죠. 저에 비해 워낙 뛰어났었으니까요." 바니스터도 선선히 인정했다.[20]

셋은 각각의 재능을 모아 최초의 진지한 프로젝트를 추진했다. 스폰서넷 뉴 미디어SponsorNet New Media는 웹사이트에 따라 최적 광고를 선별해 실을 수 있도록 도움을 주려는 시도였다. 이들은 얼마 안 되는 저축으로 사업을 추진하고, 돈이 다 떨어지자 신용카드의 도움을 받았다. 그래도 스폰서넷은 수익을 올렸다. 직원을 고용하고, 비록 후미지긴 했지만 어버나 샴페인의 랜드마크라고 할 수 있는 헌팅턴 타워 한 곳에 사무실 공간 임대 계약을 할 수 있을 정도였다. "저희는 학생이었잖아요. 그러니 진짜 우리만을 위한 사무실을 얻는다는 건… 정말 대단한 일이었죠." 바니스터는 회상한다.[21]

바니스터는 스폰서넷에 집중하느라 한 학기 내내 수업을 빠졌다. 레브친과 노섹은 수업이 끝난 후 일에 합류했지만, 공부와 일 사이의 균형을 맞추기란 늘 위태위태했다. 사업은 1년 조금 넘게 지속되었다. "스콧의 제법 상당한, 루크의 미미한, 그리고 저의 존재하지 않는 개인 자본은 1년도 지나지 않아 바닥이 나버렸죠. 벽에 부딪힐 수밖에 없었어요. 여러 군데서 자금을 모으려 애써봤지만 아무 소용이 없었고, 보잘것없는 수익은 서버를 유지하기에도 충분치 못했어요." 레브친은 스폰서넷의 죽음을 이야기하며 말했다.[22]

비록 실패는 했지만 스폰서넷은 직원을 고용해보고, 물건을 만들고, 팔고, 돈을 벌어본(물론 결국은 돈을 잃었지만) 최초의 경험이었다. 노섹은 "이 경험이 없었다면 페이팔도 불가능했을 거예요"라고 말했다.[23]

셋 중 그나마 마지막까지도 학교의 가치를 믿고 있던 레브친은 스폰서넷과 UIUC 시절을 즐거웠던 나날로 기억하고 있다. "저는 아주 행복한 너드였어요. 수업엔 꼬박꼬박 출석했죠. 수업이 좋았거든요…. 학교, 프로그래밍, 여자친구, 잠, 이렇게 네 개 중에서 둘을 선택해야 한다면, 뒤의 두 개를 빼버리고 앞쪽 두 개를 선택했을 거예요."[24]

레브친의 강의시간표는 과학기술 과목으로 빡빡했다. 그러나 정작 그에게 지속적인 영향을 남긴 것은 기술과는 그다지 상관없는 과목이었다. 수강했던 영화 수업에서 20세기 비평계의 찬사를 받은 몇몇 영화들을 공부하며, 레브친은 특히 쿠로사와 아키라의 〈7인의 사무라이Seven Samurai〉에 폭 빠졌다. "저는 역대 최고 영화라고 생각해요. 그에 견줄 만한 영화는 없어요"라고 그는 말했다.

대학 시절 한여름에, 레브친은 3시간 27분에 육박하는 이 흑백 영화를 몰두해서 보았다. "저, 텔레비전, 그리고 에어컨만 있으면 더 바랄 게 없었어요…. 그해 여름 〈7인의 사무라이〉를 적어도 25번은 보았죠. 저는 완전히 중독되었어요." 이 글을 쓰고 있는 현재, 레브친은 이제 이 영화를 100번은 더 보았다고 주장하고 있다. 그리고 이 영화를 자신이 받은 유일한 '경영 관리자 교육'이라고 말한다.

사교적인 측면을 말해보자면, 레브친은 어찌어찌해서 결국 '여자친구를 획득하는' 데는 성공했다. 하지만 워낙 프로그래밍에만 집중하다 보니 낭만적인 관계에 쏟을 시간이란 남아 있지 않았다. "한번은 그의 집에 가자마자, 욕실로 들어가 프로그래밍을 했던 일이 기억나요." 문을 두드리며 여자친구는 물었다. "거기서 뭐 하는 거야?"

"뭐? 우리 데이트하잖아?" 질문을 제대로 이해하지 못한 그가 대답했다.

"아니, 이건 데이트가 아냐. 너는 지금 내 욕실에서 코딩하고 있잖아."

장소를 막론하고 레브친에게 코딩은 유일한 경이와 통찰의 원천이었다. 그리고 당시 전 세계적으로 코딩은 부와 성공으로 가는 지름길이 되고 있었다.

UIUC 동문 마크 앤드리슨Marc Andreessen이 바로 그 길을 처음 개척한 사람이다. 마크는 학부 시절 학교 안에 있던 국립 초고성능 컴퓨팅 응용 프로그램 센터에서 경험을 쌓았다. 그곳에서 모자이크 브라우저 탄생에 일조한 그는 이후 자신의 재능을 서부로 가져가 넷스케이프라는 기업을 만들었다. 얼마 지나지 않아 넷스케이프가 나스닥에 상륙하며, 앤드리슨은《타임》표지를 장식했다.

"우리 젊은 동문이 가장 두드러진 분야는 아마 인터넷일 것이다"라고 1990년대 중반 컴퓨터공학과 학회지는 보도했다. "NCSA를 떠난 최초 모자이크 개발자들을 추적해보았더니 이들과 관련된 수많은 언론 보도를 찾을 수 있었다. 이내 보도는 산더미처럼 쌓여 우리는 이 작업을 포기할 수밖에 없었다." 이렇게 눈덩이처럼 늘어나는 보도는 끝없이 확장하는 인터넷의 문화적 영향력을 확인해주는 계기이기도 했다. 1994년 《포춘》은 모자이크를 그해의 제품으로 선정했다. 모자이크는 "원더브라와 〈마이티 모핀 파워 레인저스 Mighty Morphin Power Rangers〉(슈퍼히어로 TV 시리즈물-옮긴이)와 어깨를 나란히 했다."[25]

UIUC 컴퓨터공학과는 갑자기 사람들로 북적거렸다. 미래 페이팔 직원이자 유튜브 공동창립자 자베드 카림 Jawed Karim은 "저는 마크 앤드리슨 때문에 그 대학에 갔어요"라고 인정했다.[26] 고등학교 시절 카림은 이미 모자이크의 열혈 이용자였다. 그래서 이 브라우저의 기원에 대해 알게 되자, 대학은 당연히 UIUC로 가야겠다고 마음먹었다. 학교에 입학한 후, 심지어 신입생 수업이 시작되기도 전에 카림은 NCSA에서 일자리를 구했다.

앤드리슨의 성취는 이 세대 일리노이 공대생들에게 자신감을 불어넣어 주었다. 인터넷이 더는 기발한 취미가 아니라 경제적 힘이라는 사실을 분명히 보여주는 인물이 지금 바로 여기 눈앞에 등장한 것이다. 레브친은 후에 UIUC 동문지에 이렇게 썼다. "나를 지금의 나로, 그리고 아마도 일리노이에 있던 많은 사람을 현재의 모습으로 만든 것은 공기 중 떠돌아다니던 기회의 냄새였다. 언제라도 맡을 수 있던 그 냄새는 모자이크, 그리고 후엔 넷스케이프가 피워놓은 냄새였다. 나 같은 일개 학생이라도 모두가 이 업계에서 전에는 꿈꿔보지도 못한 놀라운 툴을 만들 수 있다는 느낌을 공유하고 있었다."[27]

스콧 바니스터는 인터넷 골드러시 열풍에 더는 참지 못하고, UIUC를 그만두고 야심을 쫓기로 했다. 루크 노섹은 당장 학교를 그만두고 싶지는 않아서, 졸업장을 딴 후 서부로 가기 위해 두 배의 노력을 기울여야 했다.

결국 두 절친한 친구들이 캘리포니아로 떠나버리자, 레브친 역시 학교를 그만두고 창업에 몰두하려는 계획을 세웠다. 그러기 위해서는 먼저 교육을 중시하는 가족에게 허락을 구해야 했다. 그러나 대화는 오래 이어지지 않았다. "할머니는 오늘내일하셔." 부모님이 말했다. "공부를 그만두면 할머니가 상심하셔서 더 빨리 돌아가시지 않겠니?"[28] 레브친 가문에서 학사 학위란 공부라는 사다리에서 제일 아래 놓여 있는 한 칸에 지나지 않았다. "레브친 가문에서 고등교육이란 박사 학위를 의미했죠." 레브친은 부모의 한 소리를 들어야 했던 몇 년 후 《샌프랜시스코 크로니클San Francisco Chronicle》에서 말했다.[29] 부모의 뜻을 꺾지 못한 레브친은 UIUC로 돌아와 그나마 학사 학위 과정이라도 끝내야 했다.

웨스트 코스트에 대한 꿈은 사라지지 않고 있었지만, 레브친은 여러모로 정신없이 바빴다. 스폰서넷이 망하자마자 레브친은 다음 기업 넷모멘텀 소프트웨어NetMomentum Software를 차려 신문 웹사이트를 위한 화이트레이블 광고white-label classifieds(광고주가 자신의 브랜드나 로고 없이 타사 광고주를 대신해 광고를 게재하는 것-옮긴이) 업무를 처리했다. 하지만 이 사업 역시 오래가지 않았다. 이 프로젝트로 인해 레브친은 처음으로 씁쓸한 '창업자들 사이의 이혼founder divorce'을 경험했다. 공동창업자는 제품과 그 개발에 있어 레브친과 의견이 달랐기 때문이다.

현금이 모자랐던 레브친은 단발성 프로그래밍 작업을 더 전문적으로 보이기 위한 목적으로 컨설팅 회사를 차렸다. 그는 또 넷모멘텀의 유산, 다시 말해 그 회사의 'NM' 로고를 재활용해 UIUC 학생이었던 에릭 후스Eric Huss와 함께 넷메리디언 소프트웨어NetMeridian Software를 차렸다.

넷메리디언 프로젝트로 레브친은 최초의 상업적 성공을 거두었다. 넷미리디언의 리스트봇ListBot은 원시적인 이메일 목록 관리자이자, 메일침프Mailchimp와 센드그리드SendGrid(메일침프와 마찬가지로 이메일 마케팅 및 송신 서비스를 제공하는 회사-옮긴이)의 정신적인 선구자였다. 리스트봇 제품은 출시되자마자 문전성시를 이루며 레브친과 후스의 서버가 감당할 수 없을 지경이 되었다. 수요를 따라잡기 위해 그들은 수천 달러를 투자해 솔라리스 서버를 장만했다. 무게만도 200파운드(약 90킬로그램)에 달해 대형 트럭을 이용해서야 간신히 옮길 수 있었다.

넷메리디언은 포지션 에이전트Position Agent라는 프로젝트로 두 번째 성공을 거두었다. 1990년대 후반 구글이 등장하기 이전에도 라이코스Lycos, 알타비스타AltaVista 또는 야후 같은 검색엔진의 검색 결과 앞 순위는 누구라도 탐내는 자리였다. 포지션 에이전트를 사용하면 웹사이트 관리자는 자신의 웹사이트 순위를 손쉽게 추적할 수 있었다. 포지션 에이전트는 사용자가 웹페이지를 굳이 '새로 고침'하지 않아도 순위를 자동 업데이트하는 특징을 갖춘 프로그램으로, 레브친이 엔지니어링 분야에서 보여준 탁월한 성과라고 할 수 있다.

그러나 넷메리디언의 성공은 축복인 동시에 저주였다. 사용자가 늘어나며 인프라가 보조를 맞춰야 했지만, 레브친에게는 점점 커져만 가는 서버를 감당할 자금이 없었다. 그래서 그는 궁핍했던 스폰서넷 시절에 처음 사용했던 자금 조달 모델에 다시금 의존해야 했다. 회사의 성장 자금을 위해 그는 부득이 신용카드를 '돌려막기' 했고, 이에 따라 고금리 부채가 계속 쌓이면서 수년에 걸쳐 그의 신용 등급은 악화를 거듭했다.

레브친은 명목상으로는 유망해 보이는 인터넷 소프트웨어 서비스 스타트업 넷메리디언의 창업자였다. 하지만 실제로는 그저 파산을 면해보려고 몸부림치는 스무 살 빚쟁이에 지나지 않았다. 다행히도 당시 24시간 내내 일할 수 있는 프로그래머에 대한 수요는 높아서, 레브친은 마켓 액세스 인터내셔널Market Access International이라는 회사의 대표 존 베드포드John Bedford로부터 보수가 높은 일자리를 구할 수 있었다.

레브친은 베드포드가 주당 수천 달러에 상당하는 프로그래밍 작업으로 자신을 '빈곤에서 구출'해주었다고 고마워했다. MAI의 주요 제품은 소비자 제품 및 패키지 상품의 경쟁 정보를 담은 CD 기반 구독 데이터베이스였다. 레브친은 이 마이크로소프트 기반 소프트웨어를 "참을 수 없을 정도로 형편없다"라고 비난했지만, 돈이라면 얼마든 환영이었다.

레브친은 MAI 외에도 대학 캠퍼스 부근 미 육군 공병대 연구소에서 프로그래밍 작업을 했다. "저는 육군이 발급한 신분증을 얻어, 진짜 군사 시설에 출입할 수 있었어요. 거기까지 자전거를 타고 가서, 밤에 잠가두곤 했습니다." 보수는 시간당 14달러였는데, 보수는 차치하고 레브친은 이 일을 통해 보통 사람이라면 접할 수 없는 정말 희귀한 세상을 볼 수 있었다. 이 젊은 프로그래머는 군사 기지를 마구 뛰어다니고, 헬리콥터 조종사들과 이야기를 나누며 즐기는 기회를 만끽했다.

그의 업무 영역은 육군 항공 교통 관제 시스템에 내장된 오디오 소프트웨어였다. "도착해보니 파스칼로 만든 거대한 코드 조각이 있었어요"라고 그는 말했다. 소프트웨어를 만든 사람은 이미 모습을 감춘 상태여서 레브친이 이 소프트웨어를 유지·관리해야 했다. "먼저 실제 시스템이 어떻게 구축되었는지 파악해야 했습니다."

이 소프트웨어 사용자들은 사고가 경직된 기지 사령관들이었다. 이들은 자동화에 회의적인 사람들이어서 종이와 연필을 이용한 절차에 만족하고 비행 프로세스의 제어권을 컴퓨터에 넘기길 꺼리고 있었다. 이 꺼림칙함을 해결하기 위해 레브친은 종이와 연필 방식을 모방한 사용자 경험을 고안했다. "종이 스트립paper strip(항공 및 비행 관련 절차를 기록하는 데 사용되는 종이로 된 양식-옮긴이)의 수치에 정확히 맞는 양식을 만드는 방법을 생각하는 데 일주일을 보내기도 했습니다."

레브친이 만든 양식은 사용자가 입력하는 대로 스크롤되는 것처럼 보였지만, 그는 불안한 화면 움직임이 너무 '사이키델릭'하고 '미친' 것처럼 보일까 봐 걱정했다. 그러나 상관들은 "완벽하다"라고 말했다. 그들은 레브친에게 "이제 완벽하다는 걸 알았으니, 다들 사용할 걸세"라고 격려해주었다.

군대에서 레브친은 또 하나의 새로운 경험을 했다. 그의 작업에 대한 심미적 비평이었다. 레브친은 "그들은 [내 프로그램이] 완벽하게 작동하지만, 멋지지는 않다고 말하곤 했습니다"라고 말했다. 그래서 그는 예전에 만들었던 폭발 시뮬레이터에서 먼지를 털어내 보기로 했다. 그 시뮬레이터를 약간 손본 다음, 소프트웨어 화면 보호기로 만들어서, 비행 패턴을 나타내는 지루한 작업에 약간의 멋을 더해주었다.

레브친 역시 조금은 멋져졌다. 뉴욕주 포트 드럼과 미시간주 캠프 그레이링을 비롯한 여러 육군 기지를 오가면서 그에게는 다채로운 이야기보따리가 생겼다. 그와 동시에 저임금 단순 하도급 업자로서 군 생활의 어두운 현실에 노출되기도 했다.

한번은 두 명의 군인을 알게 되었는데, 하나는 동성애자 남성이고 다른 하나는 레즈비언 여성이었다. 이들은 서로 합법적인 부부였지만, 정작 각각 다른 파트너들과 함께 살고 있었다. "사람들은 그걸 '군대 결혼'이라 부르지"라고 군 기지에 있던 한 친구가 레브친에게 설명했다. 게이, 레즈비언, 양성애자의 군 복무가 금지되었던 시절, '묻지 말고, 말하지 말라Don't Ask, Don't Tell('군인들은 성적 지향에 대해 서로 묻지 말고, 성소수자 군인들은 자기 성적 지향을 밝히지 말라'-옮긴이)' 원칙이 있기 이전에는 그런 '군대 결혼'이 드물지 않았다. 레브친은 "저는 이 모든 일을 지켜보면서 많이 성장했습니다"라고 말했다.

얼마 지나지 않아 레브친은 또 하나의 어두운 현실을 마주쳐야 했다. 레브친의 계약 기간에 공병대 내에서 외국인 직원들과 정보 보안에 대한 우려가 심각하게 대두된 적이 있었다. 이는 어바나 샴페인 연구소에 소속된 막대한 숫자의 프로그래밍 인재가 일자리를 잃는 동시에 복잡한 컴퓨터 시스템을 유지·관리에 익숙하지 않은 직원들 손에 맡길 수밖에 없는 상황을 의미했다.

외국 출신이었던 레브친도 당연히 도마 위에 올랐지만, 그의 관리자가 중재에 나섰다. 레브친은 헬리콥터 소프트웨어 작업을 계속하며, 컴퓨터 부품의 형태로 비공식 임금을 받기로 했다. 잠정적이긴 했지만, 이 방법도 나름 나쁘지 않았다. 결국 군대는 외국인 노동자들을 계속 고용하는 결정을 내렸다. 다만 미국 시민권을 갖지 않은 하도급 업자는 노란색 식별 태그를 붙이고 다녀야 한다는 성가신 단서를 달았다. 레브친은 회상했다. "이 표식을 달면, 밀착 감시 대상이 되었죠. 책상에서 마음대로 일어날 수도 없었습니다. 일어나기만 하면, 사람이 따라붙었죠."

유대인 난민들에게 그 표식은 고통스러운 기억을 떠올리게 했다(유대인 가슴에 다비드의 별을 달게 했던 나치의 유대인 차별을 가리킨다-

옮긴이). "저는 그렇지 않았지만, 제 친척 중에는 그 일을 겪은 분도 계셨죠"라고 레브친은 말했다. 그는 미 육군 공병대 일을 그만두고 난 다음에도 대학 시절 가장 기묘했던 부업의 유물이라 할 수 있는 그 꼬리표는 간직했다.

졸업할 때까지 레브친은 넷메리디언을 운영하는 동시에 벼락치기로 기말고사를 공부하고, 졸업 이후에는 무엇을 해야 할지 숙고해야 했다. 친구들은 어바나 샴페인을 떠나 각자의 삶을 준비하는 데 비해 레브친은 자신이 한 곳에 묶여 움직이지 못하고 있다는 생각이 들었다. 넷메리디언은 성공적이었지만 클라우드 컴퓨팅 이전의 세계였기에 이동 불가능한 대규모 서버에 의존할 수밖에 없었다. 서버가 일리노이에 묶여 있는 한 그 역시 마찬가지 운명이었다.

때마침 스콧 바니스터가 생명줄을 보내왔다. 이 시점에 바니스터는 이미 실리콘밸리에 회사를 하나 세우고, 그것도 모자라 매각까지 마친 다음이었다. 새로운 자리로 옮겨간 그는 1998년 8월에 넷메리디언의 리스트봇과 포지션 에이전트 제품 판매 중개를 제안했다. 레브친은 공식적으로 '엑시트exit(스타트업의 자본금 회수를 가리키는 말로, 일반적인 방법으로는 기업공개IPO, 인수합병M&A, 매각 등이 있다-옮긴이)'를 달성하고 이제 '캘리포니아로 탈출'할 수 있었다. 디지털 세계를 영원히 바꾸어놓을 기업가에게 환하게 열린 여정의 첫 단계였다.

시작은 미약했다. 레브친은 이사 비용에 큰돈을 쓰고 싶지 않았다. 그래서 그는 펜스케 트럭 렌털 사무소까지 뚜벅뚜벅 걸어가서는, 거기서 두 번째로 큰 트럭을 빌렸다. 그와 룸메이트 에릭 후스는 아직 상태가 나쁘지 않았던 중고 이케아 책상과 의자를 포함해 사무실에 있던 모든 물건을 트럭에 실었다. 트럭과 후스의 토요타 터셀에 짐을 가득 나눠 실은 둘은 서부로 가는 여정을 시작했다. "관광 따위엔 아예 관심이 없었어요. 저는 가능한 한 빨리 팰로 앨토Palo Alto(실리콘밸리 중심지-옮긴이)에 가고 싶었거든요." 레브친은 말했다.[30]

2장

틸과의 만남

피터 앤드리아스 틸Peter Andreas Thiel은 어린 시절부터 능력주의의 화신이었다고 자신을 평가했다. 고등학교 때부터 뛰어난 성적을 거두던 그는 스탠퍼드대학에서 학사 학위를 받고, 그 후 법학대학원까지 졸업했다. "저는 중학교에서 고등학교, 대학에 이르기까지 늘 선수 과목을 듣곤 했습니다." 틸은 나중에 졸업 연설에서 말한 적이 있다. "로스쿨에 들어가 보니 어릴 때부터 내내 똑같은 시험을 쳐가며 했던 경쟁을 또다시 해야만 한다는 사실을 깨달았습니다. 하지만 전문직을 가진 성인이 되기 위해서는 어쩔 수 없다고 생각했었습니다."

로스쿨을 졸업한 후에도 성공은 계속되어 그는 명망 있는 항소 법원 서기직을 얻었다. 하지만 바로 그때 그는 심각한 실패를 마주한다. 대법원 서기직에 지원했지만 떨어지고 말았다. 대법원의 불합격 통보는 일종의 재앙이었다. "세상이 끝난 것 같았죠." 후에 그는 말했다.[1] 그러면서 '자아를 찾기 위한 20대 중반의 위기'가 시작되었다. 이 위기 동안 그는 법을 그만두고 크레디트 스위스Credit Suisse에 파생상품 트레이더로 합류했다가, 1996년 서부로 돌아왔다.[2]

틸은 캘리포니아에서 새로운 도전을 시작했다. 일단 친구와 가족으로부터 돈을 모아 틸 캐피털Thiel Capital이라는 헤지펀드를 출범했다. 틸 캐피털은 거시경제학적인 안목과 전략으로 전 세계 환율에 투자하는 기업이었다. 2년 후, 직원이 필요했던 틸은 자신에게 익숙한 인재 풀을 활용하기로 작정했다. 스탠퍼드 2학년 시절, 틸과 노먼 북Norman Book은 《스탠퍼드 리뷰》라는 독자적인 학생 신문을 함께 만들었던 경험이 있었다.

《스탠퍼드 리뷰》창간호는 모든 기존 관념에 대한 무자비한 반대를 천명했다. "무엇보다도 스탠퍼드 커뮤니티 내부에 존재하던 다양한 문제들에 대안적 관점을 제시하고 싶었어요."[3] 틸은 자금 조달, 편집, 원고 청탁을 맡았다. 가장 앞에 싣는 논설도 그의 몫이었다. 그가 쓴 논설의 제목은 '오픈 마인드인가, 텅 빈 마인드인가?', '제도화된 자유주의', '서구 문화와 그 실패', '정직의 중요성The Importance of Being Honest'(오스카 와일드의 《The Importance of Being Ernest》의 패러디—옮긴이) 등이었다.[4]

지지자들이 보기에 《스탠퍼드 리뷰》는 스탠퍼드대학의 숨 막히는 정치적 공정성political correctness 문화에 신선한 바람을 몰고 왔다. 비판적인 입장에서 보자면, 《스탠퍼드 리뷰》는 실질적인 내용은 없고 그저 도발만 늘어놓고 있는 식상한 악마의 변호devil's advocacy(어떤 주장에 대한 반대 의견을 제시함으로써 그 주장의 타당성을 검증하는 것을 의미한다—옮긴이)에 지나지 않았다. 《스탠퍼드 리뷰》는 그 정치적 이단성으로 인해 캠퍼스에서 유명해졌다. 이 신문의 최초 편집장은 나중에 실리콘밸리에서도 그 이단성으로 악명을 떨치게 된다.

《스탠퍼드 리뷰》는 설립자들이 대학을 마친 후에도 계속 발간되며 틸에게 캠퍼스와 지속적인 연결 고리가 되어주었다. 그는 졸업 후에도 때때로 《스탠퍼드 리뷰》 행사에 참석했는데, 그 행사에서 텍사스 출신 켄 호워리Ken Howery라는 스탠퍼드 졸업반 학생과 처음 만났다. 둘은 짧은 이야기를 나눈 후 계속 관계를 유지하기로 다짐했다.

얼마 후 틸은 호워리에게 틸 캐피털에 합류하라고 제안하는 보이스 메일을 남겼다. 둘은 팰로 앨토의 한 스테이크 하우스에서 만나 저녁을 먹었다. 함께 저녁을 먹으며 시간이 흘러갈수록 호워리는 틸의 폭넓고도 깊은 지식에 커다란 감명을 받았다. 호워리는 기숙사로 돌아와 여자친구에게 말했다. "피터는 스탠퍼드에서 4년 동안 만난 사람 중에서 가장 똑똑한 사람 같아. 나는 앞으로 평생을 그를 위해 일할 것 같아."

호워리의 여자친구, 그의 친구들, 그리고 가족들이 보기에는 참으로 우스꽝스러운 선언이었다. 호워리는 이미 최고의 이스트 코스트 금융회사로부터 좋은 제안을 받아놓은 터였다. 그런데 그 모든 걸 포기하겠다고? 그 듣도 보도 못한 뭘 위해서라고? 틸의 회사에는 틸 말고는 다른 직원이라곤 하나도 없었다. 심지어 사무실마저 없었다.

하지만 호워리는 이미 매료돼 있었다. 아마 그 신생 기업보다 틸에게 더 매료되었을 수도 있다. 호워리는 스타트업과 테크놀로지에 꾸준히 관심을 키워왔는데, 틸은 바로 그러한 세계에 직접 연결된 사람처럼 보였다. 호워리로서는 한번 운명을 걸어볼 만한 사람으로 보였다. 그래서 졸업과 동시에 켄 호워리는 틸 캐피털과 계약을 맺었다.

그 후 얼마 지나지 않아 닷컴 붐이 일기 시작했다. 그것도 바로 틸과 호워리의 뒷마당에서 시작되었다. 인터넷 기업들은 레거시 회사들과 함께 증권거래소에 상장하기 시작했고, 수십억 달러가 서부로 쏟아져 들어왔다. 틸은 전 세계를 망라하는 거시적인 안목의 투자자로서 이미 쏠쏠한 성공을 거두었지만, 이 인터넷 열풍 속에서 유망한 테크놀로지 스타트업 투자 기회를 보았다.

틸은 이 투기장에서 성공하기 위해서는 우선 자신의 회사에 걸맞은 주소가 필요하다고 생각했다. 그 주소는 유명한 실리콘밸리 벤처캐피털 기업들의 본산이라 할 수 있는 멘로 파크Menlo Park 샌드 힐 로드Sand Hill Road여야 했다. 틸은 켄 호워리에게 사무실 공간을 찾으라는 지시를 내렸다. 호워리로서는 틸 캐피털에서 맡은 첫 업무였다. 쉬운 일은 아니었다. 사이버 공간 점유율 경쟁이 치열하게 전개되면서 샌드 힐 로드의 저층 건물들은 센트럴 파크가 한눈에 보이는 전망 좋은 맨해튼 사무실보다도 높은 금액으로 임대되고 있었고, 그것도 모자라 대기자 명단까지 받는 상황이었다.

호워리는 사람을 직접 보고 요청하는 편이 더 나은 결과를 낳는다고 생각하며 샌드 힐 로드를 계속 걸어서 왔다 갔다 했다. 하루 내내 거절 통지를 받으며 좌절한 상태에서, 그는 마지막 장소로 점찍어 놓았던 샌드 힐 로드 3000번지에 도착했다. 한 나이 지긋한 신사가 울타리를 다듬고 있었다. 호워리는 그에게 다가가 임대에 대해 논의하고 싶은데, 누구에게 말하면 될지 물었다. 알고 보니 그 사람은 그 건물의 주인이었다. 제2차 세계대전 참전 용사이자 지역 부동산의 거물로 이따금 손수 자신의 부동산을 돌보곤 했던 톰 포드Tom Ford라는 이름의 77세 노신사였다.

포드는 집 안으로 호워리를 데리고 들어가서는 건물 도면을 꺼냈다.

그러곤 이미 입주가 끝난 사무실들 위로 손가락을 이리저리 미끄러뜨리다가 호워리가 보기에 잠깐 반짝거리는 듯했던 바로 한 지점에서 손을 멈추었다. "글쎄요, 사무실은 없네요. 하지만 여기 청소도구 넣어 두는 작은 창고는 있는데, 쓸모가 있을지도 모르겠군요." 그는 말했다.

포드는 호워리를 그 창고로 데려갔다. 빗자루, 걸레, 양동이 몇 개, 그리고 여러 청소도구가 벽에 줄지어 늘어서 있었다. 호워리는 바로 그 자리에서 그 장소를 택했고, 포드는 5페이지 분량의 그리 복잡하지 않은 임대 계약서를 작성했다. 호워리는 틸 캐피털의 새로운 본사를 장식하기 시작했다. "철물점에서 몇 개의 금속으로 만든 숫자를 얻어 바깥쪽 벽에 못질해 박았죠." 호워리는 회상했다. "그랬더니 창고 같은 느낌이 조금은 덜해 보이더군요."[5] 포드는 두 세입자에게 외부로 연결되는 창문 대신 쓰라고 두 점의 야생동물 포스터를 선물했다.

1998년 틸 캐피털은 샌드 힐 로드 '사무실'과 직원 한 명으로 테크놀로지 부분 투자를 시작했다. 초기 스타트업 투자 중 하나는 장래가 유망해 보이던 일리노이대학 졸업생 루크 노섹이 창업한 스타트업에 대한 투자였다.

졸업 후 노섹은 캘리포니아로 떠났고, 자리를 잡는 동안은 소파에서 잠을 청했다. 늘 사교적인 태도를 잃지 않았던 그는 실리콘밸리의 수많은 닷컴 파티에 초대받았다. 그러다 한번은 넷스케이프와 연줄이 있는 파티 참석자와 대화를 시작했고, 얼마 지나지 않아 노섹은 넷스케이프 비즈니스 개발 부서에서 일자리를 얻었다.

이 새로운 직업을 위해 그는 최선을 다해 모든 컨퍼런스와 기술 회의에 참석했다. 그런 모임 중 하나였던 스타트업 기업가 실리콘밸리 연합에서 노섹의 친구 스콧 바니스터는 교육 개혁에 관련한 패널 자리에 앉아 있었다. 프레젠테이션이 있고 난 뒤, 한 동료 패널이 바니스터와 노섹에게 그의 대학 룸메이트 피터 틸을 만나보지 않겠냐고 물었다.

네 사람은 지역 패스트 캐주얼 체인점 호비스에서 만났는데, 이들 모임은 첫 만남으로 그치지 않았다. 노섹은 이메일에서 여러 번 이 모임을 장난삼아 '억만장자들의 아침 모임'이라고 언급하기도 했다. "우리는 모두 다른 사람들이 큰일을 해내리라 믿었기 때문이죠"라고 노섹은 설명했다. 함께 식사하면서 이들은 테크놀로지, 철학, 교육, 스타트업 그리고 미래 예측에 관련된 최근의 발전들에 대한 정보를 나누었다. 스타트업 투자에 대한 틸의 관심을 노섹이 알게 된 것도 바로 이 모임에서였다.

넷스케이프에 들어가기 훨씬 전부터 노섹은 스타트업에 열의를 보였다. 대기업 정규직이 되면서 그 열의는 더욱 불타올랐다. 그는 "[넷스케이프에서는] 아무 일도 하지 않았습니다"라고 고백했다.[6] 그는 불과 1년 만에 회사를 그만두었다.

하지만 실직은 자기 회사를 창업하는 계기가 되었다. 그는 자기 아이디어를 스마트 캘린더라고 불렀다. 이미 죽어버린 종이 달력의 디지털 업그레이드 버전이라고 할 수 있었다. 노섹은 틸에게 투자를 설득했다. "돌이켜보면 거의 모든 것이 엉망이었어요." 틸은 후에 스마트 캘린더에 대해 이야기하며 말했다. 이미 바글바글한 e-캘린더 공간에는 '무려 200개에 달하는 기업'이 서로 주도권을 다투고 있었다.[7] 외부와 내부의 문제를 겪으며—노섹은 공동창업자와 충돌하며 회사에서 쫓겨났다—스마트 캘린더는 문을 닫았다.

다른 실패에서와는 달리 스마트 캘린더를 잃고 난 후 노섹은 고민이 많았다. 부분적으로는 새로운 친구 피터 틸이 돈을 잃었기 때문이기도 했다. "제 생각으로는 스마트 캘린더의 도산으로 피터와의 관계가 나빠졌습니다. 그의 돈을 잃었기 때문이죠." 노섹은 회상했다.[8] 그러나 틸에게 스마트 캘린더는 투자라기보다는 스타트업을 배우는 벼락치기 공부 과정의 하나에 지나지 않았다. 노섹은 틸에게 인터넷 마케팅, 고객 유치 및 제품 디자인 같은 복잡한 과정을 안내하면서, 회사의 성장과 쇠퇴에 관한 모든 시시콜콜한 이야기까지 공유해주었다.

틸은 나중에 자신의 스마트 캘린더 투자를 풍부한 학습 환경이었다고 회상했는데, 이는 현명한 공동창업자 선택과 경쟁 최소화를 포함해 페이팔 성공을 위한 기반을 닦는 데 교훈을 얻을 수 있었던 실패 사례였기 때문이다. 스마트 캘린더가 망한 다음에도 틸이 노섹에게 계속 말을 걸어준 것도 노섹에게 큰 교훈이 되었다. 실리콘밸리에서 돈을 잃는 것은 다른 곳에서 돈을 잃는 것과는 같지 않다는 교훈이었다. 이곳에서는 성공적인 엑시트뿐 아니라 노력 그 자체만으로도 점수를 딸 수 있었다.

노섹이 회사를 세우고 틸은 펀드를 조성하느라 바쁜 사이, 맥스 레브친은 좀 더 기초적인 자산이라 할 수 있는 에어컨을 찾아 헤매고 있었다. 그가 자리 잡은 팰로 앨토 스튜디오에는 에어컨 같은 기본 설비조차 돼 있지 않아서, 그는 즉흥적으로 모든 상황에 대처해나가야 했다. 레브친은 스탠퍼드 캠퍼스에서 돌아다니며 대중에게 공개된 강의를 찾아가면 뒷자리에 눈 감고 앉아 더위를 피할 수 있다는 사실을 터득하게 되었다.

그런 에어컨 찾기 중에 레브친은 피터 틸의 강의 예고 전단을 보았다. 금융시장과 외환거래라는 강의 주제가 특별히 관심을 끌지는 않았지만, 레브친은 루크 노섹으로부터 틸에 대해 들은 적이 있었고 틸이 스타트업에 투자한다는 사실도 알고 있었다. 스탠퍼드 터맨 엔지니어링 센터 강의실에 도착한 레브친은 예상보다 청중 수가 적은 데 놀랐다. 불과 열 명 남짓한 참석자들이 세미나 스타일로 틸을 둥글게 에워싸고 앉아 있었다.

참석자 수는 보잘것없었지만, 틸이 했던 이야기는 레브친에게 깊은 인상을 남겼다. '와우. 내가 금융계에서 무언가를 하려면, 저 친구와 함께 다녀야겠어.' 레브친은 생각했다. 그는 틸의 재정적 통찰력에서 남과는 다른 점을 읽어냈다. '이 친구는 분명히 컴퓨터과학자는 아니지만, 어쨌든 이 친구도 나와 같은 너드군'이라고 레브친은 생각했다.[9]

강의가 끝난 후 레브친은 틸의 관심을 받아보려고 주변을 서성거렸다. 그런데 틸은 마치 즉석 모금 운동에서 빠져나오지 못해 고통스러워하는 것으로 보였다. 레브친은 '[틸을] 구해야겠다'라고 생각하고는 사람들 사이를 파고들었다. "헤이, 피터, 전 맥스라고 합니다…. 루크랑 친구죠."

구조의 동아줄을 알아챈 틸은 레브친에게 관심을 돌렸다. "그래서 당신은 무엇을 하고 있습니까?"

"회사를 하나 차려볼까 합니다. 일리노이에서 이미 했던 일이죠." 레브친은 자신이 만들었던 넷메리디언이 최근에 인수되었다고 설명했다.

"오, 그렇군요! 우리 아침이나 먹죠"라고 틸은 대답했다.

다음 날 아침, 레브친은 약속된 만남 장소였던 호비스까지의 거리를 잘못 판단했다. 시간에 늦을까 전력 질주하다 보니 땀에 흠뻑 젖은 채 약속 장소에 도착했고, 숨을 헐떡이며 사과했다. 자신이 좋아하는 호비스 스무디를 마시고 있던 틸은 그다지 괘념치 않았다. 레브친이 자리에 앉자, 틸은 그의 스타트업 아이디어에 관해 꼬치꼬치 캐묻기 시작했다.[10]

레브친의 첫 번째 제안은 대학 시절 그가 계약직으로 일했던 MAI에서 판매하는 제품의 업그레이드였다. MAI는 물리적인 제품physical goods(가구, 의류, 전자제품 등 만지고 소유할 수 있는 제품-옮긴이) 및 소매 제품의 시장 트렌드에 대한 데이터와 분석을 제공했는데, 레브친은 온라인 광고 데이터베이스 시장의 가능성도 있다고 생각했다. "누군가는 웹을 긁어 배너들을 수집해 데이터베이스로 포장해야 합니다. 온라인에서 광고를 사용해 더 넓은 시장을 확보할 기회가 있습니다"라고 그는 말했다.

"오케이. 흥미롭군요." 틸이 대답했다.[11]

틸의 뜨악한 반응을 감지한 레브친은 다음 아이디어로 넘어갔다. 대학 시절 그는 대형 컴퓨터 시스템을 운영하는 친구들의 문제를 해결하기 위해 당시 세계에서 가장 인기 있는 휴대용 장치였던 팜파일럿용 애플리케이션을 만들었다. 당시 시스템 관리자들은 보안을 위해 신용카드 크기의 키 카드에 의존해야 했다. 각각의 컴퓨터는 일회용 암호를 생성하는 키 카드가 필요했고, 따라서 레브친의 시스템 관리자 친구들은 엄청나게 부피가 큰 키 카드 묶음을 들고 다녀야 했다.

레브친이 만든 시큐어파일럿SecurePilot이라는 물건은 여러 개의 키 카드가 생성하던 패스워드들을 하나의 휴대용 장치에서 하나의 앱으로 가능하게 만들어주었다. "기본적으로 팜파일럿에서 모든 것을 에뮬레이트해서, 제 친구들이라면 멍청한 장치들 모두를 버릴 수 있었죠." 레브친은 말했다.[12]

적지 않은 성취였다. 키 카드는 복잡한 암호화를 수행해서 빠르게 암호를 생산했다. 시큐어파일럿은 사용자가 지루해하지 않도록 빠른 속도를 유지해야 했지만, 팜파일럿의 프로세서가 뒤처지다 보니 속도는 해결되지 않은 기술적인 문제로 남아 있었다. "[프로그램의] 속도를 높이는 데는 사용자 인터페이스 관점과 수학적인 관점에서 몇 가지 기술이 있습니다." 레브친은 나중에 인터뷰어 제시카 리빙스턴Jessica Livingston에게 말했다. "수학에서는 얼마나 짜낼 수 있는지를 봐야 하고, 사용자 인터페이스에서는 시간이 그렇게 오래 걸리지 않는 것처럼 느끼게 해야 합니다."[13]

시큐어파일럿은 수학과 기술을 모두 정복했고, 게다가 기꺼이 돈을 내는 고객까지 확보한 상태였다. 레브친은 앱을 다운로드할 때마다 25달러를 청구해서, 틸과 함께 호비스에 앉아 있던 당시에도 이미 제법 수익을 내고 있었다. 레브친은 틸에게 시큐어파일럿의 작은 성공은 커다란 기회, 다시 말해 휴대용 장치와 모바일 보안의 교차점에 있는 비즈니스 기회를 암시한다고 설명했다. 그는 팜파일럿과 유사한 휴대용 장치가 미래에는 필요불가결하리라고 예언했다.

틸은 회의적이었다. 그는 "저도 이 장치들을 본 적이 있어요"라고 말했다. "하지만 무엇에 쓰는 물건이죠?"

"글쎄요, 지금은 메모하기에나 좋습니다"라고 레브친은 선선히 인정했다. "하지만 언젠가는 이런 것들이 노트북, 딕타폰Dictaphone(19세기 후반에서 20세기 초까지 비즈니스 환경에서 대화를 기록하기 위해 흔히 사용하던 장치-옮긴이)은 물론 데스크톱에서 이메일 읽기를 대신할 것이라고 믿습니다…." 그러곤 언젠가는 사람들이 모두 주머니에 슈퍼컴퓨터를 가지고 다닐 것이라고 예언했다.

틸은 압박을 가했다. "그래서 요점이 뭐죠?"

"요점은 지금 당장 암호가 없다는 겁니다. 누군가가 제 팜파일럿을 훔치고 제 비밀번호를 안다면 저는 망한 거죠. 그들은 제 모든 것을 가질 수 있습니다." 레브친이 설명했다. "여기에 암호를 설정해야 한다는 거죠."

틸은 잠재력을 느끼기 시작했다. 그는 이 분야에 관련된 핵심적인 질문을 던졌다. 일회용 암호 생성이야 어렵지 않겠지만, 팜파일럿 프로세서를 가지고 이메일, 문서 및 기타 파일 암호화까지 처리할 수 있을까? 레브친의 아이디어는 당시 테크놀로지보다 너무 앞선 것이 아닐까?

"제가 하고 싶은 말입니다." 레브친이 대답했다. 학교 다닐 때 레브친은 소형 장비 암호화에 관한 학술 연구를 열심히 들여다보았고, 시큐어 파일럿으로 자기 생각을 현실화시켰다. 효율적인 모바일 암호화는 레브친에게는 강박과 같은 것이었고, 자신이 경쟁 우위를 점하고 있다고 생각하는 영역이기도 했다.

결국 틸은 회의적인 입장에서 지지자로 돌아섰다. "좋은 생각입니다. 그렇게 해야죠. 그리고 저는 투자하고 싶습니다."

레브친과 틸은 그 후 몇 주 동안 정기적으로 만났다. 나중에 레브친은 이 만남을 '울트라-너드들 간의 데이트'라고 불렀다. 한번은 팰로 앨토 프린터스 책방에서 만나 마치 배구 경기하듯이 서로 생각을 주고받으며 떠오르는 이야기들을 토로하기도 했다. "하나의 아이디어를 던져 그가 당황해하는지를 보죠." 레브친은 회상했다. "그러곤 그도 내게 하날 던지는 거죠."

어조는 상냥했지만, 속으로는 경쟁심이 끓고 있었다. 나중의 페이팔 문화를 이미 보여주는 듯했다. 틸과 레브친은 수수께끼를 주고받으며 서로 자랑스러워하는 수수께끼 해결 능력을 갈고 다듬기도 했다. 레브친은 틸이 제시했던 문제 중 하나를 기억한다. 어떤 양의 정수를 선택하

라. 어떤 정수는 홀수 개의 고유한 약수를 가지고 있고, 어떤 정수는 짝수 개의 고유한 약수를 가지고 있다. 고유한 약수의 개수가 정확히 짝수인 모든 정수의 부분집합을 설명하라.*

레브친은 4분에서 5분 정도 이 문제를 가지고 씨름했다. 그는 '처음에 지나치게 복잡하게 생각했고' 실수로 '부분집합의 부분집합'을 제시했던 것으로 기억한다. 그러나 결국 올바른 답에 도달했다. 쓸데없는 부분도 없진 않았지만, 틸은 꽤 깊은 인상을 받았다.

레브친은 다른 문제로 응수했다. 두 개의 밀도가 서로 다른 밧줄이 있다. 밧줄은 서로 다른 속도로 타지만, 한 시간 내에 완전히 타버린다. 이 두 개의 밧줄을 이용해 정확히 45분을 측정하라.**

틸은 정답을 제시했다.[14]

복잡한 두뇌 퍼즐은 몇 시간이고 이어졌다. 논리와 수학을 엮은 고난도 퍼즐이었다. 레브친과 틸은 둘이 별난 관심사를 공유하고 있다는 사실을 발견했다. 사실 정말 특이한 사람들이나 수학을 놀이로 삼는 법이다. 노섹은 틸에 대해 이렇게 말한다. "피터는 기술적인 사람은 아니었어요. 하지만 항상 사물을 이해하려 한다는 점에서 맥스만큼이나 지적이었어요. 둘은 사고의 한계까지 자신을 채찍질하는 걸 즐겼죠."[15]

틸과 레브친이 처음 만났을 당시를 생각해보면 나중에 페이팔의 직원 평가 방식을 충분히 예측할 수 있다. 불타는 밧줄 같은 질문은 페이팔 입사 인터뷰에서도 흔히 들을 수 있었다. "귀여운 수수께끼 같잖아

---

* 해답: z보다 작은 완전수의 개수를 찾아서 z-1에서 그 수를 빼라.
** 해답: 한 밧줄을 양쪽 끝에서 동시에 태운다. 밧줄은 30분 동안 탄다. 다 타고 나면, 다른 밧줄을 한쪽 끝에서 태운다. 두 번째 밧줄이 모두 타버리면 정확히 45분이 걸린다.

요." 레브친은 설명했다. "하지만 속을 들여다보면 매우 기본적인 컴퓨터과학 문제이기도 하죠…. 한 걸음 물러나서 생각해야 해요. 하지만 수수께끼니까 빨리 풀어야지, 너무 깊이 파고들다 보면 틀리기 쉽죠."

레브친은 수학으로 박사 학위를 받아 유망해 보이던 지원자와 했던 인터뷰를 회상했다. 퍼즐을 제시받은 이 수학자는 무언가를 마구 쓰기 시작했다. 계산이 화이트보드 전체를 가득 메우고, 그것도 모자라 사무실 유리창까지 이어졌다. 레브친은 이 지원자의 해답 도출을 향한 길고도 험난한 과정을 확실한 단점으로 보았다. '이것이 소프트웨어 엔지니어로서 당신의 미래야. 결국은 해내겠지만, 시간이 너무 오래 걸려'라고 그는 속으로 생각했다.[16]

인터뷰에서 난해한 퍼즐 풀이를 제시하는 문화는 페이팔에 국한되지 않았다. 사실 당시 많은 테크놀로지 기업이 퍼즐을 적극적으로 이용했다. 물론 페이팔 동문 모두가 이를 이상적인 방법이라고 생각하지는 않았다. 페이팔 엔지니어 에릭 클라인은 "저는 퍼즐은 잘 못 풀어요. 하지만 문제 해결은 좋아하죠"라고 말했다. "퍼즐과 문제는 달라요. 우리는 인터뷰를 하며 여러 퍼즐을 풀었는데, 저는 퍼즐 때문에 훌륭한 문제 해결자들이 오히려 걸러지는 게 아닌가 생각하기도 했어요." 클라인은 자신도 당시에는 '거기에 폭 빠졌었지만', "좀 더 나이가 든 후에는 최선의 고용 방법은 아닐 수 있다는 생각도 들더군요"라고 회상했다.[17]

산토시 야나르단Santosh Janardhan이라는 엔지니어는 실시간 퍼즐 풀이의 장단점을 다음과 같이 이야기했다. "우리는 아마 좋은 사람들을 놓치기도 했을 거예요. 그중에는 일진이 나빴던 사람도 있었겠죠. 하지만 이런 방식으로 고용한 사람들의 경우 최소한 IQ는 엄청 높았고, 무엇보다 우리처럼 생각했어요. 진짜 인재를 놓쳤을 수도 있지만, 결국 회사에 들어온 사람들은 그냥 보기만 해도 손발이 척척 맞는 사람들이었어요. 집단적 사고groupthink 덕분이었을 수도 있겠지만, 소규모 집단이 그렇게 빠르게 중요한 일을 성취한다는 것은 지금 돌이켜보면 정말 근사한 일이었어요."[18]

고용에 도움이 되었든 아니든 간에, 퍼즐 풀이는 기업 문화에 스며들며 페이팔을 독특한 기업으로 만들어주었다. 한 UX 디자이너는 엔지니어링 팀이 퍼즐 풀이를 얼마나 사랑했는지를 기억한다. "마치 정말 아름다운 해결을 제시하는 즐거움 같은 게 있었어요."[19] 그러한 즐거움을 자극하기 위해 회사는 주간 뉴스레터에 퍼즐을 싣고, 다음 호에 정답과 정답을 맞힌 직원들의 이름을 내보냈다.

몇 차례에 걸친 커피와 퍼즐을 거친 후, 1998년 12월 틸 캐피털은 레브친의 회사 초기 운전자본금으로 10만 달러를 단기 대출해주었다. 엄청난 돈은 아니지만, 드디어 시작이었다. 레브친은 에인절 투자자를 곁에 두고 회사의 싹을 틔웠다. 이제 그는 완벽한 CEO를 염두에 두고 있었다. 소프트웨어 회사 제이디 에드워즈JD Edwards에서 일했던 IT 전문가 존 파워스John Powers였다.[20]

둘은 레브친이 대학 재학 중일 때 일리노이주 오크 브룩에서 개최된 모바일 테크놀로지 컨퍼런스에서 만난 적이 있다. 컨퍼런스에서 파워스는 질문으로 무장하고 모토로라 부스에 줄 서 있었다. 그러다가 근처에서 레브친이 질문하는 것을 들었다. '여기 이 아이는 부스 운영자들보다 더 아는 게 많은 것 같군.' 파워스는 이런 생각을 했던 것으로 기억한다.[21]

둘은 근처에서 커피를 마셨고, 그곳에서 레브친은 파워스가 모토로라 사람들에게 제기하려고 했던 문제들의 해결 방안에 도움이 될 만한 얼개를 즉석에서 스케치했다. 파워스는 레브친에게 충격을 받았다. 보통의 대학생들은 기업 테크놀로지 컨퍼런스에 그리 자주 참석하지도 않았고, 그렇게 날카롭지도 않았기 때문이다.

레브친은 파워스를 '키 크고, 건장하고, 괴짜이고⋯ 마음씨 좋은 사람'이며 '항상 시대보다 10년 앞서 있는 사람'으로 기억했다. 파워스는 모바일 컴퓨팅에 관심이 많아, 그 컨퍼런스에 참석했다. 1세대 모바일 장치인 팜파일럿, 애플 뉴턴Newton, 카시오 카시오페이아Cassiopeia, 샤프 위저드Wizard 등이 막 등장한 시점이었다. 레브친을 만났을 때 파워스는 무선 표준과 모바일 장치 보안에 대해 알아보고 있었다. "다가오는 진화의 물결을 볼 수 있었으니까요"라고 그는 기억했다.[22]

컨퍼런스 직후, 파워스는 제이디 에드워즈 상사들에게 모바일 기업 컨설팅 업무를 시작하자고 제안했다. 그러나 당시 모바일 컴퓨팅은 아직 초기 단계에 불과하다 보니 상사들은 내켜 하지 않았다. 자신의 고용주들과는 달리 모바일에 흥미를 잃지 않았던 파워스는 휴가를 내어 컨설팅 회사를 시작했다.

동료가 필요했던 파워스는 레브친에게 전화를 걸어 시간당 15달러에 모바일 프로그래밍 계약을 제안했고, 레브친은 흔쾌히 수락했다. 그들의 첫 번째 고객은 지게차와 견인차를 임대하는 하이스터Hyster였다. 하이스터의 서비스 기술자들은 현장에서 고객들에게 청구서를 보낼 방법이 필요했다. 이에 따라 레브친은 현장 기술자들이 부품에 소비한 시간과 비용을 추적하는 소프트웨어를 만들었다.

젊은 회사는 이내 많은 고객을 확보했다. 그중에는 일리노이주 피오리아에 본사를 둔 캐터필러Caterpillar, 그리고 완전히 업계가 다른 에이본Avon 화장품이 있었다. 파워스는 프로그램이 가장 원활하게 출시된

쪽은 에이본이었다고 회상했다. 레브친의 소프트웨어는 메이크업 판매
는 물론 지게차 수리에도 큰 도움을 주었다.

유료 고객을 확보한 파워스는 투자자 미팅을 준비하기 시작했다. 그
와 레브친은 수십 명의 시카고 투자자들 앞에서 회사를 홍보했지만, 그
누구도 회사 인수에 관심을 보이지 않았다. 파워스는 "그들은 인터넷을
이용해서 애완동물 사료를 보내거나 티셔츠를 만드는 회사에 자금을
지원하며 행복해했지만, 우리는 아무것도 얻지 못했습니다"라고 회상
했다.

돌이켜보면 두 사람의 홍보는 계란으로 바위 치기와 같은 느낌이었
다. 1998년에는 기업들이 종이와 연필을 키보드와 마우스로 대체하기
시작한 지 얼마 되지도 않았는데, 팜파일럿 같은 저전력 휴대용 기기는
시도해본 적도 없고, 사용할 수도 없고, 잠재적으로 볼 때 안전하지도
않은 커다란 비약처럼 느껴졌다. "그냥 우리가 좀 모자랐던 거죠"라고
파워스는 인정했다.

파워스와 레브친의 제안은 결국 원했던 성과는 거두지 못했지만, 아
이디어를 제시하고 몇 건의 작은 계약을 따냈던 것은 레브친에게 유익
한 경험이었다. 한번은 두 사람이 당시 모바일 컴퓨팅의 메카였던 팜 컴
퓨팅 본사에 초대받은 일이 있다.

파워스는 푸른색 블레이저, 카키색 바지에 넥타이를 매고 도착했다.
레브친은 반바지, 슬리퍼에 '윈도우는 짜증 난다WINDOWS SUCKS'라는 문
구가 적힌 티셔츠를 입고 동네를 산책하듯 회의장에 들어섰다. 회의에
앞서 파워스는 레브친의 복장에 우려를 표했지만, 레브친은 실질적인
근거를 대며 반박했다. "존, 몰라서 그래? 저들도 마이크로소프트를 좋
아하지 않아."

정말이었다. 그들도 실제로 마이크로소프트를 좋아하지 않았다. 팜 컴퓨팅 사무실에는 애플에서 퇴사한 직원들이 많았는데, 이들은 마이크로소프트에 대한 레브친의 부정적인 시각을 공유하고 있었다. 그리고 레브친이 어려운 기술적 질문에 대해 척척 대답을 내놓기 시작하며 캐주얼한 복장에 대한 우려는 절로 잠잠해졌다. 그는 장치 처리량과 프로세서 속도와 관련된 문제를 손쉽게 계산해냈다. 방에 있던 가장 노련하다는 기술자들도 그의 복장과 재능은 아무 상관이 없다고 느낄 수 있었다.

그러나 팜 미팅 역시 다른 미팅과 마찬가지로, 행운을 빈다는 듣기 좋은 말과 충분한 열정만을 남기고 아무런 구체적인 향후 계획 없이 끝났다. 레브친이 대학을 마치고 서부로 향하면서 그와 파워스는 연락을 유지하며 단발성 컨설팅 프로젝트를 계속했다.

1998년 말, 레브친은 파워스에게 다시 연락을 취했다. 마침내 그들의 모바일 회사에 후원자가 생겼기 때문이다. 드디어 그들이 항상 꿈꿔왔던 보안 제품을 만들어야 할 때가 온 것이다. 파워스는 팰로 앨토와 일리노이에 있는 집 사이를 오가기 시작했다.

페이팔 초기에는 이러한 일이 낯설지 않았다. 수도 없이 많은 문전박대를 당하고도 살아남은 이 회사는 이제 청소도구함 사무실을 가진 에인절 투자자(틸), 에어컨 없는 CTO(레브친), 3381킬로미터를 출퇴근하는 CEO(파워스)라는 진용을 갖추었다.

파워스는 회사 이름을 필드링크라고 부르자고 제안했다. 에이본과 하이스터 프로젝트의 핵심을 포착하는 동시에 믿음직하게 들린다는 이유였다. 틸, 레브친 및 파워스는 회사의 제품을 브레인스토밍하고 잠재 투자자들을 설득하기 시작했다.

필드링크의 3인조는 빠르게 한 팀으로 뭉쳤다. 쉬는 시간에 레브친, 틸, 파워스는 체스와 카드 게임을 즐기곤 했는데 이 별것도 아닌 경쟁에서 파워스는 틸과 레브친의 놀라운 유사성을 파악했다. 그것은 목숨을 걸고 덤벼드는 승부욕이었다. 한번은 프린터스에서 파워스가 3-5-7이라는 동전 게임('매치 스틱 게임'이라고도 한다)에서 틸에게 이긴 적이 있다. 얼굴이 붉어진 틸은 게임을 중단하고 종이와 연필을 이용해서 게임 뒤에 숨어 있는 기본적인 수학을 계산했다. 계산이 끝난 틸은 이후 모든 라운드에서 파워스에게 승리를 거두었다. "저는 이 게임을 통해 피터에 대해 많은 것을 알게 되었죠." 파워스는 회상했다. "그는 아무 생각 없이 일을 먼저 저지르고 난 후 상황을 보는 사람이 아니라, 어떤 종류의 과학적 근거에 근거해 결정을 내리는 사람입니다."

파워스는 서부에서 신생 테크놀로지 스타트업을 세우는 일이 마음에 들었지만, 정작 자신은 점점 지쳐가고 있었다. 일단 그는 금요일 밤에 캘리포니아에 도착해서 레브친과 틸과 더불어 열심히 일하며 주말을 보냈다. 그런 다음 일요일 저녁에는 충혈된 눈을 다시 시카고로 돌려서 아침 일찍 잠깐 집에 들러 아내에게 인사를 하고 옷을 갈아입은 후 다시 직장으로 향하곤 했다.

레브친은 사업 초기 구성이 마음에 들었다. 사업과 자금 조달은 틸과 파워스가 처리하고 그는 혼자 남아 코딩을 하는 구성이었다. 하지만 몇 주가 지나면서 레브친은 파워스가 감당해야 하는 부담이 지나치게 크다는 사실을 발견했고, 이에 따라 그는 그 지역에서 상근 CEO를 발탁해야 한다는 결론을 내렸다. 틸, 레브친 그리고 지친 파워스는 팰로 앨토에 있는 카페 베로나에 저녁을 먹으러 갔다. 레브친은 어려운 대화의 시작을 틸에게 맡겼고, 틸은 파워스가 팰로 앨토로 이사할 수 없다면

CEO도 그만둬야 한다고 부드럽게 말했다. 틸은 모든 스타트업이 겪어야 하는 불확실성과 혼란 때문에 새롭게 정착한 삶(파워스는 최근 결혼했다)을 버리기란 힘들 것이라고 위로했다.

파워스는 친구들의 이야기를 최대한 참으며 받아들였다. "저는 조금 화가 났죠. 일에서 느끼는 강렬함과 재미는 정말 대단했거든요." 그는 말했다. "하지만 돌이켜보면 완벽히 합리적인 제안이었습니다."[23] 모든 상황은 원만하게 해결되었고, 심지어 회사가 확장할 때 레브친과 틸은 파워스에게 보증을 요청하기도 했다. 물론 그는 기꺼이 보증을 서주었다.

이 최초의 직원 전환employee transition(직원이 회사를 떠나거나 입사할 때 발생하는 일련의 과정-옮긴이)에서 레브친은 틸의 능력을 직접 목격할 수 있었다. 초기에 레브친과 파워스는 회사 지분을 동등하게 나누었다. 그러나 틸의 투자와 더불어 파워스가 이탈하며 골치 아픈 문제가 발생했다. 각각의 소유권 지분을 희석하고, 장래의 신입 사원에게도 분배할 수 있는 충분한 지분이 필요했다.

레브친은 이 민감한 문제를 틸에게 의지했고, 틸은 성공적인 협상을 마쳤다. "저는 생각했죠. '와우, 저게 바로 하드코어 제다이 마인드 트릭 a hard-core Jedi mind trick(영화 〈스타워즈〉에서 포스 사용자가 사용하는 심리적 제어 능력-옮긴이)이구나.' 저는 3시간 동안 정말 아무 말도 하지 않고, 피터가 왜 [존이] 더 적은 지분을 가져야 하는지 설명하는 것을 지켜봤습니다."[24] 레브친은 틸이 필드링크 에인절 투자자를 넘어 더 큰 역할을 할 수 있지 않을까 생각하기 시작했다.

나중에 페이팔 투자자가 된 존 말로이는 "CEO와 창업자들에게는 진짜 믿을 수 있는 사람이 있어야 합니다"라고 말했다. "일이 잘 풀리면 잘 대해주는 사람들이 많지만, 막상 일이 잘 안 풀리면 객관적으로 누구한테 말을 걸겠어요? [레브친과 틸에게는] 서로가 있었습니다. 그들은 둘 다 비슷하게 매우 밝지만, 매우 다르게 타오릅니다. 그들은 훌륭한 파트너십이 어떤 건지 가장 잘 보여주는 예입니다."[25]

3장
머스크의 모험

일론 머스크의 금융 모험은 이미 대학 시절에 시작되었다. 그와 동생 킴벌Kimbal은 1980년대 후반 남아프리카공화국으로부터 캐나다에 이민해 와서 함께 온타리오주 킹스턴 소재 퀸스대학을 다녔다. 텅 빈 명함첩을 채우기 위한 목적으로 그들은 신문을 읽어 이름을 알게 된 사람들에게 일일이 전화를 걸며 영업을 시작했다.

한번은 일론이 노바스코샤 은행 임원이던 피터 니콜슨Peter Nicholson 박사에 관한 기사를 발견했다. 니콜슨은 물리학과 운영연구operation research(수학적 모델링, 통계, 최적화 기법 등을 활용해 복잡한 문제를 분석하고 의사 결정을 지원하는 학문-옮긴이)를 전공한 후, 자신의 과학적인 혜안을 정치, 정책, 금융계에 적용하고 있었다. 노바스코샤 하원의원에 선출된 후 캐나다 총리실 정책 부차관으로 재직하기도 했다. 다양한 경력을 소유한 니콜슨은 천공 카드 컴퓨터 문제에서부터 캐나다 어업 회

사 간의 권리 공유 협정에 이르기까지 다양한 분야에 관심을 두었다.[1]

머스크는 그에 매혹되어 연락처를 얻을 생각으로 기사를 쓴 사람에게 연락했다. 그는 니콜슨의 전화번호를 가르쳐주었고, 머스크는 지체하지 않고 전화를 걸었다. "일론은 느닷없이 제게 전화해서 직장을 하나 구해달라고 했던 유일한 사람이었어요." 니콜슨은 기억한다. 머스크의 대담함에 깊은 인상을 받은 그는 일론, 킴벌과 함께 식사를 약속했다.[2]

점심을 먹으며 그들은 '철학, 경제학, 세상이 돌아가는 방식'을 이야기했다. 머스크는 기사를 읽으며 니콜슨이 '정말 똑똑한… 천재'라고 생각했는데, 이야기를 나누며 실제로도 자기 생각이 옳았음을 확인할 수 있었다. 그들은 인턴십 이야기를 시작했고, 니콜슨은 자신의 작은 스코샤 은행 팀에 빈자리가 하나 있다고 이야기했다. 니콜슨의 과학적 관심사가 자신과 완벽히 일치한다고 느꼈던 일론은 조금의 망설임도 없이 그 자리를 선택했고, 니콜슨은 유일한 인턴으로 그를 품었다.[3]

이 일로 피터 니콜슨은 예기치 못했던 명예를 얻었다. 그는 일론 머스크에게 유일한 상사 노릇을 한 사람이 되었다.

머스크는 금융인이 되겠다는 욕심보다는 그저 니콜슨이 좋아서 스코샤 은행에 들어갔다. 사실은 니콜슨도 비슷한 이유로 은행에 들어갔다. 그 역시 금융에 끌려서가 아니라, 그 회사 CEO였던 세드릭 리치Cedric Ritchie 때문이었다. 리치는 니콜슨을 소규모 내부 컨설팅 팀장 자리에 앉혔다. "우리는 뭐랄까, 좀 방위 고등 연구 계획국Defense Advanced Research Projects Agency, DARPA 같은 느낌이었어요." 니콜슨은 기억했다. "기존의 조직과는 조금 다른 방식으로 일하는, 약간은 제정신이 아닌 조직이었죠."[4]

이 조직의 19세 인턴사원이었던 머스크에게는 금융을 꼭대기에서부터 바라볼 기회였고, 그는 처음부터 대단한 재능을 보여주었다. "정말 똑똑했죠, 호기심도 많고요." 니콜슨은 회상했다. "그리고 이미 아주 아주 큰 그림을 그리는 친구였어요." 직장 밖에서 니콜슨과 머스크는 '퍼즐, 물리학과 삶의 의미, 그리고 우주의 본질에 관해 이야기하며 많은 시간'을 보냈다.[5] 그때에도 이미 니콜슨은 머스크에겐 하나의 관심사가 나머지 모두를 압도한다는 사실을 알 수 있었다. "그는 진정 우주를 사랑했어요."[6]

머스크의 인턴십 기간에 니콜슨은 그에게 가면 갈수록 벅찬 과제를 안겼는데, 그중에는 스코샤 은행의 라틴아메리카 부채 포트폴리오 연구 프로젝트도 있었다. 1970년대 내내 북미 지역 은행들은 라틴아메리카 몇몇 국가를 위시한 개발도상국에 수백억 달러를 대출하며, 이 신흥 시장이 급속히 성장하면 상당한 수익을 낼 수 있으리라 믿고 있었다. 그러나 기대했던 성장은 실현되지 않았다. 오히려 1980년대로 접어들며 은행과 개발도상국들 앞에는 부채 위기가 닥쳐오고 있었다.

상황을 수습해보려는 여러 계획은 실패했다. 니콜슨을 포함한 많은 전문가는 최선의 해결책은 악성 부채를 채권으로 전환하는 것, 다시 말해 증권화라고 생각했다. 은행들은 고정금리로 상환 기간을 연장해주었다. 이에 대한 대가로 새로운 채권이 시장에서 거래되었고, 이론적으로는 성장이 회복되면 가치가 증가할 수 있었다. 게다가 성장이 회복되지 않더라도 이 상황이 수십 개에 달하는 국가와 은행들이 디폴트를 선언하고, 전 세계 경제를 공황에 빠트리는 재난이라는 대안보다는 훨씬 더 나아 보였다.

미국 재무장관이었던 니콜라스 브래디Nicholas Brady도 이 제안을 지지했기에 이 채권은 '브래디 채권'이라고 불렸다. 미국 달러로 표시된 이 채권은 미국 재무부, IMF, 세계은행의 지원을 받았다. 1989년 멕시코가 최초로 브래디 협약을 체결하고, 나머지 나라들도 뒤를 따랐다. "이 채권을 위한 2차 시장이 빠르게 개발되었습니다." 니콜슨은 말했다.[7]

사실 니콜슨은 머스크에게 라틴아메리카 부채 문제를 과제로 내면서 큰 기대는 하지 않았다. 다만 지나칠 정도로 에너지 넘치는 인턴을 깊이 몰두하게 만들기에 충분히 복잡한 문제라고는 생각했다. 하지만 브래디 채권 시장을 깊숙이 들여다보자마자, 머스크는 바로 기회를 발견했다.

그는 한 나라 채권의 이론적인 최소 보증 가치를 계산해보고는 경쟁 은행이 그보다 훨씬 싸게 부채 그 자체를 사들일 수 있다는 사실을 발견했다. 니콜슨 모르게 머스크는 골드만삭스, 모건스탠리를 위시한 미국 주요 금융회사들에 전화를 걸어 부채 가격과 이용 가능성에 대해 질문을 던졌다. "저는 사실 열아홉 정도밖에 안 되는 애였죠"라고 머스크는 회상한다. "근데 [저는] '여긴 노바스코샤 은행입니다. 이 부채를 얼마에 파실지 궁금해서 전화드렸습니다'라고 말했죠."

머스크는 수익성 있는 차익거래 기회를 보았던 것이다. 스코샤 은행이 다른 은행들로부터 저렴한 부실채권을 매입하고, 그 채권이 브래디 채권으로 전환될 때까지 기다린다면 어떨까? 이익은 수십억 달러에 달할 수 있다. 그리고 브래디 채권은 이론적으로는 미국 재무부, IMF, 세계은행에서 보증받는다. 그는 니콜슨에게 이 생각을 전했다. "저는 '이 모든 부채를 다 사시죠. 이 사람들은 바보들입니다. 손해 볼 리가 없습니다'라는 식으로 말했어요." 머스크는 말했다. "지금 당장 50억 달러를 벌 수 있어요. 당장 말이에요."

하지만 고위 경영진들의 생각은 달랐다. 다른 캐나다 은행들은 개발도상국 부채를 큰 손실을 내며 매각하고 있었지만, 스코샤 은행은 관행을 깨며 그 부채를 계속 보유하고 부채 때문에 적자까지 내고 있었다. CEO에 따르면, 은행은 브라질과 아르헨티나의 많은 빚을 갖고 있었고 그 규모는 수십억 달러에 달했다. 이미 이 경제적 리스크로 이사회로부터 호된 질책을 받은 다음이어서 그는 더 많은 리스크를 감수하려 들지 않았다. 특히 출시된 지 얼마 되지도 않고 미래가 불확실한 브래디 채권에 베팅한다는 것은 더욱 내키지 않았다.

머스크로서는 기가 막힌 노릇이었다. 그의 생각으로 과거는 미래에 아무런 도움이 되지 않았다. 브래디 채권은 새로운 것이었고, 그 점이 바로 핵심이었다. "사실 부채가 매물로 나온 이유가 바로 그 때문입니다. 너무나 많은 은행 CEO들이 똑같이 어리석은 생각을 했기 때문이죠"라고 머스크는 말했다. "저는 이 막대한 차익거래 기회가 눈앞에 뻔히 있는데 그 누구도 아무런 행동을 하지 않는 것을 보곤 정말 깜짝 놀랐습니다."[8]

니콜슨은 리치의 결정을 좀 더 너그럽게 평가했다. 스코샤 은행은 라틴아메리카 채권을 보유하고 있었기에 다른 경쟁 은행보다 리스크가 훨씬 더 컸다. "일론이 당시 충분히 고려하지 않았던 점은 스코샤가 손실을 보면서 기존 부채를 팔 여력마저 없을 만큼 상황이 나빴다는 사실입니다. 더구나 부채를 산다고요? 그건 아마도 너무도 황당한 이야기처럼 들렸을 겁니다." 니콜슨은 말했다.[9]

니콜슨이 보기에 리치와 머스크는 유사한 혜안을 갖고 있었다. 리치는 스코샤 은행이 개발도상국 부채를 계속 가지고 있어야 한다고 확신했고, 머스크는 더 많은 부채를 매입해야 한다고 믿었다. 결국은 두 사람 다 옳았다. 1989년과 1995년 사이 추가로 13개국이 더 브래디 협정에 합의하며 부채를 거래 가능한 채권으로 교환했다.

머스크에게 스코샤 은행 인턴 기간은 '은행은 얼마나 덜떨어졌는지'를 확인하는 시기였다. 은행은 미지에 대한 두려움 때문에 수십억 달러를 잃어야 했다. 후에 X.com이나 페이팔에서도 보여주었듯이 머스크는 어떠한 은행도 이길 수 있다는 믿음을 갖고 있었는데, 그 근거가 바로 이 경험이었다. "은행이 이토록 혁신하지 않는다면, 금융계에 진입하는 어떤 기업이라도 은행에 박살 날까 두려워하지 않아도 될 것입니다. 은행은 혁신하지 않기 때문이죠"라고 머스크는 결론지었다.[10]

머스크는 은행에 대해 회의적인 시각만을 얻은 채 스코샤 은행을 떠났다. 하지만 어쨌든 그의 평생의 친구이자 멘토인 피터 니콜슨은 얻을 수 있었다. 그는 심지어 니콜슨의 발걸음을 그대로 따라 과학과 경영학을 함께 공부해보기로 했다. 머스크는 퀸스대학에서 펜실베이니아학으로 편입한 다음에는 물리학과 금융을 복수 전공했다.

나중에 머스크는 경영학 공부가 일종의 헤지hedge(위험을 줄이는 조치-옮긴이)였다고 인정했다. "제가 경영학을 공부하지 않으면 경영학을 공부한 친구들은 제가 모르는 무언가 특별한 걸 알게 될 테고, 그럼 그들에게 의지할 수밖에 없다는 우려가 있었습니다." 그는 미국 물리학회 학회지에서 말했다. "그건 그다지 마음에 들지 않아서, 저는 그것도 반드시 알아야겠다고 생각했습니다." 하지만 공부를 다시 할 수 있다면, 경영학 공부는 그냥 관뒀으리라고 인정하기는 했다.[11]

머스크가 생각할 때 물리학은 엄격한 학문이었다. "저는 증권 분석 고급 과목을 들었어요"라고 그는 회상했다. "행렬 수학을 가르치더군요. 저는 생각했어요. '와우, 근사하군. 물리 수학을 할 수 있으면 경영

수학쯤이야 아주 쉽겠지.'"[12] 머스크에게 물리학과 친구들은 수업 외 관심사를 공유하고 있었다는 점에서 매우 소중했다. 한때 '너드매스터 3000Nerdmaster 3000(너드들이 즐기는 활동, 뒤에 나오는 던전 앤 드래곤 같은 게임의 달인이라는 의미-옮긴이)이라고 자칭했던 그에게 자신처럼 던전 앤 드래곤Dungeons & Dragons, 모든 종류의 비디오게임, 그리고 컴퓨터 프로그래밍이라면 사족을 못 쓰는 친구들이 있다는 사실은 대단히 즐거운 일이었다.[13]

머스크가 공식적으로 물리학을 전공한 것은 펜실베이니아대학에서였지만, 사실 그는 대학 시절 훨씬 이전부터 물리학에 깊은 관심이 있었다. "저는 열두 살 혹은 열세 살 무렵 이미 실존적 위기를 겪었어요." 후에 그는 말했다. "왜 우리는 여기 존재하는지, 이 모든 것은 무의미한지 등등의 의미를 알아내려 끙끙대고 있었죠."[14] 그 위기 한가운데서 머스크는 자신에게 희망의 등불이 되어준 공상과학 소설 하나를 발견했다. 바로 더글러스 아담스Douglas Adams의 《은하수를 여행하는 히치하이커를 위한 안내서The Hitchhiker's Guide to the Galaxy》였다.

소설의 주인공 아서 덴트는 지구가 파괴된 후에도 살아남아 마그라테아 행성을 찾기 위한 은하 간 탐사를 시작한다. 모험 중에 그는 상당히 오랫동안 살아온 '초지능적이고 범차원적인' 종족이 '삶, 우주 그리고 모든 것에 대한 궁극적인 질문'에 대한 해답을 찾기 위해 '딥 소우트Deep Thought'라는 컴퓨터를 구축했다는 사실을 알게 된다.[15] 《은하수를 여행하는 히치하이커를 위한 안내서》는 올바른 질문을 던지는 것이 답을 찾는 것만큼이나 중요하다고 시사하며 머스크의 실존적 우려를 덜어주었다. 머스크는 "많은 경우, 질문이 답보다 어렵습니다. 따라서 질문을 적절하게 만들 수 있다면 답은 쉬운 부분입니다"라고 설명했다.[16]

머스크가 보기에 물리학은 올바른 질문을 던지고 있었다. 그래서 그는 아담스를 따라 노벨상을 받은 물리학자 리처드 파인만Richard Feynman 박사의 연구부터 읽기 시작했다. 대학에 입학하면서 그는 물리학에 더더욱 몰두했다. 와튼 경영대학원 재학 중에는 초전도체와 우주 기반 에너지 시스템의 재정적 이점을 주장하는 논문을 써서 호평받기도 했다.[17]

머스크는 수업 중에는 물리 문제들을 즐겼지만, 졸업 후 물리 연구의 현실에 대해서는 걱정이 많았다. "저는 관료주의가 저를 충돌기 안에 가둘 수도 있다는 생각이 들었어요"라고 그는 말했다. "그러곤 충돌기 연구를 취소해버리는 거죠. 초전도체 슈퍼 충돌기처럼요. 그러면 저는 망하는 거죠."[18] 어떻게 해야 할까? 와튼의 많은 동료는 은행과 컨설팅 기업에 둥지를 틀며 계약금으로 많은 현찰을 챙기고 있었다. 하지만 머스크는 이미 그런 곳을 겪어본 경험이 있었다. 그 전통적이고 답답한 경로를 택하느니 차라리 충돌기 속에서 무자비한 관료주의에 시달리는 편이 나을 것도 같았다.

결국 머스크는 어떤 쪽으로든 분명한 결정을 내리지 못한 학부생들이 까마득한 옛날부터 선택해왔던 길을 가기로 했다. 대학원 진학이었다. 그는 스탠퍼드 대학원 재료 과학 및 공학과에 지원해서 입학 허가를 받았다.

'일론 머스크 박사.' 이 꼬리표를 위해서였을까? 머스크는 자신이 회사 생활에 적합한 사람이 아니라는 사실을 알고 있었다. 하지만 스탠퍼드 대학원의 훌륭한 프로그램에 입학 허가서를 받고 난 후에도 그는 학계가 아닌 대안을 고려하고 있었다.

얼마 남지 않은 대학 시절의 여름 내내 머스크는 동시에 두 실리콘밸리 기업에서 인턴으로 일했다. 낮에는 우주 기반 무기, 고급 감시 시스템, 자동차용 대체 연료원을 연구하는 피나클 연구소Pinnacle Research Institute에서 일하고, 밤에는 화제의 비디오게임 스타트업 로켓 사이언스 게임스Rocket Science Games로 향했다. 그의 감독이었던 마크 그리너Mark Greenough는 "머스크는 게임 소프트웨어가 렌더링되는 밤 동안 디스크를 교체하는 작업을 했어요"라고 말했다.[19]

이러한 인턴십 경험들로 인해 머스크는 테크놀로지 스타트업이라는 세계에 노출되었다. 그리고 자신처럼 24시간 내내 일하고 비디오게임을 즐기며 재미 삼아 수학 문제를 푸는 사람들을 만났다. 물리학 수업에서도 그랬지만, 여기서도 너드라는 특징은 그야말로 하나의 특징이지 단점이 아니었다. 하지만 머스크에게 가장 중요했던 것은 일과 아이디어를 강하게 결합하는 방식을 짐작할 수 있었다는 점이다. 피나클 연구소 직원들은 학교의 학자들처럼 논문 쓰느라 낑낑대지 않았다. 대신 이들은 자동차를 영원히 바꾸어놓을 테크놀로지를 만드는 '생산'을 하고 있었다.

머스크는 베이 에어리어에서 동생 킴벌과 창의적인 브레인스토밍을 하며 여름을 보냈다. 이들은 의사들을 위한 소셜 네트워크를 구축해볼까 하는 생각을 잠깐 해보기도 했다. 이 아이디어는 실행되지 않았지만, 스타트업의 씨앗은 되었다. 이들은 주변 모든 곳에서 싹트고 있는 기회를 예민하게 자각하고 있었다. 머스크가 서부로 온 지 불과 몇 달 전, 스탠퍼드 대학원생이던 제리 양Jerry Yang과 데이비드 파일로David Filo는 트레일러 속에서 끙끙거리며 '제리와 데이비드의 월드와이드웹 가이드'를 만들었고, 이를 '모든 정보를 분야별로 나눠 친절하게 안내해주는 안내자Yet Another Hierarchical Officious Oracle'로 고쳤다가, 아예 첫 자만을 따서 야후로 줄였다. 1994년에는 한 전직 헤지펀드사 직원이 아내와 함께 뉴욕을 떠나 시애틀 교외에 자리 잡고 차고에서 카다브라Cadabra라는 회사를 차렸다. 그 역시 회사의 이름을 고쳤다. 그 이름은 아마존이었다.

머스크는 컴퓨터 프로그래밍에도 낯설지 않았다. 그는 어린 시절부터 코딩 작업을 했다. 13세에 이미 블라스타Blastar라는 한 비디오게임 코딩 프로젝트를 판매한 적도 있다. 플레이어가 '치명적인 수소폭탄과 스테이터스 빔 머신을 가진 우주 화물선을 파괴해야 하는' 게임이었다.[20] 머스크는 기업 운영에도 익숙했다. 캐나다에 있을 때 머스크 컴퓨터 컨설팅이라는 회사를 차려 컴퓨터와 워드 프로세서를 판매했던 경험이 있었기 때문이다. 퀸스대학 신문에 실린 광고에 따르면 그 회사는 '최신식'으로, 고객들에게 '낮이나 저녁을 막론하고 언제든' 전화해달라고 요청하고 있었다.[21]

그가 보기에 야후와 아마존 막후에 있는 두뇌 집단은 자신보다 겨우 몇 살 많은 정도에 불과했고, 자신보다 똑똑하지 않은 건 분명했다. 그러나 자신의 사업을 시작하는 것은 여전히 위험하게 느껴졌다. 게다가 스탠퍼드 대학원 입학 허가를 손에 든 상태였다. 그래서 머스크는 중도를 택해 당시 인기가 높던 닷컴 기업에 지원하기로 했다. 그 회사 이름은 넷스케이프였다.

하지만 머스크는 넷스케이프에서 어떠한 답변도 듣지 못했다. 그렇다고 완전히 거절당한 것도 아니었다. 그래서 그는 넷스케이프 사무실로 가서 로비에서 서성거려보기로 했다. 거기에 가면 중요한 분야로 이끌어줄 누군가와 대화를 나눌 수도 있겠다는 생각도 했다. 하지만 이러한 아이디어 역시 잘 풀리지 않았다. "워낙 사회성이 없다 보니 누구에게도 말을 걸지 못했어요." 그는 나중에 디그Digg의 창업자 케빈 로즈Kevin Rose

에게 말했다. "그래서 그냥 로비에 서 있기만 했죠. 정말 창피했어요. 그냥 거기에 서서 이야기할 만한 사람이 없나 두리번거리다가, 문득 겁이 나서 그냥 나와버렸어요."[22]

넷스케이프를 머리에서 지워버린 머스크는 대학원에 진학할까, 인터넷 기업을 창업할까를 놓고 저울질했다. "저는 생각해보려 애쓰고 있었습니다. '무엇이 미래에 영향을 미칠까? 우리가 해결해야 할 문제는 무엇인가?'" 펜실베이니아대학을 다니는 동안 그는 가까운 미래에 커다란 영향을 미칠 수 있는 분야의 리스트를 작성해본 일이 있다. 당시 그 리스트는 인터넷, 우주탐사, 지속 가능한 에너지였다. 하지만 어떻게 일론 머스크 자신이 '미래에 영향을 미칠' 분야에 영향을 미칠 만한 위치에 이를 수 있을까?[23]

그는 피터 니콜슨에게 상담을 청했다. 둘은 토론토 주변을 오랫동안 산책하며 머스크의 다음 단계를 놓고 토론했다. 니콜슨은 그에게 "일론, 닷컴 로켓이 올라가고 있네. 자네의 좋은 아이디어를 가지고 모험을 한번 해보기에 완벽한 타이밍일세. 박사 학위야 아무 때고 돌아와 다시 하면 되지 않나. 그 기회는 사라지지 않을 걸세"라고 말했다.[24] 자신도 스탠퍼드에서 박사 학위를 받았던 니콜슨의 충고는 제법 설득력이 있었다.

그럼에도 불구하고 머스크는 1995년 여름에 펜실베이니아대학을 졸업할 때는 여전히 스탠퍼드 대학원 프로그램을 염두에 두고 있었다. 그러나 베이 에어리어에 돌아오자마자 불현듯 니콜슨의 충고가 무시해서는 안 될 중요한 조언이라는 생각이 들었다. "인터넷이 이렇게 믿을 수 없을 정도로 빠른 성장을 거듭한 몇 년을 저로서는 그냥 지켜볼 수밖에 없었어요. 무척 힘들었어요. 정말 무언가를 하고 싶었어요." 머스크는 말했다.[25] 그는 스탠퍼드대학에 1995년 9월이 아니라 1996년 1월에 입학하겠다며 프로그램을 미뤄달라고 요청했다.

오늘날에는 어떠한 위험이라도 기꺼이 감수하는 모험적인 사업가로 자리매김하고 있지만, 1995년 당시 머스크는 대학원 포기를 놓고 갈등하고 있었던 셈이다. "저는 타고난 모험가는 아닙니다." 그는 몇 년이 지난 후 《펜실베이니아 가제트》와 인터뷰에서 말했다. "장학금과 재정 지원을 받기로 했는데, 그걸 못 받게 될 판이었거든요."[26] 입학 연기 신청서를 받은 스탠퍼드대학에서는 이렇게 말했다고 전해진다. "그러지요. 기회를 드리죠. 하지만 석 달 후면 다시 볼 것 같습니다만."[27]

1995년, 머스크는 벡터 맵vector map, 지점 간 경로 안내 및 비즈니스 목록을 통합하는 웹사이트를 위한 소프트웨어를 개발하기 시작했다. 머스크는 동생을 합류시켜 회사를 세웠다. 자신들이 저축한 돈에 더해 둘의 친구이자 캐나다 비즈니스맨 그렉 쿠리Greg Kouri로부터 몇천 달러를 조달받았다. 쿠리는 공동창업자로 합류했다.

쿠리를 먼저 만난 건 일론과 킴벌의 어머니 메이 머스크Maye Musk였다. 그는 쿠리에게 자식들과 그들의 야망에 관해 이야기했다. 쿠리는 2012년 51세로 서거했다. 미망인 진 쿠리Jean Kouri는 고인이 된 남편이 머스크 형제 사업에 동참한 사연을 들려주었다. "메이가 말했죠. '제겐 두 아들이 있는데, 이런 생각을 하고 있더라고요….'" 얼마 지나지 않아 쿠리는 사업은 물론 머스크 형제의 삶에서 중요한 역할을 담당하게 되었다. 형제보다 몇 살 많고 사업에 혜안을 가지고 있던 그는 창업 초기엔 형제와 함께 살기도 했다. "일론이나 킴벌은 남편을 큰형처럼 따랐어요." 진 쿠리는 말했다. "왜냐하면 진짜 큰형처럼 굴었거든요."[28] 머스크는 쿠리에 대한 애정을 담아 이야기했다. "그렉은 정말 제 가장 가까운 친구 중 하나였죠." 그는 쿠리를 '순수한 마음을 지닌 사기꾼'이며, '좋은 쪽으로 자신의 힘을 사용하는 사람'이라고 불렀다.[29]

셋은 팰로 앨토의 소박한 사무실을 임대해서 바닥에 구멍을 뚫어 아래에서부터 인터넷 접근을 확보했다. 머스크는 잠은 사무실에서 자고 샤워는 근처 YMCA에 가서 해결했다. (머스크는 외조부였던 카이로프랙터chiropractor 조슈아 홀드먼Joshua Haldeman 박사를 모방한 것으로 보인다. "[제2차 세계대전 중] 홀드먼 박사는 정치·경제 연구로 너무도 바빴던 나머지 병원을 돌볼 시간도 없었고, YMCA에서 살았다."[30]

셋은 회사 이름을 글로벌 링크 인포메이션 네트워크Global Link Information Network로 정하고, 1995년 11월 초에는 회사를 공식 등록했다. 회사의 최초 보도자료를 보면 형제의 경험 미숙이 고스란히 드러난다. 제품 이름도 짓지 못한 상태에서 제품을 발표했기 때문이다. 1996년 2월 《샌프란시스코 크로니클San Francisco Chronicle》은 짓궂게도 이를 꼬집었다. "신제품 이름은 버추얼 시티 내비게이터Virtual City Navigator가 될 수도 있고, 토털인포Totalinfo가 될 수도 있다. 우리는 어쨌든 이탈리아 탄산음료 신제품의 이름과 같은 토털인포로 부르려고 한다"라고 지역 소식란에서 한 기사는 말했다. "동봉된 글은 글로벌 링크에서 배포한 최초의 보도자료이다. 여러모로 볼 때 누가 보더라도 최초란 사실이 분명해 보인다. 하나만 예로 들자면 제품 이름이 토털인포인지, 아니면 버추얼 시티 내비게이터인지 구분하기 어렵다."

제품 이름이 무엇이었든 간에 《샌프란시스코 크로니클》은 두 무명의 인물을 미국에서 처음 언급한 매체가 되었다. "킴벌에 의하면 이 소년들은 8k 메모리가 탑재돼 있고 하드 디스크는 없는 남아프리카공화국 세 번째 IMB XT PC를 가지고 있었다고 한다. 본 신문은 충분히 감동한 바이다."[31] 약간의 빈정거림은 느낄 수는 있지만, 머스크 형제로서는 자부심을 가질 만했다. 어쨌든 자신이 만든 물건으로 불과 몇 달 만에 전국적인 언론의 관심을 받았으니 말이다.

거기서부터 상황은 빠르게 움직이기 시작했다. 벤처캐피털에 제시했던 몇 번의 제안이 거절당한 후, 글로벌 링크는 마침내 모어 데이비도우 벤처스Mohr Davidow Ventures 주도로 350만 달러의 투자를 유치했다. 자금 모금 과정에서도 형제의 풋풋한 경험 미숙이 그대로 드러났다. "그들은 원래 회사의 25퍼센트에 대해 고작 1만 달러 투자를 원했지요." 한참 시간이 흐른 후 투자자 스티브 저벳슨Steve Jurvetson은 머스크 전기를 쓴 작가 애슐리 밴스Ashlee Vance에게 털어놓았다. "지금 생각해보니 정말 쌌죠! 하지만 당시 300만 달러 투자 이야기를 듣고, 저는 모어 데이비도우가 사업계획서를 제대로 읽기는 했는지 궁금했어요." 머스크는 깜짝 놀랐었다고 말했다.[32] "저 사람들이 정신이 나갔나 생각했죠." 그는 2년 후 한 저널리스트에게 말했다. "우리를 하나도 모르는 사람들이 350만 달러를 주겠다잖아요?"[33]

형제는 글로벌 링크, 토탈인포, 버추얼 시티 내비게이터 모두를 버리고, 한 브랜딩 기업이 만들어준 Zip2라는 새로운 이름을 사용하기로 했다. 이들은 1996년 3월 24일 www.zip2.com이라는 URL을 등록하고, 경험 많은 CEO 리치 소킨Rich Sorkin을 영입해 경영을 맡겼다.

형제는 처음에는 소비자 웹사이트를 만들었다. 최종적으로는 야후, 라이코스, 익사이트와 같은 기업이 되겠다는 목표를 가지고, 동네 상점과 가게에 초점을 맞춘 웹사이트였다. 그러나 1996년이라는 시점에서는 규모가 작은 신생 기업이 인터넷 광고를 판매하기란 쉽지 않았다. 게다가 소규모 자영업자들은 인터넷 광고에 그다지 관심이 없었다. Zip2는 방향을 전환해 퍼시픽 벨, US 웨스트, GTE 같은 대규모 통신사들과 동업을 모색하며 인터넷 광고 확장을 꾀했다. 1996년 7월 킴벌 머스크는 한 동종업계 출간물에 "통신 기업들은 마케팅 분야에 경험도 많고 영향력도 있지만, 인터넷 테크놀로지 개발에는 그리 능하지 못합니다"라고 말하기도 했다.[34] Zip2는 통신 기업들에 인터넷 벤치 스트렝스internet bench strength(웹사이트나 애플리케이션이 갑작스러운 트래픽 증가에 대처하는 능력을 측정하는 지표-옮긴이)를 제공하기도 했지만, 통신 기업들이 인터넷 광고를 자체적으로 운영하고 싶다는 신호를 보내면서, Zip2 팀은 이러한 접근마저 포기할 수밖에 없었다.

Zip2는 '미디어 기업이 지역 프랜차이즈를 확장하고 온라인 지역 광고를 지배할 수 있게 만들어주는 세계적인 테크놀로지 플랫폼'으로 기업 목표를 재설정했다.[35] 이 목표는 실제로는 미디어 기업들의 디지털 광고 판매 신장과 지역 도시 가이드 구축을 의미했다. Zip2는 나이트 라이더Knight Ridder와 랜드마크 커뮤니케이션Landmark Communications 같은 대기업들과 계약을 체결했다. 한 영향력 있는 동종업계 출간물은 Zip2를 '신문업계의 새로운 슈퍼히어로'라고 선언하면서, "온건한 소프트웨어 기업이 통신 기업 및 마이크로소프트에 맞서 신문 산업의 반격을 이끄는 온라인 디렉터리 팩online directory pack(인터넷상에서 사용자들에게 다양한 정보를 정리하고 제공하는 디렉터리 서비스 패키지-옮긴이)이라는 최전선으로 진출했다"라고 썼다.[36]

북미 생활이 시작되었을 때 일론과 킴벌은 캐나다 신문 기사에 등장하는 사람들을 만나고 다니느라 분주했다. 불과 몇 년 후 그들은 미국 신문 산업계의 백기사가 되었다. 600억 달러 규모의 지역 광고 파이를 놓고 마이크로소프트, 시티서치Citysearch, AOL, 야후와 경쟁하면서 Zip2는 그 후 몇 년간 어려움을 겪었다. 머스크는 이 동안 고난과 기쁨을 모두 겪으면서 진정한 스타트업이 얼마나 힘든 일인지, 그리고 그에 따른 보람도 알게 되었다.

디지털 지도, 무료 이메일 서비스, 심지어 팩스를 이용해 식당에 자리를 예약하는 기능을 포함한 Zip2의 혁신으로 머스크는 즐거워했다. 범용 프로그래밍 언어 자바Java는 1996년 1월 출시되었다. 머스크와 그의 기술팀은 자바를 Zip2의 핵심에 배치했다. 자바소프트의 선임 이사 류터커Lew Tucker 박사는 Zip2를 칭찬했다. "Zip2의 획기적인 지도와 길 안내는 오늘날 인터넷에서 자바로 만든 가장 강력한 응용 프로그램 중 하나입니다"라고 터커 박사는 Zip2의 (훨씬 개선된) 보도자료에서 말했다. "고급 테크놀로지와 일상적인 실용성의 진정한 융합이라 할 수 있습니다."[37]

나이트 라이더, 소프트뱅크SoftBank, 허스트Hearst, 퓰리처 퍼블리싱Pulitzer Publishing, 모리스 커뮤니케이션즈Morris Communications 및 뉴욕타임스 컴퍼니가 수백만 달러를 투자하면서 Zip2는 1996년 말과 1997년에 걸쳐 성장세를 보였다. 설립한 지 불과 2년 만에 회사는 140개의 신문 웹사이트의 일부를 운영하고 있었다. "1997년 중반 Zip2는 사실상 일종의 작은 마이크로소프트 같은 기업이 되었습니다"라고 한 업계 관측통이 말했다.[38]

하지만 성장에는 대가가 따르는 법이다. 1996년 가을, 머스크는 그의 리더십에 이의를 제기한 투자자 및 동료 경영진과 충돌했다. 급한 성격에다가 언제나 잠이 부족했던 그는 툭하면 다른 사람들은 이해할 수 없는 마감일을 혼자서 마음대로 정해버리고, 다른 경영진과 동료들을 공개적으로 깎아내리고, 다른 사람들이 작성한 코드를 묻지도 않고 고치곤 했다.

나중에 머스크는 이러한 단점을 인정하고, 자신이 Zip2 이전에는 경영 경험이 많지도 않았고, "스포츠 팀의 주장 같은 것도 해본 적이 없고, 단 한 사람도 관리해본 적이 없다"라고 털어놓기도 했다. 그는 전기 작가 애슐리 밴스에게 다른 사람들 앞에서 동료의 작업을 수정함으로써 동료에게 공개적인 망신을 주고, 결국 관계를 망쳐버렸던 이야기도 들려주었다. "결국 저는 깨달았죠. '좋아, 내가 그걸 고칠 수는 있었지. 하지만 결국엔 그 사람을 비생산적인 사람으로 만들어버렸어.' 잘한 일은 아니었던 거죠"라고 그는 말했다.[39]

Zip2는 머스크에게 CTO 자리는 유지한 채 이사회 회장으로 남을 수 있도록 나름 배려했다. 그러나 회사가 확장하면서 전략적 방향에 대한 그의 영향력은 축소되었다. 줄어든 역할 속에서도 머스크는 회사의 형편없이 쪼그라든 야망을 보며 좌절했다. 그는 Zip2를 차세대 야후로 키우려 했지만, 이제는 신문 산업이 달래고 키우는 앞잡이가 되어버렸다. "우리는 근사한 테크놀로지를 개발해놓고 본질적으로 전통적인 미디어 산업과 벤처 자본에 사로잡힌 셈이었습니다." 머스크는 회상했다. "마치 우리는 근본적으로 F-35 조인트 스트라이크 파이터(미국 주력 전투기-옮긴이)를 갖고 있는데, 언론사는 그걸 하늘에 날리기보다는 서로 마주 보고 언덕 아래로 굴리는 방식으로 사용하기를 원하고 있었던 셈입니다."[40]

머스크는 방향을 바꾸려 로비했지만 실패했다. 그는 Zip2에 'city.com' 사이트를 구매하자고 밀어붙였고, 1998년에는 직접 언론과 싸우며, 특히 《뉴욕타임스》에 "우리는 야후나 AOL과 지역 포털이 되기 위해 벌이는 싸움이 진짜 싸움이라고 생각한다"라고 말했다.[41] 그러나 Zip2의 이사회, 투자자, 경영진은 동의하지 않았다. 그들이 볼 때 미디어 회사들은 강력하면서도 돈이 되는 고객들이었다. 그들이 보기에 차세대 야후가 된다는 목표는 환상에 지나지 않았다. "철학적인 문제가 아니었습니다." CEO 리치 소킨이 말했다. "우리는 돈이 있는 곳으로 갔죠."[42]

Zip2는 1998년 내내 어려움을 겪었다. 가장 큰 경쟁자였던 시티서치와의 합병 계획은 틀어졌다. 초기를 대표하는 저명 고객이었던 《샬로트 옵저버*Charlotte Observer*》는 광고 판매 둔화를 불평하며 Zip2 도시 가이드를 취소했다. 이 신문의 불만은 업계 전반의 문제를 잘 보여주었다. 1998년 9월 《뉴욕타임스》는 "광고주들의 큰 관심에도 불구하고 어떤 도시 가이드도 지속적인 이익을 내지 못했다"라고 썼다.[43]

다음 해 초 모든 결론이 났다. 1999년 2월, Zip2는 컴팩 컴퓨터에 현금 3억 700만 달러에 팔렸다. 컴팩은 Zip2 인수를 통해 알타비스타 검색엔진을 Zip2의 지역 목록 및 광고 비즈니스와 통합할 수 있었다. 머스크는 Zip2 매각을 통해 2100만 달러라는 돈을 손에 쥘 수 있었다.

오늘날까지도 머스크에게는 놀라운 순간이다. 그 엄청난 양도 양이거니와 전달 수단까지도 놀라웠다. 그 돈이 수표로 도착했기 때문이다. "말 그대로 제 우편함에요. 저는 '이건 미쳤어. 누군가가 이걸 들고 갔다면 어떤 일이 일어났을까…? 현금화가 귀찮아서 그랬을까?' 지금도 그렇게 돈을 보내는 방식은 여전히 이상해 보여요." 어쨌든 이 거래로 이제 그는 Zip2를 떠날 수 있었다. "제 은행 계좌 잔액이 이를테면 5000달러에서 2100만 5000달러로 바뀐 셈이었어요."[44] 그의 나이 불과 27세에 벌어졌던 일이다.

Zip2를 성공적으로 매각한 머스크는 미디어의 주목 대상이 되었고, 머스크 자신도 그 역할을 즐겼다. 한 작가는 머스크에 대해 "말도 빠르고, 옷도 다른 실리콘밸리 기술자들처럼 캐주얼하게 입지만, 마치 모르몬교 선교사처럼 깔끔한 외모와 흠잡을 데 없는 매너를 가지고 있습니다"라고 말했다.[45] 새롭게 얻은 돈으로 머스크는 팰로 앨토에서 한 콘도와 더불어 100만 달러에 이르는 맥라렌 F1 스포츠카를 구매했다.

돈과 명성은 얼마든 환영이었지만, 머스크는 Zip2의 성공에 뭔가 미진한 구석이 있었다. Zip2는 재정적으로는 성공했다. 하지만 머스크가 볼 때 테크놀로지라는 측면에서는 아쉬운 점이 있었다. 그는 Zip2의 혁신에 자부심이 컸다. 예를 들어 최초로 작동하는 온라인 지도 제작 같은 것이었다. 하지만 결국은 그 테크놀로지의 진주를 만들어 돼지 앞에 던져줬다고 머스크는 생각했다. Zip2가 만든 제품들은 인터넷의 경이로운 잠재력까지는 보여주지 못했다. 적어도 그가 원했던 정도까지 가지 못했다. "저는 테크놀로지를 개발하는 방법을 알고 있었지만, 테크놀로지가 번창하는 대신 질식하는 것만 보았습니다"라고 그는 말했다.

머스크는 자본가와 과학자 모두를 존경했다. 하지만 펜실베이니아대학 시절과 마찬가지로 그에게는 언제나 과학이 우선이었다. 자본가들은 인터넷을 20세기에 등장한 화려한 골드러시 정도로 취급했다. 머스크의 생각은 달랐다. "저는 인터넷이 세상을 근본적으로 바꾸어놓으리라고 생각했습니다. 그것은 잠재적으로 인류를 초대형 유기체 같은 것으로도 만들 수 있는, 세계를 위한 신경계와 같았습니다."

머스크에게 이 '신경계'는 공상과학 소설과 순수과학의 융합이었다. 다시 말해 더글라스 아담스와 리처드 파인만의 칵테일이라 할 수 있다. 그는 무의식적인 놀라움을 드러내며 이렇게 말했다. "이전에는 삼투현상을 통해서만 의사소통을 할 수 있었거든요. 한 사람이 물리적으로 다른 사람에게 가야 했죠. 편지라면, 누군가가 편지를 들고 다른 사람에게까지 가야 했습니다. 그런데 이제는 아마존 정글 한가운데에 앉아 있더라도, 만약 인터넷 위성 신호 하나만 있으면 세상의 모든 정보에 접근할수 있습니다. 꿈같은 일입니다."

그렇다. 꿈같은 일이다. 하지만 그의 주변에서 '현실화'되고 있는 일이었다. 머스크는 더 많은 일을 하고 싶었다. 그의 말을 그대로 옮기자면, 인터넷이라는 건축물을 구성하는 '건축 블록'을 만들고 싶었다.[46] Zip2는 이미 과거의 일이었다. 그의 앞에는 적지 않은 돈이 쌓여 있었다. 자, 이제 다음 모험을 떠날 시간이었다.

4장
"나는 이기고 싶다"

1990년 당시 인턴이었던 머스크는 스코샤 은행의 혁신 거부를 극복할 아무런 힘도 없었다. 그 이후로도 10년 동안 대형 은행들은 급격한 테크놀로지 발전에 대처하는 유일한 방안으로 두 배의 고집만 내세우고 있었다.

인터넷은 이미 어디에나 있었다. 하지만 은행 경영진은 머스크의 Zip2 디지털 광고 구매를 주저했던 소규모 사업주들처럼 그저 경계의 눈초리로 인터넷을 바라보고 있었다. 1995년 머스크가 Zip2를 구축하고 있을 때 '온라인 뱅킹'은 모순적인 용어로 여겨졌다. 많은 은행이 디지털 세계에 발을 들여놓았지만, 그들의 온라인 서비스라고는 인터넷에 고정되어 움직이지 않는 안내·광고용 화면에 지나지 않았다.

하나의 예를 들어보자. 1994년 말 웰스파고Wells Fargo 웹사이트를 방문하면, 이 은행을 상징하는 마차馬車 이미지 아래에 정리된 정보 목록을 볼 수 있었다. 물론 이 사이트들을 열 수 있다면 말이다. 은행의 한 역사가는 나중에 "불행하게도 당시에는 일반적으로 다이얼업dial-up 인터넷이 사용되었기 때문에 마차의 컬러 이미지가 한 번에 한 줄씩 다운로드되다 보니 사이트 전체를 로드하는 데만도 몇 분이 걸렸습니다"라고 인정했다. 웰스파고 고객들은 불만을 제기하면서 합리적인 질문을 던졌다. "대체 언제 웹사이트에서 내 계좌 잔액을 확인할 수 있나요?"[1]

물론 오프라인 은행의 온라인 전환이 지나치게 지체되고 있다고 생각한 사람은 머스크만이 아니었다. 1990년대 후반, 디지털 금융과 은행 공간은 이미 스타트업들로 바글바글했다. 그러나 머스크는 이 서비스들이 모두 놓치고 있는 측면이 있다고 생각했다. 그는 그저 또 하나의 그렇고 그런 닷컴 은행을 만들려는 것이 아니었다. 머스크의 새로운 금융 서비스 기업을 향한 비전은 —놀랍지도 않지만— 대단히 야심적이었다.

그는 궁금했다. 하나의 금융 기업으로 한 사람의 금융 활동 전체를 통합한다면 어떨까? 그는 몇몇 초기 투자자들 앞에서 이 아이디어를 '금융 서비스의 아마존'이라고 부르기도 했다.* 즉, 저축과 당좌예금 계좌뿐만 아니라 모기지, 신용한도line of credit(금융기관이 제공하는 신용한도로 고객은 신용한도 내에서 자금을 사용할 수 있으며, 사용한 금액에 대해서만 이자를 지불한다-옮긴이), 주식거래, 대출, 심지어 보험까지 제공하는, 금융의 원스톱 숍이라고 할 수 있는 서비스 말이다. 머스크는 돈이 어디로 가든지 그의 새로운 회사도 따라가야 한다고 믿었다.

---

* 초창기 X.com 직원 중 적지 않은 사람들이 머스크가 이 표현을 사용했다고 확인해주었다. 이 표현은 머스크가 성취하려 했던 원스톱 숍 비전과 잘 어울린다.

그의 비전은 대단히 논리적이긴 했지만, 불가능에 가까울 정도로 거창하기도 했다. 머스크는 단지 하나의 새로운 기업을 세우자는 게 아니었다. 하나로 통합된 대여섯 개 기업을 동시에 세우자고 제안하는 셈이었다. 그는 돈의 인프라 자체를 업그레이드해야 할 시점이 왔고, 지금 당장 착수하더라도 빠르지는 않다고 생각했다. 그는 은행과 정부의 '여러 대의 메인프레임, 낡아빠진 고대 유물 같은 메인프레임, 구닥다리 코드나 실행하고 보안은 취약한 일괄 처리를 하는 메인프레임, 그리고 이 괴상하고 짜증 나는 괴물 같은 이질적인 데이터베이스'에 관해 이야기했다.[2]

쉽게 옮겨 보자면, 1990년대의 은행 인프라는 형편없었다는 말이다. 머스크는 은행의 주요 운영자들인 은행가들을 중간 상인으로 간주하며, 왜 그들이 수수료는 높게 청구하고 보상은 적게 주는지 의아해했다. "[은행마다] 굳이 왜 높고 커다란 건물을 지으려 하는지도 모르겠어요"라고 그는 농담조로 말했다. "그들은 '부사장' 앞에 온갖 수식어를 붙이기도 좋아하죠. 선임 부사장, 경영 부사장, 선임 경영 부사장 하는 식으로요."

머스크의 비판은 꼭 필요한 금융 인프라처럼 보이는 증권거래소까지 확장되었다. "저는 말했죠. '사람들이 서로 거래하게 그냥 내버려두면 안 될까요? 제가 당신에게 주식을 보내고 싶을 때 왜 그냥 주식을 보내지 못하는 걸까요?' 저는 어떤 중간 단계도 거치고 싶지 않아요. 거래소는 필요하지 않습니다."[3] 다시 말해 괜찮은 코드만 있으면 나스닥도 필요 없을 수 있다.

하지만 누군가는 그 코드를 만들어야 한다. 누군가는 금융업계의 높디높은 건물, 온갖 수식어가 직함을 장식하고 있는 직원, 그리고 그 모든 것을 유지하는 엄청난 수수료를 대체할 데이터베이스를 구축하고 운영하고 소유해야 한다. 머스크는 그 누군가가 바로 자신이라고 믿었다.

머스크는 이 아이디어를 캐나다의 금융 임원 해리스 프리커Harris Fricker에게 제시했다. 머스크가 스코샤 은행에서 일할 때 니콜슨이 소개해준 사람이었다. 니콜슨은 두 제자를 이렇게 평가했다. "둘 다 정말 똑똑했죠. 저는 둘이 아주 강력한 두뇌 합병을 이루리라고 생각했습니다."[4]

프리커는 노바스코샤주 작은 마을 잉고니시Ingonish 출신이다. 건설 노동자였던 아버지와 간호사 어머니 사이에서 태어난 그는 대학에서 뛰어난 성적을 기록하고 캐나다 학생들에게 수여되는 11개 로즈 장학금 중 하나를 받아 영국으로 진학했다. 영국에서 경제학과 철학을 공부한 후 그는 캐나다로 돌아와 은행업계에서 일했다. 머스크가 닷컴 기업을 만들어 성공을 누리는 동안 프리커는 금융 분야에서 성장을 거듭해 20대 후반에 이미 한 증권회사의 최고경영자 자리에 올랐다.

다른 사람들과 마찬가지로 프리커 역시 막 등장하던 인터넷에 흥미를 느꼈다. 1998년 말, 머스크는 프리커에게 새로운 유형의 금융 서비스 아이디어를 제시했다. "그는 제가 만났던 가장 훌륭한 세일즈맨 중 하나였어요"라고 프리커는 머스크의 설득력을 칭찬했다. "마치 또 하나의 스티브 잡스Steve Jobs 같았어요. 무언가를 말할 때 직관적으로 대중의 심금을 울리는 핵심을 찾아내더라고요."[5] 1999년 초 이미 머스크의 아이디어에 홀랑 넘어간 프리커는 100만 달러에 달하는 연봉을 포기하고 팰로 앨토로 이사했다.

얼마 후 프리커는 세 번째 공동창업자로 크리스토퍼 페인Christopher Payne을 영입했다. 페인은 온타리오주 퀸스대학을 졸업한 후 금융과 사모펀드 투자회사에서 일한 뒤 와튼에서 MBA를 취득했다. 그는 하드웨어를 다루고 밤과 주말을 이용해 기초적인 코딩에 몰두하는 등 컴퓨터에 대한 순수한 관심을 유지하고 있었다. 이내 그의 주간 업무도 테크놀로지 관련 분야가 빠르게 점령하기 시작했다. 와튼 졸업 후 들어간 사모펀드 투자회사 몬트리올 은행 네스빗 번즈BMO Nesbitt Burns에서 페인의 책상은 인터넷 스타트업 사업계획서가 산을 이루고 있었다.

페인과 프리커는 몬트리올 은행 네스빗 번즈에서 함께 일하다 처음 만났다. 몇 년 후 프리커는 사모펀드를 떠나 실리콘밸리 닷컴 기업으로 옮기며 페인에게 합류를 설득했다. "20년 후 아이들에게 인터넷이 탄생할 때 네가 어디에 있었는지 말하고 싶지 않아? 따분하고 낡아빠진 은행에 있었는지, 아니면 테크놀로지 최전선에 있었는지?" 페인은 프리커의 말을 기억하고 있었다.

1999년 페인은 팰로 앨토로 떠나려고 짐을 쌌다. 그리고 곧 머스크를 처음으로 만났다. 페인은 첫인상을 이렇게 기억한다. "에너지가 넘쳐흘렀어요. '해보자, 뭔가 시작해보자. 만들고, 성취하자'라는 생각으로 가득해 보였죠." 하루는 머스크의 집 침실에 들어갔던 경험을 들려주었다. "침실은 책으로 가득 차 있었죠. 기업계 거물의 전기나 그들이 어떻게 성공했는가 하는 이야기들이었어요." 페인이 말했다. "사실 거기 앉아서 보니 쌓여 있는 책 맨 위에 리처드 브랜슨Richard Brandson(버진 애틀랜틱 회장-옮긴이)에 관한 책이 있었던 기억이 나요. 그때 갑자기 일론이 이 유명한 기업가 같은 사람이 되려고 준비하고 연구하고 있다는 생각이 들더군요. 그는 자신을 채찍질하는 커다란 목표를 갖고 있었어요."**6**

에드 호Ed Ho는 머스크가 영입한 마지막 공동창업자였다. 호는 버클리에서 전기공학과 컴퓨터공학으로 학위를 받고 졸업 후에는 오라클에서 일했다. 그 후 한때 엔지니어링 인재를 긁어모았던 실리콘 그래픽스에서도 일했다. 1990년대 중반이 되자 호의 동료들은 다른 사람들이 선망하던 실리콘 그래픽스를 버리고 인터넷 스타트업을 향해 떠나기 시작했다.

이 대규모 이주 물결에는 호의 상사였던 짐 앰브라스Jim Ambras도 포함돼 있었다. 그는 Zip2라는 회사로 향했고, 호에게 합류를 제안했다. 호는 Zip2 엔지니어링 분야에서 제시하는 도전이 마음에 들었다. 특히 마지막으로 기억에 남는 프로젝트는 당시 초창기였던 모바일 전화 앱을 만드는 작업이었다. "두 개의 주소를 입력한다고 생각해보세요. 휴대용 전화에서는 정말 번거로운 일이긴 하죠! 그런데 그러면 휴대전화가 길 안내를 해주는 겁니다."

Zip2에서 호는 머스크의 리더십 스타일을 처음 접했다. "제가 어떤 아이디어를 제시할 때마다 일론은 '그래, 해봐'라고 말하곤 했죠." 그는 머스크가 고위 경영진이라기보다는 현장 엔지니어처럼 행동했다고 고마워했다. 그는 머스크가 스타크래프트나 퀘이크Quake 같은 게임에 호승심을 드러내며 밤새워 몰두하곤 했던 일을 기억한다. "그는 스타크래프트의 제왕이었어요." 호는 말했다.

비디오게임을 하며 둘은 금세 친해졌다. "늦게까지 일하다가, 어쩌다 보면 결국 비디오게임을 시작하게 되고, 그럼 친구가 되는 거죠"라고 호는 회상한다. 컴팩의 Zip2 인수 문서 잉크가 다 마르기도 전에 머스크는 호에게 다음 스타트업을 제안했다. "돌이켜보면 하지 말았어야 했어요"라고 호는 말한다. 기술적으로 볼 때 머스크는 Zip2의 비경쟁 조항에 묶여 있었다. 하지만 머스크는 그러한 규칙 따윈 대놓고 무시했고, 아예 규칙 위반을 즐기는 인상마저 주었다. 호는 실리콘 그래픽스가 Zip2에 자사 직원 영입을 놓고 공식적인 불만을 제기했을 때 머스크가 얼마나 즐거워했는지를 기억하고 있다.

1999년 초까지 머스크의 새로운 회사는 머스크 머릿속에 자리 잡은 하나의 아이디어에 지나지 않았다. 하지만 호는 네 번째 직원으로 이미 자리를 잡고 있었다. "파도가 몰려오고 있었어요." 호는 말했다. "물 들어올 때 노를 젓든가, 가만히 앉아서 파도가 지나가는 걸 방관하든가 둘 중 하나였죠. 그런데 야후가 지나가는 게 보이더군요."[7] 네 명으로 구성된 최초의 팀은 책임을 나누었다. 머스크와 호는 테크놀로지와 제품을 맡고, 프리커와 페인은 회사의 재무, 규제regulation(정부 규제, 산업 표준, 법률, 윤리, 사회적 책임 등 회사 운영에 영향을 미치는 규제와 관련된 사항-옮긴이), 운영을 맡기로 했다.

제품을 출시하기도 전에 머스크는 회사 이름을 X.com이라고 지었다. 머스크는 이 이름이 '인터넷에서 가장 근사한 URL'이라고 믿어 의심치 않았다.[8] 하지만 머스크 이전에도 이미 그렇게 생각한 사람이 있었다. 1990년대 초, 마르셀 데파올리스Marcel Depaolis와 데이브 와인스타인Deve Weinstein은 자신들이 만든 피츠버그 파워컴퓨터의 도메인으로 www. x.com을 선점했다. 이들은 회사는 팔았지만 X.com URL은 개인 이메일 주소로 사용하며 계속 보유하고 있었다.

몇 년에 걸쳐 데파올리스와 와인스타인은 여러 URL 판매 제안을 뿌리쳤다. 가격이 마뜩잖아서였다. 1999년 초 이들은 흥미로운 제안을 받았다. "Y2K의 그림자가 드리울 무렵 일론 머스크가 찾아왔습니다"라고 그들은 말했다.[9] 이번 조건은 훨씬 솔깃했다. 이들은 X.com URL을 머스크에게 팔고 그에 대한 대가로 현금은 물론 회사의 시리즈 A 주식Series A stock(기업이 처음으로 투자자를 모집할 때 발행하는 주식-옮긴이) 1500만 주를 받는 데 동의했다. 협상은 《월스트리트저널》의 관심을 끌어 스타트업 지분을 다루는 부분에 기사가 실렸다.[10] 우연히도 이 기사에는 또 다른 젊은 기업가 맥스 레브친이 사무실을 확보하기 위해 주식을 어떻게 활용했는지를 설명하는 내용도 포함돼 있었다.

거래를 끝낸 머스크는 좀처럼 잊기 힘든 기업용 이메일 주소 e@x.com을 사용하게 되어 즐거워 보였다. 그는 X.com URL과 회사 이름에 대한 신뢰가 깊었기에 혼란을 주고 불길해 보인다는 비판에 움찔하지 않았다. 그가 보기에 X.com은 새롭고, 흥미롭고, 회사의 정수를 충분히 포착하고 있는 개방적인 이름이었다. 그가 바라는 회사는 은행과 투자 서비스 모든 것이 공존하는 공간이었다. 보물 지도에서 X가 '보물이 묻힌 바로 그 장소'를 표시하는 상징인 것과 마찬가지로 X.com은 온라인상에 돈이 보관되는 장소를 의미했다. 그는 또 해당 URL이 희귀하다는 사실을 즐겨 강조하기도 했다. 당시 세계에서 단 세 개의 한 자리 .com URL 중 하나였기 때문이다(다른 두 개는 q.com과 z.com이다).

---

* 거래의 상세한 내용은 페이팔 S-1 증권신고서의 영업권 및 기타 무형자산 부분에서 찾아볼 수 있다. "1999년 5월 회사는 X.com 도메인 네임을 취득하고 그 대가로 회사 시리즈 A 의무적 상환 전환 우선주 주식 1500만 주를 주었다. 이 주식의 총가치는 50만 달러였다." (https://www.sec.gov/Archives/edgar/data/1103415/000091205.)

머스크는 이름에 대한 실용적인 근거도 제시했다. 그는 세상이 곧 인덱스 카드 크기의 키보드가 내장된 포켓용 컴퓨터 같은 휴대용 장비로 넘쳐흐를 것이라고 믿었다. 그러한 세상에서는 금융 고객이 엄지로 몇 번만 쓱 치면 되는 X.com이야말로 이상적인 URL이었다.

머스크의 X.com에 대한 확신은 Zip2에 대한 실망에서 비롯된 측면도 있다. "무엇보다 이게 대체 무슨 의미죠? 아마 세상에서 진짜 최악의 URL 중 하나일 거예요. 이름이 Zip하고 숫자 '2'인지? Zip t-w-o인지? 아니면 Zip t-o인지? 아니면 Zip t-o-o인지? 정말 여럿으로 해석될 수 있는 동음이의어를 선택한 거죠. 웹사이트에서는 동음이의어가 혼동을 일으켜서 적절하지 않아요. 그러니 정말 모든 면에서 바보 같았어요." 머스크가 말했다.

Zip2에서 코딩에 바빴던 머스크는 글로벌 링크의 이름 변경을 외주에 맡겼고, 곧바로 후회했다. "브랜드와 마케팅은 도메인 전문가라고 생각하던 사람들에게 맡겼죠. 그러곤 이내 그냥 상식적으로 생각했으면 좋았을걸 하고 반성했어요. 사실 그편이 훨씬 낫거든요."[11] 머스크가 볼 때 X.com은 모든 면에서 Zip2와 정반대였다. 그래서 그는 X.com이 Zip2가 될 수 없었던 모든 것이 될 수 있으리라 확신했다. "그는 그 글자에 정말 고무된 듯이 보였어요"라고 페인은 회상했다.[12]

머스크는 Zip2로 인해 얻은 뜻밖의 횡재를 거의 대부분 X.com에 밀어 넣었다. 그는 1250만 달러를 투자하고 X.com 도메인은 개인 자금으로 샀다. "당시엔 '미쳤군'이라고 생각했어요. 솔직히 리스크였거든요"라고 호는 말했다.[13] 사실 개인이 스타트업에 그렇게까지 많은 자산을 투자하는 것은 주목할 만한 일이었다. 머스크에게도 그랬지만, 그럴 필요까지는 없었기 때문이다. Zip2의 성공적인 매각으로 머스크는 상당한 명성을 얻었고, 다른 사람들도 이제는 기꺼이 머스크의 새로운 사업에 투자하려 했다. "전화 한 통만 돌려도 사람들이 모이곤 했죠"라고 페인은 기억한다.[14]

뉴 엔터프라이즈 어소시에이츠New Enterprise Associates, 모르 데이비도우 벤처Mohr Davidow Ventures, 세쿼이아 캐피털Sequoia Capital, 드레이퍼 피셔 저벳슨Draper Fisher Jurvetson과 같이 경험과 전문성으로 이름 높은 벤처 투자 기업들도 머스크의 온라인 금융 서비스 사업 구상을 듣고 싶어 안달이었다. 전통적인 금융 기업에서 성장한 프리커는 모든 일이 너무도 쉽게 느껴져 놀라움을 금할 수 없었다. 머스크 팀은 프레젠테이션도 제대로 준비하지 않은 채 회의를 제안하고는 관심을 끌어내는 데 성공하곤 했으니 말이다. "저는 솔직히 높게 평가하지 않았었지만, 일론이 정말 능숙했던 분야가… 바로 벤처캐피털이었어요. 그는 금융 산업의 문제점들을 정확히 짚어내곤 했습니다. 아시다시피 엄청나게 큰 공룡이나 화석들만 존재하고, 가격 정책에서 민주주의 결핍 등등… 이런 이야기에 모든 사람이 한꺼번에 확 불타오르곤 했습니다." 프리커가 말했다.[15]

벤처캐피털 기업들의 열의에도 불구하고 머스크는 한동안 외부 자금을 받지 않았다. 그의 자기 자본 고집에는 두 가지 장점이 있었다. 우선, 머스크는 X.com의 완전한 소유권과 운영 통제권을 확보할 수 있었다.[16] 이번에는 (적어도 당분간은) 그를 뒤로 물러서게 만들 수 있는 투자자는 존재하지 않았다. 둘째, 개인적인 투자를 활용해서 손쉽게 영입을 제안할 수 있었다. "인재 영입 일로 전화해서 '일론 그 친구는 1300만 달러를 투자했어'라고 말하곤 했어요." 호가 회상했다.[17] 엔지니어 확보

경쟁이 절정으로 치닫던 상황에서는 모든 소문이 중요했다. 대중에게 널리 알려지고, 주목의 대상인 창업자가 자기 재산을 모두 자신의 회사에 걸고 있다는 소문의 힘은 막강했다.

X.com의 인재 영입 노력은 엔지니어링과 금융 두 분야 모두에서 성과를 거두었다. 뱅크오브아메리카 이사 스티븐 딕슨Steven Dixon은 최고재무책임자CFO로 합류했다. 도이치방크의 경제 분석가 줄리 앤더슨Julie Anderson 역시 경영팀에 합류했다. 제품과 엔지니어링 팀에는 프리커와 페인의 캐나다 친구 혼 통Hon Tung, X.com의 주요 설계자 하비 탕Harvey Tang, 소프트웨어 엔지니어 더그 맥Doug Mak, 하와이 출신 보험 분석가이자 에드 호의 친구 크리스 첸Chris Chen이 합류했다.

머스크는 또 변호사 크레이그 존슨Craig Johnson을 X.com 고문으로 위촉했다. "크레이그는 당시 법률 분야에서 대단히 유능한 사람이었어요"라고 프리커는 말했다.[18] 존슨의 합류는 X.com이 경험과 전문성을 갖추었다는 사실을 업계에 널리 알리는 효과가 있었다. 그리고 또 주소 역시 전문성을 확보해야 할 필요성도 있고 해서 팀은 유니버시티가 394번지로 사무실을 옮겼다.

X.com은 새로운 관점으로 다른 소매 및 닷컴 은행 경쟁업체를 바라보았다. "당시 시장에는 이미 몇 개의 인터넷 은행이 있었어요. 그들은 주식 액면 가치 약 4배의 가격으로 거래되고 있었죠. 일반 은행은 대체로 2배 가격으로 거래되었습니다. 따라서 [인터넷 은행에는] 엄청난 프리미엄이 있었던 셈이죠." 초창기 X.com 직원 중 한 명은 회상한다. "그래서 일론의 사업 구상은 기본적으로 '저는 인터넷 전문가입니다. 이것을 할 수 있습니다. 우리는 실리콘밸리에서 자금을 조달한 최초의 은행이므로 다른 어떤 은행보다 성공적일 것입니다'라는 정도였죠."[19]

팀이 경쟁 대상으로 설정한 목표물 중에는 넷뱅크NetBank라는 회사
도 있었다. 넷뱅크는 1996년 설립되었고, 미래의 디지털 은행이라고 광
고하고 있었다. 1997년 중반 주당 12달러로 상장했던 넷뱅크의 1999년
주식 가격은 상장 때보다 7배가 높았다. 이러한 넷뱅크의 성공을 지켜
보면서 X.com 사무실 주변에 떠돌고 있던 자신감 넘치던 분위기를 호
는 기억하고 있다. "우리가 저쯤은 박살 내고 남을 거야."

하지만 이는 계획이라기보다는 희망과 과장의 차원이었다. "기본적
으로 저희 생각은 ―좀 부정적인 이야기지만― 저 은행 놈들은 아무것
도 모른다는 것이었어요. 은행이다 보니 은행에 대해선 아는 것도 있겠
죠. 하지만 테크놀로지나 소비자에 관해서는 아무것도 모른다는 거였어
요." 호가 말했다.[20] 부분적으로 그는 넷뱅크 창업자와 같은 입장이었다.
넷뱅크 창업자는 1998년 한 기자에게 말한 적이 있다. "우리는 은행이
고, 우리는 규제를 받죠. 그런데 아마존은 누가 재무 비율이라도 들여다
보나요?"[21] 그는 자기 회사가 허깨비 닷컴이 아닌 진정한 은행임을 세
상에 알리고 싶었다. 그 사실을 증명하기라도 하듯이 넷뱅크는 실리콘
밸리가 아닌 조지아에 본부를 두고 운영되었다.

하지만 머스크와 X.com이 보기에 그의 말은 디지털 은행 공간에 있
는 넷뱅크와 그 경쟁사들이 테크놀로지 역량이 부족하다고 인정하는
것과 다름없었다. 반면 X.com은 충분히 역량이 있었다. 따라서 빠르게
시장에 진입해 수수료와 최소 금액minimums(최소 계좌 유지 금액, 송금
및 출금 수수료, 연회비, 대출 금리 등 저렴한 고객 서비스 가격-옮긴이)
을 인하하고, 적극적으로 고객을 유치해서 기존 은행들을 무찌르겠다는
목표를 세웠다. 신속한 시장 진출을 위해 X.com 팀은 써드파티third-party
공급업체와 협력하고, 기존 은행들이 사용하고 승인한 소프트웨어를 사

용하고, 그 위에 제품을 구축하는 방식을 선택했다. "단점이 있다면 핵심 소프트웨어를 가질 수 없다는 것입니다. 하지만 좋은 점은 모든 회계 및 규제 문제를 처리할 수 있다는 점이었죠." 호는 회상했다.[22]

써드파티 소프트웨어를 채택한 가장 중요한 이유가 회계와 규제 문제 회피였지만, 얼마 가지 않아 X.com은 규제와 관련된 심각한 문제들에 봉착하고야 말았다. 신용 대출, 현금 서비스, 모기지, 채권, 주식거래, 심지어 현금 보관 같은 단순한 일까지도 복잡한 주·연방 규제 대상이 되어 오랫동안 존재해온 미국 연방예금보험공사Federal Deposit Insurance Corporation, FDIC와 같은 기관의 통제를 받아야 했다. 문제는 이러한 전통적인 기관들은 청바지를 입은 실리콘밸리 임원들과의 거래에 전혀 익숙하지 않았다는 점이다.

팀은 이러한 규제에 대응하기 위해 데처트, 프라이스 앤드 로즈Dechert, Price & Rhoads 로펌을 고용했지만, 로펌의 지원을 받으면서도 규제라는 역풍을 말끔히 떨쳐버릴 수는 없었다. X.com의 CEO가 모든 금융 서비스를 한 지붕 아래 통합하며 금융 분야의 혁명을 일으키리라 공언했던 사실도 문제를 어렵게 만들었다.

혁명과 규제는 원래 어울리지 않는 법이다. 머스크는 예를 들어 일반 상업은행과 투자은행을 통합하려 했지만, 이는 1933년 제정된 글래스-스티걸법Glass-Steagall Act이 노골적으로 금지하던 사항이었다. 1999년 4월에 가서야 두 업체 간 통합을 허용하는 법안이 도입되었다. 그리고 또 몇 달이 지나서야 비로소 대통령 빌 클린턴Bill Clinton이 법안에 서명했다.

머스크를 위시한 사람들이 볼 때 거품이 붕괴하던 1930년대 미국 대공황 시기에 제정되었던 법이 디지털 경제 호황기라는 새로운 환경에

맞을 리 없었다. "정말 불만일 수밖에 없었던 것은 규제가 대개 비합리적이었기 때문입니다." 후에 머스크는 말했다. "그 사람들에게 그런 법은 말도 안 된다고 아무리 설득해도, 귀도 기울이지 않았습니다."[23] (스페이스X를 만든 한참 후, 머스크는 미래의 화성 정부를 위해서라도 이 문제를 해결해야겠다며, 화성의 모든 법에는 자동적으로 일시적 적용sunset 조항이 포함되어야 한다고 제시했다.*

하지만 머스크는 이 모든 어려움을 뚫고 사업을 추진해나가기로 결정했다. 머스크는 페인에게 "도중에 달걀 몇 개 깨진다고 두려워해선 안 돼"라고 말했다.[24] X.com의 변호사도 머스크를 지지해주었다. 존슨은 때가 되면 괜찮은 규제기관도 만날 수 있으리라며 여러 번 팀을 달랬다고 한다.

존슨이 볼 때 문제는 벤처캐피털 자금 조달banking venture capital money(기업의 성장과 발전을 위해 초기 단계의 기업에 투자하는 자본-옮긴이)이었고, 나머지는 이후에 조정하면 되는 일이었다. "잠재적인

---

* 다음은 2016년 리코드 코드 컨퍼런스Recode Code Conference에서 했던 머스크의 말이다. "아마도 화성의 정부 형태는 대의민주주의가 아니라 직접민주주의가 될 가능성이 큽니다. 따라서 사람들이 현안들을 놓고 직접 투표하겠죠. 저는 이편이 더 낫다고 생각합니다. 아마도 대의민주주의보다는 부패 가능성이 상당히 줄어들 것으로 생각하기 때문입니다. 따라서 저는 그렇게 되어야 한다고 생각합니다. 저는 유연성이 없는 법에도 약간의 조정이 필요하다고 생각합니다. 그편이 현명합니다. 법을 만드는 것보다는 폐지하는 편이 쉽습니다. 그게 나쁘지도 않고요. 법은 폐지하기 전까지는 무한정 지속됩니다. 따라서 저는 어떤 법을 놓고 60퍼센트의 사람이 투표를 한다고 할 때 40퍼센트보다 많은 사람이 동의할 때 그 법을 없애야 한다고 추천하는 바입니다. 어떤 법률이든 일시적 적용 조항이 내장되어야 합니다. 만일 다시 투표하기에 충분치 않다면 말입니다…. 저는 그런 조항을 추천합니다. 직접민주주의에서는 법을 폐지하는 것보다는 제정하는 편이 조금은 더 어려워야 하고, 만들어진 법은 영원히 존재하지 않도록 자동적으로 폐기될 수 있어야 합니다."

벤처 투자자로 오해받고 싶지 않다는 난제에 직면한, [존슨의 대답은] '사슴은 거의 상자 안에 들어왔습니다. 사슴을 놀라게 하지 마세요. 사업 계획이야 늘 변화하는 법입니다'였죠"라고 초기 X.com 직원 한 명은 기억한다.[25]

팀 내 금융 전문가는 이 전략에 의구심을 표했다. 이 산업에서는 규제는 무시할 수 없었다. "자본 요건, 보고 요건, 개인정보 보호 요건 등등. 우리는 규제 대상 산업임을 인식하고 책임감 있게 행동해야 합니다"라고 페인은 말했다.[26] 초창기 직원 중에는 금융 규칙을 무시하다가는 회사와 임원들이 법적 소송에 말려들 수 있다고 우려하는 사람들도 있었다.

특히 프리커와 머스크가 이 문제를 놓고 충돌하기 시작했는데, 이 충돌을 통해 우리는 초기 몇 달 동안 회사가 어떻게 돌아갔는지 파악할 수 있다. 프리커는 머스크의 규제적인 접근 방식은 물론 PR 업체를 고용해 회사를 선전하는 헤드라인을 만들고, 지분을 이용해 X.com 도메인을 구매하자는 머스크의 제안에도 반대했다. 프리커가 보기에 이들은 핵심 업무를 진전시키는 데 그다지 상관이 없는 값비싼 사치품에 지나지 않았다. 하지만 머스크에게는 이러한 일에 드는 비용은 혼잡한 시장에서 성공적으로 경쟁하기 위한 필수 비용이었다.

프리커는 X.com이 금융이라는 태양 아래 있는 모든 것을 다루게 될 것이라는 머스크의 약속에도 황당해했다. "우리가 하는 일에 대한 묘사가… 실제로 하는 일보다 10배는 더 컸습니다. 그리고 제가 실망한 게 있었다면, 저는 뭔가를 실제로 만들고, 규제하고, 제품화하고 싶었기 때문입니다. 하지만 저희가 만들고자 하는 것을 설명하면 할수록 그 프로젝트 수행은 더 어려워지기만 했습니다."[27]

프리커는 회사의 관심사를 좁혀보려 애썼다. 그의 생각에 X.com은 구체적인 두 가지 서비스에만 초점을 맞출 수 있다면 성공할 수 있었다. 그것은 전통 은행 업무를 인덱스 펀드와 결합하고 금융 자문을 제공하는 것이었다. 당연히 머스크는 수용하려 들지 않았다. 머스크가 보기에 이러한 전략은 X.com의 날개를 잘라버리려는 불필요한 행위였다. 금융 자문은 머스크가 디지털 기업이라 간주했던 사업에 낡아빠진 비용집약적·노동집약적인 인적 요소를 더해야 한다는 사실을 의미했다.

프리커와 페인은 X.com의 성장과 수익 모델을 돌려보았지만, 금융 슈퍼스토어 모델의 수치는 기대에 미치지 못했다. "모든 상황이 비현실적이었습니다. 제가 받은 교육은 매우 고전적인 월스트리트 방식이었거든요. 대단히 사실 중심적이고 매우 숫자 중심적이었습니다. 스프레드시트를 이용하고 미래가 어떨 것인지에 관해서는 필요 이상으로까지 복잡하게 생각하죠." 페인은 말했다. "논리적이고 기계적이지요. 특히 리스크와 기회 분석에는 더 그렇지요."

하지만 머스크가 볼 때 이 모델이 기대에 못 미친 것은 모델이 전제하고 있는 가정들이 잘못되었기 때문이었다. "수학적인 문제 풀이보다 더 중요한 것은 이야기였습니다." 페인은 나중에 가서야 깨달았다. "일론은 지금도 그렇지만 미래를 가리키는 데는 뛰어난 사람이었죠. 그러곤 이렇게 말하는 거죠. '목표가 저기 있어요. 저기에 있다는 걸 전 알고 있어요. 그러니 모두 그리로 가죠.'" 극도로 합리성을 추구하는 실리콘밸리에서도 비전은 데이터만큼이나 중요하게 여겨졌다. "테크놀로지 분야에서 성공하는 기업가들이 충분한 보상을 받는 데는 다 이유가 있습니다. '공장을 지었다. 제품이 나왔다. 제품이 팔렸다'처럼 단순한 인과관계 때문은 아닙니다."[28]

프리커는 머스크가 이끄는 엔지니어링 팀에 점점 더 실망만 늘어갔다. 특히 시제품조차 보여주지 않으려 드는 태도가 불만이었다. X.com 엔지니어들이 보기에 '진행 중'인 작업은 '불완전'한 작업이나 마찬가지였다. 프로그래밍은 글쓰기와 마찬가지로 계속 중단되는 불확실한 과정이었으며, 많은 사람이 생각하는 '숫자별로 색칠하기'보다는 훨씬 복잡했다. "선형적이지 않아요. 이쪽으로 가서 세 시간을 열심히 일하다가 '앗, 젠장' 하게 되는 거죠. 막다른 골목을 마주쳤다고 다른 사람에게 말하기도 싫어요." 호는 말했다.[29]

하지만 그 막다른 골목은 중요했다. Zip2에서 머스크는 스타트업이 성공하기 위해서는 올바른 아이디어를 꿈꾸기보다는 잘못된 아이디어를 발견하고 빠르게 버리는 게 관건이라는 사실을 배웠다. "이 아이디어로 출발했는데, 그 아이디어는 대체로 틀리죠. 그러면 저 아이디어에 적응해서 계속 정확하게 다듬어보는 겁니다. 그러면서 비판도 듣고요." 머스크는 몇 년 후에 청중을 앞에 두고 말했다. "그러고는 일종의 반복적인 자기 개선에 몰두하는 거죠…. 계속 반복하며 점검해보는 겁니다. '내가 다른 사람을 위해 유용한 걸 만들고 있는 걸까?' 왜냐하면 기업이란 당연히 그래야만 하거든요."[30] 그는 초기 계획에서 지나칠 정도로 정확성만 추구하다가는 그 반복의 순환 고리를 너무 일찍 끊어버리게 될 위험이 있다고 믿었다.

머스크와는 달리 프리커는 금융이라는 환경 속에서 자라났다. 정확성은 그의 삶 모든 측면에서 두드러졌다. 그는 X.com 사무실에도 일찍 출근했다. 금융시장이 오전 6시 30분에 개장하기 때문이다. 그 시간이면

프리커는 이미 일에 몰두하고 있었다. 이와는 달리 머스크는 새벽 세 시나 네 시에 일을 마치고는 사무실 바닥에서 토막잠을 자는 일이 흔했다. 프리커가 도착하기 불과 몇 시간 전까지 말이다.

프리커는 이러한 행동을 머스크가 회사와 단절돼 있음을 보여주는 지표로 받아들였다. 하지만 머스크 생각에는 늦은 밤이야말로 스타트업이 돌아가고 있어야 할 시간이었다. 따라서 이 문제는 둘 사이에 또 다른 마찰의 원인이 되었다. 둘 간의 긴장은 프리커와 머스크의 열정적이면서 참을성 모자란 성격이 도화선이 되어 회의 때마다 터져 나오곤 했다.

동료들은 이 갈등을 어떻게 받아들여야 할지 혼란스럽기만 했다. 예를 들어 에드 호는 프리커와 머스크 관계가 어떻게 그렇게 순식간에 싸늘해졌는지 이해할 수 없었다. "이 사람들이 싸울 때마다 저는 자문했죠. '왜 그래, 친구들? 너희 친구 아니었어?'"[31] 다른 사람들은 그만큼 놀라지는 않았다. 머스크와 프리커는 모두 주연을 맡았던 경험이 있다. 그런 사람들이 권력을 나눠 가진다는 것은 기대하기 힘든 일이었다. "둘이 함께는 일을 잘할 수는 없을 것 같아요." 페인이 X.com이 창업한 지 얼마 되지도 않았을 때 남겼던 말이다.[32]

프리커는 머스크가 X.com에 충분히 헌신하지 않아 보여 불만이었다. 하지만 그는 둘 사이의 불화를 수습해보려고 했다. 1999년 5월 9일 그는 머스크에게 긴 이메일을 써서는 "일론, 제발 우리 X라는 참호에 함께 있자⋯. 넌 똑똑한 녀석이지만, 우리 역시 누가 열심인지 아닌지를 파악할 정도는 돼. 능력이 있으면서도 최선을 다하지 않은 파트너의 저주는 우리 모두 알고 있잖아"라고 끝맺었다. 그는 머스크와 같이 일하고 싶어서 캘리포니아로 이사 왔던 일도 상기시켰다.

머스크는 점잖게 응수했다. 하지만 자신이 해야 할 일을 소홀히 한다는 전제는 받아들이지 않았다. "좋은 이야기야. 하지만 자네는 나를 조금 오해하고 있는 것 같아. 난 언제나 항상 X 생각뿐이야. 심지어 잘 때도 말이야. 내가 원래 강박 신경증이 있잖아. 난 이기고 싶어. 그것도 작은 규모의 승리로는 마음이 차지 않아." 머스크는 그날 저녁을 함께하자고 제안하고는 마지막에 '너의 친구이자 파트너(순서대로야), 일론'이라고 적었다.[33]

그러나 1999년 5월에서 6월로 접어들며 불화는 더욱 심각해졌다. "격렬한 토론이 있었죠." 호가 말했다.[34] X.com은 두 진영으로 나뉘었다. 머스크와 호가 자리 잡은 실리콘밸리 진영과 프리커, 페인, 딕슨의 금융 전문가 진영이었다. 여러 증언에 의하면 1999년 7월 금융 진영은 X.com의 전략을 변경하고, 머스크에게서 CEO 지위를 박탈하려고 시도했다고 한다.

이 시기에 피터 니콜슨은 밤늦게 걸려온 머스크의 전화를 받았다. 그의 전 인턴은 프리커가 자신을 회사에서 쫓아내려 하고 있다며 분노를 감추지 않았다. 그는 자신의 멘토가 '상황을 바로잡아' 주기를 원했다. 니콜슨은 공식적으로 X.com과 아무런 관련이 없었지만, 수년 전 자신이 직접 소개해준 제자들이 걱정되어 다음 날 프리커와 연락해보겠다고 머스크를 달랬다.

니콜슨의 말에 따르면, 프리커는 "우리가 만든 팀은 일론의 경영 스타일 때문에 상당한 어려움을 겪고 있어요"라고 말했다고 한다. 프리커는 이사진 총사퇴를 우려하고 있었다. 그는 또 머스크는 똑똑하고, 그의 아이디어는 먼 미래까지 내다보고 있지만 "어쨌든 실행 가능해야 하잖아요"라고 니콜슨에게 말했다고 한다.

니콜슨은 둘 사이 갈등에 휘말리지 않겠다는 현명한 판단을 했다.

"저는 당시 이 일에 관여해서 좋을 게 없다고 생각했어요. 저는 둘 다 정말 좋아했거든요. 둘 다 정말 존중하고요. 저는 내부에서 어떤 일이 벌어지고 있는지도 잘 모르고, 이 스타트업에서 일상적으로 일어나는 일에 대해서는 아예 몰랐거든요."[35]

니콜슨의 도움과는 상관없이 상황은 금세 명확해졌다. 머스크는 여전히 X.com을 지배하고 싶어 했고, 갈등의 절정에서 머스크는 프리커와 회사의 변호사가 참석하는 회의를 소집했다. 다른 직원들은 격렬한 토론이 벌어질 것을 예상하곤 먼저 사무실을 비운 상태였다. 페인이 말했다. "저흰 뭔가 일어나리라고 알고 있었어요. 엿듣는다는 느낌을 줄까 싫어서 먼저 사무실을 비운 거죠." 이들이 떠나자마자 고함이 시작되었다.

결국 머스크는 프리커를 해고했다. 예의라고는 찾을 수 없는 방식의 통보였다. 어느 날 프리커가 출근해보니 컴퓨터는 초기화돼 있었고, X.com 파일에 더는 접근할 수 없었다.

공동창업자였던 크리스 페인은 기가 막혔다. "모든 일이 무너져 버리면, 머리를 긁적이며 생각하게 되죠. '대체 뭐가 일어난 거야?'"[36] 혼란스러운 상황에서 프리커가 새로운 회사를 차렸고, X.com 직원들의 합류를 바란다는 소문이 퍼졌다.

대규모 이직을 차단하기 위해 머스크는 X.com 직원들에게 잔류를 요청하며, 추가 지분을 약속했다. "회의실에 모든 사람을 앉혀놓고… 이런 말을 했습니다. '이것 보세요. 남아 계실 건가요, 아니면 나갈 건가요? 남아 계시겠다면, 남아 계실 수 있습니다. 그리고 저희는 이런 걸 만들어보려고 합니다.'" 엔지니어였던 더그 맥은 회상했다.[37] 크리스 첸은 머스크와 일대일로 만났을 때 머스크가 X.com CEO로서 추가 지분

이 '언젠가 엄청난 돈'이 되리라고 강조했던 일을 기억하고 있다.[38]

머스크는 페인에게도 잔류를 요청했다. 페인은 이에 고마워했다. "그는 공개적으로 남아달라고 하더군요."[39] 페인은 머스크와 긍정적인 관계를 유지하고 있었지만, 프리커에 대해서는 충성심을 느끼고 있었다. 그를 캘리포니아에 이사 오도록 설득한 것도 프리커였다. 프리커를 존중하는 마음에서 그는 떠나야 한다고 생각했다.

머스크가 영입했던 공동창업자 에드 호 역시 떠났다. "에드도 좀 흔들렸나 봐요"라고 머스크는 말했다.[40] 호 자신의 설명에 따르면, 그는 '일론과 함께 일하는 게 즐거웠지만', 몇 달이나 이어진 내부 싸움에 지쳐버렸다. 그는 또 X.com의 제품 로드맵에 환멸을 느꼈다. '다른 사람의 소프트웨어를 가져와서 그 위에 색칠한다'는 아이디어는 그로서는 정말 재미없었다.[41] 호는 프리커의 다음 사업에 참여할까 잠시 고민하다가 결국은 자신의 스타트업을 만들기로 했다.

몇몇은 머스크의 편을 들었다. 그중에는 회사가 둘로 갈라지기 몇 주 전 IBM을 떠나 합류했던 더그 맥도 있었다. X.com 공동창업자 중 4분의 3이 사라지자 맥은 자신의 선택이 현명했는지 하는 의구심마저 들었다. 하지만 머스크는 회사의 미래에 대한 희망이 가득한 제안을 하며 그를 주저앉혔다. "저는 일론을 알아요…. 어떤 일을 하기로 마음먹으면, 자신의 마지막 1원까지 바쳐 그 일을 해내는 사람이죠. 그는 사람들이 은행을 이용하는 방식에 혁명을 일으키고 싶어 해요. 반드시 해낼 거예요."[42]

X.com의 넘버 5라고 할 수 있는 줄리 앤더슨 역시 X.com에 남기로 했다. 아이오와 토박이였던 앤더슨은 허리 부상으로 인해 그토록 바라던 미국 평화 봉사단 가입이 좌절되며 베이 에어리어로 왔다. 그는 프랭크 쿼트론Frank Quattrone 아래서 주니어 애널리스트로 일했고, 도이체방

크가 넷스케이프, 아마존, 인투잇Intuit 등을 포함한 테크놀로지 기업공개의 주식 발행 보증사로 주목받기 시작할 무렵 도이체방크에 합류했다.

앤더슨과 동료들은 이후 2년 동안 인터넷이 자리 잡기까지 쉬지 않고 일했다. 하지만 그러다 보니 결국 번아웃 상태에 빠졌다. "주위를 돌아보니 모두가 벌써 암에 걸린 것 같았어요." 그는 도이체방크를 떠나 샌마티오 차고에 있는 스테인드글라스 제조업체에서 도제 수업을 받았다. 모아둔 돈이 다 떨어질 때쯤 한 친구가 지금 막 회사를 팔아치우고 다른 사업을 시작한 사람을 알고 있다고 전해왔다. 앤더슨은 이메일을 통해 그 사람, 일론 머스크를 소개받았다. 그가 팰로 앨토의 엠파이어 탭룸Empire Tap Room 점심 식사 약속에 갔더니 X.com 팀의 머스크, 프리커, 호, 페인 네 명 모두가 나와 있었다.

그 넷은 이제 하나로 줄었다. 하지만 앤더슨은 어쨌든 머스크와 함께 하기로 선택했다. 도이체방크 당시 그는 기업공개를 준비하는 스타트업들에서 수시로 벌어지는 임원 인력 변동을 이미 목격한 바 있다. "사람들은 항상 떨어져 나가죠. 고위 직급 사람들이 계속 남아 있을 확률은 매우 매우 낮습니다. 회사에 적합한 인격을 가진 사람은 정말로 드뭅니다."

맥이나 첸과 마찬가지로 그 역시 머스크를 보며 용기를 얻었다. "저는 뭔가를 믿고 싶어 하는 사람이에요. 그런데 일론을 보면 언제나 세상을 바꾸는 일, 인류를 위한 좋은 일에 몰두하고 있죠." 그는 머스크의 기벽도 인정했다. "감당하기 힘든 문제가 있으면 —어쨌든 그때 당시엔 말이죠— 컴퓨터를 보면서 많은 시간을 보내곤 했어요. 마치 뭔가를 읽고 있는 것처럼 말이죠. 하지만 사실은 아무것도 읽고 있지 않았을 거예요. 그냥 생각하고 있었던 거죠. 아니면 해답이 떠오르기를 그냥 기다리고 있었을 수도 있고요."[43]

20년 후 머스크는 X.com 초창기의 혼란을 짧게 회상했다. 그는 그 사건을 페이팔 역사에서 '뜨거웠던 순간'이라고 불렀다. "모든 스타트업에는 나름의 이야기가 있기 마련이죠"라고 그는 말했다.[44]

해리스 프리커는 일이 그렇게 끝나버린 것을 아쉬워했다. "저는 상황을 다르게 처리할 수도 있었어요." 그는 머스크의 투자자 유치 및 언론 전략에 대해 좀 더 개방적인 태도를 보였어야 했다고 후회했다. 기존의 시각이 아니라 그럴 수도 있다는 시각으로 바라보았어야 했다. "그때 저는 전통적인 비즈니스 판단을 중단하고, 그 모든 것이 이상한 게 아니라고 깨달아야 했어요."

프리커의 깊은 아쉬움에는 개인적인 측면도 있었다. 그와 머스크는 동료 이상이었다. 둘은 친구였다. "제 직장 생활에서 가장 아쉬운 점은 우리 둘 관계를 날려버렸다는 거죠. 우리는 그 문제는 생각해보지도 않았어요"라고 프리커는 말했다.[45] X.com과 헤어진 후 프리커는 whatifi.com이라는 금융 자문 스타트업을 차려보려 하다가 노력이 좌절되자 캐나다로 돌아가 GMP 캐피털의 CEO를 역임하는 등 다시금 금융업계 경영자로서 성공을 거둔다.

머스크와 프리커 두 사람의 멘토였던 피터 니콜슨은 과거를 회상하며 둘의 충돌은 불가피했다고 생각한다. "엄청난 재능들이었죠. 달리 말하자면 하나는 빙산이고, 다른 하나는 타이태닉호였다고나 할까요."[46]

5장
전자이체에 미친 사람들

레브친의 모바일 기기 보안 스타트업 필드링크는 CEO가 필요했다. 레브친은 잠시 자신이 그 일을 맡아볼까 생각했었지만, CTO 역할에 만족하기로 했다. 자칭 '엔지니어의 엔지니어'였던 레브친 생각에 기업을 경영하고 투자자를 모으기보다는 프로그래밍이 자신의 장점이었다.

하지만 그가 아니면 누가? 레브친은 인터넷에 대해서는 타고난 천재는 아니었고, 실리콘밸리에 아는 사람도 그리 많지 않았다. 그는 루크 노섹에게 몇 명을 추천해달라고 했지만, 마음에 드는 사람은 없었다. 존 파워스는 일리노이주 켈로그 경영대학원 출신의 두 후보를 인터뷰했는데, 둘 다 유능해 보였다. 하지만 막상 구체적인 제안을 하자, 둘 다 제안을 거절했다. "우린 돈이 많지 않았거든요." 그는 회상했다. "그런데 그 사람들은 10만 달러 이상의 시작 임금을 원하더군요. 저희로서는 감히 상상하기 힘든 액수였어요."[1]

이제 레브친에게는 피터 틸밖에 남지 않았다. "지금 바쁘지 않으면서 CEO가 되어줄 수 있는, 제가 아는 유일한 인물이었죠." 틸은 회사에서 투자를 넘어선 역할을 요구하지 않았지만, 레브친은 틸이 파워스의 이직을 능숙하게 처리하는 것을 지켜보았다. 레브친은 자신의 '커다란 벽돌같이 생긴 휴대전화'로 틸에게 전화를 걸어 질문을 던졌다. 틸이 필드링크 CEO 자리를 고려해보게 되었을까?

처음에 틸은 그다지 관심이 없었다. "피터가 그랬듯이 숨을 헐떡이더군요." 레브친은 회상한다. "강요까지는 아니었지만, 저는 정말 열심히 설득했어요."[2] 틸은 필드링크의 성공을 원했다. 하지만 CEO로서 행정과 관리에는 관심이 없었다. 그는 계속해서 시장과 자금만 맡고 싶어 했다.

그러나 틸은 한편으로 운영 경험이 가치가 있으리라는 생각도 하고 있었다. CEO로서 시간을 보내다 보면 투자 감각을 더욱 정교하게 조정할 수 있다는 판단 때문이었다. 그래서 그는 타협책을 제시했다. 그는 '성장 촉진 CEO ramp-up CEO (조직의 빠른 성장을 이끌기 위해 임명된 리더-옮긴이)'로서 필드링크가 기반을 마련할 때까지만 그 자리를 맡고, 그 후엔 고문으로 남아 다른 CEO의 회사 운영을 돕겠다고 했다. 레브친은 동의했다.

틸은 자신이 설립한 틸 캐피털의 첫 직원이었던 켄 호워리에게 전화해서 필드링크에 합류하겠다고 알렸다. 호워리는 틸이 새로운 지위를 얻게 되면 틸 캐피털이 사라지지 않을까 우려했다. 하지만 틸은 낮에는 호워리와 함께 필드링크에서 일하고, 밤과 주말을 이용해서 펀드를 계속 운용하자고 이야기하며 호워리를 안심시켰다. 그들은 실제로도 그런 방식으로 일했다.[3]

필드링크의 신임 CEO로서 틸은 회사 출범에 박차를 가했다. 시장을 조사해보니 여러 눈보라가 계속해서 하나로 수렴되는 듯했다. 다시 말해 1분마다 하나의 스타트업이 만들어지는 것처럼 보였다. 틸은 신속성을 강조해야 했다. 고용, 자금 조달, 제품 출시 모든 면에서 마찬가지였다. 하루는 틸이 레브친에게 엔지니어를 더 고용하라고 다그쳤다.

"그래, 알아. 하지만 난 코딩하느라 바빠." 레브친은 이렇게 이야기했다고 기억한다.

"하지만 좀 더 많은 엔지니어를 고용해야 해. 넌 CTO잖아." 틸이 말했다.

"물론이지, 근데 난 아는 사람이 없는걸."

"넌 지금 막 이 나라에서 가장 좋다는 컴퓨터학과를 졸업했잖아. 근데 아무도 아는 사람이 없다고?" 틸이 말했다.

"아, 글쎄, 떠오르는 친구가 있긴 한데…."[4]

레브친은 UIUC 시절 친구들을 떠올렸다. 유 팬Yu Pan과 러셀 시몬스Russel Simmons였다. 레브친은 두 사람과 일해본 경험이 있었다. 일이 많을 때 그는 두 사람에게 일회성 프로그래밍 프로젝트를 하청 주었던 적이 있다.

졸업 후 유 팬은 미네소타주 로체스터로 옮겨 IMB에서 일했다. 하지만 미네소타에서 첫 겨울을 보내고 난 후 자신의 결정을 후회하기 시작했다. 시몬스는 팬의 황량한 삶에 대해 묘사한 적이 있다. "직장에 갔다가, 집에 와서, 매일 굴 소스를 곁들여 저녁을 먹고, 온라인 비디오게임이나 하는 거죠…. 정말 슬픈 일이죠."[5]

1998년 겨울 레브친은 팬에게 필드링크의 일자리를 제안한다. 그러면 캘리포니아로 이사도 할 수 있다. 온화한 기후는 마음에 들었지만,

팬은 신중했다. 그는 레브친의 하도급 프로그래밍 작업으로 꽤 많은 돈을 벌긴 했지만, 레브친을 그다지 신뢰할 수 없는 사람으로 생각하고 있었다. 졸업 후 레브친은 팬이나 다른 친구들에게 알리지도 않고 급작스럽게 캘리포니아로 떠났고, 팬이 보낸 이메일에는 답장도 없었기 때문이다. "그냥 사라져버렸어요…. '대체 그 녀석에게 무슨 일이 생긴 거야?'" 팬은 생각했다고 한다. "근데 내게 일자리와 돈을 주겠다고? 머릿속으로는 '맥스, 그 믿지 못할 놈'이라는 생각밖에 들지 않았죠."[6]

레브친은 필드링크가 진짜 자금을 조달받는 회사이며, 이번에는 반드시 끝까지 함께할 것이라고 안심시켰다. 처음에 팬은 단호하게 거절했다. "'이 나쁜 xx야'라는 말까지 나오기 직전이었죠. '내가 들어본 이야기 중 가장 어리석은 말이군. 너를 믿을 생각은 없어'라고 말하려 했어요." 하지만 레브친은 스타트업에서 일하는 장점은 물론 팰로 앨토의 온화한 기후 및 얼티밋 프리스비ultimate Frisbee(프리스비를 이용한 미식축구와 비슷한 경기-옮긴이)를 즐기기에 정말 좋은 환경을 내세워 그를 설득했다.

서서히 팬의 마음은 돌아서기 시작했지만, 또 다른 장애물이 있었다. 팬의 가족이었다. 레브친이나 틸과 마찬가지로 팬의 부모 역시 이민 온 사람들이었다. 이들은 팬의 IBM 근무를 편리하게도 자신들의 집에서 가까운 곳에서 구한, 견고하면서도 안정된 기회라고 생각하고 있었다. 이들이 보기에 레브친의 스타트업은 듣도 보도 못한 회사이고, 아들의 대학 친구가 경영하고, 일리노이에서는 멀리 떨어져 있는 등 모든 면에서 자신들이 중요하게 생각하는 가치의 반대편에 있었다. "약간의 설득이 필요했지요"라고 팬은 말했다.

팬은 레브친에게 그 설득을 해달라고 요청했다. 레브친은 시카고행 비행기에 올라타서는 팬의 집까지 가서 가족에게 이것이 중요한 기회라고 설득했다. 부모님은 만족했다. 유 팬은 선임 엔지니어로 필드링크에 합류하기로 동의했다.

러셀 시몬스의 영입은 어렵지 않았다. 레브친은 ACM 프로젝트를 하며 시몬스를 만났다. 레브친은 시몬스가 이미 대학 시절부터 두각을 나타냈다고 기억한다. "러스는 정말 똑똑하죠. 비범해요. 천재적인 IQ죠. 마음만 먹으면 사람들 생각보다 두 배는 빠르게 모든 걸 알아내죠."[7]

대학을 졸업한 후 시몬스는 UIUC 컴퓨터과학 대학원에 진학했다. "살면서 어떤 전략을 세워본 적이 없어요. 일자리를 구한다는 생각은 해본 적도 없었죠. 그냥 '대학원에나 가볼까?' 하는 생각이었어요…. 저는 스타트업이나 실리콘밸리 뭐 그런 것들은 전혀 관심이 없었어요."[8]

1998년 여름 레브친이 연락했을 때 시몬스는 석사과정 공부가 한참 지겹던 참이었다. 이메일에서 그는 레브친에게 다 그만두고 텍사스에 가서 프로그래밍 작업을 해보려 한다고 고백했다. 레브친은 텍사스보다는 캘리포니아가 더 나을 것이라고 권했다. "여긴 진짜 멋져. 여기 와서 근사한 곳에서 일해봐"라고 그는 썼다. 그해 말 '근사한 곳'은 필드링크로 밝혀졌다.[9]

유 팬과 마찬가지로 시몬스도 어떤 보장을 원했던 것으로 기억한다. "저도 [레브친이] 똑똑하다는 건 알고 있었어요. 하지만 '이 친구 진심이야? 진짜 내가 거기 가면 일자리가 생기는 거야?' 하는 생각은 있었어요." 또 명목상의 돈을 내고 필드링크의 지분을 사야 한다는 레브친의 말도 걸렸다. 스타트업계에서는 표준적인 관행이었지만, 의심이 풀리지 않았던 시몬스는 팬과 마찬가지로 어머니에게 의논했다. "[그는]

'워, 워, 워, 아직 일도 하지 않고, 월급도 안 받았는데, 돈을 보내라고 한다고?… 사기 같은데'라고 말하더군요."[10]

내키지 않는 구석들도 있었지만, 시몬스는 일단 덤벼보기로 했다. 시몬스와 팬은 '레브친 협약'에 동의했다. 레브친이 둘을 버린다면 둘이 서로를 돌봐주기로 하는 내용이었다. 게다가 이들이 보기엔 리스크라고는 거의 없었다. 실리콘밸리에서 엔지니어 인재 시장은 호황 일색이었기 때문이다. 팬과 시몬스는 시카고에서 저가 아메리칸 트랜스 에어 비행기를 타고 함께 서부로 날아갔다. 레브친이 공항까지 마중 나왔다.

틸 역시 레브친만큼이나 직원 수급에 열심이었다. 틸은 켄 호워리에 더해 루크 노섹에게도 필드링크 합류를 요청했다. 팬이나 시몬스와 마찬가지로 노섹도 망설였다. 하나의 이유는 이미 스마트 캘린더 이후 새로운 스타트업을 개발하고 있었기 때문이었다. 일종의 아이디어 선물先物 시장이라 할 수 있는 온라인 뉴스 베팅 플랫폼이었다. 노섹이 이 이야기를 꺼내자마자 틸은 대뜸 반대하며 도박과 증권시장에 관련된 완강한 규제에 대해 들려주었다. 그리고 노섹에게 대신 필드링크에 합류해야 한다고 말했다.

노섹은 확신이 서지 않았다. "휴대용 기기 보안이라니, 정말 지루하고 어리석은 사업 구상이라고 생각했습니다." 노섹은 말했다. 하지만 틸과 레브친은 노섹이 매력적이라고 느끼는 개념을 찾아낼 때까지 이야기를 멈추지 않겠다고 말했다. 노섹에게는 오히려 팀의 융화가 더욱 매력적으로 다가왔다. 팀에는 이제 대학 시절부터 알고 있던 레브친, 팬, 시몬스 세 명이 있었다. "함께하면 뭔가 놀라운 일을 해낼 수 있으리라는 느낌에 이 일을 하기로 결심했습니다. 그들이 완전히 다른 일을 하려

했다고 해도, 저는 이 그룹과 함께 일하고 싶었을 것입니다."[11]

정작 노섹의 참여가 결정되자, 레브친은 우려를 제기했다. '노섹이 정확히 무엇을 할 것인가?'라는 문제였다. 노섹은 테크놀로지 측면에서는 유능했지만, 뛰어난 프로그래머는 아니었다. 레브친이 이 질문을 친구들에게 던지자, 다른 UIUC 동문이었던 스콧 바니스터가 대답했다. "당연한 걸 왜 물어. 루크는 '루크 일'을 하겠지."[12]

시간이 가며 '루크 일'이라는 것이 조금씩 형태를 갖추어갔다. 노섹은 주로 마케팅과 고객 확보와 관련된 놀라운 아이디어를 끊임없이 쏟아냈다. "루크는… 돌아다니며 뛰어난 아이디어를 찾아내는 사람 중 하나였습니다. 무슨 이유인지 모르겠지만 그것들은 그에게만 보이는 것 같았죠." 레브친이 말했다. "그가 무언가를 제안하면 저희는 '그건 미친 생각이야'라고 말하곤 했어요. 그런데 결국에는 보석 같은 아이디어로 판명되더군요. 그는 흔히 다른 사람들이 간과하는 빈틈을 발견하곤 합니다. 마치 길에서 왜 거기에 있는지 설명할 수 없는 지폐를 발견하는 것처럼 말이죠."[13]

노섹은 마케팅 및 전략 부문 부사장으로 임명되었고, 러스 시몬스, 유팬, 켄 호워리와 함께 회사의 공동창업자로 이름을 올렸다.

모든 작업은 그랜트가 469번지 공동창업자 아파트에서 이루어졌으며, 다시금 부동산 확보 업무를 맡은 호워리는 유니버시티가 394번지에서 새로운 사무실을 찾았다. 호워리는 노섹의 이전 스타트업 가구와 레브친의 일리노이 시절 이케아 가구들을 이용해 사무실을 꾸몄다. 호워리와 노섹은 사무실 칸막이를 직접 조립했다. "그때 켄은 어떤 일이든 즐길 방법을 찾아내고야 만다는 사실을 처음 알게 되었습니다"라고 노섹은 말했다. "그는 사무실을 조립해 만드는 일에 가장 열정을 보였던 사람이었죠."14

새로운 사무실을 갖게 된 레브친은 회사의 이름도 바꾸기로 했다. 단 한 번도 필드링크라는 이름을 좋아하지 않았던 그는 '신뢰confidence'와 '무한infinity'이라는 낱말을 합쳐 콘피니티Confinity라는 이름을 만들었다. 하지만 이내 후회하기 시작했다. "제가 이야기를 꺼내면 사람들은 '콘… 그러니까 거대한 사기 할 때 그 콘(con은 '사기, 사기꾼'이라는 의미가 있다-옮긴이)인가요? 사람들을 속여 돈을 갈취하는 회사라는 건가요?' 하는 식이었어요. 그래서 저는 다시는 회사의 이름 따윈 짓지 않겠다고 결심했어요."15

경솔 여부와는 상관없이 회사의 개명은 전략상의 목표 재설정을 반영하고 있었다. 이전에 필드링크는 레브친과 파워스의 컨설팅 작업과 레브친의 시큐어파일럿 제품을 기반으로 해서 다양한 장소에서 업무를 수행하는 모바일 노동자들을 안전하게 연결하는 데 초점을 맞추고 있었다. 그러나 레브친과 틸은 필드링크가 모바일 보안 분야에서 유일한 플레이어는 아니라는 사실을 알게 되었다.

레브친은 몇 년간 팜파일럿의 모회사 3Com과 친분을 쌓으려 노력했다. 회사의 컨퍼런스에 자주 참석하고 팜파일럿의 153번째 등록 개발자가 되었다. 또 팜의 기업용 솔루션 제품 매니저 그리프 콜먼Griff Coleman과 친구가 되기도 했다. 레브친의 목표는 팜의 코드베이스를 변경해 자신의 보안 소프트웨어를 지원하게 만드는 것이었다.

한번은 잠재 고객 마케팅cold outreach(사전에 접촉하지 않은 상태에서 접근하는 영업전략-옮긴이)에서 대담한 시도를 보여주기도 했다. 그는 3Com 사무실에서 열린 개발자 컨퍼런스에 참석해 기조연설을 마친 팜

CEO 제프 호킨스Jeff Hawkins를 따라 나왔다. 레브친은 그에게 다가가 집에까지 차를 태워달라고 요청했다. 레브친을 길을 잃은 3Com 직원으로 생각한 호킨스는 선선히 승낙했다. 레브친은 길을 헷갈리게 말하며 이동 거리를 늘려보려고 애썼지만, 몇 번의 이해할 수 없는 회전을 겪은 호킨스는 인내의 한계에 도달해 "여기서 내려드리면 안 될까요?"라고 물었다.

"글쎄요." 레브친은 부드럽게 대답했다. "귀하의 운영체제가 곧 필요로 할 보안 사항에 대해 몇 분만 더 이야기해주시겠습니까?"

호킨스는 그에게 팜이 이미 서티콤Certicom이라는 캐나다 회사와 보안 문제로 파트너십을 맺었다고 말했다. "저는 생각했죠. '오, 빌어먹을, 이런 일을 하는 사람들은 따로 있었군.'" 레브친은 말했다.[16]

또 다른 걱정할 만한 징후들도 있었다. 레브친과 틸은 모바일 보안 필요성을 놓고 기업 고객들을 설득하는 데 애를 먹고 있었다. "이론적으로는 대단히 논리적이었지만, 기업이 휴대용 기기로 전환하는 일은 실제로는 일어나고 있지 않았습니다."[17]

레브친은 나중에 말했다. "1세기에 초기 기독교인들이 열심히 일하며 예수 재림을 기다리는 상황과 비슷했습니다. 그저 기다리고 또 기다리는 거죠…. '당장이라도 수백만 명의 사람들이 휴대용 기기 보안을 간절히 필요로 하게 하소서.' 하지만 그런 일은 일어나지 않았습니다." 회사는 방향을 바꿔야 했다.

콘피니티는 최초 계획의 중요한 한 부분에서는 성공을 거두었다. 바로 자금 조달이라는 측면이었다. 틸은 1999년 2월에 50만 달러 규모의 자금 조달을 마무리했는데,[18] 이 자금 대부분은 친지와 가족을 통해 조성되었다. 틸의 펀드가 24만 달러를,* 스콧 바니스터는 10만 달러를 내놓았다. 가족들도 도움을 주었다. 틸의 부모가 3만 5000달러, 켄 호워리의 부모가 2만 5000달러를 내놓았다. 틸의 친구들은 5만 달러를 모았다. 샌프란시스코 음악가이자 체스 플레이어인 에드워드 보가스Edward Bogas는 2만 5000달러, 틸의 스탠퍼드 동기이자《스탠퍼드 리뷰》공동창업자 노먼 북이 2만 5000달러를 냈다.

마지막 5만 달러는 투자회사인 괴델 캐피털Gödel Capital에서 왔다. 피터 데이비슨Peter Davison과 그레임 린넷Graeme Linnett이 운영하는 괴델 캐피털은 미국 테크놀로지 산업 현장을 처음 접한 상태였다. 연줄이라곤 찾기 힘든 상태에서 데이비슨과 린넷은 "다소 어렵지만 성공한다면 큰 이익을 보장해줄 것으로 보이는 거래를 찾아다녔죠"라고 말했다.[19] "저는 스타트업에 대해서는 아무것도 몰랐고, 투자 경험도 전혀 없었는데, 그저 벤처 투자자가 될 운명이었나 봅니다." 데이비슨은 말했다.[20] 콘피

---

* 나중에 틸의 투자 중 상당 부분이 비과세 개인연금 적금Roth IRA을 통해 조성되었다는 사실이 부각되었다. 비과세 개인연금 적금은 당시 만들어진 지 얼마 되지 않은 퇴직 계좌로, 이 계좌를 이용해 틸의 콘피니티에서 페이팔로 전환된 주식이 비과세 혜택을 받을 수 있었다. 틸은 콘피니티 주식을 회사의 초기 생애주기에 매입했기 때문에 이 투자는 콘피니티의 성공에 따라 가치가 크게 증가했다.《프로퍼블리카ProPublica》보도에 따르면, 틸은 1700달러 콘피니티 주식을 Roth IRA를 통해 저렴한 가격으로 매입한 것으로 알려졌다. 하지만 당시 콘피니티의 전망은 매우 불확실했기 때문에 틸의 Roth IRA 베팅은 예지력이 뛰어난 예측보다는 퇴직 룰렛에 더 가까웠다. 이 결정은 본질적으로 상대적으로 낮은 하방 위험과 잠재적 상승 위험이 큰 도박이었다. 실제로도 그랬지만, 회사가 성공하면 틸의 투자는 세금 없이 성장할 것이다. 반면 (이 가능성이 더 커 보였는데) 콘피니티가 실패하더라도 틸이 감수해야 할 리스크는 그리 크지 않았다. 최소한 법학 학위와 다양한 업무 경험을 가진 사람은 이렇게 상황을 이용할 수 있었다. 틸만 이런 방식을 채택한 것도 아니었다. 페이팔 몇몇 직원들 역시 세금 없는 성장을 이용하기 위해 퇴직 계좌를 이용해 주식을 매입한 것으로 알려졌다.

니티는 괴델의 첫 번째 벤처 투자 거래처였으며, 틸이 2주간은 위약금 없이 해지할 수 있다는 조항을 포함한 후에 투자가 합의되었다.

1999년 2월 26일 첫 투자 라운드를 마친 다음 날, 콘피니티는 데이비슨, 린넷 및 기타 투자자들에게 기업 전략 전환을 요약한 18페이지짜리 문서를 보냈다. 기업 간BtoB 모바일 보안 판매는 효과가 없었다. 따라서 콘피니티는 소비자와 마주하기cousumer-facing로 전환하기로 했다. 콘피니티는 휴대용 기기를 위한 '모바일 지갑Mobile Wallet'을 출시해 기존의 물리적 지갑을 대체할 것이다. 모바일 지갑은 금융 정보를 안전히 보호하고, 이용자가 송금 및 전자상거래를 할 수 있게 해준다. 이 모든 행위가 팜파일럿 하나로 가능하다는 내용이었다.

콘피니티의 1999년 2월 사업 구상은 모바일 기기의 미래에 대한 놀라울 정도로 정확한 청사진이었다. 콘피니티는 휴대용 컴퓨터와 전자금융시장의 성장에 편승하는 계획을 세웠다. 계획에 따르면, "오늘날의 휴대용 컴퓨터 시장에서 1995년 인터넷과 1980년 가정용 컴퓨터 시장이 보여주었던 특징을 볼 수 있다. 그것은 새로운 앱과 저비용으로 인해 기술자 핵심 그룹에서 일반 대중으로 수요가 옮겨가고 있다는 점이다."

이론적으로는 휴대용 기기의 수가 늘어날수록 모바일 지갑의 이용도 늘어나고 이미 모바일 지갑을 이용하고 있는 친구나 가족을 둔 사람들은 자신도 역시 모바일 지갑을 설치하게 될 것이다. 사업계획서는 당연한 질문을 예상했다. "콘피니티 네트워크의 가치가 이미 존재하는 전체 네트워크에 달려 있는데, 그렇다면 콘피니티 네트워크는 대체 어떻게 구축할 수 있을까?" 이 닭이 먼저냐 달걀이 먼저냐는 문제를 놓고 팀은 두 접근 방식을 제시했다. 하나는 아래서 위로, 또 하나는 위에서 아래로 접근하는 방식이었다. 위에서 아래로의 접근 방식이 주요 기업과 시장 후보를 찾아서 타깃팅하는 것이라면, 아래에서 위로의 접근 방식은 사용자들이 스스로 네트워크 구성원을 초대하게 만드는 것이다. 창립자들은 이렇게 썼다. "콘피니티는 이 두 접근 방식을 합칠 것입니다. 하지만 처음에는 두 번째 풀뿌리 모델을 강조하려 합니다."

콘피니티는 이런 방식을 통해 시장을 장악하고 유지할 수 있다고 믿었다. 그들로서는 규모를 키우고, 공급업체와 상인을 연결하고, 신용카드를 만들고, 인터넷뱅킹을 제공하기만 하면 되는 일이었다. "콘피니티 네트워크의 성장에 따라 다른 인증 회사로의 전환 비용이 엄청나게 상승하면서 새로운 진입자를 효과적으로 차단하게 될 것입니다." 이 비전을 실현하고 팀과 제품을 구축하기 위해 회사는 1999년 8월 당시로서는 6개월 후 제품 출시를 목표로 400만 달러 규모의 자금 조달을 모색했다.

사업을 구상할 때만 해도 콘피니티는 6명의 인력, 50만 달러에 불과한 자금, 제과점 위 임대 사무실, 중고 이케아 가구로 구성돼 있었다. 하지만 이 보잘것없었던 팀은 일발 역전 홈런을 노리고 있었다. 일단 모바일 지갑이 보편화되면, "콘피니티의 기본적인 출구 전략은 금융기관이나 기술 회사에 인수되는 것입니다. 그렇게 되면 콘피니티의 고객 네트워크를 가장 잘 활용할 수 있는 위치에 서게 됩니다."

대안도 있었다. "전자금융 플랫폼을 성공적으로 적극적으로 활용하면 콘피니티는 고객에게 종합적인 은행 서비스를 제공하는 글로벌 금융기관으로 성장할 수 있습니다. 이 시나리오에 따르면, 콘피니티는 기업공개까지 추진할 것입니다."

사업계획서에서 볼 수 있는 창업자들의 전기 서문을 통해 틸과 레브친이 당시 스타트업 팀 구축에 대해 어떻게 생각했었는지를 엿볼 수 있다.

> 콘피니티의 창업자들을 모으는 데에는 두 가지 주요한 고려사항이 있었습니다. 첫 번째는 매우 재능 있고 개인적으로 다양한 사람들을 찾아내어 각자가 여러 다양한 비즈니스 및 테크놀로지 작업을 수행할 수 있도록 하는 것입니다. 두 번째는 하나의 팀으로 잘 작동할 수 있는 그룹 형성이었습니다. 콘피니티의 창업자 하나하나는 과거 스타트업 환경에서 적어도 한 명의 다른 창립자와 함께 일한 경험이 있습니다. 그 결과 우리는 핵심 팀 각 구성원의 강점과 약점을 모두 알고 있습니다. 우리는 누가 어떤 일을 가장 잘하는지 알고 있고, 따라서 다양한 작업을 할당하는 방법도 알고 있습니다. 이 공통 역사common history로 인해 콘피니티는 효율적이고 신속하게 움직일 수 있습니다.[21]

나중에 투자자이자 자문으로서 틸 역시 팀의 '선사시대prehistory'의 중요성을 강조했다.[22] 기업을 시작하기 전부터 존재했던 일과 우정의 결합이라는 역사 말이다. 레브친 쪽에서 보자면 콘피니티는 선사시대가 꽤 길었다. 노섹과, 팬, 시몬스는 이미 일리노이 시절 친구였다. 다른 초기 직원들 역시 그 네트워크와 틸의 스탠퍼드 네트워크를 통해 여기까지 왔다. 물론 이러한 접근에는 부정적인 측면도 있다. 친구 고용은 한 패거리라는 배타적인 단일 문화는 물론 해고가 엄청나게 어려워진다는 리스크가 있다.

그러나 틸은 모르는 사람들로 구성된 팀에서 신뢰는 구축하기 힘든 반면, 함께 직원이 된 친구라면 그 신뢰가 이미 구축돼 있으므로 더 나을 수 있다고 보았다. "네트워크를 통한 고용을 통해 모든 사람이 충분히 똑똑하고, 이 일을 성공적으로 이끌기 위해 열심히 일한다는 상당한 신뢰를 구축하는 효과가 있었죠"라고 초기 직원이었던 데이비드 월리스David Wallace는 회고했다. 신뢰는 속도를 낮췄다. "한 달이 걸릴 수도 있는 의사소통 과정을 거쳐야 비로소 하고픈 말을 할 수 있는 기업들보다는 훨씬 더 빠르게 일이 돌아갈 수 있었죠."

온화한 성격이었던 월리스는 또 콘피니티에서 발언하면서 '편안한 수준'을 느낄 수 있었다. "한 사람도 모르는 곳이었다면 그렇게 편안하게 말할 수 없었겠죠."[23]

엔지니어 산토시 야나르단은 2001년이 되어서야 페이팔 팀에 합류했다. 그는 회사의 최고 리더들이 심지어 신입 사원들마저 신뢰한다는 사실을 금방 알 수 있었다. 데이터베이스 팀에 처음 출근한 지 몇 시간도 지나지 않아서 야나르단은 페이팔 데이터베이스의 루트 계정 암호를 받았다. "[야나르단의 상사 폴 터크필드Paul Tuckfiled는] 마치 '이것 갖고 놀아봐, 질문이 있으면 하고'라고 말하는 것 같았죠."

얼마 지나지 않아 터크필드와 회사의 CTO 레브친이 야나르단에게 다가왔다. "폴과 맥스가 함께 걸어오더군요. 그러곤 '헤이, 어때요?' 하길래 '[저는] 데이터베이스 구조를 이해하느라 여기저기 보고 있어요. 표 같은 것들을 보면서요. 데이터베이스에서 정보를 찾기 위해 쿼리도 몇 개 실행했습니다'라고 대답했죠. 그랬더니 그들은 '사이트가 방금 깜박거렸어. 자네가 다운시킨 거야?'라고 말하더군요. 저는 '젠장, 아뇨'라는 식으로 말했어요. 그들은 서로를 보더니 '알았어요'라고 말하곤 걸어가 버리더군요."

야나르단은 어안이 벙벙했다. "생각해보면 이런 거죠…. 제가 회사에 발을 들인 지 5분 만에 그들은 제게 사이트의 루트 비밀번호를 주었죠.

그게 얼마나 어리석은 일이거나 신뢰가 필요한 일인지 생각해보면 놀랍지 않습니까? 한편 제가 [사이트를 다운시키지 않았다고] 말했을 때 그들은 그저 '알았어요'라고 말하고는 걸어갔죠. 꼬치꼬치 캐묻거나 닦달하지 않았어요. '네가 무엇을 하고 있는지를 보여줘' 같은 말도 없었습니다. 이상한 방식이었지만, 그들은 그 무엇보다도 저를 신뢰하는 분위기를 조성했습니다."

야나르단은 친구의 친구도 아니고, 일리노이나 스탠퍼드 출신도 아니었다. 그는 회사가 만들어진 지 한참 후에 입사했다. 하지만 그 역시 신뢰 고용의 힘을 느낄 수 있었다. "그들은 정말 좋은 사람들을 고용해서, 많은 신뢰를 주었죠. 그랬더니 사람들은 알아서 움직이더군요. 그들은 우리가 함께 움직이고 있는지 이따금 확인했을 뿐이죠. 그러자 우리는 같이 달리고 있더군요. 결국 그들은 정말 정말 똑똑한 사람들에게서 최선을 끌어낼 수 있었어요."[24]

페이팔 고용의 지혜는 나중에 가서야 명확히 드러났다. 이미 회사의 성공으로 인해 초기 팀의 구상이 옳았다고 입증된 다음이었다. 당시 창업자들의 논리는 철학적이기보다는 실용적이었고, 경험보다는 편의를 따르는 편이었다. "저희는 친구를 영입해야 했어요. 사실 저희를 위해 일하겠다는 사람은 아무도 없었거든요." 페이팔의 장래 최고운영책임자COO 데이비드 색스David Sacks는 후에 말했다.[25]

1994년부터 1999년까지 인터넷 인재들은 전문가로 자리 잡았다. 차고, 트레일러, 기숙사에서 출범했던 아마존, 구글, 넷스케이프는 이제 널찍한 사무실을 차렸다. 넉넉한 임금과 넘치는 부가급부benefit, (이론에서 그치지 않고) 실제와 똑같은 가치가 있는 스톡옵션이 제공되었다.

이제는 값비싼 인력 채용회사를 고용해 실리콘밸리를 위시한 곳곳에서 최고의 인재들을 선별할 수도 있게 되었다.

이와는 달리 콘피니티는 아직 명성도 없고, 제품도 없고, 매력적인 구석도 없었다. "이름도 없는 회사가 사람을 영입한다는 건 매우 힘들었죠." 틸이 말했다.[26] 빈스 솔리토Vince Sollitto는 워싱턴DC에서 상원의원 커뮤니케이션 담당 보좌관으로 일하고 있었는데, 데이비드 색스로부터 콘피니티에서 일해보지 않겠냐는 제안을 받았다. 솔리토의 아내는 회의적이어서 둘은 타협안을 만들어야 했다. "할 수 있어." 아내가 했던 말을 그는 기억하고 있다. "[워싱턴에 있는] 우리 집은 안 팔아. 한 해 동안 집을 렌트해서 살아보기로 해. 그리고 일이 그만두고 싶어지면 집으로 돌아가야지. 그게 약속이야."[27]

콘피니티는 또 인터넷 호황이 한창일 때 우후죽순처럼 생겨난 수많은 '이름도 없는 기업들'과도 경쟁하고 있었다. 당시는 소프트웨어 엔지니어 수요가 급증하던 시기였다. 야나르단은 이렇게 말했다. "1999년에는 맥박만 있으면 다 취직했어요."[28]

이러한 환경으로 인해 레브친과 틸은 친구와 가까운 지인들을 영입할 수밖에 없었다. 콘피니티의 초기 엔지니어 중 하나인 토마스 피텔Thomas Pytel도 그중 한 명이었다. 피텔과 레브친은 10대 시절 '데모씬demoscene'이라는 컴퓨터 그래픽 하위문화에서 델프(레브친)와 트란(피텔)이라는 아이디로 활동한 적이 있다.

데모씬 개발자 그룹들은 최첨단 디지털 그래픽을 자랑하며 서로 경쟁했고, 피텔은 이 커뮤니티에서 숨 막히는 시각화를 자랑하며 전설적인 존재가 되었다. "저는 [데모씬에] 몰두하며 많은 시간을 보냈어요." 피텔은 회상했다. "학교는 항상 빼먹었어요. 사실 고등학교도 중퇴했어요. 그냥 무의미했거든요."

피텔은 폴란드에서 미국으로 이민 왔다. 그의 컴퓨팅 입문 역시 레브친과 마찬가지로 고난의 연속이었다.

어머니는 제가 4학년 때 컴퓨터를 사주셨어요. 코모도어 16이라는 이름이 있었는데, 디스크 드라이브 대신 데이터셋datasette이 달려 있었어요. 그런데 그게 몇 달도 안 돼 금방 고장 나버리더군요. 그 말은 제가 그 기계를 켤 때마다 제가 전에 뭐 하고 놀고 있었든 간에 처음부터 모든 것을 다시 쳐야만 했다는 뜻이에요. 프로그래밍 연습으로 치자면, 록키 발보아가 소고기를 매달아놓고 샌드백 삼아 열심히 때려대던 것과 비슷한 일이었어요. 그때부터 저는 프로그래밍에 푹 빠졌죠.[29]

고등학교 2학년 때 학교를 떠나기 전에도 이미 피텔은 다양한 계약직 프로그래밍 일을 하며 생계비를 벌었다. 비디오게임 소프트웨어 회사인 에픽 게임즈에서 코딩을 한 적도 있다.

몇 년 후 미국 전역을 여행하던 피텔은 팰로 앨토에 들러 레브친, 시몬스, 팬을 만났다. "진짜 방랑하는 유목민이었어요." 레브친은 당시 피텔을 회상했다.[30] 캘리포니아를 지나는 김에 콘피니티 사무실에 들른 피텔은 낡은 물놀이 슬리퍼를 신고 있었다. "발가락이 튀어나와 있었어요." 시몬스가 말했다.[31] 후에 회사의 성공에도 불구하고 피텔은 그 낡은 신발을 계속 신고 다녔다고 직원들은 회상했다. ("그 신발은 제가 한동안 신었던 신발 중 가장 편했어요." 피텔은 기억했다. "그리고 그 신발이 마음에 들어서 어디에든 신고 다녔어요.")[32]

콘피니티에서 낡은 신발 따위는 아무런 문제가 되지 않았다. 천재들의 기행은 쉽게 용납되는 법이다. 레브친은 피텔을 팀에 영입하기 위해 적극적으로 노력했고, 마침내 그가 동의하자 시몬스와 팬은 희망을 품을 수 있었다. "그가 팀에 합류했다는 사실은 커다란 소식이었죠"라고 시몬스는 말했다.[33] 정작 피텔에게는 그다지 중요한 결정도 아니었다. "그저 어릴 때는 리스크는 안중에도 없죠." 그는 회상했다. "그냥 '그래, 좋아, 이거 괜찮아 보여. 한번 해보지, 뭐'라고 생각했죠."[34]

콘피니티의 톰 피텔은 박사 학위를 받아도 될 정도로 충분한 재능이 있었지만, 낡은 신발 버리기를 거부할 만큼 고집도 셌다. 하지만 마음대로 이용할 수 있는 시간은 많아서 팀의 아이디어인 세계를 제패할 팜파일럿 지갑이라는 생각은 참을 수 있었다. 빛나는 재능, 비순응, 이용 가능성, 그리고 불신에 대한 기꺼운 유예willing suspension of disbelief(아무리 믿기 힘든 것도 일단 판단을 중지하고 기꺼이 믿고 들어본다는 낭만주의의 대표적 경향-옮긴이)는 콘피니티 초기 인재들을 정의하는 특징이었고 그들의 문화 기반을 형성했다.

당장 콘피니티의 모바일 지갑은 필드링크의 보안 소프트웨어와 마찬가지로 시장이라는 문제에 부딪혔다. 사람들은 실제 지갑을 가상 지갑으로 대체하고 싶어 하지 않았던 것이다. 팀은 미친 듯이 작업했지만, 과연 모바일 지갑이 효율성이 있을 것인가에 대해서는 확신하지 못하고 있었다. 그래서 1999년 봄에는 일련의 토론이 벌어진다. 그들이 만든 물건에 대해 반성하고 대안이 될 수 있는 용도가 없을까 고민하는 회의였다.

문제는 테크놀로지가 아니라 논리였다. 일반적인 지갑보다 팜파일럿에 더 잘 저장될 수 있는 정보는 어떤 것일까? 하나의 아이디어는 당연히 패스워드였다. 종이에 적어 실제 지갑에 구겨 넣은 암호는 절도에 취약하지만, "팜파일럿에 보관한다면 그 패스워드를 또 보호하는 또 하나의 패스프레이즈passphrase(패스워드보다 더 길고 기억하기 어려운 단어, 숫자 및 기호의 조합-옮긴이)로 두 배로 안전하게 만들 수 있죠"라고 레브친은 말했다.[35] 그럴듯한 생각이었다. 실제로도 오늘날 패스워드 관리 프로그램의 선구자라고 할 수 있다. 하지만 당시에 휴대용 기기 시장은 여전히 규모가 작았고, 게다가 팜파일럿 패스워드 관리 앱을 위한 시장은 훨씬 더 작았다.

패스워드가 그다지 매력이 없다는 점도 문제였다. 당시 닷컴들은 정신없이 테크놀로지 혁명에 빠져 식료품 배달부터 사랑의 메신저 역할에 이르기까지 모든 것을 할 수 있다고 약속하고 있었다. 심지어 레브친마저 콘피니티의 패스워드 관리는 다른 닷컴들의 약속에 비하면 지루해 보인다고 인정할 정도였다.

하지만 성공적이지는 못했지만, 패스워드라는 개념은 핵심적인 질문을 제기했다. 암호를 적은 종이 말고 지켜야 할 다른 종이로는 어떤 것들이 있을까? 은행 수표와 지폐가 떠올랐다. "다음 해야 할 일은 암호화되어 안전한 IOU 노트('I owe you'의 약자로, 누군가에게 빚진 돈을 인정하는 문서-옮긴이) 제공이었습니다. 저는 '나는 당신에게 10달러를 빚지고 있다'라고 말하며 패스프레이즈를 입력하곤 했습니다." 레브친은 말했다. 디지털 IOU는 팜파일럿에 저장되어 컴퓨터에 도킹하면 지불이 완료되는 방식이었다.

콘피니티는 근본적으로 휴대용 기기와 금융을 결합한 원시적 디지털 수표를 만든 셈이다. 그러나 앞선 아이디어들과 마찬가지로 팜파일럿에 기반을 둔 IOU는 획기적인 상품은 되지 못했다. 팀이 이 제품을 다시

손보기 전까지는 말이다.

1998년 팜 III 세대의 팜은 한쪽 구석에 0.5인치 빨간색 플라스틱 조각을 장착하고 있었다. 팜은 이 적외선IR 포트를 정보를 전송하는 방법이라고 홍보했지만, 막상 적외선 포트가 장착된 팜파일럿이 출시된 후에도 사용자들이 무엇을 전송해야 할지는 명확하지 않았다.《바보들을 위한 팜파일럿 *Palm Pilot for Dummies*》에서는 이렇게 언급했다. "모든 응용 프로그램이 전송 기능을 사용할 수는 없습니다. 심지어 내장 프로그램인 팜 메일Palm Mail과 익스펜스Expense도 전송할 수 없습니다. 그러나 시간이 지남에 따라 점점 더 많은 팜 애드온 프로그램에 전송 기능이 포함되므로 팜에서 만든 것을 다른 팜으로 전송할 계획을 세울 수는 있습니다."

게다가 이 포트는 잦은 결함으로 악명이 높았다. "1미터 정도만 떨어뜨려 놓아도 두 대의 팜이 서로를 인식 못 합니다. 또 10센티미터 이내에서는 연결도 잘 안 됩니다." 같은 책에 있는 말이다.[36]

그러나 이 신기한 장치는 얼리어답터들을 사로잡았다. 소프트웨어 엔지니어들은 이 장치를 어떻게 사용할 수 있을까 하는 생각으로 포럼을 가득 채웠다. 한 개발자는 이렇게 말했다. "이 포트가 뭐 예를 들자면 텔레비전 리모컨만큼 강력하다고는 할 수 없죠. 하지만 대부분 데이터를 팜to팜으로 주고받을 수 있을 정도는 되죠."[37] 곧 배틀쉽Battleship(두 명의 플레이어가 상대방의 전함 격침을 목표로 하는 전략 보드게임-옮긴이)에 적외선 포트를 활용하는 방법을 알려주는 두툼한 안내서가 포럼에 떴다.

적외선 포트는 휴대용 기기가 자연스럽고 원활한 의사소통에 사용되는 미래를 예시해주었다. 그러나 1999년 당시 이 포트는 아무런 구체적인 목표도 없이 만들어진 똑똑한 물건에 지나지 않았다. 하지만 모든 직원이 얼리어답터로 구성된 콘피니티는 이 장비에서 하나의 구체적인 목표를 떠올릴 수 있었다. 돈을 전송하자.

상상해보라. 몇몇 테크놀로지에 미친 사람들이 팰로 앨토에서 점심을 먹고 계산서를 받는다. 돈을 나눠 내야 하는 골치 아픈 일이 시작된다. 그중 하나가 팜파일럿이 있지 않냐고 묻는다. 거기엔 계산기와 콘피니티의 돈 보내기 소프트웨어가 내장돼 있다. 순식간에 갹출이 끝나고 돈은 전송된다.

콘피니티는 팜파일럿에서 팜파일럿으로 돈을 전송하기에 맞춰 회사의 목표와 소프트웨어와 홍보를 재설정하기로 했다. 이 아이디어에는 두 가지 장점이 있었다. 우선, 이미 만들어놓은 엄청난 양의 휴대용 기기 비밀 코드가 도움이 될 수 있다. 둘째, 세상에서 처음 보는 물건이다. 그 당시까지 노트를 베끼거나 배틀쉽 게임을 할 때 말고는 그 누구도 팜파일럿의 적외선 포트를 그렇게 중요한 용도로는 쓰지 않았다. 하지만 콘피니티는 적외선 포트를 돈을 전송하는 데 사용했다.

그때를 돌이켜보며 레브친은 '기이하면서도 멍청한' 생각이었다며 킬킬거렸다.[38] 몇 년이 지난 후 그는 Y 컴비네이터Y Combinator라는 초기단계의 스타트업에 투자하는 벤처캐피털 설립자이자 작가 제시카 리빙스턴에게 이렇게 농담했다. "뭘 하시겠어요? 5달러를 꺼내 자기 점심값을 내는 것과 두 개의 팜파일럿을 꺼내 식탁에서 조몰락거리는 것 중에서요?" 그러나 당시 레브친은 이 아이디어가 신선했다고 기억하고 있다. "이상했지만 혁신적이긴 했죠. 너드들의 생각은 그래요. '와우, 이게 바로 미래구나.' 이런 식이죠."

라우리 슐테이스Lauri Schultheis는 레브친과 틸이 기업 설립 및 자금 조달 서류를 처리하느라 이용한 적이 있는 월슨 손사이니 굿리치 앤드 로자티Wilson Sonsini Goodrich & Rosati 로펌에서 변호사 보조로 일했다. 그 역시 돈을 전송하겠다는 자기 고객들의 야망에 회의적인 태도를 보였었다. 그는 말했다. "정말 이상한 아이디어다. '[팜파일럿] 테크놀로지가 너무도 새롭다 보니 사람들이 이를 받아들일 수 있을지 모르겠다'라고 생각했던 게 기억납니다."[39] 그는 성실히 회사의 설립 절차에 도움을 주면서도 그 전망에 대해서는 확신하지 못했었다. (나중에 슐테이스는 이 로펌을 떠나 사무실 관리자로 페이팔에 입사하고 회사 부사장까지 승진했다.)

틸은 콘피니티가 돈을 전송하는 수단을 제시하며 근사한 출발을 할 수 있으리라 믿었다. 게다가 그 순간의 미래지향적 테크놀로지에 편승해 설득력 있는 자금 조달 홍보도 할 수 있었다. 특히 직원 영입에 많은 돈을 쓰다 보니 친구와 가족을 통해 조성한 50만 달러는 오래가지 않았다. 따라서 팀은 이 제품 개발에 초점을 맞춰 파워포인트 피치 덱pitch deck(투자제안서 요약 버전-옮긴이)을 만들었다.

피치 덱은 팜파일럿을 통한 전송은 10억 달러 규모에 달하는 기회이며, '현금보다, 수표보다, 신용카드보다 낫다'라고 선전했다. 더 중요한 것은 콘피니티가 '미국 재무부에서 이동하는 지폐 일부를 포착'할 수 있다는 점이었다.* 이를 시뇨리지Seigniorage라고 하는데, 돈의 액면가와 생산 비용 사이의 차이를 의미하는, 아주 예전부터 있었던 개념이다. 예를 들어 영국 조폐국에 은 100파운드를 가져가서 은화 99파운드로 바꿔온다면, 그 1파운드의 차이가 바로 시뇨리지다. 왕이 당신의 은을 화폐

---

* 피치 덱을 만들었던 피터 틸이 프레젠테이션을 공유해주었다.

로 바꾸는 대가로 정부가 징수하는 세금이라고 할 수 있다.

틸은 전자이체에서는 정부가 아니라 테크놀로지 기업이 중개인 역할을 하기에 이 세금을 콘피니티가 확보할 수 있다고 가정했다. 다소 난해한 생각이었다. "오늘날까지도 무슨 얘긴지 잘 모르겠어요"라고 레브친은 인정했다. 그러나 숫자는 실제였다. 피치 덱에 명시된 추정치에 따르면, 미국에서 시뇨리지의 가치는 연간 25억 달러 정도였다. 콘피니티가 그중 4퍼센트만 가져간다고 해도 회사 순이익은 10억 달러에 달할 것이다.

틸과 레브친은 콘피니티가 중앙은행과 신용카드 회사, 일반 은행을 연결하는, 현금이 없는 모바일 세상을 꿈꾸었다. 콘피니티는 현금과 수표를 대신해 팜파일럿을 기본적인 지불과 송금 수단으로 만들고 싶었다. 계획대로라면 2002년이 되면 콘피니티는 모바일 지갑과 송금 제품으로 매년 2500만 달러의 수익을 거두리라 예상되었다.*

팀은 이 매력적인 아이디어를 들고 다시 한번 적극적으로 자금 조달에 나섰다. 1999년 2월 레브친은 국제금융암호협회International Financial Cryptography Association 컨퍼런스에 참석했다. 카리브해의 작은 섬 앙귈라Anguilla에서 개최된 이 연례 회의에는 암호학이라는 학문과 디지털 통화 분야의 주요 인물들이 모여들었다. (2000년 회의에 참석한 틸은 비트코인의 창시자로 알려진 신비로운 인물 사토시 나카모토Satoshi Nakamoto가 여기에 참석했다고 오늘날까지도 믿고 있다.)[40]**

---

* 사실 이들의 수익 추정치는 실제보다 8배나 적었던 것으로 판명되었다.
** 2021년 9월에 있었던 후속 인터뷰에서 틸은 사토시의 정체에 관해 다음과 같이 이야기

컨퍼런스에서 레브친은 현금이라곤 필요 없는, 완전히 디지털 방식으로 팜파일럿에 기반을 둔 통화 체계라는 아이디어를 제시하며 반응을 살폈다. 학계에서는 그다지 관심을 보이지 않았다. 이들은 이 문제에 대해 이미 오랫동안 생각해왔기 때문이다. "학계에서는 상당한 분노와 적개심을 보여주고 있었어요." 틸이 말했다.[41]

불행하게도 콘피니티는 당시 막 파산한 디지캐시DigiCash를 포함해 화려한 디지털 화폐의 실패담이 이어지던 환경에서 자신의 아이디어를 제시하고 있었다. 금융 암호화 전문가들이 볼 때 틸과 레브친은 몇십 년에 걸쳐 실패를 거듭해온 노력에 대해서는 제대로 공부도 하지 않고, 무작정 컨퍼런스 현장에 쳐들어온, 건방지고 무식한 외부인으로 보였다.

학자들만 이들을 냉대했던 것은 아니다. 마크 리처드슨Mark Richardson은 틸과 연줄이 있던 컨설턴트였고, 초기 사업 계획 수정에도 도움을 주고, 금융 서비스에 필요한 인물들을 소개해주기도 했던 사람이다. 그는 JP모건 체이스 은행이 통화 송금 제안을 무시하는 반응을 보였던 것을 기억했다. "그 은행을 대표하는 사람은 이렇게 말하더군요. '우리도 살펴보고, 테스트해보았습니다. 사람들에게 ATM이나 신용카드가 아닌 다른 방법으로 돈을 이용하게 해보려고 이것저것 다 해보았습니다. 어떻

했다. "좀 더 일반적인 틀에서 생각해보죠. 사토시의 정체를 알아내려고 한다면, 기본적으로 두 가지 틀이 있다고 생각합니다. 하나는 그가 사이버펑크 크립토 아나키스트 세계에서 왔다는 것입니다. 아니면 그는 완전히 모든 사람과 단절된 바보로, 가상화폐 분야에만 천재일 수도 있습니다. [두 번째 이론으로는] 그를 파악할 수 없습니다. 그래서 잃어버린 열쇠는 가로등 아래에서 찾아야 하듯이, 이 문제를 해결하고픈 희망이 있다면 첫 번째 이론이 옳다고 가정해야 합니다. 그리고 첫 번째 이론이 옳다면, 그는 앙귈라에 있었을 것입니다."

게 그 일을 할지에 대해 모든 생각, 테스트, 파일럿 프로그램 다 해봤어요. 우리는 결국 사람들은 현금, ATM, 신용카드가 없으면 불편해한다는 사실을 알게 되었습니다.'"[42]

벤처 투자자들 역시 미지근한 반응을 보였다. 틸이 '고통스러운 과정'이라고 불렀던 기간 동안 팀은 백번도 넘게 프레젠테이션을 진행했다.[43] 그러나 매번 아무런 효과도 없었다. 잠재 투자자들은 납득이 가는 질문을 던졌다. "사람들이 정말 휴대용 기기로 돈을 보낼까요? 점심을 먹고 있는 팀이 네 팀 있다면 그중 모바일 지갑이 설치된 팜파일럿을 모두 가지고 있는 팀은 몇 팀이나 될까요? 시뇨리지가 정확히 뭐죠? 콘피니티는 진짜 돈을 벌 수 있을까요? 틸의 말대로 '자금 유입을 통해 저절로?'"

여기저기에서 퇴짜를 맞으며 팀은 절망에 빠졌다. 이들은 실리콘밸리 외부의 벤처 투자자들을 약속도 잡지 않고 마구 찾아다녔다. 루크 노섹은 인맥을 활용해서 유럽의 모바일 회사 노키아의 벤처 담당과 간신히 미팅을 잡을 수 있었다.*

노키아 벤처스의 수장 존 말로이와의 미팅은 시작부터 순조롭지 않았다. 레빈과 노섹은 둘 다 반바지와 슬리퍼 차림으로 나타났다. 말로이는 그들의 복장에 대해 "당시 벤처캐피털 앞에서 그렇게 입어선 안 되는 거죠"라고 말했다. 또 둘은 산만해 보였다. "적외선을 통해 기기에서 기기로 결제하는 기술에 너무 흥분한 나머지 도무지 그만두려는 생각이 없어 보였어요! 저는 성인으로서 그들과 이야기를 나누려 했는

---

* 여담이지만, 존 말로이와 노섹이 서로 알기 몇 달 전에 존 파워스가 말로이에게 필드링크 일자리를 제안했지만 거절당한 적이 있다. "[노키아는] 팜 운영체제에 몇 가지 좋은 아이디어를 가지고 있었습니다"라고 파워스는 회상했다.

데, 미친 짓이었죠. 마치 계속 '애들아, 자, 그만하자…!'라고 말하는 느낌이었어요. 저는 그들을 전자이체에 미친 아이들이라는 의미로 '비머스Beamers'라고 불렀습니다."

말로이는 모바일 기기 기업인 노키아에서 일하고 있었다. 그런 그에게도 콘피니티의 몇몇 주장은 뜬금없이 보였다. "피터는 제 눈을 똑바로 바라보며 말하더군요. '저희는 팜 기반 경제에서 지배적인 지불 시스템이 될 거예요.'" 말로이는 속으로 '정말? 웃기고 있네. 이봐, 그게 무슨 목표야?'라고 생각했던 것으로 기억한다. 그렇지만 결국 말로이는 물론 노키아 벤처스에서 말로이의 파트너였던 피트 불Pete Buhl 역시 강한 흥미를 느끼며 미팅을 종료했다. 노키아는 이미 모바일 지불 분야를 여기저기 탐색하고 있었다. 그리고 이 테크놀로지에 미래가 있다고 믿었다. 그런데 콘피니티에겐 무언가가 있어 보였다.

불과 말로이는 정작 테크놀로지보다도 콘피니티 팀에서 더 깊은 인상을 받았다. "이들에겐 뭔가 독특한 에너지가 있었어요…. 가만히 있어도 튀어 보이더군요"라고 말로이는 말했다.[44] 불도 동의했다. "정말 똑똑한 비즈니스맨 피터가 있고, 대단한 테크놀로지 천재라고 하는 맥스도 있고. 그리고 아이디어를 담당하는 루크도 있더라고요." 말로이는 콘피니티의 팜파일럿 아이디어가 그들 생각만큼은 성공하지 못하리라 예상했다. 하지만 이 팀은 성공할 수 있는 무언가를 찾아낼 원료를 가지고 있다고도 생각했다.

불과 말로이는 관심을 내비쳤다. 그리고 팀에 대해 신중하게 조사해보기 시작했다. 불은 우선 스탠퍼드 교수 댄 보네Dan Boneh 박사와 마틴 헬먼Martin Hellman 박사를 찾았다. 두 사람이 콘피니티의 기술 고문을 역임한 적이 있었기 때문이다. 보네는 휴대용 기기 암호화 연구로 명망이 높은 젊은 교수였고, 헬먼은 공개 키public-key 암호화의 창시자로 유명했다. 이들은 불에게 레브친은 정말 '진국'이라고 했다. 불은 말했다. "어떻게 보자면, 맥스의 평판이 믿을 수 없을 정도까지 훌륭했다는 게 바로 보험이었습니다."[45]

말로이는 레브친과 노키아 사장 페카 알라-피에틸라Pekka Ala-Pietilä와의 만남을 주선했다. 사실 말로이는 알라-피에틸라의 승인 없어도 콘피니티에 투자할 수 있었지만, 노키아의 사장에게 이 젊은 실리콘밸리 엔지니어와 만날 기회를 주고 싶었다. 이는 노키아가 스타트업에 투자하는 가장 중요한 목적 중 하나였다.

하지만 레브친은 상황이 어떻게 돌아가는지 모르고 있었다. 그는 알라-피에틸라와의 만남을 단순한 미팅이라기보다는 콘피니티의 앞날이 달린 최종 시험쯤으로 생각했다. 게다가 알라-피에틸라는 세계 최고 테크놀로지 기업 중 하나의 리더였다. 실제로 모바일 테크놀로지를 구축해 수백만 명의 사람들에게 판매하는 회사 말이다. 회의를 몇 주 앞두고 레브친은 모바일 지식을 미친 듯 흡수했다.

마침내 둘이 대면했을 때 알라-피에틸라는 기술적인 질문을 던졌다. 예를 들어 저전력 팜파일럿으로 고도로 복잡한 계산이 가능하냐 같은 것이었다. 이미 완벽한 예습을 마친 레브친은 다양한 암호화 기준(시스템을 보호하는 데 사용되는 알고리즘)의 차이들을 요약하고 최소한의 처리 속도로 최대한의 보안을 얻는 방법을 설명했다.*

---

* 이 기간에 레브친이 참고한 논문 중 하나는 1998년 닐 다스와니Neil Daswani 박사와 댄 보네 박사가 쓴 〈팜파일럿에서 전자상거래 실험〉이라는 논문이었다. "이 논문은 팜파일럿을 통해 전자 결제 시스템을 구현한 경험을 설명합니다. 팜 운영체제는 많은 바람직한 보안

미팅에 들어가기 전에 레브친은 알라-피에틸라가 노키아의 투자에 대해 즉석에서 판단할 수 있다고 생각했다. 그런데 이야기가 끝나자, 그는 그저 레브친에게 찾아와줘서 고맙다고 말했을 뿐이었다. 레브친으로서는 김빠지는 순간이었다. 틸이 일이 잘되었냐고 묻자, 레브친은 솔직히 말했다. "모르겠어. 잘한 것 같은데, 실패했는지도 몰라."[46]

미팅 직후 말로이는 알라-피에틸라부터 레브친에 대한 긍정적인 평가를 들었다. 노키아 벤처스는 콘피니티에 대한 투자 조건 초안을 작성하기로 했다.

실리콘밸리에서 벤처캐피털의 인기도를 따지자면 노키아 같은 대기업의 후원을 받는 벤처캐피털은 거의 꼴지에 가까웠다. 당시 노키아 벤처스에는 또 다른 문제가 있었다. 불과 말로이의 작은 기업에는 투자 기록이라고 내세울 만한 기록이 없었다. 성공적인 투자금 회수 기록도, 기업공개도 없었다.

바로 그런 이유에서 콘피니티는 좀 더 유명한 회사로부터 투자 제안을 받는 시늉도 했다. 드레이퍼 피셔 저벳슨은 소비자 인터넷 투자 부분에서 꽤 성공을 거둔 기업이다. 그중엔 획기적인 이메일 서비스였던 핫메일Hotmail에 대한 초기 투자도 있었다. 그러나 이 훨씬 유명한 회사의 유혹에도 불구하고 틸은 노키아 벤처스를 계속 믿고 가자고 모두를 설득했다. 무엇보다도 노키아 벤처스가 더 유리한 조건으로 더 많은 자금

기능은 지원하지 않지만, 소액 결제에 적합한 시스템을 구축할 수는 있습니다. 우리는 PDA를 사용한 보안 결제와 스마트 카드나 데스크톱 PC를 사용한 결제의 장단점을 논의합니다." (https://citeseerx.ist.psu.edu/viewdoc/summary?doi=10.1.1.40.770.)

을 제시했기 때문이다.[47]

1999년 노키아 벤처스는 역사상 세 번째 투자처로 콘피니티를 선택해 4500만 달러를 투자한다. 이 투자 덕분에 틸과 레브친은 전문적인 운영의 틀을 갖춰나갈 수 있었다. 이제 벤처캐피털의 지원, 잠정적인 로드맵, 그리고 이사회 설립 등으로 제법 회사의 모양을 갖추었다.

노키아의 존 말로이는 이사진에 합류해 사람들을 만나고 회사 운영에도 깊이 간여하기 시작했다. 그는 자신이 회사에서 가장 주목받으며 가장 민감한 논란의 중심에 있다는 사실을 알고 있었다. 그는 기꺼이 투자자-치료사 역할을 맡았다. 경영진과 직원들 모두가 불만이 생기면 그에게 들고 왔다. "존은 우리 사이에 대단한 존재감이 있었어요." 바니스터가 말했다.[48] 레브친은 한 걸음 더 나아가 말로이를 '페이팔 성공담에서 빼놓을 수 없는 이름 없는 영웅'이라고도 말했다.[49]

말로이가 개입하기 이전에 불행을 암시하는 징조가 있었다. 말로이와 틸이 투자에 대한 최종 세부 사항을 전화로 협의하던 바로 그날, 말로이는 노키아 사장 알라-피에틸라와 함께 항해를 떠났다. 말로이에 따르면, 배의 소유주는 "자신이 감당하기 힘든 너무 큰 배를 샀다"라고 말했는데 배는 강한 바람과 성난 파도에 부딪혀 허우적거렸다. 프로펠러가 고장이 나며 그들은 힘겹게 선착장으로 돌아올 수밖에 없었다. 말로이는 기억한다. "항해는 정말 엉망이었어요. 끔찍한 날이었죠."[50]

6장

망할 뻔하다

1999년 봄과 초여름에 걸쳐 콘피니티와 X.com은 팰로 앨토 유니버시티가 394번지의 가까운 두 사무실을 사용했다. 이 사실 말고도 두 회사가 동거해야 할 여러 상황이 조성되었다. 처음은 우연으로 시작되었다. X.com과 콘피니티는 경쟁 관계도, 협력 관계도 아니었다. 콘피니티는 모바일 자금 이체 및 암호화를 추구하고 있었고, X.com은 금융 서비스 슈퍼스토어 구축 작업을 하고 있었다.

각각은 서로를 잘못된 방향으로 나아가고 있다고 생각했다. 머스크는 팜파일럿을 이용한 자금 이체라는 아이디어에 비판적인 시각을 숨기지 않았다. "저는 '그건 멍청한 짓이야. 금방 망할 거야' 정도의 입장이었어요."[1] 한편 콘피니티는 X.com이 여러 규제에 부딪혀 금방 좌초하리라고 예상했다.

금융 테크놀로지에 대한 접근 방식은 달랐지만, 두 회사의 CEO들은 같은 강박증을 앓고 있었다. 남들 눈에 띄어야 한다는 강박이었다. 머스크가 언론의 관심을 받고 싶어 안달이었던 것처럼, 틸 역시 자신의 회사 이름이 머리기사에 오르는 게 가장 중요한 일이라고 생각했다. 노키아 벤처스와의 투자 협상을 막 종료한 틸은 이 협상을 널리 알리기 위해 눈에 확 띄는 이벤트를 원했다. 그리고 거기서 획기적인 자금 이체 테크놀로지를 시연하고 싶었다.

팀은 캘리포니아주 우드사이드에 위치한 벅스라는 레스토랑을 이벤트 장소로 선정했다. 도자기로 만든 카우보이 부츠, 진짜 러시아 우주복, 자유의 여신상 축소 모델 등 키치적인 장식으로 가득 찬 벅스는 테크놀로지 업계 사람들이 자주 방문하는 장소였고, 테크놀로지 분야에서 전설적인 이야기들의 배경이기도 했다. 벅스는 공공 와이파이가 설치된 최초의 미국 레스토랑 중 하나였고, 소문에 따르면 테이블 중 하나에는 핫메일도 설치돼 있다고 했다.

콘피니티는 벅스의 역사에 또 하나의 에피소드를 더해주고 싶었다. 틸은 팜파일럿을 이용해서 노키아 벤처스의 은행에 있는 4500만 달러의 투자금을 실시간으로 콘피니티 은행 계좌에 이체하려는 계획을 세웠다. 그러나 '벅스에서 계좌 이체'는 말만큼 쉬운 일은 아니었다. "[적외선 기술이] 작동하지 않았어요." 레브친은 기억했다.[2] 그런 상황에서도 레브친은 그럴듯하게 흉내만 내지 말고 실제로 이체가 암호화된 거래를 통해 이루어져야 한다고 고집했다.

엔지니어팀은 열심히 작업했지만, 코드베이스codebase(특정 프로젝트 또는 소프트웨어 제품의 핵심이 되는 코드와 파일들의 모음-옮긴이)는 완성될 기미가 없었다. "제대로 작동하지 않았어요." 팬은 인정했다.[3] 벅스에서의 계좌 이체를 대비해 레브친은 급히 자신의 보안 프로토콜을 만들고, 앱 버튼을 포함한 사용자 인터페이스를 업데이트해야 했다. 그는 버튼 대부분은 다양한 팜파일럿 계산기 앱 버튼에서 그대로 카피하고, 계좌 이체 시연을 위해 완전히 새로운 '보내기' 버튼을 만드는 데 미친 듯이 집중했다.

얼마 지나지 않아 팀은 버튼을 급히 만들어야 하는 문제보다도 훨씬 더 무시무시한 문제에 직면했다. 프로그래머의 코드가 작동하기 위해서는 컴파일이 필요하다. 컴파일이란 코드화된 명령을 언어 기계가 이해할 수 있도록 전환하는 과정이다. 이 과정에서 프로그래밍 오류가 발견되고 수정된다. 그런데 벅스 이벤트가 임박한 어느 날, 러스 시몬스는 유 팬이 몇 달 동안이나 컴파일을 하지 않았다는 사실을 발견한다. "물론 저희가 컴파일해보려 노력했죠. 그랬더니 천 개는 넘는 오류가 발견되더라고요." 레브친이 말했다.[4]

정말 미친 듯이 일할 수밖에 없었다. "그때부터 벅스에서의 계좌 이체까지는 미친 듯이 일했어요. 저희 셋은 한숨도 자지 못했죠. 사흘이 지나던 시점에 유 팬은 거의 정신을 잃을 지경이었어요." 레브친은 회상했다. 1999년 7월 23일 금요일 아침에 예정된 행사 직전까지 레브친과 그의 팀은 모두 번갈아 밤샘 작업을 하며, 코드 전체를 두 번 세 번 점검했다.

금요일 아침 해가 떠오를 때 레브친은 며칠 동안 똑같은 바지를 입고 있었다는 사실을 깨달았다. 그는 혼자 '바지를 갈아입어야 해'라고 생각했다. 그래서 차를 타고, 집까지 가서, 바지를 갈아입었다. 바지를 업그레이드한 그는 벅스로 달려갔다.[5]

레브친이 도착했을 때 틸은 이미 나와 있었다. 그는 피트 불과 함께 노키아 벤처스 사람들과 어울리고 있었다. 틸의 노력으로 몇몇 지역 텔레비전 방송이 이벤트를 취재하고 있었고, 방송국 위성 트럭은 근처에 여유롭게 대기하고 있었다.

레브친은 두 대의 팜파일럿을 거래에 사용하려 준비하고 있었다. 그는 하나는 불에게, 다른 하나는 틸에게 건네주었다. 카메라 앞에 서서 불은 자신의 기기를 꺼내곤 스타일러스 펜으로 노키아의 금액을 입력했다. 4-5-0-0-0-0-0. 그러곤 적외선 포트를 틸 쪽으로 향하고는, 레브친이 최근 만든 보내기 버튼을 눌렀다. 레브친은 숨을 쉴 수 없었다. 뭔가가 잘못된다면, 지금이 바로 그 순간이었다.

그러나 틸의 팜파일럿은 삐 소리를 내며, 성공적으로 돈을 받았다는 메시지를 보여주었다. 틸은 자랑스럽게 팜파일럿을 카메라 쪽으로 향해 보였다. 콘피니티 팀 전체는 안도의 한숨을 내쉬었다.

벅스에서의 전자이체를 위한 우려는 컸지만, 불은 정작 그 이벤트 자체는 '시시했다'고 기억하고 있다.[6] 나중에 텔레비전 방송국 직원 하나가 와서 틸과 레브친에게 그 거래를 다시 한번 해줄 수 있냐고 물었다. 마침 그가 들고 있던 카메라가 그 장면을 제대로 잡지 못했기 때문이다. "아뇨! 다신 절대 못 해요." 레브친이 소리 질렀다. "한 은행에서 다른 은행으로 수백만 달러가 실제로도 간 거라고요. 그걸 어떻게 다시 해요."[7] 하지만 그 카메라맨의 집요한 요청에 틸과 불은 자금 이체를 다시 연기했다.

레브친은 그 둘과는 달리 어떤 행동도 할 수 없을 정도로 완전히 지쳐 있었다. 그는 비척비척 구석 테이블로 가서는 자리에 앉아 테이블에 머리를 대고 엎드렸다. 얼마가 지나 깨어나 보니 콘피니티 동료들은 모두 사라지고, 옆에는 차가운 오믈렛 한쪽만 놓여 있었다. 웨이터는 동료들이 음식값을 계산하고 떠났다고 말해주었다. '나를 왜 깨우지 않았냐고 피터에게 화를 내야 하나?' 레브친은 생각했다. '아니면, 한숨이라도 자게 내버려둬 줘서 고맙다고 해야 하나?'

레브친을 내버려두고 떠난 게 사려 깊은 행동이었는지는 모르겠지만, 틸은 그 이벤트 자체는 성공이었다고 기뻐했다. "혼란을 단숨에 돌파하는 극적인 방법이었죠." 그는 말했다.[8] 콘피니티는 유명 언론사에 보도되었고, 그러면서 몇몇 회사 지원서류는 물론 투자자의 흥미까지 끌어들였다. 과거에는 쉽게 얻지 못했던 것들이다.

이벤트는 주목은 받았지만 정작 이용자들을 얻는 데는 성공하지 못했다. 팜파일럿을 통한 전송 방법을 문의하는 전화는 한 통도 없었다. "저희가 일찍이 PR에 관해 체득한 교훈 중 하나였습니다." 노섹이 기억한다. "PR은 직원 채용이나 투자자 인식에나 중요하지, 실제 제품 선택에는 크게 중요하지 않다는 사실이죠."[9]

그러나 벅스 이체의 가장 중요한 효과는 내부에서 느낄 수 있었다. 레브친, 틸 그리고 얼마 안 되는 팀은 언론, 심지어 텔레비전에 보도될 만한 앱을 불과 몇 달 만에 만들어냈다! 그러면서 팀의 자신감은 하늘을 찔렀다. "우리에겐 미래에 대한 확신이 필요했어요." 노섹이 말했다.[10]

인터넷 붐이 시작되면서 스타트업의 사치가 베이 에어리어를 뒤덮었다. 값비싼 팀 워크숍, 무제한 술을 제공하는 파티, 그리고 비싼 광고판들을 여기저기서 볼 수 있었다. 하지만 틸과 레브친은 이 중 어떤 것도 특정 회사의 제품이나 과제를 발전시키는 데 도움이 되지 않는다고 생각했다. 이들은 노키아 벤처스의 돈을 이런 과도한 지출에 사용할 마음이 없었다. 하지만 그 투자금은 이들에게 하나의 사치를 허락했다. 이체 상품을 가리키는 멋진 이름이었다.

'콘피니티Confinity'는 기업 이름으로 나쁘지 않았지만, 소비자 제품의 이름으로 사용하기에는 'con'으로 시작하는 네 음절이 그다지 신뢰를 주는 쪽은 아니었다(앞서 말했듯이 con은 '사기'라는 의미다-옮긴이). 게다가 '그 돈을 제게 콘피니티 해주세요Just confinity the money to me'라는 선전 문구도 입에 잘 붙지 않았다.

소비자 제품 기업으로서 콘피니티에게는 대중적인 호소력이 있는 이름이 필요했고, 그 이름을 찾는 임무는 노섹에게 주어졌다. 그는 인터넷의 도움을 받기로 했다. 그는 www.naming.com을 브라우저에 입력해서 마스터-맥닐Master-McNeil이라는 네이밍 회사의 웹사이트를 발견했다. "우리는 그들이 'naming.com' URL을 소유하고 있다고 생각했죠. 그래서 그 회사가 유망하다고 생각했습니다." 노섹은 설명했다.[11]

이 회사의 설립자 S. B. 마스터S. B. Master는 캘리포니아대학 산타크루즈 분교에서 경제학, 음악, 그리고 '책의 역사'라는 자체 설계 학습 과정self-designed course of study(전통적인 대학 과정이나 커리큘럼 대신 스스로 디자인하고 구성한 학습 과정-옮긴이)을 전공했다. 하버드에서 MBA를 취득한 후 그는 터치스톤 픽처스Touchstone Pictures와 웨스틴 호텔Westin Hotels의 이름을 지은 브랜드 회사에서 네이밍 부서를 만들었다. 그 후에는 자신의 회사 마스터-맥닐을 설립하고, 회사들이 사명을 짓는 데 자문을 해왔다.

마스터는 시적 감수성과 냉철한 비즈니스 능력이 결합된 사람이었다. 그는 너무도 많은 스타트업이 네이밍을 그저 말장난처럼 여기고, '벽에 무심히 공을 던지듯 아무 아이디어나 제시해서 반응을 살피는, 무작위적이면서 순전히 창의적인 과정'으로 여긴다고 생각했다. 그는 네이밍이 다른 비즈니스 결정과 마찬가지로 중요한 비즈니스 결정이며, 따라서 엄격하게 분석적인 과정을 따라야 한다고 믿었다.[12]

1999년 6월, 콘피니티는 마스터-맥닐과 전자이체 상품 네이밍 계약을 맺었다. 마스터와 그의 팀은 틸, 레브친, 노섹, 그 밖의 다른 콘피니티 직원들을 인터뷰했다. 모두가 한목소리로 제품 이름은 다음과 같은 것들을 시사해야 한다고 못 박았다.

1. 편리하고, 쉽고, 설치/이용이 간단하다.
2. 순식간에 이루어지고, 빠르고, 즉각적이고, 기다리지 않고, 시간을 절약하고, 신속하다.
3. 휴대할 수 있고, 편리하고, 언제나 함께한다.
4. 송신, '이체', 교환, 보내고/받기, 주고/받기
5. 돈, 계좌, 금융 거래, 숫자, 이체

콘피니티와 마스터-맥닐의 논의를 통해 제품의 발전 경로에 대한 중요한 질문이 대두되었다. 지금 이체는 미국 테크놀로지에 몸담은 사람들에게는 흥미의 대상이었지만, 콘피니티가 과연 그 너머 시장까지 성장할 수 있을까? 팀은 아직 그 해답을 찾지 못했다. 하지만 마스터-맥닐에 절충안을 제시해, 너무 '기술적이지' 않으면서도 'PDA나 휴대폰 같은 휴대용 전자기기를 사용하는 모든 사람에게 적합하고', 특히 얼리어답터에게 중점을 두고, '미국, 프랑스, 독일, 스페인, 이탈리아에서도 사용할 수 있는 이름'을 찾아달라고 요청했다.[13]

이러한 기준과 네이밍 목표를 받아든 마스터-맥닐 팀은 수십 개의 이름을 만들고, 그중 80개의 '가장 유망한' 이름으로 목록을 좁

히고 상표, URL, 불문율 등을 따져본 후 12개를 추천했다.[14] 그중에는 eMoneyBeam, Zapio, MoMo, Cachet, Paypal 등이 있었다. 그중 eMoneyBeam과 MoMo는 빠르게 지워졌다. Zapio는 재미있고, 핵심 제품이 '돈을 잽싸게 처리한다는 사실'과 관련이 있었지만, 콘피니티 팀의 반응이 미적지근했다. 처음에 팀은 Cachet가 제일 낫다고 생각했지만, 마스터의 생각은 달랐다. 스펠링도 힘들고 발음하기도 힘든 Cachet는 '잘난 척하는 느낌'도 주며, 다른 언어로 쉽게 번역도 안 된다고 그가 말했다(cachet는 원래 프랑스어에서 온 말이다-옮긴이).[15] 게다가 또 다른 반대가 결정적이었다. www.cachet.com 도메인은 이미 주인이 있었다.

남은 것은 Paypal뿐이었다. 마스터-맥닐의 프레젠테이션 슬라이드는 이 이름을 택해야 하는 이유를 다음과 같이 정리했다.

- 돈, 계좌, 금융 거래, 자금 이체라는 느낌을 전달한다.[16]
- 친근하고, 접근 가능하고, 단순하고, 쉽다는 느낌을 준다.
- 항상 함께 있으며, 휴대 가능하고, 편리하다는 느낌을 준다.
- 반복적인 pa 구조는 기억하기 쉽고 재미있다.
- 짧고, 대칭적이다[양 끝에 상승하는 요소가 있고, 가운데에 하강하는 요소가 두 개 있다(Paypal이라는 글자를 보면 맨 앞의 P와 맨 뒤의 l은 위까지 올라가고 가운데 y와 p가 아래로 내려온다-옮긴이)].
- .com을 사용할 수 있다.

마스터는 Paypal이 최종 승리자가 되리라 믿었다. Zapio보다 한 음절이 더 짧았고, Cachet처럼 잘못 발음될 가능성은 거의 없었다. "사람들이 어떤 것을 보고 어떻게 발음해야 할지 모를 때 잘못 발음할까 봐 두려워하거든요. 그래서 가능하면 그걸 발음하지 않으려 해요. 창피함이란 정말 강한 감정이거든요." 마스터가 말했다.

마스터는 또 Paypal이 신뢰를 주는 이름이라고 생각했다. Confinity 역시 신뢰confidence를 주겠다는 레브친의 의도에서 비롯된 이름이었지만, 마스터는 Paypal의 pal이라는 말('벗'이라는 의미-옮긴이)이 전혀 어색하지 않게 마음을 누그러뜨리며 신뢰를 구축하는 목적을 성취하는 효과가 있다고 믿었다. "벗 그러면 친구 이상이라는 느낌을 주잖아요. 어깨에 팔을 두르고 함께하는 거죠. 서로 진심으로 믿고요."

게다가 Paypal에는 두 개의 p가 있다. "우리는 이 소리가 좋아요. 파열음이라고 하죠." 마스터가 설명했다. "이 소리를 발음하기 위해서는 공기를 머금고 있다가 단숨에 내뱉어야 하죠." 파열음은 다른 소리보다 우리 귀에서 조금 더 오래 남아 있는 경향이 있다. 그만큼 브랜드를 기억할 시간을 더 주는 것이다. "두 파열음을 가진 이름은 정말 최대한으로 기억에 남을 수밖에 없어요." 마스터가 말했다.[17]

마스터는 페이팔이라는 이름이 정말 마음에 들었지만, 틸을 포함한 많은 팀원은 뜨악해했다. "모두가 그걸 두고 이야기하던 기억이 나요…. 페이팔이라고? 이제껏 들어본 이름 중에서 가장 멍청한 이름인데." 엔지니어 러스 시몬스는 기억한다.[18] "만장일치와는 거리가 먼 결정이었어요." 11호 직원 잭 셀비Jack Selby가 말했다.[19] 이사회 임원이었던 피트 불은 금융 상품 이름치고는 너무 장난 같다고 생각했다. "사람들은 '페이팔'을 신뢰하지 못할 거예요. 세상에서 가장 멍청한 아이디어라고 생각했죠. 이봐, 페이팔이라고? 누가 페이팔이라는 데를 믿고 돈을 맡기겠느냐고?"[20]

그러나 정작 페이팔을 쓰다 보니 점차 그 이름이 가진 장점들을 확신하게 되었다. "[이 상품은] 처음엔 점심을 먹고 갹출하는 방법으로 생각한 거였잖아요. 페이팔이란 이름은 정말 자연스럽게 그런 용도에 어울리더라고요." 고객 서비스와 운영을 맡아 회사에 합류한 데이비드 월리스가 회상한다(페이팔을 발음하면 '돈 내, 친구야'처럼 들리기도 한다-옮긴이).[21]

페이팔의 동사 형태, 예를 들어 "내게 페이팔 해줘" 역시 그 간단한 스펠링과 더불어 사람들 마음을 사로잡았다. 초기 이사진 중에는 처음부터 이 이름을 좋아하는 사람도 있었다. 그중 하나가 스콧 바니스터였다. "저는 '근사한 이름 같아. 두운이잖아(p가 두 번 반복된다는 의미로-옮긴이). 기억하기도 엄청 쉬워'라고 했죠."[22] www.paypal.com 도메인은 소유자도 없었기에 돈이 많이 들어가는 길고 지루한 협상도 필요 없었다. 1999년 7월 15일 팀은 이 도메인을 획득했다.

틸은 처음에 Cachet를 더 선호했지만, 그 역시 페이팔로 마음이 돌아섰다. 사실 나중에 가서는 회사 이름은 친근하고 너그럽게 들려야 한다며 페이팔을 예로 들었고, '우버Uber'보다는 '리프트Lyft'가, '마이스페이스MySpace'보다는 '페이스북Facebook'이 너 낫다고 주장하기도 했다. 그리고 틸을 비롯한 많은 사람은 가까운 미래에 (페이팔 다음으로) X.com도 위협적인 이름이 되리라고 주장하기도 했다.

결국 콘피니티는 페이팔을 선택했다. 스타일에 약간의 변화를 주고, 가운데 p를 대문자로 만들었다. 가운데 p는 대문자로 고정되어 그 이후 계속해서 PayPal로 쓰이고 있다. 마스터의 파일을 보면 빠르게 처리해야 할 일 목록에 p를 대문자로 하자는 제안이 'PayPal을 선택하자'라고만 써 있다.[23] 그래서인지 마스터는 이 제안을 했던 사람이 에디터였는지, 자신이었는지, 그래픽디자이너였는지, 콘피니티 팀이었는지 기억하지 못한다.

마침내 이름을 얻은 콘피니티는 이제 회사를 확장해 이체 상품에 생명을 불어넣는 일에 본격적으로 착수해야 했다. 그러기 위해서는 X.com과 마찬가지로 콘피니티도 엔지니어 수급을 위한 치열한 경쟁에 참여해야 했다. 아무리 돈이 많고, 언론의 주목을 받더라도 고용은 여전히 만만치 않았다.

팀의 대학 연줄과 더불어 초기 엔지니어 일부가 일리노이 수학과 과학 아카데미IMSA라는 일리노이주 오로라에 자리 잡은 유명 공립 마그넷 고등학교magnet school(다른 지역 학생들을 유치하기 위해 일부 교과목에 대해 특수반을 운영하는 대도시 학교-옮긴이) 출신이라는 사실이 도움이 되었다. 그래서 엔지니어들은 일리노이대학과 IMSA에서 주로 합류했고, 새로운 제품 및 경영팀은 주로 스탠퍼드에서 왔다.

팀은 엔지니어 채용에 걸리는 시간을 줄이고자 수천 달러에 달하는 추천 보너스를 도입했다. 제임스 호건이라는 한 당시 직원은 IMSA와 일리노이대학 친구이자 콘피니티 엔지니어였던 스티브 첸Steve Chen이 연락했던 일을 기억하고 있다. "그는 [추천 보너스에] 대단히 흥분해 있었어요." 호건은 킬킬거리며 말했다. "소프트웨어 개발 경험이 조금이라도 있는 사람이라면 아무나 떠올려 연락하던 참이었죠. 아마도 그에겐 제가 돈으로 보였을 거예요."[24]

직원을 고용하기 위해 팀은 최첨단 판매 전략을 고안했다. 몇 년 후 레브친은 스탠퍼드 컴퓨터과학 강의실에서 이렇게 설명했다.

엔지니어들은 매우 냉소적인 사람들이죠. 그렇게 배우거든요. 그래도 괜찮아요. 실리콘밸리에는 당장 여러분 같은 사람들을 고용하지 못해 안달이 난 기업이 한둘이 아니거든요. 엔지니어들은 모든 새로운 아이디어를 멍청하다고 생각하기 때문에 제가 아무리 새로운 아이디어를 제시해도 여러분은 바보스럽다고 생각할 거예요. 구글 같은 데서는 괜찮은 일을 하면서 돈도 많이 받죠. 그런 일을 그만두고 바보 같은 일을 누가 하겠어요? 그러니 구글 같은 거대 기업과 돈으로는 경쟁할 수 없어요. 무조건 구글이 이길 테니까요. 그들에겐 매년 30억 달러의 검색 수익을 뽑아내는 추출 장비가 있거든요.

저희 같은 회사가 이기기 위해서는 톱니바퀴 이야기가 필요합니다. 구글에서 엔지니어들은 하나의 톱니바퀴에 불과해요. 하지만 저와 함께라면 여러분은 우리가 함께 만들어나갈 위대한 어떤 것의 중요한 부분이 됩니다. 그 비전을 분명히 하세요. 높은 연봉은 드리지 못합니다. 현금 흐름 욕구 정도는 맞춰드리죠. 월세를 내고 이따금 데이트나 할 수 있으면 되는 거 아닙니까. 돈은 중요하지 않아요. 하지만 냉소주의라는 벽을 허무는 일은 중요하죠. 구글에서 몇백만 달러를 받으며 좁은 방에 혼자 갇혀 있는 것보다는 새로운 것의 1퍼센트를 만드는 게 훨씬 더 재미있고 중요한 일입니다.[25]

호건에게는 이 주장이 먹혔다. 그는 댈러스 노텔 네트워크Nortel Networks에서 실제로 '커다란 기계의 하나의 톱니바퀴처럼' 일하고 있었다. "저는 정말 불행하고, 무기력했어요." 그는 인정했다. 바로 그 순간 콘피니티의 제안이 가슴에 절절히 와닿았다.[26]

레브친의 멋진 제안에도 불구하고 고용이 빨리 진척되지는 않았다.

의도적인 이유도 있었다. "엔지니어링 분야에서는 누구라도 하나 이상한 녀석이 들어와 코드베이스를 망쳐버릴 수도 있다는 걱정이 정말, 아주 컸습니다." 엔지니어 에릭 클라인이 말했다. "부분적으로는 우리 책임이죠. 코드베이스가 그렇게 쉽게 망가질 수 있게 만든 건 잘한 일은 아니죠. 하지만 서둘러 일하다 보면 그런 코드베이스가 만들어지기 마련입니다. 그래서 당시 상황을 요약하자면, 문제는 이미 만들어놓고 문제를 일으키지 않을 사람을 고용해야 했던 거죠."[27]

산토시 야나르단에 따르면, 레브친은 너무도 높은 인재 기준을 설정하고 있었다. 따라서 직원 수급이 빠르게 이루어지기가 쉽지 않았다. "맥스는 계속 이런 식으로 말했어요. 'A급은 A급을 고용하지만, B급은 C급을 고용하지. 그러니 애초에 B를 고용하는 순간, 회사 전체의 수준은 낮아지는 거야.'"[28]

게다가 콘피니티 리더들은 팀의 성원 모두가 모든 전망을 공유해야 한다고 못 박고 있었다. 그래서 길고 긴 인터뷰가 끝나고 난 후 팀은 모두 모여 후보자를 놓고 토론하며 소위 '오라 테스트aura test(콘피니티 문화와 가치에 부합하는 지원자를 선발하는 데 사용한 심리 테스트의 일종-옮긴이)' 통과 여부부터 묻곤 했다.[29]

테크놀로지 기업들이 여기저기서 사람들을 가리지 않고 마구 채용하는 상황에서, 미래의 신입 사원들은 나름대로 '오라 테스트'를 해보곤 했다. 적지 않은 사람들이 콘피니티를 매력적인 직장으로 생각했고, 제품 비전이나 성공 약속보다도 콘피니티 팀 자체를 더 커다란 매력적 요인으로 꼽았다. 스카이 리Skye Lee는 넷스케이프와 어도비에서 경력을 쌓았고, 또 다른 스타트업에서 일하고 있었다. 그러던 중 콘피니티에 합류한 옛 동료가 데이비드 색스와 한번 만나보라고 제안했다. 잠깐 주저하긴 했지만, 그는 그 말을 들어보기로 했다. 지금 다니는 스타트업은 그리 전망이 좋지 않았고, 이 경험을 반복하고 싶지는 않았기 때문이다.

색스는 리에게 밤 10시 콘피니티 사무실에서 만나자고 했다. 그 시간이 다가오자, 그는 '잠깐 들렀다 가지 뭐' 하고 생각했다. 그러나 잠깐의 만남은 사실 잠깐이 아니었다. "정식 인터뷰였어요. 당연히 저는 준비가 돼 있지 않았죠." 하지만 새벽 2시에 사무실을 나왔을 때는 이미 거의 모든 콘피니티 직원들과 일일이 인사를 나눈 다음이었다.

그는 또 콘피니티의 팜파일럿 전자이체 상품에 대해서도 처음 알게 되었다. 색스가 그 아이디어를 꺼내는 순간, 리는 문제가 뭔지를 알아차렸다. "그러니까 '진짜 돈을 이체하는 게 아니잖아요. 그냥 데스크톱에서 동기화하는 거죠? 그렇지 않나요?'라는 식으로 말했어요." 물론 그가 옳았다. 기술적으로는 팜파일럿이 데스크톱 크래들에 장착되어야 비로소 거래가 이루어졌다. "제가 무엇을 놓치고 있다는 생각이 들었어요." 리는 회상했다. 색스는 리가 놓치고 있는 게 없으며, 그의 질문이 사실이라고 고백했다.

늦은 밤 오랫동안 진행된 인터뷰에 지치고 적외선 자금 이체의 한계에 대한 편협한 시각에 답답해하면서도 리는 콘피니티 팀에 매료되어 사무실을 나왔다. "말로 옮기지 못하겠어요. 저는 직관적인 사람이거든요. 하지만 그곳의 에너지는 이전에는 한 번도 느껴보지 못한 것이었어요. 저는 '여긴 뭔가가 있다'라고 생각했던 것 같아요."[30] 추가 인터뷰가 있고 난 후 그는 콘피니티를 대표하는 제품 디자인에 중요한 역할을 약속받고 팀에 합류했다.

제품팀 일원이었던 데니스 아프테카르Denise Aptekar는 몇 달간 다른 스타트업에서 일하다가 한 파티에서 루크 노섹을 만났다. 노섹은 냅킨

에다가 콘피니티의 자금 이체 마스터플랜을 그려 보여주었다. 아프테카르가 보기에 그 아이디어는 별로였지만, 노섹이 말하는 방식은 마음에 들었다.

그는 팀을 만나러 왔다. "저는 인터뷰를 마칠 때까지도 제품에 관해서는 거의 아무것도 몰랐죠. 다만 이 사람들과 함께 일하고 싶다는 생각은 했어요." 아프테카르는 회상한다. "누가 봐도 최고의 경쟁력. 누가 봐도 일 중독. 누가 봐도 세상을 바꾸고 싶어 하는 사람들이었어요. 비로소 '나 같은 사람들을 찾았다'는 생각이 들었어요."[31]

기술 디자이너였던 벤자민 리스트원Benjamin Listwon은 이미 다른 직장에 잘 다니고 있었고, 데이비드 색스나 맥스 레브친을 만날 때에도 '내 사람'을 찾고 있지는 않았다. 하지만 색스는 처음 만난 후 콘피니티에서 점심을 먹자고 초대했다. "점심이 일곱 시간이나 이어졌지요." 리스트원은 회상한다.

디자인 관행을 놓고 서너 시간 즉흥적으로 벌어진 토론은 그를 사로잡았다. "저는 실제로 회의실에서 화이트보드에 마구 뭔가를 그리고 있는 듯한 느낌을 받았습니다…. 이게 인터뷰라면, 여기서 일하는 것은 또 얼마나 대단할지 상상해보았죠!" 그는 회상했다.[32]

회사 초창기에 틸은 비공식적인 무해고 원칙을 만들었다. "사람을 해고한다는 건 전쟁과도 같아요. 전쟁은 나쁜 거죠. 그러니 그런 일은 하지 않으려 노력해야 해요."[33] 무해고 원칙으로 인해 인재 고용 기준이 높아지기도 했지만, 다른 한편으로는 역량이 모자란 직원들이 해고를 피하면서 회사에 남는 부작용도 있었다. "좀 더 많은 직원을 해고해야 했어요"라고 한 초기 직원은 인정했다.[34]

오라 테스트와 무해고 원칙은 모호하고도 비효율적이었다. 하지만 신중한 고용 과정이 이를 상쇄하며 기업이 발전할 수 있는 길을 열어주었다. 콘피니티 초기 레브친은 하나의 방에 있는 사람의 수가 기본적인 의사소통의 마찰과 양의 상관관계가 있음을 관찰했다. "혼자라면 그저 열심히 일하고 그걸로 충분하기를 바라죠. 그렇지 않을 때 사람들은 편을 만듭니다. 이렇게 되면 편마다 n의 제곱 커뮤니케이션 문제가 생깁니다. 5명으로 이루어진 한 팀이라면, 25개의 짝 상호작용 관계를 관리하고 의사소통을 유지해야 합니다."

이러한 갈등을 최소화하기 위해 레브친은 엔지니어들이 자신처럼 세상을 보아주길 원했다. 예를 들어 창립 초기에 레브친은 자신이 '쓰레기 같은 언어'라고 깎아내렸던 C++를 페이팔 프로그램 언어로 선택하면서도 창립 엔지니어들 사이에 불만이 없기를 바랐다. "거기에 반대하고 싶은 사람들은 어울리지 못하는 거죠. 반대는 발전을 가로막을 뿐입니다."[35]

레브친이나 틸은 그와 동시에 집단적 사고 역시 피하려 노력했다. "전략·전술적인 문제를 해결하기 위해 스마트한 마케팅 활동이나 다양한 접근 방식을 놓고 논쟁하는 것은 기본입니다. 이러한 문제는 실제로 중요한 일이기 때문입니다"라고 레브친은 말했다. "경험상 중요한 문제에 대해 아무것도 모를 때는 의견이 다양한 편이 좋더군요. 하지만 이미 옳다고 생각하는 느낌이 강하면, 거기에 대해서는 논쟁하지 말아야 합니다."

물론 이러한 균형 잡기는 쉽지 않았다. 팀 모두가 나름대로 좌절을 겪고 있었다. 그러면서 무해고 원칙이 어긋날 때도 있었다. 다른 한편으로는 고용에서 커다란 성과를 거두기도 했다. 이 시기에 콘피니티는 처음으로 '기존 직원들의 네트워크와는 상관없는' 고용을 했는데, 그렇게 채용된 직원이 바로 채드 헐리Chad Hurley였다. 그는 후에 유튜브의 공동창업자 중 하나가 될 사람이다. 하지만 1999년 당시로 돌아가 보면, 헐리는 미술 전공으로 막 대학을 졸업하고 콘피니티 팀에 아는 사람이라곤 전혀 없었다. 그는 언론을 통해 벅스 자금 이체 이벤트를 보았고, 관심을 표하는 이메일을 보냈더니 콘피니티에서 만나자는 연락이 왔다. 비행기가 연착되고, 회사에 늦게 도착해 밤샘 인터뷰까지 한 후, 헐리는 최초의 그래픽디자이너로 콘피니티에 합류해달라는 제안을 받았다.

그가 처음 맡은 일은 페이팔 로고 디자인이었다. 그는 파란색과 하얀색으로 구성된 이미지를 앉히고, 글자 P에 장식을 더해 소용돌이 모양으로 만들었다. 레브친은 또 그에게 팀 티셔츠를 디자인해달라며, 약간의 아이디어를 제공했다. 시스틴 성당Sistine Chape(미켈란젤로의 〈천지창조〉가 그려져 있는 곳으로 유명한 성당-옮긴이)의 천장 이미지를 조금 변주하면 어떨까 하는 것이었다. 하나님이 손가락 끝으로 아담에게 생명의 불씨를 건네주는 대신, 팜파일럿을 통해 돈을 전송하는 이미지 같은 것 말이다. 세월이 지나면서 미켈란젤로를 패러디한 헐리의 티셔츠는 소중한 팀 기념품이 되었다.

헐리에 더해 몇 명이 더 들어오면서 콘피니티는 좁아터진 유니버시티가 394번지 사무실을 이전하기로 했다. 팀은 그곳에서 5분 거리인 유니버시티가 165번지에 새로운 사무실 공간을 구했다. 이 건물은 특별한 의미가 있었는데, 가장 최근에 이 건물을 임대했던 회사가 바로 그 유명한 구글이었기 때문이다. 콘피니티는 이 거대 검색엔진의 탁구대를 물려받아 한동안 탁구는 물론 회의용 테이블로 쓰기도 했다.

사무실이 이사하며 중요한 통과의례 하나가 사라졌다. 394번지에 있을 땐 신입 직원들이 자신이 쓸 이케아 책상을 스스로 조립해야 했다. 유대감을 북돋는 민주주의적인 의례로서, 이 일은 레브친의 초기 이케아 가구에 경의를 표하는 작업이기도 했다. 하지만 새로 이사한 사무실에는 모든 가구가 다 구비돼 있다 보니 이 전통은 치명적인 타격을 입었다.

새로운 제품 이름, 새로운 사무실, 새로운 직원을 갖춘 회사는 모든 면에서 한 걸음 나아간 것처럼 보였다. 하지만 오래전부터 제기되었고 아직도 해결되지 않은 중요한 질문이 여전히 콘피니티를 사로잡고 있었다. 어떻게 사람들에게 팜파일럿 자금 이체 상품을 찾게 할 것인가? 그리고 더욱 중요한 질문도 남아 있었다. 사람들이 과연 그걸 사용할까?

팀은 어떤 수준에서는 그 수요가 있으리라고 생각했다. 제품을 만들기만 하면, 이체할 사람도 생길 것이라는 생각이었다. 하지만 주변 환경을 고려해보면 이는 정말 자기 위주의 쉽고 잘못된 판단이었다. 물론 팜파일럿이나 그 테크놀로지상 사촌이라고 할 수 있는 피처폰feature phone 같은 휴대용 기기들은 실리콘밸리에서는 선풍적인 인기를 끌고 있었다. "저는 [팜파일럿] 플랫폼에 대해 대단히 낙관적이었어요." 스콧 바니스터도 인정했다. "여기 있는 많은 사람이 다 그랬으니까요."[36] 1999년에는 500만 명 이상이 팜파일럿을 가지고 있어서 팜의 모기업 3Com은 팜을 분사해 기업공개를 모색하고 있을 정도였다.[37]

콘피니티 팀은 휴대용 기기 성장의 물결을 탈 수 있으리라 확신했다. 팀은 휴대용 기기 시장 전문 잡지에 광고를 게재했고, 구성원들은 다양한 인터넷 테크놀로지 포럼에 참석해 페이팔 제품을 알렸다. 이 시기에 노섹은 또 하나의 비전통적인 마케팅 아이디어를 제시했다. 허름한 사무실 차양을 본 그는 그것을 교체하자고 제안했다. 새로운 차양에는 페이팔과 관련된 메시지를 쏘는 깜빡이는 적외선을 내장하자고 했다.

이 '빠르게 깜빡이는 빛 광고' 아이디어는 실제로 실행에 옮겨지지는 않았다. 하지만 이 아이디어는 팀이 사용자를 얻기 위해 어느 정도까지 노력했는지를, 이들이 얼마나 노력해야만 했는지를 보여준다. 이런 노력에도 불구하고 팜파일럿의 적외선 장치가 전자이체를 위해 빛나는 경우는 많지 않았다. 1999년 여름 무렵 회사의 자문과 친지들은 이 제품의 생존 가능성까지 의심하게 되었다.

"저희는 (실리콘밸리라는) 팜파일럿의 천국에 살고 있었어요." 틸의 스탠퍼드 출신 친구이자 창업 초기 콘피니티 이사였던 리드 호프먼이 말했다. "저희는 레스토랑이라는 레스토랑은 모두 들어가서 테이블마다 몇 명이나 팜파일럿을 갖고 있나 물을 수 있었죠." 그는 대답이 0에서 1 사이였다고 했다. "그렇다면 우리 제품이 레스토랑마다, 한 끼 식사마다 0에서 1번 사이로 쓰인다는 거잖아요! 망했습니다! 이 아이디어는 끝난 거죠!"[38]

그해 여름 제품을 놓고 밤마다 늦게까지 토론을 벌이다가 리드 호프먼은 또 하나의 중요한 장애물을 지적했다. 가상의 페이팔 이용자가 팜파일럿을 잃어버렸는데 돈을 송금해야 한다면 어떻게 해야 할까? 레브친은 PayPal.com 웹사이트를 구축해서 이용자의 이메일 주소로 돈을 송금하는 안을 제시했다. 이용자들은 어쨌든 웹사이트를 이용해야만 페이팔 소프트웨어를 내려받아 휴대용 기기와 컴퓨터를 동기화할 수 있다. 이 사이트에 팜파일럿 송금 옵션 백업으로 이메일 시스템을 이용할 수 있게 하면 된다는 제안이었다.

이메일을 통한 자금 이체라는 아이디어가 처음 등장했을 때 이를 엄청난 발견이라고 생각하는 사람은 거의 없었다. 오히려 정반대였다. 레브친은 이 아이디어를 그저 버릴 수 있는 데모throwaway demo(완성되지 않은 제품을 잠재 고객에서 보여주기 위해 사용하는 데모-옮긴이) 정도로 생각했다. 팜파일럿을 잃어버린 불행한 사람들을 위해 메인 사이트 한구석에 숨겨둔 편법 정도였다. 레브친이 볼 때 이메일을 이용한 송금은 페이팔의 주요 용도와는 거리가 멀었다. 이 기능은 호프먼의 비판을 받고 부랴부랴 만들어낸 임시적인 양보이자 해결책으로, 핵심 제품이라고는 할 수 없었다.

그러나 레브친의 예측과는 달리 이 '양보'가 여러모로 유용하다는 사실이 금방 드러났다. 이메일로 돈을 보내기 전에 레브친은 페이팔의 배관이 새는 곳 없이 제대로 이어져 있는지를 테스트하는 복잡한 의식을 치러야 했다. 한 팜파일럿에서 다른 팜파일럿으로 돈을 보내고, 두 기기를 크래들에 동기화하고, 두 가상 계좌에서 자금 이체를 확인해야 했다. 이메일 전송 작업은 이 절차를 극적으로 단순화했다. 몇 번 마우스만 클릭해도 전송 여부를 알 수 있었다. 몇 주도 지나지 않아 레브친 자신이 이 새로운 제품의 열렬 사용자가 되었다. 하지만 여전히 최초 제품에 대한 믿음이 완전히 꺾이지는 않은 상태였다. "그것이 단서가 되어주었죠"라고 그는 말했다.[39]

에릭 클라인은 팀이 운이 좋았다고 말했다. "인터넷에서 일어나는 일들은 눈덩이 효과를 내죠. 빠르게 일어납니다. 1년 만에 아무도 웹사이트를 몰랐다가 모든 사람이 웹사이트를 알게 되는 일이 벌어졌습니다. 당시 저희는 비즈니스 전문가들이 팜파일럿을 사용해 돈을 낸다는 아이디어를 갖고 있었어요. 그 물결에 올라타려 했죠. 하지만 웹이라는 물결이 오히려 그 개념을 휩쓸어 가버렸습니다. 그런데 운이 좋게도 저희는 두 물결 모두를 이용할 수 있게 되었습니다."[40]

당시엔 입사해 얼마 되지 않았지만, 나중에 회사의 성공에 핵심적인 역할을 하게 될 데이비드 색스 역시 전자이체의 효용성에 대해 심각하게 의심하던 사람 중 하나였다. 색스는 틸과 함께 스탠퍼드를 다녔고, 졸업 후에는 시카고대학 로스쿨을 마치고 맥킨지 앤드 컴퍼니McKinsey & Company의 경영 자문을 역임한 바 있다.

1999년 중반 색스와 틸은 콘피니티와 그 제품에 관해 정기적인 토론을 가졌다. 틸은 색스에게 맥킨지 앤드 컴퍼니 자문 일을 그만두고 콘피니티에 합류하라고 강하게 설득했다. 색스는 관심이 생겼다. 그의 가문에는 경영인의 피가 흐르고 있었다. 색스의 할아버지는 1920년대 리투아니아에서 남아프리카공화국으로 이주해 과자 공장을 차린 바 있다.[41] 그의 손자는 친구 틸의 회사에는 매력을 느꼈지만, 팜파일럿이라는 아이디어는 형편없다고 생각했다.

어쨌든 그는 서부까지 와서 인터뷰를 가졌다. 성공적이지 않았다. "색스는 오라 테스트를 통과하지 못했어요." 한 초창기 팀원이 말했다.[42] 틸은 부분적으로 색스가 팜파일럿 제품을 완전히 무시하는 태도가 마음에 들지 않았다. "바보 같은 생각이었죠." 색스는 기억한다. "두 가지 문제가 있었어요. 하나는 팜 이용자가 불과 500만 명밖에 되지 않는다는 사실이었습니다. 다른 누군가도 팜파일럿을 갖고 있지 않은 한 이 앱은 아무 쓸모 없어요. 게다가 다른 문제도 있었죠. 팜파일럿을 누가 갖고 있더라도 그걸 어디 쓰겠어요? 돈을 나눠 내는 거 말고 다른 어떤 용도가 있나요?"

색스는 틸에게 자신도 합류하겠다고 말했다. 다만 이메일 제품이 우선시되어야 한다는 단서를 붙였다. "저는 이렇게 말했어요. '회사가 그렇게만 한다면, 내일이라도 당장 맥킨지를 그만두지'라고요. 그건 정말 끝내주는 아이디어처럼 들렸거든요."

틸은 이메일이 우선시되리라는 확신을 주었고, 색스는 회사에 합류하기로 했다. 하지만 나머지 사람들은 그 확신에 대해 모르고 있었다. 이들에게는 여전히 팜파일럿을 통한 자금 이체가 우선이었다. 색스가 도착해 팜파일럿 제품의 우선권을 박탈하기 시작하자, 엔지니어들은 처음엔 놀랐다가 이내 분개하는 반응을 보였다. "[레브친은] 알고 있었죠. 하지만 다른 사람은 아무도 몰랐어요." 색스가 말했다. "그래서 그들이 저를 다른 데서 와서는 이제까지 한 모든 일이 다 틀렸다고 말하는 사람으로 보고 있다는 생각이 들었죠."[43] 이러한 상황에서 틸은 두 제품을 똑같이 구축한다는 타협안을 제시했다.

데이비드 색스를 고용할 때 틸은 자신의 지위를 이용해 팀의 반대를 무시했다. 틸로서는 이례적인 일이었다. 그만큼 틸은 색스가 큰 도움이 되리라고 믿었다. 어쨌거나 인터뷰했던 사람 중 회사의 주력 제품에 반대해 열변을 토하던 사람은 거의 없었다. 틸은 그렇게 눈치 보지 않고 솔직한 색스를 가치 있는 사람으로 여겼다. 그리고 이후로도 색스는 언제나 솔직하게 말할 것이라고 믿었다. "피터는 이렇게 말하더군요. '내가 소리를 질러도 될 사람이 필요해'라고요." 색스는 기억한다.[44]

회사 내에서 색스는 엄격하고 단호한 사람이라는 평판을 얻었다. 회사의 많은 사람은 그가 팀을 하나로 집중시키고 제품을 개선하는 데 도움을 주었다고 인정했다. "사람들은 [데이비드 색스를] 비판했지만, 논쟁은 항상 건설적이었습니다. 좋은 논쟁이었죠. 그는 인신공격, 불쾌한 공격, 자신의 지위를 내세운 억지 주장은 절대 하지 않았고, 언제나 아이디어에 관련된 주장만 했어요. 늘 '이것 봐, 우리 지금 무엇을 하려고 하지? 고객은 무엇을 필요로 하지? 왜 우리는 여기에 있는 거지?' 뭐 이런 이야기들이었죠." 지아코모 디그리골리Giacomo DiGrigoli가 회상했다.[45]

여름에 있었던 수많은 토론은 모두가 그저 가정에 입각한 토론이었다. 콘피니티는 아직까지도 대중이 자신의 제품을 어떻게 받아들일지 알 수 없었다. 제품이 아직도 출시되지 않았기 때문이다. 벅스 자금 이체는 하나의 쇼케이스 이벤트였지, 정식 제품 출시는 아니었다. 틸은 세상에 콘피니티를 알릴 수 있는 또 다른 기회가 필요하다고 생각했다. 투자자들에게 콘피니티 제품의 가치를 입증하고, 다시 한번 언론의 관심을 사로잡아야 했다.

틸은 레브친에게 압박을 가하기 시작했다. "저희는 그런 기회를 위해 일주일에 7일, 24시간을 일했어요." 레브친은 그해 여름을 이렇게 기억하고 있다.[46] 이 시기에 다른 팀원들은 금융 서비스를 벼락치기로 공부했다. "우리 중 누구도 은행과 교류해본 적이 없고, 이런 프로그램을 개발해본 적도 없지요"라고 엔지니어 에릭 클라인은 회상했다. "불쌍한 CFO, 데이비드 자크David Jaques가 우리를 앉혀놓고 은행이 어떻게 작동하는지 알려주었죠. 그리고 저희는 생방송이 있기 전 네 주 안에 소프트웨어를 만들어야 했습니다."[47]

텔레비전 카메라에 콘피니티가 소유한 두 대의 팜파일럿 사이에 돈을 주고받는 일을 담기는 어렵지 않았지만, 실제 사용자가 전파를 이용해 실제로 돈을 주고받는 것은 차원이 다른 일이었다. "돌이켜보면 재미있습니다. 저희는 지불에 대해선 아무것도 몰랐거든요…. 데이터베이스와 상호작용하는 코드를 만들어본 적도 없었죠…. 그 문제가 정말 힘든 문제라는 사실도 모를 만큼 저희는 아는 게 없었습니다." 시몬스가 말했다.[48]

팜파일럿으로 전자이체를 할 수 있다는 소식이 슬래시닷Slashdot 같은 테크놀로지 포럼에 알려지면서 콘피니티는 드디어 첫 비평가 집단을 마주하게 되었다. 한 슬래시닷 포스터는 전자이체 기술에 대한 게시물에 '얼마나 놀라울 정도로 형편없는 아이디어인가'라는 도발적인 제목을 달았다.

적어도 세 지점에서 시스템에 침입해 전복시킬 수 있다는 점에서 형편없는 아이디어이다.

- 적외선 수준에서, 예를 들어 누군가의 거래를 멀리서도 복사할 수 있다.
- 소프트웨어 수준에서, 예를 들어 합법적으로 돈을 받고 팜 소프트웨어를 해킹해 금액을 크게 늘릴 수 있다.
- 콘피니티에 데이터를 반환할 때, 예를 들어 실제로 일어나지 않은 거래 기록을 보낼 수 있다.

아마도 더 많을 것이다. 솔직히 말하자면, 언급한 세 가지는 모두 암호화를 잘 사용해서 해결할 수 있는 문제지만, 소프트웨어를 만들 때 그다지 우려하지 않았다는 생각이 든다.

앞으로 버그를 잡을 1~2년간은 이 소프트웨어를 이용해 중요한 작업은 하지 말아야 한다. 베이퍼웨어vaporware(개발 중엔 요란하게 선전하지만, 실제로는 완성될 가능성이 없는 소프트웨어-옮긴이)일 가능성도 있다.

스래시닷의 테크놀로지에 정통한 사용자들은 날카로우면서도 코믹하게 비판했다. 한 평론가는 '2010년 5월 은하계 백과사전에서 발췌'라는 제목으로 미래의 절도에 대해 묘사했다. "그때부터 강도들은 잭나이프와 총에 더해 팜파일럿을 가지고 다녔다. 누군가에게서 돈을 빼앗을 때마다 그들은 이렇게 말하곤 했다. '당신 파일럿을 내 걸로 향해서 모든 돈을 전송하면, 아무도 다치지 않을 거야'라고."[49]

팀은 기술적인 비판을 인정하고 FAQ를 만드느라 분주했다. "이 기술적인 FAQ는 슬래시닷 게시물에 대한 응답으로 작성되었습니까?"라는 질문에 대한 그들의 대답은 "네. 이 FAQ는 게시자들의 우려를 최대한 빨리 해결하기 위해 작성되었습니다. 구성, 형식이 모자라고 색인이 없는 걸 양해해주십시오"였다.[50]

"암호의 특징·장점은 무엇입니까?"라는 질문에 대한 팀의 대답은 기술적이면서도 솔직했다.

> 현재 저희는 지불 서명용으로 163비트 ECDSA를, 휴대용 기기의 데이터를 암호화하는 데는 DESX, 적외선 전송을 위한 키 교환에는 디피-헬먼Diffie-Hellman 키 교환 알고리즘, 적외선 전송 암호화에는 DESX, 데스크톱과 서버의 동기화 도중 연결을 보호하기 위해서는 ECC 기반 TLS를 사용합니다. 우리는 키보드를 30분 정도는 두드려서 무작위적인 숫자 생성에 충분한 엔트로피를 얻습니다.

팀의 경험 부족은 다른 방식으로도 드러났다. 한번은 레브친과 그의 팀이 페이팔 시스템에서 복식부기 기장을 제대로 하지 않았다는 사실을 알게 되었다. 복식부기 기장은 수백 년은 된 회계의 기반으로, 모든 입금 혹은 출금에 동등하고 반대되는 기록이 있어야 한다. "당신이 엔지니어이고 회계를 접해본 적이 없다면, 사본이 두 개가 있다는 것이 왜 유용한지 정말로 이해할 수 없어요…. 저는 '복식부기' 회계는 이상한 회계사들이나 상상하는 것이라고 생각했었습니다"라고 레브친은 말했다.[51] 그는 콘피니티 CFO에게 회계를 가르쳐달라고 요청했고, 팀은 데이터베이스를 재구성했다.

제품 자체도 출시 전 급격한 변화를 겪었다. 틸은 뉴욕에서 언론 사전 작업을 하고 있었다. "피터는 첫 번째 인터뷰 라운드를 마친 후 전화를 걸어… 이렇게 말하더군요. '이봐, 이 제품은 완전히 무료로 제공될 거라고 말했어. 수수료 전부 빼.'" 데이비드 월리스는 회상했다.[52] 월리스가 영구적인 무료라는 약속이 정말 현명한 노릇이냐고 잠시 의문을 제기했지만, 결국 팀은 수수료를 없애기 위해 웹사이트의 모든 언어를 수정해야 했다.

출시 압박을 받는 상태에서도 새로운 문제를 계속 접하면서 팀은 신속하게 해결책을 찾아야 했다. 하지만 이러한 접근 방식의 결과 엔지니어들은 페이팔의 가까운 미래는 물론 그들의 후속 작업에서도 큰 도움이 된 작업 방식을 몸에 익힐 수 있었다. "지금도 일을 하면서, 스탠드업 회의를 하며 각자 처한 상황을 나누다 보면, 사람들의 생각은 '이 상황을 어떻게 해결할 수 있을까? 어떤 발명을 할 수 있을까?'로 향하게 됩니다. 그러면서 '연구하고 실행'하는 대신 '발명'하는 법을 배웁니다"라고 에릭 클라인은 말했다.[53]

이 시기에 회사는 가장 커다란 위기를 겪었다. 콘피니티의 한 시스템 관리자가 한 서버에서 다른 서버로 하드 드라이브를 옮기다가 실수로 코드베이스를 지워버렸다. 레브친은 '문제없어, 백업을 실행하면 돼'

라고 생각했다. 그러나 같은 시스템 관리자에게 백업도 없다는 사실을 발견하며 팀 전체는 공포에 빠졌다. 수천 줄의 코드와 8개월에 걸친 작업이 통째로 사라져버렸다. "한동안 페이팔은 끝장난 것처럼 보였습니다." 틸은 말했다.[54]

그때 다른 엔지니어인 데이비드 고즈벡David Gausebeck이 입을 열었다. 그는 회사의 전체 소스 코드를 복제했었다. "우리는 모두 공유 서버에서 개발 중이었는데, 거긴 공간이 부족했죠"라고 고즈벡은 설명했다. "그래서 우린 새 서버를 만들어 모든 것을 옮기려 했죠. 저는 옮겼고요. 원래 서버가 죽었을 때 코드를 다 옮겨놓은 사람은 저밖에 없었어요."[55] 고즈벡의 백업으로 인해 팀은 코드를 완전히 새로 짜야 하는 고통을 피할 수 있었다. "우리가 겪은 가장 위험한 상황이었어요." 레브친은 기억했다. 시스템 관리자는 해고 금지 원칙의 희귀한 예외가 되었다.[56]

여름이 가을로 바뀌었지만, 페이팔 데뷔를 위한 팀의 준비는 지지부진했다. 레브친은 틸에게 출시 날짜를 연기해달라고 계속해서 요청해야 했다. 틸은 짜증이 났다. "출시를 앞두고 준비 과정은 험난했습니다." 레브친은 회상했다.

이 시기 동안 레브친은 제품의 보안 검사를 했다. 팜파일럿 코드가 유아기에 머물러 있었다면, 팜파일럿의 암호화 코드는 그보다도 더 유치했다. 페이팔 앱의 속도를 높이기 위해 레브친은 공개 키 암호화의 한 방법인 '타원 곡선Elliptic Curve 암호화'를 사용했다. 하지만 이 부분은 그에게도 낯선 영역이었다. "팜은 암호화 코드, 특히 타원 곡선 암호화 코드가 부족해서 저희가 일부를 개발해야만 했죠." 레브친은 회상했다.

아무것도 없는 상태에서 이러한 요소를 처음 개발하다 보니 취약성이라는 리스크가 있을 수밖에 없었다. "암호화 원시 요소는 절대로 스스로 개발해서는 안 됩니다…. 누군가 암호화 원시 요소 개발 외에는 다른 할 일이 아무것도 없을 때 개발해야 합니다." 레브친이은 알려주었다.

레브친은 콘피니티의 기술 고문이었던 스탠퍼드 교수 댄 보네와 암호화 보안을 놓고 논의해보았다. 보네와 레브친은 모두 모바일 테크놀로지와 암호에 열정적이었고, 얼티밋 프리스비도 함께 즐기는 사이였다. 무엇보다 보네 역시 레브친만큼이나 팜파일럿에 열정적인 관심을 보였다. "아이폰이 출시된 후에도 몇 년 동안 저는 제 팜파일럿을 너무도 아끼고 사랑한 나머지 아이폰을 거부할 정도였어요"라고 보네는 농담을 던졌다. 그는 스탠퍼드 동료들과 함께 노섹의 UIUC ACM 학회지에 나와 있는 대로 팜파일럿 지갑을 스탠퍼드대학 자판기에 연결하기도 했다. "둘 사이에 암호화 프로토콜이 있었어요. 돈이 둘 사이에서 전송되었죠." 보네는 기억했다.

팜파일럿을 안전하게 확장해 자판기 및 그 외의 곳에서도 사용할 수 있게 만드는 전문가였던 보네는 레브친이 그해 가을에 신속한 코드 검사를 원했을 때 믿고 의지할 수 있던 유일한 사람이었다. "그래서 '12시간 내에 할 수 있는 보안 감사에 가장 가까운 것으로 어떤 것이 있을까?'라고 생각했죠. 그래서 '이봐 댄, 이리 와서 내 코드를 좀 읽어봐 줄래?'라고 했죠. 그랬더니 그는 '물론이지, 친구. 네 부탁이라면 기꺼이 하지'라고 하더군요." 레브친은 회상했다.

보네와 레브친은 코드를 빠르게 훑어보고 보네의 30번째 생일을 축하하면 되겠거니 하고 생각했다. 하지만 이내 보네가 문제를 발견했다. "그는 코드를 죽 읽더니 '친구, 이건 뭐지?'라고 하더군요." 레브친은 회상했다. 레브친과 팀이 특정 비트bits들을 '패킷화packeting'하는 방법이 문제였다. 레브친에 따르면, "보네는 '아니, 아니, 아냐, 네가 패킷화하는 방법을 봐'라고 말했고, 저는 '이런 세상에!'라고 했죠. 그러자 그는 '이건 랜덤하지 않아. 이건 오히려 랜덤의 반대야. 연필로 고칠 수 있어. 초고성능 컴퓨터 따윈 필요 없어'라고 말했습니다."[57]

그 후 두 사람은 모든 코드를 검토하고 실수를 수정하며 미친 듯이 밤새 작업했다. 보네에 따르면, 그는 잠시 집에 들러 생일 파티를 즐긴 후 다시 사무실로 돌아와 새벽 5시까지 레브친과 함께 시간을 보냈다.

생일 파티 중단과 미친 듯한 밤샘 작업 덕분에 콘피니티 팀은 첫 번째 출시를 마무리했다. 10월 말과 11월 초, 얼마 되지 않는 직원들은 친구와 가족에게 이메일을 보내기 시작했다. 그리고 회사의 첫 번째 제품을 지금 내려받아서 사용할 수 있다고 선언했다. 페이팔이 출시되었다.

7장

머스크의 비전

1999년 늦여름, 일론 머스크의 X.com은 자신이 상상하고, 후에 페이
팔이 실제로 이룬 디지털 금융 거대 기업에 비하면 미미한 그림자 정도
에 불과했다. 당시 X.com은 완제품도 없고 팀은 완전히 맥이 빠진 상
태였다. 캐나다 금융인 해리스 프리커가 떠나고 나자 X.com의 직원 명
부에는 다섯 명의 이름만 남아 있었다. 회사를 세웠던 COO는 떠났고,
CTO, 제품 개발 부사장, CFO, 책임 설계자, 기업 발전 부사장 자리는
모두 비어 있었다.*

스콧 알렉산더Scott Alexander라는 이름의 젊은 엔지니어가 이 혼란 중
에 팀을 주도하는 위치에 앉았다. 컴퓨터과학을 전공하고 경영을 부전

---

* 몇몇 직원이 당시 전화번호 목록을 공유해주었다. 대규모 이직 전후 목록은 X.com의 6호
  직원 더그 맥이 공유해주었다.

공해 막 버클리를 졸업한 알렉산더는 학교 친구들이 닷컴이라는 이름으로 끝나는 기업이면 어디든 머리부터 들이밀고 보는 현상을 지켜보았다. 알렉산더는 이들과는 달리 여유를 갖고 스타트업들의 사업계획서를 꼼꼼히 검토해보았다. "1999년 당시 열기는 대단했지만, 저는 우편주문 개 사료 회사가 과연 앞으로도 몇십억 달러의 가치를 유지할 수 있을까에 대해서는 회의적이었어요." 그는 기억했다.

알렉산더는 채용 사이트에서 X.com을 보았다. 그는 지원했고, 머스크와 인터뷰를 가졌다. 그는 인터뷰를 분명하게 기억하고 있었다. "인터뷰 말미에 [머스크가] 말하더군요. '저희 회사가 스타트업이라는 사실을 이해해주시길 바랍니다. 당신께 정말 기대하는 게 많습니다. 예를 들어 주당 48시간이라는 근무시간을 바라고 오지 않으셨으면 해요. 성공하기까지는 정말 오래 일해야 한다고 생각합니다. 아마 불가능한 걸 해놓으라는 요구도 받으실 거예요.'"

인터뷰 후 어느 날, 알렉산더는 X.com의 공동창업자 에드 호로부터 급박한 이메일을 받았다. 그는 알렉산더에게 X.com이 쪼개지고 있으며, 자신과 다른 선임 관리자들은 회사를 떠나 새로운 기업을 차릴 것이라고 했다. 그리고 알렉산더에게 X.com에서 잘해보라는 말로 끝을 맺었다. 얼마 지나지 않아 알렉산더는 호에게 또 하나의 이메일을 받았다. 이번에는 회사가 아니라 개인 주소에서 온 메일이었다. 자신이 새롭게 세운 회사에서 일해달라는 내용이었다.

알렉산더는 이 고용 전쟁이 '별나다'는 생각을 하며 모든 것을 잊어버리자는 마음으로 이미 오래전 계획된 카보 산 루카스Cabo San Lucas 여행을 떠났다. 하지만 머스크에게는 다른 계획이 있었다. "돌아와서 보니 전화 응답기에 메시지가 6개나 있더라고요." 알렉산더가 말했다. "[머스크가] 말했어요. '전화 주세요. 나쁜 소식을 들으셨겠죠. 좋은 소식을 제가 들려드리죠'라고요." 머스크는 알렉산더에게 벤처캐피털 자금을 확보했으며, 자신의 돈 몇백만 달러도 X.com에 넣을 작정이라고 말했다.

알렉산더는 머스크의 개인적인 헌신을 보며 믿을 만하다는 생각이 들었다. "일론은 정말 제게 깊은 인상을 주었어요. 돈이 중요하죠." 알렉산더는 1999년 8월 X.com에 합류했다.

그때까지 머스크는 외부 투자는 받지 않았다. Zip2 투자자들에게 한 번 데인 후 그는 여러 요청에도 불구하고 신중한 태도를 견지했다.

그러면서도 머스크는 X.com에 관심을 둔 벤처 투자자들과 이야기를 나누는 것은 즐겼다. 두 가지 요소 때문이었다. 첫째, 인터넷 스타트업으로 엄청난 양의 돈이 쏟아져 들어오는 현상으로, 그는 이 광풍을 '행복 가스happy gas(원래 마취나 진통제로 사용되는 산소와 이산화질소의 혼합물-옮긴이)'라고 부르곤 했다. 1998년에서 1999년 사이에도 인터넷과 관련된 모든 것이 최고점을 기록했다는 소문에 인터넷 스타트업에 투자하는 벤처캐피털의 투자금은 상당히 늘어났다.[1] X.com은 머스크가 든든하게 떠받치고 있었지만, 리스크가 없다고는 할 수 없는 포지션이었다. 가까이 있는 경쟁사들이 '행복 가스'를 감지하면 빠르게 성장해 X.com을 제치고 나가 X.com 따윈 사람들 뇌리에서 사라지게 만들 수도 있는 일이었다.

그리고 이런 이야기도 있었다. 머스크는 계속해서 자신의 막대한 사내 개인 지분을 자랑했지만, 틸과 마찬가지로 그 역시 외부 투자의 가치를 느끼고 있었다. "돈이 필요하진 않았어요." 머스크가 말했다. "다만 최고 벤처캐피털의 인가를 받는 건 중요한 일이었죠."[2] 그래서 머스크는 실리콘밸리에서 가장 유명한 세퀘이아 캐피털을 대표하는 일반 파트너general partner(투자사의 파트너십 구조에서 투자 활동에 직접 참여하고 책임을 지는 파트너-옮긴이) 마이클 모리츠Michael Moritz에게 다가갔다.

모리츠는 실리콘밸리에서 이례적인 인물이었다. 웨일스 출신으로 옥스퍼드를 졸업하고, 《타임》 저널리스트로도 활동했던 모리츠는 기술적인 배경은 모자란 사람이었다. 하지만 그는 기자로서 몇 년을 보내며 재능과 야망을 위한 본능을 갈고닦았다. 그는 어떤 스타트업이 아직 초창기에 불과할 때 이미 그 시대에 가장 큰 인터넷 기업으로 성장할 수 있을지 될성부른 싹을 알아볼 수 있었다. 한 유명한 거래에서 그는 고작 100만 달러로 야후 닷컴 지분의 25퍼센트를 확보하기도 했다. 당시 야후 창업자들은 여전히 트레일러를 벗어나지 못하고 있는 상태였다.[3]

모리츠는 어떻게 머스크와 처음 연락이 닿았는지 정확히 기억하지는 못했다. 아마 1999년 당시 "허리케인과 맞먹는 폭풍이 몰아쳤기 때문입니다. 저희는 그저 주당 35시간 노동하는 기업에서 상상할 수 있는 것보다 더 많은 기회가 있는 기업으로 바뀌었습니다. 모든 사람이 회사를 차리고 싶어 했고, 누구도 잘못될 리가 없다고 생각하고 있었던 때였습니다"라고 모리츠는 회상했다.[4]

X.com은 그 바글바글 붐비는 시장에서도 단연 두드러졌다. 모리츠는 X.com의 이야기가 흥미로웠고, 그 회사의 최고 영업 사원 머스크는 설득력이 있어 보였다. "지금은 세상 모든 사람이 알고 있지만, 일론은 매우 재능 있는 이야기꾼입니다." 모리츠는 미소를 지으며 말했다. "그리고 그 이야기 중 일부는 실제로도 이뤄집니다." 모리츠는 또 당시 시티그룹의 존 리드John Reed라는 임원과의 만남을 회상하며, X.com의 금융

산업 비판에서 진실을 보았다고 말했다. "'이 친구를 내 편으로 만들 수 있겠군. 확실해'라고 생각했던 게 기억납니다."

모리츠가 X.com이라는 이름에 매료되었다는 사실 역시 머스크에겐 중요한 일이었다. "마치 야후나 애플처럼 느껴졌습니다. 한 번 들으면 기억에 남고, 주방 믹서기 이름 같지도 않으며, 토요타 같은 회사가 고용하는 브랜드 네이밍 업체에서는 절대 나오지 않을 것 같은 이름은 상당한 장점이라고 생각했어요." 모리츠는 말했다.

1999년 8월, 세쿼이아 캐피털은 머스크로부터 500만 달러 규모의 X.com 주식을 구매하고 마이크 모리츠를 회사의 이사로 앉히며 X.com 의 후원사가 되었다. 그 전에 세쿼이아는 머스크에게 초기 개인 투자를 줄이라고 요구했다. "[모리츠는] '이봐 친구, 집과 차를 제외한 모든 것을 회사에 놓아두어서는 안 돼'라고 말하더군요." 머스크는 기억한다.[5] (머스크는 나중에 개인 자금을 더 높은 평가 가치로 재투자했다.)

모리츠와 세쿼이아가 무엇을 위해 서명을 하는지 정확히 파악했더라면, 과연 서명을 했을까 모리츠는 돌이켜보며 생각한다. 사실 X.com은 물론 테크놀로지 생태계 자체가 몇 년 동안은 온갖 고생을 헤쳐나가야 할 운명이었다. "우리는 일론, 그리고 피터와 맥스처럼 그냥 뛰어들었던 것 같습니다. 어느 정도는 무지했고…, 그런 결정을 내리는 데는 분명 무모한 모험심도 한몫했습니다." 모리츠는 기억한다.[6]

스티브 암스트롱Steve Armstrong은 이 시기에 재무 결산 담당자 자리에 지원해 머스크와 인터뷰를 하며 그의 모험심을 또렷이 느낄 수 있었다. "그는 '우리는 온라인 은행을 할 거예요! 보험 서비스도 있어요! 그리고 브로커 딜러broker dealer(주식시장 및 다른 금융시장에서 중개인 역할을 하는 금융기관-옮긴이)도 준비돼 있어요! 그리고 방금 은행도 샀어요! … 그리고 우리는 뱅크오브아메리카를 망하게 할 거예요! 그리고 저는 세쿼이아 캐피털로부터 500만 달러를 투자받았어요!' 이런 식으로 말하며 수표책을 보여주더니, 아예 제게 건네주며 이렇게 말했어요. '당신의 일은 제가 이 모든 걸 잃지 않도록 하는 거예요.' 그래서 저는 '좋아요, 하죠, 뭐'라고 했죠."[7]

자금은 확보되었지만, 중요한 문제가 남았다. 모리츠와 세쿼이아 캐피털은 정확히 무엇의 일부를 산 것일까? "제품이라곤 없다고 해도 좋았죠. 여기저기 아이디어만 많고, 약간의 프로그램만 있었을 뿐입니다." 알렉산더는 1999년 8월 X.com의 상태를 이렇게 기억했다.[8] X.com은 예금도 없는 은행이고, 관리하는 자금이란 한 푼도 없는 투자회사였으며, 간신히 구색만 갖춘 웹사이트만 있는 디지털 금융의 신기한 나라였다.

당시 X.com은 머스크의 거대한 약속에 비해 제대로 보여줄 게 없었다. 부분적으로는 머스크와 프리커의 1999년 중반 갈등으로 인해 제품 개발이 몇 주나 미뤄졌기 때문이다. 그렇지만 언론에 X.com이라는 커다란 야망을 밝히는 작업에는 아무런 주저나 망설임이라곤 없었다. 머스크는 《컴퓨터 비즈니스 리뷰》 인터뷰에서 X.com이 '뱅크오브아메리카, 슈왑(찰스 슈왑이 설립한 금융회사 찰스 슈왑 커미션프리Charles Schwab Commission-Free-옮긴이), 뱅가드Vanguard(미국의 대표적인 투자관리 회사-옮긴이), 퀴큰Quicken(개인 재무관리 소프트웨어 기업-옮긴이)의 조합'이 될 것이라고 밝혔다.[9] 《뮤추얼 펀드 마켓 뉴스》로부터 사업 계획을 질문받자 그는 기존 금융 서비스 기업과는 다른 X.com의 '비선형적' 접근 방식을 강조했다. "대출, 모기지, 보험, 은행 계좌, 뮤추얼 펀드, 주식 등 어떤 사람의 모든 금융자산을 재무 보고서 한 장에 모아

볼 수 있다는 것은 정말 혁명적이죠."[10] 머스크는 그해 말까지 X.com은 S&P500 지수 펀드, 미국 종합 채권 펀드, 그리고 머니 마켓 펀드를 모두 운영하게 될 것이라고 선언했다.

머스크는 인터넷과 자신의 무한정한 창의력이 화학적으로 잘 결합되기만 하면 X.com은 이러한 서비스들을 기존의 어떤 기업보다 더 싸고, 빠르게, 잘 제공할 수 있으리라고 믿었다. "X.com은 매우 커다란 열망을 품고 있었죠." 초창기 직원이었던 크리스 첸의 말이다. "저는 온라인 은행은 제품의 핵심 요소라고만 생각했어요. 하지만 회사는 금융의 슈퍼사이트가 되려고 했죠. 그래서 우리는 보험 상품도 다루고, 투자도 하려 했어요."[11]

물론 완전히 새로운 생각은 아니었다. 금융 분석가들은 기존 거대 기업들이 비슷한 제품을 만들면서 X.com은 곧 파산하리라고 주장했다. 그러나 머스크는 이미 대형 은행들이 내부에서부터의 혁신을 주저하고 있다는 사실을 꿰뚫어 보고 있었다. 그는 JP모건이나 골드만삭스 같은 기업과 전 세계적인 경쟁을 할 수도 있다는 걱정에 잠을 이루지 못할 정도로 통찰이 모자란 사람은 아니었다.

머스크의 인터넷 비즈니스에 대한 종합적인 접근에는 따끈따끈한 강력한 선례도 있었다. 제프 베이조스Jeff Bezos의 '모든 것을 하나에 넣자'는 전략은 이미 아마존을 위태로울 정도로 빠르게 성장시키며 주목을 받고 있었다. 아마존이 고객의 밀려드는 책 주문을 감당하느라 헉헉대고 있을 때 베이조스는 CD도 팔아야 한다고 재촉하고 있었다.

베이조스와 머스크는 모든 것을 제공하는 하나의 사이트가 하나를 제시하는 다섯 개의 사이트보다 낫다는 것을 알고 있었다. 그리 놀라운 통찰도 아니다. 모든 것을 파는 상점이라는 개념은 이미 수백 년은 더

된 생각이다. 그러나 이 개념을 인터넷에서 되살려내는 데는 선견지명이 필요했고, 고객들이 온라인 쇼핑과 온라인 뱅킹을 여전히 내켜 하지 않는 상태에서 처음 온라인에 발걸음을 들여놓을 때가 바로 그 선견지명이 필요한 시점이었다.

어떤 의미에서 보자면 머스크는 베이조스보다 훨씬 더 어려운 과제에 도전하고 있었다. 최소한 책과 CD를 나란히 놓고 팔지 말라는 법은 없었으니 말이다. 하지만 은행 상품과 중개 서비스brokerage products(개인broker을 통해 제공되는 금융 상품으로 주식, 채권, 상품 거래, 옵션, 펀드 등을 포함-옮긴이)를 동시에 파는 일은 당시엔 법으로 금지되었다. 1933년 제정되었던 그래스-스티걸 법안은 1999년 후반에서야 비로소 철폐되었다. 이러한 특정한 법 말고도 X.com의 금융 서비스 상품은 극심한 규제를 받았다. 규제 담당자에게 머스크의 금융 슈퍼스토어는 마치 악몽과도 같았다.

머스크가 보기에 돈이란 그저 '데이터베이스의 엔트리entry(데이터베이스에 저장된 데이터의 기본 단위-옮긴이)'에 지나지 않았다. X.com은 그냥 세상의 '엔트리'를 하나의 데이터베이스에 통합하려 했다.* 그 과정에서 이익을 추구하는 중개인(다른 금융기관-옮긴이)들은 쳐내면 그만이다. 머스크는 이렇게 선언했다. "[X.com이라는] 나의 비전은 전 세계 모든 돈의 중심이 되는 것이다."[12]

---

* 머스크는 돈을 이야기하며 이 표현을 여러 번 사용했다. 특히 2003년 10월 8일 스탠퍼드 강연과 2020년 말 《월스트리트저널》 CEO 서밋에서도 사용한 바 있다. 후자의 상황에서 그의 언급은 많은 주목을 받았다. 당시 암호화폐가 급등하고 있었고, 머스크의 개인 재산도 막대한 양으로 늘어났기 때문이다.

이러한 비전에 입각해 머스크는 신속하게 팀의 몸집을 늘리려 했다. 프리랜서 고용 전문가 팀 웬젤Tim Wenzel은 초창기 X.com을 컨설팅한 일이 있다. "당시 실리콘밸리는 난리통이었지요. 사람을 찾기란 정말 힘들었어요. 괜찮은 자격을 갖춘 사람이라면 동시에 몇 건의 제안을 받곤 했죠." 그는 말했다. "하지만 저는 X.com에는 뭔가 특별한 게 있다는 사실을 금세 파악했어요. 모든 사람이 거기서 일하고 싶어 했으니까요. 거의 모든 사람이 X.com을 위해서라면 이미 주어진 근사한 기회라도 기꺼이 포기하곤 했어요."

결국 웬젤 자신도 이러한 선택의 기로에 선다. 그는 고용당 수수료를 받고 프리랜서로 일하고 있었다. 그러나 X.com은 그 비용이 지나치다고 말했다. 정규직으로 입사하든가, X.com만을 위한 고용 업무를 하든가, 아니면 X.com과 아예 관계를 끊어야 하는 선택이 주어졌다. "저는 주저하지 않았어요. '당연히 해야지'라고 생각했지요."[13]

몇몇 초기 X.com 직원들은 콘피니티 문화와는 대조적인 성격을 보여주는 몇몇 고용 사례를 기억하고 있다. 콘피니티는 대체로 20세 정도의 경력이 없는 남성을 고용한 반면, X.com은 이보다는 훨씬 더 다양해서 부모, 여성, 금융 서비스에 몇십 년 경력을 가진 사람을 고용했다. 부가급부 컨설턴트 데보라 베조나Deborah Bezona는 직업상 많은 회사를 경험했고, 클라이언트로서 X.com과 일한 적도 있다. 그는 X.com을 "제가 일해본 회사 중 가장 다양성 있는 회사였어요. 그것부터 눈에 확 띄더군요"라고 말했다.

닷컴 호황이 절정에 달하던 무렵 베조나는 많은 스타트업에 건강과 퇴직 문제에 관해 조언했다. 빠르게 변화하는 환경에서도 X.com과 그 CEO는 남들과는 확실히 달랐다. 머스크는 직원들에게 '그들에게 가능한 모든 여지', 다시 말해 커다란 자유를 보장했다. 그러면서도 실적에 대해서는 누가 보더라도 명백히 높은 기준을 설정했다. "저는 평생 그렇게 열심히 부지런하게 일해본 적이 없어요." 베조나는 말했다.

베조나는 머스크의 생각을 따라 임금, 부가급부, H1B 비자(미국에서 일하고 살기를 원하는 외국인들에게 필요한 비이민 비자-옮긴이), 이직자 지원금 등과 관련된 사규를 만들었다. 그가 보기에 X.com은 '부가급부 부분에서 상당히 너그러운' 회사였고, 그 CEO는 개인들을 해고할 때까지도 친절을 잃지 않았다. "누군가가 일에 적합하지 않다거나, 일을 제대로 하지 못했을 때 일론은 예의를 갖춰 존중하는 태도를 보이며 그들을 해고했습니다." 베조나에 따르면, 회사를 떠나는 모든 직원은 지위와는 상관없이 이직자 지원금을 받았다고 한다.[14]

X.com은 채용회사 및 인력 공급업체를 통해 인재를 끌어모았다. 그중 켈리 서비스Kelly Service라는 회사는 비정규직 직원 고용에 도움을 주었고, 그중에는 엘리자베스 알레호Elizabeth Alejo처럼 정규직 새로운 계정 관리자로 고용되는 사람도 있었다. X.com의 온라인 업무 제안은 이미 은행 창구 직원과 은행 매니저를 거친 그 자신의 경력에서도 전환점이 되었다. 그리고 이 일반 은행 경력은 그의 새로운 역할에 도움이 되었다. 그는 X.com 신규 계좌를 자세히 들여다보고, 제출된 정보를 청구서 및 기타 확인 문서와 대조하며 확인하는 작업을 담당했는데, 그 문서들은 오프라인 은행 업무를 할 때 충분히 많이 보았던 자료들이었기 때문이다.

알레호는 X.com을 이용한 사기가 가능하다는 사실을 처음 파악했던 사람 중 하나였다. 우선 X.com 계정을 개설하기 위해 공과금 청구서를 위조하는 사람들이 있었다. 그는 사기를 저지르는 고객에게 전화해서 인내심을 가지고 대응하던 일을 기억한다. "일단 그들이 이야기하도록 하고, 아무 말이나 떠들어대게 놔두었다가, 처치하는 작업을 했죠…. 그러면 침묵이 이어지거나 전화를 끊기도 하더군요."[15]

알레호는 계약직으로 회사에 들어온 후 얼마 되지도 않아 정규직이 되었다. 이 시기에 머스크는 또 존 스토리John Story를 X.com의 경영 부사장으로 고용했다. 스토리는 얼라이언스 캐피털과 몽고메리 자산관리의 고위직을 포함해 몇십 년에 걸친 풍부한 경력을 가지고 있었다. 그의 합류가 금융계에 널리 알려지며 X.com은 노련한 직원들과 신규 직원들로 조화로운 진용이 짜이고 있다는 이야기가 회자되었다. "운용 자산 한 푼 없고, 지점 사무실도 없는 회사가 강력한 경쟁력으로 시장 점유율을 높이겠다고 한다"라고 금융 서비스 온라인 뉴스 Ignites.com은 썼다. "이들의 주장을 신뢰할 수 있는 이유는 바로 그 리더들 때문이다."[16]

얼마 안 가 다른 금융 베테랑 한 명도 들어왔다. 마크 설리번Mark Sullivan은 보스턴 퍼스트 데이터 인베스터 서비스 그룹 부사장직을 버리고 X.com의 운영 부사장으로 합류했다. "저는 항상 전통적인 일만 해왔죠." 그가 말했다. "닷컴 세상에는 발가락을 담근 적도 없었습니다." 설리번은 팰로 앨토에서 머스크, 스토리와 함께 점심을 하기로 했다. 머스크는 영입 제안을 망설이지 않았다. "점심을 먹고 나서 [머스크가] 말하더군요. '그럼 언제 여기에 올 수 있나요?' 저는 그 정도까진 생각하지 않았습니다!" 설리번은 기존 회사에 퇴사 통보를 하고 몇 주도 지나지 않아 팰로 앨토로 이사했다. 30대 후반밖에 되지 않은 설리번은 X.com의 '어른' 중 하나가 되었다. "제 머리가 희끗희끗했거든요." 그가 농담했다.[17]

'희끗희끗한 머리'를 가진 또 다른 사람이 이내 합류했다. 샌딥 랄Sandeep Lal은 싱가포르 출신으로 씨티은행에서 일하며 금융 서비스 전문 지식을 쌓았다. 그는 머스크와 했던 인터뷰를 기억하고 있다. "제가 '경영을 바꾸자'는 말을 했어요. 그랬더니 그가 '그 거지 같은 말은 쓰지 맙시다'라고 하더군요." 랄이 회상했다. 랄의 능력을 점검하는 의미에서 머스크는 하나의 테스트를 했다. "그가 '좋아요. 제가 싱가포르에서 미국으로 자금을 이체하려 하는데, 그 단계가 어떻게 될까요?'라고 묻더군요." 랄은 세심하게 그 단계를 설명했다.[18] 머스크는 그 자리에서 그를 채용했다.

이 시기에 X.com에서 가장 중요한 고용으로는 사업 개발 매니저 에이미 로우 클레멘트의 영입을 꼽을 수 있다. 클레멘트는 JP모건에서 금융 경력을 시작했다. 하지만 거기서 해야 했던 일은 생각만큼 성취감을 주지 못했다. "저는 세상에 더 큰 영향을 미치고 싶었어요"라고 그는 설명한다. JP모건을 떠난 후 그는 서부로 와서 갭Gap의 기업 전략 및 사업 개발부에서 일했다. 하지만 그의 마음엔 여전히 채워지지 않는 구석이 있었다.

경영대학원에 지원하려는 도중에 클레멘트는 은행 업무상 존 스토리와 이야기를 나눌 기회가 있었다. 존은 그에게 자신이 막 합류한 흥미로운 금융 서비스 스타트업에 관한 이야기를 들려주었다. 처음 클레멘트는 주저했다. 그러나 스토리는 그에게 머스크를 만나보라고 강권하다시피 했다. 인터뷰에서 머스크의 어조는 "정말 흥미로웠어요." 그는 머스크의 금융 산업 비판을 들은 후 '대체 왜 금융 시스템 안에서 비트와 바이트를 움직이는 데 그렇게 많은 돈이 필요한 거지?'라고 의아해했던 기억이 있다.

클레멘트는 X.com에 사업 개발 매니저로 합류했지만, 얼마 지나지 않아 제품의 사용 사례 부서를 맡았다. "개발자들과 사람들 사이의 중매인 역할이 바로 제 일이었죠." 그가 농담했다.[19] X.com에서 클레멘트는 몇 블록 떨어진 곳에서 데이비드 색스가 경험했던 것을 똑같이 깨달았다. 코드를 통해 제품을 만들기 위해서는 규율과 전략이 필요하다는 사실이었다. 여러 이야기에 따르면, 클레멘트는 X.com의 초기 제품 관리 역할에 만족하지 않고, 침착하게 '개발자를 사람으로' 바꾸는 일을 했다. 여러 사람이 위기 상황에서 믿고 의지할 수 있는 사람으로 클레멘트를 꼽았다. 많은 사람이 그가 없어서는 안 될 '완충재'이며, 개인 간의 갈등을 완화하고, 열악한 조직을 안정적으로 유지하는 탁월한 외교관이라고 말했다.

경영대학원 지원 중에 별생각 없이 했던 X.com 인터뷰는 클레멘트의 인생을 바꾸어놓았다. 그는 자신의 제품 부서 담당 역할이 '치료사, 역사학자, 그리고 운영자의 혼합'으로 변해갔다고 농담처럼 말했다. "아시겠지만, 정말로 상황이 어렵다 보니 치료사와 더불어 어떤 완충재가 필요했습니다." 그는 기억했다. 게다가 "코드베이스를 이해하지 못하거나 어떻게 특정 지역화 과제에서 코드베이스가 걸림돌이 될 수 있는지 모르고는 제품을 만들기가 어려웠기에 저는 역사가도 되어야 했습니다."

그리고 마지막으로 클레멘트는 운영자이기도 했다. "저는 '어떻게'를 정말 중요하게 생각합니다. 저는 앉아서 이렇게 여러 번 말했죠. '좋아요, 디자인, 내용 관리, 엔지니어링, QA 고객 지원을 어떻게 통합할 수 있을까요?' 저는 제 일의 가장 중요한 부분을 바로 이것, 다시 말해 모두에게 일을 잘 진행할 수 있도록 만드는 것이라고 생각했죠."[20]

클레멘트는 1999년 후반부터 회사가 기업공개를 거쳐 결국 이베이에 인수되기까지 남아 있었다. 그는 제품과 디자인 조직을 관리하며, 이베이의 가장 나이 어린 임원 중 하나가 되었다. 많은 페이팔 동문에게 클레멘트는 마치 등대와 같은 존재였다. 머스크는 클레멘트를 '이름 없는 영웅'이라 불렀다.[21] 다른 동문은 자신이 클레멘트의 운영 스타일을 모델로 공부했다고 털어놓기도 했다. "저는 언제나 에이미처럼 되고 싶었어요. 그는 제 우상이에요."[22]

X.com의 엔지니어 채용은 빠르게 진행되었다. 콜린 캐틀란Colin Catlan은 9월에 한 헤드헌터에게 전화를 받았다. 캐틀란은 1999년 초 이베이가 빌포인트Billpoint라는 지불 기술 분야 스타트업을 인수하며 직장을 떠나야 했다. 빌포인트는 그가 실리콘밸리에서 가졌던 첫 직장이었다. 차고에 꼭 들어맞을 정도로 팀의 규모는 작았고, 각각은 중요한 역할을 했다.

그러나 빌포인트는 출범한 지 몇 달도 되지 않아 이베이에 매각되었고, 캐틀란은 이베이라는 대기업의 관료주의에 도무지 적응할 수 없었다. 보편적인 지불 과정 시스템을 만들어보자는 제안을 포함한 그의 여러 아이디어는 차가운 반응을 마주해야 했다. "끝내지 못한 일이 있다고 느꼈어요." 캐틀란이 말했다. "저는 [지불 시스템] 일에 모든 노력을 다 쏟았거든요…. 이 일을 [빌포인트에서] 할 수 없다면, 다른 곳에서라도 하고 싶었어요."[23] 머스크와 인터뷰하며 그는 지불 네트워크 구축을 이야기했다. 캐틀란에 따르면, 머스크는 이 아이디어에 열린 마음을 보여주었고, 캐틀란은 9월 초순 X.com의 엔지니어링 관리자로 합류했다.

하비 머드 칼리지를 졸업한 닉 캐롤Nick Carroll도 이즈음, 그러니까

X.com 경영진 대이동이 있었던 직후 합류했다. 대학을 졸업한 지 2년 밖에 되지 않았지만, 워낙 상황이 상황인지라 입사하자마자 곧장 선임 엔지니어가 되었다. 캐롤은 하비 머드 시절의 친구였던 제프 게이츠Jeff Gates와 토드 스템플Tod Stemple을 엔지니어로 영입했다.

머스크는 자신의 네트워크를 가동해서 엔지니어링 팀 인력을 보충 하기도 했다. 브랜든 스파이크스Branden Spikes는 Zip2에서 일하며 스타 트업이 으레 겪을 수밖에 없는 모든 흥망성쇠를 몸소 체험했다. 그래 도 그는 자신이 낙관적인 사람이라고 인정했다. 특히 X.com보다 머스 크를 보는 시각이 훨씬 긍정적이었다. "저는 사실 온라인 은행 일은 지 겨울 것이라고 걱정했어요." 스파이크스는 웃으며 말했다.[24] 브랜든 스 파이크스 역시 관리자 직함을 부여받으며, 그토록 바라던 이메일 주소 b@x.com도 얻는다.

팀이 성장하며 제품도 형태를 갖춰가기 시작했다. 팀은 임시 웹사이 트를 만들었다. X.com에 방문한 방문객들은 "여기 이메일 주소를 등록 하시면, 저희의 출범 소식을 알려드립니다"라는 안내를 들을 수 있었다. 또한 이 사이트에는 X.com의 향후 계획이 소개돼 있었다.

인터넷으로 인해 돈을 관리하는 기존 방식은 완전히 구닥다리가 되었습 니다. 이미 수천 명에 달하는 사람들이 저렴한 온라인 거래의 혜택을 누리 고 있고, 그보다 훨씬 더 많은 사람이 온라인 보험료 조사나 재무 계획을 통해 돈을 절약하고 있습니다. 그러나 수백만 명의 사람들은 정작 은행 한 구석에 놓인 ATM과 더 친밀한 관계를 유지하고 있으면서도 은행 지점과 창구 유지에 많은 돈을 쓰고 있는 전통적인 은행을 이용하고 있습니다.

X.com은 순수한 인터넷 기반 회사로서 지점도 없고, 낡아빠지고 유지 비용도 많이 드는 컴퓨터 인프라도 없습니다. 우리에게 주어진 임무는 그러한 은행 수수료와 숨겨진 요금을 고객 주머니에 되돌려주는 동시에 개인 투자, 보험, 재무 계획을 위한 저비용 솔루션을 제공하는 것입니다. X.com은 개인 재무관리에 대한 원활한 솔루션이 될 것입니다.

일론 머스크의 첫 번째 스타트업에 대한 존중의 표시로 이 사이트의 X.com 사무실 찾기에는 'Zip2 제공'이라고 쓰여 있었다.[25]

X.com은 계속해서 써드파티 공급업체를 이용해 개발에 박차를 가했다. 인비전 파이낸셜 시스템Envision Financial Systems 같은 공급업체는 자산관리 및 금융기관을 위한 소프트웨어를 개발했다. 인비전의 공동창업자 사트남 감비르Satnam Gambhir는 스타트업보다는 주로 대형 은행이나 대형 금융기관과의 거래에 익숙했다. 감비르는 "저희 판매 주기는 고객을 처음 만날 때부터 거래를 마감하고 구현할 때까지 일반적으로 6개월에서 2년이 소요됩니다"라고 설명했다. 이와는 대조적으로 인비전과 X.com은 최초 방문 후 2주도 지나지 않아 문서에 서명했고, 인비전은 곧바로 X.com에 액세스를 허용했다. "그리고 10주도 지나지 않아 [X.com 팀은] 통합을 구축하고 제품을 출시하더군요." 감비르는 너무도 빨랐던 상황 전개에 입을 다물 수 없었다.[26]

9월에 X.com은 바클리즈Barclays(영국에 본사를 둔 글로벌 금융 서비스 기업-옮긴이)와의 계약을 발표하며 X.com 고객의 바클리즈 뮤추얼펀드 투자가 가능해졌다.[27] 콜로라도주 라 자라La Jara에 위치한 퍼스트 웨스턴 내셔널 뱅크라는 지역 은행과의 협약도 빠르게 진척되었다. 이 협약을 통해 X.com은 규제 당국의 허가가 있을 시 이 은행 인수가 가능했고, X.com이 '은행 인증 기업'이 되고, 'FDIC 보험FDIC-insured(은행 예금이 미국 연방예금보험공사에 의해 보호받는 것-옮긴이)'을 받을 수도 있었다. 중요한 것은 이제 X.com이 자체 브랜드 직불카드를 만들고 수표를 배포할 수 있게 되었다는 점이다.*

이러한 발전으로 인해 X.com은 CNBC, 《월스트리트저널》, 《포춘》 등의 취재 대상이 되었다. 머스크는 언론 보도를 이용해 자신의 대담한 선언을 널리 알릴 수 있었다. X.com 출범 이전에도 그는 눈부신 미래의 특징들을 예견한 바 있다. 사용자의 등록 및 가입 절차는 2분도 걸리지 않을 것이며, 수수료나 조기 환매 수수료도 없다는 내용이었다. 더 나아가 그는 무려 두 개의 별도 보안 기업이 사이트를 감시하고 있다는 사실을 강조하고, 회사의 초점은 '고객 대변'이라고 힘주어 말했다.[28]

머스크는 기회가 있을 때마다 X.com과 경쟁사들을 비교했다. 그는 두 온라인 경쟁사 윙스팬 뱅크Wingspan Bank와 텔레뱅크 파이낸셜Telebanc Financial이 테크놀로지 측면에서 취약하다며 사실상 근거도 없는 비방을 퍼부었다.[29] 그러곤 이미 금융 산업의 거물 기업이었던 뱅가드를 겨냥했다. X.com의 투자 상품이 가격 효율적인 것으로 유명한 뱅가드의 펀드와 어떻게 경쟁할 작정이냐는 질문을 받자 머스크는 이렇게 대답했다. "우리는 누구에게도 저렴하게 팔지 않을 것입니다. 그게 답니다."[30]

---

* 2002년 페이팔이 회사를 공개하며 제출한 S-1 증권신고서 문서에는 퍼스트 웨스턴 내셔널 뱅크와 X.com 간의 협정에 관련된 여러 세부 사항이 기록돼 있다. 또 'First Western National Bank'라는 표현은 X.com이 출시한 직불카드, X.com 티타늄 카드 뒷면에서 볼 수 있다.

머스크의 공언은 언론 매체에서 효과가 있었다. 대중은 아주 오랜 옛날부터 약자들의 성공담을 좋아하는 법이다. 게다가 머스크는 언론의 관심을 휘어잡는 특별한 재능도 있었다. 그는 자신의 과장 성향이 효과가 있다는 사실을 발견했다. 아직 출범하지도 않은 X.com은 숨 쉴 틈 없이 언론의 주목을 받고 있었다. 머스크 역시 마찬가지였다. 1999년 8월 그의 회사가 둘로 갈라지며 대출혈을 일으킨 몇 주 후에도 Salon.com은 머스크를 '실리콘밸리의 차후 거물이 될' 인물이라고 썼다.[31]

9월이 10월로 바뀌며 머스크는 X.com 사이트의 출범을 학수고대하고 있었다. 콘피니티에서도 그랬듯이 X.com 엔지니어들은 끝없이 주문이 많은 CEO에게 더 많은 시간을 달라고 요청하는 불편을 감수해야 했다. "일론은 당장이라도 달려나갈 만반의 준비가 돼 있었어요. 일단 저희가 9월에 기본 설계를 마련해놓기만 하면 말이죠." 캐틀란이 말했다. 그런 상황에서 "10월까지 기다려달라고 말하기란 정말 힘들었어요."[32] 엔지니어링 팀은 번듯한 금융회사가 되기 위해서는 몇몇 세부 사항들은 반드시 제대로 처리해야만 한다고 생각했다. 반면 머스크는 어쨌든 구체적인 제품을 빨리 만들어내지 못한다면 X.com은 시대에 뒤져버릴 것이라고 우려했다.

출범이 다가오며 머스크의 집중력은 최고조에 달했다. "사무실 주변에서 그의 행동은 거의 미친 듯 보였어요. 이 사람에서 저 사람, 그러니까 개발자, 금융 담당, 운영 담당 사이를 마구 뛰어다녔어요. 그는 해답을 원했어요. 그것도 당장 말이죠. 그가 오면 모두가 긴장할 수밖에 없었어요. '곧 다시 알려드리죠' 같은 말은 하고 싶지 않았거든요"라고 설리번은 말했다.[33] 머스크는 사소한 내용 하나도 놓치지 않았다. 머스크의 빠져나갈 수 없는 시선을 의식하며 일하느라 스트레스를 받는 직원들도 여럿이었다.

머스크는 팀에 요구하는 만큼 자신도 그 모든 것을 실천하는 사람이었다. "저희는 책상 아래서 잤어요." 캐틀란이 말했다. "일론도 마찬가지였죠. 그런 일에는 절대 빠지지 않거든요." 엔지니어들은 자신들의 CEO가 팔꿈치가 맞닿을 정도로 가까운 공간에서 함께 골치 아픈 기술적인 문제들을 해결하느라 애쓰던 일을 기억하고 있다.[34] "CEO라는 사람들 대부분은 직원들이 잘 볼 수 있는 분들이 아니죠." 스파이크스가 말했다. "하지만 일론은 '우리는 같은 참호에 있어요. 이거 해봅시다'라는 식이었어요…. 그 때문에 그런지 몰라도 그와 함께 일하다 보면 힘이 솟는다는 느낌이 있었어요."[35] 기존 기업 문화에 익숙했던 사람들은 X.com에서 힘든 상황에서도 열심히 일하는 전형적인 스타트업 문화를 느낄 수 있었다. "저는 사무실도 책상도 없었어요." 대형 금융 기업에서 넘어온 마크 설리번은 말했다.[36] "저는 그나마 의자와 우유 바구니는 있었어요." 웬즈데이 도나후 Wensday Donahoo가 말했다. 관리직으로 입사했던 그는 좁은 개인 작업 공간, 새파랗게 젊은 노동력, 격식 없는 복장을 회상했다. 특히 회사의 CEO라는 사람이 티셔츠와 반바지를 입고 출근하던 일은 잊히지 않는다고 했다.

한번은 투자자들이 머스크와 X.com의 다른 리더들을 만나러 오기로 했다. 도나후는 누군가 머스크에게 정장으로 갈아입고 타이도 매라고 권유하는 소리를 들었다. "그는 이렇게 말하더군요. '저 사람들이 내 옷이 마음에 안 들면… 내 제품도 좋아하지 않을 거야. 게다가 저들에게 투자하게 만드는 건 내 제품이지, 내 옷이 아니거든'이라고요." 그 순간이 그에겐 잊지 못할 기억으로 남아 있다. "내가 무언가 중요한 것을 갖고 있다면 사람들은 그것을 원하지, 내가 어떻게 보이는지는 전혀 중요하지 않다는 말이었죠."[37]

항공우주 산업의 거인 록히드 마틴Lockheed Martin을 거쳐 X.com에 합류한 닉 캐롤은 자신이 더는 록히드에 있지 않다는 사실을 빠르게 알아차릴 수 있었다. 한번은 캐롤이 데이터베이스 개발자를 고용해서 X.com 데이터베이스를 만들자고 제안한 적이 있다. "일론이 말하더군요. '데이터베이스를 다루는 사람 필요 없어. SQL 서버SQL Server(마이크로소프트에서 개발한 관계형 데이터베이스 관리 시스템-옮긴이)에 데이터베이스를 설정하는 건 쉬워. 내가 보여줄게'라고요." 캐롤은 기억한다. "스타트업에서는 한 사람이 여러 역할을 해야만 하죠. 의지할 사람은 아무도 없고, 다른 도움을 요청할 데도 없다는 것은 제겐 새로운 경험이었어요."

머스크는 X.com을 빨리 시장에 진입시키는 데 도움이 된다면 그 어떤 비용도 마다하지 않았다. 예를 들어 웹사이트를 빨리 만드는 데 책상은 도움이 되지 못하지만, 더 나은 서버는 도움이 될 수 있었다. 캐롤은 머스크가 밀물처럼 쏟아져 들어오는 웹 트래픽을 감당할 만한 델 서버 스펙을 알아보라고 했던 말을 기억하고 있다. "저희가 살 수 있는 제일 비싸고 가장 강력한 서버를 생각했죠." 캐롤은 말했다.[38] 서버에 딸려 온 가격표에는 수십만 달러가 적혀 있었다. 하지만 머스크는 구매를 승인했다. (나중에 브랜든 스파이크스는 이 서버를 방탄유리 안에 넣어 보관했다. "은행이니까요. 저는 보안을 중요한 문제라고 생각했어요."[39])

빠르게 일을 진척시키다 보니 즉흥적인 대처가 필요할 수밖에 없었다. X.com 사이트가 어떻게 보이고 느껴져야 하느냐 같은 중요한 결정도 즉석에서 이루어졌다. 캐롤은 궁금해했던 기억이 있다. "'사용자가 보기에 우리 디자인은 어떻게 보일까? 디자이너를 고용해야 할까?' 그러자 일론은 '슈왑처럼 보이면 좋겠어'라고 말하더군요. 저희는 슈왑을 찾아보았죠. 그래서 X.com의 최초 색상 배열color scheme이 파랑이 된 거예요. 왜냐고요? 슈왑의 색상 배열이 파랑이었거든요."[40]

팀 모두가 자신이 하는 일의 무게를 느끼고 있었다. "소프트웨어 엔지니어 경력이 불과 6년밖에 안 되는 저에게는 아무것도 모르는 백지 상태에서 뮤추얼 펀드 시스템을 돌아가게 만들어야 한다는 것은 엄청난 부담이었어요." 알렉산더는 말했다. 돈과 고객의 재정과 관련된 일이기에 엔지니어들은 빈틈없는 코드를 작성해야 한다는 압박을 받으면서 최선의 노력을 다했다. "우리는 깨끗하고 매우 잘 작성된 코드 작성이 중요하다고 믿었습니다." 알렉산더의 말이다.[41] 하지만 일을 빠르게 처리하다 보면 코드의 품질은 불안정할 수밖에 없다. "'지금 임원이 아니라서 다행이다. 내가 이 코드를 작성했는데, 이건 살아남지 못할 거야'라고 생각했던 기억이 납니다"라고 캐롤은 말했다.[42]

이 시기의 모든 혼란을 헤치고 결국 X.com 웹사이트와 제품군이 출시되는 것을 보며 팀 전체는 흥분의 도가니에 빠졌다. "해야 할 일이 너무 많았어요." 마크 설리번은 회상했다. "그런데 정말 지쳐버린 거죠. 그렇다고 일을 그만둘 수는 없었어요. 내가 정말 미친 물건을 만들고 있고, 매일 회사를 나갈 때마다 뭔가 새로운 것이 개발되고, 구축되고, 새로운 아이디어가 제시되고 있다는 사실을 알고 있었거든요."[43]

여러 면에서 X.com은 팰로 앨토 스타트업의 원형이었다. 하지만 X.com은 하나의 중요한 측면에서 실리콘밸리의 전통을 위반하고 있었다. X.com은 리눅스 같은 오픈소스 운영체제를 바탕으로 제품을 구축한 게 아니라 마이크로소프트의 제품을 기술적 아키텍처의 근간으로 사용했기 때문이다.

마이크로소프트 플랫폼이 수십억 달러 규모의 상장 기업이 보장하는 안정적이고 전문적인 플랫폼이라고 지지하는 사람들도 없지 않았다. 하지만 마이크로소프트 플랫폼이 폐쇄적이고 모호한 아마추어 시스템으로, 프로그램의 전문성을 떨어뜨린다고 비판하는 사람들도 있었다. 리눅스 플랫폼을 '민중의' 기술적 아키텍처로 받아들이는 사람들도 많았다. 필요하다면 전체 시스템을 처음부터 다시 작성할 수 있는 리눅스는 초기 인터넷이 선망했던, 개방적이고 유연한 구조를 가지고 있었다. 여러 인터넷 포럼에서 마이크로소프트냐 리눅스냐 하는 논쟁은 심지어 종교적인 갈등의 성격을 띨 때도 있었다.

마이크로소프트 테크놀로지를 이용하기로 한 X.com의 결정은 후에 커다란 위기의 원인이 된다. 하지만 초창기 X.com 엔지니어들은 마이크로소프트를 너무도 당연한 선택으로 받아들였다. "저희는 꽤 많은 연구 조사를 해보았고, 그 결과 진짜 상업적으로 이용할 수 있는, 다시 말해 기업 시스템을 다룰 수 있는 유일한 프레임워크는 마이크로소프트밖에 없다는 결론에 도달했죠." 알렉산더의 말이다. "문제는 그게 실리콘밸리에서는 마치 신성모독에 맞먹는 일이라는 점이었죠."

X.com 팀에게는 무엇보다 속도가 중요했다. 그런데 마이크로소프트는 리눅스와는 달리 플러그 앤드 플레이 환경이다 보니 엔지니어링 작업을 간편화할 수 있었다. "X.com에서 저희는 '프레임워크는 좋은 것이다'라는 철학을 갖고 있었어요." 알렉산더는 기억한다. "오늘날에는 모든 사람이 프레임워크를 이용하죠. 하지만 그때 당시 X.com은 실리콘밸리에서 하는 말과는 다르게, 모든 것을 다 혼자 만들려 하지 말고,

프레임워크를 이용하라고 말하더군요. 그래야 적은 시간에 더 많은 일을 할 수 있다고요."[44] 머스크 역시 이 결정을 지지했다. 유연성보다 효율성을 중시하는 결정이었다. "예를 들어 10년에서 12년 정도 시간을 앞으로 빠르게 흐르게 만들 수 있다면, 리눅스도 많은 툴을 가지고 있죠." 머스크는 말했다. "하지만 그땐 그렇지 않았어요."[45] 마이크로소프트의 미리 작성된 소프트웨어 라이브러리를 이용하면, 세 명의 X.com 엔지니어가 수십 명분의 리눅스 작업을 할 수 있다고 그는 말했다.

머스크는 1999년 11월 하순까지는 사이트를 출범시키겠다고 공표했다. 추수감사절이 다가오면서 팀은 정말 바빴다. "저는 JP모건과 갭에 있다 보니 스타트업 경험은 처음이었죠." 당시 X.com 정규직이 된지 몇 주밖에 지나지 않았던 클레멘트가 회상한다.[46] "근데 '추수감사절엔 쉬지? 제일 큰 휴일이니까?'라고 질문을 던져요."[47] 그래놓고 추사감사절 전날 밤에도 논 트란Nhon Tran과 머스크를 포함한 엔지니어 몇몇은 밤새워 일했다. 머스크는 다음 날 추수감사절 아침에 스콧 알렉산더를 호출했다. 오전 11시쯤이었다. "그가 했던 말이 정확히 기억나요. '논이 밤새 여기서 일했는데, 너무 지쳐 더는 전력을 다하지 못하고 있어. 그러니 네가 와서 모든 게 괜찮은지 확인해줄래?'라는 말이었죠."[48] 휴일 동안 사무실을 비운 사람들을 꾸짖는 머스크의 노여움에 찬 회사 전체 이메일을 기억하는 사람도 있다.

X.com은 1999년 추수감사절을 시작으로 전 세계적인 서비스를 개시했다. 출범 직후 팀은 모두 함께 사무실을 나와서 근처 ATM으로 향했다. 머스크는 X.com 직불카드를 넣고, 자신의 비밀번호를 누른 후, 현금을 요청했다. 기계가 윙윙거리며 지폐를 쏟아내자, 모두는 환호했다. "일론은 정말, 정말 행복해했어요." 설리번은 회상한다.[49]

1999년 여름, X.com의 주요 인물 몇몇은 머스크를 CEO에서 몰아내려다가 실패하고, X.com을 떠났다. 그들이 떠난 후 회사의 인원은 네댓 명에 불과했다. 당시 유니버시티가 394번지는 2층에 자리한 은행보다도 1층의 빵집으로 더 유명했다. '회사'는 사실상 신비로운 URL, 일부 충성스러운 잔류 직원, 머스크의 감소하는 자본, 그리고 하나의 아이디어 정도가 다였다.

　4개월이 지난 후 '회사'의 분란은 이미 까마득한 옛날이 되었다. 그사이에 X.com은 최고 벤처캐피털에서 자금을 조달했고, 제대로 작동하는 제품을 구축했고, 엔지니어링과 관리 분야에서 성장을 거듭했고, 국내 및 국외 은행들과 협약을 맺었다. 여느 때와 마찬가지로 머스크는 더 빠르게 더 철저하게 눈부신 결과를 요구했다. 그러나 최소한 이제 그와 그의 팀은 뒤를 돌아보며 안도의 한숨을 내쉬고 앞날을 다지는 여유 정도는 갖추게 되었다. X.com은 이제 실재하는 기업이었다.

2부

페이팔의 탄생

8장

X.com과 콘피니티

야심은 컸지만 X.com이나 콘피니티 모두 곧 목격하게 될 엄청난 고객 증가에 대비돼 있지 않았다. 머스크는 빠른 고객 증가를 예측했지만, 그의 팀은 머스크 특유의 과장으로 받아들이곤 무시해버렸다. 그러나 이제 그의 예측이 사실이 되고 있었다. 출범 후 며칠이 지나며 이용자들이 하나둘씩 들어오기 시작하더니, 이내 밀물처럼 몰려 들어왔다. "첫날, 열 명이었어요. 다음 날에는 스무 명이 들어오더군요. 그다음 날에는 50명이 밀려 들어왔어요." 캐틀란이 말했다.[1] 5주가 지나자 X.com의 이용자는 이미 수천을 헤아리고 있었다.

X.com의 직원 줄리 앤더슨은 출범하자마자 일어난 '홍수'를 기억한다.[2] 이에 따라 정신없었던 출범 이후에도 X.com 팀은 잠깐의 휴가조차 누리지 못하고 있었다. "제발 모든 일이 천천히 진행됐으면 하고 바라던 때가 있었어요." 캐틀란은 회사의 제한적인 서버 용량 때문에 걱정

이 많던 시절을 기억했다. "저희는 서버에 과부하가 걸려 멈추지 않을까 걱정했어요."[3] 거의 탈진하다시피 한 팀은 엄격하게 검증할 시간이 모자라 계속 업데이트만 하며 사이트를 구축하고 있었다.

켄 밀러Ken Miller는 이 급속한 성장기에 X.com에 합류했다. 사기 문제를 해결하기 위해 입사한 그는 일일 신규 계정 보고를 보며 충격을 받았다. "이런 식이었어요. '오, 그래요. 이름이요. 미크. 중간 이름이요. E. 성은요? 마우스요. 좋습니다. 그러면 사람들은 예를 들어 2700달러를 보내죠. 완벽해요. 그러면 우리는 그들에게 신용한도를 부여하죠.'"[4] 밀러는 이내 디즈니 캐릭터 이름을 가진 고객이 있다는 이야기에 대경실색한 X.com의 파트너 은행 퍼스트 웨스턴으로부터 책임 추궁을 받아야 했다.

머스크는 모든 신규 고객에게 물리적인 수표책과 직불카드를 약속했다. 그런데 이들은 일일이 수작업해서 우편으로 보내야 했다. "이름엔 'asdf', 성은 'jkl'이라고 인쇄한 수표책을 얼마나 인쇄했는지도 몰라요…. 어쨌든 다 인쇄해드렸어요." 스티브 암스트롱은 기억한다.[5] 무엇보다 X.com의 전화선이 고객 불만 폭주로 먹통이 되어버렸다. 한 뉴스 기사는 X.com의 수많은 전화 통화량을 사람들을 끌어들이는 힘을 보여주는 증거라고 말하기도 했지만, 임시로 차린 ('동굴'이라는 별명의) 백 오피스 콜센터에서 전화를 처리해야 하는 팀원들에게 분노한 고객들은 끊임없는 불안의 원천이었다.

모든 사람이 비판적인 입장으로 돌아선 듯했다. 2000년 1월 말, X.com CEO의 어머니 메이 머스크는 아들에게 제품 가이드를 써 보냈다. "친구 하나와 나는 마일리지 혜택이 형편없어서 티타늄 신용카드를 잘 쓰지 않는단다. 또 X.com을 통해서는 결제를 할 수 없구나. 대체 언제나 X.com을 좀 더 매력적인 물건으로 만들 생각이니? 사랑하는 엄마가."[6]

보안 문제도 X.com 확장에 걸림돌이었다. "고쳐야 할 버그가 수도 없이 많았어요. 수도 없이 많은 사람이 시스템을 해킹하려 하고, SQL 코드를 삽입하고 뭐 그랬죠." 머스크가 말했다.[7] 이즈음 그는 거의 사무실에서 살다시피 하고 있었다.

실제 사용자가 생겼지만, X.com은 많은 초기 스타트업이 으레 그렇듯이 여전히 난장판이었다. X.com에 돈을 맡긴 고객들이 이해하기 힘든 수준이었다. 어느 날 아침, 브랜든 스파이크스는 사무실 소파에서 잠자고 있는 홈리스를 발견하기도 했다. "좋은 사람이었어요. 그냥 잠자리가 필요했다고 하더군요."[8]

일부 성장통은 사람들 앞에 드러나기도 했다. 2000년 1월 28일 아침 《뉴욕타임스》의 충격적인 머리기사는 '온라인 은행에서 보안 결함이 발견되다'였다. 이 기사는 X.com의 결제 과정의 취약성을 낱낱이 설명했는데, 고객이 은행 라우팅 번호와 수표 계좌번호만 있으면 자금을 이체할 수 있다는 문제였다. 그런데 이 두 정보는 무효화되거나 취소된 수표에서 쉽게 얻을 수 있었다. "전자상거래로 향하는 무분별한 움직임에 경종을 울려야 할 필요성을 제기하기라도 하듯이, 한 신규 온라인 은행은 거의 한 달 동안 전국 은행 시스템의 아무 계정에서나 고객들의 자금 이체를 허용했다"라고 《뉴욕타임스》는 썼다.[9]

이 이야기가 주목받으며, 《워싱턴포스트》와 《아메리칸 뱅커》의 후속 보도가 쏟아졌다. X.com은 쏟아붓는 언론의 폭풍우 앞에 금방 좌초될 것처럼 보였다. 《워싱턴포스트》의 한 보안 분석가는 "이들을 퇴출해야 합니다. 솔직히 기업으로 얼마나 더 생존할 수 있을지도 모르겠습니다"라고 썼다.[10] 다른 한 비평가는 《U.S. 뱅커 매거진》에 "X.com이라는 이름은 치명적으로 오염되었다. Y.com이나 다른 이름으로… 재출범해야한다"라고 썼다.[11]

팀의 선임 직원들은 피해를 최소화하려 애썼다. 그들은 계정 소유자의 동의 없이 벌어진 무단 거래 규모는 총 2만 5000달러 미만으로, 얼마 되지도 않는 양이며, 회사는 이 예기치 못한 허점을 막는 조치를 이미 취했다고 설명했다. 이제는 돈을 외부 계좌로 이체하려면 무효 수표voided check, 서명한 카드, 운전면허증 사본을 모두 제시해야 한다고도말했다.

이 사태를 '보안상 허점'이라기보다는 이체라는 측면에서 보고, 느슨한 규제에서 비롯된 '정책 문제'로 취급하며 방어 전략을 폈던 팀의 결정은 기술적으로는 옳았다. 그러나 부정적인 보도와 사람들의 온라인 뱅킹에 대한 우려가 결합하며, 회사 내부 분위기는 거의 패닉을 향해 갔다. 홍보 담당이었던 앤더슨은 자신의 업무가 두려웠다. "모든 게 창피했어요." 그는 위기를 기억했다. "엄청난 결과가 일어날 수도 있었죠." 그는 언론 보도가 회사의 명성에 돌이킬 수 없는 타격을 입히고, 새로운 고객들을 유치하지 못하게 만든다는 측면에서 마치 빠르게 마르는 시멘트와 같다고 했던 머스크의 우려를 기억한다.[12]

결국 앤더슨은 자기 일을 계속할 수 있었다. 2월 중순 무렵이 되자 X.com의 이용자 증가 속도가 다시 치솟으며 언론의 관심사가 되었고, 한때 이 회사가 디지털 은행 강도들의 꿈이었다는 불편한 사실은 조금씩 잊었다. 이 시기 X.com의 몇몇 직원들은 보안 위기에서 배운 교훈을 말했는데, 그 교훈은 보안 허점 또는 은행 안전과는 아무 상관이 없었다. 그 교훈이란 X.com에 대한 부정적인 기사가 늘어나며 그 전보다 회원 가입이 오히려 더 늘어났다는 사실이다.

유니버시티가 바로 아래에서 콘피니티의 페이팔 역시 나름 성장통을 겪고 있었다. 10월 말 친지와 가족 앞에서 출범한 이후, 페이팔은 X.com에 비해서는 확장에 훨씬 여유로운 태도를 보였다. 하지만 11월 중순 무렵에는 이미 1000명이 넘는 사용자를 확보하고 있었다. 늦겨울까지 수천 명이 신규 가입했다. 이제 사람들은 일에 치여 헉헉거리고 있었다.

"스무 시간씩 일하고, 네 시간만 잤어요." 엔지니어 데이비드 고즈벡은 회상한다. 레브친은 밤에 이용할 슬리핑백을 사무실에 가져다 놓았다. 다른 일상적인 관심사는 모두 미뤄야 했다. 이 시기에 고즈벡은 자신의 차를 운전하다 길에 쓰러져 있던 커다란 나무와 부딪쳐 타이어 두 개가 망가지고 휠이 움푹 파이는 사고를 당한다. "하나는 스페어타이어를 끼우고, 다른 하나는 공기가 빠지도록 내버려두었죠." 차를 고칠 여유도 없었던 그는 이후 사흘 동안 그런 상태로 차를 몰고 다녔다.[13]

페이팔이라는 상품은 핵심적인 문제들이 해결되지 않은 채 출시되었다. 예를 들어 누군가 이메일 주소를 잘못 쓰면 어떻게 될까? 예를 들어 돈을 'Max@Confinity.com'으로 보내야 하는데, 'Macks@Confinity.com'으로 보내면 어떻게 될까? 콘피니티는 돈을 유령 계정에 넣을까? 아니면 입금된 돈을 일정 기간 보류해놓고 계좌의 진위 여부를 확인할까? 페이팔 팀은 송금인이 송금한 돈을 송금인 계좌에서 인출하고, 그 돈을 잠시 중재자escrow agent의 계좌에 묶어놓고, 중재자는 송금인과 수취인 간의 송금이 완료되었는지 확인한 후 송금인의 돈을 수취인 계좌로 이체한다는 즉흥적인 해결 방식을 제시했는데, 이러한 해결 방식은 하나의 문제는 해결했지만 또 다른 문제를 낳았다. 몇 년 후 팀은 중재 계좌에 미지급 상태로 남아 있는 수백만 달러를 발견했다.[14]

사이트가 성장하면서 콘피니티는 버그, 오류, 빈번한 정전과 싸워야 했다. 2000년 초에는 커다란 위기가 있었다. 팀 전체가 사무실을 떠나 외부에서 회의를 가졌다. 고달픈 일상에서 벗어나 전략을 논의할 기회였다. "스무 명 남짓 되는 직원 모두가 갔죠." 레브친은 기억했다. "그런데 거긴 휴대전화도 삐삐도 터지지 않았어요. 그때 사이트가 다운돼서 한 시간 동안이나 먹통이었죠."[15]

출범 당시엔 유망해 보였던 아이디어들은 막상 현실이 되자 문제를 드러냈다. 예를 들어 콘피니티 이용자는 돈을 수표로도 찾을 수 있었다. 그러나 고객이 우후죽순처럼 늘어나면서 우편 지급 요구도 늘어났다. 앞서 말했듯이 우편 지급은 손으로 일일이 처리해야 하는 골치 아픈 과정이 필요하다. 팀은 다이얼식 모뎀을 통해 하루의 거래를 모두 내려받아야 했다. 그리고 회사의 CFO 데이비드 자크는 사무실에 한 대밖에 없던 프린터에 백지수표를 넣어 인쇄한 다음, 일일이 손으로 서명하고는 팀 동료들과 나란히 앉아 수백 개에 달하는 봉투에 넣곤 했다.

데이비드 월리스는 고객 서비스 부서를 감독했다. 그는 이 시기 내내 '두려움'을 느꼈다고 했다. 사람들이 콘피니티로 거는 전화가 워낙 많다 보니 "직원들이 사무실 전화를 이용해서는 외부로 전화를 걸 수 없을 정도였습니다." 신규 이용자들의 불만을 처리하다 보니 기존 이용자들은 제대로 돌볼 수도 없었다. "회사가 정말 기다려왔던 순간이라고도 할 수 있었습니다. 하지만 고객 서비스는 제대로 준비가 돼 있지 않았죠."[16]

X.com과 콘피니티 직원 모두는 이 폭발적인 관심 속에서 한편으로

는 지쳐가면서도 다른 한편으로는 새로운 힘이 솟았다. "매일 출근해서는 작은 얼룩 다람쥐들처럼 옹기종기 모여서 얼마나 많은 사람이 신규 가입했나 관심 깊게 보곤 했어요." X.com의 콜린 캐틀란은 기억한다.[17] 콘피니티는 소위 '세계 지배 지표World Domination Index'를 이용해 이용자 증가를 추적했다. 이 믿음직한 프로그램은 팀의 도파민 분비를 촉진했다. 그러나 얼마 가지 않아 이 프로그램이 회사의 얼마 남지도 않은 서버 용량을 엄청나게 잡아먹고 있다는 사실이 밝혀지면서 무한정 사용 금지되었다.

콘피니티는 케이크를 먹으며 성장을 자축했다. 페이팔 이용자가 1만 명이 될 때 콘피니티는 다섯 개의 케이크를 준비했다. 하나는 '1' 모양이었고 나머지 네 개는 모든 케이크처럼 0을 닮아 있었다. 사이트 이용자가 10만이 되었을 때 다시 한번 파티가 열렸다. 이번엔 케이크를 하나 더 준비해야 했다.

갑작스럽게 늘어난 관심은 어떻게 설명해야 할까? X.com이나 콘피니티는 온라인 뱅킹이나 이메일 결제를 발명한 것도 아니다. 비슷한 시기에 이용자들은 사이버코인CyberCoin, 클릭쉐어ClickShare, 밀리센트Millicent 등을 이용해서 디지털 결제를 할 수도 있었다. 모바일 지갑이 필요하다면 1클릭차지1ClickCharge의 '슈퍼-씬super-thin' 지갑도 있었고, 큐패스QPass의 마이크로 결제 시스템, 트린테크Trintech의 넷월렛NetWallet도 있었다. 온라인으로 은행을 이용하고 싶다면 시큐리티 퍼스트 네트워크 뱅크Seruity First Network Bank, 넷뱅크NetBank, 웡스팬 뱅크, 컴퓨뱅크CompuBank도 있었다.

디지털 결제 공간에 아직 진입하지 못한 기업도 그 유혹을 떨치기 힘들었다. 콘피니티의 두 번째 디자이너가 된 라이언 도나휴Ryan Donahue 는 경영 위기를 겪고 있던 맘보닷컴mambo.com이라는 디지털 초대invite 웹사이트에서 일하고 있었다. 1999년 늦게 맘보의 리더들은 도나휴를 비롯한 다른 직원들 앞에서 회사가 디지털 결제 쪽으로 전환해 특히 페이팔과 경쟁해보려 한다고 선언했다. 그 말을 들은 도나휴는 데이비드 색스에게 연락해 둘은 바에서 만났다. "저는 데이비드에게 '아시겠지만, 당신을 이기기보다는 당신과 함께 일하고 싶습니다'라는 내용의 메일을 보냈었어요." 도나휴는 인정했다.[18]

자부심으로 가득 찬 머스크가 볼 때도 X.com이나 콘피니티는 이 시기 디지털 결제 테크놀로지의 혁명이라기보다는 진화의 화신이라는 사실이 분명했다. "저희는 자금 이체를 발명하지 않았어요. 그저 잘 쓸 수 있게 다듬었을 뿐이죠." 머스크는 말했다. "콘피니티나 X.com 이전에 다른 기업들에게도 결제 아이디어가 있었는데, 다만 제대로 실행에 옮기지 못했을 뿐이죠."[19] 그는 유사한 서비스를 제공했던 두 사이트로 억셉트닷컴Accept.com과 빌포인트를 꼽았다.

X.com이나 콘피니티가 남들은 못 한 일을 제대로 할 수 있었던 것은 이메일이라는 압도적인 물결을 이용해서 플랫폼의 핵심을 이메일로 선택했기 때문이다. 1999년에 미국인들은 우편보다 이메일을 더 많이 이용하고 있었다. 이메일은 이미 할리우드까지 진출해 있었다. 1998년 톰 행크스와 맥 라이언은 〈유브 갓 메일You've Got Mail〉이라는 로맨틱 코미디에 주연으로 등장했다. (영화 제목은 대중적인 인터넷 서비스 제공업체 AOL의 유명한 이메일 알림에서 유래했는데) 영화는 이메일이 도화선이 되어 사랑에 불이 붙는 로맨스물이었다. 콘피니티는 대놓고 시류에 편승했다. 페이팔은 상품 소개 이메일에 영화 제목을 이용해 '현금을

받으세요You've Got Cash**라고 제목을 붙여 보냈다.**

물론 X.com이나 콘피니티 어떤 팀도 세계 최고의 이메일 결제 시스템을 구축하지 않았다. X.com이나 콘피니티에게 그 특정 기능은 처음에는 계획조차 되지 않았고, 나중의 개발 과정에서 추가되었다. 1999년 가을 머스크를 위시한 X.com 엔지니어들은 한 이용자에서 다른 이용자에게 이메일을 통해 돈을 보낸다는 아이디어를 논의했다. 그러고는 이메일 주소가 계좌번호와 마찬가지로 고유 식별자unique identifier 기능을 할 수 있으리라고 판단했다. 엔지니어 닉 캐롤은 그 후 며칠 만에 이 프로그램을 뚝딱하고 만들었던 것을 기억한다.[20] 머스크도 같은 생각이었다. "자금 이체라는 게 대단치 않은 일이긴 했죠. SQL 데이터베이스에 각 계좌의 금액을 저장하고 사용자가 돈을 송금하려고 하면, 프로그램이 송금자 계좌에서 금액을 줄이고 수취자 계좌에서는 금액을 늘리면 됩니다. 정말 간단하죠. 제 아들도 만들었어요. 열두 살인데 말이죠."[21]

이 대단치 않은 기능이 성공을 거두자 캐롤과 머스크는 그저 놀라워했다. "그건 그냥 추가 기능에 불과했어요." 캐롤은 인정했다. 에이미 로우 클레멘트는 X.com 팀은 개인 간의 결제 상품을 그저 '이용자 확보를 위한 수단으로… 핵심 사업은 아닌 것으로, 핵심 사업은 온라인 금

---

* 얼마 후 페이팔은 'You've Got Cash'와 'You've Got Money'에 대한 상표권 등록을 했고, AOL은 이에 대해 법적 소송을 벌였다.

** '현금을 받으세요'를 놓고 벌어졌던 논란에 대해서는 전 페이팔 변호사 크리스 페로Chris Ferro가 설명해주었다. 회사의 기업공개 신청서에도 이 법적 골칫거리에 대한 언급을 찾아볼 수 있다. "우리는 'X.com', '돈을 받으세요', '현금을 받으세요'라는 서비스 마크를 신청해 미국에서 등록하려 했지만, 아메리칸 온라인은 후자의 두 개를 반대하는 의견을 제출했습니다."

융 슈퍼스토어인 것으로' 생각했었다고 회상한다.[22] 실제로 머스크는 X.com의 다른 상품들이 이메일 개인 이체와 같은 정도의 관심을 끌지 못하자 대단히 실망했다고 한다. "저희가 공들여 만든 부분, 그러니까 금융 서비스 통합을 사람들에게 제시했는데, 아무도 관심을 보이지 않 더군요. 그래서 저희는 이메일 결제를 보여주었죠. 그건 대단치도 않은 일이었어요. 그런데 모두가 관심을 보이더라고요." 2012년 칼텍CalTech 졸업 연설에서 머스크는 말했다. "그래서 저는 주변에서 피드백을 받는 게 중요하다고 생각합니다. 가능한 한 예상치 못했던 단점을 덮기 위해 서라면 말이죠."[23]

팀은 실망하긴 했지만, 제품에 대한 시장의 강력한 피드백에 발맞춰 막 시작 단계에 있던 이메일 상품으로 초점을 전환하기로 했다. 머스크 는 X.com 가입 권유 이메일이 진짜 인간이 보낸 것과 똑같이 생기고 똑 같은 느낌을 주어야 한다고 고집했다. "이메일이라면 X가 아니라 당연 히 사람에게서 와야죠." 머스크는 말했다. "회사 마케팅 메일은 대체로 아무런 영향력이 없어요. 반면 친구에게서 온 이메일이라면 제법 영향 력이 있기 마련이죠."

초기 성공에 기분이 좋았던 머스크는 X.com 이메일 상품의 승리를 전 세계에 알리고 싶었다. 그러나 주요 투자자였던 마이크 모리츠의 생 각은 달랐다. "그는 제가 우리는 은행이라고 계속 이야기해주길 원하더 라고요"라고 머스크는 말했다.[24] 사실 X.com을 은행이라곤 할 수 없었 지만, 사람들이 X.com이 안전하고 신뢰할 수 있는 금융기관이라고 믿 게 만들기 위해 당시로선 부득이한 방법이었다.

이메일 자금 이체 전쟁에서 콘피니티가 우위를 점유할 수 있었던 것은 부분적으로는 한 팀원의 고집 덕분이었다. 많은 사람은 콘피니티 이메일 프로그램을 팜파일럿 제품에서 그다지 중요하지 않은 한 부분으로 보았지만, 틸의 대학 친구이자 맥킨지 출신 컨설턴트였던 데이비드 색스만은 생각이 달랐다. "저는 팜파일럿을 모든 사람이 원하는 정말 멋진 기기로 만들고 싶었어요." 그는 회상했다.

색스는 이메일 자금 이체 상품의 중요성을 강조하며 레브친에게 콘피니티 최초 공식 웹사이트에서도 눈에 띄는 자리에 놓아야 한다고 제안했다. 제품에 너무도 열중한 색스는 콘피니티의 원래 조직도에는 그려지지 않았던 역할까지 떠맡게 되었다. 그는 콘피니티 최초의 제품 담당 관리자가 되었다.

제품 담당 관리자로서 색스는 획기적인 제품을 만들어내는 것만큼이나 제품 관리가 중요하다는 사실을 깨달았다. "회사에서 제품 부서를 맡으면서 저는 이를테면 '닥터 노Dr. No.' 역할을 하게 되었어요. 모든 사람이 멍청한 아이디어를 제시할 때마다 안 된다고 말해야 했기 때문이죠…. 우리의 소중한 엔지니어링 자원을 회사의 장기 전략에 전혀 도움도 안 되는 아이디어에 낭비하지 않도록 챙겨야 했습니다."

색스는 콘피니티 안에서는 효율성의 광신도였다. 하지만 콘피니티 밖에서는 단순성을 추구했다. 예를 들어 페이팔 초기 버전에서 신규 이용자가 7페이지에 달하는 웹페이지와 팜파일럿 두 대의 동기화를 통해서야 비로소 가입할 수 있는 것을 보고 그는 진저리쳤다. 색스는 사무실 화이트보드에 한 페이지만 이용하면 되는 새로운 가입 양식을 대충 쓱쓱 그렸다. 그리고 틸과 레브친의 인가를 받은 다음 색스는 "모든 엔지니어를 불러 모아 '이걸 만들어'라고 말했다."[25]

제품팀으로서는 색스의 단순성 추구가 전쟁터에서 사기를 높여주는 아군 장수의 외침과도 같았다. "필드fields(사용자가 정보를 입력하는 양식 공간-옮긴이)와 캐릭터characters(필드에 입력할 수 있는 문자 수-옮긴이)의 숫자를 세고, 페이지에서 반드시 해야 할 일만 하도록 유의하는 것, 그렇게 제품에 대한 기본적인 본능이 형성되었습니다"라고 데니스 아프테카르는 회상했다.[26]

또 다른 제품 팀원 지아코모 디그리골리는 색스가 한 특정 디자인에 실망했던 일을 떠올렸다. "[색스는] 이를테면 '왜 이게 이토록 복잡한지 이해를 못 하겠어! 이메일만큼 쉬워야 하잖아!'라는 식으로 말했어요." 얼마 지나지 않아 '이메일만큼 쉽다'는 말을 담은 데이비드 색스 사진이 사무실 벽을 장식했다.[27]

색스는 비타협적인 태도로 인해 엔지니어링 팀과 자주 티격태격했다. 그는 사용자가 실제로 쓸 일도 없는 불필요한 테크놀로지 창작품에 대해서는 강력하게 반대했다. 그는 엔지니어링 팀이 원하는 최첨단 테크놀로지를 구축하는 것만으로는 충분치 않다고 생각했다. 무엇보다 사용자들이 거기에서 가치를 끌어낼 수 있어야 했다.

이러한 긴장 덕분에 엔지니어링 팀은 생산적인 방향으로 작업할 수 있었다. 팜파일럿을 이용한 자금 이체보다는 이메일을 활용하자는 결정은 선견지명으로 판명되었다. 색스는 몇 년 후 《월스트리트저널》 인터뷰에서 이렇게 말했다. "저희에겐 언제나 킬러 앱killer app(많은 인기가 있는 소프트웨어-옮긴이)이 있었어요. 다만 사이트에 묻혀 있었을 뿐이죠."[28]

1999년 말, 출시된 후 불과 몇 주가 지난 페이팔의 팜파일럿 제품은 대략 1만 3000명의 사용자를 확보했다. 그러나 출시 1년이 지난 2000년 말 공식적으로 판매 중지된 당시의 사용자도 대충 같은 규모에서 정체돼 있었다. "처음 [팜파일럿 상품을 판매 중지할 것이라는] 이야기를 들었을 때 '이건 좀 슬픈 이야기군. 정말 소수의 몇몇 사람에게는 말이야'라고 생각했던 게 기억납니다." 데이비드 월리스가 낄낄거리며 말했다.[29]

X.com과 콘피니티 모두는 이메일 덕분에 하늘 높이 치솟을 수 있었다. 하지만 지구 탈출 속도에 다다를 수 있었던 것은 또 하나의 전술 덕분이었다. 그것은 신규 가입자들에게 지급한 현금 보너스라는 전술이었다.

얼마 지나지 않아 이 보너스는 역사상 가장 위대한 '바이럴 마케팅' 프로그램이라는 칭송을 받았다. 하지만 시작할 때 평판은 썩 좋지만은 않았다. 어떤 기업이 사용자에게 돈을 주어야 한다면, 자연스럽게 돈을 벌 방법은 없다는 이야기가 아닐까? 사용자들이 서비스에 대해 돈을 내야 하는 게 당연하지 않은가, 그 반대가 아니라?

콘피니티의 마케팅 담당 루크 노섹은 다른 디지털 금융회사들의 고객 유치 방식을 꼼꼼히 검토해보았다. 빈즈Beenz, 플루즈Flooz, 디지캐시의 신규 이용자들은 무료로 디지털 명목 화폐를 받고 있었다. 같은 논리에서 콘피니티는 신규 페이팔 이용자 모두에게 10달러씩 주기로 결정했다. 하지만 노섹은 경쟁사들을 뛰어넘고 싶었다. 그래서 그는 어차피 공짜로 주는 돈으로 사람들을 유인하는 것은 물론 결제 네트워크를 성장시킬 방법을 고민하기 시작했다.

그 아이디어의 씨앗은 대학 시절에 이미 노섹의 머리에 심어졌다. 1996년 핫메일은 '무료 웹 기반 이메일을 가지세요'라는 제목으로 가입 링크를 보냈다. 이 링크를 통해 핫메일은 수십만 명의 신규 가입자를 빠르게 끌어모으는 기록을 세웠다. 핫메일의 두 투자자 팀 드레이퍼Tim Draper와 스티브 저벳슨은 1997년 1월 1일 당시 너드 사이에서 인기 있던 한 뉴스레터에 이 아이디어를 기고했다. 당시 이 뉴스레터를 구독하는 사람 중에는 학부생이었던 노섹도 있었다.

"관심이란 유한하기 마련이다." 드레이퍼와 저벳슨의 글이다. "천 명의 목소리가 내는 소음을 뚫고 나오려면 창의력이 필요하다. 그저 더 큰 소리로 고함을 지르는 것은 그다지 창의적이지 못하다. 웹사이트의 링크만 걸어놓고 무작정 방문객을 기다리기만 하는 것도 그리 창의적이지 못하다. 새로운 기업들은 혁신적인 가격 책정과 기존 경쟁업체의 유통 채널 갈등을 이용함으로써 바이러스처럼 성장하고 기존의 전통적인 경쟁업체를 물리칠 수 있다."[30]

이 기사에서 등장한 신조어 '바이럴 마케팅'이라는 말은 페이팔에서 일하던 노섹의 머릿속에 자리 잡았다. 그는 빈즈나 플루즈보다 훨씬 더 효과적으로 공짜 돈을 이용할 방법을 찾아냈다. 사용자들에게 신규 가입에 대한 대가로 돈을 줄 뿐 아니라, 친구들에게 나눠줄 10달러를 더 얹어준다면 어떨까? 그래서 그 친구들이 또 가입한다면, 원래 가입자가 다시 10달러를 더 받게 만든다면 어떨까? 콘피니티는 개인 간 이체에 인센티브를 부여함으로써 순식간에 표준 산업 마케팅 방식을 막연한 대중들 사이에서 감염을 일으킬 수도 있는 방식에서 가까운 사람 사이에서의 강력한 감염 방식으로 바꾸어놓았다.

하지만 금융이라는 관점에서 보자면 이 아이디어는 정말 우스꽝스러웠다. 회사가 고객에게 돈을 나눠주는 데서 그치지 않고 고객이 돈을 나눠준다고? 거기에다가 '보상금'까지 준다고? 불을 보듯 파산으로 가는 경로처럼 보였다. 콘피니티 회계 담당 CFO 데이비드 자크 역시 이 보너스 제안을 그렇게 달가워하지 않았다. 오히려 '나를 놀리는 거지'라고 생각했던 것으로 기억한다. 하지만 마케팅팀은 이 아이디어를 만지작

거리며 점차 그 힘을 느끼기 시작했다. 많은 추천 프로그램이 실패한 원인은 일방적인 인센티브 구조 때문이었다. 하지만 이 아이디어는 양방향 프로그램으로, 고객을 우리를 지지하는 집단으로 만들 만한 힘이 있었다.

이 프로그램은 10달러를 적지 않은 돈으로 보는 잠재 고객들에게 특별한 호소력이 있었다. 자크는 페이팔의 추천 이메일을 받은 아내의 말문이 막힌다는 반응을 기억한다. 곧바로 자크는 대학에 다니는 조카에게 추천 이메일을 보냈다. "좋아요! 근사해요! 멋져요!" 그의 반응이었다.[31] 다른 콘피니티 직원들은 이 보너스 프로그램을 '역사상 가장 커다란 규모의 대학생들을 위한 벤처캐피털 자금 이체'라고 농담하곤 했다.

이 홍보 전략을 정당화하기 위한 작업의 일환으로 마케팅팀은 이 인센티브를 전통 은행의 신규 고객 확보 비용과 비교해보았다. 그 비용은 고객당 대략 100~200달러 사이로 추산되었다. 반면 콘피니티가 고객들에게 나눠주는 돈은 고객당 20달러에서 30달러밖에는 되지 않았다. 데이비드 색스는 웃으며 설명했다. "따라서 신규 고객을 확보할 때마다 저희는 그저 20달러 정도를 쓰니까, 결국 180달러를 버는 셈이죠! 거품이 꺼지기 전 닷컴들은 다 이렇게 생각했어요."[32] 에릭 클라인은 실시간으로 '추천의 고리'의 등장을 지켜보았다. 페이팔 네트워크의 그래프는 한 번 솟아오르기 시작하자 계속 위로 올라가기만 했다.[33]

X.com 역시 추천과 인센티브의 힘에 대해 독자적으로 비슷한 결론에 도달했다. "일론은 신규 고객에게 토스터를 주는 은행을 알고 있었어요." 닉 캐롤은 기억한다. "그는 이런 식으로 말하더군요. '자, 그럼 우린 현금을 주지. 그걸로 충분할 거야'라고요."[34] 처음 머스크는 5달러를 제시했지만, 그 금액은 결국 20달러까지 올라갔다. 하지만 곧 일시적인

보너스만으로는 충분치 않다는 사실을 발견했다. "추천하는 사람과 추천받는 사람에게 인센티브를 주는 것은 중요하죠." 머스크가 말했다. "누구 하나만 주는 게 아니고요. 일단 그 일을 시작한 사람에게 보상을 하고, 마지막으로 그 일을 마친 사람에게도 보상을 하는 거죠."[35] X.com은 신규 고객을 추천한 사람에게는 20달러의 보너스에 더해 10달러를 더 주기로 했다.

이러한 공짜 돈은 적지 않은 X.com 직원들에게도 충격으로 다가왔다. "이 새로운 물건을 만들어보겠다고 자기 돈을 선선히 나눠줘 버리는 일론에게 경의를 표해야 해요. 이 방법이 효과가 있을지 없을지도 모르는데 말이죠." 캐틀란이 말했다. "그는 기꺼이 자신이 가진 모든 것을 걸고 위험에 도전했어요."[36] 머스크는 여기서 그치지 않고 자신의 모든 계좌를 슈왑에서 X.com으로 옮기면서 회사에 대한 재정적 헌신까지 보여주었다. 머스크의 계좌가 X.com 최초 계좌는 아니었고, 가장 많은 돈이 들어 있는 계좌도 아니었다.

X.com과 콘피니티는 둘 다 이메일이라는 새로운 대중적인 테크놀로지와 보너스라는 아주 오래된 전략을 이용했다. 하지만 이 둘만으로는 두 회사의 급속한 성장을 설명할 수 없다. 마지막 중요한 요소는 인터넷 경매를 통해 등장한다.

프랑스에서 태어난 이란계 미국인 엔지니어 피에르 오미디아Pierre Omidyar가 옥션Auction 웹을 개발해 개인 웹사이트 www.ebay.com에 올릴 때 온라인 경매의 거인을 만들어야겠다는 생각은 전혀 없었다. 이베이eBay도 그냥 자신의 웹 컨설팅 회사 에코 베이 테크놀로지 그룹Echo Bay Technology Group에서 딴 이름이었다. 처음 경매에 올린 것은 오디미아가

쓰다 버린 것들이었다. 이를테면 고장 난 레이저 포인터가 14.83달러에 올라가 있었다.[37] 그런데 누군가 실제로 그 물건을 사자, 오디미아는 깜짝 놀랐다. 그리고 이 부업에 밝은 미래가 있을 수 있겠다는 사실을 깨달았다.[*] 4년 후 이 옥션 웹은 수십억 달러 규모의 상장사이자 닷컴 브랜드의 대명사 이베이가 되었다.

콘피니티와 이베이 사이 최초의 연결 고리는 1999년 4월에 만들어졌다. 4월 8일 틸이 이끄는 팀은 콘피니티의 두 투자자 피터 데이비슨과 그레임 린넷을 만났다. 데이비슨과 린넷에게 보낸 이메일에서 틸은 논의해야 할 주요 핵심 사항을 몇 가지 개괄했는데, 그중에는 "특히 두 회사가 공유하고 있는 중간상을 배제한 소비자 간 거래 모델을 감안할 때 이베이와 (어떤 종류의) 협력이 가능한지 더 연구해보겠습니다"라는 내용도 있었다.[38]

하지만 팀은 1999년이 다 갈 때까지 이 아이디어를 더 파고들지 않았다. "이베이가 미완성 기업에 불과했기 때문이죠." 틸은 나중에 스탠퍼드대학 강연에서 말했다. "다양한 수준의 사람들이 인터넷을 통해 쓰레기나 팔고 있었죠."[39] 이와는 달리 콘피니티는 최첨단 모바일 결제 테

---

* 이 고장 난 레이저 포인터를 산 사람이 바로 마크 프레이저Mark Fraser였다. 프레젠테이션 하러 가는 중에 그는 레이저 포인터가 필요했는데, 새 포인터를 사기도 힘들었고, 상사는 그 물건을 사주기 꺼리는 듯했다. 자칭 '전자제품통'이었던 그는 포인터를 스스로 만들어 보려 했으나 원하는 만큼 성능이 나오지 않았다. "누군가가 막 새로 만들어진 웹사이트를 보여주었는데, 그게 알고 보니 이베이였어요. 저는 고장 난 레이저 포인터가 리스트에 올라가 있는 걸 보고 깜짝 놀랐어요." 프레이저는 나중에 이베이 20주년 기념식에서 상연된 비디오에서 말했다. "저는 생각했죠. '와, 저걸 고쳐 쓰면 되겠군'이라고요." (*Meet the Buyer Behind EBay Founder Pierre Omidyar's First Ever Sale*, accessed October 14, 2021, https://www.youtube.com/watch?v=n7tq4EiGkA4.)

크놀로지를 이미 구축해놓고 있었다. 둘 사이엔 아무런 접점이 없어 보였다.

이베이가 1999년 5월 모바일 결제 스타트업 빌포인트를 인수했을 때 콘피니티는 빌포인트가 이베이의 기본 결제 시스템이 되겠거니 하고 생각했다.* '휴, 할 수 없지. 우리가 꼭 이베이에 있어야만 할 이유는 없잖아'라고 노섹은 생각했다고 한다.[40]

하지만 빌포인트를 이베이 시스템에 통합하는 데 문제가 발생하면서 결제 흐름이 지연되었다. 그해 늦게까지 이베이의 구매자와 판매자는 여전히 물건 결제를 스스로 처리해야 했다. 이용자들은 현금, 수표, 송금수표money orders(은행, 우체국, 기타 소매점에서 구입할 수 있는 선불 결제 수단-옮긴이), 전신 송금wire transfers(한 은행 계좌에서 다른 은행 계좌로 직접 송금되는 전자 결제-옮긴이), 그리고 막 등장한 온라인 결제 서비스를 이용했다. 물론 그중엔 페이팔도 있었다.

색스는 이베이에서 페이팔의 쓰임새를 발견했던 순간을 정확히 기억하고 있다. 한 이베이 이용자가 콘피니티 고객 서비스부에 이메일을 보

___

* 부분적으로는 아마존의 억셉트닷컴 인수에 대응한 행동이었다. 이베이는 억셉트닷컴과 협상 중이었는데, 아마존의 제프 베이조스가 막대한 액수를 제안하며 낚아채 가버렸다. 억셉트닷컴을 인수할 기회를 잃은 이베이는 신속하게 빌포인트 구매로 방향을 돌렸다. 빌포인트는 세쿼이아 캐피털이 주도하는 시리즈 ASeries A(초기 단계의 기업이 성장하고 확장하도록 돕기 위해 사용되는 벤처캐피털 투자의 한 유형-옮긴이) 라운드를 최근 마감한 참이었다. 아이러니하게도, 빌포인트가 가졌던 최초의 야심은 콘피니티와 상당 부분 겹쳤다. 빌포인트의 기술 분야를 주도했던 제이슨 메이Jason Mays는 마이크로페이먼트micropayment(소액 결제 시스템의 총칭-옮긴이)에 관한 문헌을 열심히 읽고, 밀리센트나 플루즈와 같은 디지털 통화의 궤적을 연구했다.

내 자신의 경매 페이지에 페이팔 로고를 사용해도 되겠냐고 물었다. 심지어 그는 자신의 구미대로 크기까지 조절해주길 원했다. 데이비드 월리스는 이메일을 개발팀 전체로 포워딩했다.[41] 훨씬 더 신속한 처리가 필요한 불만이 하루에도 수천 개씩 쏟아지다 보니 이 이메일에 대해서는 그다지 중요하다고 생각하지 않았다.

개발팀은 로고의 크기 조절이 단발성 작업이 될지, 아니면 앞으로도 이와 같은 요청이 더 있을지 이리저리 재보았다. 루크 노섹, 채드 헐리, 데이비드 색스는 옹기종기 모여 앉아 이베이 사이트에서 '페이팔'이라는 용어를 검색해보았다. 순식간에 수천 개에 달하는 리스트가 떠올랐다. "하느님 맙소사, 하는 순간이었어요." 색스가 말했다. "루크는 울컥해서 어쩔 줄 몰라 하더군요."

어떻게 이런 일이 일어났을까? 콘피니티는 모르고 있었다. 데이비드 색스는 이베이 이용자들이 언론에서 페이팔을 보고, 이베이 옥션 플랫폼에 도입해서, 거기서부터 저절로 퍼져나간 게 아닌가 생각했다. 사실 이베이 이용자들은 새로운 인터넷 발전에 익숙하다 보니 경매 과정에 도움이 되는 소프트웨어나 서비스를 끊임없이 비교하며 사용하고 있었다. "그 시절 이베이에서 파워셀러라는 사람들은 좀 별난 사람들이었죠." 색스는 설명한다.

팀이 조금 더 검색하다 보니 이베이 커뮤니티의 중심으로서 이베이 전문가들이 정보를 공유하는 이베이 게시판에서 페이팔이 이미 중요한 관심사였다는 사실이 드러났다. "이베이는 대단히 바이럴한 커뮤니티였죠. 모든 사람이 다른 사람이 무엇을 하는지 지켜보고 있었으니까요." 색스는 말했다. "그러다 보니 소문이 유기적으로 퍼져나간 거죠."[42]

어쨌거나 수천에 달하는 이베이 경매가 페이팔 서비스를 광고하고 있는 광경을 본 색스는 너무나 놀랍고도 기뻐 입을 다물 수 없었다. 이는 페이팔이 실제적인 문제를 해결했다는 증거이기도 했다. 하지만 콘피니티 전체가 이베이를 그리 좋아하지는 않았기 때문에 색스의 견해가 지배적인 생각은 아니었다. 레브친은 오히려 진저리쳤던 기억이 있다. "저는 이베이가 뭔지도 잘 몰랐어요. 피에르 오미디아가 만든 '에코베이' 아냐? 그게 경매를 한다니 말도 안 되잖아."

레브친은 더 나아가 페이팔 로고를 만들어달라는 이베이 이용자의 부탁을 들어주려는 생각도 없었다. "저는 오히려 이베이의 성장을 가로막는 조치를 취하려 했어요." 그는 콘피니티 서버에서 이베이 URL을 차단하는 실험을 한 적도 있다.

레브친이 이베이를 내켜 하지 않았던 부분적인 이유는 팜파일럿 테크놀로지에 대한 애착 때문이었다. 레브친은 이 테크놀로지를 버릴 수 없었고, 나중에 추가된 이메일 상품이 빠르게 개발되는 상태에서도 회사의 중심으로 남아 있어야 한다고 생각했다. 그런데 이베이로 인해 그가 별로 관심이 없었던 문제들이 제기되고 있었다. "잠깐, 뭐라고? 이용자들이 데모 버전을 사용하고 있다고? 데모 버전이 트래픽 증가를 처리할 수 있을까? 트래픽이 증가하면 우리 사이트가 다운되지나 않을까?" 그는 걱정했던 기억을 떠올렸다.[43]

이베이 이용자들은 페이팔은 물론 X.com의 결제 서비스도 받아들였다. X.com 팀은 나중에야 그 사실을 알아차렸는데, 그들에게도 대단히 놀라운 일이었다. 콘피니티와 마찬가지로 X.com 역시 개인 간에 일어나는 액수도 얼마 안 되는 경매의 이메일 결제를 원활하게 만들기 위해 만든 회사는 아니었다. "우리는 웨스턴 유니언과 경쟁하리라 생각했죠. 대학에 있는 아이에게 돈을 보낸다거나, 집주인에게 월세를 낸다거나 뭐 그런 일에서요. 은행에서 해야 하는 규모가 크고 거추장스러운 거래를 대체하려 했죠." X.com의 엔지니어 더그 맥은 회상했다. "알고 보니 사람들은 비니 베이비즈Beanie Babies(봉제 동물 인형 시리즈-옮긴이)를 사며 우리 제품을 이용해 10달러 혹은 20달러를 보내고 있더군요."[44] 경영진은 이베이에서 X.com을 이용해 얼마 되지도 않는 물건을 사고 파는 사람들이 정작 X.com이 진정한 이익을 볼 수 있는 계좌 수표 발행이나 중개 서비스는 이용하지 않을까 우려했다.

이러한 우려에도 불구하고 이베이는 무시할 수 없는 성장을 안겨주었다. 이베이 검색창에 수시로 입력되는 'X.com'이나 'PayPal'이라는 검색어를 보면, 이베이 이용자들이 콘피니티의 페이팔이나 X.com을 열정적으로 받아들이고 광고해주고 있다는 사실이 명백해졌다. 여기에는 당연히 그럴 만한 이유가 있었다. 이베이 판매자가 물건 하나를 팔고, 구매자가 판매자의 추천 링크를 통해 페이팔에 가입하면, 판매자는 10달러를 더 벌 수 있었기 때문이다. 따라서 값싼 물건 판매도 꽤 커다란 이익을 낳을 수 있었다. 비니 베이비즈 마진은 갑자기 100퍼센트에서 200퍼센트까지 늘어났다. 게다가 10달러 페이팔 보너스로 구매자들은 이베이 안에서 거의 모든 물건을 살 수 있었다.

비니 베이비즈와 망가진 레이저 포인터를 파는 경매 웹사이트의 등장이라는 인터넷의 한 양상이 이들 기업 제품에는 예기치 못했던 비옥한 토양을 제공해주었다. "제품이라는 측면에서 보자면, 이베이 이용자들이 우리 제품을 만들어준 셈이죠." 스카이 리가 말했다. "하지만 우리는 '저런, 이베이! 정말 천재적인 아이디어야!'라고 말하진 않았어요."[45] 테크놀로지에 관심 있는 사람이라면 누구나 자기 삶에서 중요한 문제를 어떤 스타트업이 등장해 해결해주길 바란다. 하지만 X.com과 콘피니티의 이베이를 통한 성공은 그 반대도 중요하다는 점을 강력하게 시사하고 있다. 다시 말해서 어떤 문제의 해결은 자신의 문제 해결만큼이나 가치 있을 수 있다는 것이다.

"저는 오늘날 페이팔이 있을 수 없었다고 생각해요." 비비안 고Vivien Go는 결론지었다. "만일 이베이 플랫폼이 [페이팔] 네트워크를 성장시켜 주지 않았다면 말이죠."[46]

2000년 초, 피터 틸은 회사 초창기 이사 중 하나였던 리드 호프먼이 콘피니티에 COO로 합류하게 될 것이라고 발표했다. 호프먼과 틸은 스탠퍼드에서 처음 만난 후 거의 10년간 친구로 지내왔다.

둘이 만나기 전에도 각각은 캠퍼스에서 정치적 견해가 정반대라는 사실만 빼면 여러모로 똑같은 사람이라는 이야기를 들었다. 그러다가 둘은 1986년 겨울 학기에 같은 철학 과목을 수강했다. 매주 월, 수, 금 오후 1시 15분마다 그들은 마이클 브랫먼Michael Bratman 박사가 강의하는 '철학 80: 정신, 물질, 의미'라는 과목에 출석했다. 과목설명서에는 "이 과정의 목표는 철학 문헌에서 최근 논의되고 있는 문제와 주장 몇 몇을 탐구하는 것이다"라고 쓰여 있었다.[47]

게리 왓슨Gary Watson의 《자유의지Free Will》나 존 페리John Perry의 《개인 정체성Personal Identity》 같은 책을 배경으로 호프먼과 틸은 결정론, 자유, 정신-육체 문제 등을 놓고 치열히 논쟁했다. 이들은 서로가 완전히 다른 세계관을 갖고 있다는 사실을 발견했지만, 그러면서도 영원히 이어질 우정을 쌓았다. "피터와 저는 오늘날까지도 인류의 미래에 관해 완전히 다른 목표를 갖고 있습니다." 호프먼은 말했다. "하지만 공중公衆을 위한 지식인이 되어야 하고, 진실을 추구하고 말하며, 열띤 논의에 참여해야 한다는 기본 원칙과 이들의 가치에 대해서는 생각이 같습니다…. 피터와 우정을 쌓다 보니 고맙게도 제 생각을 다듬고 벼릴 수 있었습니다."[48]

1987년 두 학부생은 스탠퍼드 학생회에 출마했다. 호프먼과 틸의 공약을 보면 두 사람의 공통적인 가치관과 더불어 정반대의 스타일을 읽어낼 수 있다.

> 호프먼: 스탠퍼드 학생회는 대학의 긍정적인 변화를 낳을 엄청난 잠재력이 있습니다. 학생회는 자금이 풍부해서 대략 50만 달러를 보유하고 있습니다. 최근 학생 평의회는 8만 달러를 들여 사무실 공간을 보수하겠다는 계획을 승인했습니다. 학생회 사무실 수리는 필요한 일이긴 하지만, 올드 파이어하우스Old Firehouse(스탠퍼드의 역사적인 건물로, 처음 소방서로 지어져 이 이름을 갖고 있으며, 현재 LGBT 커뮤니티에서 중요한 역할을 하고 있다-옮긴이) 같은 다른 학생 시설 역시 돈이 필요합니다. 저는 학생회가 많은 관료 조직에서 볼 수 있는 자기중심주의에 빠져 있다고 생각합니다. 다시 말해 학생들을 돌보기보다는 자신을 먼저 돌보려는 경향이 있습니다. 평의회 위원으로서 저는 학생 활동에 더 많은 재정을 사용하도록 하겠습니다. 지금 그 돈은 은행에서 그저 잠자고 있습니다.[49]

> 틸: 저는 학생 평의회 경험이 없습니다. 저는 학생들의 돈 8만 6000달러를 학생회 사무실 보수에 낭비한 경험도 없습니다. 친구들이 학생회라는 관료 조직에서 한자리했었다는 이력을 갖도록 도와준 경험도, 무엇보다 그들에게 터무니없는 월급을 준 경험도 없습니다. 외부인으로서 현 학생회를 바라보면서, 저는 그저 역겨울 따름입니다. (아마도 '기금 부족' 때

문에) 기금을 받을 수 없는 몇몇 학생 조직의 한 성원으로서, 저는 이러한 돈의 낭비에 분개하는 바입니다. 제가 선출된다면, 저는 학생회가 학생회 자신이 아닌 스탠퍼드라는 공동체에 봉사하는 단체로 만들겠습니다.[50]

둘 다 원하던 자리를 얻었다. 이들의 미래의 경쟁자 일론 머스크도 펜실베이니아대학 학생회에 출마한 적이 있다. 그의 공약은 이상주의와 무사 안일주의가 뒤섞여 있었다. "제가 선출된다면…" 머스크는 선언했다. "저는 ① 최선을 다해 학생회가 학생들의 니즈needs에 책임을 다하도록 하겠습니다. ② 최선을 다해 학생회가 효과적인 반응을 하도록 만들겠습니다. ③ 학생회 경력을 제 이력서에 넣는다면, 사람들 앞에서 물구나무서서 그 이력서 50장을 먹겠습니다. 제가 출마한 이유는 학생회 일이 훌륭한, 가치 있는 일이라고 믿기 때문입니다." 머스크는 승리를 거두지 못했다.

스탠퍼드를 졸업한 후 호프먼은 마샬 장학금을 받아 교수이자 공적 지식인이 될 작정으로 옥스퍼드로 떠났다. 하지만 이내 방향을 바꿔 소프트웨어 개발을 선택했다. 그는 캘리포니아로 돌아와 후지츠Fujitsu와 애플에서 일했다. 그리고 자신의 스타트업 소셜넷SocialNet을 차렸다.

초기 소셜 네트워크로서 소셜넷은 많은 어려움을 겪었다. 호프먼은 틸과 함께 스탠퍼드 디쉬 루프 트레일Dish Loop Trail을 자주 산책하며 스타트업의 고충을 나누었다. "말 그대로 '지난번 산책할 땐 이건 몰랐어' 뭐 이런 식이었어요." 호프먼이 말했다. "스타트업에서 배워야 할 게 너무 많다는 말도 사치스럽게 느껴질 정도였죠. '어떻게 사람들을 고용하지? 어떻게 그걸 조합할까? 자본은 어떻게 충당하지? 제품 출시

219

전략go-to-market strategy, GTM(기업이 제품이나 서비스를 시장에 출시하는 방법에 대한 계획-옮긴이)은 효과가 있을까? 혁신에 관한 사고는 어떻게 작동하지?' 등등 모든 것이 문제였어요."

2000년 1월 틸이 COO를 맡아달라고 다가왔을 때 호프먼은 이미 콘피니티 이사를 역임한 바 있었고, 자신이 회의적이었던 팜파일럿을 통한 자금 이체 상품이 빠르게 성장하는 이메일 결제 플랫폼으로 대체된 것도 목격한 상태였다. 하지만 콘피니티와 반대로 소셜넷은 어려운 상황에 빠져 있었다. 소셜넷 이사진은 호프먼이 보기에 현명하지 못한 방향으로 나아가고 있었다. "실제로는 잘 알지도 못하면서 자기들이 좀 안다고 생각하는 벤처캐피털 투자자들이 스타트업을 통제하려 할 때 흔히 일어나는 일이죠." 그는 갈등에 관해 말했다.

호프먼이 틸에게 소셜넷을 떠나 새로운 회사를 시작할 것이라고 털어놓자, 틸은 그러지 말고 콘피니티에 재합류하라고 압박을 가했다. 호프먼은 틸의 어조를 기억하고 있었다. "'이봐, 우린 지금 내부적으로 엉망이야. 우린 사업 모델도 없고, 이 물건을 만들어 팔아야 해'라고 하더군요." 호프먼은 '엉망'을 맡아달라는 제안이 당장 솔깃하지는 않았다. 하지만 틸은 콘피니티에서 의무적으로 일해야 하는 기간은 길지 않을 것이라고 약속했고, 그의 경력을 장식할 좋은 계기가 될 것이라고 안심시켰다.[51]

콘피니티 투자자들이 볼 때 호프먼은 예상하지 못했던 COO였다. "신기하다고 생각했어요. 그는 최고운영책임자라는 자리엔 어울려 보이지 않았거든요." 노키아 벤처스의 피트 불은 생각했다고 한다. "그는 사람들과 잘 어울리는, 친절한 사람이죠. 그래서 저희는 '저 친구가 까탈스럽고 우릴 들들 볶는 사람이 될 거라고? 설마'라고 생각했죠."[52]

틸은 고집을 꺾지 않았다. 그는 콘피니티에 좀 더 자연스럽게 사람을 다룰 줄 아는 사람이 필요하다고 생각했다. 그가 아는 호프먼은 실제로도 동료를 다루는 일을 '즐기는' 사람이었다. 비비안 고는 1999년 겨울 호프먼과 인터뷰했다. 그가 이베이에서 여름 인턴십을 끝낸 다음이었다. 그는 호프먼이 자신의 정보를 시시콜콜 파고들려 하지 않아 내심 놀랐다. 대신 호프먼은 고가 어떤 사람인지, 왜 콘피니티에 입사하고 싶은지 알고 싶어 했다. "[호프먼은] 사람을 삼차원적인 방식으로 봐요." 그는 말했다. "어떤 사람을 공식에 넣어보거나 딱지를 붙이려는 사람도 있죠. 하지만 리드는 그렇지 않아요. 리드는 정말 매우 감정적으로 지적인 사람이에요."[53]

회사가 성장하며 이용자, 다른 기업의 경영진, 경쟁자, 그리고 무엇보다 중요했던 정부를 위시한 외적 집단과 교류도 늘었다. 틸은 호프먼이야말로 이런 일에 적격이라고 생각했다. "정부를 믿지 않는 사람이면 정부와 함께 일하는 건 정말 힘든 일이죠." 노섹은 말했다. "그런데 저희에겐 리드가 있었어요. 누구와도 잘 지내는 사회주의자가요."[54]

실제로 호프먼은 다른 사람들과 잘 지냈다. 그렇다고 해서 마냥 호락호락한 사람은 아니었다. 그는 어린 시절 룬퀘스트RuneQuest, 던전 앤드 드래곤, 아발론 힐의 택틱스 II Avalon Hill's Tactics II 같은 전략 보드게임을 무척 좋아했다고 한다. 페이팔 동료들은 그가 이러한 게임을 통해 축적한 전략적 지혜를 느낄 수 있었다.[55] 댄 매든Dan Madden은 사업 개발 부서에서 일했는데, 호프먼과 함께 전화 회의에 참석한 적이 있다. "그는 회장석에 앉아 있었고, 저는 지원 역할을 맡아 노트를 작성해야 했습니다. 그런데 그는 회의를 계속 진행하면서 음소거 버튼을 누른 채 한마디도 하지 않았어요. 그러곤 제게 이렇게 말하더군요. '저 친구가 이렇게 말할 거야. 나는 이렇게 말할 거고. 그러면 저 친구는 이렇게 말하겠지. 그러면 나는 이렇게 말할 거야'라고요." 그런 다음 호프먼은 전화의 음소거 버튼을 눌러 껐다. 협상은 정확히 호프먼의 예측대로 진행되었다.[56]

호프먼은 자신의 재임 기간이 몇 달에 그쳤으면 하고 기대했지만, 몇 년으로 연장되었다. 그는 틸이 필요하다고 생각했던 회사의 사절 역할을 주로 맡으면서 기업공개가 성공할 때까지 페이팔을 지켜보았다.

1999년 12월 콘피니티는 인수를 제안받았다. 콘피니티는 인터넷에서 생판 모르는 사람들에게 매일 수천 달러를 공짜로 뿌리고 있었다. '행복가스' 시대의 인수 대상은 바로 그런 기업이었다. 하지만 콘피니티는 실제적인 문제까지 이미 해결해놓고 있었다. 나중에 콘피니티를 인수한 구매자도 직면했던 바로 그 문제였다.

비프리BeFree는 톰Tom과 샘Sam 제라스Gerace 형제가 만든, 보스턴에 기반을 둔 마케팅 계열 회사였다. 비프리는 전통 소매상들의 제품을 온라인에 광고했다. "저희는 대략 400명의 상인merchants(온라인 쇼핑몰, 소매점, 전자상거래 플랫폼 등과 같은 기업-옮긴이)과 40만 명의 제휴사affiliates(온라인 쇼핑몰의 제품이나 서비스를 홍보하거나 판매하는 개인 또는 기업-옮긴이)와 함께 일했습니다…. 저희는 기본적으로 소매업체가 제휴 프로그램을 설정할 수 있는 플랫폼이었습니다." 톰 제라스는 말했다. 비프리는 1999년 11월 상장했다. 주식은 5개월이 지나자 700퍼센트 올랐다.[57]

빠른 성장과 더불어 문제가 생겼다. 제휴사들에게 돈을 지불하는 문제였다. "저희는 물리적인 수표를 보냈죠…. 그랬더니 많은 수표가 되돌아왔습니다. 그리고 돌아온 각각의 수표에 대해 수표 반송 수수료를 지불해야 했습니다."[58] 사이트가 성장하면서 수수료도 늘어났다. 관리자의 두통도 함께였다. 그러다가 비프리의 사업 개발 부서장 팻 조지Pat George와 톰이 페이팔을 발견하면서 둘은 그 자리에서 이 제품이 지닌 잠재력에 매료되었다.

"페이팔의 바이럴리티는 정말 믿기 힘들 지경이었어요." 조지가 말했다. "당장 로그인해서 계좌를 신규 개설하지 않을 재간이 없었어요. 거기엔 이미 10달러가 저를 기다리고 있었거든요." 조지는 또 비프리의 결제 문제를 해결할 수 있는 묘안을 떠올렸다. 당장 수표 대신 제휴사에 이메일을 보내면 해결될 일이었다.

비프리는 레브친과 틸에게 만남을 요청했다. 틸은 미팅에서 콘피니티 투자설명회에서 흔히 써먹는 방법을 선보였다. 그는 지갑에서 1달러를 꺼낸 다음, 이를 세상에서 가장 강력한 바이럴 추진제 중 하나라고 말했다. 그리고 콘피니티는 이 바이럴 연료를 이젠 그 누구도 멈출 수 없는 플랫폼이 되어버린 이메일과 연결했다고 했다. "그럴듯했어요. 바로 이해가 되더군요." 조지는 기억했다. 그러곤 의아해했다. "왜 난 진즉 이걸 생각 못 했지?"

미팅 이후 조지와 제라스는 확신을 가졌다. 하지만 아직 비프리의 이사진을 설득해야 했다. 비프리는 이제 막 상장을 마친 상태여서, 상장 이후 최초의 거래를 추진한 셈이었다. 이사진은 대단히 조심스러워했다. "투자자들에게는 뭐라고 해야 하죠? … 그 사람들은 무엇을 가지고 있죠? 우리는 무엇을 파나요? 실질 소득에는 아무런 도움이 안 되는데요." 조지는 이사진의 걱정을 회상했다.[59]

가장 커다란 문제는 가격이었다. 틸은 콘피니티 바이아웃 가격으로 1억 달러를 제시했다. 비프리 이사진으로서는 받아들일 수 없는 가격이었다. "이사진에게 피터의 청산 가격까지 맞춰주자고 설득하긴 정말 어려웠습니다." 제라스는 말했다. 이사진은 틸이 제시한 가격의 절반에도 못 미치는 가격만을 승인했다.

조지와 제라스는 틸과 레브친과 저녁을 먹으며 이 실망만을 안겨줄 게 틀림없는 제안을 털어놓기로 계획했다. 넷은 보스턴에 인접한 외곽 스트립몰stripmall(변화가에 상점과 식당들이 일렬로 늘어서 있는 곳-옮긴이)에 있는 별 특징 없는 중국요리 식당에서 만났다. 빗물이 유리창을 부서지라 두들기고 있었다. 조지와 제라스는 콘피니티를 발견해 얼마나 기뻤는지, 같이 일하게 될 것 같아 얼마나 좋은지를 강조하며 이야기를 시작하다가, 툭하고 제안을 던졌다. "피터의 표정을 보니 거래는 끝났구나 하는 생각이 들었습니다." 제라스는 말했다. "[틸과 레브친이] 둘 다 저를 지긋이 바라보더군요." 조지는 회상했다.[60] "제가 기억나는 건 그 숫자를 말했을 때 맥스가 눈을 감으며 고개를 푹 숙였던 것밖에 없어요."[61]

그때를 돌이키며 톰 제라스는 페이팔 인수 실패를 '생애 최악의 사업상 오류'라고 인정한다.[62] 페이팔이 규모와 가치를 점점 키우는 것을 지켜본 팻 조지는 비프리에 있는 전 상사와 동료들에게 가능할 수도 있었던 인수를 언급하며 짓궂게 놀려대곤 했다.

한편 틸과 레브친은 그다지 애석해하지 않았다. 비프리는 인터넷 거품이 터지며 사라져버린 수많은 기업 중 하나에 지나지 않았다. 주식 가격이 폭락하며 비프리는 2002년 한 경쟁사에 1억 2800만 달러에 매각되었다. 페이팔이 시가총액 10억 달러를 찍으며 기업공개를 성공한 지 3주가 조금 지난 후였다.

이 협상 실패를 통해 틸의 입장을 엿볼 수 있다. 협상 내내 조지는 틸이 자기 사업체를 떠넘기려고 애쓴다는 인상을 받았다. "그는 자신이 하는 일을 정말 그만두고 싶어 하는 것처럼 보였어요."[63]

틸은 관료주의를 혐오했다. 하지만 콘피니티가 점점 성장하면서 그는 로펌을 박차고 나오면서 버렸던 모든 것들에 다시금 발목이 붙잡히고 있다는 느낌이 들었다. 관리, 서류 작업, 회의 등이었다. "피터는 저보다도 그런 형편없는 것들을 참지 못했어요." 행정과 관리 혐오로 유명한 머스크가 말했다. "제 참을성이 적은 편이라면, 피터는 아예 없었죠."

틸은 CEO직을 내려놓는 데 실패했지만, 머스크는 성공했다. 1999년 12월 첫째 주, 일론 머스크는 X.com의 CEO에서 내려왔다. "모리츠는 투자하면서 'CEO는 고용해야지'라고 말했어요. 저는 '좋죠. 저도 CEO는 되기 싫거든요'라고 말했죠." 머스크가 말했다. "저는 CEO가 되고 싶지 않았어요. 정말 쓸모없는 많은 일을 해야 하거든요…. CEO는 끔찍해요." (머스크는 자신이 "테슬라의 CEO가 되지 않으려고 정말 노력했다"는 이야기도 덧붙였다.[64])

그래서 머스크의 축복을 받으며 인투잇의 전 CEO 빌 해리스Bill Harris가 X.com의 신규 사장이자 CEO로 취임했다. 부유한 보스턴 가문 출신 해리스는 잡지 출판을 통해 풍부한 경력을 쌓았다. 《타임》이나 《US 뉴스 & 월드 리포트》에서 일하기도 했다. 그러나 그는 변화를 원했다. 1990년 뉴욕 거주 중에 해리스는 샌디에이고에 기반을 둔 터보택스TurboTax(개인 및 소규모 기업을 위한 세금 준비 소프트웨어-옮긴이) 제작사 칩소프트ChipSoft 이사진에 합류하고, 결국은 CEO까지 맡아달라는 제안을 받는다. 그가 제안을 받아들이자 메디슨가에 있던 해리스의 직장 상사들은 아연실색했다. "샌디에이고라고? 거기가 미국이긴 한 거야?"

1993년 칩소프트는 인투잇과 합병한다. 해리스는 거기서 6년을 더 보내고, 결국 인투잇의 CEO가 되었다. 1995년 이후 그는 '회사를 웹에 넣어보려 애썼다.' 인투잇의 퀴큰Quicken, 터보택스, 퀵북스QuickBooks 같은 제품들을 오프라인은 물론 온라인에서도 이용할 수 있어야 한다는 취지였다. 임기 동안 그는 계속 어렵고 힘들었다. 그 자신도 커다란 규모의 기업 운영은 자신의 장기라고는 할 수 없다고 인정할 정도였다.

"저는 상장회사의 엉망진창 CEO였어요." 그는 말했다. "그다지 관심도 없던 데다 제가 잘하지도 못하는 일이었지요." 그러나 그 경험을 통해 그는 인터넷의 세부적인 내용과 모든 측면을 속속들이 파악할 수 있었다.

깔끔하지만은 않은 기록을 남기고 1999년 9월 인투잇을 떠난 해리스는 예상과 달리 자신이 뜨거운 상품이라는 사실을 발견했다. "사람들은 '이봐요, 이 일에 인터뷰해보지 않을래요?' 이런 식으로 말하지 않았어요. '이 일을 드리고 싶습니다'라고 말하더군요." 해리스는 기억한다. "그때가 한창때였고, 모든 사람이 창업하던 때니까요. 벤처 투자자라면 모두 이름이 있거나 믿을 만한 사람이 필요한 시절이었죠."

치열한 경쟁 속에서 해리스의 마음을 사로잡았던 것은 X.com이었다. "저는 X.com의 아이디어가 마음에 들었어요. 일론도 마음에 들었고요. 그리고 마이크 [모리츠]도 마음에 들었어요." 해리스는 말했다. "정말 강력한 조합처럼 보였거든요." 머스크는 종합적인 인터넷 기반 금융 서비스 시스템이라는 비전을 펼쳐 보였고, 해리스는 이에 고스란히 넘어갔다. "일론에게서 찾아볼 수 있는 가장 놀라운 점은 담대함이죠." 해리스는 회사 직원이 모두 합쳐 열 명도 안 되던 X.com에서 머스크가 보여준 대담한 계획을 회상하며 말했다.[65]

마이크 모리츠는 해리스를 CEO로 앉히자고 머스크에게 영향력을 행사했다. 하지만 모리츠만 그랬던 것은 아니다. X.com의 몇몇 엔지니어는 해리스를 알지도 못하면서 그에게 회사에 합류해달라는 이메일을 보냈던 일을 기억하고 있다. 그것도 늦은 밤이었다. "카페인을 너무 섭취하다 보니 새벽 세 시에 했던 일이었어요." 콜린 캐틀란이 인정했다.[66]

머스크는 뭔가 내키지 않았다. '모든 게 완벽하다. 하지만 내 육감은 불안하다'고 생각했다고 한다. 머스크는 부엌에 있던 모리츠에게 질문을 던졌다. 여러 스타트업 CEO를 경험한 바에 따르면, 해리스에게 1점에서 10점 사이 몇 점을 주겠어? 모리츠는 대답했다. "10점이지." 머스크는 깜짝 놀랐다. "그저 '와우… 좋아, 불안한 감정 따윈 억누르면 되지 뭐. 이제 전진할 일만 남았군, 자네가 CEO를 고용했으니 말이야'라고 했죠."[67]

신임 CEO 발표는 X.com이 공식적으로 제품을 출시한 주에 이루어졌다. 대대적인 홍보 효과가 뒤따랐다. 전 인투잇 CEO를 이사진에 앉힌 머스크는 개인 금융 소프트웨어와 인터넷을 연결할 이상적인 인물을 영입했다고 설득력 있게 주장할 수 있었다. 해리스의 취임 발표 직후 한 인터넷 분석가는 "인투잇이 오늘날 만들어졌다면 아마 X.com 같은 회사가 되었을 것이다"라고 쓰기도 했다.[68]

시간이 흘러가며 빌 해리스는 페이팔 역사에서 지워지고 있는 편이다. 부분적으로는 그의 지위가 불안정했기 때문이다. 해리스 때문에 X.com에 들어왔다고 말하는 몇몇 장기근속 페이팔 직원도 있고, 해리스 때문에 떠났다고 말한 임원도 있다. 페이팔 역사에서 해리스가 배제된 것은 그의 CEO 임기가 5개월에 불과했기 때문일 수도 있다.

하지만 어떤 측면에서 보자면 페이팔의 미래는 그 5개월이라는 기간, 그리고 해리스에 달려 있었다. 아무리 짧고 불안정했더라도 그 시기 동안 빌 해리스는 X.com과 콘피니티 모두에 지워지지 않을 발자국을 남겼다. 두 회사를 하나로 합치는 힘든 거래에서 가장 중요한 역할을 담당했던 사람이었기 때문이다.

9장
위젯 전쟁

X.com과 콘피니티는 고객 유치라는 긴장감 넘치는 전쟁 속에서 세기말을 보냈다. 1999년 말에서 2000년 초까지 벌어진 경쟁으로 두 회사 모두는 기진맥진한 상태에 처했다. 직원과 리더 모두는 벼랑 끝까지 몰렸고, 지워지지 않을 상처가 남았다.

누구도 이러한 경쟁을 예상하지 못했다. 이 두 회사는 몇 달 전만 하더라도 사이좋은 이웃이었다. 유니버시티가 394번지 A와 B 구역을 각각 차지하고 있는 두 회사 직원은 자주 어울리며 함께 담배도 피우고, 아래층에서 커피를 사주기도 하고, 심지어 욕실을 나누어 쓰기도 했다. 팀원들은 서로에게 우호적이었고, 다른 팀이 무슨 일을 하고 있는지 막연히는 알고는 있었지만, 그다지 관심은 없었다. 각각은 서로를 잘못된 전략을 추구하고 있다고 확신하고 있었기 때문이다.

하지만 두 팀 모두의 전략이 이메일 결제로 수렴하며 상황은 완전히 변했다. 1999년 늦여름 루크 노섹은 우려할 만한 정보를 듣고 콘피니티 사무실에 뛰어 들어왔다. 그는 X.com 직원 한 명이 전화로 이메일 결제에 관해 이야기하는 것을 우연히 들었다. X.com에 대한 콘피니티의 우려는 몇 주가 지나며 더욱 증폭되었다. X.com은 그사이 결제 서비스에 진입할 뿐 아니라, 공짜 돈과 추천 마케팅을 합친 홍보 전략을 펼 것이라고 선언했다. 당혹스럽게도 X.com이 약속한 돈은 콘피니티의 두 배인 20달러였고, 인터넷은 이 사실에 주목하고 있었다. 인터넷의 새로운 발전을 집중적으로 보도하는 웹사이트들이 콘피니티와 X.com을 함께 묶어 이야기하기 시작했고, 난처하게도 이 인센티브 불일치 역시 지적하고 있었다.

여기저기서 음모론이 피어났다. X.com이 콘피니티의 바이럴 마케팅 전략을 훔친 게 아닐까? "피해망상이었어요." 콘피니티 이사 존 말로이는 회상했다.[1] "좀 미쳤다고나 할까요." 레브친은 콘피니티 직원들에게 지시했던 일을 회상했다. "이봐, 그 사무실 근처에 가게 되면 말조심들해. 낮말은 새가 듣고 밤말은 쥐가 듣는다잖아."[2] X.com에는 콘피니티 직원들이 쓰레기통에서 파쇄된 X.com 사업계획서 쪼가리를 찾는다는 소문이 퍼지기도 했다.

하지만 이들의 피해망상이 완전히 사실무근이라고는 할 수 없었다. 콘피니티 고객 서비스 담당으로서 데이비드 월리스는 이 경쟁을 특별한 시각에서 보았다. 그는 1999년 말 목격했던 걱정할 만한 징조를 이렇게 기억했다. "우리 쪽에 가입하는 X.com 사람들이 많았어요…. '이봐, 뭔가가 벌어지고 있어.'" 불안에 젖은 그는 자기 팀에 이 의심스러운 신규 가입자들을 잘 지켜보라고 지시했다.[3]

한편 X.com에서는 머스크가 개별 등록자 명단을 꼼꼼히 살피고 있었다. 몇 건의 신규 가입이 그의 눈을 사로잡기도 했다. "제 스크린에 작은 창 하나를 띄우고, 사람들이 가입할 때마다 그 이름을 볼 수 있게 만들었죠." 머스크는 회상했다.[4] 그리고 이를 '작은 역동적인 사기 분석'이라고 묘사했는데, 실제 이용자와 가짜 이용자를 구분하는 수단이었다는 말이다. 그런데 X.com 출범 직후 '피터 틸'이라는 신규 고객의 이름이 그 화면에 떴다. 그가 기억하기에 틸은 이웃 사무실에서 돈을 이체하는 회사를 운영하던 사람이었다. 머스크는 이 신규 가입이 진짜인지 확인해보기로 했다. 그는 수화기를 들어 틸에게 전화를 걸었다.

그해 12월 콘피니티는 늘어나는 이베이 거래를 처리하느라 바빴다. "다행스럽게도 초기에 우위를 점할 수 있었죠." 콘피니티의 공동창업자 켄 호워리는 기억한다. 콘피니티는 서둘러 먼저 출시한 뒤 보상은 나중에 수확해야 한다는 머스크의 직관이 옳은 방식이었다는 것을 증명하고 있었다. 당시 과열된 스타트업 환경에서는 누가 먼저 시장에 진입하느냐가 관건이었다. 온라인 결제 기업이라면 더더욱 그랬다.

"네트워크 효과는 그 어떤 것보다도 중요하죠."[5] 호워리는 1900년대 초반 전화의 성장을 설명하는 데 사용되었던 경제학 원리를 인용해 설명했다.[6] 전화가 새로 설치될 때마다 네트워크는 성장해 그 안에 있는 모든 다른 전화의 가치도 커져 전화를 사용하지 않는 사람들의 전화 구매 의욕까지 높인다는 이야기였다. 20세기가 끝날 즈음 콘피니티는 같은 세기 초반 아메리칸 벨 텔레폰 컴퍼니American Bell Telephone Company가 누리던 것과 거의 같은 규모의 결실을 즐기고 있었다. 페이팔을 수용하는 이베이 경매 판매자가 늘어나며 더 많은 구매자가 신규 가입했고, 페이팔로 결제하는 신규 구매자가 늘어나며 판매자는 페이팔을 수용해야 했다.

콘피니티는 이베이 네트워크를 돕고 성장시키는 전략적 절차를 밟았다. 팀은 이베이 웹페이지 데이터를 수집해 판매자와 구매자를 위한 툴을 만들었다. 그중에는 로고 크기 조정 도구와 이베이 (페이팔이 결제 옵션으로 미리 선택한) 결제 페이지 자동 완성 기능도 있었다. '오토 링크'는 페이팔을 단 한 번이라도 이용한 적이 있는 이베이 구매자라면 페이팔을 기본 결제 수단으로 선택하도록 만드는 도구였다. "그랬더니 미쳤다 싶을 정도로 페이팔 거래량이 증가했습니다." 유 팬은 페이팔이 이베이에서 채택된 후 거래량이 늘었다고 말했다.[7]

팬은 이베이용 툴을 전담해 작업하도록 업무 지시를 받고, 콘피니티에서 늘어나는 이베이 인류학자eBay anthropologist(페이팔을 이베이 사용자들에게 더 사용하기 쉽게 만드는 데 책임이 있는 사람들-옮긴이) 중 하나가 되었다. 팬을 뒤따라 개발팀 전체가 이베이 게시판과 그 외 경매 포럼에 몰려들어 이베이의 '파워셀러' 커뮤니티를 연구했다. 데이비드 색스는 제품팀 팀원들에게 이베이 웹사이트에서 물건을 구매하라는 지시를 내렸다. 콘피니티에 새롭게 구성된 이베이 쇼핑객들은 구매의 모든 단계, 특히 그중에서도 결제 경험을 일일이 나누어 분석했다. "저희는 이용자가 되어야 했었죠." 데니스 아프테카르는 회상했다. 그는 유선 전화기를 샀는데, 불행히도 '담배 연기에 그을린' 물건이 도착했다.[8]

제품팀은 또 스스로 판매자가 되기도 했다. "케이블 타이가 천 개도 넘다 보니 실제로도 팔고 싶었어요." 옥사나 우튼이 회상했다. "이따금 실제로 사 가는 사람도 있었어요."[9] 회사 직원들은 이따금 이베이에서 주문받은 물건을 보내러 우체국에 가야 했다.

이용자들은 페이팔 제품이 유용하다고 생각했지만, 이베이 경영진의 생각은 달랐다. 이들은 막 싹트기 시작한 페이팔 결제 서비스를 자신들이 최근에 인수한 결제 회사 빌포인트의 경쟁자로 보았다. 따라서 아주 초기부터 이베이는 콘피니티를 꺾어보려는 조치를 취했는데, 그중에는 콘피니티 엔지니어들이 이베이 웹사이트를 통해 자료를 수집하는 데 사용하는 스크립트의 차단이 포함돼 있었고, 콘피니티는 이 문제를 해결하기 위해 분주히 대응해야 했다. "조금은 적대적이라고 볼 수 있었죠." 콘피니티의 엔지니어 데이비드 고즈벡은 기억하고 있다.[10]

콘피니티 페이팔을 이용하는 얼리어답터들이라면 X.com 역시 주목의 대상이었다. X.com 역시 공짜 돈을 (더 많이) 뿌리고 있었기에 구매자나 판매자 모두 콘피니티와 비슷한 정도로 X.com을 열렬히 받아들이고 있었다.

레브친과 마찬가지로 머스크도 이베이 이메일 결제 제공업자라는 이름이 마뜩잖았다. 하지만 이베이 X.com 플랫폼 이용의 폭발적인 증가를 무시할 수 없었고, 이베이에서 X.com이 콘피니티에 뒤처지고 있다는 사실도 간과하긴 힘들었다. 콘피니티의 전략을 복기하면서 머스크는 그 팀의 독창성을 존중하게 되었다. "저는 생각했죠. '아, 이 친구들 진짜 똑똑하구나'라고요." 머스크는 회상했다.

그는 결국 X.com은 모든 수단을 다해 이베이에서 승리를 거두고야 말 것이라고 결정했다. 이 싸움이야말로 온라인 결제의 미래를 건 싸움이라고 믿었다. 머스크는 이베이에서 콘피니티를 패배시킬 수 있다면, 다른 모든 곳에서도 콘피니티을 무력화시킬 수 있다고 생각했다. "그들이 유일한 경쟁자였어요." 그는 기억한다. "은행들이 하는 일이란 워낙에 가망도 없는 일들이었으니까요."

그래서 인터넷 역사상 유례를 찾아볼 수 없는 격렬한 전쟁이 시작되었다. X.com과 콘피니티는 이베이 고객을 더 많이 확보하기 위해 몇 주에 걸친 전쟁을 시작했다. "누가 먼저 돈이 떨어지나 하는 싸움이었죠." 머스크는 씁쓸하게 말했다.

양측은 그 후 몇 주를 무시무시하게 많은 판돈이 걸린 필사적인 싸움의 시기로 기억하고 있다. 모두가 책상 아래 슬리핑백에서 쪽잠을 자며 며칠씩 버티곤 했다. 양 팀은 서로의 적을 끝없이 감시했으며, 그에 따라 움직였다. "그러니까, '우리가 좀 더 나은 위젯을 개발해야 해!'라고 말했죠." 머스크는 기억한다. "그러고는 곧 '젠장, 이제 쟤네 위젯이 더 나은걸!' 하곤 했죠. 위젯 전쟁이라고 할 만했어요."[11]

위젯 전쟁은 격렬함을 더해 인신공격까지 번져나갔다. 콘피니티 팀이 만든 유 팬 생일 축하 케이크에는 "X.com 죽어버려"라고 쓰여 있었다. 이 시기 동안 머스크는 다음과 같은 제목으로 회사 전체 이메일을 보냈다고 한다. '우리 경쟁사들에 관한 우정을 담은 쪽지', 이 악의라고는 없어 보이는 제목의 이메일에는 단 한 줄의 본문이 달려 있었는데, 읽은 사람들은 대충 다음과 같이 기억하고 있다. "그들을 죽여버리자. 죽어. 죽어. 죽어." "누구나 이 메일에서 머스크가 농담하고 있다는 것은 알았지만, 또 가능하면 많은 이용자를 확보해 X.com을 선두로 끌어올리려고 밤을 새워가며 노력하고 있다는 사실도 알고 있었죠." X.com 엔지니어 더글러스 맥이 말했다.[12]

레브친은 사무실에 X.com 로고와 더불어 '메멘토 모리'라는 배너를 걸어놓고 있었다. '메멘토 모리'란 고대 라틴 철학 격언으로 '너 역시 죽는다는 사실을 기억하라' 정도의 의미다. 보통은 삶의 지침이 되는 격언이지만, 레브친에게 이 배너는 콘피니티 팀에게 지금 죽느냐 사느냐를 갈라놓은 요소, 곧 X.com을 가리키는 것이었다. 하지만 적지 않은 사람은 그 배너가 불필요했다고 생각했다. "우리는 죽음 따위는 그리 두렵지 않았거든요." 노섹이 말했다.[13]

머스크는 레브친과 틸은 다른 사람과는 차원이 다르다고 생각했다. 이 둘은 자신만큼이나 이기는 데 집착하는 경쟁자들이었다. '이 페이팔 인간들은 훌륭한 적이군'이라고 머스크는 생각했다고 한다.[14] 무엇보다 레브친의 코드 개발 속도는 경이로웠다. "저는 정말 감탄했어요." 머스크는 회상했다. "저도 테크놀로지라면 꽤 아는 편이죠. 그런데 누군가 나와 나란히 가다니, '와우, 리스펙!' 이런 느낌이었죠."

레브친의 믿기 힘든 속도에도 불구하고 머스크는 결국은 X.com이 승리를 거두리라 자신하고 있었다. 그의 회사는 콘피니티보다 더 자금이 풍부했고, 필요하다면 더 많은 자금을 끌어모을 수도 있었다. 게다가 머스크는 해당 분야에서 많은 경험과 전문 지식을 가진 사람들로 구성된 팀으로부터 많은 도움을 받고 있었다. 또 마음만 먹으면 최고의 인재들을 그들이 자리 잡고 있는 기관에서 빼낼 수 있다는 자신도 있었다. 더 나아가 X.com은 세계 최고 벤처캐피털 회사의 지원과 언론의 주목, (그가 생각하기에) 훨씬 더 훌륭한 이름이라는 장점을 갖고 있었다.

머스크의 자신감은 팀 전체에 전염되어 모든 팀원이 일종의 자기 확신에 차 있었다. "저는 우리가 그들보다 더 오래가리라고 생각했어요. 당시에는 돈이 더 많았거든요." 줄리 앤더슨이 회상했다.[15] 그 결과 X.com은 아이디어 도난이나 계획서 빼내기 등을 놓고 콘피니티만큼 전전긍긍하지 않았다. "저희는 저희 할 일만 담백하게 했어요." X.com의 엔지니어 콜린 캐틀란은 기억한다. "일론은 담대한 사람이었거든요."[16]

한편 콘피니티 팀은 걱정과 자신감 사이에서 갈팡질팡하고 있었다. "믿을 수 없을 정도로 재미있었고, 믿을 수 없을 정도로 무섭기도 했어요." 틸이 말했다. "우리는 세계를 우리 것으로 접수할 수도 있었고, 모두 죽을 수도 있었죠."[17] 팬은 처음 콘피니티가 X.com을 모바일 테크놀로지가 없다는 이유로 무시했던 일을 떠올렸다. "우리는 생각했었죠. '저것 봐, 쟤들은 팜 솔루션도 없잖아!'"[18]

경쟁이 점점 가열되자 레브친은 초조했다. 그는 일론 머스크를 잘 알지 못했다. 하지만 그에 대한 얼마 되지도 않는 단편적인 지식이 걱정을 더욱 부추겼다. 예를 들어 그는 머스크가 Zip2를 수천만 달러를 받고 팔았던 것, 그리고 맥라렌 F1을 몰고 다닌다는 것 정도는 알고 있었다. 이에 반해 레브친은 아직도 방 하나, 화장실 하나로 구성된 아파트에서 살고 있었고, '좋은 차를 몰고 다닐 만한 여력도 없었다.'[19] "그저 '아, 이 친구는 성공했군. 나는 뭘 하고 있는지도 모르고 있는데' 정도의 느낌이 었어요." 그는 회상했다.[20] 콘피니티 팀 역시 비대칭적인 갈등을 느끼고 있었다. "일론은 이미 돈을 많이 벌었죠. [X.com은] 세쿼이아의 후원을 받죠. 노키아와는 차원이 완전히 달랐어요. 저들은 우리보다 재력도 화력도 훨씬 풍부했죠." 잭 셀비는 기억했다.[21]

틸은 동료들보다 훨씬 먼저 X.com을 실질적인 위협으로 보았다. "피터는 문제적 상황에 대처하길 즐깁니다. 자기 생각이 틀렸는지 검증하고 싶어 해요." 노섹이 말했다. "그는 적극적으로 어떻게 상황이 펼쳐질지, 어떻게 잘못될 수 있을지를 찾아내려 해요. 끊임없이 말이죠. 그러다 보니 제가 아는 어떤 기업인보다 훨씬 더 많이, 훨씬 더 앞서서 문제를 찾아내죠."[22] 틸은 X.com이 돈으로 콘피니티를 망하게 만들 수도 있다고 판단했다. "피터는 그들이 실제 위협이라고 제대로 판단했어요."

말로이는 말했다.[23]

게다가 틸은 지고 싶지 않았다. "훌륭한 패자가 어떤 사람인지 보여줘." 틸은 콘피니티 직원들 앞에서 말한 적이 있다. "그럼 내가 진짜 패자를 보여주지(아무리 훌륭한 패자라도 결국은 보잘것없는 패자에 불과하다는 것을 강조하는 말-옮긴이)."[24] 틸은 체스를 통해 경쟁심을 갈고닦았다. 데이비드 월리스는 잠깐 틸과 같은 집에서 산 적이 있다. 그는 틸이 체스를 두면서 핸디캡을 주었던 일을 기억하고 있다. "예를 들어 퀸 없이 둔 적도 있었어요. 그래도 제가 졌어요. 그러자 퀸은 물론 룩rook을 둘 다 접어주더군요. 결국은 제가 이겼죠. 그리고 다시는 체스를 두지 않았어요."[25]

틸과 체스를 뒀던 사람들은 그의 공격적인 스타일을 기억하고 있다. "자비라고는 찾을 수 없었어요." 같이 체스를 두던 에드 보가스는 기억한다. "체스 시합에서 유머 따윈 없었죠."[26] 보가스는 한 캘리포니아주 대회에서 틸과 싸운 경험이 있었다. 그리고 그 체스 시합에서 보았던 틸을 믿고 콘피니티 최초의 자금 조달 라운드에서 투자했다.

하지만 체스는 체스일 뿐 사업과는 다르다. 경쟁심으로 인해 합리적인 판단을 하지 못한다면 사업에는 도움이 되지 않는다. 콘피니티 이용자는 늘어나고 있었다. 하지만 그 성장을 떠받치고 있는 보너스로 인해 회사의 현금 소모 속도도 가속화되고 있었다. 게다가 팀 규모가 늘어나며 급여도 늘어났다. 콘피니티의 지출은 지속 불가능할 정도였고, 마케팅에 많은 돈을 쓴 덕분에 이베이 이용자 수는 조금 증가했지만, 미래라는 도전으로부터 회사를 지키기에는 자금이 충분하지 않았다. 어느 날 아침 이베이의 경영진이 일어나 써드파티 결제 시스템을 금지하기로 결정하더라도 X.com이라면 의지할 수 있는 자본과 은행 상품이 있었다. 그러나 콘피니티에겐 팜파일럿 앱이라는 의심스러운 전망밖에 남아 있지 않았다.

이베이에서의 밥그릇 싸움에 더해 콘피니티와 X.com은 사업 개발 거래에서도 경쟁을 시작했다. 콘피니티는 기존 웹사이트를 소유한 파트너에게 결제 서비스를 제공하거나, PayPal.com으로 들어오는 인바운드 트래픽inbound traffic(검색엔진, 소셜 미디어, 이메일 마케팅과 같은 외부 소스에서 웹사이트로 들어오는 트래픽으로 새로운 사용자를 유입시키는 방법이다-옮긴이)에 대가를 지불하겠다고 제안하고 있었다. 잠재적인 파트너들에게 접근하다 보니 콘피니티는 이미 그곳에서도 X.com이 자리를 잡고, 더 많은 대가를 약속하고 있다는 사실을 발견했다. "저흰 계속 그들과 부딪칠 수밖에 없었어요." 호워리는 회상했다. "그러면서 상황은 더 어려워지기 시작했죠."[27]

12월 말 X.com과 콘피니티는 야후와 논의를 시작했다. 처음에는 사업 개발 협상으로 시작했던 논의는 야후가 두 기업 중 하나를 인수하겠다는 아이디어를 꺼내면서 이내 심각한 분위기로 전환되었다. 여러모로 콘피니티에겐 위기였다. 야후가 X.com을 인수한다면, 야후는 시장 자본 수십억을 사용해 간단히 콘피니티를 끝장내버릴 수도 있었다. X.com의 주요 투자자 마이크 모리츠가 야후 이사를 역임했다는 사실도 콘피니티로서는 불리한 상황이었다.

설상가상으로 틸은 시장 변동성에 의한 위험을 예견하고 있었다. 인터넷에 대한 허황한 이야기들은 이미 절정에 치닫고 있었다. 예를 들어 막 상장된 인터넷 기업 프라이스라인Priceline.com은 서류상으로는 세상의 모든 항공 산업을 합친 것보다 더 평가 가치가 높았다. 콘피니티는 인터넷 거품의 생생한 예라고 할 수 있었다. 독자 생존이 가능한 수익 모델도 없는 회사가 엄청나게 빠르게 많은 돈을 무료로 마구 퍼주고 있었는데도 인터넷 성공담의 하나로 간주되고 있었다.

한 투자자는 1999년 인터넷 시장의 절정기에서 "우리가 지금 목격하고 있는 것이, 역사상 가장 규모가 큰 금융 거품이라는 데는 논란의 여지가 없었다"라고 썼다. "말도 안 되는 금융 과잉, 엄청난 부채 증가, 무분별한 레버리지 이용, 개인 저축 붕괴, 믿기지 않을 정도로 어마어마한 무역 적자, 팽창을 거듭하는 중앙은행 자산 등 모두가 매우 심각한 금융 불균형을 가리키고 있다. 어떤 통계적인 수정이나 CNBC의 과장으로도 감출 수 없다."[28]

틸은 인터넷 거품이 꺼진다면 콘피니티도 생존할 수 없으리라 두려워했다. 그는 자금을 조달했던 '고통스러운' 과정을 떠올렸다. 그는 백번도 넘게 문전박대당했던 경험이 있었다. 시장이 나빠진다면 자금 조달은 더더욱 힘든 일이 될 것이다.*

불안정한 시장과 더불어 타협이라곤 모르는 경쟁자를 목전에 둔 틸과 회사의 몇몇 사람들은 대안을 검토하기 시작했다. "많은 사람이 우리의 시장이 승자 독식 시장이고, 우리가 그 유일한 독식 기업이 되어야만 한다는 결론에 도달했죠." 콘피니티의 공동창업자 켄 호워리는 말했다. "아니면 우리 둘 다 잊혀져 버리든지요."[29]

---

* 틸, 노섹, 레브친, 파워스는 저자 인터뷰에서 콘피니티가 여러 번 자금 조달을 거절당했었다고 반복적으로 말했다. 당시 시장의 반응은 틸과 레브친의 2003년 스탠퍼드대학 강연에서 자세하게 들을 수 있다. 이 강연은 "Selling Employees, Selling Investors, and Selling Customers"이라는 이름으로 https://ecorner.stanford.edu/videos/selling-employees-selling-investors-and-selling-customers/에서 찾아볼 수 있다.

X.com에 대한 콘피니티의 전술은 미묘하게 바뀌었다. 콘피니티 커뮤니케이션 부서장 빈스 솔리토는 경쟁이 치열한 정치판을 항해하는 데 능숙한 사람이었다. "저는 본능적으로 X.com 평판을 나쁘게 만들 방법을 찾아내려고 하고 있었습니다." 하지만 그때 데이비드 색스가 자제를 주문했다. "데이비드가 저를 한쪽으로 불러내더니 말하더군요. '이봐, 홍보라면 뭐든지 해도 되지만, X.com을 비방하지는 마'라고요." 솔리톤은 말했다.[30] 그는 그때 두 회사가 하나가 되기 위해 협상 중이라는 사실을 퍼뜩 깨달을 수 있었다.

거리 위쪽에 있던 X.com의 CEO 빌 해리스도 마냥 편하지만은 않았다. "둘은 규모도 비슷했고, 성장 속도도 비슷했지요." 해리스는 기억한다. "혹시라도 경쟁에 돌입했다간 아마 둘 다 망가졌을 거예요." 그는 불길한 기운을 느낄 수 있었다. 같은 시장을 공략하고 있는 두 결제 네트워크가 둘 다 함께 성장할 수는 없는 법이기 때문이다. "진정한 네트워크라면 당연히 독점 기업이죠." 해리스는 설명했다.[31]

해리스는 시기가 무르익었다고 느꼈다. 그는 콘피니티와 X.com 사이에 공식 회담을 제안했다. 팰로 앨토의 화려한 레스토랑 에비아 에스티아토리오Evvia Estiatorio에서 틸과 레브친은 해리스와 머스크와 마주 앉았다. 분위기는 금방이라도 터져 나갈 것 같았다. "빌은 슈트에 타이를 매고 있었고, 아시다시피 일론은 3000만 달러에 회사를 매각한 사람이니…" 레브친은 기억한다. "우릴 압도하려는 느낌이었어요." 대화는 사교적인 인사말과 업계 소식으로 시작되었지만, 서로를 조심스레 살피는 기색이 있었다. "사실 핵심은 '이용자가 얼마나 되죠?'라는 질문이었죠." 레브친은 말했다.

그때 해리스가 주제를 꺼냈다. 두 회사가 상호 파괴라는 길을 피해 힘을 합치면 어떻겠냐는 제안이었다. 틸은 해리스에게 어떤 조건을 염두에 두고 있냐고 물었다. 머스크는 최초 제안을 제시했다. X.com이 콘피니티를 인수하고, 콘피니티는 합병 기업 가치의 8퍼센트를 보장받는다는 제안이었다.

레브친은 이 변변찮은 제안을 듣고는 깜짝 놀랐다. "뭔가를 말해야 한다는 것도 잊었어요. 저는 아무런 대비가 돼 있지 않았거든요." 그는 회상했다.[32] 콘피니티 공동창업자들은 끝까지 예의를 잃지 않고 회의를 끝냈다. 하지만 일방적인 제안에 속이 쓰릴 수밖에 없었다. 일 포르나이오Il Fornaio 레스토랑에서 열린 다음 미팅에는 콘피니티 투자자 피트 불과 존 말로이가 참석했다. 둘은 X.com의 저가 매수 제안에 난색을 보였다. "저희는 방에서 나오며 말했어요. '안 돼'라고요." 불은 회상했다.[33]

말로이는 저가 매수 제안을 듣고 콘피니티가 독자 행보를 해야 한다는 생각을 굳혔다. "8퍼센트라니요. 저는 격노했습니다." 말로이는 고개를 저으며 떠올렸다. "오히려 우리가 저들을 살 수도 있는데 사지 않는 걸 당연한 선택이라고 생각했어요."

말로이는 콘피니티가 저평가되었다고 확신했다. "콘피니티 팀 덕분에 저희 콘피니티의 가치가 올라갔는데, 정작 [팀 자체는] 그 사실을 알지 못했어요. 자신이 없었기 때문이죠. 저는 언젠가는 그들에게도 자신이 생기리라고 믿었어요. 그렇게 똑똑한 친구들이 자신감이 없었다니 참 아이러니한 일이죠."

말로이는 콘피니티의 X.com 강박을 전투기 조종사의 '목표물 고정target fixation'에 비유했다. 이는 파일럿이 목표물에만 초점을 맞추다 보니 주변의 위협을 인지하지 못해 부주의하게 목표물에 충돌한다거나 하는 결과를 낳는 현상을 가리킨다. "우리 팀은 너무도 X.com에 초점을 맞추고… 미숙한 방식으로 X.com에 집중하고 있었어요. 그 어떤 지표를 보더라도 저희가 그들보다 성과가 앞선다는 사실을 분명히 볼 수 있었어요…. 그런데 왜 그 친구들에 대해 늘 이야기를 하고 있는지… 이미 강박에 빠진 느낌이었죠."

말로이는 온갖 방법을 동원해 합병과 반대해 싸웠다. 틸과 레브친에게는 합병이 이루어지면 이들이 이전에 조롱해 마지않던, 은행에 초점을 맞춘 업무로 돌아갈 수밖에 없는 현실도 지적했다. "너희들은 저 친구들이 운영을 잘한다고 하지만, 너희들이 이미 망했다고 말했던 그 사업 모델로 돌아가겠다고 하는 거 아냐?" 말로이는 말했다. "저는 합병 반대 주장의 근거로 이런 논리를 사용했죠."

말로이는 의심을 거두지 않았지만, 틸은 그 후 몇 주에 걸쳐 합병은 선택 가능한 하나의 옵션에 불과하다고 말로이를 안심시켰다. 그동안에도 콘피니티의 자금은 빠르게 고갈되고 있었다. 얼마 지나지 않아 X.com의 지출을 능가할 태세였다. 말로이는 어쩔 수 없이 의심은 묻어두기로 하고, 가능한 최선의 협상에 나섰다.

여러 면에서 말로이는 힘든 협상을 해야 했다. "마이크 [모리츠]는 강경했어요." 말로이는 X.com 주요 투자자를 두고 말했다. 하지만 말로이도 만만치 않았다. 협상 중 말로이는 다른 데 신경을 쓰거나, 내용에 관심이 없는 척하기도 했다. "저는 그들이 거래를 빠르게 밀어붙이려고 한다는 느낌을 받았어요. 그래서 저는 '이봐, 그렇게는 안 될 거야' 하는 태도를 보였죠. 그들은 마치 경험 없는 사람을 혼이 빠지도록 밀어붙여 원하는 바를 얻으려 하는 태도였거든요."[34]

협상에서 유리한 고지를 확보하기 위해 틸은 루크 노섹에게 '최대한 가속 페달을 밟아' 이베이 신규 이용자를 늘리라고 지시했다.[35] 하루하루가 지나면서 두 회사의 금고는 바닥을 보이기 시작했고, 이에 따라 합의에 대한 압력은 높아져 갔다. 하지만 콘피니티는 희망을 보았다. 페이팔 이용자가 계속 늘어나면서 X.com이 제시하는 보장 퍼센트도 올라갔기 때문이다.

머스크는 어떤 종류의 합병에도 회의적이었다. 콘피니티의 끈기에 좋은 인상을 받기는 했지만, 그의 생각에 X.com은 콘피니티와 근본적으로 다른 기업이었고, 무엇보다 더 나은 기업이었다. "저 친구들이 진짜 똑똑하다고 감탄은 했죠. 하지만 우리가 못 이길 정도는 아니었어요." 머스크는 회상했다. 이베이에서는 콘피니티가 앞서긴 했지만, 이베이가 아닌 계좌는 X.com이 더 많이 확보하고 있었다. "X는 앞서가고 있었어요. 우리가 더 많은 돈을 쓰긴 했지만, 어쨌든 우리가 앞섰죠."[36]

이미 시티서치와 Zip2의 합병 실패를 지켜본 경험이 있는 머스크는 자신의 의심을 솔직히 밝혔다. "일론은 내키지 않아 했죠. 그는 '[합병이] 잘되는 경우는 많지 않아. 합병 없이도 우린 잘할 수 있어'라고 말했죠." 빌 해리스가 기억했다.[37]

이런 상황에서도 해리스는 더더욱 압박을 가했다. 두 쌍의 경영진은 더 많은 시간을 함께 보내게 되었다. 레브친은 보기에 해리스는 우호적이면서 세련된 사람이었다. 그는 또 머스크를 존경하기 시작했다. 레브친은 '이 일론이란 친구 정말 좋군'이라고 생각했다고 기억한다. "누가 보더라도 완전히 미친 친구였죠. 하지만 정말, 정말 똑똑해요. 저는 똑똑한 사람을 정말 좋아하거든요."[38]

양 진영은 결국 힘겹게 잠정적 합의에 도달했다. 콘피니티는 여전히 합병에서 규모가 적은 쪽이었지만, 92:8로 시작했던 조건은 55:45로 바뀌어 있었다. 레브친은 여전히 콘피니티에 불리한 조건이라고 뚱해 있었지만, 틸은 이게 올바른 방향이라고, 그리고 거의 확실해 보이는 죽음보다는 훨씬 나은 길이라고 그를 설득했다.

잠재력을 알아본 사람들은 협상을 찬양했다. "마이크 모리츠가 다가와서는 역사에 길이 남을 합병이라고 말하더군요." 레브친은 기억했다. "실리콘밸리 역사상 가장 중요한 합병이 될 거라고도 했죠." 모리츠는 만일 합병이 이루어진다면, 합병 회사에서 자신이 가진 주식은 단 한 주도 팔지 않을 것이라고도 말했다.

일론 머스크는 다른 사람들과는 달리 전혀 흥분하지 않았다. 그는 이 인수를 이길 수 있는 싸움에서 되레 항복한 셈이라고 보았다. 콘피니티와 자기 회사를 동렬에 놓고 보는 것만도 충분히 기분 나빴고, 하물며 이베이 계좌가 아닌 계좌 수에서 X.com이 앞선 사실을 감안하면 기분이 더욱 상했다. 그는 시장 추세, 이용자 증가, 월별 지출액, 경쟁 환경 등엔 애당초 걱정이 없었다. X.com은 의지와 능력으로 이겨내고야 말테니까.

레브친은 좋지 않은 상황에서 머스크의 부글부글 끓던 불만이 무심코 터져 나왔던 일을 기억하고 있다. 레브친이 X.com 사무실을 찾아왔을 때 머스크는 불쑥 콘피니티와 '빌어먹을 협상'을 했다고 내뱉었다. "피가 끓어오르더군요. 그래서 전 생각했죠. '끝났다.'" 레브친은 기억했다. "우리 관계가 파트너십이라면 진정한 파트너십이어야 한다고 했어요. 저희가 정말 싸게 많은 것을 얻은 협상이라고 생각한다면, 그만두자고 했죠." 레브친은 틸에게 전화를 걸어 협상은 끝났다고 말했다. 그는 자선 행위의 대상도, 합병에서 소규모 파트너 취급도 원치 않았다.

협상 결렬이란 소식을 들은 빌 해리스는 다시금 협상 모드로 입장을 바꾸었다. 그는 레브친에게 전화를 걸어 대화를 제안했다. "빌, 그래봐야 소용없을걸." 레브친은 말했다. 해리스는 그에게 어디 있냐고 물었고, 레브친은 집에서 빨래하는 중이라고 대답했다. 해리스는 레브친에게 그 자리에 있으라고 하곤, "빨래 개는 걸 도와줄게"라고 약속했다.[39]

해리스는 그랜트가 469번지에 있던 레브친 아파트에 도착했다. 레브친은 빨래실에서 해리스에게 틸에게 먼저 했던 이야기를 그대로 들려주었다. "우릴 지분이나 가지고 떠나버리는 사람으로 생각한다면 이 거래는 성사될 수 없어"라고 말했다고 레브친은 회상했다. "장기적으로 좋은 파트너 관계를 이루지 못하게 될 걸세."[40]

"50:50이라면 어떨까?" 해리스가 말했다. "우리가 동등한 파트너가 된다면?"

"그렇다면 누구라도 나중에 누가 싸게 이익을 봤다는 둥 이런저런 소리를 늘어놓을 수 없겠지." 레브친도 인정했다.

"그게 도움이 된다면, 그렇게 해볼게." 해리스가 대답했다. 레브친은 50:50 파트너십을 지지하긴 하지만, 55:45도 심드렁했던 머스크가 어떤 반응을 보일까 궁금하다고 말했다. 해리스는 그 문제는 걱정하지 말라고 했다. 그리고 어쨌든 협상을 다시 봉합해보겠다고 다짐했다.

그 후 일어난 일에 대해선 해리스는 오늘날까지도 언급을 조심스러워하고 있다. 반면 머스크는 그렇지 않다. "저는 뭐, '지옥에나 가버려. 우린 [콘피니티를] 없애버릴 거야'라고 반응했어요." 콘피니티가 소규모 기업 자격으로 파트너십을 받아들이지 않겠다면, 그건 그들의 문제라고 그는 생각했다. "저는 '오케이, 계좌를 늘리는 무자비한 경쟁으로 다시 돌아가지, 뭐'라고 생각했어요."

그러자 해리스는 폭탄을 떨어뜨렸다. 그는 이 협상이 결렬되는 순간 X.com CEO를 그만두겠다고 머스크에게 통보했다. 머스크는 이렇게 응수했다고 기억하고 있다. "빌, 우린 아직 자금이 필요해. 그런데 자넨 지금 내 머리에 총구를 겨누곤 우리가 이 협상을 해내지 못하면 이 회사를 떠나겠다고 하는군. 우린 진짜 당장 자금이 필요한데 말이야. 매우 어려운 상황이군. 이러다간 회사가 죽어버리겠어."

그러나 해리스는 단호했다. 머스크로서는 양보할 수밖에 없었다. "제가 50:50에 동의한 것은 그러지 않으면 해리스가 사임하겠다고 말해서예요." 머스크는 말했다. "그렇지만 않았다면 저는 협상을 걷어치우려 했어요."[41]

해리스가 볼 때는 다른 어떤 선택도 없었다. "[둘 중 하나가] 승리자로 남을 수 있을까? 물론이다." 해리스는 머릿속으로 열심히 계산했다고 한다. "하지만 그러려면 상당히 오랜 기간 엄청난 양의 자원이 필요할 것이다. 게다가 어느 쪽이 이길지도 분명하지 않다."

해리스에게 합병은 방어가 아니었다. 오히려 전략적인 공격이었다. 그는 메트칼프의 법칙Metcalfe's Law을 인용하며 말했다. 1980년대 이더넷Ethernet을 발명했던 로버트 메트칼프가 고안한 이 법칙의 기본 아이디어는 간단하다. 네트워크의 가치는 네트워크 규모의 제곱에 비례한다는 것이다. 예를 들어 컴퓨터 네트워크에 5대의 기계가 접속돼 있다면, 총 네트워크는 5를 제곱한 25의 가치를 갖는다. 만일 1000대가 접속돼 있다면, 네트워크의 가치는 100만이다. 메트칼프에 따르면, 200배 더 많은 기계를 가진 네트워크의 가치는 4만 배는 더 크다.

전화, 팩스, 월드와이드웹에 적용되던 메트칼프의 법칙은 결제 시스템에도 적용될 수 있었다. "양이 이깁니다." 해리스는 설명했다. "누구도 사용하지 않는 결제 시스템을 혼자 사용하고 싶어 하는 사람은 없습니다. 누구도 사용하지 않는 결제 시스템을 이용해 돈을 받으려는 사람도 없죠. 따라서 규모가 가장 중요합니다."[42] 머스크의 이의 제기에도 불구하고 해리스는 합병이 유일한 해결 방안이라고 느꼈다. 심지어 최후통첩을 동원해서라도 해내야 하는 일이었다.

X.com과 콘피니티 합병을 지켜본 사람이라면 누구라도 어두운 앞날을 예상할 만도 했다. X.com 창업자 일론 머스크는 합병에 반대했다. 콘피니티 주요 투자자 존 말로이도 합병에 회의적이었다. 콘피니티 CTO 맥스 레브친은 이미 한 번 협상 결렬을 통보하기도 했다. X.com CEO 빌 해리스는 합병 때문에 평생 머스크와 척지는 관계가 되었다. "늘 불안할 수밖에 없는 휴전이었죠." 말로이는 말했다.[43]

이 억지 결혼의 여파로 페이팔에서는 게임 하나가 유행하기 시작했다. 어떤 일이 일어날 수 있었을까 상상하는 게임이었다. 끝까지 싸웠더라면 이베이 계좌 확보 전쟁에서는 누가 이겼을까? X.com이 없었다면 콘피니티는 과연 파산했을까?

사후 가정이란 원래 뒤늦게 등장하기 마련이다. 당장 경영진과 팀들은 두 스타트업을 합치는, 내키지 않는 작업에 착수해야 했다. 해리스와 레브친은 아직 물기가 다 마르지도 않은 빨래를 앞에 두고 악수를 나누었지만, 합병 협상에서 가장 중요한 문제들은 누구도 해결하지 못하고 있었다.

이후 벌어진 일들은 무엇이 합병에 도움이 되고 무엇은 도움이 되지 않는지를 알려주며 합병에 관해 소중한 교훈을 주었다. "합병은 두 회사가 그냥 하나로 합치는 작업이 아닙니다." 루크 노섹은 말했다. "사실은 아무것도 모르는 상태에서 50퍼센트에 달하는 사람들을 신규 고용하는 일에 가까워요."[44]

10장

두 회사의 합병

2000년 초 틸과 머스크는 멘로 파크 샌드 힐 로드 2800번지에 있는 세쿼이아 사무실에서 마이크 모리츠를 만나 합병에 관해 논의하기로 했다. 머스크는 팰로 앨토에서 멘로 파크까지 차를 태워주겠다고 틸에 게 제안했다.

한 해 전 머스크는 마그네슘 실버 맥라렌 F1 섀시 #067(맥라렌 F1의 일련번호-옮긴이)을 독일 제약 회사 이사 게르드 페트릭Gerd Petrik에게 서 구매했다. 위로 문이 열리고 엔진 베이가 금박으로 덮인 100만 달러 에 달하는 이 스포츠카를 머스크는 '예술작품'이라고도 하고, '정말 아 름다운 공학 제품'이라고 부르기도 했다.[*] 맥라렌 중에서도 #067은 특별

---

[*] 머스크는 인터뷰에서뿐만 아니라 수년에 걸쳐 여러 번 이런 표현을 했다. Paul Henderson, "Elon Musk's Car Collection Is Out of This World", GQ, June 28, 2020, https://

했는데, 당시 미국에서 합법적으로 몰 수 있었던 단 일곱 대의 맥라렌 F1 중 한 대였기 때문이다.[1]

맥라렌은 포뮬러 1 레이서들의 운전 스타일과 기술을 기반으로 맥라렌 F1의 차량 구조를 설계했다. 세계 최고의 차를 만들겠다는 드높은 야심에서 제작을 시작했던 차가 처음 모습을 선보이면서 맥라렌은 세계적인 찬사를 받았다. "F1은 자동차 역사상 가장 위대한 사건 중 하나로 기억될 것이다." 한 리뷰는 이렇게 썼다. "그리고 세상이 볼 수 있는 가장 빠른 양산형 자동차가 될 것이다."[2]

차량은 가벼웠지만 600마력이 넘는 출력을 자랑했다. "미아타Miata(Mazda MX-5 Miata의 별명으로, 가볍고 민첩하기로 유명했던 스포츠카-옮긴이)만큼 무게가 나가는데, 그보다 네 배는 힘이 더 좋은 차라고 생각하면 돼요." 세계 최고의 맥라렌 열성 팬 중 하나인 에릭 레이놀즈Erik Reynolds가 말했다.[3] 중량 대비 출력이 낮다 보니 이 차는 시속 322킬로미터가 넘는 속도로도 달릴 수 있었다.

하지만 바로 그런 이유로 미숙한 운전자들에게는 위험한 차였다. 로완 앳킨슨Rowan Atkinson(미스터 빈으로 유명한 배우-옮긴이)이라는 영국 배우는 자신의 맥라렌을 몰다가 두 번의 충돌 사고를 낸 것으로도 잘 알려져 있다.[4] 머스크가 이 차를 구매할 무렵에도 성공적으로 막 스타트업 엑시트를 이룬 한 젊은 영국 기업인이 맥라렌을 몰다가 나무와 충돌하면서 두 명의 승객과 더불어 사망하는 사건이 있었다.[5] 찬양 일색이었던 《카 앤드 드라이버》 리뷰도 이 차의 유일한 단점으로 "맥라렌은 너무나 강력하고 빨라서 안전하게 운전하기 힘들다"라고 지적한다. "합

www.gq-magazine.co.uk/lifestyle/article/elon-musk-car-collection을 보라.

법적인 속도로 운전할 수 없기 때문이고, … 그 힘과 속도를 충분히 경험하기 불가능하기 때문이다."[6]

CNN은 F1이 머스크에게 배달되던 순간을 취재 보도했다. "3년 전만 해도 저는 YMCA에서 샤워를 하고 사무실 바닥에서 잤는데요." 머스크는 카메라를 보며 수줍게 말했다. "그런데 지금은 누가 봐도 백만 달러짜리로 보이는 차가 있네요…. 제 인생 최고의 순간입니다."[7] 전 세계의 다른 맥라렌 F1 차주들, 예를 들어 브루나이 국왕, 와이클리프 장Wyclef Jean(아이티 출신 미국 가수-옮긴이), 제이 레노Jay Leno(미국 코미디언-옮긴이) 등은 편하게 이 차를 몰고 다닐지 모르겠지만, 머스크는 이 차를 사면서 그에겐 벅찰 정도로 엄청난 금전적인 비용을 지출해야 했다. 또 다른 구매자들과는 달리 머스크는 이 차를 출퇴근용으로 몰고 다녔고, 보험도 들지 않았다.[8]

머스크가 F1에 틸을 태우고 샌드 힐 로드에 올라서면서 자연스럽게 차가 대화의 주제가 되었다. "히치콕Alfred Hitchcock(미국을 대표하는 서스펜스 영화 감독으로 강박에 대한 영화가 많다-옮긴이) 영화 같았어요." 틸은 기억했다. "차에 대해 15분은 이야기하고, 이제 회의 준비를 하자고 해놓고선 또 차 얘기를 계속하는 거죠."[9]

차를 타고 가면서 틸은 머스크에게 이렇게 물어보았다고 한다. "그래서 이게 어디에 도움이 될까?"[10]

"이걸 봐." 머스크는 대답과 동시에 가속기를 밟으며 차선을 변경했다.

그때를 돌이켜보면서 머스크는 F1이 자신에게 과분했다고 인정했다. "저는 그 차를 어떻게 운전해야 할지도 몰랐어요." 그는 회상했다. "주행 안정장치도 없고, 트랙션 콘트롤도 없었어요. 게다가 워낙 힘이 좋다 보니 80킬로미터에서도 바퀴가 접지력을 잃고 미끄러질 수도 있었죠."[11]

틸은 차 한 대가 빠르게 다가오는 것을 보았다. 머스크는 충돌을 피하려고 핸들을 꺾었다. 맥라렌은 도로가 경사면에 부딪히고는 하늘로 날아올랐다. "마치 원반처럼요." 머스크는 기억했다. 그러곤 격렬하게 땅으로 곤두박질쳤다. "그 광경을 본 사람이라면 저희가 죽었다고 생각했을 거예요."[12]

틸은 안전띠도 매지 않았는데, 놀랍게도 그와 머스크 모두 다치지 않았다. 머스크의 '예술작품'은 그들만큼 운이 좋지 못해서 마치 큐비즘 작품처럼 이리저리 마구 휘어 있었다. 죽음과 접촉 경험 이후 틸은 길가에서 먼지를 털고 세쿼이아 사무실로 가는 차를 히치하이크했다. 잠시 후 머스크도 합류했다.

X.com의 CEO 빌 해리스는 세쿼이아 사무실에서 기다리고 있었다. 그는 틸과 머스크 모두가 회의에 늦었지만, 아무런 변명도 하지 않았다고 기억하고 있다. "둘은 아무 말도 하지 않았어요. 우린 그냥 회의를 진행했죠."[13]

그때를 회상하며 머스크는 유머러스하게 말했다. "피터는 아마 제 차를 다시는 타지 않을 것이라고 자신 있게 말할 수 있어요."[14] 틸 역시 재치 있게 그 순간을 묘사했다. "저는 일론과 함께 하늘을 날아봤어요. 탈 것이 로켓은 아니었지만요."[15,*]

---

* 머스크는 사고가 난 후에도 몇 년 동안 맥라렌을 고집했다. 이 차는 또 머스크 이후에도 (결국은 좋은 쪽으로 끝났지만) 복잡한 경로를 거쳤다. 맥라렌 F1 소유자 클럽 25차 기념식 개최자 중 하나에 따르면, "이 차는 2007년 세 번째 주인에게 팔렸다. 그는 이 차를 잘

둘은 다시는 함께 차를 타지는 않았지만, 틸과 머스크는 X.com 동료로서는 어느 정도 함께 시간을 보냈다.

서류상으로, 그리고 언론이 볼 때 X.com에겐 장점이 많았다. 재능 있는 개발자들, 50만 계좌에 육박하는 빠르게 성장하는 기반, 전 인투잇 CEO, 이전 스타트업을 9자리 가격에 성공적으로 매각한 경험이 있는 리더 등이었다. 게다가 합병으로 인해 강력한 영향력을 행사할 수 있는 위치를 확보했다. 예전의 주요 경쟁사를 없애고, 사용자 기반을 통합하며, 네트워크 효과를 활용함으로써 이 합병 회사는 온라인 결제 시장 전체를 장악했다. 합병 조건을 확정하는 동안 빌 해리스는 레브친에게 페이팔과 X.com 협상이 잘 끝났다고 야후에 말하라고 지시했다. "가장 중요한 결과는 단일 전선을 구축했다는 점이었습니다." 레브친은 몇 년 후 스탠퍼드에 모인 청중 앞에서 말했다.[16]

합병 소식이 퍼지면서 한 신규 페이팔 고객은 X.com의 줄리 앤더슨과 콘피니티 홍보 담당 빈스 솔리토에게 편지를 보내 이 합병을 '윈-윈'이라고 부르며 긍정적인 느낌을 받았다고 했다.[17]

(내가 판매와 '동시에' 구매하고 있는) 이베이에서 정말 보고 싶지 않은 것이 있다면 페이팔과 X.com 사이에서 벌어지는 베타냐 VHS냐 스타일

관리해 몇 달간 몰고 다녔다. 하지만 2009년 산타 모사에서 심각한 문제로 차량 화재가 일어나며 커다란 위기를 맞았다. 차는 심각한 손상을 입었고, 완벽한 수리를 위해 맥라렌 커스터마이징 부서 MSO McLaren Special Operations로 보내졌다. MSO와 맥라렌은 애써 차를 수리했는데, 다행히도 원 카본 파이버 섀시는 보존할 수 있었다. 수리 작업만도 1년이 걸렸지만, 차는 주인에게 돌아가 여전히 그가 몰고 있다. 친절하게도 그는 2017년 프랑스 남쪽에서 열린 맥라렌 F1 소유자 클럽 25차 기념식에 직접 이 차를 가져왔다.

의 전쟁BETA/VHS style Jihad(1970년대부터 1980년대 초기까지 비디오카
세트 레코더의 표준을 두고 소니 측과 JVC 측 사이에서 벌어진 극심한 표
준 전쟁-옮긴이)입니다. 페이팔을 통해 구매자로부터 즉시 돈을 받는 편
이 수표를 기다리고, 또 그 수표가 정산될 때까지 기다리는 것보다 훨씬
낫습니다…. 컴퓨터 비즈니스 분야에 있는 사람이라면 누구나 '표준은 중
요하다'는 사실을 알고 있기에, 여러분이 사실상의 표준이 된다면 많은 사
람의 삶이 더욱 편해질 겁니다. 하지만 한편 여러분으로서는 다른 대안이
많을 때보다 사용자에 대한 책임이 커질 겁니다.

  모든 반응이 긍정적이지만은 않았다. 이베이 이용자들은 X.com과 콘
피니티 합병에 기뻐했지만, 이베이 자체는 합병에서 위협을 감지했다.
심지어 대응책도 마련하고 있었다. 합병 발표 직후, 이베이는 웰스파고
와 파트너십을 발표하며 웰스파고의 결제 플랫폼 빌포인트를 수용하기
로 했다. 또 사용자들에게 3개월 무료 결제 서비스를 약속하면서 비자
와 파트너십을 도입하기도 했다.
  많은 이베이 사용자가 이 소식을 반겼다. 경매 뉴스의 인터넷 허브라
고 할 수 있는 옥션워치AuctionWatch의 공동창업자 로드리고 세일스Rodrigo
Sales는 "판매자들이 빌포인트 시스템에 가장 반대했던 주된 이유는 비
용이었어요. 이베이 커뮤니티가 페이팔이나 X.com과 같은 무료 결제
서비스 회사들을 긍정적으로 받아들였던 이유도 바로 그것이었어요"
라고 말했다.[18] 실제로 이베이가 비자와 웰스파고와 맺은 파트너십은
X.com과 페이팔에게 잃어버린 기반을 되찾겠다는 단 하나의 목표를
위해 설계된 것처럼 보였다.
  X.com과 페이팔 이용자가 빠르게 늘어나면서 카피 제품도 생겨났

다. 2000년 3월, 미국의 최대 은행 중 하나로 시카고에 기반을 둔 뱅크원Bank One은 이머니메일eMoneyMail을 출시했다. 같은 달에 야후는 개인 간 결제 플랫폼 닷뱅크dotBank를 인수했다. 심지어 콘피니티의 투자사 아이디어랩 캐피털 파트너스IdeaLab Capital Partners마저 페이미닷컴PayMe.com이라는 경쟁 상품에 투자하기도 했다.

엎친 데 덮친 격으로 X.com 비장의 카드 역할을 했던 폭발적인 고객 수 증가는 축복과 동시에 저주를 가져다주었다. 사용자가 많다는 사실은 그만큼 더 많은 불만을 의미했다. X.com이나 PayPal.com이 다운되거나 보너스가 들어오지 않았다거나 결제가 잘못될 때마다 이베이를 비롯한 경매 게시판에는 불만이 드글드글했다.

게다가 얼마 지나지도 않아 두 회사는 정부 규제기관의 추가적인 감시 대상이 되었다. 사용자 불만 사항 처리가 늦어지면서 연방무역위원회의 조사가 시작되었고, 미국 비밀경호국은 페이팔이 불법 거래에서 사용되고 있다는 혐의를 파고들었다. 이러한 상황에서도 두 회사에는 시간당 수백 명에 달하는 고객이 계속 쏟아져 들어오며 혼돈 상황은 좀처럼 정리될 기미를 보이지 않았다.

합병도 평온과는 먼 결과를 낳았다. 인투잇 CEO를 역임했던 빌 해리스를 제외하고는 두 팀 모두 경영 경험이라곤 거의 없었으며, 하물며 합병에 대한 경험은 더더욱 없었다. X.com과 콘피니티는 사용자 기반과 웹사이트가 달랐고, 서비스를 구축한 개발 플랫폼도 달랐다. X.com은 마이크로소프트 윈도우, 콘피니티는 리눅스 기반이었다.

이러한 문제만으로도 충분치 않았는지, 합병 자체도 지나치게 성급하게 마무리되었다. 일단 X.com과 콘피니티가 합의에 이르고 난 후 틸과 해리스는 그 연약한 합의가 깨질 수 있는 그 어떤 위험도 피하려 들었다. 부분적으로는 자금 조달 우려에서 기인한 신중한 태도였다. 협상 이전 두 회사는 각자 자금 조달을 시도하고 있었다. 협상이 빨리 끝날수록 두 회사는 그만큼 빨리 함께 자금을 모을 수 있었다.

이 기간에 둘 중 한 회사에 입사가 예정되었던 사람들은 더 큰 새 회사에 합류하게 되리라는 말을 들었다. 합병 이전 약속했던 지분 분배 혜택을 볼 수 있도록 더 빨리 콘피니티에 입사하라는 레브친의 권고를 들었던 사람도 있었다. 하지만 예를 들어 신규 회사의 제품 이름을 무엇으로 지을 것인가와 같은 기본적인 질문은 아직 해결되지도 않은 상태였다. 에이미 로우 클레멘트는 "로고에 대해서 몇 시간이고 논쟁했던 일이 기억나요"라고 말했다. "두 회사가 합쳐졌다는 걸 로고로는 어떻게 제시해야지?"[19] 양측은 모두 X.com이 합병 이후 기업의 공식 사명이 될 것이며, 콘피니티는 사라질 것이라는 점에는 동의했지만 페이팔은 어떻게 해야 할까?

제품을 'X-PayPal'이라고 부르자는 제안도 있었다. 여기서 X는 X.com을 모든 종류의 금융 제품과 서비스의 허브로 만들려는 머스크의 비전을 반영하는 접두어였다. 2000년 3월 18일 빌 해리스가 쓴 이메일은 X 브랜드 패밀리 가능성을 제시하고 있었다. 거기에는 X-Fund, X-Click, X-Card, X-Check 및 X-Account 등이 포함돼 있었다. 그러나 콘피니티 팀이 보기에 X와 'PayPal'을 갈라놓고 있는 하이픈은 소규모 파트너로서 지위가 뒷전으로 밀린 두려움을 상징하는 듯했다.

합병을 위한 실사 과정에서 양측 모두에서 문제점들이 발견되었다. 몇몇 고위 경영진에 따르면, 합병이 완료된 날 X.com은 콘피니티 금고에 당장 현금을 지원해야 했다. 콘피니티는 2000년 초 자금 조달을 한

번 더 진행했지만, 가속 페달을 밟은 성장으로 인해 그 자금 대부분이 빠르게 소진되었다.

X.com도 나름의 문제가 있었다. 고객 기반 확대를 위해 X.com은 잠재 고객에게까지 신용한도를 부여하고 있었는데, 이는 모든 금융 서비스를 망라하는 제품군을 위한 계획의 일환이었다. 그러나 X.com이 빠르게 확장하면서 적절한 신용 평가가 뒷전으로 밀려버렸다. "저희는 실제로는 사람도 아닌 것들 혹은 다른 사람의 신분을 도용한 사람들에게까지 신용한도를 발급하고 있었어요." 켄 밀러는 설명했다. "그리고 첫 번째에 비하면 부차적인 문제이지만, 우리는 실제 사람 중에서 자격이 없는 사람들에게까지 신용한도를 부여하거나, 혹은 지나치게 많은 신용한도를 부여하고 있었어요."[20]

두 회사는 이러한 개별적인 문제들은 합병을 통해 더 강력한 회사로 거듭나는 데 필요한 거래 비용으로 받아들이기로 했다. 그러나 합병은 근본적인 문제 하나는 해결하지 못하고 있었다. 두 기업이 합병하며 합쳐진 소각률burn rate(회사의 손실 비율−옮긴이)이었다. 합병 회사는 1분기에만도 2500만 달러 이상의 지출이 예상된 상태에서, 급여와 보너스 지급, 신용카드 수수료 및 사기 등으로 재무 상태는 악화되고 있었다. "차라리 건물 지붕에 올라가 백 달러 지폐 묶음을 건물 밖으로 던져버리는 게 돈을 덜 [빠르게] 쓰는 방법일 정도였지요"라고 호프먼은 말했다.[21]

머스크는 합병 시점에 많은 위기가 동시에 발생했다고 회상하고 있다. "사기 문제가 해결되지 않으면, 우리는 망했겠죠. 고객 서비스가 해결되지 않으면, 우리는 망했겠죠…. 수익 모델이 없다면, 다시 말해 사업이 비용만 있고 수익은 없다면, 분명히 망했겠죠."[22]

두 팀은 원래 더러운 속임수, 굳건한 승리 의지, 날카로운 이메일 등으로 무장한 채 서로 우위를 차지하려는 장대한 전투를 위한 만반의 준비를 하고 있었다. 그러나 겨우 몇 주가 지난 이제, 두 팀은 빠르게 성장하는 행복한 가족으로서 하나로 뭉쳐야 한다는 기대를 받고 있었다. 많은 사람은 이러한 전망에도 우려를 표했다.

2월 말이 되자 합병 소문은 말단 직원까지 퍼져나갔다. 이 소식에 깜짝 놀란 사람들이 많았다. "당시 저는 [콘피니티가] 우리와 맞서 싸우려 한다고 생각했어요. 그리고 우리는 그저 '에이 우리가 앞서 있어. 근처에만 와도 박살 내버릴 거야'라고 생각하고 있었죠." X.com의 엔지니어 캐틀란은 기억하고 있다. "그래서 X.com 사람들은 둘이 합친다는 이야기에 어느 정도는 충격을 받았어요."[23]

누가 이야기를 하느냐에 따라 합병을 보는 시각도 달랐다. "내적으로는 우리가 훨씬 나은 조건이라는 이야기가 돌았어요." 콘피니티 엔지니어 데이비드 고즈벡은 회상했다. "X.com은 신용을 제공하는데, 채무 불이행률은 끔찍했어요. 돈을 줄줄 흘리고 다니고, 뭐 그런 문제들이 있었죠. 그들에 비해서는 우리가 훨씬 나은 상태였어요. 하지만 우리가 시장의 유일한 플레이어는 아니니까, 투자자 인식이라는 측면에서는 우리가 불리한가 보다 하는 정도의 느낌은 있었어요."[24]

콘피니티 마케팅팀 에릭 잭슨Eric Jackson은 비망록에서 상사였던 루크 노섹이 합병에 관한 우려를 달래주던 일을 회상했다.

이봐. 이건 우리에게 나쁜 협상이 아니야. 먼저, [X.com에겐] 사실 20만 정도의 이용자가 있어. 우리와 비슷하지! … 게다가 머니 마켓, 인덱스 펀드, 현금카드 같은 금융 서비스도 갖고 있어서 그들 계좌 하나하나는 우리 계좌보다 더 가치가 있을 거야…. 그런데 우리는 돈을 빠르게 소진하고 있어서 곧 자금이 더 필요할 거야. 근데 우리와 가장 치열한 경쟁을 벌이고 있는 회사와 합병한다면 더 많은 자금을 끌어들이는 데 도움이 될 거야.[25]

X.com 직원들은 정반대 이야기로 설득을 받았다. 자신들이 콘피니티에게 '구제 금융'을 제시하고 있다는 말이었다. 콘피니티는 이베이를 통해 빠르게 성장했지만, 그 결과 많은 현금을 날려 돈이 없다. 또 X.com의 경험 많은 리더들이 경험이 모자란 컨피티니 팀이 그토록 바라마지 않던 전문 지식과 규제 관련 노하우를 전수하게 되리라는 내용이었다.

3월 내내 직원들은 유니버시티가 165번지 콘피니티 사무실과 한때 콘피니티가 있던 유니버시티가 394번지 X.com 사무실을 왔다 갔다 했다. "재미있는 일이죠. 우리는 X.com으로부터 이 공간을 재임대했거든요. 그런데 우리가 합병했으니, 다시 그리로 이사해야 했어요." 콘피니티의 켄 호워리는 회상했다. "우리는 가구를 원래 있던 세 블록 뒤 자리로 다시 가져가야 했죠."[26]

하지만 모든 직원이 그 시기를 '재미있었다'고 기억하지는 않았다. 엔지니어 에릭 클라인은 팰로 앨토의 크레올 레스토랑 놀라Nola에서 있었던 싸늘한 엔지니어링 회의를 회상했다. "결국은 놀라 앞에서 모두가 목소리 높여 주장하고 논쟁하고 소리 질러대는 걸로 끝났죠. 우리는 절대 섞이지 않았어요. 물과 기름 관계였죠."[27]

물론 합병에 안심한 직원도 있었다. "실질 가치 50퍼센트 하락은 그 누구도 원치 않았어요." 합병 이후 줄어든 직원 지분을 놓고 X.com의 토드 피어슨Todd Pearson은 말했다. "하지만 적어도 이제 서로를 죽여야 할 필요는 없어졌죠."[28] X.com의 줄리 앤더슨은 합병을 자연스러운 이행 단계로 보았다. "금융 상황을 고려하면 그다지 충격도 아니었어요." 그는 말했다. 그가 보기에 두 회사는 나름 고객 기반을 늘리고는 있었지만, 어쨌든 둘이 합치면 그 고객 기반을 통해 성공적인 사업을 추진할 가능성이 더 컸기 때문이다. "우리는 모두 다음 단계로 가는 게 좋다고 생각했어요."[29]

그다음 단계에서는 새롭고 더 커다란 사무실이 필요했다. 3월에 회사는 한때 인투잇과 빌 해리스가 있던 팰로 앨토 엠바카데로가 1840번지에 사무실 공간을 임대했다. 2032평방미터에 달하는 공간에 대한 임대료로 회사는 첫해 매달 10만 2807.80달러를 내야 했다.* 펜실베이니아 대학을 막 졸업하고 X.com에 합류한 리 하워Lee Hower는 사무실 이전을 일종의 도전이었다고 회상했다. "일상적인 이야기처럼 들릴 수도 있어요. 하지만 빠르게 성장하고, 빠르게 고용하고, 그 밖에 모든 일을 처리하면서도 두 회사가 합치는 맥락에서 보자면, 이전은 혼란을 낳을 수 있는 또 하나의 요소였죠."[30]

아직 정리도 끝나지 않은 새 사무실에서 최초의 양 팀 공동 회의가 열렸다. 해리스, 머스크, 틸이 발언권을 얻어 합병 회사가 올바른 궤도에 들어섰다고 안심시켰다. 참석자들은 틸이 콘피니티의 시스티나 성당 티셔츠와 반바지를 입고 있었던 것으로 기억한다. 해리스가 입고 있던 수트와 잘 다린 바지와는 누가 보더라도 확연히 달랐다. 참석자들은 또 틸이 콘피니티와 X.com 주식의 전환비율을 즉석에서 암산했던 것

---

* 임대 조건은 X.com과 하버 인베스트먼트 파트너스 사이의 임대 협의 문서에서 찾아볼 수 있다. (https://corporate.findlaw.com/contracts/land/1840-embarcadero-road-palo-alto-ca-lease-agreement-harbor.html.)

도 기억하고 있다.

2000년 3월 30일, X.com 인적자원팀을 맡고 있던 샐 지암방코Sal Giambancosms는 '공식 발표입니다'라는 제목으로 all@paypal.com과 all@x.com에 전체 메일을 보냈다. 내용은 "오늘부터 X.com과 콘피니티는 하나입니다. 여러분 모두 축하합니다!!!!!"였다.[31]

X.com과 콘피니티에게는 축하해야 할 이유가 하나 더 있었다. 언론이 공식적인 합병을 보도하던 날 X.com과 콘피니티의 리더들은 1억 달러 규모의 시리즈 C 라운드Series C round(회사가 이미 제품-시장 적합성을 찾았고, 안정적인 수익을 창출하고 있는 상황에서 성장과 확장을 위해 자금을 조달하는 네 번째 혹은 마지막 단계-옮긴이) 자금 조달을 발표했다. "반응이 엄청났습니다." 틸은 언론 보도자료에서 말했다. "X.com의 독특하면서도 기하급수적으로 성장해나가는 금융 플랫폼에 참여하려는 엄청난 열기 속에서 시리즈 C 라운드는 원래 원했던 금액보다 더 많은 투자를 유치했습니다." 여기에 머스크는 다음과 같이 덧붙였다. "이번 라운드의 규모는 웹 기반 결제 기업 선두주자로서 X.com이 지닌 가치를 잘 보여주고 있습니다."[32]

자금 조달 과정은 그야말로 열광적이었다. 재무팀 일원이었던 잭 셀비는 몇 주 동안이나 집에 들어갈 수 없었다. '말 그대로 쉬지 않고' 라운드를 마감하기 위해 돌아다녀야 했기 때문이다. 틸은 신속하게 투자 계약을 끝내고 싶었다. 부분적으로는 미국 경제에 위기가 임박했다고 믿었기 때문이다. "모두 피터 덕분이죠." 셀비가 말했다. "그는 매크로macro(컴퓨터 프로그램에서 자주 사용되는 명령어의 집합, 여기서는 계약서를 받고, 서명을 받고, 송금하는 작업 등을 자동화하는 것-옮긴

이)를 실행하며 말했어요. '이걸 성사시켜야 해…. 종말이 멀지 않았어'
라고요."[33]

경제 불안에 대한 두려움에도 불구하고 회사는 투자 관심을 끌어내
는 데 아무런 문제가 없었다. "'오케이, 우리 문을 부수고 들어와 돈을
주겠다고 떼쓰는 많은 사람 중에서 누굴 선택해야 하나?' 하는 상황에
서는 자금 조달이라는 말도 어울리지 않죠." 머스크는 회상했다.[34] "그
야말로 현금 폭탄을 맞고 있었어요." 틸은 어디를 가든지 사람들에게
에워싸였던 기억이 있다. 한번은 한 잠정 투자자가 호텔 로비까지 따라
오기도 했다. 틸은 그를 직접 만나주지 않았지만, 그 투자자는 의자에
앉아 틸이 다른 투자자 집단에 말하는 제안을 귀담아들었다.

한국 여행을 마친 틸이 미국으로 돌아갈 표를 사려 했는데 그의 법인
카드가 거부된 적이 있었다. 달려온 투자자들은 즉석에서 일등석을 끊
어주며 너무도 행복해했다. "믿을 수 없을 정도로 좋아하더군요." 틸은
기억한다. "그러곤 다음 날 우리 로펌에 전화를 걸어서는 '우리가 돈을
보낼 은행 계좌를 알려주세요'라고 하더군요."

이 미친 듯한 열기는 틸의 시장에 대한 의심에 확신을 더해주었다.
"저는 혼자서 생각했어요. '이보다 더 미칠 수는 없다. 빨리 자금 조달을
마쳐야겠다. 투자받을 기회는 영원하지 않을 테니까'라고요."[35]

최종 1억 달러라는 수치는 팀의 몇몇 사람에게는 오히려 실망스러운
수치였다. 콘피니티와 X.com은 그보다 두 배 정도에 달하는 투자 약속
을 구두로 확보했었기 때문이다. 거래를 끝내지 말고, 추가 자금 조달을
기다리면서 10억 달러가 될 때까지 밀어붙이자고 제안한 직원도 적지
않았다.

그러나 틸은 자기 생각을 굽히지 않았다. 그는 셀비를 비롯한 재무팀

직원들에게 서둘러 구두 합의를 실제 수표로 바꾸고, 서류에 사인을 받고, 입금을 확인하라고 다그쳤다. "틸은 이 투자 라운드를 빨리 마감하라고 모든 사람을 재촉했어요." 데이비드 색스는 기억한다.[36] 틸이 가장 강경할 때를 지켜보았던 콘피니티 직원들조차 그가 이렇게까지 자기 고집을 굽히지 않았던 적은 처음이었다고 기억한다. "이 돈을 만들지 못하면, 회사 전체가 날아갈 거야." 호워리는 틸의 말을 회상했다.[37]

머스크 역시 경기 하락이 임박했음을 예상하고 있었다. 이미 1999년 중반 그는 펜실베이니아 졸업생 잡지 인터뷰에서 거품 붕괴가 머지않다고 경고한 바도 있었다. "이 정도로 심각한 변화는 투기 광풍을 불러올 겁니다." 그는 인터넷 거품을 두고 말했다. "사람들은 투자하기 전에 먼저 그 회사를 놓고 연구해야지, 맹목적으로 조직이 형편없는 회사에 투자해서는 안 됩니다. 겉으로는 볼 때 대단하지만 실제로는 기반이 허약한 회사들이 많습니다. 많고 많은 회사가 망할 거예요."[38]

머스크는 파국을 예견했다. "미국은 역사상 가장 오랜 평화 시기 중 팽창을 겪고 있습니다. (역사를 공부해본 사람이라면 누구나 알고 있는) 심각한 경기 침체를 제대로 본 적이 한 번도 없는 젊은이들에게 경기 하향은 힘든 경험이 될 것입니다."[39] 이러한 예측은 그에게서 일상적으로 볼 수 있었던 과장된 낙관주의와는 완전히 달랐다. 머스크가 주의해야 한다고 하면, 진짜 뭔가가 있는 것이다.

머스크는 또 X.com에 대한 시장의 5000만 달러 가치 평가에 '웃긴다'라는 반응을 보이기도 했다.[40] 그가 세웠던 이전 스타트업 Zip2가 3000만 달러에 매각되던 당시에도 회사는 충성 고객도 확보하고 있었고, 수백만 달러에 달하는 수익을 내고 있었다. X.com은 그저 투자자의 돈을 이메일 주소로 거래하는 게 주요 업적이긴 하지만 어쨌든 Zip2보다 두 배는 더 가치가 컸다.

시의적절하게도 팀은 닷컴 열기와는 아예 차단돼 있던 시카고 기반 사모펀드 기업 메디슨 디어본 파트너스Madison Dearborn Partners, MDP를 주요 투자자로 선정했다. MDP는 벤처캐피털에 발을 담그고 있었고, 테크놀로지, 미디어, 텔레커뮤니케이션 분야 스타트업에 일련의 소규모 투자를 하고 있었다.

콘피니티/X.com 투자 라운드를 주도한 MDP 파트너 팀 허드Tim Hurd는 인터넷 기업의 성장과 팽창을 추적해왔다. 콘피니티/X.com 제안서에 피치 덱은 그의 관심을 자극했다. "저는 결제에 대해서는 좀 알았죠. 그래서 '흠, 매우 재미있군요'라고 말했어요." X.com과 콘피니티 이용자들은 빠르게 늘어나고 있었다. 결제 시장에서 간과하기 힘든 현상이라는 사실을 허드는 잘 알고 있었다. "한쪽에서 네트워크 효과가 일단 시작되고 나면, 다른 쪽도 그 효과를 누리기란 훨씬 힘들어지거든요."

허드는 X.com과 콘피니티 어디에서도 일해본 적이 없었다. 그런데 막상 일을 해보니 "제겐 커다란 가치가 있는 일이었어요"라고 했다. MDP의 투자가 적다고 할 수는 없었지만 그렇다고 엄청난 액수도 아니었다. 3000만 달러 규모의 지분 투자는 MDP의 관리 자산 규모를 생각하면 그리 크다고 할 수도 없었다. "[페이팔은] 제겐 좀 이례적인 일이었죠." 허드는 회상했다.[41]

MDP가 라운드를 주도하는 가운데 셸비, 틸, X.com의 재무팀은 나머지 7000만 달러를 조성하는 데 노력을 쏟았다. 목표는 그들이 '주요 투자자 팔랑크스phalanx(고대 그리스의 군사 진형, 고만고만한 투자자들이 많았다는 의미-옮긴이)'라고 부르는 사람들이었다.[42] 싱가포르의 세 투자사, 일본의 두 투자사, 대만의 한 투자사를 포함한 여러 투자자가 MDP에 합류했다. 거리상으로 좀 더 가까운 곳으로는 JP모건의 e-금융 부서인 랩모건LabMorgan과 캐피털 리서치 앤드 매니지먼트 컴퍼니Capital Reserach and Management Company, 디지털 센추리 캐피털Digital Century Capital, 베이뷰2000Bayview2000을 확보할 수 있었다.

타이밍도 아주 좋았다. X.com이 라운드를 마감하기 며칠 전에 미국 주식시장은 하락세를 보이기 시작했는데, 이 하락장의 결과 시가총액에서 2조 5000억 달러가 사라지며 테크놀로지 주식에 대한 분위기는 싸늘해졌다. "역사상 가장 대규모 강세장을 이끌었던 몇 달간의 탐욕은 가장 높은 주가를 기록했던 테크놀로지 주식들이 너무도 높게, 너무도 빨리 오르면서 투자자들의 심리가 위축되자 두려움으로 바뀌었다"라고 2000년 4월 CNN은 보도했다.[43] 그해 말, 나스닥 주식들의 가치는 절반으로 떨어졌다. 2000년 마지막 날, CNN은 한 포트폴리오 매니저에게 추천 종목을 물었다. "저 같으면 한 여섯 달은 가만히 관망만 하고 있을 것 같아요. 죽음의 천사들이 시체를 다 치울 때까지는요"라고 그는 대답했다.[44]

나중에 틸은 이 재난을 정화 작업이라고 불렀다. "광기의 정점은 정화의 정점이기도 하죠." 그는 회상했다. "어떤 면에서 보자면, 그 시점에서는 미래가 어떻게 될지 분명히 볼 수 있어요. 물론 구체적인 사항들이야 틀릴 수도 있긴 하지만 말이죠."[45]

실리콘밸리의 낭비 문화는 긴축으로 돌변했다. "자금 조달 라운드를 기다리던 실리콘밸리의 다른 모든 회사는 이유가 뭐든 순식간에 돈이 말라버린 현실을 마주해야 했죠." 색스는 손가락을 튕기며 회상했다.[46] 팀원들은 한때 인파로 붐비던 팰로 앨토 상점 앞 공간의 폐쇄를 보며 충격을 받았다고 했다.

주가 조정이 시작되자 유명 기업의 지원도 큰 도움이 되지 않았다. 세쿼이아의 마크 코리즈는 닷컴 호황의 최대 수혜주 중 하나인 애완동물 용품 공급 사이트 펫츠닷컴Pets.com에 투자하고 있었다. 2000년 1월 펫츠닷컴은 값비싼 슈퍼볼 30초 광고를 사서 '당신이 지금 떠난다면If you leave me now(그룹 시카고의 유명한 노래 제목이기도 하다-옮긴이)'이라고 이름 붙였다. 이 암울한 아이러니 광고가 있은 지 282일이 지난 2000년 11월 7일, 펫츠닷컴은 문을 닫고 청산 과정을 밟기 시작했다. '펫츠닷컴'이 닷컴 투기 위험의 동의어가 되었던 순간이다.

거품이 꺼지면서 테크놀로지 잡지 《패스트 컴퍼니Fast Company》에서 비아냥을 담아 만든 신조어 퍼크드컴퍼니닷컴fuckedcompany.com(빌어먹을 회사, 망한 회사들 정도의 의미-옮긴이)이 동종업계에서 유행했다. 그 이름이 암시하는 것처럼 빌어먹을 회사들은 애초에 하지 말았어야 할 모험을 했다. X.com 직원들은 이 시기에 퍼크드컴퍼니닷컴을 매일 검색해보았던 기억이 있다. 남의 불행을 보고 즐거워서가 아니라 자신도 같은 신세가 될 수도 있다는 두려움 때문이었다.

콘피니티와 X.com이 실리콘밸리 쓰레기 더미와 함께 휩쓸려 가지 않을 수 있었던 이유는 여러 가지가 있겠지만, 특히 힘든 해를 버틸 수 있을 만한 금전적 여유가 있었기 때문이다. "당시엔 온라인 자금 이체 서비스로는 다섯 개에서 일곱 개 정도 보잘것없는 회사 정도만 남아 있었고, 모두가 산소호흡기로 간신히 연명하고 있었어요. 이들은 가을 이전에 모두 죽어버렸죠." 빈스 솔리토가 말했다.[47]

모든 직원들은 1억 달러를 조달한 라운드의 적절한 타이밍이 페이팔의 분수령이었다고 입 모아 말한다. "사람들은 얼마나 위태로운지도 몰

266

랐을 거예요." 클레멘트가 말한다. "그 1억 달러를 조성하지 않았더라면, 페이팔은 없었겠죠."[48] 마크 울웨이Mark Woolway는 가정을 더 확장했다. "그 1억 달러를 조달하지 못했다면 스페이스 X도, 링크드인도, 테슬라도 없었을 거예요."[49]

당시 상황을 회상하며 데이비드 월리스는 신을 끌어들였다. "최선을 다해 계속 일하다 보면 행운이 따른다는 그런 느낌이 있잖아요. 우리는 모든 일이 망가지기 바로 직전 합병을 하고, 자금 조달을 마칠 수 있었죠…. 기독교 신학에는 인간의 노력 대 예정론이라는 개념이 존재하는데, 때로 이 둘은 서로 반대되는 것으로 여겨지죠. 하지만 이 둘을 함께 연결해서 볼 때야 비로소 신학이 작동하는 유일한 방식을 알 수 있습니다. 예정된 것에는 그러한 작동 방식도 포함돼 있거든요."[50]

최후의 심판일을 예측했던 틸은 이례적인 요구를 하기도 했다. 2000년 여름 이사진 회의를 준비하던 중 틸은 머스크에게 제안을 하나 해도 좋겠냐고 물었다. 머스크는 동의했다. "어, 피터가 말하고 싶은 의제가 있는 모양입니다." 머스크는 말했다. 그리고 고삐를 틸에게 넘겨주었다.

틸은 시작했다. 시장은 호황으로 가고 있지 않다. 그는 회사나 세상 모두에 엄혹한 상황이 닥쳐오리라 예언했다. 당시엔 거품 붕괴를 단기간의 조정으로 보는 사람도 적지 않았다. 하지만 틸은 이 낙관주의자들이 모두 틀렸다고 확신했다. 그가 보기에 거품은 누구도 예상하지 못했을 정도로 컸고, 심지어 아직 본격적으로 터지지도 않은 단계였다.

X.com에서 볼 때 틸의 예측에는 중대한 함의가 있었다. 빠른 소각률 때문에 회사로서는 계속적인 자금 조달이 필요했다. 하지만 거품이 터지면, 아니 실제로 터질 때 시장은 경색될 테고, 자금은 말라붙어 버릴

것이다. X.com도 이 상황에서 예외가 될 수는 없었다. 자금을 조성할 어떤 방안이 없는 상황에서 회사의 대차대조표는 0까지 떨어질 수도 있고, 이는 부채 상환 불능과 더불어 파산을 암시할 수도 있다.

여기까지 이야기를 풀어놓은 틸은 하나의 해결 방안을 제시했다. 3월에 조성한 1억 달러를 자신의 헤지펀드 틸 캐피털로 옮기자는 것이었다. 그러면 자신이 그 돈을 증권시장에서 공매도(특정 종목 가격 하락을 예상해 그 종목의 주식을 빌려서 팔고 나중에 더 낮은 가격에 사서 갚아서 이익을 얻는 투자 전략-옮긴이)에 이용하겠다는 것이었다. "참 아름다운 논리였죠." 팀 허드는 기억했다. "페이팔의 장점 중 하나는 실제 세상 사람들이 일하는 전통적인 방식에 전혀 구애받지 않는다는 점이죠."

이사진 모두가 말문이 막혔다. 모리츠, 말로이, 허드는 그 자리에서 그대로 얼어붙었다. "피터, 완벽히 이해했어." 허드가 말했다. "하지만 우리는 사업 계획에 따라 투자자들에게서 돈을 받았어. 그들에게 준 파일에는 이렇게 쓰여 있어. '수익은 기업의 일반적인 목적에 사용한다'라고 말이야. 기업을 성장시킨다든가 뭐 그런 것들이지. 그런데 인덱스 투자에 써서는 안 되는 거잖아. 역사는 자네가 옳다고 증명해줄 수도 있겠지. 그럼 참 좋고 훌륭한 계획이겠지만, 만일 자네가 틀린다면, 우리는 모두 고발당할 거야."[51] 마이크 모리츠의 반응이 특히 잊히지 않았다. 그는 자신의 극적인 성격을 드러내며, 한 이사가 기억하기론 '제정신이 아닌 상태에서' 틸을 비난했다. "피터, 이건 정말 어렵지 않은 얘기군. 이사회가 자네 아이디어를 승인한다면, 난 그만둘 거야."

"마이크 모리츠의 극적인 반응이야말로 절정의 순간이었습니다"라고 말로이는 기억했다. 틸은 결국 이사진의 거부에 분노를 터뜨리며 저항의 의미로 다음 몇 번의 회의에 불참했다. 그의 생각에 이사회는 당시 벌어지고 있는 역사상 유례없는 시장 붕괴에 대해 제대로 이해하지 못하고 있었다. 게다가 그가 원하는 대로만 붕괴가 이루어지면 예상 밖의 수확도 충분히 거둘 수 있는 상황이었다. "조류가 바뀌고 있었죠. 피터는 늘 비관적이었어요. 하지만 어쨌든 조류가 바뀌는 건 알고 있었죠. 그 점에서는 정말 옳았어요." 말로이가 말했다. "페이팔이 당시 투자를 했다면 이후 모든 노력을 합친 것보다도 훨씬 더 많은 돈을 벌었겠죠."[52]

11장

틸의 사임과 머스크의 귀환

2000년 6월 이베이 게시판에는 다음과 같은 글이 포스팅되었다.

페이팔이 제겐 잘 맞아요. 비드페이bidpay는 아직 시도해보지 않았지만요.
빌포인트는 안 써요! 저는 이베이 모든 판매자가 합심해서 빌포인트를 거
부해야 한다고 생각합니다!

페이팔은 구매자나 판매자 모두에게 경이로운 서비스예요. 모두에게 무
료죠! 전 그게 좋아요! … 왜 이베이 사람들이 빌포인트를 쓰는지 이해가
안 가요!

저는 지난 2주 동안 페이팔을 사용해보았는데, 멋져요. 제 구매자 중 절반
정도에 달하는 페이팔 이용자와는 마치 번개처럼 거래가 끝납니다.[1]

이러한 피드백은 막 혼란을 겪기 시작한 페이팔 팀의 기를 살려주었다. "이용자들은 우리를 좋아했지요." X.com 엔지니어 콜린 캐틀란은 기억했다. "우린 하루에도 수백 통에 달하는 이메일을 받곤 했는데, 대체로 우리 때문에 삶이 바뀌었다는 내용이었어요."[2] 자기 사업체를 꿈꾸던 개인들은 마침내 X.com의 테크놀로지를 이용해 이베이에서 그 꿈을 이룰 수 있었다. "우리는 실재하던 문제의 솔루션을 만들어냈어요." 레브친의 고등학교 친구이자 당시 회사 QA 엔지니어였던 짐 켈라스는 말했다.[3]

많은 사랑과 더불어 적지 않은 불만도 쇄도했다. 초기 X.com과 콘피니티에서 이러한 불만 해결은 나중에 처리해야 할 일로 미뤄졌다. 1999년 10월 처음 페이팔을 출시했을 때는 팀원들이 전화로 이용자들의 특정 문제들을 해결해줄 수 있었다. 하지만 겨울이 지나자 고객 서비스 부서에 유일하게 고용된 데이비드 월리스가 혼자서 고객 서비스 전체를 관리해야 했다.

2000년 초반이 되면서 갑자기 상황이 악화되었다. 2월 X.com에는 5일 연속으로 2만 6405건에 달하는 고객 서비스 전화가 밀려들었다. 1분당 7통에 달하는 수치였다. 콘피니티 역시 유사한 쓰나미를 겪고 있었다. "하루에 24시간, 말 그대로 어떤 전화를 받더라도 성난 고객과 이야기할 수 있었어요." 호프먼은 회상했다.[4]

두 회사는 이메일은 무시하고, 사무실 전화선은 뽑아버리고, 휴대전화를 못 쓰게 하거나 휴대전화를 교체해주는 식으로 상황에 대처했다. "[월리스는] 주변을 살피듯 고개를 내밀며 읽지 않은 이메일이 10만은 된다고 하더군요." 데이비드 색스는 당시를 기억했다. "우린 '잠깐, 뭐라고? 우리한테 좀 더 빨리 말해줬어야지'라고 반응했죠."[5]

콘피니티와 X.com을 믿고 돈을 맡긴 사람들에게 플랫폼 결함은 심각한 문제였다. 한 초기 X.com 이용자는 여자친구와 주말을 보내기 위해 샌디에이고로 날아갔다. "공항으로 떠나기 직전 태평양 표준시로 오후 5시 30분쯤 X.com 당좌예금 계좌 잔액을 체크해보았죠. 746.14달러가 남아 있었어요." 그는 X.com 경영진 전체에게 상세한 내용의 이메일을 썼다. 착륙한 다음 렌트카 카운터는 그의 체크 카드를 거부했다. 근처 ATM도 카드를 받지 않았고, 나아가 호텔에서도 거부되었다. 호텔에서 X.com 서비스 번호로 전화를 걸었지만, 계속해서 이어지는 대기 시간에 포기하고 말았다.

"혼자 여행하는 중이었다면, 공항 벤치에서 자면서 차도 호텔도 돈도 필요 없었을 테고, 당신네 '고객 서비스' 부서가 전화를 받지 않고, 하물며 날 도와주지 않아도 아무 상관 없었겠죠…. 당신 회사와 관계를 유지해야 하는지 정말 깊은 회의를 느끼고 있습니다."[6]

X.com 직원들 역시 자사 제품 문제로 씨름했다. 2000년 4월 한 직원의 직불카드가 스타벅스에서 59.22달러 청구에 두 번이나 반응하지 않았다. "직불카드가 두 번 거절당했는데 [우리 고객 서비스 대표는] 마냥 데이 엔드 프로세싱day-end processing(하루 동안 발생한 거래를 정리하고 마감하는 작업-옮긴이) 때문이라고 했습니다." 이 직원은 동료들에게 따끔한 이메일을 보냈다. "이는 전혀 바람직한 일이라 할 수 없습니다."[7] X.com 회장이자 창업자 일론 머스크 역시 스타벅스 고객이었다.

한 고객은 X.com에서 부과한 초과 인출 수수료에 불만을 품고 온라인 리뷰 사이트 에피니온스Epinions에서 불만을 공유했다. 이 글에서 그는 '미국 연방예금보험공사와 검찰청에 연락을 취하겠다'고 다짐했다. 실망한 소비자들은 연방거래위원회Federal Trade Commission는 물론 소비자 옹호국Better Business Bureau(미국의 비영리 단체로, 소비자의 권익을 보호하고 기업의 투명성을 높이기 위해 활동하고 있다-옮긴이), 언론과도 접촉했다.[8]

비비안 고는 소비자 옹호국에 접수된 불만을 처리해야 했다. "저는 법원에서 보낸 문서 같은 것들을 받았어요." 그는 기억했다. "어떤 사람은 미국 사람도 아니어서… 저는 겁이 많이 났어요…. 산 호세 소비자 보호국의 한 여성으로부터는 야단도 많이 맞았어요. 그는 상당히 엄했어요. '오늘 이 사람을 만나러 가야 한다'는 생각만 해도 참 힘들었죠."[9]

문제를 스스로 해결해보려는 고객도 있었다. "우리가 돈을 갖고 있으면서 내주지 않는다고 생각하는 사람들도 있었어요." 스카이 리가 회상했다. "그래서 총을 들고 차를 몰아 페이팔 사무실에 와서는 돈을 내놓으라고 요구한 사람마저 있었죠. 그땐 정말 안전 문제를 심각하게 생각해야 했어요."[10]

품질 보증 부서 관리자 디온 맥크레이Dionne McCray는 페이팔 티셔츠를 입고 집을 나섰던 날을 기억하고 있다. "누군가가 저를 향해 소릴 지르더군요. 페이팔 결제가 제대로 되지 않았다는 거죠." 그가 말했다. "아주 악몽 같은 경험이었어요. 사람들은 제가 거기서 일하고 있으니 무엇이든 도움을 줄 수 있다고, 자기의 동결된 계좌를 풀어줄 수 있다고, 아니면 무슨 설명이라도 해줄 수 있다고 생각하는 것 같았어요." 테크놀로지 분야에 계속 남아 있던 그는 이 경험을 통해 평생 잊지 않을 교훈을 얻었다고 했다. "오늘날까지도 저는 집 밖으로 나갈 땐 절대 회사 로고가 그려진 옷은 입지 않아요."[11]

물론 회사의 잘못이라고는 할 수 없는 문제들도 있었다. 렌트카 카운터나 스타벅스에서 X.com의 ATM 카드가 작동하기 위해서는 복잡한 단계를 밟아야 한다. 그중 어떤 하나라도 카드 작동 불량의 원인이 될 수 있다. 예를 들어 샌디에이고로 여행 갔던 IT 전문가의 경우, 써드파티 직불카드 처리 시스템의 서버 문제로 인해 카드가 작동하지 않은 것으로 밝혀졌다.

하지만 고객 서비스가 부족하다 보니 이용자들은 난감했다. 문제가 회사에서 비롯된 건지, 써드파티 서비스의 문제인지 구별할 재간이라곤 없었으니 말이다. 이런 상황에서 이용자들은 문제가 생기면 무조건 X.com의 실수로 판단하곤 했다. 회사 경영진에서는 고객 서비스를 우선시하기로 했다.

처음엔 X.com도 남들이 다 하는 전형적인 접근 방식을 시도했다. 전화와 불만을 아웃소싱하는 방식이었다. X.com은 캘리포니아에 기반을 둔 회사들과 계약을 맺었는데, 그중에는 버뱅크Burbank에 위치한 콜센터도 있었다. 하지만 이러한 해결책은 비용만 많이 들 뿐, 이용자 문제의 근본적 해결에 큰 도움이 되지 않았다. "엄청난 돈을 청구하더라고요. 끔찍한 회사들이었어요." 머스크는 말했다.[12]

결국 X.com의 줄리 앤더슨이 문제의 해결책을 찾아 나섰다. 앤더슨은 아이다호주 보이시Boise라는 유망한 장소를 포함해 미국 전체에 분포한 고객 서비스 기업에서 직원들을 스카우트했다. 그러다가 한 아이디어가 떠올랐다. "어떻게, 왜 그렇게 생각하게 되었는지는 모르겠지만, 그냥 '그래, 우리 가족 전체에게 집에서 어떻게 고객 서비스를 하는지 가르쳐보지 뭐'라는 생각이 들었어요. 제 가족은 정말 대가족이거든요."[13]

앤더슨은 특히 자신의 동생 질 해리먼Jill Harriman을 염두에 두고 있었다. 그는 네브래스카에 살고 있어서 중서부 사람들의 특징이라 할 수 있는 인내심이 특징이었는데, 앤더슨 생각에는 이러한 인내심이 이용자들의 부글부글 끓는 불만에 대한 강력한 해독제가 될 것 같았다. 머스크는 충분한 가능성을 보았다. "잘해봐." 그는 이렇게 말했다고 기억한다. "시작해봐. 30일 안에 100명을 구해야 해." 앤더슨은 당장 네브래스카주 세레스코로 달려가서 동생을 가르치는 일에 착수했고, 이어 동생은 그 지역에 있던 친구 14명을 가르쳤다.[14]

이 모험은 X.com이 오마하Omaha(네브래스카주 동부 도시-옮긴이)와 처음 연결된 계기였다. 시간이 지나며 이 연결은 더욱 굳건해졌다. 전문적인 훈련을 받은 고객 서비스 전문가 집단은 캘리포니아의 전문 서비스 기업보다 훨씬 효과적이었다. 더 빠르고, 비용도 적게 들고, 언어 장벽도 거의 없었다. "좋았어요. 우리로서는 최선이었죠. 믿을 수 있고, 책임감 있고, 열심히 일하고. 모든 면에서요." 앤더슨은 기억했다.[15]

이 전초기지의 성공에 힘을 얻은 X.com 경영진은 네브래스카 부서를 확장하기로 했다. 4월 17일 20~30명에 불과했던 고객 서비스 담당은 5월 12일에는 161명으로 늘어나 있었다. 겨우 몇 주 만에 네브래스카 콜센터 직원 수가 팰로 앨토의 본사 직원 수를 넘어섰고, 이들이 보여주는 성과는 놀랍기만 했다. 2000년 5월 12일, X.com은 사내 전체 이메일을 통해 "이메일 불만 처리 지연이라는 문제는 거의 해결되었다"라고 자랑스럽게 선언했다. 그리고 회사는 값비싼 버뱅크 고객 서비스 운영을 중단했다.[16]

그 여름과 그 이후 몇 년간 X.com 직원들은 오마하로 정기 순례를 떠났다. 제품팀은 고객 서비스 담당이 필요로 하는 툴을 이해하기 위해서, 회사 경영진은 오마하의 고위 관리자들과 관계를 돈독히 하기 위해서 등등이었다. 앤더슨은 한동안 오마하로 직접 이사해서 팀을 꾸리고 고객 서비스 프로세스를 만드는 역할을 했다.

오마하 직원들은 팰로 앨토 본사와 고객을 연결하고 지원해주는 결합 조직이 되었다. 페이팔 초기 오마하 직원 미셸 보넷Michelle Bonet은 웹사이트 문제에 회사가 보여주던 놀랍게도 빠른 반응에 깊은 인상을 받았다고 기억한다. "시스템에서 결함을 찾으면, [팰로 앨토에] 통보하곤 했지요…. 그런데 다음 날이면 고쳐져 있었어요." 회사를 대표하는 얼굴로서 보넷은 성난 고객과 씨름했던 일도 회상했다. "폭탄 위협도 있었어요. 많은 위협이 있었지요. 문서상으로도, 말로도요."[17]

에이미 로우 클레멘트는 오마하의 성공으로 인해 팰로 앨토에서는 맹점이 생겼다고 기억하고 있다. "회사가 성장한 후에야 비로소 돌이켜 보고, '이런, 고객 지원을 충분히 서비스하지 못했구나' 하는 사실을 깨닫게 되었죠. 그건 오마하에서 하는 일이라고 생각했었으니까요. 이젠 조금만 성장해도 '오, 나는 비행기를 타야 해, 오마하에 가야 해, 그게 내 일이니까. 오마하에 문제가 있다면, 내 팀이 일을 잘 못 해서일 거야. 그러니 우린 좀 더 뭉쳐야 해'라고 깨닫게 되었죠."[18]

머스크는 오마하 콜센터 직원들에게 칭찬을 아끼지 않았다. "그들은 일을 정말 잘 해냈고, 멋졌어요! 비용도 훨씬 적게 들면서, 고객 행복 수준은 훨씬 높았죠."[19] 6월 2일 금요일 머스크는 회사 최초의 네브래스카 지부 개소식에 참석하기 위해 오마하로 갔다. 거기서 몇몇 팰로 앨토 직원들, 오마하 시장 할 다우브Hal Daub, X.com의 오마하 팀을 만났다. 그 행사를 기념해서 머리를 밀어 X.com 로고를 새기고 파란색으로 염색한 안드레 두한 3세Andre Duhan III도 거기 포함돼 있었다. 그는 이런 식으로 이목을 끌어 지역 자선 기관인 차일드 세이빙 인스티튜트Child Saving Institute 기금을 조성했다.

오마하가 지사로 선택된 것은 거기에 앤더슨의 가족이 있고 그들의 도움을 받았기 때문이기도 했지만 그건 그냥 우연한 일에 불과했고, 무엇보다 미군이 그 지역에 주둔하고 있었기 때문이다. 양쪽으로 엄청난 대륙에 의해 보호받는 네브래스카에는 미국 전략 핵무기 상당량을 통제하는 군사 지휘 체계인 전략 항공 사령부가 자리 잡고 있었다. 냉전 당시 네브래스카 오퍼트Offutt 공군기지는 소련 핵 공격에 대해 '상호 보증된 파괴Mutually Assured Destruction, MAD(핵전쟁 상황에서 모든 참전 국가가 상호적으로 보장된 파괴로 인해 파괴되는 결과를 의미-옮긴이)' 대응을 계획하기도 했다. X.com을 위시한 민간 기업들은 이 지역에 투자된 군의 통신 체계를 이용하고자 했다. 1990년대 초반에 이미 이 지역은 미국 최초 광케이블 네트워크를 자랑하고 있었다.

이런저런 정황으로 인해 오마하는 멀리 떨어진 캘리포니아에 자리 잡은 결제 스타트업의 콜센터로 잘 어울리는 장소였다. 후에 페이팔의 전 세계 고객 서비스 운영 역시 오마하를 중심으로 성장한다. 오마하에 기반을 둔 고객 서비스 담당자들은 전 세계를 여행하면서 새로운 담당자를 교육하고 인도, 더블린, 상하이에 자매 고객 서비스 사이트를 열었다. 오랜 시간이 흘러가며 오마하의 시드 그룹seed group은 수천 명까지 늘어났고, X.com의 팰로 앨토 본부 직원보다 여러 배가 되었다. 오늘날까지 페이팔은 이 지역에서 가장 큰 고용업체 중 하나이다.

몇 년 후 앤더슨은 자신이 보여준 창의적인 고객 서비스 문제 접근 방식에 대해 이렇게 회상했다. "저는 계속 생각했지요. '이게 제대로 작동할까?' 이 질문은 당시엔 정말 낯설었어요. 그땐 '우리가 무엇을 할 수 있을까? 얼마나 빨리 할 수 있을까?'가 전부였거든요."[20]

속도에는 비용이 따르는 법이다. 하지만 회사는 그 정도는 기꺼이 감수할 수 있다고 생각했다. 디자이너 라이언 도나휴는 결제가 한꺼번에 몰리던 금요일 오후 주요 사이트 기능을 망가뜨렸던 일을 기억한다. 그는 당장 회사의 CTO 레브친에게 사고를 알렸다. 레브친은 곧장 달려와 문제를 진단했다. "그러곤… '축하해. 혼자만의 힘으로 회사의 자금 전송 방식을 고장 내고, 회사엔 150만 달러에 상당하는 피해를 줬군'이라고 말하더군요." 도나휴는 그 자리에서 움직일 수 없었다. "그전엔 그렇게 엄청난 비용을 초래할 만한 실수를 저지른 적이 없었거든요. 근데 괜찮아졌어요. 레브친은 웃으며 그 이야기를 했거든요. 그래서 전 '여긴 정말 굉장하군'이라고 생각했어요."[21]

머스크를 비롯한 주요 경영진은 실패를 출시를 서두르는 데서 비롯되는 필연적인 부작용이라고 생각하며 받아들였다. "한번은 일론이 무슨 이야기를 하다가 '잘못한 일을 고쳐놓기 전에 그 일을 어떻게 망쳤는지 네 가지 측면에서 이야기할 수 없다면, 그 일은 자네가 한 게 아니야(일을 제대로 하기 위해서는 네 번은 실패할 수도 있다는 의미-옮긴이)'라고 하더군요."라고 지아코모 디그리골리는 회상했다.[22]

머스크는 이러한 생각을 다른 식으로도 설명했다. "두 개의 길이 앞에 있고 둘 중 하나를 선택해야 하는데 하나가 다른 길보다 명백히 나아 보인다면, 굳이 어떤 길이 조금이라도 더 좋은지 알아내려고 많은 시간을 허비하지 말고 그 하나를 선택해 나아가야 합니다. 때로는 틀릴 수도 있습니다…. 그러나 대체로 그냥 하나의 길을 선택해서 일단 저지르고 보는 편이 선택을 놓고 끝없이 고민하고 주저하는 것보다는 낫습니다(로버트 프로스트의 〈가지 않은 길The Road Not Taken〉 내용을 가지고 이야기하고 있다-옮긴이)." 그는 2003년 스탠퍼드 공개 강연에서 말했다.[23]

그러나 직원이나 경영자 모두는 합병의 부작용으로 망설임은 늘어나고, 선택은 줄어든 상황을 느끼기 시작했다. 심지어 기본적인 문제들마저 해결 불가능한 것으로 여겨질 정도였다. 회사의 기업용 이메일 시스템을 합치는 데만도 몇 개월이 소요되었다. 출시 제품은 줄어들고, 코드의 양도 줄었다. "출근은 해서 타임카드에 시간을 기록하긴 했죠." 한 직원은 말했다. "하지만 뭘 해야 할지, 누구에게 보고해야 할지도 몰랐어요."[24]

합병으로 인해 오히려 회사의 발전이 지체되면서 이내 새로운 위협들이 등장했다. 이베이 결제 분야의 전략적 조치, 새로운 경쟁자들, 그리고 영악한 사기꾼들이었다. "회사에서 아무 일도 못 하고 보낸 두세 달은 마치 영겁의 시간처럼 느껴졌어요." 색스는 기억한다. "그 전 두세 달 동안에는 회사를 출범하고, 경쟁자들을 물리치고, 합병하고, 마지막 자금 조달 라운드까지 모두 마쳤잖아요?"

경영진이나 거기에 가까운 사람들, 특히 콘피니티 사람들은 소규모 비공식 회의에 익숙해 있었다. 하지만 새로운 X.com에서는 길고 긴 공식 회의가 불가피한 현실이 되었다. "한 방에 스무 명도 넘는 사람들이 앉아 있는 경영진 회의에 참석해야 했지요!" 분개한 어투로 색스는 회상했다.[25]

CEO 빌 해리스는 모든 지체에 대한 비난을 감수해야 했다. 한 경영진은 합병 이후 벌어질 수밖에 없었던 인재 중복 문제를 언급하며 "그는 중복 문제 그 어떤 것도 해결하지 못했어요"라고 회상했다.[26] 예를 들어 두 회사 모두가 자금을 관리하는 고위 경영진을 유지하고 있었다. 하필 두 사람 이름은 같은 데이비드David였다(하나는 데이비드 자크Jaques, 다른 하나는 데이비드 존슨Johnson이었다).

해리스는 합병 기업의 운영상 복잡성뿐만 아니라, 개성이 강한 팀들의 합병에 따른 부조화까지 감당해야 했다. 레브친, 머스크, 틸 그리고 그 자신이 포함된 네 명의 최고 경영진에 대해 해리스는 웃으며 이야기했다. "네 친구 모두가 자기만 아는 사람들이었어요."[27] 해리스는 또 테크놀로지와는 거리가 먼 CEO였다. 그는 바로 이 점 때문에 엔지니어링에 초점을 둔 X.com에서 버티기 힘들었다고 인정했다.

특히 해리스의 결정 중 하나에 많은 X.com 경영진은 분개했다. 해리스는 X.com 신규 가입 보너스 프로그램을 중단하고, 콘피니티 인센티브는 10달러에서 5달러로 줄이려 했다. 그는 3월 15일부로 이전 X.com 이용자들을 위한 프로그램은 종료하고, 동시에 콘피니티의 이전 페이팔 고객들은 이전 인센티브의 절반 비율을 받게 될 것이라고 사용자 전체에게 공지하도록 지시했다. 한 프로그램은 그대로 유지되는데 다른 한 프로그램은 왜 중단하냐고 고객이 묻는다면, 공식적으로는 "회사가 하나로 합쳤으니 추천 프로그램도 하나만 운영하는 게 타당하다고 사료됩니다"라고 대답하라고 했다.[28]

인센티브를 줄이려는 해리스의 결정은 회사의 비용곡선cost curve(기업이 생산물을 생산하는 데 드는 비용-옮긴이)에 대한 우려에서 비롯되었다. 해리스는 출혈을 멈춰야 한다고 생각했다고 한다. "이제는 우리가 이겼다고 생각했어요." 그는 합병 이후 X.com의 결제 시장 지배력을 언급하며 이야기했다. "하지만 그러기 위해서는 지출을 중단해야 했어요."[29]

다른 사람들은 그의 승리 선언이 너무 조급하다고 생각했다. 아직 위험한 시기가 남아 있는데, 해리스는 조급하게 성장을 늦추는 브레이크를 밟고 있었다. 이베이 이용자들이 고객 기반과 결제 양의 과반을 차지하고 있기에 X.com은 여전히 이 경매 거인의 의지에 좌지우지될 수밖에 없는 상태였다. 단 하나의 결정만으로도 이베이는 X.com의 사업을 심하게 훼손할 수 있었다. X.com이 직접 겪었던 악몽 같은 시나리오이기도 했다. 2000년 봄 빌포인트 홍보 전략의 일환으로 이베이는 판매자들이 빌포인트를 결제 옵션에 포함하기만 해도 경매 물건을 무료로 등록할 수 있게 해주겠다고 발표했다. 이 하루 동안의 '무료 등록일'이 지나자 경매 결제 수단에서 차지하는 빌포인트의 비율은 1퍼센트에서 10퍼센트까지 치솟았다. 에릭 잭슨에 따르면, 이 정도 시장점유율은 '페이팔이 달성하는 데 한 달은 걸렸던' 비율이다.[30]

이러한 이유로 보너스가 매우 중요하다고 믿는 사람이 많았다. X.com은 이베이 고객 유치에 제한적인 수단만을 갖고 있었다. 몇몇 열혈 팬들을 제외하고는 압도적으로 많은 판매자가 X.com이나 페이팔, 빌포인트와 같은 브랜드에 대해서는 그다지 관심이 없었다. 이들에게 결제 서비스란 그저 프로그램에 지나지 않았다. 몇몇 판매자들이 X.com과 페이팔이 편리하다고 인정하긴 했지만, 그건 X.com과 콘피니티가 그렇게 말하도록 돈을 쥐여주었기 때문이었다. 많은 사람이 보기에 보너스 종식은 이렇게 동기 부여가 잘돼 있으면서, 대단히 효율적인 판매원들을 대량 해고하는 것이나 마찬가지였다.

심지어 20년이 지난 후에도 인센티브 종식 결정을 놓고 팀원들은 할 말이 많다. 콘피니티의 추천 프로그램을 설계한 사람 중 하나인 루크 노섹은 퉁명스럽게 "그저 실수입니다"라고 선언했다. 물론 페이팔은 성공했지만, 노섹은 이 보너스가 원래대로 유지되었더라면 회사는 더 빨리, 더 크게 성장했으리라고 주장한다.[31]

어느 늦은 저녁 사무실에 있던 빌 해리스는 한 엔지니어가 동료들보다 일찍 퇴근하는 것을 보았다. 그 엔지니어는 좋아하는 텔레비전 프로그램을 보고 사무실로 돌아오겠다고 했다. "하지만 빌, 내게 티보TiVo(미국의 디지털 비디오 레코더-옮긴이)가 있다면, 녹화를 세팅해놓고 여기 있어도 좋은데 말이야"라고 그 엔지니어는 농담 삼아 한마디를 던지고 떠났다. 그가 말한 물건은 텔레비전 프로그램 녹화가 가능한, 당시 인기 있던 신제품이었다. 며칠 후 그 엔지니어가 사무실에 도착해보니 책상에는 티보가 올라가 있었다. 빌 해리스의 선물이었다.[32]

다른 여러 사례에서도 그렇지만, 특히 이 사례에서 볼 수 있듯이 리더로서 해리스는 대단히 개방적이어서 다른 X.com 관리자들과는 사뭇 대조적인 사람이었다. 해리스는 엔지니어링 백로그backlog(아직 처리되지 않은 일 또는 작업 목록-옮긴이) 정리에 도움이 되도록 임시 조직도를 만들었다. 그는 사업 개발 계약business development deals(기업이 다른 기업과 체결하는 계약-옮긴이)에 박차를 가했고, 웹을 서핑하는 이용자들에게 돈을 지급하는 올어드밴티지AllAdvantage라는 사이트와 거래를 성사시켜 X.com의 이용자 기반 성장에 도움을 주기도 했다.

X.com 직원 중에는 개발 계약에 초점을 맞춘 해리스의 행동을 성공이라고 보는 대신, 더 큰 문제의 징후라고 보는 사람들도 있었다. 이들이 보기에 X.com은 새로운 성장 전략보다는 수익 전략이 필요했다. 서비스는 이미 바이럴을 통해 성장하고 있다. 하루에도 수십만 명의 이용자가 늘어나고 있다. 이는 해리스가 폐지하고 싶어 했던 보너스 프로그램 덕분이다. 개발 계약도 도움은 되겠지만, 여전히 핵심적인 문제는 회사의 수익 모델이 분명치 않다는 점이다. 여기까지가 이들의 생각이었다.

X.com의 원래 계획은 다양한 비결제 은행 서비스로 사람들을 유도해 수익을 창출하는 것이었다. 한편 콘피니티는 페이팔 계좌 잔액을 이용해 이자를 얻으려 했다. 팀은 이 전략을 '유동성을 통한 돈 벌기making money on the float(콘피니티는 고객에게 돈을 받고, 결제 이전에 잠시 보유한다. 이 기간에 그 돈에 대한 이자를 받는다는 의미다-옮긴이)'라고 불렀다. 어쨌든 두 회사 모두의 계획은 현실이라는 암초에 부딪혀 박살 나버렸다. 결제를 제외한 X.com의 다른 은행 서비스들은 그다지 매력이 없었다. 콘피니티의 '유동성' 수입은 미미한 것으로 판명되었다.

설상가상으로 X.com은 막대한 거래 수수료를 내야 했다. X.com 계좌 대부분이 고객의 신용카드와 연결돼 있다 보니 고객의 거래가 있을 때마다 X.com은 비자, 마스터카드, 아메리칸 익스프레스와 같은 신용카드 회사에 수수료를 내야 했다. "거래가 많을수록 더 많은 돈이 나갔죠." 에이미 로우 클레멘트는 말했다.[33]

해리스가 이렇게 치솟는 비용과 수입 부족을 예견하지 못한 것은 아니었다. 그는 송금자에게 고정 수수료를 청구하는 안을 해결책으로 제시했다. 송금수표를 보내거나 은행을 통한 전신 송금 수수료와 비슷한 개념이었다. 하지만 팀은 이 아이디어를 재난이라고 믿었다. 팀의 생각으로 콘피니티 페이팔 서비스가 성공한 원인은 다른 경쟁사들이 청구하던 송금 서비스를 무료로 해주겠다는 약속 덕분이었다. 특히 이베이에 상주하고 있는 많은 구매자와 판매자들은 웨스턴 유니온이 부과하는 수수료와 번거로운 절차를 피하려고 페이팔을 사용했다. 그런데 상황이 바뀌었다고 수수료를 도입하겠다니, 팀이 생각하기엔 이베이가 이전 사용자를 되찾기 위한 진지한 노력의 하나로 도입한 빌포인트에게 시장점유율을 툭 떼어 넘겨주겠다는 이야기나 다름없었다.

난데없는 서비스 비용 부과에 분개하는 고객들과도 맞닥뜨려야 하는 문제도 있었다. X.com과 콘피니티의 이메일 제품들은 무료라고 선전하며 세상에 등장했다. 콘피니티 웹사이트에는 '언제나 무료'라는 선전 문구가 여전히 붙어 있는 상태였다. 머스크는 X.com을 통해 모든 종류의 외부 수수료와 전쟁을 벌이겠다고 큰소리쳤었다. 양측 모두는 일단 회사가 충분한 고객을 확보하기만 하면 매출은 절로 해결될 것이라고 믿었기에 이런 전략을 펼 수 있었다.

이 같은 여러 이유로 이용자들에게 비용을 청구하자는 아이디어는 당시에는 기각되었다. 하지만 고위 경영진 사이에 열띤 토론이 벌어지며 해리스와 다른 경영진이 회사의 비용과 수익 전략에 대해 해소하기 힘든 의견 차이를 가지고 있음이 드러났다. 좀 더 근본적으로 X.com 팀은 둘 중 어떤 문제의 해결 방안을 찾아낸다고 해도 조직이 너무나 혼란스럽고 움직임이 느려터지다 보니 그 해결 방안이 작동하지도 못할 것이라는 판단을 내리고 있었다. 비용이 계속 상승하면서 압박도 가중되어, 언제 파열이 실제로 드러나더라도 전혀 이상할 것이 없었다.

피터 틸은 인간의 자유를 삶의 화두로 삼고 있었다. 이 화두는 스탠퍼드 시절에 이미 철학적 탐구 주제로 처음 등장했고, 나중에는 정치적인 문제로까지 확장되었다. 하지만 X.com 당시 그에게 이 주제는 대단히 개인적인 문제로 다가왔다.

2000년 5월 5일 금요일 정오가 막 지난 시점에서 마침내 하나의 결론에 도달한 틸은 사내 전체 이메일을 보냈다. 제목은 '부사장 사임'이었다.

모든 분께,

오늘부로 저는 X.com 부사장직을 사임합니다. 세 가지 이유 때문입니다.

1. 우리는 (페이팔 입장에서 보자면) 4명에서 출발해서 300명도 넘게 늘
   어났습니다. 고객 기반은 150만 이용자를 확보해서 세계 최고의 전자
   금융 사이트로 성장했습니다. 성장은 아주 즐거웠습니다. 하지만 17개
   월간 문자 그대로 밤낮으로 일하고 나니, 저는 정말 지쳐버렸습니다.
2. 이 성장 과정을 통해 우리는 초기 계획 단계에서 시작해 세계 지배를
   위한 계획을 실천하고 있는 기업이 되었습니다. 기본적인 비전은 세계
   금융 운영체제를 만들고, 그를 통해 전 세계적인 거래의 토대를 제공하
   는 것입니다. 저는 관리자라기보다는 이런 비전을 꿈꾸는 사람입니다.
   이러한 노력이 이미 많은 추진력을 얻었으므로 이제는 X.com 운영을
   관리하고 사업을 확장할 수 있는 팀으로의 전환이 더더욱 중요한 시점
   입니다.
3. (5억 달러 규모라는 투자 전 기업 가치 평가가 있고 난 뒤) 1억 달러 규
   모의 자금 조달 라운드는 투자자 집단이 X.com의 전망에 강한 신뢰를
   보여준 사건이었습니다. 그래서 지금이야말로 제 일상적인 회사 업무
   수행을 자연스럽게 마감하는 동시에 X.com을 기업공개까지 이끌어 갈
   지도자가 필요한 시점입니다.

저는 앞으로도 X.com의 전략 고문으로서 충실히 맡은 바 임무를 다할 예
정입니다. 언제든 편하게 어떤 문제가 있더라도 저를 찾아주십시오.
개인적인 이야기입니다만, 제가 살아오면서 (아마도 두세 살 때를 제외하

고는) 이렇게 많은 성장과 배움을 한꺼번에 이뤄본 적이 없습니다. 제게 더욱 중요했던 점은, X.com에 모인 이 대단한 인재들과 훌륭한 인간관계와 우정을 쌓을 수 있었다는 것입니다. 저는 이러한 인간관계와 우정이 앞으로도 이어지리라고 확신합니다.

모든 것에 감사드리면서,
피터 틸[34]

겉으로 무슨 말을 하든 간에 틸과 가까운 사람들은 모두 숨겨진 내용을 읽을 수 있었다. 틸이 빌 해리스에게 완전히 실망했다는 내용이었다. 틸은 페이팔 이용자들에게 수수료를 받자는 해리스의 제안에 반대하고, 규제 담당 로비스트에게 돈을 쓰자는 해리스의 결정에도 반대했다. 틸이 보기엔 낭비에 불과했기 때문이다. 둘 사이의 관계는 시간이 아무리 흘러도 개선될 기색이 없었다.

틸은 CEO 외에도 마뜩잖은 구석이 많았다. 회사는 수십 명에서 수백명 규모로 늘어나 있었고, 틸은 규모와 함께 늘어난 요구가 싫었다. 예를 들어 합병 이후 그는 X.com의 '금융 부사장'이라는 직함으로 해리스와 머스크에게 직접 보고를 해야 했다. 그리고 그는 다섯 명으로부터 직접 보고를 받았다. CFO 데이비드 자크, 금융 팀원들인 마크 울웨이, 켄 호워리, 잭 셀비, 그리고 아직 정식 고용되지 않은 법무 자문위원이었다. 이렇게 다섯 명에게 보고받고 두 명의 상사에게 보고하는 체계는 틸에게는 너무도 번거로웠다.

2월 말에서 3월 말까지 금융 라운드를 주도하며 X.com 생존에 필요한 자금을 확보한 틸로서는 더는 자신이 남아 있어야 할 필요를 느끼지 못했다. 그가 굳이 운영을 맡지 않아도 회사는 그럭저럭 괜찮을 것이고, 더욱 중요한 점은 개인적으로 골치 아픈 경영 임무를 떠나면 훨씬 살 만할 것이라는 생각이었다.

많은 콘피니티 출신은 틸의 사직을 심각하게 받아들였다. "피터가 떠나는 게 너무도 슬펐어요." 틸이 동료들의 반대를 무릅쓰고 고용했던 색스는 기억했다.[35]

머스크는 틸의 사직을 보며 CEO에 대한 고민이 깊어졌다. 물론 틸이 그만두기 이전에도 머스크는 해리스에 대해 마뜩잖아하고 있었다. 그는 합병 완성을 위해 사직하겠다고 위협하며 회사의 미래를 위태롭게 한 해리스를 결코 용서한 적이 없다. "그렇게 제 머리에 총구를 겨눈 데 대해 정말 기분이 좋지 않았어요." 그는 기억했다. "미친 짓을 한 거죠."

회사의 상황은 머스크의 고민을 더욱 심화시켰다. 그는 제품 개발 지체를 불쾌한 감정으로 지켜보았기에 해리스의 테크놀로지 재우선화 로드맵에 반대했다(이 로드맵이 제품 개발을 오히려 지체시킨다고 생각했기 때문이다-옮긴이). X.com의 엔지니어링 목표를 요약한 4월 7일 문서는 '중개', '신용카드', '뮤추얼 펀드' 같은 기능에 앞서 아직도 추가적인 경매 지불 기능을 이야기하고 있었다. 머스크는 경매 결제에 대해서는 우주선을 쏘기 위한 일종의 발사대에 지나지 않는다는 확고한 믿음을 갖고 있었다. 그래서 그는 해리스가 자기 비전을 우선순위에서 끌어내리고 '회사를 말도 안 되는 전략적 방향으로 이끌고' 가려 한다고 결론 내렸다.

머스크는 더 많은 기업과 금융계의 거물을 고용하려는 CEO의 욕심에도 아연실색했다. "그 친구는 예를 들자면 노련한 금융 경영인 뭐 그런 사람들로 '우리 젊은 꼬맹이들을 길들이려' 하는 것 같았어요." 머스크는 기억했다. "우리는 '어, 그 은행에 있는 아무짝에도 쓸모없고, 우리 경쟁 상대도 되지 않는 그 꼰대 경영자들 말이야? 정말 말도 안 되는군'이라는 식으로 반응했죠." 머스크는 이 늙은이들보다는 오히려 회사를 박차고 나가 자신에게 걱정을 안겨준 틸과 같은 '꼬맹이'가 회사를 혁신하고 승리를 가져다줄 가능성이 가장 큰 인물이라고 믿었다.

이 시점에서 머스크는 데이비스 색스를 알게 되었고, 또 좋아하게 되었다. 둘은 모두 남아메리카공화국에서 이민 왔고, 다른 사람들이 모두 놀랄 만큼 일에 집중력과 에너지를 쏟아붓는 공통점도 있었다. "데이비드와 저는 정말 잘 어울렸어요." 머스크는 회상했다.

틸이 사직한 다음 주에 색스, 머스크, 마크 울웨이는 안토니오 넛 하우스Antonio's Nut House라는 근처 바에 모였다. 이 바는 팰로 앨토에서 일종의 용광로 역할을 하고 있었다. 끝없이 무료로 제공되는 땅콩과 발에 밟히는 땅콩 껍데기 소리로 유명한 바였다.

머스크와 색스는 각자 X.com 제품에 대한 나름의 비전을 피력했다. "정말 자유롭게 브레인스토밍을 할 수 있었던 기회였어요." 머스크는 기억했다.[36] 색스는 아직 미완성 단계에 머물러 있던 아이디어를 몇 개 내놓았다. 그 안에는 회사가 결국은 이베이 결제뿐 아니라 온라인 거래가 있는 곳이라면 어디에서나 결제를 도맡게 되리라는 믿음도 포함돼 있었다. 그는 전자상거래가 팽창하면서 다른 웹사이트들도 X.com이 이베이에서 이미 해결한 문제에 직면하게 되리라고 예측했다. 그것은 다름 아니라 손쉽고도 싼 결제 방식이었다.

대화는 금세 X.com CEO로 방향을 틀었다. 머스크는 해리스에 대한 의구심을 털어놓았다. 그 안에는 물론 침략군에게 쓸모 있는 모든 것조차 불태워 버리는 초토화 합병 전술에 대해 수그러들지 않는 불만도 있었다. 색스에게 이는 계시와도 같았다. 그때까지 콘피니티 출신들은 해리스와 머스크가 하나라고 생각했었다.

색스는 합병 이후 성장과 개발이 회사의 미래를 위태롭게 할 정도로 지체되고 있다는 머스크의 관점에 동의했다. 그는 해리스가 도입한 추가적인 회의, 격식 차리기, 많은 절차 등등이 새로운 제품 출시를 가로막는 주요 원인이라고 했다. 그리고 그 역시 고객 인센티브를 줄이자는 결정에 반대했다. 해리스와는 달리 보너스 지출이 지속 불가능하다고 생각하지 않았기 때문이다. 그는 보너스 지출보다는 X.com이 이베이 결제 전쟁에서 패배한다면 그것이 더 커다란 리스크가 되리라고 했다. 게다가 보너스 비용을 줄이는 것보다는 수익을 늘리는 것이 먼저라고 제시했다. 머스크도 동의했다.

넛 하우스 회의를 통해 색스와 머스크는 둘이 생각이 다를 것이라고 예상했던 지점에서 오히려 많은 접점을 발견했다. 예상치 못했던 동맹이 된 둘은 곧바로 행동에 착수했다. 색스와 머스크는 레브친을 위시한 몇몇 X.com 직원들에게 전화를 걸었다. 레브친은 곧 넛 하우스에 도착해서 새로운 소식을 접하고 함께 계획을 세우기 시작했다.

"그날 밤 넛 하우스를 떠날 때 즈음엔 모든 사람이 같은 생각이었습니다." 한 참석자는 말했다. "회사가 제대로 돌아가지 않고 있다는 점에서요." 그날 밤 모였던 사람들은 CEO를 몰아내는 쿠데타 계획을 세우기 시작했다.[37]

계획은 간단했다. 합병 협상 중 해리스가 했던 행동을 생각하면 적절하기도 했다. 쿠데타 세력은 이사회에서 최후통첩을 제시할 계획이었다. 해리스가 CEO에서 물러나지 않으면 그들, 다시 말해 머스크, 색스, 레브친, 그리고 많은 평사원 지지자들이 사직서를 제출한다는 복안이었다.

쿠데타 세력은 승리를 확신했다. 그들 중 레브친과 머스크는 이사진이었고, 이사였던 틸 역시 생각이 같았다. 존 말로이도 틸과 레브친 편을 들어주리라 예상할 수 있었다. 그러면 마이크 모리츠와 팀 허드 두 명이 남는데, 굳이 이들의 동의 없이도 쿠데타 세력은 필요한 표를 확보할 수 있다.

쿠데타 세력은 그날 밤 팀 허드에게 전화를 걸었다. "충격을 받더군요." 한 참여자가 회상했다.[38] 쿠데타 세력은 봉기가 있기 전 해리스가 그냥 사임해주기를 바랐다. 그러나 해리스는 조용히 물러날 마음이 없었다. 오히려 쿠데타 정보를 비밀리에 입수해서 반격을 준비하고 있었다. 그는 이사회에서 회사의 미래를 위한 승리 전략을 프레젠테이션하려 했다.

임시 이사회가 열렸고, 거기에서 "[해리스는] 우리더러 무슨 짓을 저지르고 있는지 아무것도 모르고 있다고… 주장했어요." 머스크는 기억했다. "회사를 위해서는 노련한 리더십이 필요하다고 하더라고요."[39] 이사회는 해리스의 발언에 동의하지 않았다. 예상대로 표가 갈리면서 이사회는 해리스에게 그의 계획은 소용이 없으며, 이제 사직해야 할 때라고 말했다.

숫자만 생각해보더라도 해리스에게는 전혀 가능성이 없었다. 이사회는 그의 미래 전략 대신 그의 사직에 대해 논의하기로 동의하고, 그다음 단계들은 일사천리로 진행되었다. 틸이 사직 이메일을 보낸 지 정확히

1주 하고도 20분이 지난 후에 머스크는 다음과 같은 사내 전체 메일을 보냈다.

안녕, 여러분

기업으로서 X.com은 진정 흥미로운 시기를 맞고 있습니다.

- 우리는 사용자 트래픽user traffic(웹사이트나 앱을 방문하는 사용자의 수와 방문 횟수-옮긴이) 측면에서 1등 금융 웹사이트입니다. 지구상에 있는 어떤 은행, 거래, 금융 사이트보다도 우리 사이트를 매일 이용하는 사람이 훨씬 많다는 사실은 생각만 해도 놀라운 일입니다.
- 우리는 오마하에 500명이 상주하는 고객 서비스 센터를 기록적으로 빠르고 성공적으로 구축했습니다.
- 우리는 현재 170만 이용자와 더불어 이베이에서 30퍼센트 이상의 시장점유율을 확보하고 있습니다.
- 《레드 허링 The Red Herring》은 우리를 세계 50대 가장 중요한 개인 기업으로, 《포춘》은 우리를 미국 25대 소기업으로 선정했습니다.
- 우리는 두 번째 자금 조달 라운드를 성공적으로 끝내, 5억 달러라는 투자 전 기업 가치 평가를 받고, 1억 달러를 조성할 수 있었습니다.

하지만 급속한 성장에는 그만큼 많은 주의력, 집중력, 빠른 의사결정이 뒤따라야 합니다. 그래야 언제나 바뀌고 있는 인터넷 경제 시장 조건에 대응할 수 있을 테니까요. 이미 알고 있는 분도 많겠지만, 빌 해리스와 저는 공동 CEO를 맡아왔습니다. 우리는 X.com이 이제는 하나의 분명한 방향, 비전, 목적을 가져야 할 때가 왔다고 믿게 되었습니다. 이사진도 이러한 생각에 동의했습니다.

이에 따라 이사진은 제게 지금 당장 단독 CEO를 맡아달라고 요청했습니다.

이제껏 X.com을 위해 일해준 빌에게, 지난 6개월간 보여준 그의 리더십에 감사하는 바이고, 앞으로도 그가 하는 일마다 성공을 기원하는 바입니다.

지금은 X.com에 정말 중요한 시간입니다. 우리는 계속해서 인터넷 금융 운영체제라는 목표를 향해 사업 모델을 구축하고 제품 출시를 확대해나갈 것입니다. 저는 여러분 모두와 함께 이 일을 이루고, 우리가 진정 세상을 바꿀 수 있기를 바라는 바입니다.

질문이 있으시면 어디서든 기탄없이 말씀해주시고, 혹은 이메일을 보내주십시오.

감사합니다.
일론[40]

해리스의 사직을 놀라운 사건으로 받아들인 사람들도 적지 않았다. 예를 들어 샌딥 랄에게는 '충격'이었다. "제게는 충격이었던 이유가, 아직도 그렇게 생각합니다만, 실리콘밸리식 윤리와는 거리가 먼 방식이었기 때문입니다." 랄은 해리스가 자신에 대한 음모가 진행 중인 줄도 까맣게 모른 채 합병과 1억 달러 자금 조달을 축하하는 회사 전체 파티를 주관한 데 대해 일말의 죄책감까지 느꼈다고 한다.[41]

하지만 이사회의 정치적 행동이 미리 계획되었다고 보는 사람은 많지 않았다. "이 일에서 중요한 점은 X.com과 빌 해리스, 피터, 일론 등등 사이에 어떤 '미친 짓'이 진행되고 있었는지 모르겠지만, 저는 매일 출근해서 재미있게 일했다는 거죠. 그래서 사람들은 '이런 문제가 우리까지 확산되지는 않겠구나'라고 생각했던 것 같아요. 우린 그냥 일만 할 수 있었거든요." 데니스 아프테카르가 말했다. "어떤 일이 벌어지든 간에, 저는 다 끝난 다음에나 듣자는 쪽이죠. '오, CEO가 새로 왔군. 오케이, 가서 일이나 하지 뭐.'"[42]

해리스가 아끼던 기업 개발팀에서는 속상해하는 사람들이 적지 않았다. "빌어먹을… 너희가 넛 하우스 쿠데타Nut House coup를 일으키다니!" 해리스가 떠나면 팀이 축소되리라는 전망에 실망한 개발부 관리자는 색스를 위시한 여러 사람에게 고함을 질렀다. 그러면서 그가 조롱의 의미로 사용한 '넛 하우스 쿠데타'라는 말이 이 반란을 의미하는 말로 자리 잡았다.

해리스는 자리를 떠나면서도 품위를 잃지 않았다. 사무실을 나서며 직원 모두에게 일일이 도와줘서 고맙다는 인사를 했다. 그는 결과에 '실망'은 했지만, 그렇다고 앙심을 품을 정도까지는 아니었다고 회상한다. 그가 보기에 CEO인 자신과 회사의 공동창업자이자 회장인 머스크는 전략적 방향에서 달랐다. "저는 나름대로 타당한 사업상 의견 불일치가 있었다고 생각해요." 해리스는 말했다. "그것이 동인이라면, 저의 퇴사라는 결정을 내리는 데 적합한 동인이라고 생각합니다."

비록 짧은 임기였지만, 그동안 해리스는 꽤 많은 성취를 기록했다. 그의 영입으로 인해 X.com 브랜드의 대중적 지위는 올라갔다. 그는 인재 영입의 귀재이기도 해서 합병 이후의 혼란에도 직원들이 회사에 남는 데 큰 역할을 했다.

해리스는 회사 운영에 전문성을 부여하는 데도 최선을 다했다. 그는 X.com이 고객 문서 파기를 소홀히 했다가 규제 담당이 방문하기 전 서둘러 일을 처리해야 했던 일을 회상했다. CEO 자신도 파쇄된 종잇조각을 쓰레기통까지 가져다 버려야 할 정도로 급박한 상황이었다. "금융 서비스 기업이라기보다는 대학 남자 기숙사를 못 벗어난 느낌이었어요." 해리스는 X.com 초창기를 회상했다. 주요 정부 기관들과 통로 개척은 특히 중요한 일이었다. 해리스가 닦아놓은 관계는 회사에 지속적인 도움이 되었다.

하지만 해리스의 가장 중요하면서도 지속적인 영향을 미친 공헌이라면 무엇보다도 X.com과 콘피니티의 합병일 것이다. 그가 온갖 수단을 다 동원해 레브친과 머스크를 협상 테이블에 앉히지 않았다면, 콘피니티는 자금줄이 마르고 X.com은 이베이에서의 결제 수단 경쟁에서 패배할 수도 있었다. 혹은 두 가지 모두가 일어날 수도 있었다. 합병 협상이 없었다면, 오늘날 페이팔은 존재하지 않을 수도 있다.

아이러니한 일이지만, 이 전설적인 협상 성공이 해리스의 CEO 지위 박탈이라는 결과를 낳았다. 해리스가 머스크에게 최후통첩을 한 후 둘은 서로 잘 어울리기 힘들었다. 실질적인 문제에 합의한 다음에도 서로를 함께 일할 수 없는 사람이라고 생각했다. 머스크는 합병 이후 회장이라는 날개를 펴고 이사회 수장으로서 전례 없이 활발히 활동했다. "이

런저런 상황에서 CEO이거나 CEO처럼 행동하려 드는 사람들이 많죠"라고 해리스는 웃으며 말했다.[43]

신중하고 합의를 지향하는 해리스의 스타일은 다른 곳이었다면 도움이 되었겠지만 X.com에서는 그의 명성을 해치는 결과만을 낳았다. 2000년 말엽 《포춘》은 "내부 사람들이 볼 때 [해리스는] 많은 구조를 구축하고 끊임없는 회의를 소집했지만, 그중 어느 것도 효과가 없었다. 의사결정은 지체를 거듭했다"라고 썼다.[44] 해리스를 비판하는 사람들은 합병 이후 그의 무능력을 지적한다. 몇몇 사람은 해리스가 회사에 대한 믿음을 완전히 잃었다고도 생각한다.

그를 비판하는 사람 중에서도 더 세밀하게 문제를 살펴보고, 더 복잡한 상황을 이해하고 분석하는 사람들은 그가 혼란, 성장, 소각률, 강렬한 개성, 경쟁심이 넘치는 두 팀의 결합 등에 '압도되었다'라고 말한다. 이러한 정도의 혼란이라면 합병 중인 회사를 운영하는 그 누구라도 압도당했을 것이다. 이 부류에 속한 사람들은 모든 사람을 형평성 있게 비판하는데, 그중에서도 특히 쿠데타 주모자들은 비판받아 마땅하다. "그들이 철부지들을 관리하라고 해리스를 앉혔죠. 하지만 이 친구들은 관리가 되는 사람들이 아니었어요." 존 말로이는 말했다.[45]

옳든 그르든 간에, 해리스 사건으로 인해 팀에서는 '경영 경험'에 대한 알레르기 반응이 고착되었다.

나중에는 이러한 반응이 스타트업의 상식처럼 되어버리지만, 당시에는 전통적인 지혜를 거부하는 태도로 받아들여졌다. 일반적인 운영 절차라면 닷컴 회사가 일단 발판을 마련한 후 이사회가 노련한 CEO를 선임해 회사의 항해를 맡기는 것이었다. 이베이의 메그 휘트먼Meg Whitman,

야후의 팀 쿠글Tim Koogle, 구글의 에릭 슈미트Eric Schmidt는 대표적인 예이다. 심지어 제프 베이조스가 장악하고 있는 아마존도 1999년 조셉 갈리Joseph Galli에게 '어른 감독'으로서 COO를 맡아달라는 추파를 던지기도 했다. 갈리는 총 13개월을 일했다. 그 이후 아마존에는 COO가 없다.

X.com 경영진은 빌 해리스 재임 기간에 발생했던 많은 문제를 그러한 '감독'이 불필요할 뿐 아니라, 심지어 반생산적이라는 사실을 보여주는 근거로 받아들였다. 슈미트(구글을 성공적으로 성장시킨 CEO-옮긴이) 같은 성공을 거둔 사람 뒤에는 항상 스컬리John Sculley(마이크로소프트와의 경쟁에서 패배해 1997년 사임한 애플 CEO-옮긴이) 같은 사람도 있기 마련이다. 펩시 CEO를 역임한 스컬리는 스티브 잡스가 축출된 후 애플 CEO가 되었다. 긍정적인 결과와 더불어 부정적인 결과도 있었다. "우리는 애플이 펩시 경영자를 불러들여서 어떤 일이 일어났는지를 지켜보았습니다." 데이비드 색스가 회상했다. "우리는 넷스케이프가 짐 바크스데일Jim Barksdale을 불러들여 어떻게 되었는지도 보았습니다. 그리고 우리가 같은 궤도를 밟고 있다는 것을 알게 되었죠."[46]

머스크 역시 지혜로운 어른이 젊은 회사가 버젓한 형태를 갖출 때까지는 계속 채찍질해야 한다는 생각에 회의적이었다.

창업자는 기이하고 변덕스러울 수 있지만, 원래 창의력이란 게 다 그런 거죠. 어쨌든 이런 사람들이 회사를 운영해야 해요…. 어떤 기업인이 창의력을, 혹은 창의력 중 하나를 가지고 있다면, 최소한 회사가 어느 방향으로 가야 하는지는 압니다. 배를 완벽하게 조종할 수는 없을 수도 있죠. 배가 이렇게 가다가 저렇게 갈 수도 있고, 그에 따라 회사의 사기는 올라갔다가 내려갈 수도 있습니다. 배의 어떤 부분은 제대로 작동하지 않을 수도 있어요. 하지만 그러면서도 배는 올바른 방향으로 가는 겁니다. 아니면 모든 것이 잘 정돈되고 통제된 배를 이용할 수도 있어요. 돛은 최대로 펴고, 사기는 최고조고, 모든 사람이 환호하죠. 그런데 배는 곧바로 암초를 향해 가는 거죠.

머스크는 스티브 잡스를 존경했고, 특히 그가 애플을 떠났던 시기를 집중적으로 연구했다. "배는 정말 잘 나가고 있었어요." 머스크는 잡스가 애플을 떠났다가 다시 돌아오기까지 사이의 최고 지도자 부재 기간에 대해 이렇게 말했다. "암초 쪽으로요."[47]

데이비드 색스는 이 시기를 '실리콘밸리가 경영자에 대한 자기 확신이 없던 시절'로 기억하고, 이러한 접근 방식이 재난을 낳았다고 주장한다. "바로 이 순간에 실리콘밸리 경영자 모델이 '스컬리 모델'에서 '저커버그 모델'로 뒤집혔을 수 있습니다. 다시 말하자면, 기업인과 회사가 같이 성장하고, 그 기업인이 회사를 계속 운영한다는 모델이죠."[48]

비판적인 시각으로는 자기 잇속만 차리려는 이야기처럼 보일 수 있다. 젊은 창업자들은 당연히 '어른 감독'을 못마땅해한다. 몇몇 유명한 어른 감독들이 쓰러지면서 정반대 접근 방식, 다시 말해 초보 창업자들에 대한 최대한 후원도 시도해봤지만 이 역시 성공만큼이나 실패도 많았다. 2000년 한 해만 해도 막 대학을 졸업한 수십 명의 CEO로 인해 그만큼의 닷컴 기업들이 꼬꾸라졌다.

당시 머스크, 색스, 틸과 그들 집단은 이런 종합적인 사례 연구 따윈 관심이 없었다. 이들은 X.com에서 회사와 같이 성장하지 않은 CEO, 빠르게 움직이지 않는 CEO, 믿을 수 없었던 CEO를 보았을 뿐이다. "우리는 그에 대한 신뢰를 잃었던 것 같아요." 머스크는 결론을 내렸다.

2000년 5월, 29세 생일을 며칠 앞두고 일론 머스크는 X.com CEO 직함을 되찾았다. "소거법을 이용해서 하나씩 지워가다 보니 저밖에 남지 않았어요." 머스크는 회상했다. "저는 CEO가 되려는 계획은 없었어요. 그저 '내가 할 수 없다면, 누가 할 수 있지? 오케이, 피터가 여기 없으니까. 내가 CEO가 될 수밖에 없겠군' 하는 식으로 생각했죠."[49]

머스크의 회상은 자세하지는 않지만, CEO 결정에서 머스크가 어떤 역할을 했는지 말해주고 있다. 머스크는 우연히 혹은 당연하게 CEO가 된 것이 아니었다. 틸은 합병 이후 떠나버렸고, 머스크는 부단히 X.com의 문제들을 처리해야 했다. 그 문제들이 제대로 해결되지 않고 있다고 느낀 그는 비로소 CEO 타도를 주도했다.

이제 배는 온전히 그의 차지가 되었다. 이젠 여러 암초를 피해 안전하게 항해하는 일만 남았다. 머스크를 포함한 그의 진영 사람들은 그 이후 몇 달을 인생에서 가장 힘든 시기로 기억한다. "중년의 위기는 결코 아니었죠. 우린 고작 스물다섯이었으니까요." 콘피니티의 공동창업자 루크 노섹이 말했다. "하지만 우리는 정말 우울했어요."[50]

12장

이 일을 우리가 해낼 수 있다면

신임 CEO로서 머스크는 신속하게 변화를 주도했다. "그는 여러 면에서 회사의 초점을 다시 하나로 맞추었죠." 마크 울웨이가 회상했다.[1]

취임한 지 19일이 지난 2000년 6월 1일 머스크는 경영진 구조 개편을 단행했다. 그는 이제 일곱 명에게서 직접 보고 받았다. CFO 데이비드 자크, 금융 수석 부사장 데이비드 존슨, 고객 서비스 및 운영 부사장 샌딥 랄, 제품 수석 부사장 데이비드 색스, 사업 개발 및 국제 수석 부사장 리드 호프먼, 전 콘피니티 엔지니어링 부사장으로 다시 엔지니어링 팀을 이끌게 된 제이미 템플턴Jamie Templeton, 그리고 누구의 직속 보고도 받지 않으면서 자신의 부서를 책임지는 CTO 레브친이었다. 이 조직 개편 결과 COO나 사장 자리는 사라져버렸다.

일주일이 지난 후 머스크의 두 번째 공문이 발표되었다. "피터 틸이 X.com 이사회 회장으로 임명되었음을 알리게 되어 기쁩니다." 그는 사내 전체 이메일에 썼다. "그는 잭 [셸비], 마크 [울웨이], 켄 [호워리]를 도와 시리즈 D 라운드를 진행하고, 회사의 전략 고문 역할을 하게 될 것입니다."[2] 갑자기 회사를 떠났던 틸은 그때까지도 쉬고 있었다. 그의 회장 복귀는 콘피니티에서 일을 시작한 X.com 직원들에게는 반가운 신호였다.

많은 평직원은 이러한 내부 변화를 그저 심드렁하게 받아들였다. 이 시점에서 회사는 격렬한 합병 이전의 혼돈과 사납게 요동치던 합병과 그 이후의 전면적인 혼란을 헤쳐온 다음이었다. 콘피니티 직원들이 볼 때 머스크는 그냥 3개월 만에 겪는 세 번째 CEO에 지나지 않았다. 최상층부에서의 변화는 이제는 일상이 돼 있었던 데다 누가 회사의 대표냐를 놓고 스트레스를 받고 있기에는 해야 할 일이 너무 많았다.

몇몇 신입 직원과 중급 직원mid-level employee(입사한 지 3~5년 차의 직원-옮긴이)은 자신들은 최고 경영진 간의 의견 불일치나 갈등으로부터 차단된 환경에서 일하고 있었다고 이야기한다. "정말 잘 보호받고 있다는 느낌이었어요." 콘피니티 초창기 엔지니어였던 제임스 호건은 경영진 이동에 대해 이렇게 기억했다. "무지라는 사치를 누릴 수 있었죠."[3]

특히 데이비드 색스 휘하에 있던 사람들에게 조직 재구성과 색스의 승진은 중요한 의미가 있었다.

머스크의 조직 재구성은 중요한 변화를 담고 있었다. 엔지니어링 리더는 이제 제품 매니저와 함께 별개이면서도 반半독자적인 팀을 꾸려야 했다. 이전에는 엔지니어들은 마치 프리랜서처럼 자신들의 능력 또는 관심과 회사의 니즈에 따라 독자적으로 이 문제 저 문제로 옮겨 다녔다.

그러면서 혼란과 비체계성이 노출되곤 했다.

색스와 머스크는 이렇게 반독자적인 팀으로의 변화가 좀 더 빠른 신제품 출시로 이어지길 바랐다. 둘은 소위 스타트업 역설로 골치가 아팠다. 스타트업은 규모가 커짐에 따라 중요한 목표를 달성하지 못하고 부진한 성과를 보인다는 역설이다. 물론 X.com이 이러한 역설을 처음으로 체험한 스타트업은 아니었다. 인터넷이 상업화되기 몇십 년 전인 1975년, IBM 엔지니어이자 후에 채플 힐 소재 노스캐롤라이나대학 컴퓨터과학과를 만든 프레더릭 P. 브룩스Frederick P. Brooks 박사는 소프트웨어 엔지니어링 분야의 성경이라고 할 수 있는 《맨먼스 미신The Mythical Man-Month》에서 이미 이 역설을 탐구한 바 있다.

"스케줄 슬립schedule slippage(프로젝트를 완료하기 위해 계획된 일정에서 벗어나는 것-옮긴이)이 일어나면, 자연스러운 (그리고 전통적인) 반응은 인력을 더하는 것이다. 하지만 이는 불에 기름을 붓는 행동으로 상황을 더욱 악화시킨다. 더 큰불을 끄기 위해 더 많은 기름을 붓는 주기가 생성되고. 이는 결국 재난으로 끝난다."[4] 브룩스는 한 프로젝트에 할당되는 프로그래머 수가 늘어날수록 커뮤니케이션 채널의 수는 기하급수적으로 늘어난다고 설명한다. 팀원들이 최신 정보를 따라잡거나 대인 관계를 구축하기 위한 대화에 사용하는 시간은 코딩에 소비되는 시간은 아니다. 다시 말해 반드시 두 명이 한 명보다 더 낫다는 법은 없다.

시간이 지난 후 이 문제에 대한 다양한 해결 방안이 '신속한 소프트웨어 개발'이라는 명목 아래 제시되었는데, 대체로 신속한 개발과 소규모 팀을 우선시하는 내용이었다. 그러나 2000년 여름 당시에는 그런 문헌은 찾아보기 힘들었기에 X.com은 즉흥적으로 대처해갈 수밖에 없었다. 색스는 소규모 독자적인 단위들을 만들었다. 예를 들어 X.com의 제

301

작자 폴 마틴Paul Martin을 디자이너 채드 헐리와 엔지니어 유 팬과 각각 따로 짝을 지어주었다. 하나의 그룹으로서 이들은 경매와 관련된 모든 것에 초점을 맞추었다. 색스와 머스크는 이 작은 단위들을 통해 혁신가들이 관료주의라는 철망에서 자유롭게 벗어날 것이라고 믿었다.

팀 구조상 커다란 변화와 더불어 좀 더 작은 분위기 변화도 있었다. 예를 들어 팀은 전략, 분석, 운영을 함께 맡고 있던 제품 역할product role(제품 개발 프로세스에서 제품의 특정 기능이나 영역을 담당하는 역할-옮긴이)을 좀 더 전통적인 '제품 관리자' 대신 '프로듀서'라고 부르기로 했다. "관리자라는 말이 부정적인 함의를 갖게 되었기 때문이죠." 색스는 설명했다. "그들을 '제품 관리자'라고 부르게 되면 '어떤 일을 만든다'보다는 '일을 관리한다'는 느낌이 들잖아요."[5]

X.com은 신입 사원들에게 주인 의식을 심어준다는 취지로 상당히 중요하고 민감한 일을 맡겼다. 예를 들어 자넷 히Janet He는 커다란 금융기업을 그만두고 X.com에 입사해서 양적 마케팅 분석 업무를 맡았다. 회사에 들어온 지 며칠도 되지 않은 그에게 색스는 작업 지시를 내렸다. 이베이 경매에서 페이팔이 차지하는 비율을 구하라는 내용이었다. 그는 선임 리더인 색스가 (그의 상관은 거치지 않고) 일개 신입 사원에 지나지 않는 자신에게 직접 분석을 요청한 사실에 놀랐다. 게다가 색스는 세련된 파워포인트보다는 스프레드시트 문서를 주문했다.

"페이팔에 들어왔을 때 누구도 일을 어떻게 해야 하는지 말해주지 않았어요." 히는 말했다. "그저 제게 질문을 던지더라고요. 질문은 계속 이어졌어요. 그래서 저는 질문에 대답하는 방법을 깨우쳤죠. 회사 전체가… 대단히 효율적이었어요."[6]

색스와 머스크는 효율성을 강조한다는 취지에서 대규모 회의도 금지했다. 색스는 이를 '페이팔에서 은행 문화를 박살 내고, 독창적이며 스타트업다운 문화를 재구축하려는 의도적인 전술'이라고 불렀다.[7] 한 직원은 많은 사람이 모여 있는 회의실을 색스가 창을 통해 노려보고 있었던 일을 기억하고 있다. 그가 어떤 메시지를 보내고 있는지는 분명했다.

X.com 경영진이 보기에 성장 기업들은 흔히 심각한 실수를 저지르곤 했다. 결과물보다는 직원 복지를 우선하는 문화가 대표적인 실수였다. 경영진은 X.com도 같은 함정에 빠지지 않을까 두려웠다. 이를 피하고자 리더들은 조바심 문화를 조성했다. 속도를 위해서라면 단결을 희생했고, 필요하다고 생각하면 명령을 통해 결정을 내리는 일도 주저하지 않았다. "아이디어가 개방된 민주주의는 아니었어요." 초창기 X.com 엔지니어이자 후에 옐프Yelp(지역 검색 서비스와 온라인 리뷰 포럼을 제공하는 기업-옮긴이)를 창업한 제레미 스토펠만Jeremy Stoppelman이 회상했다.[8]

회사가 발전하기 위해서는 계속해서 배송 코드가 필요하고, 제품을 공격적으로 출시해야 한다. X.com의 경영진은 이러한 접근 방식이 승리로 가는 길이라고 믿었다. 직원들은 쉬지 않고 일해야 했다. "인터뷰 중에 책상 아래서 슬리핑백들이 튀어나오고, 사람들은 '오, 책상 아래에서는 못 자겠어'라고 말하는 거예요." 킴-엘리샤 프록터Kim-Elisha Proctor는 기억했다. "그런데도 거기 입사했죠. 새로운 신용카드 프로세스를 만드는 첫 제품 출시 때는 서른여섯 시간을 쉬지 않고 일했던 것 같아요…. 잠은 회의실에서 잤어요."[9]

X.com의 카페인 소비는 전설로 남아 있다. 소프트웨어 엔지니어링 기술로 유명한 더그 이드Doug Ihde는 사무실에 빈 다이어트 코크 캔을

산더미처럼 쌓아놓았던 것으로 더 유명했다. 레브친 역시 커피를 고래처럼 마셔댔다. 한참 후에 PBS에서 잠깐 방영되기도 했던 너드TV 인터뷰 중에 그는 늦은 밤 작업의 장점을 말했다. 인터뷰어 로버트 X. 크링글리Robert X. Cringely는 레브친 사무실에 아침 10시 조금 안 돼서 도착했다. 레브친은 일하고 있었다.

"밤새워 일했군요. 왜 그랬어요?" 크링글리가 물었다.

"재미있으니까요. 재미있으면 그렇잖아요. 일을 그만두고 싶지 않아요." 레브친은 건조하게 대답했다. 그러고는 늦은 밤 작업이 가져다주는 경이로움이 어떤 건지 긴 이야기의 실타래를 풀었다.

> 밤새워 일하는 사람들은 윤리적으로 뭔가 특별한 사람들이라고 생각해요…. 특히 엔지니어들에게 야행성 스타일은 창의성과 코드 개발 에너지를 열어주는 어떤 힘이 있어요. 사람들은 다소 멍해지죠. 하지만 또 창의적으로 바뀌기도 해요. 피곤하죠. 동료들이 와서 깨우기도 하고, 어떤 정령이 깨우기도 해요. 사람들이 잘못된 짓을 하면 "꺼져"라고 말하길 두려워하지 않기에 더 많은 일을 하면서, 사람들과의 관계는 더 흥미로워지죠. 아마 일곱 시간이나 여덟 시간 정도 계속 일해서, 진짜 어떤 것이 막 태어나려고 하는 순간에 도달했을 때 다시 여덟 시간을 더 해서 밤을 새우는 일에는 엄청난 가치가 있다고 생각합니다! 일을 그만두고 잠을 자면서 이제까지 했던 아이디어가 날아가 버리도록 방치하는 대신 지난 몇 시간 동안 실제로 발견한 것에 초점을 맞추고, 미친 듯이 더 해내는 거죠.[10]

이러한 분위기는 위에서부터 만들어졌다. 엔지니어 윌리엄 우William Wu는 머스크가 금요일 밤늦게까지 일한 직원이 토요일 아침에도 출근해야 하는 게 당연하다고 생각하던 것을 기억하고 있다. (나중에 우는 이 경험을 믿고, 기업공개가 막 끝난 시점에 테슬라 주식을 샀다. "[일 론의 일 중독은] 직원으로 일할 땐 제게 아무런 도움이 되지 않았죠. 하 지만 일론이 테슬라에서도 그렇게 일한다면, 테슬라는 어떤 일이 있더 라도 성공하리라고 생각했죠. 일개 직원으로서 그와 함께 일하는 건 정 말 고통스러웠어요. 하지만 일론 회사의 투자자가 되기로 한 건 정말 현 명한 결정이었죠.")[11]

품질 보증 부서에서 일했던 디온 맥크레이는 동료들이 주던 압박과 그 압박을 통해 형성된 유대 관계를 회상했다. "그러니까 일을… 아홉 시 반 혹은 열 시까지 해야 했어요. 아침 열 시 말이에요. 누군가가 우리 가 얼마나 늦게까지 일했는지를 깨달을 때까지 계속 일한 거죠. 아마도 열 시, 열 시간은 쉽게 넘겼어요. 참 별스러운 압박이 다 있었어요. 막 회 사를 떠나려 하면 동료들이 예를 들어 '벌써 가려고? 겨우 열네 시간 일 하고? 피곤한 거야?'라는 식으로 말했어요. 뭐 그건 그렇고, 어쨌든 관 계는 좋았어요."[12]

회사는 한밤중 특이한 의식을 중심으로 뭉쳤다. 코드 푸시code push(코 드를 개발 서버에 업로드하기-옮긴이) 할 때는 솔트 앤 페파Salt-N-Pepa 의 〈푸쉬 잇Push It〉이 울려 퍼졌다. 고속 PVC 총으로 사무실 벽에 감자 를 쏘아 증발시키는 사람도 있었다. 누가 농구공 위에 가장 오래 앉아 있는지를 경쟁하는 간단한 지구력 운동을 즐기는 사람도 있었다.

많은 직원은 회사의 혼란이 오히려 사람을 끌어당기는 힘이 있었다 고 말한다. "거기에 빨려들어 간 거죠. 회사를 떠나지 않고는, 빠져나올 재간이 없었어요." 옥사나 우튼이 회상했다. "예를 들어 회의를 하죠. 그럼 새로운 목표가 생겨요. 그러면 모든 사람이 그 목표를 달성하는 데 완전히 몰입했어요."[13]

어떤 페이팔 문화는 직원들을 지치게 하기도 했다. 예를 들어 개인 위생 기준은 부서마다 크게 달랐다. 한 품질 보증 분석팀원은 엔지니어 하나가 책상에 맨발을 올려놓고 지저분한 발톱을 자르던 일을 회상했다. "그 정도는 이겨내는 게 당연하다 보니 저도 점점 얼굴이 두꺼워지더군요."[14]

가차 없는 작업 강도로 인해 결혼과 가족생활은 위기를 맞았다. 한 직원은 토요일과 일요일마다 여덟 달 된 딸을 데려오곤 했다. "모든 사람이 '뭐야? 왜 그래?' 하는 눈으로 쳐다보았던 게 기억나요. X.com 복도를 딸아이를 안고 돌아다녔거든요. 정말 스트레스가 많았어요."[15] 회사의 최고 경영진은 대체로 아이가 없었다. 따라서 자기들 마음대로 아무렇게나 주말 회의를 잡곤 했다. 아이를 둔 직원들은 아무 말 못 하고 참아야 했다.

시간이 흘러 부정적인 기억이 많이 흐려지긴 했지만, 아직도 X.com의 일상적인 노동 현장을 떠올리기만 해도 자신도 모르게 울컥하는 감정이 치솟는 사람들이 적지 않다. 공동의 적을 겨냥하고 외부에 초점을 맞추자고 누구이 이야기하면서도 정작 회사는 조지 R. R. 마틴George R. R. Martin(《왕좌의 게임》의 원작자-옮긴이) 소설도 무색할 만큼 치열한 라이벌 간의 다툼으로 분열되고 있었다. 직원들은 이메일 스레드를 통해 서로를 헐뜯었고, 심지어 기술적인 논쟁에서마저 공격적이었다.

페이팔의 60일 현금카드 승인을 놓고 벌어진 논쟁에서 팀원들은 이메일을 통해 날 선 공방을 주고받았다. 한 직원이 60일이라는 요건이 '필수적'이라고 했더니, 다른 직원이 응수했다. "60일이 중요하다고 생각하는 건 알겠어요. 근데 왜 그런지 설명이 빠져 있잖아요." 또 다른 직원이 바로 잽을 던졌다. "최근 회의에 제대로 참석했다면, 그 이유는 당연히 알 텐데요."

이런 일이 그치지 않고 이어졌다. 싸움이 심각해지면서 조직 전체가 흔들리기도 했다. 막후 정치 공작과 험담은 잠잠해질 기미를 보이지 않았다. X.com은 장점도 많았지만, ACH 전송ACH transmission(Automated Clearing House를 통해 이루어지는 금융거래로, ACH는 은행, 신용카드 회사, 기타 금융기관이 전자적으로 거래를 처리하는 데 사용하는 시스템을 가리킨다-옮긴이), 국제 송금 한도, 카드 발급과 같은 지루하고 재미없는 주제에 대해 동료가 "차이를 알겠어??!!"라고 날카롭게 추궁하는, 공격적이고 대립적인 분위기가 있는 직장이기도 했다.[16]

오늘날 세상에 알려진 페이팔 제품은 2000년 봄과 여름을 거치며 형태가 갖추어졌다. 이 몇 달 동안 X.com은 페이팔의 근본적으로 차별화된 기능, 말로만 그럴듯한 제품 선전에서 마침내 튼튼한 기업으로 X.com을 사람들 뇌리에 각인시킨 기능을 만들었다.

구조조정 발표가 있은 지 두 주 후 X.com은 페이팔 웹사이트를 리뉴얼했다. 색스는 사내 전체 이메일에서 '짧은 기한 동안 오랜 시간을 일하며 이 일을 해낸 여러 사람'을 칭송했다.[17] 웹사이트에는 새로운 기능으로 비자, 마스터카드, 아메리칸 익스프레스 같은 대규모 신용 회사보다 훨씬 잘 작동하는 업데이트가 포함돼 있었다.

X.com은 출범 이래로 신용카드 회사들과 앙숙이면서도 친구 관계를 유지해왔다. 소규모 판매업자들에게 신용카드 가맹점 승인 절차는 번거로운 서류 작업으로 점철된 과정이었다. X.com은 바로 이러한 문제

점을 파고들었다. X.com은 경매 판매자들에게는 가상의 신용카드 어음 교환소 역할을 하여 수표, 현금, 송금수표 결제 대신 페이팔을 통한 신용카드 결제를 가능하게 해서 결과적으로 그들을 거래해도 좋을 만한 기업으로 만들었다. "페이팔의 핵심은 리스크는 크고 돈은 없는 상인들이 온라인 신용카드를 받을 수 있게 [해주는 시스템]이었죠." 빈스 솔리토가 말했다.[18]

신용카드 업계 말대로 사실상 '이베이 결제 서비스 전담 업체' 역할을 하다 보니 X.com의 핵심 사업은 또 다른 취약성에 노출되었다. 비자와 마스터카드는 X.com 거래에 서비스를 제공해주었지만, 동시에 X.com과 직접 경쟁에 나섰다. "그들은 가능할 때 우리를 죽여야 했어요. 우리가 경쟁력이 생기다 보니 그들 시스템을 우리 마음대로 쓰고 있었던 거죠." X.com 신용카드 담당 관리자였던 토드 피어슨은 기억하고 있다. "그들에게 미안하다는 감정은 들지 않았어요. 독점 거대 기업들이잖아요…. 하지만 그들은 우리 문을 닫았었어야 했어요."[19]

X.com으로서는 신용카드 회사에 높은 수수료를 내고 의지할 수밖에 없었기에 둘 사이의 동맹은 늘 불안했다. 이러한 까닭에 팀원들은 몇 해에 걸쳐 카드 연합사나 카드 발행 은행들과 긴장 관계를 유지하면서 협상을 벌였다. 페이팔 동문 여러 사람은 토드 피어슨, 알리사 컷라이트Alyssa Cuthright, 그리고 이들이 이끌던 팀들이 '회사를 구했다'라고 이야기한다. 비자나 마스터카드, 그리고 그와 비슷한 회사들이 X.com을 박살 내지 않은 것은 이들 덕분이라는 것이다.

신용카드 문제로 인해 전략적인 필요성이 대두되었다. 회사는 이용자들에게 페이팔 계좌를 신용카드가 아니라 은행에 연결하라고 설득해야 했다. 이 문제는 이사진의 허가가 필요했다. "저는 이를 '신용카드 자금

전쟁'이라고 불렀죠." 이사였던 팀 허드는 말했다. "그리고 거기에 몰두했죠."[20]

금융 서비스 제국 건설이라는 머스크의 웅대한 비전은 하나의 솔루션을 제시했다. 이제 팀원들은 충분한 고객이 X.com 계좌에 돈을 예치한다면, 이용자들 간에 아무런 비용 없이 자금 이체가 가능하다는 사실을 깨달았다. "내부 거래는 0.01센트도 비용이 들지 않죠." 머스크는 설명했다. "사실상 제로예요. 사람들이 은행 잔고를 유지하는 것도 바로 이 때문이죠."[21]

이러한 목적을 위해서 머스크는 예금 및 중개 계좌가 포함된 더 폭넓은 'X-금융'이라는 제품 포트폴리오를 추구했다. 이용자들이 이 플랫폼으로 돈을 옮길 수 있도록 회사는 예금 계좌에 5퍼센트의 이자율을 적용했다. 미국에서 가장 높은 이자율이었다. "우리는 [우리 예금 계좌에서 나오는 이익의] 100퍼센트를 돌려주었어요." 색스는 언급했다. "우리는 돈을 벌려고 하지 않았어요…. 우리는 사람들이 돈을 자기 계좌에 계속 유치하게 만들려고 했어요."[22]

X.com은 이러한 과정에서 몇몇 반직관적인 통찰을 얻었다. 예를 들어 회사는 계좌에서 자금 인출이 간편할수록 사람들이 더 많은 돈을 입금한다는 사실을 발견했다. 따라서 머스크는 사람들에게 계속해서 직불카드와 수표를 줘야 한다고 주장했다. "살다 보면 페이팔에서 돈을 빼야 할 때도 있습니다." 그는 말했다. "페이팔에서 돈을 빼고 수표를 써야 한다면, 페이팔 계좌에서 수표를 사용할 수 없으니… 돈을 당좌예금 계좌로 옮겨야 합니다."(페이팔이 수표를 사용하지 않는 사실을 언급하다가, 머스크는 이 주제에 다시 흥분하며 "그러니 그 빌어먹을 수표나

쓰라죠! 제기랄, 사람들은 왜 다들 그 모양인지!"라고 말했다.)

머스크는 모든 거래를 넘어 모든 사용자 돈의 축적을 회사가 지향해야 할 목표로 보았다. "시스템에 가장 많은 돈을 축적한 자가 결국은 이기는 거죠." 머스크가 설명했다. "시스템을 채우면, 결국 페이팔은 모든 돈이 있는 곳에 있게 될 겁니다. 굳이 다른 곳에 돈을 가져다 놓을 이유가 없을 테니까요." 머스크는 빈말에서 그치지 않고 자신의 수백만 달러를 이 플랫폼으로 옮겼다.

하지만 일반적인 이용자들이 순순히 그의 뒤를 따르지 않으면서, 문제가 대두되었다. X.com 이용자들은 이미 오프라인 은행에 당좌 및 예금 계좌를 갖고 있었다. 대부분에게 겨우 몇 퍼센트 더 나은 이자율 때문에 자신이 가진 돈 모두를 X.com에 몰아넣는 일은 번잡스럽기만 했다.

차선으로 제시된 방안은 신용카드 기반에서 은행 계좌 기반으로 거래 기반을 옮기라는 제안이었다. 신용카드 결제 한 건마다 X.com으로서는 2퍼센트 이상의 비용이 발생했다. 이용자의 은행 계좌를 통한 거래에서는 겨우 몇 센트 정도의 비용이 발생한다. 따라서 이용자들이 자기 은행 계좌를 페이팔에 연결하는 횟수가 늘어날수록 X.com으로서는 많은 돈을 절약할 수 있게 되고, 비자, 마스터카드 등등에 강력한 경쟁 상대가 될 수 있을 것이라는 방안이었다.

이러한 목표를 위해 X.com은 ACH라는 은행 인프라를 사용하기로 했다. ACH는 이미 몇십 년 된 시스템으로, 급료나 계산서같이 반복적이고 예측할 수 있는 결제를 디지털화하는 데 이용되고 있었다. ACH 결제는 종이와 우표라는 비용이 없기에 수표를 우편으로 보내는 비용의 반 정도밖에 들지 않았다. 1994년 중반 미국인의 3분의 1은 ACH 결제를 통해 자동이체로 월급을 받고 있었다.

X.com이 거래와 ACH 시스템을 연결해서 페이팔 결제를 할 수 있다면, 회사는 값비싼 신용카드 의존 비율을 줄일 수 있을 터였다. 하지만 은행 계좌 이용에는 나름의 위험도 있었는데, 그중에는 X.com이 이미 경험했던 위험도 있었다. X.com은 2000년 1월 언론의 집중 공격을 받았는데, 은행 계좌 보안에 대한 안이한 접근 때문이었다.

ACH를 X.com 결제의 중추로 만들기 위해 일단은 은행 계좌 소유 인증 작업이 필요했는데, 누가 보더라도 골치 아픈 문제였다. "문제는 서명 카드 없이 은행 계좌를 어떻게 인증하느냐였어요." 머스크는 설명했다. "기본적으로 비용이 많이 들어가는 직접 확인은 배제하고, 우리는 천천히, 정말 천천히 나아갔어요. 은행 계좌를 인증할 수 있는 어떤 획기적인 방법이 없으면 정말 망할 판이었죠."[23]

X.com의 인증 과정은 디지털 금융 시스템에 X.com이 남긴 지속적인 공헌 중 하나라고 할 만했다. 단 한 권의 책과 커피를 동반한 산책과 신호와 잡음 signal and noise에 대한 팀원들의 놀라운 통찰을 통해 원하던 발견이 이루어졌다.

산제이 바르가바 Sanjay Bhargava는 씨티은행 국제 결제 부서에서 10년도 넘게 일한 후 X.com으로 넘어왔다. 씨티은행에 입사한 지 얼마 되지도 않았을 무렵부터 그는 이메일 주소가 해외로 돈을 보내는 강력하면서도 간단한 방법으로서 일종의 전 세계적인 금융 패스포트 역할을 할 수 있으리라고 생각했다.

그가 국경을 넘나드는 이메일 결제 사업을 제안했을 때 씨티은행 상사들은 미적지근한 반응만을 보였다. "좋아는 했어요." 그는 회상했다.

"하지만 결국엔 이렇게 말하더라고요. '왜 우리가 혁신해야 하지? 우리 사업을 우리가 잡아먹을 수도 있는데'라고 말이에요." 씨티은행은 전통적인 자금 이체를 통해 많은 돈을 벌고 있었다. 이메일 결제는 그 많은 수익에 위협이 될 수도 있었다.

바르가바는 자기 생각을 실천할 수 있는 길을 찾아 씨티은행을 떠났다. 1999년 초, 그는 집페이ZipPay라는 이름의 회사를 공동 창업했다. 그리고 얼마 후 거기서 쫓겨났다. 당시 42세이던 그는 나름 괜찮았던 은행원 생활로 돌아갈까 하는 계획을 세우기도 했다.

하지만 바르가바는 집페이 경력으로 인해 여러 벤처캐피털 투자자들의 관심을 받았다. 그중에는 그를 위한 다른 계획이 있던 세쿼이아의 마이크 모리츠도 있었다. 1999년 8월, X.com 경영진 대규모 이직이 있었던 직후 직원 채용에 혈안이었던 머스크는 모리츠의 추천을 받아 바르가바에게 전화해서 미팅을 제안했다. "저는 말했어요. '그러죠. 다음에 실리콘밸리에 들르면 그때 보시죠'라고요. 그랬더니 [머스크는] 말했어요. '아니, 아니에요. 제가 티켓을 보내드릴 테니 당장 이리 오세요'라고요."

애초 10분으로 예정돼 있던 인터뷰는 택시스 햄버거스라는 인근 햄버거 가게에서의 저녁으로 이어졌다. "우린 8시쯤 만나서 새벽 4시쯤까지 이야기했어요." 바르가바는 기억했다. "그리고 나서 일론은 아침 7시에 출근해서 계약하자고 하더라고요."

X.com에 입사한 바르가바는 주당 100시간과 사업 계획보다는 속도를 우선시하는 문화에 깊은 인상을 받았다. "콜린, 일론, 그리고 저는 새벽 두세 시까지 아이디어의 밑그림을 그리곤 했어요. 한번은 콜린에게

이렇게 말했던 기억이 나요. '오, 이거 적어놔야겠군.' 그랬더니 그는 '아니, 이야기해봐. 그럼 내가 만들지. 우리는 그렇게 일해'라고요."

큰 은행에서 일하던 그에게 X.com은 기분 좋은 분위기 전환이었지만, 그렇다고 실망스런 구석이 없지만은 않았다. 팀이 은행 계좌를 X.com 이용자 계좌에 연결하기 시작할 때 바르가바는 강력한 보안과 확인 작업이 필요하다고 주장했다. 제품을 먼저 출시하고 문제는 나중에 고치자는 X.com의 접근 방식에 도전한 셈이다. "이러면 안 돼." 바르가바는 주장했다. "사람들이 다른 사람의 계좌 정보를 넣을 수도 있어." 머스크는 정교한 보안 작업은 계좌를 늘리는 데 도움이 되지 않는다고 하며 그의 말을 무시했다. "일론은 사람들은 대체로 정직하다고 믿고 있었어요." 바르가바는 회상했다.

머스크의 결정은 바르가바의 (보통은 충분했던) 인내심을 한계까지 밀어붙였다. "저는 그 한 가지 때문에 정말 뚜껑이 열렸어요. 그러곤 생각했죠. '오케이, 왜 내가 이렇게까지 과잉 반응하는 거지?'" 그의 판단이 옳다면 회사는 금방 사기를 당할 것이고, 그렇지 않다면 계속 앞으로 나아가면 될 일이었다. "열흘 안에 그런 기사가 나오리라 확신했어요." 그리고 바르가바는 공인되지 않은 계좌 활동을 보도한 첫 번째 기사를 언급했다.

은행 계좌 논쟁 후 X.com은 서둘러 투박한 전통적인 확인 방법을 의무화했다. 이용자들은 은행 계좌 소유를 확인하기 위해 무효 수표를 우편으로 보내야 했다. 나중에는 팩스로도 보낼 수 있게 했지만, 그다지 성공적이지는 않았다. "팩스로 보낸 수표는 읽기 힘들 때도 있었거든요." 바르가바는 기억했다.[24]

이러한 경험을 겪으며 바르가바는 복잡한 시스템 속에서 보안과 신분 확인이라는 문제를 고민하기 시작했다. 2000년 초반 바르가바는 컴퓨터 보안 전문가 브루스 슈나이어Bruce Schneier가 쓴《비밀과 거짓말: 네트워크 세계에서 디지털 보안Secrets & Lies: Digital Security in a Networked World》이라는 책을 읽었다. 암호 해독, 해킹 등 여러 분야에 대해 명쾌하면서도 술술 읽히는 설명으로 베스트셀러가 된 IT 도서였는데, 그중 특히 바르가바의 관심을 끌었던 것은 신호와 잡음이라는 개념이었다.

신호signal는 의미 있는 정보 단위로 발신자가 수신자가 받기를 바라며 보내는 것이다. 예를 들어 라디오를 통해 보내는 신청곡 같은 것이다. 잡음noise은 이 정보의 도착을 방해하는 모든 요소를 가리킨다. 다시 말해 노래를 왜곡하는 정전기 같은 것이다. 바르가바는 X.com이 은행 계좌 소유를 확인하기 위해서는 무효화된 수표나 읽기도 힘든 팩스보다 좀 더 깨끗하고 빠른 신호가 필요하다는 사실을 깨달았다.

은행은 이미 그런 신호를 사용하고 있었다. 네 자리 숫자의 ATM 비밀번호는 은행 현금카드 소유를 확인해주었다. X.com도 ATM 비밀번호처럼 간단한 신호가 필요했다.

그때 바르가바는 생각했다. 단 한 번만 사용할 수 있는 비밀번호를 만든다면 어떨까? 회사는 이용자의 은행 계좌에 1달러 미만으로 두 번에 걸친 임의의 예금을 보내서 4자리 비밀번호를 생성할 수 있다. 예를 들어 이용자가 X.com으로부터 0.35달러와 0.07달러를 받는다면, 페이팔 웹사이트에 비밀번호 '3507'을 입력할 수 있다. 성공적으로 입력된다면 이 임시 비밀번호는 은행 계좌 접근을 확인할 수 있다. 읽기 힘든 팩스 사본도, 거북이처럼 늦게 오는 우편 수표도 필요 없다.

바르가바는 이 아이디어를 머리에 저장하곤 잠자리에 들었다. 다음 날 아침, 바르가바와 동료 토드 피어슨은 둘이서 흔히 그랬듯이 커피를 마시러 사무실에서 나왔다. 두 사람은 비슷한 데가 많았다. 둘 다 합병 이전에 X.com에 들어왔고, 금융 산업 베테랑들을 불신했으며, 당시 젊은 X.com에서는 찾아보기 힘들었던 아버지들이었다.

산책 중 바르가바는 두 임의의 예금을 이용해 은행 계좌 소유를 증명한다는 자신의 아이디어를 설명했다. 피어슨은 즉각적인 반응을 보였다. "놀라워. 넌 천재야!" 나머지 팀원들 모두가 바르가바의 아이디어에 감탄했고, 이를 현실로 옮기기 위한 작업이 활발하게 진행되었다.[25]

제품팀은 임의 예금과 은행 계좌를 연결하는 방안 등 만만찮은 일을 처리해야 했다. 전자상거래 초기에는 신용카드 번호를 입력하라는 요청만으로도 지레 겁을 먹고 식은땀을 흘리는 사람들이 많았다. 회사는 이제 이용자들이 은행 계좌와 당좌예금 계좌번호를 입력할 수 있도록 도움을 주어야 했다. 숫자도 더 많고, 적어야 할 항목도 두 배로 늘어났다.

"게다가 수표 도안은 모두가 다르죠." 스카이 리는 회상했다. "그래서 우리는 사용자 경험을 위해 일일이 도안도 만들어야 했고, '이렇게 복잡한 것을 어떻게 사용자에게 설명할 수 있을까?'라는 질문에 대한 해답을 찾아야 했습니다."[26] 회사 디자이너들은 수표를 스크린샷으로 찍어 필요한 번호들에 원을 그리고, 시각적인 보조 수단으로 웹사이트에 그 이미지를 올렸다. 시간이 흐르며 이러한 이미지 혁신의 효과가 입증되었다. 디자이너 라이언 도나휴는 회사가 처음 만든 수표 이미지가 더미 계정 번호와 함께 웹사이트 여기저기에서 몇 년 동안 돌아다녔던 것을 기억하고 있다.

X.com은 산제이 바르가바의 임의 예금 확인 기능을 보너스와 통합했다. 이제 신규 이용자들이 신규 가입 보너스를 받기 위해서는 은행 계좌와 페이팔을 연결하고 임의 예금을 확인해야 했다. 다른 제품의 영향

도 없진 않았지만, 이러한 변화는 커다란 도움이 되었다. 6월 말까지 신규 이용자의 3분의 1이 은행 계좌를 X.com에 등록하고 있었다.

얼마 지나지 않아 X.com은 은행 계좌 연결을 권장하는 여러 제품을 출시했다. 그중에는 은행 계좌를 등록한 고객만 사용할 수 있는 기능이라든지 2000년 7월 추첨한 1만 달러 복권도 있었다.[27] 많은 은행 계좌가 인증되면서, 회사는 채무 불이행으로 발생하는 손해를 자신에게 유리하게 활용하는 익숙한 전술을 다시 이용하기로 했다. 회사는 신용카드와 은행 계좌를 모두 연결한 페이팔 이용자들을 자동으로 은행 자금 결제bank-funded payment(은행이 고객 계좌에서 자금을 인출해 결제하는 것-옮긴이)로 전환했다. 이는 리스크가 있는 변화였지만, 회사의 비용을 줄이기 위한 중요한 조치였다.

이러한 조치를 통해 X.com은 비자나 마스터카드 지원 결제에서 서서히 빠져나오면서 엄청난 거래 수수료를 낮추고 또 이들과 관련된 잠재적 위험도 줄일 수 있었다. 금융 산업에도 지워지지 않는 영향을 남겼다. 예를 들어 산제이 바르가바의 혁신은 지금까지도 남아 있다. 오늘날 임의 예금은 은행에서도 흔히 사용되고 있다.

머스크는 임의 예금에 대한 칭찬을 아끼지 않았다. "정말 근본적인 혁신이었죠."[28] 데이비드 색스는 그 아이디어의 우아한 단순성을 충분히 알아차리곤 제품이 출시될 때 이를 '마치 벨크로Velcro(천 같은 것을 한쪽은 꺼끌꺼끌하게 만들고 다른 한쪽은 부드럽게 만들어 이 두 부분을 딱 붙여 떨어지지 않게 하는 옷 등의 여밈 장치-옮긴이)처럼 내가 왜 떠올리지 못했을까 아쉬웠던 아이디어'라고 했다.[29]

새로운 인증 시스템은 사기를 근절하려는 목적으로 만들어졌지만, 외려 이용자들이 놀라울 정도로 정직하다는 사실을 밝혀냈다. 시스템이 출시되자 회사가 입금한 임의 예금을 전통적인 우편을 통해 돌려주는 사람들이 적지 않았다. 이렇게 느슨한 변화 덕분에 쏟아져 들어온 봉투가 넘쳐흐르며 관리상 골칫거리가 될 정도였다. "합법적인 금융기관으로서 우리는 그 돈을 보낸 사람들 계좌에 다시 넣어야 했어요." 봉투를 여는 작업에 필요해 고용된 다니엘 찬Daniel Chan은 말했다. "그래서 저는 하나하나 직접 계좌에 입금했어요…. 그러곤 실리콘밸리 은행까지 차를 몰고 가선 은행에 현금을 예금했죠."

업무가 끝나면 찬은 마술사 노릇을 했다. 아이들을 위한 행사에서도 공연하고, 동료들을 위해 사무실에서도 마술을 공연했다. "저는 실리콘밸리에서 아이들을 위한 생일 파티를 열어서 페이팔에서보다 더 많은 돈을 벌었죠."[30] X.com 고객들이 송금한 돈을 모두 예금한 찬은 일을 그만두고 프로 마술사로서 성공적인 경력을 쌓았다. 물론 관객들 눈앞에서 동전을 사라지게 만드는 마술이 그의 가장 특기할 만한 재주였다.

임의 예금을 통한 인증을 통해 X.com은 적지 않은 위험을 덜 수 있었지만, 또 하나의 위험이 X.com 앞에 여전히 떡 버티고 있었다. 다름 아닌 이베이였다.

어떤 의미에서 보자면 X.com의 이베이 지배는 승리라고 할 만했다. X.com은 다른 사람 상점에서 금전 등록기를 운영하고 있었던 셈이다. 하지만 이는 위험스러운 일이기도 했다. 6월 중순 X.com 거래의 압도적인 부분이 이베이에서 일어났고, X.com 경영진은 이베이가 언제라도 X.com 금전 등록기를 자신의 금전 등록기로 대체할 수 있다고 두려워했다. 회사는 이베이의 영향력을 줄여야 했다. 그것도 빨리.

이베이 사용자들이 페이팔에 보여주는 관심을 처음 파악한 디자이너

라이언 도나휴는 데이비드 색스와 함께 경매 결제 메커니즘 개선 작업에 착수했다. 이 초기 작업은 두 단계로 구성돼 있었다. 우선, 이용자들이 페이팔 버튼을 누른다. 그다음, 그들은 거래 액면가를 입력하고 결제 버튼을 누른다. 도나휴는 두 번째 단계를 첫 번째에 통합할 수 있다는 생각이 들었다. 이용자들이 액면가를 입력하고 버튼을 누르면, 다음 페이지는 총액을 계산하고 결제를 확인하게 만들면 된다.

이러한 변화는 고풍스럽고, 뻔하고, 심지어 사소한 것으로 보였다. 하지만 이 변화는 소중한 몇 초를 절약해주었다. 데이비드 색스 생각엔 마찰을 일으킬 소지가 있는 모든 부분은 불필요한 부분으로 간주해서 제거해야 했다. 그래서 그는 사소하지만 시간을 절약해주는 개선이 참을성 모자란 이용자들에게 찰나의 만족을 제공하는 고착성 제품sticky product(고객의 관심을 끌고 지속적으로 사용하도록 유도하는 제품-옮긴이)을 낳는다고 믿었다.

이러한 결제 디자인 개선으로 인해 부수적인 발전도 이루어졌다. 버튼을 핵심 제품으로 하면 어떨까? 이 픽셀 조각(지불 버튼-옮긴이)이 페이팔을 웹의 기본 결제 시스템으로 만드는 데 도움이 되지 않을까? 제품팀은 '사용자가 웹사이트에 접속하면 클릭해 결제할 수 있는, 웹사이트에 삽입할 수 있는 버튼 세트'를 만드는 방법을 브레인스토밍하기 시작했다고 색스는 설명했다.

버튼이라고? 처음엔 그저 웃기는 아이디어였다. 하지만 마냥 웃어넘기기엔 의미심장한 아이디어였다. 버튼에 전략적인 초점을 맞추면서 회사는 경쟁자라곤 거의 찾아볼 수 없는 공간을 선점할 수 있었다. 나중에 등장할 모방꾼들이 돈과 이메일을 결합할 수 있다. 신규 이용자들에게 보너스를 마구 뿌릴 수도 있다. 웹사이트 경매 영역을 놓고 싸움을 벌일 수도 있다. 하지만 이른 시일 안에 버튼이 중요하다는 생각까지는 못 할 것이다.

하나의 버튼으로 모든 것을 해결한다는 접근 방식은 웹 거래의 진정한 문제를 해결했다. 전자상거래는 1990년 후반부터 2000년 초반에 이르기까지 급속히 성장하고 있었다. 새롭게 등장한 소규모 온라인 판매상들은 A 지점에서 B 지점까지 돈을 어떻게 하면 빠르고 안전하게 옮길 수 있을까 하는 익숙한 문제에 직면했다.

아이러니하게도 독자적인 전자상거래 상인들의 증가에 처음 주목한 것도 X.com이었다. 이베이에서 명성을 얻고 많은 구매자를 유치했던 파워셀러들은 이베이에서 벗어나기 시작했다. "충분한 수준까지 올라간 이베이 판매자들은 자기 자신만의 전자상거래 사이트를 만들고, 그 사이트에서 물건을 팔기 시작했죠." 색스는 회상했다.[31] 회사는 또 시장의 반가운 신호를 감지했다. 독자적인 판매를 시작한 상인들이 대체로 페이팔을 이용한다는 신호였다.

X.com은 상인들의 반란에 뒷배가 되어주었다. 이베이로서는 달가울리 없었다. "[이베이가] 페이팔과 관련해서 매우 우려했던 일 중 하나는 우리 때문에 판매자들이 이베이를 버릴 수도 있다는 것이었죠." 색스는 말했다. X.com은 심지어 몇몇 핵심적인 이베이 기능을 따서 독자적인 판매상들이 사용할 수 있도록 만들었다. 예를 들어 이베이 평점 시스템을 복사한 다음 페이팔에 합쳐서 페이팔만 이용하면 평점 시스템은 그냥 이용할 수 있게 했다. 버튼 개발은 이러한 상인들의 반란을 부채질했다. 버튼 개발은 회사의 뿌리를 상기시켜 주기도 했다. 버튼 크기 조정이 마음에 들었던 한 이베이 사용자가 콘피니티에 연락해서는 이베이에서 페이팔이 사용되고 있다고 알려주었던 과거를 떠올리게 했다.

당시 버튼은 획기적인 발전이었다. 색스와 그의 팀원들은 자신들이 회사의 미래 성장에 동력을 제공했다고 믿었다. 도나휴는 이 버튼 세트에 대한 팀의 겸손한 야심을 기억하고 있다. "'오, 세상에는 티셔츠나 CD를 팔고 싶어 하는 사람들이 많잖아요.' 저는 10달러, 20달러 규모의 거래를 하려는 사람들을 타깃팅하며 즐거웠어요. 기술과는 아무런 상관 없는 사람들이 웹페이지를 결제 용도로 사용할 수 있게 만드는 일은 정말 멋지고 근사했어요."[32]

1999년 말 합병 이전에 이미 데이비드 색스는 버튼 제품 초기 비전 계획을 세웠다. 시간이 지나며 제품 사양서product spec(제품의 기능, 성능, 특징 등을 설명하는 문서-옮긴이)는 팀원들이 제시한 수없이 많은 아이디어를 통합하고, 페이팔을 인터넷 모든 곳에 편재할 수 있게 만들 만한 개념들을 수용했다. 여러모로 그 문서는 현대적인 페이팔의 원본이라고 할 수 있다.

머스크의 'X' 브랜드 선호를 존중하는 의미에서 팀은 처음에는 버튼 제품을 X-클릭이라 이름 붙였다가 나중에 웹 억셉트Web Accept로 바꾸었다. 여기에 가장 가까운 선구자가 있다면 머니 리퀘스트Money Request라는 이름의 페이팔 기능으로, 이용자들이 이메일을 이용해 개인적으로 돈을 청구할 수 있게 만든 프로그램이었다. 이메일에는 페이팔 링크가 포함돼 있었다. X-클릭은 이 기능을 떼어내어 어디에서나 사용할 수 있게 만들었다. "페이팔 이용자들이 머니 리퀘스트 링크를 자신의 웹사이트, 개인 홈페이지, 경매 리스트 혹은 다른 URL들에 복사·붙이기 할 수 있게 만들어서… 결과적으로는 웹 전체에서 단 한 번의 클릭으로 결제가 가능한 시스템을 만들었지요."

제품 사양서는 X-클릭의 사업적 근거 역시 제시했다. X-클릭은 페이팔을 급속하게 확산시키고, 페이팔 제품을 모든 웹사이트에서 이용하게 만들고, 페이팔의 네트워크 효과를 강화할 것이다. '이베이/빌포인트, 야후/닷뱅크, 아마존 1-클릭/지숍스zShops 같은 다른 밀접하게 통합된 결제 시스템 경쟁사들'은 자기 영역에서의 결제에만 집중하고 있기에 페이팔이 웹 전역으로 퍼져나가는 것을 미처 알아채지 못할 것이다.

이 문서는 시장 출시 시간time to market(제품이나 서비스가 시장에 출시되는 데 걸리는 시간-옮긴이)에 관해서도 이미 익숙한 이야기를 반복하고 있다. "세 가지 이유로 속도가 중요하다." 사양서에는 이렇게 쓰여 있다.

1. 제품의 내재적인 네트워크 효과로 인해 제품 최초 출시자는 엄청난 이익을 보게 될 것입니다. 우리가 시장을 독점하는 하루하루는 경쟁업체들이 따라잡을 수 없는 선두를 구축할 수 있는 대체 불가능한 기회입니다.

2. 회사는 기업공개를 위해 최소 6개월 동안의 매출 추적 기록을 보여주어야 합니다. X-클릭은 당장의 수익을 제시할 수 있습니다.

3. 야후, 이베이, 아마존 같은 경쟁업체들은 우리의 기본적인 P2P 기능을 따라잡기 위해 열심히 노력하고 있습니다. X-클릭은 이들의 우리보다 우월한 유통망 및 통합 능력을 상쇄하는 데 필요합니다.[33]

팀은 6월 1일을 파일럿 제품 출시일로 잡았다. 제품 개발은 색스가 도맡아 추진하고 있었다. 2000년 초 X-클릭 작업은 페이팔이 앞으로는 이베이와 별개의 독자적인 기업으로 우뚝 서리라고 시사하고 있었다.

팀이 추구해야 할 새로운 지평이기도 했다. "X-클릭은 페이팔이 어떻게 웹에서 번창할 수 있을지, 그 비전을 제시해주었죠." 클레멘트는 말했다.[34]

X.com의 구조조정, X-클릭 개발, 임의 예금이라는 혁신 모두는 또 하나의 핵심적인 변화와 동시에 일어났다. 2000년 여름 회사는 최초로 수수료를 도입했다.

수수료가 불가피하다는 사실은 이미 알고 있었다. 다만 올바른 경로를 놓고 열띤 토론이 벌어지곤 했다. 송신자에게 수수료를 부과해야 할까? 아니면 수신자에게 부과해야 할까? X.com은 '언제나 무료'라는 약속으로부터 어떻게 벗어날 수 있을까? X.com이 서비스에 대해 수수료를 청구한다면 이베이의 빌포인트는 더 낮은 수수료로 맞불을 놓지 않을까? "이게 바로 문제였죠." 랄은 말했다. "고객이 우리 편에 남아 있느냐 마느냐를 결정하는 문제였죠."[35] 머스크는 회사가 부딪힌 난제의 정체를 이렇게 요약했다. "우리는 이용자 성장을 해치지 않으면서도 수익 수단을 찾아야 했어요."[36]

올바른 해답은 사용자 행동과 재무 모델링의 모호한 교차점에 놓여 있었다. 팀은 사용자 행동을 통해 X.com 제품과 이베이 라이벌 빌포인트를 포함한 경쟁사들의 시스템을 파악할 수 있었다. 예를 들어 이베이 이용자들의 분노를 샀던 빌포인트의 수수료 구조는 정액 수수료에 더해 결제 금액의 1퍼센트였다.

이베이가 시작될 때부터 불평은 늘 있었다. "이베이의 뿌리는 지리멸렬한 판매자 커뮤니티였고, 이베이가 결제 시스템을 제공하지 않으면 자신들은 어떻게 결제를 처리해야 할지도 모르는 집단이었죠." 당시 이베이 변호사였던 로버트 체스트넛Robert Chetnut도 인정했다. "그래서 저는 결제 회사라는 아이디어가 보편적으로 받아들여지지 않고 있다고 생각했죠. 그래놓고, 이베이는 [빌포인트를 통해] 돈을 청구해서 거기서도 돈을 벌었죠. 판매자들은 이 수수료를 내고 싶지 않아 했어요. 이미 이베이에 돈을 냈으니까요."[37]

X.com은 돈을 송금하는 사람들에게까지 전체 고객에게 동일하게 부과되는 수수료를 내라고 하는 것은 스스로 무덤을 파는 행위라는 사실을 깨달았다. 그 누구도 돈을 보내고 그에 대한 수수료를 내고 싶어 하지 않는다. 이용자들은 돈을 보내는 사람이 아니라 돈을 받는 사람에게 더 싼 수수료를 부과하는 서비스로 옮겨가려는 경향이 있었다. 이렇게 일반적인 수수료와는 반대로 세심하게 선택된 좁은 수수료 구조는 효과가 있었다. 특히 지불 가치가 있고 올바른 수취인을 타깃팅했을 때는 더욱 그랬다.

따라서 팀은 일반적인 무료 계정보다 더 많은 기능을 제공하는 고급 제품 카테고리를 만들어 거기에 수수료를 부과하기로 했다. 이 계정을 이용자가 법인이냐 개인이냐에 따라 '비즈니스' 혹은 '최고' 계정이라고 불렀다. 고급 기능을 선택해서 돈을 더 내거나, 지금처럼 서비스를 계속 무료로 이용하거나 선택은 고객의 판단에 맡겼다.

유료 계좌를 발표하면서 회사는 세 가지 특징을 장점으로 내세웠다. ① 기업은 기업이나 그룹의 이름으로 ('비즈니스' 계좌를) 등록할 수 있다. ② 헌신적인 24시간 고객 서비스 핫라인을 이용할 수 있다. ③ 매일 자동으로 계좌 잔액을 은행 계좌로 이체한다. 대단한 기능이라고는 할 수 없지만 회사는 앞으로 더 많은 혜택을 부여하리라 약속했다.

처음 X.com은 고정 수수료 없이 결제 비용의 1.9퍼센트를 청구했다.

가장 큰 경쟁자에 비하면 싼값이었다. 가격 정책은 "다른 결제 서비스를 이용하는 것보다 절반 이상 싸다"라고 광고되었다(예를 들어 빌포인트는 3.5퍼센트에서 시작했고, 게다가 거래당 0.35달러를 추가로 부과했다).[38] X.com은 자기 이용자들을 잘 파악하고 있었다. 노골적으로 빌포인트보다 싼 가격을 책정한 정책은 가격에 민감한 이베이 파워셀러들의 마음을 사로잡았다.

이 시기 한 회의에서 머스크는 이전까지는 무료로 제공했던 제품에 수수료를 부과하는 행위는 상당히 위험한 일이었다고 인정한 적이 있다. "그 회의에서 [머스크는] '우린 수수료를 부과할 겁니다. 대가를 청구하겠습니다. 마치 주사위를 던지는 기분입니다. 도박이죠. 하지만 이는 정말 중요합니다. 이는 도박입니다'라고 말했어요. '1억 달러가 걸린 도박이죠'라고요." 랄은 회상했다.[39]

회사는 유료 계좌는 선택임을 못 박았다. "누구도 비즈니스/최고 계좌로 업그레이드하라고 강요하지 않습니다." 제품 발표에서 이 말은 볼드체로 인쇄돼 있었다. 무료 페이팔 계정이 좋다면, 그냥 유지하면 된다는 말이었다.[40]

하지만 이용자들이 무료 계좌를 계속 유지할 수 있다면, 그 누가 제한적인 혜택만 제시하는 선택 계좌를 이용하려 들겠는가? 제품이 출시된 첫날 오후 5시가 되자 팀은 이 문제에 관한 고객의 응답을 들을 수 있었다. 일부 이용자들에게만 새로운 제품을 알렸는데도 무려 1300개의 계좌가 개설되었다. 이 성공에 힘입어 모든 사용자에게 유료 제품을 광고하기 시작했다. 한 주가 지난 6월 19일, 회사는 9000명의 고급 고객을 확보했다. 그날 유료 이용자들은 수수료로 1000달러를 냈고, 다음 날 그 수치는 두 배 이상 늘어나 2680달러가 되었다.

"일단 [유료 계좌를] 출시했더니, 어쨌든 수익 옵션이라는 게 생겼어요. 누군가 우리에게 돈을 내는 일이 가능해졌죠." 데이비드 월리스는 회상했다. "최신 기능에 만족하는 사람도 있었어요. 따라서 모든 최신 기능을 사람들을 끌어들이고 거기에 돈을 쓰도록 만들어야 했죠…. 개념적으로는 '무료'에서 '돈 내는 사람들'을 끌어들이는 쪽으로 초점이 옮겨간 셈이죠."[41]

여름 내내 미친 듯한 작업 덕분에 유료 계좌는 출시되었지만, 회사 전체의 축하 행사도 없었고, 전 세계적인 주목도 받지 못했다. 하지만 고급 계좌가 뿌리를 내리면서, 회사는 많은 동시대 디지털 회사들이 이루지 못했던 꿈을 성취할 수 있었다. 이제 회사의 웹사이트는 돈을 뿌리기만 하는 것이 아니라 돈을 벌어다 주기 시작했다.

CEO 직함을 되찾은 머스크는 2000년 5월 이사회에서 했던 프레젠테이션과 똑같은 내용을 회사 전체에 발표했다. 여기엔 가장 시급히 처리해야 할 일들을 조망한 '주요 조치'라는 슬라이드가 포함돼 있었다. 그는 추가적인 글을 통해 모든 팀에게 이렇게 썼다. "이 일들을 우리가 해낼 수 있다면 그 누구도 우리를 막지 못하리라 확신합니다."[42]

머스크는 확신을 가질 만도 했다. 2000년 늦여름 회사는 하나의 신제품을 출시했다. 6주 후에 데이비드 색스는 웹사이트 변화에 대해 언급했고, 줄리 앤더슨은 X-클릭의 공식 출시를 선언했다. 그리고 처음으로 이베이가 아닌 사이트들이 X.com 서비스들을 이용하기 시작했다. X.com은 브랜드 통합에도 나섰다. "웹브라우저에 www.PayPal.com을 치고 들어오는 이용자들은 www.X.com으로 이동됩니다"라고 회사는 발표했다.[43]

X.com이 이렇게 중요한 변화를 이루어내면서 세상도 주목하기 시작했다. X.com은 인터넷 아카데미 상이라 할 수 있는 '피플스 보이스 상People's Voice Award'에서 최고 웹사이트 상을 받았다. 《레드 허링Red Herring》에서는 100대 디지털 회사로 선정되기도 했다. PC 데이터 온라인PC Data Online에서는 4주 연속 가장 많은 사람이 방문한 금융 웹사이트로 선정되었다. 금상첨화 격으로 《포춘》은 X.com을 미국에서 가장 인기 있는 신생 기업이라고 불렀다.

동종 기업들도 X.com에 관심을 쏟기 시작했다. 미국 은행가 협회는 지역 은행가들로 구성된 원탁회의를 소집했는데, 거기에서도 X.com이 주제로 등장했다.

앤드류 트레이너Andrew Trainor: 최근 X.com은 온라인 이메일 기반 결제 서비스 페이팔과 합병했습니다. 합병 회사는 완전히 다른 스타일의 마케팅을 전개하고 있어요. 은행을 알리는 데 돈을 쓰는 대신, 고객이 계좌를 개설하는 대가로 20달러씩 줍니다. 그리고 주어진 한도까지는 고객이 추천할 때마다 돈을 지급하지요. 이 시점에서 X.com은 150만 명의 고객을 확보하고 있습니다.

이런 성장이 가능했던 이유를 말씀드리겠습니다. CEO 일론 머스크는 27세인데, 캘리포니아 팰로 앨토 출신입니다. 그는 일단 고객을 확보한 다음, 마치 토지 개발업자처럼 수수료 수입, 대출 그 외 온갖 수단을 동원해 고객의 주머니를 털려고 합니다.

헨리 래딕스Henry Radix: 은행도 어느 정도는 이미 그런 일을 해왔다고 봐야겠지요. 우리도 고객을 유치하고 그 관계를 이용해 이익을 얻습니다. 하지만 우리는 고객 하나하나에 20달러를 줄 필요가 없었어요. 우리가 줘놓고도 잊어버렸는지 모르겠습니다만.

데이비드 베이토David Beito: X.com 모델은 심각한 위협입니다. 이메일 주소를 가지고 있는 사람이면 누구에게나 페이팔 서비스를 이용해서 돈을 보낼 수 있어요. 온라인 경매 분야에서 일하는 친구들이 있는데, 모두 페이팔에 가입했더라고요.

X.com은 우리로부터 결제 시스템을 빼앗아 가고 있습니다. 사람들을 홀려서 이제는 곧 수수료도 부과할 수 있을 것 같습니다. 과연 한 달에 6달러를 내고 X.com을 이용하는 게 가치가 있을까요? 은행들은 잔액 부족 인출에 대해 25달러 수수료 부과를 주저했지만, 사람들이 그 수수료를 기꺼이 내기에 이제는 모두 그렇게 하고 있잖습니까.[44]

무엇보다도 회사의 이용자 기반이 계속 팽창하고 있었다. 매일 1만 개가 넘는 새로운 계좌가 개설되었다. "X.com은 어제부로 200만 계좌를 돌파했습니다." 에릭 잭슨은 6월 1일 팀원들에게 업데이트했다. "페이팔 계좌는 173만 8989개이고, X-금융 계좌는 26만 7621개입니다."[45]

여느 때와 마찬가지로 회사의 '바이럴' 전략이 성장을 촉진하는 역할을 했다. 이 바이러스는 처음엔 이베이를 감염시켰는데, 아직도 그곳 감염은 줄어들 기미를 보이지 않았다. 4월에 X.com은 이베이 경매 20퍼센트가 페이팔 서비스를 이용하고 있다고 추산했는데, 6월 말에는 그 비율이 40퍼센트로 늘어나서 이베이에 등록된 물품 목록 200만 개가 X.com 제품을 이용하고 있었다. 이베이 내부 결제 플랫폼인 빌포인트는 겨우 9퍼센트만 차지하고 있었다. "X.com의 맹렬한 성장은 우편 서비스에 부정적인 징조였다." 회사의 뉴스레터 《위클리 엑스퍼트*Weekly eXpert*》는 과장을 담아 말했다. "개인 수표는 이제 멸종 위기에 처했다."[46]

이용자 성장과 더불어 고객 서비스에 대한 불만도 늘지 않았다는 점도 중요한 변화였다. 오마하 팀이 수없이 쌓이는 불만 사항을 그때그때 완벽히 처리하다 보니 고객 만족도를 추적한 웹사이트들에 따르면, PayPal.com과 X.com은 고객 서비스 분야에서 높은 순위를 점유하며, 두 달 전과는 완전히 다른 기업이 돼 있었다.

심지어 미국 정부도 X.com을 인정하기 시작했다. 회사의 회계부서는 FBI와 공조해 수백만 달러 규모의 시카고 조직범죄 집단 검거에 공을 세웠다. 그 밖에도 회사는 미국 비밀경호국, 우편 서비스 조사관, 지역 법 집행기관들과 정기적으로 접촉했다.

내부적으로 팀은 통합에 박차를 가했다. 2000년 6월 X.com은 엠바카데로 1840번지로 공식적으로 사무실을 옮겼다. "좁고, 무질서하고, 이상한 냄새도 나고, 에어컨에서는 미지근한 바람만 나오던 유니버시티가의 엉망진창 세상에서 깨끗하고 잘 정돈돼 있고, 커다란 (무료 벤딩 머신과 무료 비디오게임으로 가득 찬) 세계로 이사 오다니 조금 충격이었어요…." 회사 뉴스레터에서 찾을 수 있는 글이다.[47]

그해 여름엔 동료애를 확인하는 계기가 된 가벼운 사건이 있었다. 회사는 7월 14일 개봉되는 〈X맨〉을 보기 위해 마운틴 뷰 센추리 극장 16을 예약했다. 이 모임을 주도한 타메카 카Tameca Carr는 "극장은 심지어 우리보다 두 배를 주겠다고 한 스티브 잡스의 제안도 뿌리쳤다"라고 말했다고 뉴스레터는 보도했다. 이미 X.com과 계약을 맺은 극장은 잡스의 요청을 거절했다. 애플의 공동창업자로서는 매우 희귀한 협상 실패 사례였다. 팀원들은 모두 X.com 티셔츠를 입고 극장에 도착했다.[48]

이 영화의 밤 행사에 더해 X.com은 매우 소란스러운 하지 축하 파티를 개최하기도 했다. "우리 회장, 피터 틸이 춤추러 나갔지만, 맥스 레브친의 플라잉 스플릿 춤에는 비교도 되지 않았다"라고 뉴스레터는 농담했다.[49] 팀은 서프라이즈 파티를 열어 일론 머스크의 스물아홉 번째 생일을 축하하기도 했다. 머스크는 "아내 저스틴을 앞세워 지역의 명소 파니와 알렉산더에 들어왔다. 그냥 친구와 저녁 먹으러 온 듯한 모습이었다. 하지만 그가 파티오patio(집 뒤쪽 테라스-옮긴이)에 도착하는 순간, 밤새 그와 술을 마실 만반의 준비가 된 40명의 직원이 일제히 내지르는 환호를 들었다…. 일론은 적지 않은 테킬라를 마시기도 했다…."[50] 몇 주 후 회사는 레브친의 스물다섯 번째 생일을 축하하는 바비큐 파티를 열었다. 생일 파티 행사엔 치열한 농구 토너먼트도 포함돼 있었다.

이렇게 삶의 일면을 있는 그대로 보여주는 업데이트는 《위클리 엑스퍼트》의 전공이었다. 이 뉴스레터는 회사의 시시콜콜한 일들을 기록하고, 직원 생일을 기념하고, 신입 사원도 소개했다. 이런 문서가 있다는 것만도 이미 회사가 성숙했다는 증거였다. 이 시점에서 X.com의 순위는 수백 등까지 올라, 제과점 위에서 아무렇게나 업데이트할 수 있는 규모는 한참 벗어난 다음이었다. 그해 8월 있었던 X.com 전체 회의는 둘로 나눠 진행해야 했다. A에서 Kn까지 성을 가진 사람들은 오전 10시 회의에, Ko부터 Z까지의 성을 가진 사람들은 오전 11시 회의에 참석했다. 뉴스레터는 이렇게 썼다. "그렇습니다. 우린 이만큼 컸어요!"[51]

머스크는 이 몇 달 동안 주변 환경을 살피며 부드러운 항해를 전망하고 있었다. 그러나 회사의 다른 사람들은 이미 경고 신호를 탐지한 상태였다. 수익은 늘어나고 비용을 줄어들고 있었지만, 사기와 수수료 부분에서 큰 출혈을 치르고 있었다. 평사원은 단합이 잘되고 있었지만, 경영진은 브랜딩부터 테크놀로지 설계, 회사의 목적에 이르는 모든 부분에서 생각이 나뉘어 있었다. 머스크는 눈을 부릅뜨고 앞길을 지켜보고 있었지만, 적지 않은 사람들, 특히 콘피니티 출신의 베테랑들은 머스크가 배를 암초로 몰고 가고 있다고 생각했다.

갈등은 표면화되지 않은 채 내부에서 부글부글 끓어오르고 있었다. 하지만 2000년 늦여름 결국 갈등이 터지며 머스크의 삶과 회사의 미래를 바꾸는 일련의 사건을 낳았다. 머스크는 수정된 조직도를 그린 노트에서 이 모든 일을 부지불식간에 예견하고 있었다. "당연히 우리가 이미 400명도 넘는 직원을 가지고 매우 빠르게 성장하는 스타트업이라는 사실을 감안해서 조직도 역시 시간에 따라 변화하고 적응해야 되죠."[52] 물론 변화라면 변화였지만, 머스크와 다른 모두가 예상했던 것보다는 훨씬 빠른 변화였다.

13장

페이팔 2.0 프로젝트

머스크가 고개를 들어 앞을 보았더라면 X.com의 미래 CFO 로엘로프 보타Roelof Botha가 그랬듯이 스스로가 만든 달성 목록을 발견하고 거기에 계속 매진할 수 있었을 것이다.

보타가 책상 앞에 붙여놓았던 목록은 젊은 보타의 목표들을 세세히 나열하고 있었다. 해야 할 과제를 버리고 다른 곳으로 눈이 향할 때마다 그 목록은 목표를 일깨워주었고, 다시금 집중하게 했다. 그가 자기 방에서 나오려 할 때마다 문 뒤편에서 볼 수밖에 없었던 똑같은 목록은 그에게 다시 앉으라고 책망하고 있었다.

이 두 목록은 마치 부적과도 같았다. 그는 모든 남아프리카공화국 학생 중 상위 10등 안에 들겠다는 야심에 찬 학문적 목표를 아무렇지도 않은 일인 양 달성했다. 상위 10등에 든 데서 그치지 않고 나라 전체에서 가장 경쟁이 심했던 보험 통계 분야에서 역사상 가장 높은 점수를 기록하며 1등을 차지하기도 했다.

로엘로프 보타는 남아프리카공화국에서 유력한 정치인 가문의 후손이었다. 하지만 그는 가문의 후광에 기대기보다는 스스로 빛을 내고 싶었다. 이러한 생각에서 그는 남아프리카공화국을 떠나 스탠퍼드 MBA 과정에 진학했다.

첫해가 지난 후 그는 영국 런던 골드만삭스에서 인턴으로 일하며 웹 회사 기업공개를 담당했다. 그가 담당했던 기업 중에는 금융 서비스 사이트 egg.com도 있었다. 보타는 골드만삭스 인턴을 끝내면서 두 가지 결론에 도달했다. 투자은행 일은 그리 재미없다. 하지만 인터넷 소비자 금융 일은 재미있다.

스탠퍼드에서 보타는 제레비 리우_{Jeremy Liew} 건너편에 있는 방을 썼다. 보타는 시티서치에서 일한 경험이 있었다. 거기서 그는 일론 머스크라는 이름의 경쟁자(이면서 같은 남아프리카공화국 출신 사업가)를 우연히 만났다. 리우는 보타와 머스크가 공통 화제가 많으리라 생각해서 둘을 연결해주었다.

1999년 가을 처음 만나자마자 때 머스크는 보타에게 X.com에 당장 합류해달라고 제안했다. 보타는 거절했다. 그는 학생 비자로 미국에 체류 중이었기 때문에 직업을 가질 수가 없었고, 이민법을 어기고 싶지도 않았기 때문이다. 게다가 스타트업에 합류하기 위해 스탠퍼드를 그만두고 싶지도 않았다. 몇 달이 지나 머스크는 다시 한번 보타에게 간청했다. 하지만 보타는 여전히 움찔도 하지 않았다. 그렇지만 머스크는 그에게 중요한 인상을 남겼다. "누구를 만나도 두 주만 지나면 대부분은 까맣게 잊어요." 보타는 말했다. "하지만 일론은 그렇지 않았어요."

X.com이라는 아이디어 역시 잊히지 않았다. 보타는 스탠퍼드에서 주

어진 과제를 X.com의 비즈니스, 경쟁사, 그리고 소비자 금융을 탐구하는 기회로 활용했다. "저는 페이팔을 하나의 기업으로 생각할 모든 핑곗거리를 찾아보려 했어요…. 저는 '애네들은 사업 모델은 뭐야? 은행 업무는 어떨까? 예금을 받고, 신용한도도 발행할까?' 등을 생각했죠." 보타는 기억했다.

이렇게 비판적인 거리를 설정하고 보니 X.com은 확실한 성공을 장담할 수 있는 처지가 아니었다. "X.com에게는 자연적인 비교 우위 같은 게 없었어요." 보타는 1999년 말 회사의 전망에 대해 말했다. "네트워크 효과도 없고요. 고객 확보 비용도 비싸요. 단위 경제unit economics(비즈니스의 수익성과 비용 구조를 분석하는 방법으로, 비즈니스의 단위당 수익과 비용을 계산해 비즈니스가 장기적으로 수익을 창출할 수 있는지 여부를 판단하는 데 사용한다-옮긴이)가 좋은지도 불확실해요." 그러나 보타는 X.com 이메일 결제 상품에서 잠재력을 보았다. 특히 제품의 바이럴리티가 규모를 빠르게 성장시키는 방식에 주목했다.

보타의 확신은 개인적인 위기를 겪으며 더 굳어졌다. 1999년 후반과 2000년 초반 남아프리카공화국 금융 위기로 인해 보타의 예금 계좌는 커다란 타격을 입었다. 그는 어찌어찌 집세를 내고 방을 구해야 했다. 이제껏 가문의 부에 의지해왔던 그는 이러한 일을 겪어본 적이 없었다. 돈이 필요했던 보타는 머스크에게 X.com에서 파트타임으로라도 일할 수 없겠냐고 물었다.

2000년 2월 보타가 구조 메시지를 보내던 당시에 X.com과 콘피니티는 합병을 마무리 짓고 있었다. 보타는 이제 통합된 회사에 합류하게 되었으니 머스크는 틸에게 보타 인터뷰를 맡겼다. 인터뷰에서 틸은 재미

있지만 어려운 질문을 던져 보타를 골치 아프게 했다.

가늠할 수 없는 길이의 완벽한 원형 탁자가 있어요. 당신은 그 길이를 몰라요. 두 명이 무한한 양의 25센트 동전이 든 가방을 가지고 있어요. 각각은 탁자에 동전 하나씩만 놓을 수 있어요. 그 동전을 만져도 되지만, 포개면 안 돼요. 마지막으로 동전을 탁자에 놓아 탁자를 가득 채운 사람이 게임에서 이기는 겁니다. 반드시 승리할 방법이 있을까요? 먼저 동전을 놓아야 할까요? 두 번째로 놓아야 할까요?*

보타는 정답을 말했고, X.com과 콘피니티가 합병을 발표한 날 고용 문서를 받았다.

일을 시작한 지 얼마 되지 않았을 때 보타가 수강하던 한 MBA 수업에 객원 교수가 초빙되었다. 그의 이름은 메그 휘트먼으로 이베이 CEO였다. 보타가 앉아서 지켜보고 있는 가운데 휘트먼은 이베이 내 페이팔 등장에 관한 질문을 받았다. 한 학생은 이 써드파티 회사가 이베이 경매라는 생태계 안에 둥지를 트는 것을 마냥 방치할 셈이냐고 물었다. 보타는 그의 대답을 기억하고 있다. '아니요. 우리는 그들을 박살 낼 것입니다.'

보타는 아연실색했다. "마치 '그따위 소리는 하지도 마세요!'라는 느

---

* 해답: 물론 이길 수 있다. 먼저 동전을 놓아야 한다. 동전을 정중앙에 놓는다. 다른 사람은 탁자 어딘가에 동전을 놓게 될 것이다. 이제 당신의 동전을 다른 사람이 놓은 동전과 같은 지름선 반대편에, 가장자리로부터 똑같은 거리에 놓는다. 이러한 단계를 반복한다. 결국 당신의 상대는 더 놓을 장소가 없게 될 것이다.

낌이었어요." 그는 기억했다. 보타는 물론 회사의 많은 사람도 이렇게 누군가 자신을 노리고 있다는 아슬아슬한 느낌이 있었다. "데이비드 [색스]는 우리 머리 위에 언제나 다모클레스의 칼Sword of Damocles(고대 그리스 우화에서 권력자의 머리 위에 매달아놓은, 숙명적인 위험을 상징하는 말-옮긴이)이 있다고 했죠." 보타는 회상했다. "저는 그때 그 칼을 처음 보았어요."

보타는 수업이 끝난 후 머스크 바로 옆 좁아터진 방으로 출근해서 밤을 새우며 오후까지 일했다. 그가 처음 맡은 일은 X.com의 금융 모델을 아예 처음부터 새로 구축하는 작업이었다.

X.com은 수백만 달러를 조성하고 있었지만, 보타가 보기에 그 금융 모델은 '단순 무식'했다. 그는 (매출액, 고객 만족도, 직원 만족도, 재무 성과 등의 지표를 포함한) 더 다양한 지표를 이용해서 좀 더 견고한 모델을 구축하기 시작했다. 기존 계좌 중 어떤 부분을 활발하게 이용하고 있는가? 회사가 신용카드 수수료로 정확히 얼마를 지출하고 있나? 사기율이 올라가면 혹은 내려가면 어떤 일이 일어나는가? 보너스를 없애면 어떻게 될까? 보타가 만든 스프레드시트를 이용해 팀원들은 손쉽게 가정을 입력하고 결과를 즉시 예측할 수 있었다. 그의 스프레드시트는 X.com이라는 사업체의 포괄적이면서도 예측 가능한 건강 상태를 보여주었다.

시간이 지나면서 보타의 스프레드시트는 신탁과 같은 역할을 했다. 이제는 어떤 중요한 결정이 있기 전 '그 모델'의 말씀을 들어야 했다. 이 작업 덕분에 보타는 졸업 후 정규직으로 입사했고, 2000년 6월에는 이사진 회의에도 참석하게 된다. 잊지 못할 날이었다. "[마이크] 모리츠는

6월 이사회에 참석해서는 '이것 봐, 이제 7개월 후면 운영 자금이 바닥 날 거야'라고 말하더군요." 보타는 회상했다. "이제 다시는 돈을 마련하지도 못할 거야. 시장이 사라져버렸어!" 모리츠의 언급은 냉정하면서도 핵심을 짚고 있었다. "정말 도움이 되는 말이었어요. 그는 자금 조달은 꿈도 꾸지 말라고 귀에 못이 박히도록 얘기했죠." 보타가 말했다.

또 다른 이유로도 이사회 회의는 보타의 기억에 남았다. 그는 급하게 회사의 현금 유동성을 프레젠테이션하느라 수치를 틀리게 말하는 실수를 저질렀다. 정말 흠잡을 데 없었던 스프레드시트에서 옥에 티라고 할 만한 실수였다.

마이크 모리츠가 그 오류를 잡아냈다. 완벽주의자였던 보타는 부끄러움에 얼굴이 새빨개졌다. 회의가 끝나자 보타는 자기 책상으로 들어와 울음을 터뜨렸다. 자신도 완벽주의자였기에 보타의 마음을 누구보다 잘 이해한 레브친이 곁으로 다가와 그를 위로했다.

X.com 금융이라는 수초 속으로 다이빙해 들어간 보타는 회사의 손실에 강박적인 관심을 가졌다. 정확한 모델을 구축하기 위해 그는 개인 손실 유형을 연구하고, 그 손실 원인이 수수료인지, 금액 환불chargeback 거부인지 사기인지 파악하고, 꼼꼼히 비교 조사하며 기록했다. 숫자에 몰두하다 보니 골치 아픈 문제가 드러났다. X.com의 현재 손실이 보타 모델의 예측보다 적었던 것이다. 보타는 경보를 울렸다. "이게 왜 이런지 밝혀내야 해."

결국은 보타 자신이 해답을 찾았다. X.com은 신용카드 분쟁이나 사기 거래로 인한 시간 지연을 고려하지 않고 있었다. 고객이 신용카드 분쟁에서 이기면 카드 회사는 고객에게 금액을 환급한다. 하지만 이 환급 과정은 판매자가 고객에게 청구서를 보내고 나서야 시작된다. 그러다 보니 고객 측에서는 환급 과정이 한 달 혹은 그 이상 걸릴 수도 있었고, X.com 입장에서는 판매자에게 돈을 지급한 지 한참이 지난 다음이었다. 어쨌든 고객이 이 문제를 놓고 불만을 제기해 조사가 이루어졌다. "5월에 있었던 환불은 2월이나 3월에 이루어진 거래에서 발생한 것이었어요." 보타가 기억했다.

X.com의 예측은 이러한 시간 지연을 고려하지 않았고, 따라서 다가오는 쓰나미에도 대비가 돼 있지 못했다. "6월 즈음에 저는 엄청난 문제가 닥쳐오고 있다는 것을 깨닫기 시작했어요." 보타가 회상했다.

보타는 어렴풋이 형체를 드러내기 시작한 문제를 그 누구보다 잘 이해하고 있었다. 그가 배웠던 보험 통계에는 '연쇄 사다리 분석chain ladder analysis'이라는 기법이 있었다. 보험사가 미래의 보험금 청구에 대비해 어느 정도의 지불준비금을 마련해놓고 있어야 하는지를 측정하는 방법이다. 자신이 배운 보험 통계 기법을 X.com의 회계장부에 적용한 보타는 암울한 현실을 발견했다. 회사는 어디에서도 준비금이 마련돼 있지 않았다.

'이 문제를 해결할 수 없으면?' 보타는 생각했다. '우리는 모두 죽을 거야.' 설상가상으로 보타는 X.com CEO에겐 파산에 대한 두려움은 눈곱만치도 없다는 사실을 눈치챘다. 머스크는 오로지 X.com의 지속적인 성장밖에는 아무런 관심이 없어 보였다.[1]

보타는 레브친에게 속성으로 연쇄 사다리 분석을 가르쳤다. 그리고 이 분석을 이용해서 회사의 지불준비금에 관한 심각한 그림을 그려 보여주었다. 그가 경고하기 전에도 레브친은 이미 미래를 걱정하고 있었다. 회사의 사기 기록을 자세히 검토했는데, 그 결과가 충격적이었기 때문이다.

루크 노섹은 그해 여름 자정이 지난 시간에 호출기가 윙윙거리는 소리를 들었다. 레브친이었다. 전화해달라는 내용이었다. "루크, 우린 이제 다 죽었어." 레브친이 말머리를 꺼냈다. 그러곤 사기꾼들이 회사에서 어떻게 수백만 달러를 갈취하고 있는지를 들려주었다.[2]

엎친 데 덮친 격으로 레브친은 자신을 두고 회사 안에서 권력 투쟁이 벌어지고 있다는 엉뚱한 사실을 발견했다. 레브친은 CTO였지만, 정작 그의 상사 머스크가 회사의 개발 부서를 마음대로 쓰고 있었다. 회사의 시스템을 구축하는 중요한 순간에서 둘 사이에 불화가 불거졌다.

"어쨌든 사이트는 성장하고 있었어요. 매주 혹은 두 주마다 두 배로 늘어나고 있었죠." 회사의 데이터베이스 엔지니어 켄 브라운필드Ken Brownfield는 회상했다. 급속한 성장과 더불어 사이트는 나날이 불안정해졌다. 이용자들은 주당 몇 시간이나 해결되지 않는 네트워크 장애를 지켜봐야만 했다. "제 삶을 온통 거기에 쏟아부어야 했죠." 브라운필드는 기억했다. "어두운 시절이었어요. 우리는 고개를 숙이고 집중해서 일하며 사이트가 정상적으로 유지되도록 버텨야 했죠."

웹사이트의 제작 방식도 문제였다. 브라운필드는 돈이 오고 갈 때마다 이러한 과정을 고민했다고 말했다. "마치 세상을 멈추고, 이 사람이 돈을 받는지 확인하고, 그게 거래서에 명시적으로 기재돼 있는지 확인하고, 저 사람에게서 돈이 빠져나가는지 확인해야 하죠. 그리고 어떤 것도 손대지 않은 상태에서 이 일이 이루어져야 합니다. 따라서 이 데이터베이스의 데이터를 놓고 많은 논쟁이 있어요." 세상을 멈추는 일은 X.com 서버의 용량으로는 감당하기 힘들다. "우리는 사실 예상하지

[못했던] 장벽에 부딪힌 거죠." 브라운필드는 기억한다.[3]

공정하게 말하자면 이 문제는 X.com만의 문제는 아니었다. 클라우드 컴퓨팅이 도입되기 전 많은 웹사이트는 용량은 물론 네트워크 오류와도 싸워야 했다. 예를 들어 이베이는 1999년 6월 네트워크 장애로 인해 거의 24시간 동안 서비스가 중단되고 복구가 이루어지지 않았던, 속이 뒤집힐 만한 전설적인 재난을 겪은 바 있다. 그러나 온라인 경매 독점 덕분에 이베이는 이러한 위기를 극복할 수 있었고, 이용자들은 떼를 지어 되돌아왔다. X.com은 이 정도의 충성심은 기대할 수 없었다. X.com 서비스가 작동하지 않으면, 다른 결제 서비스 옵션을 이용하면 그만이었으니까.

합병으로 인해 이러한 기술적인 고장 문제가 크게 부각되었다. "회사의 웹사이트는 여전히 두 개가 독자적으로 운영되고 있었어요." 엔지니어 데이비드 고즈벡은 회상했다.[4] 사이트가 둘이다 보니 엔지니어링 팀도 둘이었다. 콘피니티 팀은 레브친, X.com 팀은 머스크의 몫이었다. 여름이 진행되며 불화는 더욱 깊어져 갔다. 용량 문제도 심각해지고 있었다.

머스크는 해결책을 제안했다. PayPal.com의 코드베이스를 완전히 새롭게 작성하자는 제안이었다. 그는 콘피니티 엔지니어들이 리눅스를 기반으로 만든 원래 코드베이스를 X.com 사이트처럼 마이크로소프트 플랫폼을 기반으로 아예 새로 짜야 한다고 생각했다. 머스크는 그래야만 안정성과 효율성이 보장될 수 있다고 믿었다. 그는 이 노력을 '페이팔 2.0'이라 이름 붙였고, 회사 내부에서는 V2라는 이름으로 불렸다.

지금은 고리타분하다고 느낄 수도 있겠지만, 당시 X.com에서 리눅스냐 마이크로소프트냐 하는 문제는 그저 기술적인 문제에 그치지 않았다. 회사는 테크놀로지 진영 간에 벌어지고 있는 더 폭넓은 전쟁의 한 무대에 불과했기 때문이다.

1999년 마이크로소프트는 이미 세계를 지배하는 소프트웨어 회사였다. 그 성공은 부분적으로는 단순화 덕분이었다. 마이크로소프트 윈도우는 예전의 명령 줄mercurial 인터페이스를 대체했다. 예전에는 커서가 깜박이는 검은 화면에서, 예를 들어 사진을 열어보거나 파일을 지우기 위해서는 'c:\photos'나 'del *.*'이라는 명령어를 일일이 입력해야 했다. 단순하고 세련된 아이콘과 버튼과 커서를 장착한 마이크로소프트 윈도우는 이해하기 힘들었던 컴퓨터를 단숨에 매력적인 도구로 격상시켰다.

그러나 이 단순성 때문에 마이크로소프트는 사나운 적들을 맞이해야 했다. 힘들게 컴퓨터를 배우며 성인이 된 세대가 대표적이었다. 특히 프로그래머들은 목소리 높여 비판을 쏟아부었다. 마이크로소프트 소프트웨어는 비싸고 저작권이 설정돼 있었다. 해커들은 마이크로소프트 제품들을 단순하고 실용적이지만 우아하지 않다고 보았다. 마이크로소프트 제품은 컴퓨팅 세계의 미니밴과 같았다.

이러한 비판 속에서 일련의 오픈소스로 무료로 배포되는 운영체제들이 성장했다. 이들은 주로 유닉스Unix라는 플랫폼을 기반으로 만들어졌다. 이 운영체제 중에서도 가장 유명한 리눅스는 1991년 리누스 토르발스Linus Torvalds라는 대학생이 만들었다. 리눅스 지지자들은 리눅스가 마이크로소프트와 반대로 유연하고, 즉각적으로 반응하고, 무료라는 사실을 장점으로 내세웠다. 리눅스 이용자들은 운영체제 핵심 기능을 필요에 따라 마음대로 바꿀 수도 있었다.

하지만 그 유연성은 편의를 희생하는 대가를 치러야 했다. 리눅스 머신에 모뎀을 설치하는 것과 같이 간단한 일도 소위 '괴짜 피로geek fatigue(컴퓨터 기술이나 테크놀로지에 대한 관심이 줄어드는 현상-옮긴이)'를 낳기도 했다. 페이팔에도 이러한 피로가 만연해 있었다. 뿌리가 해커였던 레브친은 당연히 리눅스를 기반으로 페이팔을 구축했다. 그는 자신처럼 리눅스를 잘 다루는 엔지니어들을 고용하기도 했다. 그러나 리눅스 기반으로 인해 페이팔의 코드베이스는 길고도 골치 아팠다.[5] "10년에 걸친 소프트웨어 개발이 페이팔에서는 실패했다는 느낌이었어요." 한 엔지니어가 농담조로 말했다.[6]

머스크는 레브친이 만든 리눅스 기반을 갈아엎고 마이크로소프트 기반으로 전환하고 싶었다. 그러려면 마이크로소프트 플랫폼에 익숙한 사람들을 중용할 수밖에 없고, 따라서 X.com에서 첫 제품을 만들었던 제프 게이츠, 토드 셈플, 닉 캐롤을 PayPal.com 웹사이트 전면 재편 작업 책임자로 앉혀야 했다. 원래 웹사이트를 만들었던 콘피니티 엔지니어들은 소외시켜야 했다.

머스크는 유닉스 기반 시스템에서 마이크로소프트 기반 시스템으로의 전환을 자원 할당의 효율성 문제로 설명했다. 그는 마이크로소프트에서 이미 많은 작업이 준비된 상태로 판매되는 소프트웨어 제품을 이용하면 적은 엔지니어로 더 많은 작업을 할 수 있으리라 생각했다. "그런데 우리는 리눅스 시스템 작업을 하느라 40명에서 50명이나 되는 직원을 쓰고 있었어요." 머스크는 처음에 PayPal.com 코드베이스를 작업하던 콘피니티 직원들을 가리키며 말했다. "한편 [X.com의] 4명에 불과한 엔지니어는 3개월 만에 마이크로소프트 C++를 이용해 원래 다른 언어로 개발된 기능을 똑같이 만들었어요…. 4명 대 40명이었죠."

자신이 비디오게임을 즐기고 한때 비디오게임을 개발하기도 했던 머스크는 마이크로소프트가 최고급 게임 개발에 사용되고 있는 사실도 그 우월성을 입증하는 것이라고 지적했다. "비디오게임에서 사용되는 테크놀로지야말로 다른 어떤 분야보다 더 앞서 있거든요." 머스크는 설명했다. "그래서 최고의 프로그래머들은 모두 비디오게임 분야에 있죠." 그는 여러 기능이 풍부한 비디오게임들은 기술적으로도 복잡하고, 어떤 면에서는 당시 웹사이트보다 훨씬 복잡하다고 말했다.

머스크는 마이크로소프트 코드베이스를 이용하면 인재 채용에도 유리하리라고 생각했다. 당시 "리눅스는 특이해서 괴짜들이나 쓰는 거였죠." 머스크는 말했다. 그는 회사의 웹사이트 설계를 전환함으로써 더 폭넓은 인재들을 끌어모을 수 있다고 믿었다. "2019년의 리눅스와 2000년의 리눅스는 완전히 달라요. 당시 리눅스는 정말 원시적이었죠. 지원 시스템도 많지 않았어요…. 근데 대체 왜 우린 리눅스를 쓰고 있었냐고요?"

머스크는 전략상 V2를 전 세계 모든 돈의 중심이자 종합적인 금융 기업 X.com을 향한 첫걸음으로 보았다. "그러기 위해서는 당시 페이팔이 가지고 있던 것보다 훨씬 더 많은 소프트웨어가 필요했어요." 머스크는 회상했다. "그래서 제가 보기엔 세상에서 가장 강력한 개발 시스템이었던 마이크로소프트를 이용해야겠다는 생각이 당연했던 거죠."[7]

2000년 7월, X.com 팀은 레드몬드로 가서 마이크로소프트 고위 간부들을 만났다. 당시 CEO였던 스티브 발머Steve Ballmer도 거기에 포함돼 있었다. X.com의 뉴스레터는 이 만남을 흥분에 들떠서 기록하고 있다.

우리 엔지니어링팀은 최근 마이크로소프트의 몇몇 고위 간부와 회의를 했습니다. 그중 몇몇은 [당시 이사회 회장] 빌 게이츠Bill Gates에게 직접 보고할 정도로 높으신 분들이었습니다! 마이크로소프트는 우리에게서 무엇을 원했을까요? 우리의 충고였습니다! X.com/페이팔 2.0 사이트는 현재 마이크로소프트 2000 플랫폼을 기반으로 통합되고 있습니다. 이 소식을 들은 마이크로소프트가 우리를 찾은 것입니다. 마이크로소프트는 어떻게 자신의 툴을 개선하고 수정해야 우리에게 도움이 되고, 그들의 플랫폼을 기반으로 작업할 수 있는지 알고 싶어 했습니다. 그래서 회의가 열렸던 것입니다.[8]

머스크는 X.com을 시애틀의 거인(마이크로소프트의 별명-옮긴이)과 크게 다를 바 없이 시대를 넘어 존재할 회사라고 말하곤 했다. 이러한 야심에 그는 설계상의 혁신을 원했다. "그는 앞으로 몇십 년을 지속할 회사를 만들어야 하는데, 그 기반도 당연히 몇십 년은 지속되어야 하지 않겠냐고 말하곤 했어요." 루크 노섹은 기억했다.[9]

마이크로소프트를 이용해 코드베이스를 재설계하자는 머스크의 제안에 몇몇 고위 엔지니어들은 어쩌면 당연하게 격렬한 불쾌감을 드러내 보였다. 그중에서도 가장 먼저 가장 강한 불쾌감을 드러낸 사람은 물론 레브친이었다.

가장 중요한 문제는 페이팔이 하나의 엄청나게 큰 데이터베이스를 기반으로 돌아간다는 점이었다. 콘피니티 출신 엔지니어들이 보기에 데이터베이스를 확장하는 가장 간단하면서도 돈이 들지 않는 방법은 썬 마이크로시스템즈Sun Microsystems가 제작한 서버 박스를 더하는 것이었다.

콘피니티 출신 엔지니어들은 마이크로소프트의 테크놀로지가 비싸기도 하지만, 페이팔의 규모나 니즈에는 적합하지 않다고 생각했다. "마이크로소프트 데이터베이스 서버는 대기업용으로 만들어졌죠." 리눅스 진영에 속해 있던 브라운필드가 말했다. "[마이크로소프트는] 대기업을 운영하기 위해 만들어졌어요. 수만 명의 기록을 보관하죠. 하지만 고성능 온라인 프로레싱을 하며 오랜 시간 동안 계속해서 실행해야 하는 시스템에는 적합하지 않습니다."[10]

또 다른 엔지니어도 마이크로소프트를 "지금의 문제를 해결하기에는 충분하지 않다"라며 거부했다. "이렇게 완벽하게 준비된 상태로 판매되는 소프트웨어 제품을 사용하다 보면 뭔가 새롭고 흥미롭고 몰랐던 일을 할 수 없게 됩니다."[11] 실제로 페이팔은 과거에는 모르던 새로운 문제들을 마주하고 있었다. 리눅스 진영의 적지 않은 사람들은 이러한 이유들을 들며 마이크로소프트 서비스는 적절치 않다고 주장했다.

리눅스와 마이크로소프트를 기반으로 하는 시스템은 몇몇 조작적인 측면에서도 달랐다. 처리 요청에 대한 응답을 예로 들어보자. 마이크로소프트는 요청이 완료된 후에도 계속 프로세스를 실행한다. "문제는 요청을 처리하는 프로세스가 항상 실행 중이고 활성화돼 있다면, 프로세스는 느려지고, 느려지고, 더 느려지고, 더 느려진다는 것입니다." 자베드 카림이 말했다. "리눅스 서버엔 이런 문제가 없어요. 리눅스 웹 서버는 요청이 있을 때마다 새 프로세스를 시작하는 방식으로 작동하기 때문이죠."

바로 그즈음 확실한 증거도 제시되었다. 초기 V2 버전이 '메모리 누수'로 문제를 노정했다. 프로세스가 무한정 실행되며 시스템에 과부하를 일으켰고, 이에 따라 서버를 자주 재부팅해야 했다. "컴퓨터에 자부심이 있는 사람에게, 컴퓨터 재부팅이란 정말 정말 창피한 해결 방안이죠." 자베드 카림이 언급했다. "차에 타서는 '헤이, 이건 근사한 레이싱 카야. 하지만 5분마다 엔진을 꺼야 해'라고 말하는 거나 마찬가지죠."[12]

이 문제는 시간이 갈수록 심각해지리라고 예견한 사람들이 있었는데, 실제로도 그랬다. "로드 테스트load testing(시스템이나 애플리케이션에 예상되는 부하를 가하여 시스템의 성능과 안정성을 평가하는 테스트-옮긴이)를 하다 보니 매일 서버를 재부팅하고 있었어요." 엔지니어 데이비드 강David Kang이 말했다.[13]

실제로 7월 10일 한 V2 엔지니어가 했던 말이 문제의 핵심을 잘 보여주었다. 신규 계좌 100만 개가 개설되면 V2 시스템에 어떤 영향을 미치겠냐는 질문을 받은 그 엔지니어는 이렇게 대답했다. "현재로선 메모리 누수로 인해 비즈니스 로직business logic(비즈니스 운영을 규제하는 규칙과 프로세스-옮긴이)이 100만 개의 계정 생성을 처리할 수 있는 상태가 아닙니다(시스템은 최대 부하 상태에서 초당 약 2만 건의 요청만 처리할 수 있습니다. 이는 시스템이 최대 부하 상태에서 22만 5000건의 요청을 처리하는 데 약 2.5시간이 걸리고, 그 후 비즈니스 로직을 다시 시작해야 한다는 사실을 의미합니다)."[14] 또 다른 엔지니어는 결국 서버를 '13초마다' 재부팅했어야 했다고 회상했다.[15]

V2 작업이 진행될수록 의구심은 깊어만 갔다. 초기 V2 버전 테스트에서는 사이트의 (가장 중요한 버튼이라고 할 수 있는) 송금 버튼이 작동하지 않았다. "개발 과정을 진행하면서 개발업자들에게는 이게 올바른 길이 아니라는 사실이 점점 확실해졌어요." 한 엔지니어가 회상했다. "웹사이트 개발을 위한 준비는 많았지만, 완성까지는 멀기만 했고 그 거리는 좀처럼 좁혀지지 않았어요."[16]

심지어 X.com 진영 사람들조차 마이크로소프트 기반 설계가 이상적이지 않을 수도 있다는 사실을 인정하기 시작했다. 수구 소우고마라네Sugu Sougoumarane는 합병 이전에 X.com 인터뷰를 했지만, 입사하지는 못했다. "집에 돌아와 보니 인적자원 부서장으로부터 '일론이 당신을 탈락시켰습니다'라는 이메일이 와 있었어요. 저는 그에게 답장으로 '일론의 이메일 주소를 보내주시면, 직접 그에게 이메일을 보내려 합니다'라고 써서 보냈어요."

일론의 메일 주소를 받은 소우고마라네는 자기 심정을 솔직히 토로하는 글을 보내서 결국 머스크의 전화를 받았다. 이 전화에서 소우고마라네는 "[X.com이] 인터넷을 근본적으로 바꿔놓을 것이라고 말하고는, '당신이 제게 얼마를 주든 상관없습니다. 마루를 닦는 일을 하더라도 그곳에서 일하고 싶습니다'라고 말했죠." 머스크는 그를 고용했다. 그리고 그의 메일을 X.com 전체에 포워딩했다.

소우고마라네가 X.com에 합류했을 때 X.com과 콘피니티는 이미 합병 작업을 시작했고, 리눅스 대 마이크로소프트 전쟁은 바야흐로 무르익어가고 있던 시점이었다. 소우고마라네는 평생을 데이터베이스 개발 도구를 만드는 데 보낸 사람이었다. 그는 "[리눅스에 기반을 둔] 시스템이 [마이크로소프트의] SQL 서버보다는 훨씬 도움이 되리라고 믿었죠…. [마이크로소프트 SQL 서버가] 얼마나 확장성이 좋은지는 모르겠습니다"라고 말했다.[17]

X.com 초창기 엔지니어였던 더그 맥은 양쪽 모두에 장점이 있다고 생각했다. 한편으로 유닉스 기반 시스템은 엔지니어들이 다루기 쉽고, 여러 프로그래머가 동시에 작업할 수 있다. 게다가 언제라도 여러 이용자가 접속하는 사이트에 적합하다. "유닉스는 코드를 작성하기 좋은 환

경입니다. 유닉스는 만들어진 그 순간부터 멀티유저 플랫폼이었기 때문입니다. 윈도우는 데스크톱 PC 운영체제로 성장했죠. 멀티유저가 동시에 이용하는 거래에는 적합하지 않아요." 맥이 설명했다.

반면 당장 사용할 수 있는 툴로 인해 마이크로소프트를 이용하면 작업이 편리하다는 것도 사실이었다. "윈도우에서는 비즈니스 로직을 쉽게 쓸 수 있어요." 맥은 회상했다. "유닉스에서는 약간의 노력이 필요하거든요." 마이크로소프트를 이용하면 최소한의 기능만 갖춘 웹사이트 구축과 같은 기본적인 일은 정말 쉬웠다고 그는 회상했다. 게다가 문제가 생기면 마이크로소프트에 전화만 하면 바로바로 해결해주었다.

하지만 결국 더그 맥을 위시한 여러 팀원은 V2라는 프로젝트가 일부 개선점을 가져왔지만, 그 결과는 노력에 비해 대단치 않다는 결론에 도달했다. "우리는 코드를 짜고, 또 짜고, 또 짰어요. 다시 짜야 할 필요 없는 것까지요. 6개월 전에 제품을 출시할 수도 있었는데, 쓸데없이 많은 시간을 개발에 낭비한 거죠. 그때 출시했으면 페이팔은 아마도 훨씬 성공했을 거예요." 맥이 말했다.[18]

시간의 기회비용은 심각했다(그 시간에 다른 일을 했다면 얻을 수 있는 이득이 훨씬 많았을 것이다-옮긴이). 그 몇 달 동안 회사는 사기로 인해 수백만 달러를 잃었다. 한 QA 분석가는 "메모리 누수를 고치는 데 들인 시간을 차라리 3000만 달러 손실을 낳은 문제를 해결하는 데 썼어야 했다"라고 말하기도 했다.[19]

레브친에게 충성하는 사람들과 원래 PayPal.com 코드베이스를 짠 몇몇 엔지니어들도 리눅스 코드베이스를 마이크로소프트 코드베이스로 재작성할 수 있다고 생각했다. 충분한 시간과 노력만 주어진다면 사이트 전체를 재구축하고, 엔지니어를 다시 훈련하고, 마이크로소프트에 기반을 둔 PayPal.com을 만들 수도 있을 것이다. 하지만 하나의 질문이 그들 머릿속을 떠나지 않았다. 대체 왜 그래야 하는가? 머스크가 해결하고자 했던 문제들은 굳이 마이크로소프트를 사용하지 않더라도 비교적 어렵지 않게 해결될 수 있다고 그들은 주장했다.

웹의 정보 테크놀로지 포럼들은 이 마이크로소프트 대 리눅스의 갈등을 다루며, 이 논쟁이 종교적인 성격마저 띠고 있다고 언급했다. "양측 팬들은 그들의 종교 운영체제가 사용하기에 제일이며 가장 안전하다는 주장을 결코 굽히려 들지 않는다"라고 한 IT 전문가는 내용은 좀 더 온건했던 글의 서문에 썼다. 이에 대해 한 엔지니어는 "나는 리눅스 방식이 좋다"라고 응수하며 이렇게 덧붙였다. "인생에서와 마찬가지로, 해당 기술이나 개념이 처음에는 배우기 어렵지만, 결국에는 배움이라는 장기적인 이점이 초기의 어려움을 앞선다. (인생에서 배우는 모든 것이 다 그렇듯이 인내와 꾸준함이 필요하다.)"[20]

이제는 나이도 들었고, 경험도 많아진 엔지니어들은 당시 V2에 대한 혐오를 부분적으로는 마이크로소프트 제품들에 대한 좀 더 폭넓은 반감의 징후였다고 인정하고 있다. 콘피니티 엔지니어들에게는 '리눅스 방식'이야말로 올바른 방식이었다. "당시 제 삶은 온통 리눅스로 뒤덮여 있었어요." 콘피니티 출신을 대표해서 브라운필드가 말했다. "저는 윈도우 따윈 정말 근처에도 두고 싶지 않았어요."[21] 오픈소스 코드베이스와 해커라는 뿌리를 가진 리눅스는 설계상은 물론 개인적으로도 호감을 사고 있었다. 따라서 수십억 달러 규모의 회사가 만든 클로즈드 소스closed-source 시스템으로의 전환을 받아들이는 것은 마치 굴욕처럼 여겨졌다.

"많은 사람이 크게 실망했어요." 카림은 인정했다. 그는 예기치 않은 일로 일찍 회사를 나서던 한 콘피니티 엔지니어를 주차장에서 만났던 일이 있다. 카림이 그에게 어딜 가냐고 묻자, 그는 이렇게 대답했다. "배나 타러 가려고요. 이 V2는 죽으라고 안 되네요. 빌어먹으라고 하죠."[22]

엔지니어 윌리엄 우는 1999년 늦게 X.com에 합류했다. 낮에는 컴퓨터과학 석사과정 대학원생이었고, 밤에는 샌프란시스코와 팰로 앨토를 오가며 일했다. X.com과 콘피니티가 합병하면서, 그는 이미 해야 할 일이 가득 찬 목록에 '두 플랫폼으로 코드 짜기'를 더해야 했다.

"페이팔 현금카드 코드를 짤 때는 실제로 두 버전으로 코드를 짰습니다. 하나는 윈도우 버전이었죠. 일론이 의지를 관철할 때를 대비해서였죠. 하지만 페이팔 플랫폼에는 유닉스로 완전히 별개의 코드도 짜야 했습니다. 결국 페이팔이 우위를 확보할 때를 대비해서 말이죠. 그래서 저는 코딩에만도 몇 시간이고 써야 했어요. 두 버전의 코드를 짜고, 별도의 두 개 플랫폼에서 테스트해보아야 했으니까요." 우는 이러한 행동이 살아남기 위한 과정이었다고 선선히 인정했다. "뭐 그런 식으로 일해야 상황이 어떻게 변하더라도 살아남을 수 있으리라 생각했으니까요. 인생에서 정말 가장 힘든 시간이었어요."[23]

V2를 맡으며 개발 부서의 사기는 계속 떨어져만 갔다. "정말 끔찍한 시간이었어요. 급한 일도 많았을 텐데요. 매우 위험한 시기였고, 성공에 대한 확신도 없었어요. 개발자로서 정말 인정하고 싶지 않지만, 오후 세 시에도 영화를 보러 가곤 할 정도였어요." 엔지니어 데이비드 강은 말했다.[24]

머스크는 자신의 V2 결정이 모두의 지지를 받지는 못하고 있다는 사실을 파악하고 있었다. 하지만 제품의 더딘 개발, 두 개의 웹사이트, 거의 매주 반복되는 다운이라는 대안은 더 끔찍했다.

머스크는 (빠른 개발을 위해) 8월에 팀의 노력을 보상하는 인센티브 프로그램을 발표했다. "V2.0과 V2.1의 출시 시점에 흥미를 진작시키기 위한 차원에서 다음과 같은 보너스 계획이 발효될 예정입니다. 9월 15일 자정까지 V2.0가 생산되면 5000달러를 지급하며, 그 이후에 하루씩 지연될 때마다 500달러씩 삭감하겠습니다. 예를 들어 사이트가 9월 20일 가동 준비를 마친다면, 모든 사람이 2500달러를 받게 됩니다." 최종 결과는 "맥스가 정의한 확장성scalability(사용자 수의 증대에 유연하게 대응할 수 있는 정도-옮긴이) 요구에 부응해야 합니다. 이후 발생하는 모든 문제(예를 들어 언론 접촉)는 중요하지 않습니다."

"미친 듯이 일하세요."[25] 머스크는 끝맺었다. 이내 마감일은 다가왔다. 하지만 아무 일 없이 지나가 버렸다. 완제품은 없었다. 엔지니어를 제외한 사람들은 걱정하기 시작했다. "개발이 제일 큰 문제라고 생각했어요." 엔지니어가 아니었던 토드 피어슨이 말했다. "[재구축을 얼마 앞두고] 3주 만에 완성하겠다는 이야기가 석 달로 변하더라고요."[26]

머스크가 인센티브 이메일을 보낸 후 한 달 정도가 지나서까지도 회사의 격주 뉴스레터는 긍정적인 자세를 유지하고 있었다.

V2.0이 언제나 공개될지 궁금하세요? 워낙 대규모 프로젝트이다 보니 며칠 정도 지체되는 건 이해할 만한 일입니다. 디자인 부서는 새로운 플랫폼에서 완전히 새로운 웹사이트를 만들어야 합니다. 프로젝트 그룹은 끊임없이 서비스를 업그레이드하고, 계속해서 경쟁사보다 앞서갈 수 있도록

애쓰고 있으며, 동시에 우리 사이트 곳곳에 지속적인 변화를 추진하고 있습니다. 시스템 관리 부서는 새로운 플랫폼에서 작동하는 새롭고 업그레이드된 버전의 관리 툴을 만들기 위해 쉬지 않고 일하고 있습니다. 엔지니어들은 사이트에 대한 새로운 변화 요청이 쏟아지는 가운데 머리를 쥐어뜯어 가며 여러 프로그래밍을 끝내려고 최선을 다하고 있습니다. QA팀은 시스템의 모든 버그를 발견하고 수정하려고 쉬지 않고 일하고 있습니다. 제품 통합 그룹은 변화 중에 일어날 수 있는 아무리 사소한 일이라도 반드시 처리하려 노력하고 있습니다. 이 모든 일은 현 사이트를 유지하는 가운데 일어나고 있으며, 예를 들어 오마하의 새로운 전화 시스템, 마케팅 캠페인, 고객 관리 등 많은 개선이 끝도 없이 이어지고 있습니다. 그래서 이제야 우리는 왜 이렇게 많은 사람이 이른 새벽까지 일하는지, 왜 그렇게 많은 커피를 마시고 있는지 알게 되었습니다! 모두는 우리 제품을 세상 최고의 제품으로 만들기 위해 일하고 있으며, 새로운 플랫폼에 더해 미러 사이트를 만들고 있기에 두 배로 일을 하고 있습니다! 많은 부서가 열심히 일하고 있습니다. 하지만 이 모든 일은 언젠가 여러분이 한 손엔 칵테일을 들고, 발가락 사이에는 모래를 느끼며 지중해에서 편하게 보내는 휴식으로 보상받을 것입니다⋯.[27]

일을 빠르게 진척시키기 위해 머스크는 페이팔 2.0 개발과 코드 배포와 상관없는 모든 개발 작업을 중단시켰다. 페이팔 1.0 고객이 적지 않다는 점을 생각해보면 팀으로서는 걱정이 많을 수밖에 없는 조치였다. 그때 또 다른 위험 신호가 켜졌다. 머스크는 엄격한 롤백 계획rollback plan(시스템에 변경을 가한 후 문제가 발생했을 때 그 변경을 되돌리는 계획-옮긴이)도 없이 PayPal 2.0을 내놓을 작정이었음이 밝혀졌다.

"우리는 정말 시간도 없고, 돈도 없어요. 그래서 정말 빨리 개발을 마쳐야 해요." 호프먼은 머스크가 이렇게 말했다고 기억하고 있다. "우리는 롤백 계획을 만들 시간도 없어요. 그냥 새로운 시스템을 만들어서 다 옮길 거예요."[28]

엔지니어 산토시 야나르단은 이러한 접근 방식이 생각만큼은 위험하지 않다고 설명했다. "2000년 초반에는 이런 표현을 많이 했어요. '먼저 고쳐라'라는 표현이요. 다시 말하자면 '우리는 여기에 목매고 있다. 우리는 출시부터 할 것이다. 밤을 지새우더라도'라는 식이었죠. 롤백을 만드느라 일주일을 보내느니 나중에 모아서 하룻밤에 고치는 게 낫다고 생각했던 시절이었어요."[29]

그렇지만 이런 방식에 우려를 표하는 사람들이 많았다. 이 시점에서는 이미 매일 PayPal.com을 통해 수백만 달러 규모의 거래가 이루어지고 있었다. 혹시라도 V2에 어떤 문제가 생긴다면, 그 결과는 재난으로 이어질 수도 있었다.

V2는 하나의 경계선이었다. 하지만 V2만이 경계선은 아니었다. 합병 이후 계속해서 회사의 이름 자체가 하나의 발화점 역할을 했다.

이 시점에서 'www.paypal.com'을 치면 자동으로 www.x.com으로 이동했다. 머스크의 결정이었다. 콘피니티 출신은 개인적으로 불만이었다. 이들에겐 수치가 중요했다. 2000년 7월 현재 페이팔 거래는 수백만 건에 달했던 반면, X.com 거래는 수만 건에 불과했기 때문이다. 이용자들은 페이팔 브랜드를 중심으로 뭉쳤다. 이베이 경매에 페이팔 링크를 걸고, 이메일 서명에 페이팔 브랜드를 표시했다. 이들 생각에 머스크는 힘겹게 얻은 신뢰를 낭비하고 있었다.

머스크는 페이팔을 'X-페이팔'이라고 부르라고 하고, 페이팔만 독자적으로 떼어 부르는 것을 금지했다. X-페이팔과 X-금융에서 볼 수 있는 X는 전 세계적인 금융 생태계의 접두어였다. "틈새 결제 시스템을 원한다면 페이팔이 더 낫죠. 하지만 예를 들어 세계 금융 시스템을 접수하기로 작정했다면 X가 훨씬 나은 이름입니다. 페이팔은 사물을 가리키기보다는 하나의 기능에 지나지 않는 이름이기 때문입니다." 머스크는 말했다. 그는 회사 이름을 페이팔이라고 붙이는 것은 '애플이 회사 이름을 맥이라고 붙이는 격'이라고 생각했다.[30]

그해 여름 이 문제가 불거졌다. 포커스 그룹focus group(제품, 서비스, 마케팅 캠페인, 브랜드 등과 같은 특정 주제에 대한 소비자의 의견을 수집하는 연구 방법-옮긴이)은 페이팔이라는 이름을 X.com보다 더 높게 평가했다. 시장조사를 진두지휘했던 비비안 고는 "반복적으로 '오, 제발, 나는 이 웹사이트를 못 믿겠어요. 성인 웹사이트잖아요'라는 말을 들었어요"라고 기억했다(X는 흔히 포르노 사이트를 연상시킨다-옮긴이).

고는 사용자 의견에 한계가 있음은 인정하고 있었다. "아시겠지만 사람들은 '애플'이라는 이름도 우습다고 생각했죠." 그러나 그는 우려를 직접 전해 듣고 있었다. "사람들이 토씨 하나 틀리지 않고, 계속해서 '저는 그걸 못 믿겠어요. 그건 정말 이상하게 들려요'라고 이야기하면 반박하기도 참 난감해요."[31]

전통적인 회계 기업 KPMG에서 X.com으로 옮겨 온 리나 피셔Rena Fischer는 그 외설스러운 이름 때문에 '많은 끔찍한 이메일들'을 받았던 경험을 회상했다. "우리 제품은 페이팔이었어요. 제가 느끼기에는 회사의 목표가 뭔지 설명하기에도 쉬운 이름이었어요."[32]

에이미 로우 클레멘트는 원래 회사의 끝없는 확장이라는 전망에 매료되어 입사했던 사람이다. "X는 핵심이었고 브랜드 하우스house of brands(하나의 기업이 여러 개의 브랜드를 보유하는 것-옮긴이)가 되어야 했죠." 그는 말했다.

하지만 이 시점에서 회사는 가벼운 이메일 기반 결제를 통해 획기적인 발전을 거듭하고 있었다. "페이팔은 빠르게 성장하고 있었어요. 반면 X.com 계좌는 은행 계좌였기에, 그걸 운영하는 데에는 돈이나 시간이 훨씬 많이 필요했어요. 따라서 궁극적으로는 우리가 상당한 수익을 내는 다양한 제품들을 더 빠르게 많이 팔 수 없다면, 굳이 X.com 플랫폼을 유지해야 할 필요도 없다는 말도 되죠."[33]

머스크는 완강했다. 이름은 그의 뜻대로 바뀌어야 했다. 그의 포커스 그룹에 대한 반응은 반발을 낳았다. '페이팔' 선호 진영은 머스크가 이용자들보다는 자신의 개인적 의견을 바탕으로 결정을 내리고 있다고 생각했다.

하지만 이름을 둘러싼 싸움은 눈으로는 보이지 않는 더 깊은 불화의 가시적인 측면에 지나지 않았다. "이름이 유일한 문제였다면 극복하기 어렵지 않았겠죠." 호프먼은 인정했다.[34] 머스크가 보기에도 '페이팔'은 괜찮은 이름이었다. 독자적인 결제 서비스 이름으로는 나쁘지 않았다. 하지만 'X.com'은 (최소한 앞으로) 세계 금융의 중추가 될 이름이었다. 머스크는 주장했다. "결정해야 했어요. 최고가 되길 원하는지, 아니면 최고가 되길 원하지 않는지를요."[35]

머스크의 동료들은 그의 광대한 비전을 인정하고 심지어 존경하기까지 했다. "우리가 일론을 진심으로 믿을 수 있었던 것은 그가 우리 중 어떤 사람보다도 페이팔에, 그리고 우리의 사업에 가장 크고 야심 찬 비전을 갖고 있었기 때문이에요." 틸이 말했다.[36] 결제 회사에서 그치리라는 생각은 조금도 없어 보였어요." 올바른 상황에서라면 이 드넓은 비전이야말로 머스크의 특출한 장점이었다. "그는 비전을 지닌 사업가죠. 그리고 그 비전을 이루고 말 것이라고 절대적으로 확신하는 사람입니다." 호프먼이 말했다.[37]

하지만 당시 틸과 호프먼을 포함한 회사의 경영진은 머스크의 비전에 설득되지 않았다. 이들에게 문제는 비전이 아니라 수학이었다. "9월에 은행에는 6500만 달러 정도가 남아 있었습니다." 틸이 회상했다. "그런데 2000년 9월 소각률은 무려 1200만 달러였습니다. 상황을 개선하기 위해 노력해야 한다, 그것도 아주 빠르게 해야 한다는 일종의 공감이 형성되고 있었습니다."[38]

이러한 위기 상황을 불러온 데는 개인적인 경험도 한몫을 했다. 머스크가 커다란 야망을 제시한 것은 Zip2보다 더 큰 성공을 이루겠다는 목표가 있었기 때문이다. "저는 대학을 졸업한 지 겨우 4년이 지난 후에 3000만 달러를 받고 제가 만든 회사를 팔았던 경험이 있었죠. 따라서 그런 건 이미 해봤으니 그와 비슷한 정도의 결과는 안중에도 없었어요." 머스크는 인정했다.[39]

하지만 레브친, 색스, 호프먼, 노섹 같은 경영진에게 그런 경험이라곤 없었다. 머스크가 보기에 X.com 고위 경영진이란 사람들은 최고를 추구하지 않고, 회사를 망하게 만드는 데 일조한 다음, 위로받을 생각이나 하고 있는 것처럼 보였다.

코드는 놀라울 정도로 개인의 특성을 반영한다. 예를 들어 최초 PayPal.com 코드베이스는 레브친의 고유한 특징을 고스란히 지니고 있어서, 그 템플릿 컨벤션templating convention(템플릿 코드를 작성하는 데 사용되는 일련의 규칙, 한편 템플릿 코드는 특정 데이터 유형에 대한 코드를 생성하는 데 사용되는 코드-옮긴이)을 '맥스 코드'라고 부르기도 했다. 머스크가 추진하는 V2는 맥스 코드를 완전히 버리자는 것이어서 몇몇 엔지니어들은 레브친마저 완전히 사라지지 않을까 두려워했다.

실제로 레브친은 회사를 그만둘까 하는 고민에 빠지기도 했다. 당시 회사의 미래는 불확실했지만, 그가 미친 영향은 지워지지 않을 잉태기gestational period(스타트업이 처음 아이디어를 생각해낸 후 제품이나 서비스를 출시하기까지의 기간-옮긴이)는 이미 겪은 다음이었다. 그는 이제 수십 명에 달하는 직원 중 하나로서 상사가 자신의 근본적인 작업에 상처를 입히기 전에, 모든 것을 뒤에 남기고 새로운 일을 시작해보기로 했다. '난 떠날 거야.' 레브친은 이렇게 생각했다고 기억하고 있다. '이 V2라는 물건은 삶의 의지마저 파괴하려고 하니 말이야.'

머스크나 틸과 마찬가지로 레브친도 사무실 정치에는 알레르기 반응을 보였다. 하지만 그들과 마찬가지로 레브친 역시 경쟁심이라면 누구에게도 뒤지지 않았다. 이 시점에서 그는 X.com CEO는 절대 자기 생각을 굽히지 않으리라고 판단했다. 마이크로소프트 베이스 결정이나, 회사 이름, 그리고 무엇보다 특히 전략이라는 면에서 자기주장을 번복할 사람이 아니었다. 하지만 다른 사람들과 이야기를 나누다 보니 X.com CTO는 머스크에 반대하는 입장으로 돌아서 있는 것을 발견했다.

2000년 늦여름에서 이른 가을까지 레브친은 자신과 같은 생각을 공유하는 경영진을 찾았다. 모두가 전 CEO에 대한 쿠데타에 가담했던 사람들이었다. 이들은 한 번 성공한 쿠데타가 또 성공하지 못할 까닭이 없다고 생각했다. 그래서 X.com의 공동창업자이자 CEO이자 가장 큰 지분을 확보하고 있는 개인주주를 축출하려는 은밀한 움직임이 시작되었다.[40]

14장

머스크의 퇴출

2000년 1월 머스크는 오랜 연인 저스틴 윌슨Justine Wilson과 결혼했다. 하지만 예정되었던 신혼여행은 취소되었다. 머스크가 '기업 드라마'라고 이름 붙인 어떤 사건 때문이다. 그는 신혼여행 대신 2000년 하계 올림픽을 보겠다는 생각으로 오스트레일리아 시드니로 여행을 떠났다. 아직 신혼이었던 부부는 싱가포르와 런던을 경유하며, 사실상 세계를 한 바퀴 돌 예정이었다.

머릿속에서 일이 떠나지 않던 머스크는 해외 체류 중인 X.com 직원과 함께 호텔에 머무르며 몇 건의 자금 조달 회의를 가질 계획을 세웠다. "뒤늦은 신혼여행 겸 자금 조달 여행이었죠." 머스크가 설명했다.

둘이 출발할 때 머스크는 회사 내 어떤 변화를 감지했다. "사람들이 이상하게 대하더라고요." 머스크는 회상했다. 일상적인 전화도 '색다르게' 느껴졌다. "그들은 대단히 걱정하고 마음이 상해하며, 이렇게 말하더군요. '이런 일을 하고 싶지 않아.' 그래서 저는 '아냐, 이런 일을 해야지'라고 말했죠. 그게 기본적으로 전환점이었던 것 같아요." 머스크는 기억했다.[1]

머스크는 자신을 축출하려는 계획이 있는지도 몰랐고, 오히려 그런 반발을 부추기기까지 했다. 경영진은 쿠데타를 구체화시키고 있었다. 머스크에게 V2와 더불어 X-페이팔이라는 이름을 취소하라는 설득이 실패하자, 이들은 집단 사임을 협박 무기로 내세워 X.com 이사회에 머스크의 축출을 요구하는 최후통첩을 보내기로 계획을 세웠다. 이들은 '불신임안'이라는 문서를 만들었고, 동조하는 직원들을 대상으로 은밀한 서명 작업을 벌였다.

쿠데타 세력의 강한 확신과는 아무런 상관 없이 서명한 사람도 적지 않았다. "모르는 게 약이라는 이야기가 돌았죠." 제품팀 일원이던 지아코모 디그리골리가 회상했다. "데이비드 [색스]가 한 방으로 우릴 불러 모으더니 이렇게 말했어요. '저는 이 일에 정말 화가 납니다. 저를 믿고 회사의 미래를 믿으신다면, 이 서류에 서명하세요. 저는 이사회에 갈 겁니다. 우리는 이 일을 할 거예요'라고요. 그런데 고작 스물셋이었던 제가 뭘 알았겠어요? 그저 '아, 그렇다니 받아들여야지. 회사란 데서 일하다 보면 이런 일도 생기나 보지?'라고 생각했어요. 물론 무슨 일이 어떻게 벌어지고 있는지는 전혀 몰랐죠."[2]

일주일이 지난 화요일, 한 직원은 머스크 축출 계획이 은밀하게 이루어지고 있구나 하고 생각했던 일을 기억했다.[3]

계획은 머스크가 떠나기 몇 주 전 구체적인 형태를 갖추기 시작했다. 루크 노섹, 피터 틸, 맥스 레브친, 그리고 초기 이사였던 스콧 바니스터는 8월에 열린 테크놀로지 콘퍼런스에 참석했다. 거기에서 이들은 일제히 회사의 방향에 불만을 터뜨렸다.

그 주말과 그 이후에 있었던 모임에서 이 모임은 머스크를 주제로 논의했다. 이들 생각에 자신들의 CEO는 X.com의 성공에 방해만 되는 존재였기에 당연히 제거해야 했다. 하지만 머스크 축출은 '넛 하우스 쿠테타'보다 훨씬 어렵고 훨씬 위험이 심각한 일이었다. 빌 해리스는 회사에 들어온 지 얼마 되지도 않았고, 따라서 회사 내 세력도 대단치 않았다. 하지만 머스크는 공동창업자인 데다가 충성을 다하는 직원도 많았고, 마이크 모리츠같이 이사회 내 강력한 지지자까지 있었다. 게다가 그는 기술적인 능력에 더해 인품까지 갖추고 있었다. 그를 최고경영자 지위에서 몰아내기 위해서는 좀 더 전략적으로 은밀하게 움직여야 했다.

머스크의 신혼여행은 완벽한 기회였다. 한 쿠테타 주모자는 시기 선택은 잔인했지만, 필연적이었다고 말했다. 머스크 같은 창업자는 이사회에서도 카리스마를 뿜어내기 때문에 아무리 사실을 적시하며 공격하더라도 이기기 힘든 존재이기 때문이다. 따라서 공정한 판단을 위해서는 오히려 머스크가 부재해야만 했다.

돌이켜보면 이러한 은밀함은 머스크에게는 오히려 고마운 일이었다. "제가 돌아와서 이사진을 설득해선 쿠테타 세력을 해고하리라 생각했나 봐요." 머스크는 말했다. "그런 일이 일어날까 두려웠나 보죠." 그렇게 오래 살지도 않았지만, 이 시점에서 머스크는 자신이 사람들에게 어떤 느낌을 주는지 잘 알고 있었다. "모두 제가 들어와 자신들을 처치해버리지나 않을까 잔뜩 겁먹었던 것 같아요." 머스크는 킬킬거리며 말했다. "그냥 뭐 제가 무서웠던 거죠. 모르겠어요. 제가 설마 그들을 죽이기야 했겠어요?"

돌이켜보면 머스크의 유머가 이해가 간다. "엉큼하게 뒤에서 찌르는 놈들은 겁쟁이라서 앞에서는 찌르지 못해…. 너희 모두 아직도 내 등을 찌르고 싶어? 해봐! 이리 정면으로 나와서 해봐! 너흰 열두 명이나 되잖아."[4]

존 말로이 이사는 레브친이 전화했을 때 마침 해외 체류 중이었다. "규모가 큰 중국 투자회사 로비에 있었어요." 말로이는 기억했다. 레브친은 몇몇 회사 경영진이 머스크를 축출하기로 했다고 알렸다. "저는 생각했어요. '오, 이런, 빨리 끝내고 돌아가야겠군'이라고요." 말로이는 회상했다.[5]

머스크는 2000년 9월 19일 화요일 비행기를 타고 떠났다. 머스크가 회사를 뜨자 틸, 레브친, 보타, 호프먼, 색스가 줄줄이 세콰이아 사무실에 도착했다. 결정적인 표를 가진 X.com 이사 마이크 모리츠를 설득하기 위해서였다. 머스크의 강력한 우군이었던 모리츠가 머스크 편을 들고 역시 이사였던 팀 허드를 설득한다면, 이사회는 3 대 3으로 나뉠 것이었다. 틸·레브친·말로이가 한편, 허드·머스크·모리츠가 다른 한편이 될 가능성이 있었다.

세콰이아에 도착한 사람들은 직원들이 서명한 불신임안을 들고 있었다. 머스크가 CEO로 남으면 사직하겠다는 내용이었다. 사람들이 주장을 펼치는 동안 모리츠는 아무런 동요도 없이 듣기만 했다. 그러곤 몇 가지 질문을 던져 명확한 답을 요구했다. 틸은 말로이와 모리츠에게 상황이 어떻게 전개되고 있는지를 알리는 동시에 팀 허드에게 전화를 걸어 이사회 임시 회의를 소집하게 만들어야 했다.

머스크는 외국에 있고, 허드는 시카고에, 말로이는 아시아에서 서둘러 돌아오고 있는 상태에서 그 후 며칠간 토론의 상당 부분은 전화로 이루어질 수밖에 없었다. 쿠데타 세력은 팰로 앨토 그랜트가 469번지에 있던 레브친과 노섹의 아파트를 오가며 개인적으로 모였다. 이사진으로서 틸과 레브친은 한 아파트에서 전화를 통해 진행된 이사회에 참석하고는, 다른 아파트에 가서 모여 있는 사람들에게 그 내용을 보고하곤 했다.

양측은 나름의 주장을 제시했다. 틸과 레브친은 주로 웹사이트 테크놀로지 전환과 관련된 우려를 표명했다. 이사회에서 그런 이야기를 처음 듣는 사람도 많았다. 그러한 중요한 변화가 롤백 계획도 없이 이사진의 허가도 받지 않고 벌어지고 있다는 사실을 듣고 충격을 받는 사람도 있었다. "이사진에서 먼저 점검했어야죠." 한 이사가 말했다. "저는 그러지 않았다는 사실을 믿을 수 없어요…. 그러한 리스크를 감수해야 한다는 사실이 끔찍해요."[6]

허드는 이를 747 조종에 비유했다. "747 기종에는 네 개의 엔진이 있어요. 폭풍우, 그것도 심한 폭풍우를 뚫고 히말라야산맥을 넘어가고 있는데, 엔진 두 개가 고장 났어요. 항공 정비사도 없는데, 비행 도중 그 두 엔진을 바꿔야만 하는 상황이라 할 만했죠."[7] 허드, 말로이, 모리츠는 엔지니어는 아니었지만, 어쨌든 결국 레브친의 주장에 설득되었다.

틸과 레브친은 다른 문제들도 제시했다. 처음 만들어질 때 X.com은 고객들에게 신용한도를 제공했다. 하지만 출범을 서두르다 보니 회사는 대출 신청자들을 충분히 엄격하게 걸러내지 못했다. 그 결과 X.com은 위험 대출shaky loan(신용등급이 낮거나 신용 이력이 없는 사람에게 제공되는 대출-옮긴이)을 제공해 결국 손실을 감수할 수밖에 없었다.

2000년 초, 머스크는 이 프로그램 종료를 선언했다. 하지만 놀랍게도 회사의 회계장부에는 상환 가능성도 없으면서 이자만 낳고 있는 대출이 남아 있었다.

이 상환 가능성도 없으면서 이자만 낳고 있는 대출이라는 묘사에 반박하는 사람도 있었다. 머스크는 이미 신용 보증 없는 신용한도 프로그램을 종료했기 때문이다. 머스크를 지지하는 적지 않은 사람들이 보기엔 머스크가 쿠데타 세력이 원하는 바보다 X.com 사업 일부를 조금 더 오래 유지하려 했던 욕망이 문제의 대단치도 않은 원인이었다. 쿠데타 세력이 보기에 이는 머스크가 불필요한 위험을 감수하고 있다는 증표였다. "[머스크는 더 폭넓게 X.com] 사업이 진행되어야 한다고 생각했어요. 그래서 우린 X.com을 닫고 페이팔을 인수했죠. 우리로서는 손실을 감수하는 일이었어요." 샌딥 랄은 회상했다. "머스크는 원래부터 고객에게 헌신해야 한다고 생각했어요. 자신이 직접 제품을 만들어 팔기 시작했으니까요. 상황이 바뀌었다고 해서 고객들에게서 자신이 판 물건을 갑자기 빼앗으려 하지 않았죠. 그래서 회사의 다른 사람들이 불편해할 정도까지 그 상품들을 계속 유지하고 있었던 거죠."

랄은 "머스크 역시 종료하고 싶어 했어요…. 다만 충분히 빨리 그러지 못했던 거죠"라고 결론 지었다.[8] 랄에 따르면, 종료가 지체된 이유는 부분적으로는 X.com이 퍼스트 웨스턴 내셔널 은행과 맺었던 합의의 영향이었다. 퍼스트 웨스턴 내셔널 은행에서 X.com으로 파견된 직원은 X.com의 은행 및 대출 상품 종료를 지체시키는 규제들을 언급한 적이 있다(이 규제들은 X.com이 은행 및 대출 상품을 종료하기 전에 충족해야 하는 요건을 규정하고 있었기 때문에 요건들을 충족해야만 은행 및 대출 상품을 종료할 수 있었다-옮긴이).

이사진은 오가는 주장들 아래서 처음으로 X.com 대 콘피니티라는 깊은 단층선을 발견했다. "두 회사 사이에 정말 격렬한 싸움이 벌어지고 있었어요." 말로이는 기억했다. "이사회는 이 불화가 어느 정도인지 그때까지도 몰랐던 것 같아요. 표면 아래에 있는 문제들은 어느 정도 심각한지 잘 보이지 않으니까요."[9]

쿠데타는 집단 사임이라는 무기로 위협하고 있었다. 쿠데타 세력은 데이비드 색스와 로엘로프 코타가 가담하며 기세를 올렸다. 색스는 머스크가 승진시켰고, 보타는 머스크가 고용한 사람들이었다. 둘은 머스크에게 친밀감을 느끼고 있었지만, 머스크가 CEO로 남아 있는 한 회사의 현재 문제는 풀릴 수 없다고 생각하고 있었다. 특히 보타의 경우 머스크가 승리한다면 직업도 포기해야 하지만, 이민 자격에 심각한 타격을 입을 수도 있었다. 따라서 그는 가볍게 선택할 수 없었다.

"이사진이 모였죠. 저 없이 말입니다." 머스크는 말했다.[10] 경영진과 이사회는 서로 의견을 주고받으며 합의 도출을 위해 여러 날을 보냈다. 머스크는 한 해에 두 번째로 해임되는 X.com CEO가 될 수 있었다. 이는 언론에 커다란 파장을 일으킬 만한 사건이었다. 하지만 이사진이 볼 땐 회사의 내부 역학이 외부 소음이라는 리스크보다 더 중요했다. 머스크는 CEO가 아니더라도 회사의 주요 주주로 남게 될 것이다. 하지만 이사회는 어떻게 작동하게 될까? 머스크는 계속 틸과 레브친과 함께 일할 수 있을까?

이사진은 직원들로부터 의견을 구했다. 허드는 한 직원이 보낸 길고 열정적인 이메일을 받았다. 그는 머스크와 쿠데타에 반대하는 사람들에게도 같은 이메일을 보냈다. "저는 현 CEO인 일론 머스크를 불신임하는 내용의 편지를 받았습니다. 저는 그 내용에 동의하지 않기에 편지에 서명하지 않았습니다"라고 이메일은 시작했다. 그리고 그는 CEO로서 머스크가 가진 장점을 다음과 같이 요약했다.

직업적인 견해로 일론은 매우 훌륭한 CEO입니다. 그는 이메일은 빼놓지 않고 다 읽는 사람이기에 의사소통하기 쉽습니다. (인투잇, 마이크로소프트, 그 외 여러 번) 일론과 함께한 회의에서 그는 대단히 인상적이었고, 우리 회사를 프레젠테이션하는 데도 뛰어났습니다. 일론은 협상에도 대단히 뛰어나서, 덕분에 우리는 인투잇과 훌륭한 거래를 했고, 그 외 (퍼스트 데이터First Data와 마스터카드 같은) 많은 회사와도 좋은 거래를 할 수 있었습니다. 우리는 조만간 마이크로소프트와 거래를 하고, 제 생각에는 올해 말까지는 AOL과도 연결할 좋은 기회가 있을 것 같습니다.[11]

그는 허드에게 이사회가 결정에 도달하기 전에 많은 이야기를 들어보라고 권고하며 이메일을 끝냈다.

머스크는 이 이메일에 대한 답신으로 이사회에 글을 보냈다. 이사진이었던 허드는 수신에서 배제되었다. "감사합니다. 여러분. 너무도 슬프다 보니 말문이 다 막히는군요. 저는 Zip2에서 얻은 거의 모든 돈을 넣고, 결혼 생활도 포기하다시피 하며 정말 최선의 노력을 다했습니다. 그런데 이제 저는 나쁜 짓을 했다고 욕받이가 되고, 그 혐의에 대해 변호할 기회조차 얻지 못하고 있습니다. 사실은 제가 어떤 나쁜 행동을 저질렀는지도 모르겠습니다."[12]

주 중반부터 일요일 저녁까지 이사진은 숙고에 들어갔다. 하지만 결국 머스크에게 버팀목이 되어줄 수 있는 표가 남아 있지 않았다. "제가 돌아왔을 때는 모든 게 끝난 다음이었어요." 머스크는 기억했다.[13] "이미 끝난 일이었어요." 랄은 말했다. "그 일이 일어났을 때 머스크는 없었죠. 외국에 가서 비행기로 돌아오고 있었어요…. 제시간에 돌아올 수 없었죠. 돌아왔을 땐 너무 늦었어요."[14]

9월 24일 일요일 저녁, 피터 틸은 사내 전체 이메일을 보냈다.

모든 분께,

아시다시피 일론 머스크는 예기치 못했던 전 CEO 사임 이후 회사가 불안정했던 시기였던 5월에 CEO라는 지위를 다시 맡는 데 동의했습니다. 그의 믿기 힘들 정도로 훌륭한 직업 정신과 사업가로서 뛰어난 리더십을 통해 회사와 투자자들은 빠르게 안정을 되찾을 수 있었습니다. 그의 노력을 바탕으로 회사는 다양한 분야에서 엄청난 발전을 이루었습니다. X-금융과 페이팔은 거의 400만에 달하는 이용자를 확보하고, 결제량은 매년 20억 달러에 다다르고 있습니다. 적지 않은 지표들이 X.com이 인터넷에서 가장 규모가 큰 전자금융 기업이라고 가리키고 있습니다. 우리는 기업의 규모, 복잡성, 전략적 파트너십이라는 측면에서 커다란 도약을 할 만반의 준비가 돼 있습니다.

이 성공적인 성장의 결과 일론과 이사진은 조사 위원회를 만들어 다음 수준의 회사를 이끌어갈 노련한 CEO를 선정하기로 했습니다. 일론은 임원이자 주요 주주로 계속 이사회에 남을 것입니다. 저는 신임 CEO가 선임될 때까지 운영을 책임지는 회장 역할에 동의했습니다. 리드 호프먼, 데이브 존슨, 샌딥 랄, 맥스 레브친, 데이비드 색스, 제이미 템플턴은 제게 직접 보고하게 됩니다.

피터 틸
X.com 회장[15]

5시간 후에 머스크는 후속 이메일을 보냈다. 제목은 'X.com을 다음 수준으로 끌어올리기'였다.

안녕, 여러분

X.com이 정말 빨리 성장하다 보니 2년도 안 돼서 500명도 넘는 직원을 자랑하는 기업이 되었습니다. 그러다 보니 저는 대기업 경험을 갖고 X.com을 다음 수준으로 끌고 갈 노련한 CEO를 모셔 와야 할 때가 왔다고 생각하게 되었습니다. 사업가로서 저의 관심은 대기업의 일상적인 관리보다는 뭔가 새로운 것을 설립하고 만드는 데 있습니다.

저는 X.com을 위해 정말 훌륭한 CEO를 찾기 위해 노력하고 회사를 위한 홍보도 할 것입니다. CEO을 찾는 작업이 끝나면 3~4달 정도 안식일을 가지며 몇몇 생각을 정리하고 내년 초 새로운 회사를 시작해볼까 합니다.

처음부터 회사에 있었고, 우리가 직면한 문제들에 뛰어난 지식을 가진 똑똑한 사람 피터 틸이 임시로 운영 책임을 맡을 예정입니다. 덕분에 저는 CEO를 찾는 일에 집중하렵니다. 성취해야 할 엄청난 일들이 산적해 있고, 어려운 경쟁을 직면하게 될 앞으로 몇 달 동안 틸과 회사를 전폭적으로 지지해주시기 바랍니다. 저는 이 모든 일이 끝나면, X.com이 정말 가치 있는 기업, 새로운 전 세계적 결제 시스템을 만들어 인터넷에서 가능한 가장 큰 진보를 이룬 기업으로 남으리라는 데에 눈곱만큼의 의심도 없습니다.

모든 사람과 함께 일해 즐거웠습니다. (제가 아직 떠난 것은 아니지만요.) 여러분은 제게 가족 같은 사람입니다.

일론[16]

머스크는 실제로도 X.com 팀원들을 가족처럼 생각했다. 집에서 실제 가족보다 사무실에서 팀원들과 보내는 시간이 훨씬 많기도 했다. 머스크는 회사를 떠나는 이유를 가족과 더 많은 시간을 보내기 위해서라고도 말했지만, 이는 그저 체면을 세우기 위한 말이었고, 진정한 이유는 아니었다.

그렇지만 심지어 작정하고 그를 비판하던 사람들마저 인정할 정도로 그의 메시지는 정말 점잖았다. 바로 몇 시간 전 자신을 쫓아낸 틸에 대한 공개적인 칭찬을 보면 그가 얼마나 자기 절제가 뛰어난 사람인지 알 수 있다.

실제로도 머스크는 보복할 생각이라곤 없었다. X.com 초창기 머스크가 뽑았던 제레미 스토펠만은 사태 직후 머스크에게 연락을 취해서 자신을 비롯한 몇몇이 집단 사임을 통해 머스크에 대한 지지를 보이겠다고 했다. 머스크는 자제를 요청했다. 심지어 회사 내 가장 오랜 동료들조차 머스크의 절제력을 보고 당황할 정도였다. "그가 얼마나 의연하게 자신의 해임을 받아들이는지, 정말 신기했어요." 브랜든 스파이크스가 말했다. "저라면 열 받아 미칠 지경이었을 텐데요."[17]

머스크는 타고난 현실주의자였다. 몇 년 후 머스크는 설명했다. "그들의 결론에는 동의할 수 없었지만, 그런 일을 저지른 이유는 이해했죠." 그의 놀라울 정도로 실용적인 시각에서 볼 때 이사회는 이미 결정을 내렸으므로, 거기서 싸움은 비생산적인 일이었다. "열심히 싸울 수도 있었죠. 하지만 이 중차대한 순간에는 그 결정을 순순히 받아들이는 게 최선이라고 말했습니다." 머스크는 기억했다. "피터와 맥스와 데이비드, 그리고 다른 몇몇은 똑똑한 사람들이에요. 대체로 동기도 훌륭하죠. 따라서 그들은 자신이 생각하기에 올바른 일을 올바른 이유로 하는 사람들이에요. 제가 보기에 이번에는 그 이유가 좀 타당하지는 않았지만요."

"억울한 마음에 이들을 두고두고 혐오하는 건 쉬운 일이죠." 그는 계속했다. "하지만 맞은 뺨이 아닌 다른 뺨도 내주고 좋은 관계를 유지하는 것이 최선의 행동이죠. 저는 좋은 상황을 만들어보려고 많은 노력을 했어요."[18] 이러한 노력을 본 사람도 많았다. 머스크를 CEO로서는 달가워하지 않았던 사람들도 그의 절제력에는 칭찬을 아낄 수 없었다. "그는 회사에 도움이 되는 방향으로 행동했어요." 말로이는 회상했다.[19] "그는 앙심을 품지 않았어요." 레브친은 말했다. "정말 놀랍도록 큰 그릇을 보여주었죠. 신혼여행 중 많은 사람이 작당해서 그를 CEO에서 몰아냈는데도 말이에요."[20]

그의 놀라웠던 양보에 관한 질문을 받은 머스크는 솔로몬의 판결이라는 성경 이야기를 꺼냈다. 솔로몬 왕은 자신이 아기의 엄마라고 주장하는 두 여성 중 하나를 엄마로 선택해야 했다. 왕은 아기를 반으로 나눠 둘이 똑같이 가지라고 제안한다. 이 이야기를 듣자마자 한 여성이 아기의 목숨을 위해 자신의 주장을 철회한다. "저 여성에게 살아 있는 아기를 주어라. 절대 죽이지 말고." 솔로몬 왕이 판결했다. "그가 바로 그 아기의 어머니이니라."[21]

"저는 회사를 제 아기라고 보았어요." 머스크는 말했다. 그의 목소리에는 감정이 배어 나왔다. "그런데 제가 회사를 공격하면, 거기 있는 사람들에게는 제가 제 아기를 공격하는 것으로 보이지 않겠어요. 그러고 싶지는 않았어요."[22]

머스크는 다시 한번 자신이 세운 회사에서 밀려 나와야 했다. 아픈 경험이었다. 자베드 카림은 머스크의 운명이 결정되던 시기에 늦은 저녁 한 카페에서 있었던 일을 기억한다. 머스크는 뚜벅뚜벅 걸어들어와 아무런 소리도 없이 실물 크기 스트리트 파이터 게임기 앞으로 갔다. "그는 정말이지 제정신이 아닌 것으로 보였어요." 카림이 말했다. "그러곤 혼자서 스트리트 파이터 게임을 하더라고요. 그래서 제가 '헤이, 헤이, 일론, 잘 지내?'라고 물었죠. 그랬더니 '어, 괜찮아'라고 하더군요. 그리고 이틀 후에 그의 해고 결정이 발표되었어요."[23]

셰익스피어의 《줄리어스 시저》에서 카이사르를 죽인 공모자들은 쿠데타는 어렵지 않게 성공해놓고는 정작 국왕 살해를 어떻게 변명해야 하는가를 놓고 난감해한다. 자신의 칼에도 피를 묻힌 브루투스는 분노에 어쩔 줄 모르는 로마 군중들 앞에서 이렇게 연설한다. "도망치지 말고, 굳건히 서라. 야망의 대가는 치러졌다."[24] 군중은 그의 말에 설득되지 않고, 반역자들을 로마 밖으로 추방하며 내전이 일어난다.

틸, 레브친, 색스를 위시한 쿠데타 세력은 이제 브루투스와 유사한 과제에 직면했다. 혁명 세력과 이전 권력 지지 세력 사이의 균열을 치유해야 하는 일이다. 엔지니어 에릭 클라인은 이렇게 생각했었다고 한다. "내전이 끝난 다음 행복한 사람은 아무도 없죠."[25]

사무실은 일촉즉발의 분위기였다. 쿠데타 이후 사무실이 어떻게 분열돼 있었는지를 잘 보여주는 몇몇 순간들이 있었다. 리눅스 기반 시스템을 지지하던 두 명의 엔지니어는 《VBScript로 웹페이지 개발하기*VBScript in a Nutshell*》와 《*Inside COM+: Base Services*》라는 마이크로소프트 기반 프로그래밍 안내서들을 찢으며 V2의 죽음을 축하했다.

머스크 축출을 지지했던 사람 몇몇은 어색한 상황을 맞닥뜨려야 했다. 금융팀 일원이었던 마크 울웨이는 쿠데타가 일어났을 때 아시아에 가 있었다. 하지만 연락을 통해 그는 어떤 일이 일어날지 사전에 이미 알고 있었다. 그래서 머스크가 그에게 전화를 걸어 "이봐, 나 지금 막 잘렸어"라고 했을 때 그는 충격을 받은 척 연기를 해야 했다.[26]

회사 내 불화는 이렇게 어색한 반응이나 미숙하고 둔감한 행동에서 그치지 않았다. X.com에는 머스크 불신임안에 서명한 사람도 많았지만, 머스크의 지지자도 적지 않았다. "오늘날까지도 사람들이 펑펑 울던 게 기억나요. 정말 흐느끼듯이 울더군요. 적지 않은 엔지니어들은 이미 V2에 상당한 노력을 쏟아부은 다음이었으니까요." 자베드 카림은 회상했다.[27]

에이미 로우 클레멘트는 이 쿠데타를 '내게는 소규모 위기'라고 불렀다. 그는 1999년 늦게 X.com에 합류했다. 그의 쿠데타 혐오는 머스크에 대한 충성심 때문이 아니었다. 그는 이 반란이 등 뒤에서 진행된 방식에 불쾌해했다. "그것이 진행되던 방식, 그러니까 청원에 서명하라고 요구한다거나 그런 게 제가 생각하는 도덕이나 가치와는 어울리지 않았어요"라고 그는 말했다.

클레멘트는 샌프란시스코에서 팰로 앨토까지 출퇴근했는데, 교통 체증을 피하려고 새벽에 출근하는 일이 많았다. 그는 밤새워 일하고 사무실에서 잠을 청하고 있는 머스크를 몇 번이나 보았다. "우리는 모두 열심히 일했죠. 젊고 에너지도 넘칠 때였으니까요. 그래서 더 생산적이고 성숙한 방식으로 상황을 해결하지 못했던 걸까요?"[28]

또 한 명의 X.com 엔지니어였던 제레미 스토펠만은 노여움을 감추지 않았다. "우리는 모두 일론을 사랑했어요. 우리 엔지니어에게는 피리 부는 사람Piped piper(동화 속 피리 부는 사람처럼 많은 사람을 몰고 다니는 사람-옮긴이) 같은 존재였죠." 그는 말했다. 쿠데타에 관해서도 전혀 망설이지 않고 말했다. "저는 정말 열받았어요. 화가 폭발했죠." 당시 25세였던 스토펠만은 틸과 레브친을 향해 분노를 터뜨리기도 했다. "저는 솔직한 사람이에요. 그들에게 당신들이 저지른 일이 정말 거지 같다고 말했던 기억이 나요." 그는 특히 머스크를 쫓아내는 과정에 반대했다. "그런 행동을 하게 된 이유는 이해할 수 있어요…. 하지만 그를 비행기에 태워서 자기 변호도 못 하게 만든 건 정말 거지 같았어요."

틸과 레브친은 스토펠만의 말을 끝까지 경청하고, 많은 시간을 들여 변명했다. 그리고 결국 설득에 성공했다. "그들은 '우린 자네가 어떻게 생각하는지는 관심 없어. 자넨 그저 하급 엔지니어에 불과하니까'라는 식으로 말하지 않더군요. 저는 그들의 애정을 느낄 수 있었고, 그러다 보니 독기가 빠져버렸어요."[29]

샌딥 랄은 머스크의 퇴출과 관련해 자신의 견해를 분명히 밝히면서 차기 CEO가 될 틸과의 관계가 껄끄러워지리라 예상했다. 그러나 그렇지 않았다. 틸이 랄에게 회사에서 가장 급박히 처리해야 할 문제가 무엇이냐고 묻고, 랄이 자기 생각을 이야기하자, 틸은 바로 다음 날 회의를 소집하고, 팀을 구성한 다음, 문제를 24시간 내로 처리하라고 요구했다. "오늘날까지도 저를 제대로 알지도 못하면서 제게 보여준 그 무한한 신뢰에 정말 경탄을 금치 못하고 있어요." 랄이 말했다.[30]

또 한 명의 쿠데타 주동자 리드 호프먼은 머스크의 축출 이후 평화로운 해결책으로 되돌아갔다. 그는 불만을 품은 팀원들에게 일련의 메시지를 보내 위로하는 동시에, 미래에 대한 희망을 불어넣어 주려 했다. 하지만 평화로운 해결책에는 한계가 있었다. 직원들은 콘피니티와 X.com이라는 이전 회사에 따라 뭉치며, 이용하는 술집마저 달랐다.

불화가 그치지 않은 가장 큰 이유 중 하나는 개인들의 경험이 각기 달랐기 때문이었다. 쿠데타 주모자들은 자신들의 입장에 동조하지 않으리라 간주한 원래 X.com 직원들에게는 불신임 서명을 거의 받지 않았다. 따라서 많은 사람이 어떤 음모가 벌어지고 있는지도 모르고 있었다. "쿠데타가 일어났을 때 저는 네브래스카에 있었는데, 리드가 제게 '쿠데타에 대해 어떤 입장이야?'라고 묻는 메모를 보냈어요. 저는 '쿠데타라니? 무슨 쿠데타?'라고 말했죠. 저는 씨티은행을 퇴사하자마자 여기에 들어왔어요. 거기엔 쿠데타는 없었어요." 랄은 말했다.[31]

레브친과 틸은 전면적인 순수성 테스트purity test(특정 집단의 회원이 해당 집단의 가치관을 충실히 따르는지 여부를 확인하는 테스트-옮긴이) 따위는 하지 않았고, 머스크가 고용한 직원들은 그가 없는 상태에서도 승진을 거듭했다. 특히 줄리 앤더슨, 샌딥 랄, 로엘로프 보타, 제레미 스토펠만, 리 하워, 에이미 로우 클레멘트는 모두 회사에 남아 승진했다. 오늘날까지도 머스크는 이러한 인재들을 끌어모았다는 데 자부심이 있다.

그러나 이 메워지지 않는 단층을 견디지 못한 사람들도 있었다. 머스크가 축출되면서 마음에 안 드는 일이나 자리로 좌천된 사람들이었다. "그들이 예의를 갖추긴 했죠…. 하지만 일론을 좋아했던 사람이라면, 더는 일이 즐겁지 않았어요." 스파이크스는 기억한다.[32] 쿠데타의 여파로 X.com 최초 개발자이자 페이팔 2.0의 수석 엔지니어였던 하비 머드 삼총사가 거의 동시에 회사를 그만두었다. 셋이 워낙 친하기도 했지만, 마이크로소프트 전문가로서 회사에서 더는 쓰임새가 없을 것이라는 생각 때문이기도 했다.

이들이 퇴사하자 틸과 레브친은 덜컥 겁을 먹었다. 다른 엔지니어들도 확 토라져 나가면 어쩌나? 그래서 페이팔 엔지니어링 팀이 텅 비어버리면 어쩌나? 사실 삼총사와 같은 길을 걸어간 사람은 많지 않았다. 무엇보다 회사의 잠재력을 느낄 수 있었기 때문이다. "회사에 뭔가 마법 같은 게 일어나고 있다는 생각이 들었어요. 그것을 계속 진행할 수만 있다면 좋은 결과가 있으리라 생각했죠." 스토펠만이 말했다. "그 모든 걸 포기하고 싶지는 않았어요."[33] 시간이 지나며 쿠데타 반대 세력도 X.com에 전략적 전환이 필요하다는 사실을 인정하기 시작했다. "회사가 직면하고 있던 도전이 이제 모두에게 분명히 보였던 거죠." 리 하워가 말했다.[34]

20년이 지난 지금도 쿠데타 주모자들은 그때를 말할 때 조심스럽다. 많은 이들은 머스크와 잘 지내고, 정기적으로 연락도 주고받으며, 그를 친구로 여기고 있다. 그리고 그사이에 있었던 머스크의 업적에 경탄을 금치 못하는 사람도 많다. 심지어 몇몇은 머스크의 X.com 이후 사업에 투자하고 있다. 몇몇은 축출 방식이 만족스럽지 않았고, 다른 사람들은 오래된 원한은 그대로 묻어두는 편이 낫다고 믿고 있기에 아예 그 사건을 말하지 않고 있다.

굳이 꺼내어 말하지는 않지만, 이들은 여전히 자신들의 결정이 옳다고 믿고 있다. 이들이 보기에 회사는 의심의 여지 없이 잘못된 방향으로 나아가고 있었고, 올바른 경로로 나가기 위해선 머스크를 축출해야 했다. 한 쿠데타 주모자는 머스크가 CEO로 남아 있었다면 회사는 6개월도 버티지 못했으리라고 주장한다. 다른 사람들도 비슷한 생각이다. 높은 사기율과 신용한도 부채 위기, 완전히 종료되지 않은 X.com 금융 서비스, 갈팡질팡하는 V2 개발 과정들이 조합되며 회사는 더는 소각할 돈도 없고, 테크놀로지 팀은 쪼개지고, 웹사이트 서버는 급속한 성장을 감당하지 못하는, 대단히 위태로운 상태에 처하게 되었을 것이라는 생각이다.

그렇긴 하지만, 이들은 몇몇 매체가 머스크의 페이팔 시기를 비호의적으로 그린 데 대해서는 불만을 표했다. 사실이 아니라는 말이다. 이들이 보기에 머스크가 회사에 크게 공헌했다는 사실에는 의심의 여지가 없었다. 그의 엄청난 개인적 헌신, 금전적 지원, 이사로서의 역할, 회사 설립 비전에는 어느 하나 모자람이 없었다. 그가 CEO로서 재직하는 동안 회사는 최초로 수익을 내는 상품을 출시했고, 자금 조달 방식과 비율을 조정했고, 제품 루트product pipeline(제품이 개발에서 출시에 이르기까지의 모든 단계를 포함하는 프로세스-옮긴이)를 강화하고, 주요 인물을 경영진으로 승진시키고, 합병을 이루고, 빌 해리스를 축출했다. 그를 CEO에서 몰아낸 사람들조차 회사의 역사에서 머스크를 삭제한 미디어 서사가 부당하다고 생각했다.

20년 후 머스크는 이 반란에 대해 마지못해 경의를 표하며 말했다. "성공적인 쿠데타였지요." 그는 웃으며 말했다. "제가 부재중일 때야 저지를 수 있었다고 생각했다는 점이 제겐 다소 우쭐할 만한 대목이죠."

시간이 많이 지난 다음 머스크는 그때를 반추하며 몇 가지 교훈을 얻었다. 우선, 그는 그토록 복잡하고 논란이 많았던 회사가 변화를 추진하던 상황에서 해외로 개인 여행을 떠난 사실을 실수로 꼽았다. "이 모든 위험한 일들이 벌어지고 있는 최전선에서 이탈하는 게… 그리 바람직한 결정이 아니었던 것만은 분명해요." 머스크는 말했다. "현장에 없었으니, 제가 그들을 진정시킬 재간이 없었죠."

그는 자신이 현장에 있었다면 쿠데타 세력을 설득할 수 있었으리라고 믿었다. 최소한 그들의 기를 꺾어 항복하게 만들 수는 있었으리라 생각했다. "한편으로는 위로하고, 다른 한편으로는 공포를 조장했다면 쿠데타는 일어나지 않았을 거예요."

머스크는 조심스럽긴 했지만, 회사에 대한 자신의 비전이 옳았다는 생각을 굽히지 않았다. 그는 반대 세력이 페이팔 2.0을 놓고 우려했다는 사실을 알고 있었다. ("길을 질주하고 있는 버스에서, 바퀴를 바꾸자고요?") 하지만 그는 여전히 그게 옳은 결정이라고 믿고 있다. "제가 보기엔 새로운 설계로 전환하면 훨씬 빠르게 시스템을 개발할 수 있었어요. 제 관점에서는 일종의 트레이드오프였죠…. 따라서 어느 정도 리스크는 안은 상태에서 그 일을 해야 했어요."

머스크는 또 그 싸움의 인간적인 차원에 대해 생각했다. "저는 감정적인 요소는 잘 몰랐어요. '맥스 코드'라는 게 없어진다고 생각하면 힘들 수 있어요. 맥스가 짜증 낸 것도 이해는 가요." 머스크는 또 비전을 공유하는 데 더 열심이어야 했다고 후회했다. 특히 레브친과는 더욱 많은 이야기를 나누어야 했다. "이게 올바른 기술적 방향이라고 특히 맥스를 설득하는 데 더 큰 노력을 기울였어야 했어요."[35]

오늘날 머스크는 자신의 해고를 기분 나쁘지 않게 받아들인다. 그 이후 엄청난 일을 성취한 사람의 여유 같은 것이다. "최종 결과와는 싸울 수 없어요. 이미 끝난 일인데요." 머스크는 말했다. 그는 또 자신을 축출했던 사람들에 대한 마음의 앙금도 묻어버렸다. 그의 말을 빌리자면 "그들에 대한 악감정을 버렸어요."[36] 그렇지만 마지막까지도 강박을 버리지 못한 머스크는 X.com의 실패에 대해서는 매우 안타까워했다. X.com은 그가 바라던 대로 금융 서비스 업계의 아마존도, '1조 달러 규모의 회사'도 되지 못했다.[37]

페이팔 초창기 직원들은 찰스 디킨스의 소설에서나 볼 수 있는 극명한 대조를 회사에서 직접 느낄 수 있었다고 말한다. 닷컴 버블이 터지던 바로 그때 결제 서비스 스타트업 설립은 기술적으로 '희망의 봄'과 '절망의 겨울'을 동시에 상징하는 사건이었다.[38]

일론 머스크만큼 이 극단적인 변화를 몸으로 직접 체험한 사람은 없다. 1999년에서 2002년까지 머스크는 최초의 스타트업을 매각해서 막대한 수익을 올리고, 또 다른 성공적인 인터넷 기업을 만들어 그 회사를 상장시켜 또 한 번 돈을 벌고, 세 번째 사업을 출범시켰다. 같은 기간에 그는 자신에 대한 반란에 맞서 싸웠고, 자동차 사고로 죽음 문턱에 다녀오고, 공동 창업했던 회사의 CEO에서 쫓겨났으며, 말라리아와 뇌막염으로 죽을 뻔하고, 유아 돌연사 증후군으로 젖먹이 아들을 잃었다.

머스크의 퇴출 직후, 초기 X.com 직원이었던 세슈 카누리Seshu Kanuri가 그에게 메모를 남겼다. "일론, 팀 내 당신 지위와 관련해 일어난 최근의 일들에 유감을 표하는 바입니다. 이 일로 실망하지 않기를 바랍니다. 당신이 테크놀로지 분야에서 위대한 일을 할 운명을 타고난 사람이라고 확신하기 때문입니다." 머스크가 감사의 답장을 썼다고 카누리는 회상했다.[39]

머스크의 퇴출은 엉망진창으로 진행되었지만, 어쨌든 이 일로 머스크에게는 창의력을 되찾을 여유가 생겼다. X.com에서 해야만 하는 일들에서부터 자유로워진 그는 자신이 최초로 관심을 가졌던 분야로 되돌아갔다. 우주탐사와 전기에너지였다. "스티브 잡스가 픽사를 위대한 기업으로 키울 수 있었던 것은 애플에서 해고되었기 때문이죠"라고 초기 X.com 엔지니어 스콧 알렉산더는 말했다. "일론이 스페이스X와 테슬라를 위대한 기업으로 만든 건 X.com에서 해고되었기 때문입니다."[40]

이 새로운 사업들은 활발하게 추진되었다. 머스크에게 상처를 돌보고, 불만을 키울 시간이란 없었다. 쿠데타가 있은 지 불과 몇 달이 지난 후 마크 울웨이와 머스크는 둘이서 한잔할 기회가 있었다. "다음에 뭐 할 거냐고 물었더니 이렇게 대답하더군요. '화성을 식민지로 만들거야'라고요." 울웨이는 회상했다. "우린 팰로 앨토에 있는 파니 앤드 알렉산더라는 작은 바 밖에 앉아 있었어요. 그는 '인류를 다행성 문명 종족으로 만드는 게 내 인생의 목표야'라고 말했어요. 저는 '친구, 너 미쳤군'이라고 응수했죠."[41]

그로부터 2년도 채 지나지 않은 2002년 5월 6일, 일론 머스크는 신생 기업 스페이스X를 설립하기 위한 서류를 제출했다. 일주일 후에는 www.spacex.com이라는 URL을 등록했다. 2008년 8월 4일, 스페이스X는 피터 틸의 파운더스 펀드로부터 2000만 달러의 주식 투자를 받고 파운더스 펀드의 업무 집행 파트너 루크 노섹이 스페이스X 이사진으로 합류한다고 발표했다.

　X.com CEO에서 축출된 지 거의 8년이 지난 2008년 9월 28일, 일론 머스크는 하와이 남서쪽 과잘레인 환초에 자리 잡은 오멜렉Omelek 섬 하늘 위로 치솟아 오르는 스페이스X의 팰컨 1Falcon 1 로켓을 지켜보고 있었다. 발사 후 9분 31초가 지나자, 팰컨 1은 '지구 궤도를 도는 최초의 민간 개발 액체 연료 로켓'이 되었다.[42]

3부

궤도에 오르다

15장

새로운 과제

이사회가 머스크를 밀어냈을 때 마이크 모리츠는 원칙을 고집했다. 틸은 당분간 CEO를 맡을 수 있지만, 페이팔은 어떻게든 적당한 CEO를 찾아야 했다. 결국 페이팔 이사회는 헤드헌팅 기업인 헤드릭&스트러글Heidrick & Struggles에 의뢰하면서 틸과 레브친에게는 직무기술서를 제출하도록 요구했다.

한 이사회 멤버는 그들이 몽상을 품고서 돌아왔다고 기억했다. 틸과 레브친은 기술적 역량과 전략적 전문성, 높은 지성, 기업공개를 이끈 경험을 갖추고, 티셔츠와 청바지가 상징하는 스타트업 문화에 편안하게 적응하면서 페이팔 내부의 격렬한 논쟁도 즐길 수 있는 후보자를 원했다. 또 다른 이사는 이렇게 언급했다. "말도 안 되는 생각이었죠. 그들은 완벽한 인물을 찾으려 했습니다…. 어설프게 순진했던 거죠."[1]

그 헤드헌팅 기업은 열두 명의 후보자를 추천했다. 그러나 놀랍지 않게도 아무도 페이팔의 심사를 통과하지 못했다. 또 다른 이사인 존 맬로이의 기억에 따르면, 페이팔 경영진은 몇몇 후보자를 '지성적 엄격함을 충분히 갖추고 있지 않다'[2]라는 이유로 탈락시켰다. 그리고 또 다른 후보자들은 혹독한 면접을 겪고 난 후 자진해서 하차했다. 맬로이는 분노한 한 후보자의 전화를 받았다고 했다. 그는 수학 문제를 푸는 게 기업 경영과 무슨 상관이 있느냐며 따져 물었다.

공정하게 말해서, 틸은 그 누구보다 새로운 CEO를 원했다. 리드 호프먼은 이렇게 설명했다. "사실 피터는 다른 사람 밑에서 일하기를 원치 않았습니다."[3] 그리고 그 다른 사람에는 페이팔 이사회 인물들도 포함되었다. 그럼에도 페이팔 경영진은 틸이 그대로 남아 있길 원했고, 후보자를 찾는 과정을 일종의 쇼라고 생각했다. 색스는 이렇게 당시를 떠올렸다. "우리는 가짜로 면접을 진행했습니다. 면접을 하는 척하면서 길거리에 널브러진 깡통을 계속해서 걷어찰 뿐이었죠."[4] 마크 울웨이는 면접 과정을 겉치레에 불과한 것이라고 했다.

그래도 그 겉치레를 통과한 인물이 있었다. 겨우 30대 중반의 데이비드 솔로David Solo는 처음부터 금융 서비스 분야에서 경력을 쌓은 사람이었다. 그는 MIT에서 전자공학과 컴퓨터공학으로 학위를 받은 뒤 파생상품 거래 기술을 개척한 핀테크 기업인 오코너&어소시에이츠O'Connor & Associates에 들어갔다. 그리고 스물여섯 살에 파트너가 되었고, 30대 초반에 오코너와 스위스 은행 사이의 합병을 이끌었다. 틸은 이렇게 설명했다. "그는 수학에 밝고 큰 그림을 이해했으며 우리 기준을 충족시켰습니다."[5]

솔로는 페이팔 CEO 자리를 놓고 경쟁하기 전에 X.com과도 인연이 있었다. 그가 막 서부로 넘어왔던 1999년에 한 벤처 자본가 친구가 그를 머스크에게 소개해줬다. 솔로는 X.com 사무실을 장식한 거대한 X 로고와 함께 머스크가 제시했던 두루뭉술한 비전을 기억하고 있었다. 그때 두 사람은 아이디어를 주고받았다. 솔로는 머스크에게서 강한 인상을 받았지만, X.com의 비즈니스에 대해서는 확신을 얻지 못했다.

그로부터 1년 후 솔로는 한층 넓어진 페이팔 사무실에 앉아 있었다. 이번에 그를 맞이한 사람은 레브친과 틸이었다. 운명의 테이블이 돌아가기 전에, 솔로는 틸을 만난 적이 있었다. 그때 솔로는 오코너&어소시에이츠 면접관의 자격으로 틸을 만났었다.

솔로는 면접을 마치고 나서 자기 아내에게 페이팔이 강조한 혜택(그가 오코너에서 누렸던 것과 동일한)에 대해 들려줬다. 솔로는 이렇게 기억했다. "한 오코너 파트너는 20대 후반인 제게 이런 말을 했습니다. '데이비드, 우리는 당신을 은행의 채권 및 파생상품 글로벌 책임자에 앉힐 생각입니다.' 저는 이렇게 대답했죠. '놀라운 일이긴 한데… 모든 내막을 잘 아는 솔로몬 브라더스Salomon Brothers 사람을 데려오는 게 더 낫지 않을까요?' 그러자 그는 이렇게 말하더군요. '충분한 경력을 갖춘 인물을 찾지 못해서 9개월 혹은 1년의 시간을 허비했습니다. 그러나 사실 우리는 재능과 직업윤리를 모두 갖춘, 그리고 우리가 잘 아는 인물을 선택함으로써 매번 성공을 거뒀습니다.'"[6]

솔로는 당시를 떠올리며 페이팔에도 똑같은 논리가 적용되었다고 생각했다. 그는 말했다. "집에 돌아가니 이런 생각이 들더군요. '알다시피 피터라는 남자는 모든 걸 가졌다.' 솔직하게 말해 그는 분명히 저보다 더 잘 해낼 것이었습니다. 처음부터 그 비즈니스에 몸담고 있었기 때문이죠. 그는 모두를 알았습니다. 그리고 그들은 분명하게도 그를 대단히 존경했습니다. 제가 보기에 그건 당연한 일이었습니다." 솔로는 결국 그 경쟁을 포기하고는 마이크 모리츠에게 이렇게 말했다. "제가 당신이라면 피터를 선택하겠습니다."

이사회 멤버인 팀 허드 역시 똑같은 결론을 내렸다. 그는 이렇게 말했다. "CEO로 성공할 가능성이 높은 인물은 피터뿐이었습니다. 사람들의 존경을 받아야 했기 때문이죠. 맥스는 그를 존중해야 했습니다. 리드와 다른 이들 역시… 피터 때문에 남아 있었던 겁니다. 피터는 최고의 경영자였을까요? 물론 그렇지는 않았습니다. 그리고 피터 역시 그렇게 생각했을 겁니다. 하지만 피터를 제외한 누구도 그 상황에서 성공을 거둘 수는 없었을 겁니다."[7]

솔로가 면접을 보던 무렵에 수많은 후보자는 페이팔의 혹독한 심문을 견뎌내지 못했다. 틸은 2000년 9월에 CEO의 자리를 맡았다. 페이팔은 2001년 봄에도 후보자들과 면접을 진행하고 있었다. 페이팔 이사회가 틸의 직함에서 '임시'라는 표현을 최종적으로 삭제했을 때 솔로는 아마도 면접을 봤던 마지막 후보자였을 것이다. 틸은 솔로의 지지가 "이사회가 나를 선택하도록 설득하는 과정에서 중요한 역할을 했다"고 인정했다.[8]

CEO를 물색하는 의무적인 과정은 틸에게 씁쓸한 여운을 남겼다. 한 증언에 따르면, 틸은 이사회 일부가 자신을 내쫓으려고 했다는 사실에 "크게 기분이 상했다."[9] 면접을 진행하는 과정에서 틸과 세쿼이아의 마이크 모리츠 사이에 균열이 생겼고, 이는 결국 온전히 아물지 못했다. 또한 '실무 경험'에 대한 페이팔의 반감을 강화했다.

틸은 능력 있는 초심자에게 책임을 부여하는 방식을 선호했고, 스스로 모범을 보였다. 그는 이사회의 조언을 외면하고 리드 호프먼을

COO로 임명했다. 그리고 협력 관계에 대한 우려에도 불구하고 색스를 전략 부사장 자리에 앉혔다. 또한 비즈니스스쿨을 갓 졸업한 로엘로프 보타를 CFO로 승진시켰고, 기업공개 당시에 레베카 아이젠버그Rebecca Eisenberg라는 젊은 변호사를 최고 법률 책임자로 임명했다. 틸의 결정에 반대했던 사람들은 시장과 정치 상황에서 그가 내린 의사결정에 주목했다. 그러나 페이팔 시절에 관습에 저항했던 틸의 성향은 수학이나 정치 철학과는 무관했다. 그건 사람들과 관련이 있었다.

하버드에서 수학한 법률가이자 기술 칼럼니스트인 레베카 아이젠버그는 닷컴 거품이 한창이던 시절에, 그리고 기존 직장에서 해고된 지 불과 몇 주일 만에 페이팔에 합류했다. 아이젠버그는 열정을 품고 입사했던 당시를 떠올리면서 페이팔의 문화에 관한 이야기를 들려줬다. 그는 이렇게 말했다. "피터와 그의 그룹과 관련해서 놀라웠던 점은 다른 일에 대해서는 아무런 신경을 쓰지 않았다는 사실이었습니다. 제가 솔직하게 말하는 칼럼리스트라는 것을, 제 얼굴이 예전에 버스에 붙어 있었다는 것을, 제 생각을 드러냈다는 것을, 제가 여성이며 그것도 페미니스트로 유명한 여성이라는 것을, 그리고 양성애의 과거를 인정했다는 것을 말이죠. 피터는 하나도 신경 쓰지 않았습니다. 그는 오로지 열심히 일하는 똑똑한 사람에게만 관심이 있었죠."[10]

틸은 머스크가 떠나자마자 작은 모임을 열었다. 여기에는 보타와 색스, 레브친이 참석했다. 그들은 보타의 여자친구 아파트에 모여 커다란 나무 테이블을 놓고 둘러앉았다. 레브친은 당시의 엄숙한 분위기를 기억했다. 머스크가 나가면서 그들은 원하는 것을 얻었다. 기업은 이제 그들 차지가 되었다. 그러나 위험 또한 그들의 몫이었다. 틸은 기업의 생존을 위협하는 모든 요인에 맞서기 위해 그 자리에 참석한 모두에게 책임을 부여했다.

또 한번은 캘리포니아 구알랄라에 있는 리드 호프먼의 조부모 집에서 모였다. 그 모임은 다음과 같은 일정으로 이뤄졌다. 첫째 날, 기업의 문제를 진단하기. 둘째 날, 해결책을 제시하기. 그들은 한 가지 사항에 합의했다. 그것은 엑스-파이낸스X-Finance를 포기하고 이베이의 '마스터 머천트master merchant'로서 지위를 강화하는 데 집중하자는 것이었다(셋째 날에는 기업이 망할 경우를 대비해 다음 단계에 관한 브레인스토밍을 했다. 호프먼은 나중에 그가 실현하게 될 아이디어를 내놨다. 그것은 기업용 소셜 네트워크로서 먼 미래에 링크드인이라는 이름으로 알려지게 되었다).

2000년 가을에 페이팔 직원들 모두 변화의 흐름과 조급함을 느꼈다. 옥사나 우튼은 이렇게 당시를 떠올렸다. "그때 페이팔에서 우리가 한 모든 사소한 일, 그리고 모든 순간이 중요했습니다. 누구나 걸림돌이 될 수 있었습니다. 우리는 그러한 상황을 감지했고 이해했습니다. 그리고 조급함은 우리를 부지런히 움직이게 했습니다. 우리는 식사도 건너뛰었습니다. 화장실 가는 것도 잊어버렸습니다. 그저 묵묵히 일만 했습니다."[11]

페이팔은 많은 일을 해야 했다. 이베이와 비자, 마스터카드를 비롯해 여러 다양한 위협은 여전히 거대하게 보였고, 기업의 재정 상태는 점점 한계에 이르렀다. 2000년 가을에 페이팔의 런웨이runway(기업이 추가 투자를 받지 않고 비즈니스를 운영할 수 있는 기간-옮긴이)는 몇 달에 불과했고, 추가로 투자를 유치할 가능성은 거의 없어 보였다. 페이팔이 방향 전환을 통해 비즈니스의 건전성을 입증하지 않는 한 걱정 많은 투자자들은 이미 많은 돈을 쏟아부은 상태에서 추가로 더 투자하지는 않을 것이었다. 마크 울웨이는 이렇게 떠올렸다. "퇴출당할 위험은 얼마든지 있었습니다."[12]

머스크가 나간 다음 주에 이사회가 소집되었고, 틸은 9월 28일 기업 전체에 보낸 이메일에서 전략적 변화와 관련해 간략하게 설명했다.

여러분,

다음 달 X.com의 우선순위 과제에 대해 짧게 알려드립니다.

1. 사기 방지. 맥스 레브친이 이끌게 될 것이며, 사라 임바흐Sarah Imbach는 기업에 필요한 엔지니어링과 금융 및 운영 부분을 담당하게 될 것입니다. 좋은 소식은 사기 방지는 얼마든지 현실적으로 가능하며, 우리에게는 많은 우수한 프런트엔드 솔루션(사기꾼이 시스템에 접근하기 전에 차단하는)과 백엔드 솔루션(사기꾼이 시스템에 접근했을 때 추적하는)이 있다는 사실입니다.

2. 제품 주기/V1 플랫폼. 제품 주기는 최대한 빨라질 것이며, 이를 위해 모든 엔지니어링 자원을 V1 플랫폼에 집중할 생각입니다….

3. 브랜딩. 이중 브랜딩 정책은 그대로 이어질 것입니다. 제품은 페이팔이라고 부를 것이며(소비자에게 친숙한 이름이므로), 기업은 X.com이라고 부를 것입니다(투자자들에게 친숙한 이름이므로).

4. 엑스-파이낸스. 엑스-파이낸스 운영을 중단하고 페이팔에 모든 역량을 집중할 계획입니다. 엑스-파이낸스 전 직원은 페이팔 제품으로 넘어가게 될 것입니다. 페이팔이야말로 지금 이 시점에서 우리가 집중해야 할

전부이기 때문입니다.

감사합니다.
피터[13]

레브친이 '사기에 순진한'[14]이라고 지적한 막 출범한 금융 기업으로서 사기 방지를 전략적 우선순위 목록의 맨 위에 놓았다는 사실은 지각변동을 의미하는 것이었다. 틸이 기업 전체로 이메일을 보내기 며칠 전에 로엘로프 보타와 레브친은 틸을 포함한 이사회 앞에서 페이팔의 사기 문제의 심각성에 관해 설명했다.

보타는 페이팔 비즈니스를 분석하는 과정에서 중요한 결론에 이르렀다. 그것은 다양한 유형의 사기가 문제를 일으키고 있다는 사실이었다. 첫 번째 유형은 머천트 사기[15]로, 이는 구매자가 저지르는 사기를 말한다. 어떤 이들은 물건을 구매한 뒤 파손 상태로 배송되었다거나, 다른 물건이 배송되었다거나, 혹은 아예 배송이 안 되었다고 거짓으로 신고했다. 그러한 구매자가 환불을 요구하면 금융 중재자인 페이팔이 그 사실을 입증할 책임을 떠안게 되었다. 페이팔은 이러한 유형의 사기로 인해 크고 작은 판매자들이 어려움을 겪고 있다는 사실을 알게 되었다. 이는 중요한 문제였다. 보타는 이렇게 떠올렸다. "머천트 사기는 골치 아픈 문제이면서 동시에 비즈니스를 운영하기 위해 필연적으로 지불해야 할 비용의 작은 일부이기도 했습니다."

더욱 우려스러운 사기 유형은 신용카드와 해외 배송 사이트, 그리고 페이퍼 컴퍼니와 관련된 사기였다. 일부 해커는 훔친 신용카드로 페이팔 계정을 만들고, 해외 물건을 사고, 이를 되팔았다. 다른 사기꾼들은 페이퍼 컴퍼니를 만들고는 의심하지 않는 구매자들이 가짜 물건을 구매하도록 하고는 아무것도 배송하지 않는 방식으로 돈을 챙겼다. 사기꾼들은 흔적을 지우기 위해 추적이 불가능한 해외 유령 계좌로 돈을 받았다.

이러한 유형의 전문적인 범죄는 페이팔에 심각한 위험이 되었다. 보타는 이렇게 설명했다. "몇 명의 영리한 범죄자가 계좌에서 계속해서 수백만 달러를 빼내가는 방식으로 우리를 파산시킬 수 있었습니다. 사기꾼들은 그 일을 멈추지 않았습니다."

전문적인 사기에 맞서 싸우기 위해서는 승인된 지불 요청과 승인되지 않은 지불 요청을 전반적인 차원에서 신속하게 구분해야 했다. 앞서 페이팔은 서비스를 최대한 편리하게 만들기 위해, 즉 성장 속도를 높이는 차원에서 거래 과정에 필요 없는 단계를 추가하지 않기 위해 노력했다. 그러나 이제 페이팔의 인기가 높아지면서 바로 그러한 접근 방식이 문제가 되었다. 페이팔이 전쟁을 벌이는 대상은 더 이상 푼돈을 벌기 위해 가짜 계정을 만드는 따분해하는 대학생이 아니었다. 이제 그들은 수백만 달러를 훔치기 위해 기회를 엿보는 전문적인 범죄자들을 상대해야 했다.

보타는 사기가 단순한 짜증을 넘어서는 문제라고 생각했다. 그냥 내버려둔다면 그들의 비즈니스를 완전히 허물어뜨릴 수 있었다. 보타는 이러한 우려의 메시지를 페이팔 이사회에 전했고, 이사회 역시 그의 다급한 경고에 동의했다. 이사회 멤버인 팀 허드는 이렇게 말했다. "이 문제를 해결하지 못한다면 페이팔은 더 이상 존재할 수 없습니다."[16]

레브친이 좋아하는 영화, 〈7인의 사무라이〉에서 사무라이 두목인 캄베이 사마다가 한 동료에게 중요한 전투가 벌어질 "북쪽으로 가라"[17]고 말한다. 동료는 전투가 어디서 벌어질 것인지 알면서도 적을 막기 위한 진지를 구축하지 않는 이유를 캄베이에게 물었다. 캄베이는 대답했다. "훌륭한 요새에는 허점이 필요하지. 허점으로 유인해서 적을 공격해야 해. 지키기만 해서는 전쟁에서 승리할 수 없어."

페이팔은 고속 성장을 이어가는 과정에서 의도치 않게도 허점이 있는 요새를 구축했다. 그리고 사기꾼들은 그 허점을 집요하게 파고들었다. 그러나 〈7인의 사무라이〉처럼 페이팔의 허점은 중요한 미끼로 기능했다. 페이팔은 그 플랫폼에서 활동하는 많은 사기꾼의 움직임을 면밀히 관찰함으로써 첨단 기술을 활용하는 여러 가지 방안을 개발할 수 있었고, 여기에는 사기 방지를 위한 산업 표준을 마련하는 다양한 방안도 포함되었다. 이에 대해 루크 노섹은 이렇게 설명했다. "[사기가] 의도치 않게 우리를 살려냈습니다. 게다가 슈퍼볼 광고보다 비용도 더 싸게 먹혔죠."[18]

머스크가 CEO 자리에서 물러나기 전, 그 기업이 페이팔 2.0을 향해 서서히 나아가는 동안 레브친은 자유로운 시간을 누렸다. 그동안 그는 사기꾼들의 채팅방과 온라인 게시판을 돌아다니면서 페이팔 공격자들의 활동을 감시했다. 토드 피어슨은 이렇게 말했다. "그가 이러한 사기 문제를 해결하는 모습을 봤더라면 아마도 깜짝 놀랐을 겁니다. 그는 대단히 창의적이었습니다…. 가령 러시아 해킹방에 들어가서 그들을 염탐했습니다. 이런 생각이 들었습니다. '가엾은 우리의 경쟁자들. 그들은 이제 큰일 났군.'"[19] 이사회 멤버인 팀 허드는 레브친이 우크라이나에 있는 사기꾼들에게 전화를 걸어 이야기를 나누기까지 했다고 말했다.

레브친과 그 동료들은 페이팔 공격자들이 다양한 형태의 정교한 기술을 활용한다는 사실을 확인했다. 꽤 영리한 한 사기꾼은 모방 사이트인 'PayPai.com'을 만들어 돈을 좀 벌었다. 그는 'l'을 'i'로 바꿔서 사용자들을 PayPal.com의 모방 사이트로 유인했다. 그러나 보다 정교하고 위협적인 공격은 따로 있었다. 페이팔은 초창기 시절부터 봇의 공격에 직면했다. 봇은 페이팔이 제공하는 10달러, 혹은 20달러의 보너스를 쓸어 담기 위해 엄청나게 많은 계좌를 개설하도록 설계된 프로그램이었다.

페이팔 엔지니어링 팀은 봇 문제를 해결하기 위해 수 세기 전에 나온 철학적인 질문과 씨름해야 했다. 1600년대에 르네 데카르트는 '오토마타automata', 즉 자동 인형이 할 수 없는 일 중에서 인간이 할 수 있는 일은 무엇인지 고민했다. 데카르트가 《방법서설》에서 '오토마타'에 대해 이야기했을 때 사실 오토마타는 존재하지 않았다. 그러나 1950년대 들어서 영국의 컴퓨터과학자이자 수학자인 앨런 튜링Alan Turing이 데카르트의 질문에 주목했을 때 오토마타의 원시적인 버전이 모습을 드러냈다. 튜링은 이렇게 썼다. "'기계가 생각할 수 있을까?'라는 질문에 대해 고민해보기를 제안하는 바이다."[20]

튜링이 내놓은 해답은 컴퓨터가 '모방 게임'을 하도록 만드는 것이었다. 여기서 컴퓨터와 인간은 서로 다른 방에서 제삼의 방에 있는 사람이 그들에게 제시한 질문에 대답해야 한다. 질문자가 기계의 대답과 인간의 대답을 구분하지 못할 때 컴퓨터는 튜링 테스트를 통과한 것이다.

튜링이 그러한 아이디어를 제시하고 수십 년이 흘러 페이팔 엔지니어들은 다분히 실용적인 차원에서 그 도전에 뛰어들었다. 레브친은 엔지니어링 팀에 이렇게 물었다. "컴퓨터는 할 수 없지만 인간에게는 너무 쉬운 일은 무엇일까요?"[21] 이에 엔지니어인 데이비드 고즈벡은 이미지를 판독하는 컴퓨터의 능력을 분석했던 대학 시절의 연구를 떠올렸다. 그가 기억하기로 인간은 왜곡되고 숨겨진, 혹은 뒤틀린 문자열을 읽을 수 있었다. 그러나 그것은 컴퓨터에게는 대단히 어려운 일이었다. 고즈벡은 레브친에게 광학식 문자 인식optical character recognition 기술을 의미하는 'OCR'에 대해 말했다.

그 개념은 레브친도 익히 알고 있었다. 그가 자주 들락거렸던 유즈넷Usenet을 비롯한 다양한 포럼 사이트에서 해커들은 항상 단어의 모양을 왜곡하는 방식으로 염탐자로부터 정보를 보호하고자 했다. 가령 그들은 SWEET는 $VV£££+,로, HELLO를 |-|3|_|_()나)-(3£££0로 표기했다. 인간은 이러한 암호를 쉽게 해독할 수 있지만 정부의 컴퓨터는 할 수 없었다.

고즈벡은 이렇게 떠올렸다. "그래서 그날 밤 '인간은 쉽게 해결할 수 있지만 컴퓨터에게는 어려운 문제는 무엇일까?'라는 질문에 대해 고민해봤습니다. 그리고 문자 인식은 이에 대한 대표적인 사례로 보였습니다. 저는 맥스에게 이메일을 보내 이렇게 말했습니다. '문자 이미지를 보여주고 사용자가 직접 입력하도록 하면 어떨까요? 그러면 자동적인 방식으로 처리하기는 힘들 겁니다.'" 고즈벡은 그날 저녁 늦게 그 이메일을 레브친에게도 보냈다. 고즈벡이 다음 날 출근했을 때 그는 레브친이 '절반을 완성했다'는 사실을 확인했다. 주말에 레브친은 기세를 몰아 제품을 대략적으로 개발했다. 그리고 그것을 완성했을 때 그는 그 프로그램을 실제로 적용했다. 그러고 나서는 육면체를 쌓아 올린 모양의 스피커로 바그너의 〈발퀴레의 기행〉을 크게 틀었다.

레브친과 그의 팀은 그 프로그램을 완벽하게 만들기 위해 당시 사용할 수 있는 자동화 툴을 살펴봤다. 레브친은 인근 컴퓨터 매장에 가서 OCR 소프트웨어를 한 보따리 사 들고 왔다. 이들 소프트웨어는 이미지나 손으로 쓴 글씨로부터 기계가 인식할 수 있는 텍스트를 추출해내는 프로그램(당시 걸음마 단계였던)이었다. 그들은 스텐실stencil 글꼴을 사용하거나 텍스트 위에 반투명의 두꺼운 선을 추가하는 방법 등 다양한 시도를 계속했다. 결국 매장에서 구매한 OCR 소프트웨어들 모두 이 두 가지 방법을 통과하지 못했다.

엔지니어링 팀은 '고즈벡-레브친 테스트'(그들이 명명한)가 처음에는 잘 작동하다가 점점 문제가 생길 것으로 예상했다. 페이팔이 개발한 다른 프로그램과 마찬가지로 그들은 실패하고, 새롭게 활용하고, 계속해서 연구할 생각이었다. 그들이 처음 내놓은 솔루션은 무척 놀라운 것이었지만, 그럼에도 고즈벡은 충분한 시간이 주어진다면 사기꾼들이 그 시스템을 뚫을 것으로 예상했다. 그는 이렇게 생각했다. '그럼에도 해결 가능한 문제다.'

그 팀은 그 프로그램을 실행하고 문제가 발생하기를 기다렸다. 하지만 너무나 놀랍게도 문제는 나타나지 않았다. 고즈벡은 이렇게 떠올렸다. "원래 버전이 결국 수년 동안 그대로 이어졌습니다. 저는 그 프로그램을 파괴할 동기가 있는 사람이 파괴할 기술을 가진 사람과 동일 인물이 아니었다고 생각합니다. 그건 웹페이지를 다루는 것과는 아주 다른 기술이었으니까요."

고즈벡-레브친 테스트는 캡차CAPTCHA, Completely Automated Public Turing Test to Tell Computers and Humans Apart(사람과 컴퓨터를 구별하기 위한 완전히 자동화된 공개 튜링 테스트) 기술을 최초로 상업적으로 활용한 사례가 되었다. 오늘날 캡차 테스트는 인터넷에서 쉽게 찾아볼 수 있는

데, 가령 온라인으로 로그인을 하기 위해 배열된 사진 속에서 소화전이나 자전거 혹은 보트와 같은 특정 이미지를 찾아내야 한다. 그러나 당시페이팔은 사용자가 이러한 방식으로 자신이 인간임을 입증하도록 했던최초의 기업이었다. 물론 캡차 기술을 개발한 것은 고즈벡과 레브친이아니었다(1999년 카네기 멜론 연구원들이 이와 비슷한 기술을 발명했다). 하지만 페이팔의 캡차는 처음으로 그 기술을 확대 적용한 사례였으며, 인간과 기계를 구분하려는 수 세기에 걸친 과제를 해결한 첫 번째시도 중 하나였다.

나중에 코미디언 존 멀레이니John Mulaney는 캡차 테스트를 두고 이런농담을 했다. "로봇이 세상을 돌아가게 만들고 있어요. 그리고 우리는로그인을 해서 '우리 자신의' 것을 확인하기 위해 자신이 로봇이 아니라고 로봇에게 말을 하면서 하루를 보내고 있고요!"[22]

사실 페이팔에 있던 몇몇 사람은 이러한 문제를 예견했다. 그들은 캡차 테스트가 실제 사용자에게 꽤 성가신 일이 될 것이라고 생각했다. 레브친이 텍스트 위에 두꺼운 선을 마구 그어놓은 형태의 사용자 테스트를 들고서 데이비드 색스를 찾아갔을 때 색스의 반응은 이랬다. "농담하시는 겁니까? 아무도 이해하지 못할 겁니다. 사람들이 우리 사이트에가입하지 못하도록 막을 거라고요…. 가입 페이지에 대체 뭘 하고 싶은건가요?!"[23] 스카이 리는 캡차 테스트용 이미지를 놓고 오랫동안 이어진 논쟁을 기억했다. 하지만 캡차 테스트는 사용자들을 방해하지 않았다. 그는 이렇게 말했다. "이미지를 다운로드 받는 데 오랜 시간이 걸리지 않았습니다. 우리는 그 프로그램이 효과적일 뿐만 아니라 신속하게작동하기를 원했습니다."[24]

결국 색스는 한발 물러섰다. 하지만 그의 경고는 웹사이트의 보안과 편의성, 그리고 매출 사이에서 페이팔이 끊임없이 균형을 잡아야 한다는 사실을 말해주는 것이었다. 색스는 이렇게 언급했다. "피터는 그것을 '다이얼'이라고 불렀습니다. 편의성을 포기한다면 사기는 쉽게 막을 수 있습니다. 하지만 어려운 과제는 충분한 수준의 편의성을 유지하면서도 사기를 막는 일입니다. 그래서 맥스가 사기 다이얼을 맡았습니다. 저는 편의성 다이얼을 맡았고요. 그리고 우리는 절충점을 찾기로 합의했습니다."[25]

그 무렵 페이팔 경영진은 색스가 '제품과 금융을 잇는 단단하고 반복적인 고리'[26]라고 부른 것을 만들었다. 주말 회의는 일상이 되었고, 페이팔은 다이얼에 대한 모든 수정 사항을 일일이 확인했다. 그리고 이를 통해 계정 성장세의 둔화가 수익에 어떤 영향을 미치는지, 혹은 은행 계정이 지원하는 거래 변화로 비용이 어떻게 달라지는지와 같은 것들을 파악하고자 했다.

당시 페이팔은 다이얼에 대한 미세한 조정을 통해 경쟁 우위를 확보했다. 켄 밀러는 이렇게 말했다. "많은 경쟁자가 저지른 실수는 그들이 사기로부터 피해를 입기 시작하면서 가입 페이지를 알다시피 100가지 질문과 함께 화살표가 있는 네 장의 페이지로 즉각 바꿔버렸다는 사실이었습니다."[27] 그러나 페이팔은 사기로 인해 수백만 달러의 손실을 입었음에도 그처럼 엄격한 방법은 도입하지 않았다. 대신에 그들은 제품 설계와 세부적인 분석, 그리고 사기 방지 도구를 함께 활용함으로써 위기를 기회로 전환하는 미세한 조율을 시도했다.

고즈벡-레브친 테스트와 산제이 바르가바의 '임의 보증금' 제도는 모든 사기꾼을 문 앞에서 차단했다. 하지만 그렇다고 해도 '모든' 사기꾼이 들어오지 못하게 막을 수는 없었다. 많은 사기꾼이 페이팔의 안전망을 어떻게든 뚫어냈다. 페이팔은 이들에 맞서 싸우기 위해 백엔드 거래 감시를 활용하는 방법을 알아내야 했다. 다시 말해 이미 계정을 만든 사용자를 계속해서 감시해야 했다.

이 분야에서 페이팔은 산업 개척자로서 또 하나의 업적을 남겼다. 그리고 그것은 부분적으로 한 기술 인턴의 기여 덕분이었다. 밥 프레자Bob Frezza는 한참을 돌아 페이팔에 들어왔다. 그의 아버지는 1999년에 케이토 연구소Cato Institute가 주최한 컨퍼런스에 참석했는데, 그때 피터 틸이 인터넷 비즈니스의 전망을 주제로 강연을 했다. 거기서 빌 프레자Bill Frezza와 틸은 이메일 주소를 교환했고, 당시 스탠퍼드 대학생이던 프레자의 아들이 여름 인턴십에 지원했을 때 그의 아버지는 아들의 이력서를 첨부한 이메일을 틸에게 보냈다.

틸은 즉각 대답했다. "로버트(여기서 말하는 로버트는 밥 프레자를 뜻한다. 영어권에서는 Robert를 줄여서 Rob 혹은 Bob이라고 한다-옮긴이)를 소개해주셔서 감사합니다. 현재 콘피니티에는 약 열네 명의 스탠퍼드 졸업생(저를 포함해서)이 있습니다. 그리고 스탠퍼드에서 더 많은 인재를 영입하기 위해 최선을 다하고 있습니다. 아드님께 꼭 전화를 드리도록 하겠습니다."[28] 프레자는 전도유망한 엔지니어였고 틸은 그 이메일을 레브친에게도 전했다.

레브친은 이렇게 기억했다. "처음에는 이런 생각이 들었습니다. '피터, 왜 그 인턴을 내게 보내려고 하는 거지?' 커피 심부름이나 시킬 사람은 필요 없었으니까요."[29] 전통적으로 콘피니티는 인턴을 뽑지 않았다. 레브친은 자신의 팀을 소규모로 운영하면서 각각의 엔지니어가 독립적으로 일하기를 원했다. 대학생을 가르칠 생각은 없었다.

몇 명이 인턴직을 위해 면접을 보러 왔을 때 레브친은 그들에게 전일
근무를 제안했다. 한 초창기 직원인 자베드 카림이 여름 인턴직이라고
알고 있었던 일자리를 위해 레브친과 면접을 봤을 때 그는 대학교 3학
년이었다. "그때 저는 이렇게 말했습니다. '네, 여름 인턴십에 관심이 있
으며 좋아합니다.' 그런데 [레브친은] 그 말을 무시하더군요. 그리고 제
게 전일 근무를 제안했습니다."[30] 카림은 그 제안을 받아들였고 스무 살
의 나이에 직장 생활을 시작했다. 그리고 스스로 페이팔에 입사한 여러
대학 중퇴자 중 하나라고 생각했다. (일류 대학의 인재를 끌어들이는
능력에서 자신감을 얻은 페이팔은《스탠퍼드 데일리》에 낸 광고에서 학
생들에게 학교를 그만두고 그들과 함께하자고 제안했다.)

그러나 프레자는 카림과는 달리 여름 인턴직만 생각하고 있다는 점
을 분명히 밝혔고, 이에 틸은 레브친에게 그와 연락해서 이야기를 나눠
보라고 했다. 레브친은 이렇게 말했다. "팰로 앨토에 있는 대학 카페에
서 만나 [프레자와] 이야기를 나눴습니다. 그리고 그는 특별한 청년이
라는 사실을 깨달았습니다."[31]

프레자는 6월 20일에 페이팔에서 인턴으로 근무를 시작했다. 그 무
렵 레브친은 사기 문제를 들여다보기 시작했다. 페이팔에서 프레자와
가깝게 지낸 동료 중에는 역시 스탠퍼드 학생으로 인턴을 하고 있던 밥
맥그류Bob McGrew가 있었다. 페이팔 사람들은 둘을 '인턴 밥'이라고 불
렀다. 맥그류는 이렇게 말했다. "그 농담은 프레자가 '밥 더 인턴Bob the
intern', 그리고 제가 '더 인턴 밥the intern Bob'이라는 식으로 진화했습니
다. 사실 사람들은 누가 어떤 밥인지 구분하지 못했죠."[32]

그 두 열정적인 페이팔 인턴은 공식적인 인턴십 프로그램을 받지 않

고서도 전일 근무를 시작했고 그에 어울리는 대우를 받았다. 프레자는 임시직으로서는 이례적으로 기업의 지분을 조금 받았다. 2000년 여름에 비즈니스 인턴으로 들어온 보라 청Bora Chung은 여름 동안 일했고, 이후로 스탠퍼드 비즈니스스쿨을 졸업할 때까지 파트타이머로 계속 일했다. 그리고 그동안 스톡옵션을 받았다. 이후 2001년에 청은 정직원이 되었다. 또한 페이팔은 몇몇 컨설턴트와 계약직에게도 근무 기간에 따라 스톡옵션을 지급했다.

프레자와 맥그류를 비롯해 여러 임시직 직원들은 전일 근무를 하는 정직원만큼 열심히 일했다. 그리고 마찬가지로 중요한 프로젝트에 참여했다. 예를 들어 맥그류는 페이팔의 마스터 암호의 복잡성을 개선하는 방법을 개발했다. 맥그류는 말했다. "맥스는 [제 아이디어에 대해] 잠시 고민했어요. 그건 그가 했던 것과는 다른 방식이었으니까요. 그러고는 말했습니다. '좋은 아이디어군요. 한번 해봅시다.' 그래서 저는 암호를 관리하는 전반적인 시스템을 새롭게 수정했습니다."

맥그류는 또한 최고 성과자에게 허락된 자유에 대해서도 말했다. 최고 성과자에는 자신의 동료인 '인턴 밥'도 포함되었다. 어느 날 프레자는 오후 2시에 출근했고, 그 바람에 그의 상사인 레브친과 예정된 회의에 참석하지 못했다. 레브친이 무슨 일이냐고 물었을 때 프레자는 컴퓨터 운전대를 샀는데 밤늦게까지 비디오게임을 했다고 해명했다. 맥그류는 웃으며 말했다. "그런 일이 얼마든지 허용되는 분위기였죠."

페이팔 수석 보안 조사관인 존 코타넥John Kothanek은 프레자가 사기 문제에 흥분해 있었다는 사실을 기억했다. 사실 프레자 또한 사기 피해자였다. 그것도 두 번이나 당했다. 두 명의 판매자가 프레자에게 주문한 제품 대신에 빈 상자를 보냈다. 코타넥은 이렇게 말했다. "그는 제게 여러 번 이런 이야기를 했습니다. '사람들이 이런 일을 겪게 하고 싶지 않습니다. 그들이 사기당하기를 원치 않아요. 그런 위험을 막고 싶습니다.'"[33]

2000년 여름에 프레자는 레브첸과 함께 사기 패턴을 추적했다. 사기꾼들은 실마리, 즉 일관적인 행동 패턴을 남긴다. 그들은 일찍이 이러한 패턴과 관련해서 간단한 규칙을 만들었다. 가령 거래 시간이나 규모를 기준으로 사기 행동을 추적했다. 한번은 레브친이 사기 계정에서 실마리를 발견할 수 있다는 사실을 알아냈다. 가령 사기꾼은 가짜 계정 프로필을 만들 때 성의 첫 글자를 대문자로 표기하지 않았다. 이 패턴은 예방적인 테스트로 활용할 수 있었다. 예를 들어 'tom'이라는 계정에서 소문자 't'를 썼다는 사실은 사기를 분석하는 직원이 좀 더 주의를 기울여야 한다는 의미였다.

그렇지만 사기꾼들 역시 이와 같은 간단한 논리를 재빨리 간파했다. 레브친은 산업 잡지인 《디 아메리칸 뱅커*The American Banker*》와의 인터뷰에서 이렇게 말했다. "악당들은… 우리가 단순한 규칙의 조합을 활용하는지 시험해봅니다."[34] 예를 들어 레브친과 그의 팀이 페이팔 직원이 일일이 검토해야 하는 거래 규모의 한도를 1만 달러로 정했을 때 도둑들은 그것을 알아채고는 거래를 여러 차례 나누어 진행했다. 이에 대해 맥그류는 이렇게 말했다. "그들은 대신에 1000달러를 열 번 요구합니다. 이에 대해 우리는 합계가 1만 달러 이상인 거래를 검토하기 시작합니다. 그러면 그들은 다시 이렇게 생각하죠. '좋아. 열 개의 가짜 계정을 만들어서 각각 999달러를 요구하면 되겠군.' 그래서… 규칙을 정하기가 힘든 거죠."[35]

회사 규모가 커지면서 사기꾼들의 수법은 더 정교해졌다. 그리고 국제 해커들이 페이팔을 목표로 삼기 시작하면서 실질적인 문제가 모습을 드러냈다. 대담한 사기꾼들이 레브친을 비롯해 그의 엔지니어링 팀과 함께 필사적인 추격 게임에 뛰어들었다. 사기꾼들은 틈새를 노렸다. 엔지니어들이 이를 막으면 사기꾼들은 다시 한번 시도했다. 켄 밀러는 이렇게 말했다. "군비 경쟁이 시작되었죠. 우리가 뭔가를 하면 그들은 새로운 사기 수법으로 강력하게 대응했습니다."[36]

그중에서 특히 끈질긴 한 도둑은 '이고르Igor'라는 이름으로 불렸다. 이고르가 사용하는 한 가지 수법은 페이팔의 초기 감시망을 쉽게 통과할 정도로 충분히 정상적으로 보이는 계정을 두 개 만드는 것이었다. 다음으로 그는 기다린다. 의심을 피하기 위한 시간이 흐른 뒤, 그는 훔친 신용카드를 가지고 하나의 계정을 이용해 다른 하나의 계정으로부터 물건을 산다. 그리고 가짜 판매자는 페이팔이 아닌 은행 계정으로 돈을 인출한다.

이러한 거래는 누가 봐도 정상적이다. 페이팔이 매일 처리하는 수많은 구매자와 판매자 간의 거래와 다르지 않다. 그러나 이고르의 특이한 속임수는 페이팔이 다시 확인하지 않을 유형의 거래를 그대로 반복하는 것이었다.

2000년 가을에 페이팔은 하루에만 수만 건의 거래를 처리했다. 그리고 거래 규모와 세부적인 사항은 서로 크게 달랐다. 이러한 상황에서 부정행위를 일일이 감시하는 방법은 엄두조차 낼 수 없었다. 그래서 레브친과 프레자를 비롯한 페이팔 사람들은 더욱 정교한 패턴, 다시 말해 사기임을 암시하는 수상한 우편번호와 IP 주소, 거래 상한선에 도달한 계정, 혹은 여러 다양한 신호를 분석하기 시작했다.

레브친과 프레자를 비롯한 팀원들이 패턴 인식에 주목하면서 그들은 페이팔 시스템을 통해 거래 활동을 수치적인 방식이 아니라 시각적인 방식으로 보여줄 수 있지 않을까 궁금해했다. 그래서 그들은 도전했고, 그 결과 페이팔에 대한 초음파 심장 진단도와 같은 이미지가 탄생했다.

그 이미지는 컴퓨터 화면에서 자금의 흐름을 나타내는 일련의 선을 보여줬다. 여기서 선의 두께는 거래 규모를 의미했다. 특정 계정이 얇은 선(작은 규모)으로만 활동하다가 최근 거래 내역에서 갑자기 두꺼운 선을 보여준다면, 이는 문제 상황을 의미하는 것이었다.

이처럼 금융 사기를 그림으로 보여주는 이미지 기술은 인간의 직관을 강화했고, 또한 이러한 디지털 도구는 페이팔 사기 분석팀이 숫자의 미로 속에서 사냥하기 위한 지침을 제시했다. 코타넥에 따르면, 이러한 툴이 개발되기 전에 사기 분석팀은 엄청난 서류 더미에 파묻혀 있었다. 그는 이렇게 말했다. "말 그대로 어마어마한 분량의 서류를 인쇄해서 형광펜으로 표시하고는 벽에다 붙여놨습니다. 그러한 광경은 영화에서나 봤습니다. 현실에서는 페이팔 사무실을 제외하고 어디에서도 볼 수 없었죠."[37]

한동안 제품 개발팀과 엔지니어들은 기존 시스템을 그대로 유지하면서 사기 조사관들이 의심스러운 활동을 거시적으로 들여다볼 수 있는 툴을 개발했다. 켄 밀러는 이렇게 말했다. "갑작스럽게도 클릭 한 번으로 중요한 연결 고리를 이루는 4300개에 달하는 계정의 그물망을 눈으로 볼 수 있게 되었습니다. 그 전까지 그렇게 하기 위해서는 수 주일의 시간이 걸렸습니다."[38]

이러한 툴을 개발함으로써 페이팔은 사기의 범주를 더 쉽게 비교하게 되었다. 한번은 프레자가 맥그류에게 그래프를 서로 비교하는 작업이 가능하지 않겠느냐고 물었다. 그러고는 이론적인 컴퓨터과학 용어를 동원해서 하위 그래프 유질 동상subgraph isomorphism 문제라고 하는 까다로운 연산 과제에 관해 설명했다. 프로그래머는 그 기술을 활용해서 화학 합성물의 복잡성과 같은 것을 비교할 수 있었다.

프레자와 레빈은 이 기술을 사기 활동의 패턴에 적용함으로써 또 다른 혁신을 일궈냈다. 이를 통해 페이팔은 숫자와 숫자뿐만이 아니라 패턴과 패턴을 상호 비교할 수 있게 되었다. 또한 그들은 한 가지 패턴이 이전의 사기 패턴과 유사할 때 경고를 울리는 컴퓨터 기반의 규칙을 활용함으로써 한 걸음 더 나아갔다. 가령 특정한 사기 패턴이 자주 나타날 때 페이팔은 컴퓨터 시스템에 일반적인 규칙을 삽입함으로써 그러한 패턴이 다시 나타나지 않도록 예방할 수 있었다.

엔지니어 산토시 야나르단은 이렇게 설명했다. "간단하게 말해 우리는 사기와 맞서 싸우는 단계를 넘어서서 패턴과 싸우기 시작했습니다. 패턴은 수학입니다. 이러한 과제는 기본적으로 맥스가 채용했던, 그리고 스탠퍼드에서 수학을 공부했던 사람들이 맡았습니다. 그들은 패턴에서 변화와 특이점을 추적하는 모델을 개발했습니다. 이는 여러 상황을 동시에 살펴볼 수 있는 대단히 진화된 접근 방식이었죠."[39]

이제 대단히 복잡한 수법을 사용해야만 했던 페이팔 사기꾼들은 그 과정에서 종종 피로감을 느꼈다. 맥그류는 이렇게 말했다. "[우리의 노력은] 멍청한 사기꾼들을 몰아냈습니다."[40] 또한 사기꾼들은 페이팔의 특별한 노력 때문에 더 많은 실수를 저질렀다. 맥그류는 이렇게 설명했다. "사기 방식이 더 복잡할수록 그 뒤에 더 많은 흔적을 남기기 마련입니다. 의심스러운 거래에 이미 사용되었던 IP 주소를 다시 사용할 때 그것은 하나의 신호가 되며, 사기 분석가는 그러한 신호를 놓치지 않습니다. 그들은 새로운 그래프를 통해 순식간에 패턴을 확인하고 뭔가 수상한 일이 벌어지고 있다는 사실을 알아챕니다."

페이팔 사람들은 프레자와 레브친이 개발한 새로운 사기 추적 시스템에 '이고르'라는 이름을 붙였다. 물론 그 이름은 악명 높은 페이팔 사기꾼에게서 가져온 것이었다. 사실 인간 이고르는 페이팔 시스템을 악용했을 뿐 아니라 다분히 개인적인 차원에서 문제를 일으켰다. 이고르는 분노를 불러일으키는 이메일을 보내서 페이팔 사람들을 자극했다. 아이러니하게도 이고르는 프로그램의 이름(파트너들을 위한 자료와 미국 증권거래위원회 서류에도 등장했던)을 통해 불멸을 얻게 되었다. 다시 말해 이고르IGOR는 이고르Igor의 테러 행위를 끝내는 데 기여했다.

페이팔은 이고르와 같은 툴을 활용해서 계정 차원에서 사기를 실시간으로 감시했다. 특정 계좌가 의심스러워 보일 때 사기팀은 자금의 흐름을 살펴보고 즉각적으로 부정행위 여부를 판단했다. 그 밖에도 다양한 혁신이 등장해서 사기 분석팀이 사기 사건을 추적하는 데 도움을 줬다.

이러한 과정에서 페이팔은 응용 수학을 기반으로 그들이 지금껏 경험해보지 못한 새로운 분야를 보완했다. 엔지니어 산토시 야나르단은 이렇게 설명했다. "그 일을 맡은 사람들은 도메인 전문가가 아니었습니다. 그래도 솔직히 말해서 다행스러운 일이었습니다. 그들에게는 선입견이 없었으니까요. 그들은 아주 신선한 눈으로 문제를 바라봤습니다. 그리고 [사기를] 충분히 해결 가능한 수학 문제로 바꿔버렸죠."[41]

그렇게 신선한 눈으로 문제를 바라본 사람 중에는 마이크 그린필드Mike Greenfield라는 인물도 있었다. 그린필드는 페이팔에 입사해 레브친 밑에서 사기 분석가로 일했다. 그는 이렇게 설명했다. "사실 그들은 (바라건대) 한 영리한 스물두 살 청년을 문제 속으로 던져놓고는 그가 무엇을 발견하는지 알아보기 위해 저를 채용했던 겁니다. 솔직하게 말해 6개월 동안은 별 도움이 되지 못했습니다."[42] 이후 그린필드는 사기를 판단하는 의사결정 트리를 생성하는 소프트웨어를 개발했다. 하지만 그 소프트웨어가 실제로 도움이 되기 위해서는 '아주 많은 데이터를 집어넣어야 했다.' 결국 그 소프트웨어는 머천트 사기를 발견해내는 강력한 도구인 것으로 드러났다.

그린필드가 개발한 소프트웨어에서 핵심을 이루는 알고리즘 프로세스는 '랜덤 포레스트random forests'라는 이름으로 불렸다. 이 알고리즘은 예측 작업을 개선하기 위해 함께 연결된 다중 의사결정 트리들로 구성되었다. 페이팔은 이를 통해 거래를 분류할 수 있게 되었다. 그린필드는 이렇게 설명했다. "18단계까지 진행하고 나서 이렇게 말하곤 했습니다. '좋아. 이 거래가 사기일 가능성은 20퍼센트야. 다른 거래는 0.01퍼센트군.' 우리는 100건에 달하는 이러한 분석을 만들어냈죠."

페이팔의 접근 방식은 기존 금융 서비스 기업들과는 달랐다. 일반 은행들이 사용하는 다분히 제한적인 변수 회귀 모델과는 달리, 페이팔의 모델은 한 번에 수백 가지의 다양한 변수를 처리했다. 2000년과 2001년 당시 기계 학습과 빅데이터를 기반으로 하는 산업은 여전히 먼 미래의 일이었다. 그러나 페이팔은 이러한 분야를 정의하는 다양한 기술을 개척했다. 예를 들어 페이팔의 랜덤 포레스트는 세계 최초로 학습 기술을 상업적인 용도로 활용한 사례 중 하나였다.

이러한 진화를 통해 페이팔은 실질적으로 최초의 빅데이터 보안 기업으로 새롭게 도약했다. 레브친은 말했다. "페이팔은 사실 상품 비즈니스입니다. 아주 세련되고 혁신적으로 들립니다…. 인터넷으로 송금하는 일은 말이죠. 하지만 신용카드 단말기는 20년 전에 개발되었습니다…. 사실 우리가 한 일은 아주 멋진 인터넷 사이트를 만들고는 사람들이 계좌번호 대신에 이메일 주소를 사용하도록 한 것이었습니다."[43] 그러나 레브친은 바로 그 밑에서 페이팔의 핵심적인 혁신이 불꽃을 튀기고 있었다고 말했다.

> 페이팔에서 드러나지 않은 부분은 수치에 기반을 둔 방대한 관리 시스템이었습니다. 우리는 이 시스템 덕분에 돈을 송금할 때 그 돈이 정당한 것인지, 아니면 불법적인 자금이라서 나중에 당국이 그 돈을 수사하거나 회수하도록 협력해야 하는 난처한 상황에 처하지는 않을지 정확히 구분할 수 있었습니다.

페이팔은 부정한 거래로 인해 수백만 달러의 피해를 입었지만, 그 과정에서 광범위한 데이터를 수집할 수 있었다. 그린필드는 나중에 자신의 블로그를 통해 이렇게 밝혔다. "사기로 인해 피해 입은 수백만 달러는 문제 이해에 필요한 데이터를 수집하고 효과적인 예측 모델을 개발하는 과정에서 어쩔 수 없는 것이었다. 수백만 건의 거래와 수만 건의 사기 거래를 바탕으로 우리의 사기 분석팀은 아주 미묘한 패턴을 파악하고 더 정확하게 사기를 추적할 수 있게 되었다."[44]

이 모든 노력이 하나로 합쳐지면서 페이팔은 사기를 존재의 위협에서 기업의 결정적인 성취로 바꿔놨다. 또한 그 과정에서 페이팔은 경쟁자를 솎아내는 기대치 못한 이익까지 얻었다. 틸은 이렇게 말했다. "러시아 강도들이 진화하면서 그들은 점점 더 많은 우리의 경쟁자를 무너뜨렸습니다."[45] 페이팔 고객을 대상으로 사기를 치기 위해 더욱 열심히 노력해야 했던 도둑들은 서서히 쉬운 먹잇감이 있는 곳으로 이동했다. 밀러는 이렇게 말했다. "우리는 또한 사기꾼들이 다분히 게으르다는 사실을 확인했습니다. 그들은 최소한의 노력만 들이고자 했죠…. 그래서 우리는 그들이 [경쟁자들에게로] 넘어가기를 바랐습니다."

2000년 12월 19일, 로엘로프 보타는 여러 임원에게 메시지를 전했다. 그것은 10월에서 11월에 이르는 한 달 동안 사기에 따른 손실이 200만 달러 가까이 낮아졌다는 것이었다. 이후 2001년 말에는 사기 규모가 크게 줄어들면서 페이팔은 금융 서비스 산업에서 최저 수준의 사기율을 기록했다.

다양한 사례가 사기에 맞서 싸우는 페이팔의 성공을 증명했다. 2000년 말과 2001년 초에 레브친과 밀러, 그리고 여러 페이팔 직원은 사기꾼들이 자주 출몰하는 다양한 IRC Internet Relay Chat(인터넷으로 전 세계 사람들과 대화를 나눌 수 있도록 해주는 채팅 프로그램-옮긴이)에 주목했고, 이를 통해 페이팔 계정이 수집 대상이 되었다는 사실을 발견했다. 페이팔이 부정행위자들의 계정을 차단하면서 거기서 살아남은 계정들이 상품처럼 팔렸다. 밀러는 이렇게 말했다. "페이팔 계정의 가격이 점점 더 오른다는 사실을 확인했습니다. 우리는 이를 대단히 긍정적인 신호로 봤습니다."[46] 2001년에 페이팔은 사기를 분석하고 그들이 상대하는 적을 더 잘 이해하기 위해 도난당한 페이팔 계정을 직접 사들이기까지 했다.

사기와 맞서 싸우는 과정에서 페이팔이 거둔 성공은 다른 이들로부터도 인정받았다. 2002년 레브친은 《MIT 테크놀로지 리뷰》가 매년 수여하는 '35세 미만의 최고 혁신가 상Innovators Under 35'을 받았다.[47] 지난 몇 년간 이 상을 받은 다른 수상자 중에는 페이스북 설립자 마크 저커버그Mark Zuckerberg, 구글 공동설립자 래리 페이지Larry Page와 세르게이 브린Sergey Brin, 그리고 리눅스 설립자 리누스 토르발스Linus Torvalds가 있었다. 또한 레브친과 프레자는 이고르 개발과 관련해서 미국 특허 (US7249094B2, '온라인 거래를 설명하기 위한 시스템과 방법')를 따냈다.[48]

하지만 그들이 특허를 받았던 2001년 12월 18일에 프레자는 세상에 없었다. 기말시험이 끝나고 3일 후, 그리고 스물두 번째 생일을 3주 앞두고서 로버트 프레자는 심장마비로 세상을 떠났다. 《스탠퍼드 데일리》에 실린 부고 기사는 프레자가 페이팔에서 보낸 시절과 이고르에서 보여준 성과를 조명했다. 그 기사에서 맥그류는 이렇게 말했다. "이고르는 페이팔이 거품 꺼진 닷컴 기업이 아니라 그 무리의 최고가 될 수 있었던 몇 가지 이유 중 하나입니다."[49]

프레자의 사망은 동료들에게 큰 충격을 안겨다 줬다. 페이팔의 채용 담당자 팀 웬젤은 이렇게 말했다. "그가 세상을 떠났을 때 그를 좋아했던 많은 이들이 슬퍼했습니다."[50] 페이팔은 심리 상담사를 통해 직원들의 아픔을 달래주기 위해 노력했다. 레브친은 12월 22일에 있었던 프레자의 장례식에 참석하기 위해 펜실베이니아 로렌스빌로 날아갔다.

살 기암방코Sal Giambanco는 프레자에 대한 추억을 담은 책자를 만들어서 그의 부모와 형제에게 선물하자고 페이팔 사람들에게 제안했다. 이에 레브친은 '프레자와 함께했던 흥미롭고, 개인적이고, 재미있고, 우스운' 모든 이야기를 들려달라고 페이팔 전 직원에게 메시지를 보냈다.[51]

레브친은 그렇게 만든 책을 장례식에서 유족에게 전했고, 그들은 큰 감동을 받았다. 빌 프레자는 페이팔 사람들에게 쓴 편지에서 이렇게 말했다. "어떤 생각이나 말, 행동, 제스처보다 페이팔의 여러분 모두가 함께 만들어준 이 책이 더 감동적이었다고 솔직하게 말씀드릴 수 있습니다." 그리고 고인이 된 자신이 아들이 페이팔에서 보낸 시간과 함께 '재능 있고, 비판적이고, 기준이 높은 동료들에게 자신의 존재를 입증해 보이고자 했던 도전'을 좋아했노라고 적었다.

그리고 이렇게 덧붙였다. "저는 밥이 엔지니어로서 최고의 역량을 발휘하는 축복을 받았다는 사실을 알았습니다. 비록 짧은 생애였지만 아들이 이처럼 소중한 기쁨을 누렸다는 사실은 제게 영원한 위안이 될 것입니다."[52] 몇 주 후 프레자 가족은 페이팔 사무실을 찾았다. 그리고 몇 년 후 레브친은 스타트업 설립자들로 이뤄진 청중 앞에서 프레자의 이야기를 꺼내면서 경험은 영향력을 가로막는 장애물이 아니라는 사실을 강조했다.

16장
힘을 사용하라

머스크가 떠나기 직전 페이팔 프로덕트 팀은 매출을 높이기 위해 두 번째 도전에 착수했다. 페이팔은 '업셀upsell'이라는 행사를 통해 사용자들이 비즈니스 목적으로 페이팔을 사용하는지를 부드러우면서도 확고한 태도로 물었다. 이 질문에 사용자가 '그렇다'라고 대답할 경우, 페이팔 웹사이트는 비즈니스 계정이나 프리미어 계정으로 업그레이드할 것을 권했다.

업셀 행사에서 엔지니어링과 디자인, 그리고 비즈니스 요소를 조합하는 과제는 주로 두 사람의 몫이었다. 그들은 폴 마틴과 에릭 잭슨이었다. 틸이 직접 채용한 또 한 명의 스탠퍼드 졸업생인 잭슨은 1999년 말에 페이팔에 입사했다. 처음에 루크 노섹과 함께 마케팅팀에서 일했던 잭슨은 나중에 데이비드 색스가 이끄는 프로덕트 팀으로 들어갔다.

스탠퍼드 시절에 육상 선수로 활약하면서 역사를 전공했던 마틴은

《스탠퍼드 리뷰》를 통해서 틸과 인연을 맺었다. 콘피니티 사무실을 방문했을 때 그는 "이처럼 놀라운… 세상과 맞서 싸우는 정신으로 무장한 정말로 멋진 사람들을 만났다." 그리고 얼마 지나지 않아 그는 스탠퍼드를 그만두고 3만 5000달러의 연봉으로 콘피니티 마케팅팀에 합류했다.

페이팔은 5월에 비즈니스 계정과 프리미어 계정을 출시하면서 '언제나 무료'라는 그들의 철학을 포기했다. 그래도 업그레이를 강요하지는 않았기 때문에 사용자들의 반발은 크지 않았다. 페이팔은 이러한 방식을 통해 수익을 높일 수 있음을 증명했다. 마틴은 이렇게 설명했다. "우리는 많은 기업이 실패했던 지점에서 성공을 거뒀습니다. 당시 실리콘밸리는 이를 가장 까다로운 과제로 생각했습니다. 그것은 사람들이 이전에 무료였던 서비스에 돈을 지불하도록 만드는 일이었습니다."[1]

페이팔은 업셀 행사에서 사용자에게 계정을 업그레이드하도록 제안했다. 프로덕트 팀은 업셀 행사에 최대한 집중했다. 그리고 분노의 소용돌이를 목격했다. 마틴은 온라인 경매 사용자들의 불만을 잘 알고 있었다. 경매 프로덕트를 담당했던 마틴은 다양한 경매 관련 게시판에서 활동하면서 존재감을 드러냈다. 또한 이베이의 피드백 포럼인 옥션와치AuctionWatch와 OTWAOnline Traders Web Alliance(온라인 거래자 웹 연합)에서 '페이팔 폴'로 유명했던 마틴은 페이팔 사이트가 문제를 겪을 때마다(그렇게 보였든, 아니면 실제로 그랬든 간에) 적극적으로 반응했던 페이팔 직원이기도 했다.

여기서 마틴은 혼자가 아니었다. 이베이 역시 사용자들의 노골적인 불만에 어려움을 겪고 있었다. 이베이의 초창기 직원인 매리 루 송Mary Lou Song은 새로운 경매 카테고리를 만들면서 무심결에 '단추' 제품을

'재봉 수집품' 카테고리로 집어넣었다. 그러한 분류 방식은 충분히 합리적이었음에도 경매 게시판은 사용자들의 분노로 들끓었다. 애덤 코언Adam Cohen이라는 기자는 이베이의 초기 역사를 다룬《더 퍼펙트 스토어The Perfect Store》라는 책에서 단추와 관련된 당시의 소동을 이렇게 소개했다.

> 지금까지 그 존재를 인정받지 못한 단추 수집가들은 그가 단추에 대해 너무나 무지하다고 비난했다. 분노한 한 단추 판매자는 그에게 이렇게 항의했다. "빈티지 단추와 앤틱 단추, 그리고 모던 단추가 있다는 사실을 알고 있는가? 이러한 단추는 재봉 수집품에 속하지 않는다는 사실을? 그 자체로 하나의 카테고리를 이룬다는 사실을? 플라스틱 버튼이나 금속 버튼이 있다는 사실은 알고 있는가? 당신이 말한 단추는 핀 버튼인가, 아니면 구멍이 네 개 뚫린 단추인가?"

결국 송은 잘못을 시인했고 단추 제품을 위한 새로운 카테고리를 만들었다. 송은 코언에게 이렇게 말했다. "맥도날드가 새로운 샌드위치를 출시할 때 사람들은 그것을 살 것인지 말 것인지 결정합니다. '왜 말해 주지 않았어요?'라고 묻는 사람은 없습니다."[2] 송과 마틴은 싫든 좋든 간에 온라인 경매 커뮤니티에는 플랫폼과 툴에 대한 각별한 주인의식이 있다는 사실을 인정해야 했다.

페이팔은 업셀 행사를 시작하면서 '언제나 무료' 정책으로부터의 전환에 집중했다. 그들은 사용자들과 함께 줄타기를 해야 한다는 사실을 알았다. 페이팔은 업셀을 사소한 수정이라고 설명했다. 다시 말해 이미 비즈니스 목적으로 페이팔을 사용하고 있었던 사용자를 대상으로 사이트상에서 비즈니스라고 명시하도록 요구한 것이라고 말했다. 페이팔은 직원들에게 보내는 메시지에서 이렇게 설명했다. "'이는 새로운 정책이 아니라' 다만 기존 정책을 다시 한번 상기시켜 주는 것입니다."[3]

물론 사용자들은 그렇게 생각하지 않았다. 페이팔을 사용하는 이베이 판매자들은 일반적으로 자신을 기업이라고 생각하지 않았다. 대부분의 판매자는 매장도, 재고도, 직원도 없었다. 그들은 자신을 비즈니스를 시작하는 사업가라기보다 가상의 공간에서 중고 물품을 판매하는 사람이라고 생각했다.

페이팔은 사용자가 페이팔 사이트에 로그인할 때 뜨는 페이지에 주목했다. 페이팔은 그 페이지에서 사용자에게 그들이 어떤 카테고리에 해당하는지 '재확인'하도록 요구했고, 또한 서비스 '이용 약관'을 언급하면서 비즈니스 목적으로 페이팔을 사용하는 사람은 비즈니스 계정으로 등록해야 한다고 말했다. 사용자는 세 가지 중 하나를 선택해야 했다.

- 비즈니스로 업그레이드: 온라인으로 판매하는 기업의 경우
- 프리미어로 업그레이드: 파트타임이나 풀타임으로 온라인상에서 판매를 하거나 모든 기능을 원하는 사용자의 경우
- 판매자가 아님: 페이팔을 상업적인 용도로 사용하지 않으며 개인용 계정으로 남아 있기를 원하는 사용자의 경우[4]

처음에 페이팔은 이 페이지를 활동적인 판매자(큰 결제 규모로 인해 1번이나 2번을 이미 선택해야만 했던)에게만 보여주기로 했다. 페이팔

은 이러한 선택에 대한 사용자의 반응을 중요한 신호로 인식했다.

업셀 행사를 시작하기 전, 페이팔 사무실 안에는 도시 전체가 공성전을 준비하는 것 같은 전운이 감돌았다. 그들은 기술과 디자인, 제품, 고객 서비스를 포함한 모든 항목에 집중했다. 색스는 전면 광고에 실을 문구를 작성했고, 조직 전체는 조만간 흘러넘치게 될 고객들의 불만에 대비했다. 페이팔은 직원들에게 모든 언론사의 질문은 홍보팀장인 빈스 솔리토에게, 그리고 모든 고객 서비스 질문은 오마하에게 넘기도록 당부했다.

업셀 행사를 시작하기 하루 전인 2000년 9월 12일 밤, 잭슨은 전체 직원에게 이런 메시지를 전했다. "업셀을 시작합니다. 신의 가호가 있기를…."[5]

예상대로 사용자들은 분노했고 경매 게시판은 비난으로 폭발했다. 'kellyb1'이라는 사용자는 이렇게 썼다. "내가 페이팔에 가입했을 때 그들은 서비스가 무료이며 앞으로도 그럴 것이라고 말했다. 그들의 행동은 더럽고 치졸했다. 그들은 무료 계정을 약속하면서 사람들을 끌어모았다. '여러분, 걱정하지 마세요. 우리는 다른 비즈니스로 수익을 올리고 있습니다.'"[6] 경매 판매자들에게 서비스를 제공하고 사용자들에게 페이팔을 이용하게 했던 사이트인 어니스티닷컴Honesty.com의 한 분노한 사용자는 이렇게 썼다. "내가 기업인지 아닌지는 페이팔의 판단에 달린 것인가? 그것은 나와 정부 사이의 문제다."[7]

페이팔 직원인 데이먼 빌리언Damon Billian은 종일 사용자들의 반응을 살폈다. 그는 매일 게시판의 분위기를 정리하고 긍정적이거나 부정적인 사례를 선별해서 페이팔에 보고했다. 그러나 업셀을 시작했던 첫날에

빌리언은 긍정적인 소식을 한 건도 보고하지 못했다. 페이팔에 대한 사용자의 반응에서 주로 등장하는 표현과 느낌은 다음과 같았다.

1. 유인 판매
2. 낚시찌
3. 거짓말쟁이(업그레이드를 강요하지 않겠다고 말하는)
4. 소규모 판매자는 수수료를 걱정한다.
5. 일부 사용자는 그들의 사이트에 '노 페이팔'이라는 로고를 걸어놓을 것이다.[8]

빌리언은 게시판에 올라온 질문들을 개별적으로 처리하자고 주장했다. 어느 날 위협을 느낀 그는 이렇게 보고했다. "OTWA에만 500개가 넘는 글이 올라와 있고 옥션와치에는 이보다 더 많은 글이 올라와 있다. 그 글을 일일이 확인할 수 없을 뿐 아니라 현재로서는 질문 대부분을 제때 파악할 수조차 없다."[9] 또한 불만 가득한 전화가 오마하로 폭주했다.

빌리언은 사용자 불만이 게시판을 넘어서고 있다고 경고했다. 그는 이렇게 썼다. "변화/클릭 링크 페이지와 관련해서 사용자들이 언론 및 규제기관과 접촉해서 이야기를 나눈 경우가 4건이 있었다."[10] 사용자들은 웹 페이지 문구를 복사해서 기술 분야의 기자들에게 제보했다. CNET와 같은 사이트는 그 이야기에 주목했고 기사로 다뤘다.

사용자의 항의와 부정적인 기사는 며칠간 흘러넘쳤다. 그러나 시간이 흐르면서 페이팔의 네트워크 효과는 점차 빛을 발하기 시작했다. 잭슨은 기업 전체 공지에서 이렇게 보고했다. "초기 상황은 대단히 고무적입니다."[11]

그때까지 업셀 페이지를 확인한 약 3만 명의 사용자 가운데 20퍼센트 가까이가 유료 계정으로 전환했다. 이는 페이팔에서도 가장 낙관적인 전망을 넘어서는 수치였다. 더 중요하게도 탈퇴한 사용자는 극소수에 불과했다. 페이팔의 주간 뉴스레터는 업셀 행사가 끝나갈 무렵에 이렇게 보고했다. "게시판을 둘러싼 소동에도 불구하고 실제로 계정을 폐쇄한 사람은 158명에 불과했다(전체 사용자의 0.004퍼센트!)."

페이팔은 메시지를 통해 그들의 서비스가 가장 저렴한 결제 방식이라는 사실을 강조했다. 그들은 사용자들에게 전송한 단체 이메일에서 이렇게 설명했다.

> X.com은 개인 사용자들을 위해 페이팔 서비스를 앞으로 계속해서 무료로 운영할 것입니다. 그러나 탄탄하고 지속 가능한 비즈니스를 위해 신용카드 결제 비용의 일정 부분을 판매자 부담으로 전환할 것입니다. 비자와 마스터카드는 우리가 처리하는 모든 거래에 대해 수수료를 부과하고 있습니다. 그리고 우리는 손실을 입지 않기 위해 판매자가 수수료를 부담하도록 할 수밖에 없습니다.
>
> 다른 업체는 우리의 두 배에 달하는 수수료를 부과하고 있습니다. X.com을 통해 50달러를 결제할 경우, 수수료는 1.2달러입니다. 반면 빌포인트의 경우에는 2.34달러, 그리고 비드페이는 5달러를 지불해야 합니다. 검증되지 않은 서비스 광고에 현혹되지 마세요. 즉각적이고, 안정적이면서, 사기로부터 자유로운 결제 서비스를 온라인 판매자에게 지속적이면서도 저렴하게 제공하는 곳은 페이팔 외에는 없습니다.[12]

사용자들은 페이팔의 가격 정책 메시지를 공개적인 장소에서 그대로 전했다. 'waspstar'라는 사용자는 이렇게 언급했다. "이제 시간이 왔다…. 이베이 판매자에게 페이팔은 더 이상 무료가 아니다." 그러면서도 그는 페이팔의 전환에 대한 의구심은 아직 남아 있지만 그래도 그 서비스를 포기하지는 않을 것이라고 말했다. 그는 이렇게 덧붙였다. "나는 그대로 남아 있을 것이다. 내 생각에 다른 곳보다는 저렴하다."[13]

2000년 9월에 업셀 행사는 분명한 데이터 결과를 보여줬다. 틸은 이렇게 설명했다. "우리는 가격 정책이 완전히 비탄력적이라는 사실을 확인했습니다. 우리가 가격을 올려도 고객들은 떠나지 않았습니다. 사람들은 '지불을 거부한다'면서 떠났다가 온라인으로 결제할 수 있는 다른 곳을 찾지 못하고 돌아왔습니다."[14] 이 에피소드는 사용자 행동 및 전환 비용과 관련해서 페이팔에게 소중한 교훈을 가져다줬다. 그들은 제품이나 서비스가 사용자의 삶에 일단 자리를 잡았을 때 그것을 제거하기 위해서는 상당한 노력이 필요하다는 사실을 깨달았다. 에이미 로우 클레멘트는 이렇게 말했다. "인간은 습관의 동물입니다. 그리고 그 습관(행동과 생각, 이야기 등)을 바꾸기 위해서는 엄청난 변화가 필요합니다."[15]

페이팔은 업셀 행사를 위해 강압적인 방식이 아니라 솔직한 방식으로 접근했다. 그들은 이렇게 썼다. "우리는 개인용 개정을 사용하는 판매자들에게 방침을 따라달라고, 그리고 프리미어나 비즈니스 계정으로 업드레이드를 해달라고 요청했다. 또한 계정의 종류에 대한 선택권을 제시하면서 사람들의 양심에 호소했다."[16]

페이팔 사용자는 어떠한 불이익을 받지 않고서도 페이팔의 방침을 무시하고 기존 서비스를 그대로 이용할 수 있었다. 페이팔은 직원들에게 이러한 전환을 강압적으로 추진할 계획은 없다고 말했다. 그래도 사용자들이 신속하게 프리미어와 비즈니스 계정으로 업그레이드를 하지 않을 경우, 기존 접근 방식을 다시 한번 고려해볼 것이라는 말을 남겼다.

2000년 9월, 드디어 시간이 왔다. 5월에서 9월에 이르는 기간에 20만 명이 넘는 페이팔 고객이 프리미어와 비즈니스 계정으로 등록했다. 하지만 그 규모는 페이팔의 수익 구조를 개선해줄 만큼 충분하지는 못했다. 계좌 수수료로 얻은 총수입은 사기와 간접비, 혹은 신용카드 지불 및 지불거절에 따른 비용(여전히 부담스러운 항목)에 미치지 못했다. 사용자들이 신용카드가 아니라 은행 계좌를 이용한 거래로 넘어가도록 만들려는 페이팔의 노력에도 불구하고 2000년 9월 초를 기준으로 페이팔 결제의 70퍼센트 가까이는 여전히 신용카드를 통해 이뤄졌다. 클레멘트는 이렇게 말했다. "솔직하게 말해 우리는 원래의 비즈니스 아이디어에서 중대한 결함을 조금씩 해결해나갔습니다. 페이팔은 사용 사례가 없는 서비스로 시작했습니다. 이후 사용 사례는 확보했지만 비즈니스 모델은 여전히 마련하지 못했습니다. 우리는 유지 가능한 비즈니스를 만들어내야 했습니다."[17]

당시 유료 사용자가 전체 사용자 중 10퍼센트 미만인 상태에서 페이팔은 계속해서 적자를 기록하고 있었다. 이제 페이팔은 사용자들이 수수료를 부담하는 계정으로 업그레이드하도록 하면서 '동시에' 거래 유형을 값비싼 신용카드 기반에서 최대한 멀어지게 만들기 위해 강력한 방안을 마련해야 했다. 다시 말해 페이팔은 더 이상 사용자들에게 '방침을 따르도록' 권고하는 수준에 머무를 수 없었다. 이제 그들은 심판의 자격으로 개입해서 고객들을 특정한 방향으로 몰아가야 했다.

페이팔 서비스는 관대한 정책 덕분에 빠르게 성장했다. 그러한 정책에는 보너스를 지급하는 것으로부터 사기에 따른 손실을 감수하는 것, 그리고 신용카드 수수료를 지불함으로써 소액 거래를 진행하는 구매자와 판매자를 보증하는 것까지 포함되었다. 그리고 이제 '강제 업그레이드'가 모습을 드러냈다. 이는 그때까지 페이팔의 서비스에서 가장 위험한 변화를 드러내는 움직임이었다.

페이팔은 이제 비즈니스 사용자들이 그들의 정책을 준수하고 계정을 업그레이드하도록 요구해야 했다. 그리고 동시에 고객들이 신용카드를 통한 거래에서 은행 계좌나 내부 잔액을 통한 거래로 넘어가도록 만들어야 했다. 일부 직원은 농담조로 '강제 업그레이드forced upgrade'를 'FU'라고 불렀다. 이는 고객과의 관계에서 가장 논란이 되는 변화이자 그들의 분노를 자극할 위험이 있는 변화라는 그들의 인식을 나타내는 것이기도 했다.

이러한 움직임으로 인해 페이팔 내부에서는 새로운 우려의 목소리가 제기되었다. 클레멘트는 웃으면서 당시를 이렇게 회상했다. "강제 업그레이드는 대단히 위협적인 것이었습니다. 무슨 일이 벌어질지 알 수 없었죠." 매일 페이팔에 가입하는 2만 명의 새로운 사용자들이 갑자기 사라져버릴 것인가? 더욱 심각하게, 처음부터 수수료를 부과했던 빌포인트와 이베이가 사용자 유치를 위해 페이팔보다 수수료를 더 낮출 것인가? 페이팔의 프로덕트 팀과 경영진은 물었다. 강제 업그레이드는 근본적인 비즈니스 수수께끼를 해결할 것인가, 아니면 페이팔 사용자의 가격 민감성의 한계를 드러낼 것인가?

이와 관련해서 인터넷 기업들은 한참 후에 '프리미엄' 가격 정책 모형에 관한 많은 연구 결과를 살펴볼 수 있게 되었다. 언제 수수료를 부과해야 할지, 얼마나 부과해야 할지, 그리고 어떻게 부과해야 할지와 같은 까다로운 질문에 대한 대답을 체계적인 사례 연구들 속에서 확인할 수 있었다. 그러나 '프리미엄'이라는 용어가 나온 것은 2006년이었다.[18] 그랬기 때문에 페이팔은 많은 다른 경우와 마찬가지로 직감과 즉흥적인 대처, 그리고 반복적인 노력을 통해 대답을 얻어내야 했다.

페이팔 경영진은 강제 업그레이드가 지금까지 어떤 다른 선택보다 더 급격하게 사용자 이탈을 초래할 것으로 예상했다. 그들이 변화의 소용돌이 속에서 씨름하는 동안 조직 내부에서는 격렬한 논쟁이 일었다. 그리고 그 과정에서 페이팔은 중요한 깨달음을 얻었다. 그것은 업그레이드 과정(사용자가 원치 않는 것)을 사용자가 할 수밖에 없는 것과 더불어 조율해야 한다는 사실이었다. 결국 그들은 강제 업그레이드를 뒷받침하는 아이디어에 도달했다. 그것은 업그레이드와 결제 대금의 수령을 연결해야 한다는 생각이었다.

강제 업그레이드를 진행하는 동안에 페이팔은 개인용 계정 사용자들이 6개월 동안 신용카드로 결제받을 수 있는 금액을 최대 500달러로 제한했다. 결제 금액이 그 한도를 넘어설 경우, 사용자는 계속해서 결제를 받을 수 있지만, 그렇게 결제받은 돈을 인출하기 위해서는 프리미어나 비즈니스 계정으로 업그레이드를 해야만 했다. 마틴은 〈디 인베스터 쇼The Investor Show〉라는 팟캐스트에 출연해서 이렇게 설명했다. "결제받기를 거부하는 사람은 없을 겁니다. 결제는 거래의 핵심이죠. 우리는 사람들에게 비즈니스 계정으로 업그레이드할 것인지 말 것인지를 선택하도록 하지 않았습니다. 다만 결제를 받을 것인지 아닌지를 선택하도록 했습니다."[19]

또한 페이팔은 차선책을 마련했다. 돈을 수령하는 사용자가 500달러한계에 도달한 상태에서 결제를 원할 경우, 그들이 송금자에게 은행 계좌를 통해, 혹은 페이팔 계정을 통해 다시 결제하도록 요구할 수 있도록 했다. 즉, 페이팔은 돈을 수령하는 사람이 거래 상대방에게 은행 계좌나 내부 잔액을 통해 결제하도록 요구할 수 있도록 허용했다.

결론적으로 페이팔은 돈을 수령하는 사용자가 수수료를 부담하는 계정으로 업그레이드하도록 하거나, 혹은 돈을 지불하는 사용자가 더 저렴한 거래 유형으로 전환하도록 유도함으로써 수익성을 높였다.

2000년 10월 3일에 페이팔은 활동적인 개인용 계정 사용자들에게 다음과 같이 공지를 보냈다.

> 두 주일 후인 10월 16일 월요일부터 X.com은 페이팔 개인용 계좌를 대상으로 새로운 제한을 적용할 계획입니다. 이는 6개월간 신용카드로 결제를 받는 금액에 대한 500달러 제한을 의미합니다. 두 주일 이후부터 시행될 이번 정책에 따라 500달러 제한을 초과한 개인용 계정 사용자는 프리미어나 비즈니스 계정으로 업그레이드하지 않는 한 더 이상 신용카드로 결제를 받을 수 없습니다. 제한을 초과한 개인용 계좌에 대한 신용카드 결제는 수령자가 업그레이드하거나 결제를 거부해서 송금자에게 돈을 돌려줄 때까지 '보류 중'으로 남아 있게 됩니다. (그런 경우 송금자는 은행 계좌나 남아 있는 페이팔 잔액을 통해 다시 결제를 신청할 수 있습니다.)*

---

* 2000년 10월 3일에 에릭 잭슨이 all@x.com에 보낸 이메일. 다음과 같은 설명이 이메일에 첨부돼 있다. "많은 활동적인 개인용 계정 사용자에게 개인용 계정으로 받게 될 신용카드 결제 대금에 대한 새로운 제한을 공지하기 이메일"

그동안 페이팔은 솔직한 입장이 불만을 가라앉히는 데 도움이 될 것이라고 생각한다는 인상을 사용자들에게 전달하고자 했다.

> 우리는 사용자들에게 여러 가지 기준을 충족시키는 정책을 수립하기 위해 노력하겠다고 약속했습니다. ① 전반적으로 공정하고 합리적일 것 ② 실행 두 주일 전에 공지할 것 ③ 누구에게도 업그레이드를 강요하지 말 것(개인용 계좌에 대한 신용카드 결제 한도처럼 중요한 기능을 제한하기는 했지만) ④ 신용카드 처리 비용(그리고 고객 서비스와 사기 방지와 같은 여러 다양한 비용)을 발생시키는 대규모 사용자들과 조율해야 하는 페이팔의 필요성을 충족시킬 것.

그럼에도 그 메시지 속에는 수사적인 교묘함이 남아 있었다. 페이팔은 실질적으로 사용자에게 업그레이드 외에 다른 선택권을 남겨두지 않았다. 이러한 맥락에서 데이비드 색스는 이렇게 재차 강조했다. "우리는 강요하지 않습니다. 여러분에겐 선택권이 있습니다. 하지만 페이팔을 계속해서 이용하고 싶다면 업그레이드를 해야 합니다."[20]

예상대로 오마하 고객 서비스 센터와 게시판은 다시 한번 격렬한 항의로 집중포화를 받았다. 한 사용자는 이런 글을 남겼다. "[페이팔은] 무료 서비스를 제공했다. 우리를 낚을 때까지는. 그러고는 바꿔버렸다."[21] 또 다른 사용자는 이렇게 불만을 토로했다. "이 기업에 대단히 실망했다. 우리는 그들이 팔고, 홍보하고, 성장하도록 도와줬다. 그런데 이제 우리를 이런 식으로 대한다고? 부끄러운 줄 알아라."

사용자들은 강제 업그레이드로 인해 매출이 하락할 것이며, 이러한 정책은 페이팔의 '언제나 무료' 약속과는 완전하게 상반되는 것이라고 분노했다. 한 사용자는 이렇게 썼다. "페이팔과는 완전히 끝이다. 나는 그들이 내놓은 정책에 동의할 수 없다. 그래서 나는 더 이상 페이팔을 사용하지 않을 것이다." 이렇게 거부와 탈퇴에 관한 이야기가 게시판을 휩쓸자 페이팔 사람들은 초조함을 감추지 못했다.

반면 페이팔을 지지하는 사람들도 있었다. 한 사용자는 이렇게 주장했다. "마음대로 항의해라. 하지만 그러는 동안 당신은 고립될 것이다. 최근에 나는 이러한 상황에 대해 많은 사람과 이야기를 나눴다. 모든 이베이 판매자들, 그리고 대부분의 합리적인 사람들은 페이팔의 비즈니스를 유지하기 위해 필요한 것이라면 전적으로 지지한다고 말했다. 물론 수수료에 대한 불만은 있다. 그렇다고 그것을 거부하는 것은 자기 얼굴이 마음에 안 든다고 코를 베어버리는 것과 다를 바 없다."[22]

페이팔의 관점으로 상황을 바라보는 사람들도 있었다. 한 사용자는 이런 글을 남겼다. "페이팔에 대한 이 모든 부정적인 말들은 대체 뭔가? 그들의 주장은 터무니없다…. 결제를 처리하고 내 계좌로 송금하는 일이 수월해지면서 내 비즈니스는 크게 나아졌다…. 다른 어떤 기업이 이런 서비스를 제공해주는가? 내 생각엔 하나도 없다."[23] 또 다른 사람은 페이팔이 경쟁사보다 시장점유율이 높기 때문에 페이팔을 사용하면 경매에서 입찰을 끌어올릴 수 있다고 주장했다. 한 사용자는 이렇게 썼다. "그렇다. 새로운 수수료는 마음에 들지 않는다. 그러나 [페이팔을 받아들이면] 입찰이 더 활성화되는 것은 사실이다. 나는 그게 수수료를 상쇄하고 남는다고 생각한다. 앞으로도 페이팔과 계속 함께할 것이다. 그리고 동료 경매인들에게 계속해서 추천할 것이다."

일각에서는 강제 업그레이드에 대한 윤리적인 비판도 있었다. 한편으로 페이팔은 명시적으로 약속을 어겼다. 특히 페이팔은 파워셀러 커뮤니티에서 광고를 함으로써 사람들의 관심을 높이고 난 이후로 유료로 전환해서 사용자들에게 부담을 지웠다. 게다가 그들은 업그레이드를 하지 않으면 사용자에게 비용이 발생하는 방식(송금자는 수령자가 업그레이드를 했는지, 아니면 500달러 제한에 걸려 있는지 알 수 없다)으로 업그레이드 방식을 설계했다.

그러나 다른 한편으로 페이팔은 자선단체가 아니라 기업이었다. 거래 형태에서 신용카드 비중을 줄여 핵심 서비스로부터 수익을 창출하는 것은 생존을 위한 전략이었다. 또한 페이팔은 무료 서비스를 한 번에 완전히 중단하지는 않았다. 그들은 선택적인 업그레이드에서 부드러운 권고 방식의 업그레이드, 그리고 강제 업그레이드에 이르는 점진적인 단계를 밟았고, 모든 단계마다 6개월 이상의 기간을 뒀다. 만일 페이팔이 이러한 과정을 거치지 않았더라면 그들은 결제 서비스를 완전히 중단해야 할 위험에 처했을 것이다. 그리고 이는 경매 구매자와 판매자뿐 아니라 관련된 모두에게 재앙적인 결과였을 것이다.

이러한 서비스 설계와 관련된 딜레마는 프리미엄 모델이라는 거친 파도를 향해 뛰든 많은 기업을 오랫동안 힘들게 만들었다. 그러한 비즈니스 모델은 흥미로운 신기술의 확산을 가능케 했다. 반면 사용자들은 마치 서서히 끓어오르는 물속의 개구리 신세가 된 것 같은 불안한 느낌을 받았다. 한 블로그는 이러한 정신분열증에 대해 이렇게 썼다. "프리미엄freemium 개발자들은 마약상처럼 장사한다. 그들은 무료로 기본적인 서비스를 제공하다가 사람들이 더 많은 것을 요구할 때 요금을 부과한다." 그러면서도 그 블로그의 저자는 뒤에서 프리미엄 모델의 수용력을 인정했다. "이러한 프리미엄 모델의 시작은 인터넷 역사상 가장 긍정적인 사건일 것이다."[24]

업그레이드 행사가 시작되고 한 달이 지난 10월에 페이팔이 목표로 삼았던 개인용 계정 사용자의 95퍼센트가 비지니스나 프리미어 계정으로 업그레이드했다. 이는 페이팔이 완전히 성숙한 비즈니스로 도약했음을 보여주는 중요한 성과였다. 그리고 동시에 콘피니티의 페이팔을 세상에 소개한 '언제나 무료'라는 약속을 중단할 수 있도록 허용한 분명한 결과였다.

2000년 가을에 언론은 업셀 행사와 관련된 소동을 잠시 다뤘지만, 페이팔의 움직임에 대해서는 폭넓게 다루지 않았다. 물론 페이팔은 그러한 상황을 환영했다. 그들은 이고르나 페이팔의 가격 정책에 관한 보도가 적으면 적을수록 좋다고 생각했다.

그러나 내부적으로 페이팔은 2000년 가을의 반복적인 시도와 개선의 의미를 잘 알고 있었다. 특히 처음부터 페이팔의 비즈니스 모델에 내재되었던 골치 아픈 문제인 근본적인 거래 형태와 관련해서 에릭 잭슨은 10월 말과 11월 초에 걸쳐서 파란색 선(은행과 잔액 결제)이 올라가고 빨간색 선(신용카드 결제)이 떨어지는 지속적인 추세를 확인했다. 11월 2일에 잭슨은 그 그래프를 발표하면서 이렇게 축하 메시지를 전했다. "마침내 만났습니다. 두 라인이 교차했습니다!!!" 다시 말해 은행 계좌와 페이팔 계정을 통한 결제 금액이 신용카드를 통한 결제 금액과 동등해진 것이다.

이후로 페이팔은 두 가지 이정표에 도달했다. 프로덕트 매니저인 제니퍼 쿠오Jennifer Kuo는 이렇게 썼다. "11월 24일 금요일, 우리는 '페이팔 시스템을 통해서 10억 번째 달러'를 처리했습니다. 우리는 어마어마한 숫자를 다루고 있지만 아직 끝나지 않았습니다. 세계 정복이라는 최종 목표에 도달할 때까지 고삐를 늦추지 않을 겁니다!"[25] 2000년 12월 8일에 페이팔은 500만 번째 계정을 등록하면서 목표에 한 걸음 더 다가섰다.

1년 동안 내부적 혼란이 이어지면서 주식시장이 급격하게 하락하는 가운데 이러한 성과는 직원들에게 페이팔이 많은 닷컴 기업을 무너뜨린 소용돌이 속으로 빨려들어 가지는 않을 것이라는 확신을 줬다. 그들은 웹사이트 마비와 같은 내부 위기는 재앙이라기보다 관리 가능한 문제로 인식하기 시작했다. 페이팔 사이트가 장시간에 걸쳐 멈춰 섰던 11월에 이뤄진 내부적인 업데이트는 성장에 대한 페이팔의 확신을 보여줬다.

나쁜 소식은 오늘 오전에 페이팔 웹사이트가 기능 장애를 일으켰다는 사실입니다. 우리 사이트는 7시간이나 다운되었습니다.

좋은 소식은 이것이 가장 성공적인 웹사이트만이 겪을 수 있는 특별한 문제라는 사실입니다. 오늘 오전에 네트워크 부하를 조정하는 장비가 감당할 수 있는 규모보다 더 많은 사용자가 유입되었습니다.[26]

웹사이트가 다운되면서 페이팔 사람들은 밤새 긴장을 늦추지 못했다. 그러나 예전 경우와는 달리 페이팔은 사용자들이 더욱 너그럽게 반응한다는 인상을 줬다. 페이팔이 그들을 필요로 하는 것만큼 그들 역시 페이팔을 필요로 했기 때문이었다.

페이팔은 또한 공식적인 차원에서 인정을 받았다. 2000년 11월에 《GQ》는 페이팔을 '이달의 웹사이트'로 선정했고,《US 뉴스 & 월드리포트》는 '최고의 웹' 목록에 페이팔을 포함시켰다. 2000년 10월에는 페이팔 임원들이 샌프란시스코의 리젠시 센터에서 열린《와이어드》잡지의 레이브 어워즈Rave Awards 시상식에 참석했다. 레드카펫과 스포트라이트가 빛나는 그 시상식에는 데이비드 스페이드와 코트니 러브, 그리고 샌프란시스코 시장 윌리 브라운이 참석했으며 록 아티스트 벡Beck의 공연도 열렸다.

페이팔은《와이어드》의 '베스트 게릴라 마케팅 캠페인' 부문에도 후보로 이름을 올렸다. 수상은 뮤직 서비스 기업인 냅스터에게 빼앗겼지만, 후보에 올랐다는 것만으로도 대단한 일이었다. 페이팔은 또한 마지막에 웃는 자였다. 그들은 뉴스레터를 통해 이렇게 말했다. "냅스터는 후보로 이름을 올린 3개 부분을 모두 석권했다. 연방 법원이 최근 판결을 통해 연말에 냅스터를 시장에서 퇴출시키려 하면서 많은 동정표를 얻은 것이라는 추측이 지배적이었다!"[27] 실제로 이후 여러 음반 산업 집단이 저작권 위반으로 소송을 하면서 냅스터는 2001년 7월에 사실상 운영을 중단해야 했다.

페이팔이 디지털 세상에서 확고한 자리를 잡으면서 그 설립자들은 끊임없이 그들을 괴롭혔던 고통으로부터 어느 정도 벗어났다. 페이팔은 성과를 자축했다. 데이비드 색스는 '그래프가 교차하면(파란색 선과 빨간색 선이 만나면)' 하겠다고 약속했던 래프팅 수련회에서 프로덕트 팀 리더를 맡았다. 그리고 예전에는 금기시되었던 사치품들이 사내에 모습을 드러내기 시작했다. 페이팔은 모든 사무실에서 파티를 열었고, 직원들은 사무실 내 마사지 서비스와 잠바주스 스무디를 즐겼다.

2000년 핼러윈데이에는 직원들이 분장을 한 채로 출근했다. 페이팔의 주간 뉴스레터는 이렇게 이야기를 실었다. "다름 아닌 피터 틸이 오비완 케노비로 분장했다."[28] 또한 그 기사는 루크 노섹이 분명히 약속했던 루크 스카이워커 분장을 하지 않고 나타난 것에 대해 아쉬움을 표했다. 그 기사에 따르면, 노섹은 대신에 마피아 분장으로 핼러윈 파티에 참석했다.

17장

범죄의 진화

바실리 고르시코프Vasily Gorshkov와 알렉세이 이바노프Alexey Ivanov는 각각 '크바킨Kvakin'과 '서브스타Subbsta'라는 별명으로 알려진 유명한 해커들이었다. 러시아 첼랴빈스크에서 살고 있던 두 사람은 주로 미국 금융 기업들을 노렸다. 그들은 해킹을 통해 기업 고객의 신용카드와 은행 계좌 정보를 훔치고 그것을 이용해 물건을 샀다. 그리고 그 물건을 카자흐스탄이나 조지아와 같은 이전 소련 위성국가로 배송했다. 이 물건들은 국경과 시간대를 건너면서 실제로 추적이 불가능해졌다. 고르시코프와 이바노프는 그렇게 받은 물건을 되팔아서 돈을 벌었다.

20대의 그 해커들은 그 밖에도 다양한 일을 벌였는데, 그들은 그 일을 통해 향후 기술 분야에서 합법적인 삶을 살아가기를 원했다. 두 사람은 기업의 컴퓨터 시스템을 해킹해서 그 기업에게 해킹을 했다는 증거를 보여주고 그들의 '보안 컨설팅 서비스'[1]를 받을 것을 제안했다. 2000년 여름에 인비타 시큐리티Invita Security라는 미국 기업이 그 둘을 찾기 시작하면서 두 사람의 부업에 관한 소문이 널리 퍼지게 되었다. 그 기업은 이들의 도움으로 해커들에 대한 방어막을 역설계하고자 했다.

인비타는 두 사람에게 시애틀로 날아와서 개인적으로 이야기를 나누자고 제안했다. 고르시코프와 이바노프는 블랙햇 해커들이 고액의 연봉을 받는 화이트햇 보안 전문가로 변신한 이야기를 이전에 들은 적이 있었다. 게다가 인비타 시큐리티와의 계약은 상당히 가능성이 있어 보였다. 결국 두 사람은 30시간에 걸쳐 러시아 중서부에서 시애틀로 날아왔다. 그렇게 그들은 2000년 11월 10일에 미국 땅을 밟았다.

인비타 시큐리티는 두 사람을 공항에서 픽업해 공원에 인접한 본사 건물로 데려왔다. 공항에서 오는 동안 이바노프는 미국인들이 교통신호를 잘 지키는 모습에 깜짝 놀랐다. 그는 이렇게 물었다. "왜 미국 사람들은 이처럼 느긋하게 운전을 할까요? 러시아에서는… 신호등이 바뀔 때 속력을 냅니다…. 러시아에서는 차가 인도로 달리는 모습을 일상적으로 볼 수 있습니다."

인비타 시큐리티 사무실에 도착했을 때 이바노프는 자신의 컴퓨터(러시아 집에 있는)에 원격으로 접속해서 미국 시스템을 침투할 때 사용했던 기술을 시연해 보였다. 인비타 사람들은 강한 인상을 받았다. 그들이 신용카드 정보에 어떻게 접근했는지 구체적으로 물었을 때 고르시코프는 잠시 머뭇거리다가 이렇게 대답했다. "그런 이야기는 러시아에서 나누는 게 좋겠습니다." 인비타 임원들이 그들에게 FBI가 무섭지 않으냐고 물었을 때 고르시코프는 어깨를 으쓱하면서 이렇게 말했다. "FBI는 한 번도 생각해본 적이 없습니다. 러시아에서 우리를 잡을 수는 없을 테니까요."

시연이 끝난 후 고르시코프와 이바노프는 호텔로 이동하기 위해 회사 차량에 올라탔다. 그런데 호텔 주차장에 도착하자마자 운전사는 거칠게 브레이크를 밟았다. 그리고 차량 문이 열리더니 이런 외침이 들렸다. "FBI다! ⋯ 손을 뒤로 하고 차에서 내려!"

바람막이 점퍼를 입은 무장한 연방 요원들이 고르시코프와 이바노프를 에워쌌다. 두 사람이 차량 밖으로 끌려 나와 수갑을 차는 동안에 그 요원들은 영어로 미란다 원칙을 읊으면서 러시아어로 번역된 서류를 들이밀었다.

FBI는 함정 수사(작전명 '플라이훅')를 위해 인비타 시큐리티라는 가짜 회사를 이용해서 고르시코프와 이바노프를 유인했다. 인비타 '임원들'은 사실 FBI 비밀 특수요원인 마이클 슐러Michael Schuler와 마티 프레윗Marty Prewett이었다. 그리고 고르시코프와 이바노프가 그들의 해킹 기술을 시연하기 위해 사용했던 컴퓨터에는 키 입력을 모두 기록하는 '스나이퍼' 프로그램이 깔려 있었다. 또한 그 방에 설치된 음성-영상 장치를 통해 두 사람의 말과 행동을 모두 기록했다. 고르시코프가 러시아에 있는 자신의 컴퓨터에 접속했을 때 FBI 요원들은 그가 해킹으로 수집한 수 기가바이트에 달하는 소중한 데이터를 재빨리 다운로드 받았다.

스티브 슈뢰더Steve Schroeder가 《더 루어The Lure》에서 설명했던 것처럼 고르시코프와 이바노프의 전적은 화려했다. 두 사람은 총 40곳에 달하는 미국 기업을 해킹했다.[2] 여기에는 웨스턴 유니온(그 웹사이트에서 1만 6000개에 가까운 신용카드 번호를 훔쳤다)과 CD 유니버스(또 다른 35만 개의 신용카드 번호를 훔쳤다)도 포함되었다. 이 사건을 담당한 검사는 고르시코프의 "해킹 기술이 최고 수준"이라고 언급했다. 한

포렌식 분석가는 두 사람을 "지금껏 만나본 최고의 시스템 기술자"라고 말했다.

그 데이터 안에는 페이팔 사기를 위해 고르시코프와 이바토프가 '거대한 음모'을 꾸미고 있었다는 증거도 들어 있었다. 이를 위해 두 사람은 수백 개의 가짜 페이팔 계정과 가짜 이베이 계정을 만들었다. 그러고는 실시간 경매를 올리고, 훔친 신용카드로 결제하고, 물건은 배송하지 않은 상태에서 돈을 이 계정에서 저 계정으로 옮겼다. 페이팔의 입장에서 정상적인 행동으로 보였던 이러한 거래는 사실 훔친 신용카드 번호를 현금화하기 위한 교묘한 술책이었다.

또한 그들은 훔친 신용카드를 가지고 실시간 경매에 입찰했다. 그 과정에서 그들은 봇을 사용했다. 이번 사건에 참여한 사이버 보안 전문가인 레이 폼폰Ray Pompon은 이렇게 썼다. "이바노프와 고르시코프의 음모는 대단히 정교하고 인상적이었다. 그들은 교묘한 피싱 공격을 통해 신용카드 번호를 페이팔 계정에서 훔쳐냈다. 그러고는 봇을 이용해 훔친 신용카드 번호로 이베이 경매에서 물건을 샀다. 그리고 그렇게 구매한 물건을 러시아로 배송받아 재판매했다."[3] 여기서 페이팔이 입은 손해는 150만 달러에 달했다.

이바노프와 고르시코프는 이베이 외부에서 페이팔 서비스를 이용한 판매자들도 마찬가지로 속였다. 한번은 컴퓨터 부품 판매자에게 여러 가지 하드웨어 제품을 주문했다. 그리고 판매자가 송장을 보냈을 때 고르시코프와 이바노프는 페이팔을 통해 훔친 신용카드로 결제했다. 이후 판매자는 카자흐스탄 주소로 물건을 배송했고, 고르시코프는 세관 직원에게 뇌물을 주고 그 물건을 러시아로 들여왔다.

특수요원인 프레윗은 FBI가 발견한 자료를 건네주기 위해 페이팔에 전화를 걸었다. 그때 전화를 받은 사람은 페이팔의 선임 보안 조사관인 존 코타넥이었다. 코타넥은 IT 기업의 직원으로서는 다소 특이한 이력의 소유자였다. 그는 해병대 군 정보 장교로서 경력을 시작했다.

코타넥은 이렇게 설명했다. "걸프전에서 돌아오자마자 컴퓨터를 샀습니다. 거금을 들여 486 DX를 구입했죠. 그리고 3.5인치 디스크를 삽입하는 순간부터 컴퓨터에 빠져들고 말았습니다. 제 머릿속에 있는 뭔가를 건드렸죠." 그러나 그의 해병대 동료들은 갓 피어난 그의 열정을 안타까운 눈으로 바라봤다. 그는 이렇게 떠올렸다. "동료들 모두 저를 나무랐습니다. 이런 말을 했죠. '저런, 컴퓨터라니. 그걸로는 아무것도 할 수 없어. 누구도 컴퓨터 따위에 관심을 기울이지는 않아.'"[4]

코타넥은 해병대에서 전역한 이후에 메이시스Macy's에서 국제 조사관으로 일했다. 그는 이베이에 있는 한 친구로부터 X.com과 콘피니티가 함께 힘을 모으고 있다는 이야기를 들었다. 그리고 그들이 기업과 법 집행기관 사이를 연결하는 사람을 필요로 할 것이라고 생각했다.

코타넥은 페이팔에 입사하자마자 언어 장벽에 직면했다. 그는 페이팔 전체 메일을 통해 도움을 요청했다. "X.com에 러시아어를 말하고 읽을 줄 아시는 분이 계시는가요? 저는 지금 러시아와 연관된 조직범죄를 다루고 있습니다. 실마리를 추적하는 과정에서 이메일 주소를 확인하고 그 내용이 무엇을 의미하는지 설명해줄 사람이 필요합니다. 간곡히 부탁드립니다!!!"[5] 많은 이들이 X.com에 갓 입사한 코타넥에게 빠른 답변을 보냈다. 코타넥은 이렇게 떠올렸다. "이런 대답을 받았습니다. '맥스가 할 줄 압니다. 모르셨나요?!' 저는 이렇게 답장을 보냈죠. '맥스가 누군지 모릅니다.' 그런데 잠시 후 안경을 쓴 한 사람이 제 자리로 찾아왔더군요."

그렇게 코타넥은 레브친과 함께 좀 이상해 보이는 팀을 이뤄 러시아 사기꾼들에게 맞섰다. 코타넥은 전반적인 내용을 작성했고 레브친은 이를 러시아어로 옮겼다. "저는 이렇게 말했습니다. '이런 식으로 답장을 보낼 생각입니다. 좀 화나게 만들어보려고요. 한번 열 받게 자극해보자고요.' 맥스는 '좋습니다'라고 말하고는 제 이메일 주소를 사용해서 우크라이나어로 뭔가를 적어 보냈습니다. 그리고 다음 날 이메일 답장을 받았습니다."[6] 바로 그렇게 코나텍과 레브친은 페이팔의 러시아 사기꾼들과 '기묘한 관계'[7]를 맺기 시작했다.

코타넥은 이름까지는 몰랐지만 이바노프와 고르시코프의 존재를 이미 알고 있었다. 코타넥과 레브친, 그리고 다른 페이팔 사람들은 두 사람을 '그렉 스티븐슨'과 '무라트 나시로프'라는 이름으로 알고 있었다. 코타넥이 작성한 스프레드시트에 따르면, 두 사람이 페이팔을 상대로 벌인 사기 거래는 1만 796건에 달했다. 코타넥은 FBI에게 연락을 받고 나서 그 요원들에게 이메일을 보냈다. "분명하게도 어제 그 뉴스로 인해 제가 앞으로 10년 동안 할 일이 생겼다는 말씀을 드려야겠군요. 저는 지난 10개월간 그들을 추적하고 있었습니다."[8]

'그렉 스티븐슨'은 이고르와 마찬가지로 해결하기 힘든 끈질긴 페이팔의 적으로서 모습을 드러냈다. 그와 처음으로 맞붙었을 때 코타넥과 페이팔 사기팀은 '스티븐슨'이라는 성을 쓰는 계정들을 정지시키고 이들 사용자의 이메일로 그 사실을 알렸다. 공격을 시도했던 이바노프는 코타넥에게 이렇게 답장을 보내왔다. "날 잡을 수 있다고 생각해? 이걸 보라고."[9] 그날 그는 수천 개에 달하는 사기 계정을 만들었다.

10월 중순에 코타넥은 이바노프에게 이메일을 보내서 페이팔이 그를 현장에서 잡을 것이라고 말했다.

코타넥: 다시 한번 인사드립니다…. 우리의 고객 중 일부가 당신이 그들에게 이메일을 보내서 배송에 관해 물었다고 하더군요. 왜 물건이 오지 않는지 한번 생각해보세요. 물건 대부분이 오지 않았다면 그건 우리가 배송을 막았기 때문이죠. 부디 다음에는 행운이 따르기를.
스티븐슨: 이 이메일 주소는 당신 것인가요? 답변을 주세요. 보안과 관련해서 함께 이야기를 나누고 싶군요.
코타넥: 당신이 우리 시스템을 상대로 벌인 짓에 관해 이야기를 나눠보는 건 어떨까요?[10]

이런 메시지를 주고받는 동안에도 스티븐슨은 자신의 유료 보안 서비스를 계속해서 언급했다. 그는 코타넥에게 이렇게 말했다. "페이팔에 대한 공격을 중단할 수도 있습니다. 아니면 그 완벽한 시스템을 제삼자에게 팔 수도 있고요." 스티븐슨은 러시아어로 쓴 장문의 메시지를 레브친에게 보내면서 다시 한번 보안 서비스를 제안했다. 그리고 자신의 해킹 기술을 자랑하면서 자신을 막기 위한 페이팔의 노력을 조롱했다.

안녕하세요. 우리가 페이팔을 통해 결제하기 위한 시스템을 완성했다는 사실을 이제 알고 계시겠군요.

이상하게 들리겠지만 인적 요인에 대한 분석과 평가에 더 많은 시간이 필요합니다(정확하게 바로 그러한 이유 덕분에 제가 페이팔을 통해 작업을 할 수 있는 겁니다. 가령 누구도 인간의 추잡함을 없앨 수는 없겠죠). 당신들의 방어 기술은 몇 걸음 더 진보한 것으로 보입니다. 게다가 우리는 사용자 대부분이 합법적인 사용자이며, 그래서 각각의 모든 변화 이후에 당신의 시스템이 저를 합법적인 사용자로 인식하는 방식으로 움직일 생각입니다.

당신들의 최근 움직임과 관련해서 이야기하자면, 조만간 그러한 변화는 다른 인터넷 사이트(매장이나 은행 등)에서도 나타날 겁니다. 하지만 그러한 변화를 통해 얻을 수 있는 것은 시간을 지연시키는 것뿐입니다. (내 생각에 두 달 이상 걸리지 않을 겁니다.)

저는 보안 문제와 관련해서 도움을 드릴 수 있습니다. 그러나 그건 단지 "감사합니다"라는 말로는 해결되지 않을 겁니다. "감사합니다"라는 말이 밥을 떠먹여 주지는 않기 때문이죠. 어쨌든 모두는 각자의 일을 하고 있습니다…. 당신은 당신의 일을, 그리고 저는 제 일을. 제 말을 잘 이해하길 바랍니다.

그럼 이만.

고양이와 쥐의 게임은 계속되었다. 페이팔은 스티븐슨을 막고자 했다. 그리고 스티븐슨은 페이팔의 방어막을 뚫을 기회를 노렸다. 또한 그는 페이팔 사람들을 조롱했다. 한번은 이런 메시지를 남겼다. "미국놈들, 엿이나 먹어라. 나는 돌아올 것이다."[11]

코타넥은 CNN에 출연해서 이렇게 말했다. "뻔뻔한 놈들입니다. 그들은 러시아에 있기 때문에 우리가 그들을 어떻게 할 수 없다고 생각합니다."[12] 나중에 레브친은 한 기자에게 자신이 스티븐슨의 조롱을 개인적인 차원에서 받아들였다고 말했다. 그는 《샌프란시스코 크로니클》에서 이렇게 밝혔다. "저는 절대 뚫을 수 없는 러시아인입니다. 게임 규칙은 간단합니다. 그들은 훔치고 저는 막습니다."[13] 페이팔은 때로 그들의 공격을 저지했다. 레브친과 코타넥은 스티븐슨에게 고즈벡-레브친 캡차를 한번 뚫어보라고 말하면서 자부심을 느꼈다고 했다. 스티븐슨은 결국 뚫어내지 못했다.

모든 도둑이 멀리 있었던 것은 아니다. 한번은 페이팔의 사무실에서 그리 멀리 떨어져 있지 않은 곳에 꽤 기술 좋은 사기꾼이 있다는 사실을 발견했다. 페이팔은 그의 사기 행각을 분석했고 경찰이 그를 추적하도록 시간을 벌기 위해 가만히 내버려뒀다. 머스크는 이렇게 당시를 떠올렸다. "우리는 유죄를 입증하기 위한 모든 증거를 확보해서 이를 정보기관과 FBI에 넘겼습니다. 그들은 이렇게 말하더군요. '어느 관할에서 처리할 것인지 결정해야 합니다.' 그러고는 이렇게 덧붙였습니다. '다행스럽게도 그는 지금도 돈을 훔치고 있군요! 그의 주소가 여기 있습니다! 이렇게 생겼군요!' … 범죄는 진행 중이었습니다! … 2~3개월이 흘러서야 경찰은 결국 그를 찾아내서 체포했습니다. 오랜 시간이 걸렸죠."[14]

종종 혼란스럽고 오랜 시간이 걸리기도 했지만, 페이팔은 경찰과의 협력을 통해 사기를 막기 위한 방안을 마련하고자 했다. 머스크는 이렇게 설명했다. "실제로 당국이 누군가를 잡아들이는 것이 중요했습니다. 아무도 체포되지 않으면 사기꾼들은 어떻게든 범죄를 계속해서 저지를 것이기 때문이죠. 소문은 사기 커뮤니티 안에서 대단히 빠르게 퍼져나갑니다. '음, 페이팔이 사람들을 잡아들이고 있군. 한 번 더 생각해봐야 겠어.'"

사기 분석가 멜라니 세르반테스Melanie Cervantes는 여러 주의 경찰에게 연락을 취했지만 당혹스러운 반응에 직면했다. "우리는 이렇게 말했죠. '안녕하세요. 페이팔입니다. 그쪽 관할권에 있는 사람에게서 금융 범죄 피해를 당했습니다.' 그러면 그들은 이렇게 반응했습니다. '페이팔이라 고요? 그게 뭐죠?'"15 세르반테스의 설명에 따르면, 페이팔의 요청에도 불구하고 경찰은 디지털 범죄를 어떻게 분류해야 하는지, 그리고 그 범죄가 돈세탁이나 접근 장치 사기, 인터넷뱅킹 사기, 혹은 송금 오류 중 어디에 해당하는 것인지 확신하지 못했다. 세르반테스는 이렇게 말했다. "우리는 미국 변호사들에게 연락했습니다. 그들은 이렇게 말하더군요. '범죄는 맞는 것 같은데 기소할 만한 법률이 없군요.'"

이러한 상황에서 이바노프와 고르시코프 사건에 보인 FBI의 관심은 환영할 만한 변화였다. FBI가 플라이후크 작전과 관련해서 페이팔에 연락한 이후로 페이팔의 대표들(코타넥과 레브친, 에릭 클라인, 그리고 페이팔의 고객 서비스 운영과 사기를 담당했던 사라 임바흐 상무를 포함해서)은 FBI 요원들과 함께 시애틀에서 만났다. 요원들은 함정 수사를 통해 확인한 세부적인 사항을 공유했다.

FBI와 페이팔은 그 사건과 관련해서 공조를 이어나갔다. 코타넥은 이렇게 설명했다. "우리는 그들이 사용한 장비의 IP 주소, 우리 시스템에서 사용한 신용카드, 그리고 우리 시스템에서 계정을 만들기 위해 사용한 펄Perl(Practical Extraction and Report Language의 약자로 유닉스 계열의 운영체제에서 사용하는 스크립트 프로그래밍 언어-옮긴이) 스크립트 사이의 관계를 확인할 수 있었습니다."16 페이팔은 아바노프와 고르시코프가 페이팔 모방 사이트인 paypai.com의 배후 인물이라는 사실을 확인했다.

그 사건과 관련해서 페이팔은 정부 기관에 적극적으로 협조했지만, 언론에 대해서는 아니었다. 검찰이 연방 법원에 진술서를 제출했을 때 한 시애틀 신문이 관련 기사를 실었다. 거기서 그들은 페이팔이 이바노프와 고르시코프가 해킹한 신용카드 데이터베이스 중 하나였다는 잘못된 주장을 했다. 사실 그 두 사람은 페이팔 사이트에서 훔친 신용카드를 사용한 것이지 페이팔로부터 신용카드 정보를 훔친 것은 아니었다. 레브친이 보기에 그 두 가지는 완전히 다른 일이었다. 레브친의 생각에 따르면, 전자는 그들이 처리할 수 있는 문제였지만 후자는 페이팔의 보안에 대한 신뢰를 허물어뜨릴 수 있는 심각한 문제였다.

담당 검사의 설명에 따르면, 레브친은 "크게 화를 냈고"[17] 사법부에 기사를 바로잡아 달라고 요청했다. 검사는 기자에게 전화를 걸어 오류에 대해 설명했고, 다음 날 신문사는 정정 보도를 게재해야 했다.

그 오보 사건은 레브친의 근본적인 믿음을 보여줬다. 그것은 이베이와의 갈등이든, 골치 아픈 시스템 마비든, 아니면 수많은 고객 불만이든 어떤 문제가 벌어진다고 해도 해커가 페이팔의 시스템에 침투해서 개인정보를 훔치는 일이 절대 벌어져서는 안 된다는 믿음이었다. 데이비드 고즈벡은 이렇게 떠올렸다. "개발팀 역시 같은 생각이었습니다. 그것은 우리가 구축해야 할 기준과 관련해서, 특히 보안과 정확성에 대한 보증과 관련해서 '조금의 실수도 범해서는 안 된다'는 확신이었습니다."[18]

그 '절대 뚫을 수 없는 러시아인'은 금융 서비스 산업이 정보 보안을

충분히 진지하게 생각하지 않는다고 느꼈다. 레브친과 그의 팀은 금융
산업의 사이버 보안 기준을 면밀히 들여다보고는 실망을 금치 못했다.
페이팔 시스템을 정말로 안전하게 구축하고자 한다면, 그러한 기준을
충족시키는 것만으로는 충분하지 못했다. 엔지니어 밥 맥그류는 이렇게
설명했다. "보안을 위해 어떻게 해야 하는지에 관한 기준은 이미 나와
있었습니다. 하지만 그 기준은 적들이 시스템을 공격하는 방식의 10분
의 1에 대한 것이었습니다. 반면 페이팔의 노력은 체계적이지는 않았지
만 대단히 수준이 높았습니다. 그러한 노력을 이끈 것은 신용카드를 안
전하게 지키기 위한 프로토콜 기준을 고수하는 데 관심 있는 사람들이
아니라, 실질적으로 안전한 시스템을 구축하는 일에 많은 관심을 기울
인 사람들이었습니다."[19]

레브친 또한 페이팔이 더 높은 기준을 충족시킬 수 있다고 생각했
다. 페이팔에게는 ATM도 지점도 없었다. '페이팔 브랜드'는 바로 그 웹
사이트였다. 그 사이트에 대한 해킹은 강도가 일반적인 은행의 모든 지
점을 동시에 습격하는 것과 같은 행위였다. 맥그류는 이렇게 설명했다.
"웰스파고 역시 요금 결제 시스템을 운영하고 있었습니다. 하지만 그들
은 해킹을 당한다고 해서 사라지지는 않을 것이었습니다. 반면 페이팔
에서 일어나는 컴퓨터 보안에 관한 모든 문제는 분명하게도 우리의 생
존을 위협하는 것이었습니다."

페이팔은 외부 안전망에다가 내부 안전망까지 추가했다. 이에 대해
맥그류는 이렇게 설명했다. "우리는 사기 분석가들을 통해 사기 행위
를 막고자 했습니다." 페이팔의 '승인'[20] 툴을 개발하는 과정에 참여했
던 훼이 린Huey Lin은 기업의 초창기 시절에 "모든 직원은 물론 그들의
사촌까지도" 민감한 정보에 접근할 수 있었다고 말했다. 그러나 시간이

흐르면서 페이팔은 점차 통제를 강화했고, 이후에는 최고 책임자의 직함을 단 임원들조차 페이팔의 신용카드 정보에 직접적으로 접근할 수 없게 되었다. 또한 마스터 암호는 복잡한 공유 시스템으로 바뀌었다. 누군가 마스터 암호에 접근하려고 할 때 알림이 모든 임원에게 동시에, 그리고 자동으로 전송되었다. 디지털 보안 세상에서는 누구도 믿을 수 없다. 기업의 설립자와 경영자도 예외가 아니다.

콜린 코벳Colin Corbett은 2001년에 네트워크 설계자로 페이팔에 입사했다. 이후 그는 페이팔의 데이터 센터를 개선하는 과정에 참여했다. 그 과정에서 그는 누군가 시스템 깊숙이 진입할 때 점점 더 까다로운 형태로 이어지는 정교한 안전망을 갖춘 3단계 네트워크 아키텍처를 구축했다. 그는 말했다. "이러한 상황에서 그 시스템을 운영하는 사람들은 특정한 경우에 그 작동 방식을 달가워하지 않았습니다. 대단히 성가셨기 때문이었죠."[21]

페이팔은 그 네트워크의 '논리적인 부분'에 더해 '물리적인 부분'도 완성했다. 코벳은 이렇게 설명했다. 특정 네트워크 장비는 '실제로 각각 물리적인 방식으로 잠긴 캐비닛 안에 들어 있었다.' 기업의 핵심 인프라에 접근하기 위해서는 보안 엔지니어가 '다섯 개의 물리적인 장문palm print 인식기'를 통과해야만 했다. 그리고 그는 장문 인식기를 다섯 번 통과하고 나서도 '그 캐비닛에 접근하기 위해서는 고유한 여덟 자리 암호'가 있어야만 했다고 덧붙였다.

페이팔은 공식적인 안전망 외에도 정보를 보호하기 위한 비공식적인 방식도 활용했다. 가령 자신의 노트북을 누구나 만질 수 있도록 방치하는 실수를 저지른 직원은 '번burn'의 대상이 되었다. 여기서 번이란 다른 직원이 그 노트북을 낚아채서 노트북 주인 행세를 하면서 모욕적인 이메일을 회사 전체에 보내는 것을 의미했다.

이후 페이팔 직원들이 점차 그러한 사고에 미리 대비하게 되면서 번은 전설적인 이야기로 남게 되었다. 실제로 번을 당했던 킴-엘리샤 프록터는 이렇게 당시를 떠올렸다. "대단히 치밀했습니다. 엔지니어들은 정말로 집요했죠. 그들은 계속해서 감시하면서 이메일을 보낼 준비를 하고 있었습니다. [자신이 사용하는 컴퓨터를] 잠그지 않은 채 자리를 비울 경우, 그들은 그 사람에게 경고의 이메일을 보내고 난 뒤 책상으로 달려와 목록에 포함된 사람들에게 이메일을 보냅니다. 이런 한숨만 나오죠. '이런 젠장.'"[22]

사기 건수가 증가하면서 페이팔의 사기 방지팀 규모도 커졌다. 세르반테스는 페이팔에 들어오기 전에 비자 카드에서 사기 사건을 담당했다. 그는 그 일이 무척 힘들었다고 했다. 당시 그는 자신이 작성하는 사기 보고서에 팰로 앨토의 한 새로운 기업의 이름이 계속해서 등장한다는 사실을 눈치챘다. 그리고 과감하게 움직이기로 마음먹었다. "생계를 위해 사기를 조사하는 사람이라면 당연히 사기가 일어나는 곳으로 가야 하죠…. 그래서 저는 [페이팔로] 찾아갔습니다(어디서 그런 용기가 생겼는지 모르겠습니다만). 그러고는 이렇게 말했죠. '많은 사기 피해를 보고 계시는군요. 페이팔에 지급 거절을 하는 일을 했기 때문에 잘 알고 있습니다. 제 도움이 필요하다고 생각합니다.'"[23]

페이팔에서 사기에 맞서 싸우는 사람들은 최악의 상황을 목격했다. 제레미 로이발은 임시직 취업 알선소를 통해 콘피티니에 입사했다. 그는 자신이 최고의 고객 서비스 담당자임을 입증해 보였다. 그런데 고객 서비스가 오마하로 넘어가면서 로이발은 새로운 역할을 맡아야 했다.

그는 이렇게 말했다. "코나텍은 쓰레기 더미에 파묻혀 있던 저를 끌어 내서는 이렇게 말했습니다. '사기 분석 업무를 맡아줬으면 합니다.'"

이후 로이발은 다양한 정보를 취합해서 경찰에 소환 요청서를 보내는 일을 했다. 이는 페이팔 사용자 기반에서 어두운 측면을 보여주는 불편한 일이었다. 그는 아동 포르노 영상 구매와 관련해서 스프레드시트를 작성했던 일을 떠올렸다. "가슴이 아팠습니다…. 너무도 끔찍한 것을 사고판 것에 관한 내용이었습니다." 로이발은 법정에서 증언을 한 뒤 호텔 방으로 돌아가 울음을 터뜨렸다고 했다. "비참한 기분이 들더군요."

세르반테스와 코타넥, 로이발을 비롯해 페이팔의 사기팀 사람들은 많은 부패와 범죄를 목격했음에도 당시의 경험을 경력 중 최고의 순간으로 꼽았다. 그 부분적인 이유는 위험에 처한 사람들을 보호하는 데 직접적으로 관여했기 때문이었다. 또한 페이팔의 창의적인 사기꾼들보다 언제나 한발 앞서 생각해야 했기 때문이었다. 첨단 장비와 기술력을 갖춘 페이팔은 종종 은행이나 신용카드 회사보다 범행 사실을 먼저 발견했다. 로이발은 디지털 범죄에 맞서 싸우는 동안 "많은 열정과 만족감을 느꼈다"고 말했다. 로이발과 그의 동료들은 '현대판 슈퍼히어로'가 된 기분을 느꼈다.

또한 그들은 경찰을 비롯해 그들이 만난 동료 '슈퍼히어로'들로부터 많은 힘을 얻었다. 이들 슈퍼히어로는 온라인 세상의 악당들을 계속해서 법정에 세우는 일에 도움을 줬다. 로이발은 아칸소에서 근무하는 한 경찰에게 전화를 했던 기억을 생생하게 떠올렸다. "'누군가 노인을 상대로 사기를 치고 있는 것 같습니다.' 그건 대단히 흥분되는 일이었죠. 그는 이렇게 말했습니다. '제가 있는 카운티에서는 그런 일이 일어나서는 안 됩니다!' 그러고는 순식간에 그들을 덮쳤습니다."[24]

로이발은 페이팔에서 8년간 근무했다. 세르반테스는 14년 동안 있었다. 그는 이렇게 물었다. "관대하고, 카리스마 넘치고, 천재적이면서 항상 곁에 있고 싶은 사람을 만난 게 언제입니까? 우리 사무실 사람들은 모두 그런 경험을 했습니다."[25] 지금은 암호화폐 거래소 코인베이스Coinbase에서 글로벌 수사를 지휘하고 있는 존 코나텍 역시 똑같은 이야기를 들려줬다. "완전히 빠져들었습니다. 야생마들이 날뛴다고 해서 그 일을 그만둘 수는 없었습니다."[26]

레브친은 페이팔에서 일을 시작할 무렵에 그 회사가 망할 뻔했던 기억을 떠올렸다. 그는 '사기는 사랑입니다'라는 제목으로 머스크에게 보냈던 악명 높은 이메일을 떠올렸다. 그 제목은 냉소가 섞인 농담이었다. 그는 이렇게 말했다. "돌이켜보건대 그것은 농담 이상이었습니다. 저는 실제로 [사기에 맞서 싸우는 일을] 좋아하게 되었습니다. 그건 망토와 단검에 가장 가까운 일이었죠. 저는 첩보 소설을 은밀하게 좋아했던 광적인 독자였습니다. 그리고 핀테크에서 일하는 사람들에게 그것은 첩보 기술과도 가장 가까운 일이었죠."[27]

또한 페이팔 사기팀은 알고리즘을 기반으로 하는 자동화된 사기 기술 분야에서 페이팔이 이룩한 성과를 모두에게 알리는 역할도 맡았다. 기업들은 첨단 방어 기술을 위해 실제의 사람을 필요로 했다. 세르반테스는 이렇게 설명했다. "인간과 기계 학습, 그리고 자동화된 규칙이 하나로 뭉쳐야, 모여야 사기를 잡아낼 수 있습니다. 거기서 인간은 언제나 하나의 구성요소였습니다. 봇이 따라 하지 못하는 인간의 행동에 관한 요소가 존재하기 때문입니다."[28]

이바노프-고르시코프 사건에 참여했던 FBI 요원과 검사들은 페이팔 사무실을 정기적으로 방문했다. 그들은 '페이팔 사기'에 맞서 싸우는 임무를 연방정부의 우선순위로 꼽았다. 페이팔과 FBI의 협력은 페이팔의 역사에서 아이러니한 전환점이 되었다. 콘피니티가 비즈니스를 시작했을 때 그들은 원래 정부 간섭에서 자유로운 보편적인 디지털 화폐를 출시하는 일에 관심을 집중했다. 그러나 이제 그들은 FBI 요원과 마주 앉아 금융 사기 수사를 돕고 있었다.

코타넥은 이렇게 당시를 떠올렸다. "중요한 전환점은 우리가 FBI나 정보기관의 현장 사무소에 전화를 걸어 '보고드릴 사건이 있습니다'라고 말하면 그들이 전화기를 들고서 우리 이야기에 귀를 기울이는 순간이었습니다."[29]

그 소통은 양방향으로 이뤄졌다. 이바노프와 고르시코프 사건에 참여한 FBI 요원들은 코타넥과 레브친에게 법정에서 증언하도록 요구했고, 코타넥은 이에 동의했다. 그는 이바노프와 고르시코프가 페이팔을 사용해서 벌인 사기에 관해 법정의 요청에 응했다. 그들의 사기에는 paypai.com 사이트를 만들어서 신용카드 정보를 훔친 혐의도 포함되었다. 당시 수석 변호사는 이바노프가 '입속에 음식'을 언급하며 쓴 장문의 이메일을 법정에서 큰 소리로 낭독하기도 했다.

이바노프와 고르시코프는 공모와 컴퓨터 사기, 해킹, 강탈 등의 다양한 혐의로 기소되었다. 이바노프는 유죄를 인정하고 4년에 가까운 형을 받았고, 고르시코프는 3년 형을 선고받았다. 그 사건은 새롭게 떠오르는 사이버 보안 분야에서 주목할 만한 일이었다. 이 사건에 참여했던 FBI 요원들은 뛰어난 수사 능력으로 권위 있는 국장상을 받았다.

반면 러시아는 보복 차원에서 FBI가 이바노프와 고르시코프의 컴퓨터에 불법적으로 접근했다는 이유로 FBI를 고소했다.[30] 또한 2002년에는 특수요원인 슐러를 형사 고발했다. 이 이야기는 《모스크바타임스》에 1면 기사로 보도되었다.

바실리 '크바킨' 고르시코프는 출소 후 러시아로 추방당했다. 고르시코프가 교도소에 있던 동안에 그의 여자친구는 아이를 낳았고, 추방 후에 그는 러시아에 있는 가족에게로 돌아갔다. 반면 알렉세이 '서브스타' 이바노프는 합법적인 화이트칼라 기술자로 일을 하고픈 희망을 포기하지 않았다. 그는 결국 미국에서 엔지니어로 일자리를 잡으면서 조금은 다른 모양의 아메리칸드림을 이뤘다.

18장

이베이와 페이팔의 충돌

2000년 가을, 이베이는 승리를 거뒀다. 그들은 많은 IT 기업이 어려움을 겪었던 1999년에도 시가총액에서 30억 달러를 돌파했다. 2000년 3분기에 이베이는 순매출에서 108퍼센트 성장했고 등록 사용자 규모는 146퍼센트 증가했다. 게다가 순수익은 놀랍게도 전년도 기준으로 12배 성장을 기록했다.[1]

한 분석가는 이베이가 3분기 실적을 통해 "재정적 영향력이 최고의 오프라인 기업들을 넘어선 몇 안 되는 인터넷 주식 중 하나"로 자리 잡았다고 언급했다.[2] 더 나아가 광고에 의존하지 않았다는 점에서 이베이의 미래는 AOL이나 야후보다 더 밝다고 주장했다. 또한 일부 사람들은 이베이의 경매 모델이 온라인 시장의 법칙을 완전히 새롭게 써나갈 것으로 내다봤다. 그들은 이제 고정 가격으로 물건을 판매하는 시대는 끝났으며, 바로 이베이가 그렇게 만들었다고 지적했다.

이러한 상황에서 페이팔의 데이비드 색스는 임원을 포함한 여러 간부에게 의미심장한 경고의 목소리를 담은 메시지를 보냈다. "아시다시피 이베이는 (비자와 결탁해) 비자의 서비스를 판매자에게 무료로 제공함으로써 우리에게 선전포고를 했습니다…."[3]

이베이가 소유하고 운영하는 빌포인트 결제 서비스 팀은 페이팔 본사에서 그리 멀리 않은 곳에서 페이팔에서 벌어지고 있던, 특히 수수료 부가와 강제 사용자 업그레이드와 관련된 변화의 흐름을 유심히 지켜보고 있었다. 빌포인트는 잃어버린 시장을 되찾기 위해 기회를 노리고 있었다. 그리고 2000년 말에 바로 그 계획을 실행에 옮겼다.

9월 19일에 빌포인트는 경매 판매자들을 대상으로 발송한 이메일을 통해 페이팔을 직접적으로 비난했다. 거기서 그들은 빌포인트의 새로운 가격 정책을 소개했으며 돈을 3일 동안 보유하는 제도를 없애겠다고 선언했다. 그 이메일은 이렇게 말했다. "더 나아가 페이팔과는 달리 자신의 돈에 접근할 때마다 특별한 요청을 해야 할 필요가 없습니다."[4] 그리고 '이베이가 소유하고 보증하며'. '웰스파고 은행과 비자 USA가 보증하는' 빌포인트는 해외 결제 서비스를 최초로 제공했다고 자랑했다.

몇 주 후 빌포인트는 또 다른 행보를 통해 페이팔을 다시 한번 충격에 빠트렸다. 그들은 10월 23일부터 11월 말까지 빌포인트를 사용하는 판매자를 대상으로 비자 신용카드 사용에 따른 수수료를 면제해줬다. 또한 빌포인트에서 비자 신용카드를 사용하는 구매자를 대상으로 구매할 때마다 1달러를 할인해줬다. 빌포인트는 판매자들에게 이렇게 말했다. "이는 전략도 터무니없는 소리도 아닙니다. 여러분이 믿을 수 있는 이름인 이베이와 웰스파고, 그리고 비자가 제안하는 솔직한 이야기와 신뢰, 그리고 안전입니다."[5]

비자를 통한 거래 규모가 이베이에서 이뤄지는 전체 신용카드 결제 규모의 절반을 넘어서면서 페이팔 경영진은 충격에 빠졌다. 색스는 이베이의 '전쟁 선포' 소식을 전하면서 그들의 공격이 불안정한 시기에 찾아왔다고 말했다. 그는 이렇게 설명했다. "강제 업그레이드 일정이 월요일로 잡혀 있다는 점에서 안타까운 소식입니다. 우리는 지금 대단히 불안한 지점에 서 있습니다. 다음 달에 성공(생존?) 가능성을 최대로 끌어올리기 위해 우리는 다음 주에 신속하고 창의적인 방식으로 대응해야 합니다."[6]

우려스럽게도 이는 빌포인트가 페이팔보다 가격을 낮추면서 벌어졌던 빌포인트-페이팔 무용담의 시작이었다. 색스는 스스로 '이베이 대응팀'이라고 칭한 조직의 구성원들에게 보내는 이메일에서 이렇게 썼다. "… 중요한 시험 무대가 될 것입니다." 그는 이베이 대응팀을 꾸리기 위해 여러 부서에 걸쳐 기업의 최고 성과자들을 끌어모았다. 여기에는 경영진 전부와 경매 프로덕트 프로듀서, 홍보팀장, 비자/마스터카드 관계 관리자, 자문, 데이터 전문가 등 도움을 줄 수 있는 모든 이들이 포함되었다.

당시 이베이 대응팀의 첫 번째 행보는 빌포인트와 페이팔을 비교한 이메일 내용을 반박하는 시도였다. 그들은 이베이 파워셀러들에게 이메일을 직접 발송함으로써 더 나은 고객 서비스와 함께 사기 방지처럼 빌포인트가 제공하지 못하는 페이팔만의 다양한 장점을 상기시키고자 했다. 또한 빌포인트는 그 이메일에서 페이팔의 새로운 결제 시스템을 잘못 설명했다고 꼬집었다. 페이팔 팀은 이렇게 응수했다. "빌포인트는 우리의 프리미어/비즈니스 계정을 가장 수수료가 낮은 그들의 계정과 비교하는 도표를 사용함으로써 오해를 불러일으켰습니다."

또한 페이팔은 다양한 방법을 동원했다. 데이비드 색스는 데이먼 빌리언에게 게시판을 살펴보고 '가격 정책에 관한 허위 정보'를 바로잡도록 지시했다. 그리고 리드 호프먼에게는 이베이 사람들에게 연락을 취해서 그들의 메시지를 바로잡아 달라고 요청하도록 했다. 색스는 다양한 아이디어를 떠올렸다. 그는 궁금한 생각이 들었다. 이베이에 법적인 '중지 서한'과 반경쟁적인 가격 정책에 대한 가처분 신청을 보내야 할까? 홍보팀장인 빈스 솔리토는 '약점을 드러내지 않고서 여론을 주도하기 위한' 일을 할 수 있을까? 고객 서비스팀은 충성도가 높은 페이팔 사용자들을 부르는 특별한 명칭을 만들어낼 수 있을까? 그는 이렇게 덧붙였다. "어떤 제안이든 환영합니다. 가격이 아닌 다른 변수를 활용해서 이베이를 물리칠 다양한 아이디어가 필요합니다."[7]

사실 이베이가 결제와 관련해서 겪은 어려움은 페이팔과의 충돌보다 훨씬 앞선 것이었다. 이베이 설립자 피에르 오미디아는 초창기 시절에 경매 사용자들이 경매 수수료를 우편으로 보내올 것이라고 생각했다. 이베이 초창기 직원들은 사무실에 도착했던 수천 개의 봉투를 기억했다. 그중 일부 봉투에는 색인 카드에 테이프로 붙인 소액의 금액이 들어 있었다.

이베이가 성장하는 동안에도 결제 서비스는 해결해야 할 과제로 남았다.[8] 이베이 초창기 직원인 리드 말츠먼Reed Maltzman은 팩스 장비가 요란하게 작동하는 방으로 들어갔던 적을 떠올렸다. 그가 팩스로 전송되고 있는 게 무엇인지 물었을 때 신용카드 승인 영수증이라는 이야기를 들었다. 그렇게 나온 영수증 종이는 사무실 바닥을 온통 뒤덮고 있었다.

오미디아는 경매 결제 서비스가 수익성 높은 비즈니스 원천이 될 수 있다는 사실을 알았다. 그는 옥션 유니버스Auction Universe와 같은 경쟁사들이 비드세이프BidSafe와 같은 프로그램을 통해 판매자를 대상으로 연간 19.95달러를 받고 신용카드 결제 서비스를 제공하는 것을 지켜봤다. 하지만 이베이는 가장 중요한 경매 비즈니스를 성장시키고 개선하는 일에 집중하기로 결정을 내렸다. 이 말은 여러 다양한 부차적인 비즈니스에는 신경 쓰지 않겠다는 의미였다. 이러한 차원에서 이베이는 사용자들을 간섭하지 않았다. 그들은 사용자들이 선호하는 결제 서비스 업체를 선택하도록 허용한 것은 물론 배송 및 취급 서비스를 제공하거나, 경매 사진을 찍거나, 혹은 광범위한 고객 서비스를 제공하는 일도 하지 않았다. 이러한 오미디아의 자유방임적인 접근 방식은 '인간은 기본적으로 선하다'는 그의 자유주의 철학과 근본적인 믿음으로부터 비롯되었다.

이베이가 성장하고 성숙하면서 결제 서비스에 대한 그들의 입장은 조금 달라졌다. 그들은 1999년 봄에 빌포인트를 인수해서 경매 과정의 마지막 단계에 해당하는 비즈니스에 직접 뛰어들었다. 그러나 빌포인트와의 통합이 신속하게 진행되지 않으면서 1998년 콘피티니와 X.com을 포함해서 제삼자 결제 서비스에 대한 문을 열어놨다. 몇 년 후에 메그 휘트먼은 이렇게 썼다. "빌포인트 운영을 위해 은행 업계로부터 임원들을 고용했다. 그들은 일반적인 은행의 접근 방식을 취했다. 즉, 계정을 발급하기에 앞서 들어오는 모든 사람을 심사했다. 하지만 그러한 번거로운 절차는 고객들을 당황하게 했다. 이러한 고객 중에는 이베이 판매자도 포함되었다. 반면 페이팔은 그들을 두 팔 벌려 환영했고 시작을 위한 지원과 함께 몇 번의 클릭만으로 계정을 만들 수 있도록 했다."[9]

2000년 초중반에 이베이의 빌포인트 서비스는 안타깝게도 페이팔의 풍성한 보너스 프로그램을 비롯해 무료 정책과 경쟁해야 했다. 빌포인트 공동설립자 제이슨 메이는 빌포인트가 보너스를 지급하거나 수수료를 없애야 하는지와 관련해서 이베이에서 진지한 논의가 있었다는 사실을 기억했다. 메이는 이렇게 설명했다. "우리는 [보너스 및 수수료 경쟁과] 관련해서 많은 노력을 할 수 없었습니다. 이베이와 웰스 [파고]가 장악한 이사회가 우리의 가격 정책을 통제했기 때문이었죠. 우리는 때로 이런 말을 했습니다. '6개월간 무료 정책을 실시하거나 전략적으로 움직일 수 있어.' 하지만 제가 생각하기에 이러한 노력에서 페이팔은 우리보다 더 뛰어났습니다…. 우리 조직은 계속해서 이런 말만 했습니다. '모든 것을 쏟아붓지는 않을 것이다.'"[10]

2000년 말, 이베이 사용자들은 페이팔을 완전히 받아들였다. 그리고 이러한 상황은 이베이에게 딜레마를 가져다줬다. 한편으로 페이팔은 이베이의 자체 서비스인 빌포인트로 돌아갈 수 있었던 결제 수수료를 가져가고 있었다. 동시에 다른 한편으로 페이팔은 이베이 사용자들의 결제 과정에 도움을 주고 있었다. 켄 호워리는 이렇게 말했다. "많은 사람이 특정 결제 서비스를 사용함으로써 [이베이가] 더 많은 거래를 처리하게 된다면, 어쨌든 그들은 더 많은 돈을 벌어들이는 겁니다."[11]

이베이에게 결제 서비스는 그들의 핵심 경매 서비스와 비교해서 상대적으로 작은 비즈니스에 불과했다. 1999년에서 2000년에 이르기까지 이베이의 매출 성장을 주도한 원동력은 사용자 규모 증가와 경매 카테고리 확장이었다. 다시 말해 부차적인 빌포인트 서비스는 성장에 큰 기여를 하지 못했다. 호워리는 이렇게 말했다. "사람들은 빌포인트에 대해 아마도 이렇게 말했을 겁니다. '[이베이 전체 매출에서] 작은 일부에

불과해. 반면 [페이팔에게] 그것은 전부야."¹²

　그럼에도 불구하고 이베이는 결제 시장점유율을 놓고 싸울 준비를 했다. 이를 위해 그들은 빌포인트를 그들의 경매 플랫폼과 더욱 긴밀하게 결합하고자 했다. 그 과정에서 그들은 먼저 '빌포인트'를 '이베이 페이먼츠eBay Payments'라는 이름으로 바꿨다. 이러한 미묘한 변화를 통해 그들은 사용자를 이베이가 선호하는 결제 시스템으로 유도하고자 했다. 다음으로 이베이는 드러나지 않게 더 중요한 변화를 추진했다. 그것은 '바이잇나우Buy It Now'라고 하는 새로운 기능이었다. 이베이 판매자는 그 기능을 통해 자신이 원하는 가격을 구체적으로 제시할 수 있었다. 그리고 구매자가 가격에 동의할 경우, 경매는 즉시 종료되었다.

　처음에 바이잇나우 기능은 페이팔에 아무런 위협이 되지 않는 것처럼 보였다. 판매자가 직접 가격을 설정하든, 아니면 경매 과정을 통해 설정하든 간에 페이팔은 사용자들이 결제 과정에서 페이팔을 사용하기만 한다면 신경 쓰지 않았다. 그러나 페이팔 팀이 바이잇나우 기능의 작동 방식을 들여다봤을 때 충격에 빠졌다. 기존 경매에서 이베이 구매자는 입찰을 해서 낙찰을 받으면 이메일 공지를 받아 결제 시스템을 선택했다. 여기서 구매자는 경매 과정 중간에 이베이 사이트를 벗어났기 때문에 페이팔은 경매가 마무리되었을 때 알림을 보냄으로써, 그리고 사용자가 결제를 처리하기 위해 페이팔로 이동하도록 함으로써 결제 과정에 개입할 여지가 있었다. 낙찰자는 판매자에게 대금을 결제하기 위해 자신의 이메일 계정을 사용해서 페이팔로 넘어갔다. 그리고 이베이 사이트로 되돌아가지 않고서도 경매 과정을 마무리를 지을 수 있었다.

　그러나 바이잇나우는 그 방식을 완전히 바꿔버렸다. 구매자가 바이잇나우 버튼을 클릭하면 이베이 페이먼츠 양식이 떴고, 이를 통해 구매자는 이베이 사이트에서 그대로 결제를 할 수 있었다. 그 과정에서 이메일 공지도, 그리고 더 중요하게 이베이 웹사이트에서 빠져나갈 기회도 없었다. 물론 구매자는 새로운 웹 브라우징 창을 열고 www.paypal.com을 입력하면 페이팔로 결제할 수 있었다. 그러나 자동으로 뜨는 이베이 페이먼츠 페이지는 페이팔을 사용하는 구매자들이 갈등하도록 만들었다. 에릭 잭슨은 자신이 쓴 페이팔 회고록을 통해 이렇게 말했다. "그때까지 이베이가 시도한 가장 대담한 변화였다."[13]

이베이는 바이잇나우 기능을 요란하게 홍보하면서 사용자들이 이를 받아들이도록 거래 수수료까지 면제해줬다. 그들은 2만 명의 사용자를 상대로 설문조사를 하고 여러 포커스그룹을 운영하면서 다음과 같은 사실을 확인했다고 설명했다. "사용자들은 이베이가 선택을 허용하는 방식을 좋아하기는 했지만… 많은 구매자는 더 빠르고 확실하게 물건을 살 수 있기를 원했고, 많은 판매자는 과정이 끝날 때까지 기다리지 않고 곧바로 물건을 팔고 싶어 했다."[14]

그러나 바이잇나우 기능은 나오자마자 난관에 봉착했다. 그 서비스를 시작한 지 얼마 지나지 않은 10월 23일, 이베이 게시판은 이베이 페이먼츠의 오류에 관한 비난으로 가득했다. 결제 알림이 늦게 도착하면서 사용자들을 짜증 나게 만들었다. 한 사용자는 이렇게 썼다. "수정한 이후로 내 계좌로 돈을 받기까지 일주일 넘게 걸렸다. 너무 불편하다. 결국 빌포인트를 포기하고 페이팔로 돌아갔다." 또 다른 사람은 이런 글을 올렸다. "17일 아침에 구매 결제가 이뤄졌다는 메시지를 빌포인트에서 받았다. 쯧쯧. 오늘은 벌써 21일이다. 우리는 배송을 빨리 처리한다.

하지만 이번 배송은 늦어버렸다. 빌포인트레스Billpointless에 고마움을 전한다!"[15]

바이잇나우 오류는 11월 말에도 수정되지 않았다. 한 사용자는 이렇게 썼다. "나는 판매자이며 결제 대금을 받고 싶다. 구매자는 바이잇나우 서비스로 결제했다. 하지만 이베이로부터 아무런 알림도 받지 못했다. 결제 대금을 받기 위해 빌포인트에 가입했지만 아무런 소용이 없다. 바이잇나우 안내 페이지… 역시 아무런 도움이 안 된다…. 바이잇나우 서비스는 거래를 까다롭게 만들어버렸고 경매에서 그 기능을 없애버릴 생각이다."[16]

언론은 이베이의 이러한 문제를 포착했다. 《이위크eWeek》는 〈'바이잇나우' 기능의 결함〉이라는 제목으로 기사를 실었다. 그 기사는 판매자가 입찰 시작가를 바이잇나우 가격과 동일하게 설정하면 오류가 발생한다고 지적했다. 그러한 경우에 바이잇나우를 클릭한 구매자는 '입찰 금액에 관한 문제'라는 오류 메시지를 받게 된다. 이와 관련해서 이베이 경영진은 공식적인 발표를 내놨다. "이 문제를 바로잡기 위해 다양한 방법을 동원하고 있습니다. 다음 주 초까지는 오류를 수정하도록 하겠습니다."[17] 다른 한편으로 이베이는 판매자들에게 바이잇나우 가격을 최저 입찰 가격보다 1센트 더 높게 설정하라고 당부했다.

바이잇나우는 어려움을 겪었지만 이베이에게는 시간이 있었다. 메그 휘트먼은 결제 서비스를 수정하기 위한 이베이의 입장에 대해 이렇게 설명했다. "이것은 마라톤입니다. 전력 질주가 아니라."[18] 2000년 11월 말 페이팔 팀은 이베이의 끈질긴 시도에 걱정했다. 에릭 잭슨은 프로덕트 팀에 대한 공지에서 이렇게 언급했다. "빌포인트의 시장점유율은 지난달에 걸쳐 약 9퍼센트에서 15퍼센트 가까이 높아졌습니다."[19] 그 수치 자체로 페이팔에게는 우려스러운 소식이었다. 페이팔의 추산에 따르면, 빌포인트 서비스를 사용한 경매 건수는 9월에 40만 건에서 11월 초에 80만 건을 넘어섰다. 그리고 언론을 포함한 외부 전문가들도 그 성장세를 알아채기 시작했다.

이베이가 월스트리트의 기대를 넘어선 3분기 실적을 발표하고 난 뒤, 한 기자는 이렇게 보도했다. "경쟁사인 페이팔이 일부 사용자에게 수수료를 부과하기 시작하면서 이베이의 빌포인트 온라인 결제 시스템이 최근 힘을 얻고 있는 것으로 보인다."[20]

이베이는 이제 결제 서비스 시장을 되찾을 절호의 기회를 맞이했다. 그들이 시도한 모든 변화는 틸과 색스를 비롯해 페이팔의 임원들을 분노하게 만들었다. 한 페이팔 임원은 이렇게 말했다. "데이비드와 틸은 아주 예민하게 반응하면서 이런 식으로 말하곤 했습니다. '그들은 못해!' 혹은 '그들이 감히?' 우리는 이렇게 생각했습니다. '그건 그들의 플랫폼이다. 그들이 원하면 뭐든 할 수 있다.'"[21]

분노와 좌절을 차치하고서 두 기업 사이의 반목은 그들이 비공식적인 채널로 소통하도록 만들었다. 리드 호프먼은 이베이 변호사 롭 체스트넛Rob Chestnut과 만났고, 이후 두 사람은 2000년과 2001년에 걸쳐 고조된 긴장을 완화하기 위해 함께 노력했다.

연방 검사 출신인 체스트넛은 1999년에 이베이에 입사해서 '신용과 안전'[22]에 관한 일을 책임졌다. 그는 사소한 사기 사건에서 이베이 사용자가 장기를 경매로 팔 수 있는지에 대한 판단에 이르기까지 모든 의사결정을 맡았다. 또한 이베이 내부에 매장을 차린 페이팔과 같은 제삼자 업체를 관리하는 일도 맡았다.

체스트넛에게 페이팔은 신용과 안전에 관한 문제였다.[23] 다른 업체가 자금의 흐름을 통제한다면 이베이는 경매 시장을 통제하는 과정에서 어려움을 겪게 될 것이었다. 체스트넛은 이렇게 말했다. "돈의 흐름을 통제한다면 사기를 훨씬 더 효과적으로 막을 수 있습니다. 반면 제삼자 결제 시스템이 시장을 장악할 때 그들이 신뢰를 통제하게 됩니다. 그러한 경우에 사기를 막을 수 없습니다."

이후 체스트넛은 성장을 향한 페이팔의 공격적인 도전을 높이 평가했다. 그는 농담조로 이렇게 말했다. "경쟁자들은 대개 저녁 여섯 시나 일곱 시에 퇴근합니다. 하지만 페이팔은 그 시간에 저녁을 먹고 있을 겁니다…. 그들은 대단히 진취적이면서도 공격적입니다. 우리는 그 점을 높이 사야 합니다." 이베이 CEO 메그 휘트먼 역시 체스트넛와 같은 생각이었다. 그는 자신의 비즈니스 회고록인 《다수의 권력 *The Power of Many*》에서 이렇게 언급했다. "페이팔은 실제로 행동에 치우친 지극히 공격적인 사람들의 집단이다."

체스트넛과 호프먼은 일종의 디지털 외교관의 자격으로 자주 만났다. 체스트넛은 '길고 장황한 많은 토론'에 대해 말했다. 한번은 '페이팔 인증' 로고 때문에 갈등이 일었던 적이 있었다. 이베이 판매자는 자신의 은행 계좌를 인증하면 그 로고를 얻을 수 있었다. 그리고 이를 통해 이베이 구매자들에게 자신의 신용을 입증할 수 있었다. 그 로고는 또한 페이팔에게 사용자들이 신용카드를 사용하는 결제에서 벗어나도록 만드는 또 하나의 전략이기도 했다. 반면 이베이에게 그 로고는 그들의 사이트를 어지럽히면서 혼란을 가중시키는 페이팔의 또 하나의 홍보 전략이었다.

이베이는 노골적으로 그 로고의 사용을 금지했다. 명분은 로고의 크기였다. 예상한 대로 이러한 조치는 페이팔 본사의 심기를 건드렸다. 그리고 동시에 인증 절차를 이미 마무리한 이베이 판매자들도 분노하게 했다. 호프먼은 이베이의 체스트넛을 설득해서 그 로고를 다시 사용하도록 허용하게 만드는 책임을 떠안았다. 두 기업 간 긴장이 고조되면서 공식적인 방문이 어려워졌기 때문에 호프먼과 체스트넛은 두 기업의 사무실과 가까운 보스턴 마켓 레스토랑에서 종종 비공식적으로 만났다.

호프먼은 페이팔의 트럼프 카드를 꺼냈다. 다시 말해 이베이 사용자와 로고 금지에 따른 그들의 불만을 제기함으로써 체스트넛이 '페이팔 인증' 로고를 다시 허용하도록 설득했다. 반면 다른 사례에서 호프먼과 체스트넛은 공식적인 외교 채널을 통해 갈등 상황에서 상호 양보를 요청했다. 예를 들어 빌포인트의 가격 책정을 둘러싸고 갈등이 고조되는 가운데 호프먼은 '합의'[24]라는 제목의 이메일을 통해 해결해야 할 문제들을 하나씩 열거했다. 그 구체적인 내용 중 일부는 다음과 같다.

3. 우리는 이베이의 가격 정책을 적절하게 반영해 가격 설정 페이지를 수정할 것입니다. 이는 다음번 수정에서 확인할 수 있습니다. [X의 약속]

4. 지불 거절 및 다른 상태를 정확하게 반영하기 위해 언론 및 공식 발표를 수정할 것입니다. [이베이의 약속] 자넷 크레인Janet Crane을 비롯한 다른 사람들이 정확하게 이해할 수 있도록 오늘 정확한 정보를 담은 메시지를 전송하도록 하겠습니다. [X의 약속]

5. 우리가 수정한 시간대(최대 3~5일)와 비슷하게, 혹은 최선을 다해서 우리의 가격 책정과 지불 거절 기능에 대한 정확성을 확보하기 위해 웹

사이트와 이메일 커뮤니케이션을 수정할 것입니다. [이베이의 약속] 이베이가 수정할 사항에 대해 오늘 이메일을 드리도록 하겠습니다. [X의 약속]

호프먼과 체스트넛은 2년에 걸쳐 복잡한 문제를 처리하면서 세부적인 사안에 대해 논의하고 자신의 주장을 입증하기 위해 화면을 캡처한 이미지를 주고받았다. 그리고 이러한 노력을 통해 두 기업 간의 긴장을 완화했다.

두 사람이 중요한 비공식적 채널을 개설하면서 그들의 노력은 더 많은 성과로 이어졌다. 2000년 11월 10일에 호프먼은 기업 전체에 이렇게 메시지를 보냈다. "우리는 오늘 이베이와 처음으로 공식적인 회의를 했습니다."[25] 두 기업은 그들의 미래를 공식적인 차원에서 연결하는 가능성에 대한 논의를 시작했다. 여기서 수익을 합리적으로 공유하는 계약으로부터 페이팔의 인수에 이르기까지 다양한 사안이 거론되었다.

호프먼은 페이팔 사람들에게 모든 잠재적인 협상은 먼 미래의 일이라는 당부의 말을 전했다. 웰스파고는 이베이의 빌포인트 지분을 보유하고 있었고, 이러한 상황에서 빌포인트는 이베이가 선호하는 결제 서비스 업체로 남아 있었다. 호프먼은 이렇게 썼다. "결제와 관련해서 이베이와의 모든 협상에는 빌포인트 문제가 빠지지 않을 것입니다…. 오랜 시간이 필요할 것이며, 어느 정도 불확실성이 내포돼 있습니다."

페이팔과 이베이 간 초기 회의의 세부적인 내용은 공개되지 않았다. 외부 업체인 퍼스트 애너폴리스 컨설팅First Annapolis Consulting이 양측의 장부를 검토했다. 이베이 경영진은 무엇보다 금융 사기를 우려했다. 이베이에서 많은 사기 판매자가 활동하고 있었지만, 그래도 이메이는 많은 온라인 판매 사이트에 비해 더 낮은 사기율을 유지하고 있었다. 사기율을 높일 위험이 있는 페이팔과의 모든 협상은 애초에 고려의 대상이 아니었다.

두 기업이 협상을 모색하는 가운데 퍼스트 애너폴리스는 페이팔 본사에서 오랜 시간 머무르면서 직원들과 인터뷰를 나누고 데이터를 살펴보면서 사기 사건을 분석했다. 퍼스트 애너폴리스는 페이팔 비즈니스를 낙관적으로 평가했고, 이베이에 대한 보고서에서 많은 이야기를 전했다. "빌포인트가 페이팔과 논의를 시작하기 위해 그들이 위기관리에 충분한 관심을 기울여야 한다고 요구한다면, 우리는 페이팔이 그러한 요구를 충분히 충족시킬 것으로 믿는다. 페이팔은 최근에 위기관리 역량을 강화하는 데 많은 투자를 했으며 혁신적인 툴을 개발했다."[26]

동시에 퍼스트 애너폴리스는 사기 이외에 페이팔의 또 다른 위험 요인을 지적했다. 그것은 전략이 생소하고 검증되지 않았으며, 성장 속도가 지나치게 빠르고, 심사 과정이 부실하다는 것이었다. 그들은 페이팔 비즈니스의 '운영 안정성'에 의문을 제기했다. 잠재적인 이베이-페이팔 협상이 체결되고 나면 직원들은 떠날 것인가? 퍼스트 애너폴리스는 이렇게 썼다. "이러한 모든 걱정에도 우리가 생각하는 가장 중요한 질문은 페이팔의 비즈니스 모델이 그들이 감수하는 위험에 대해 충분한 보상을 가져다줄 것인가이다."

이 질문에 대해 당시 이베이-빌포인트가 내놓은 답변은 부정적이었다. 무엇보다 빌포인트 CEO인 자넷 크레인을 포함해 이베이 경영진은 페이팔 내부에서 사기의 소굴을 확인했다. 결국 이베이는 지금으로서는 성급한 협상보다 빌포인트를 기반으로 결제 서비스를 이끌어나갈 것이라고 결론을 내렸다. 이로써 협상은 이뤄지지 않았지만, 2000년 말의 협상 시도는 향후 논의에 대한 문을 열어놓았다. 그리고 실제로 두 기업은 이후 2년 동안 다양한 수준의 진지함으로 논의를 계속해서 이어나갔다.

바이잇나우와 무료 비자 프로모션을 비롯한 여러 다양한 노력에도 이베이의 빌포인트는 2000년 말에서 2001년 초까지 그 플랫폼의 결제 서비스 시장에서 미미한 점유율밖에 차지하지 못했다. 이후 빌포인트가 프로모션을 서서히 중단하면서 성장은 정체되었고, 상황은 이전으로 되돌아갔다. 페이팔은 다양한 대응으로 빌포인트의 도전을 막았고, 양측은 점유율을 둘러싼 싸움을 계속해서 이어나갔다.

한 가지 사례로 페이팔은 이베이 파워셀러를 대상으로 직불카드를 발급했다.[27] 이는 빌포인트가 시도하지 않았던 전략이었다. 페이팔은 직불카드를 사용하는 판매자에게 캐시백을 지급하겠다고 공략했다. 여기에는 한 가지 비밀이 숨어 있었다. 그것은 페이팔을 유일한 결제 서비스 업체로 지정한 판매자에게만 그 카드를 발급하기로 한 것이었다. 페이팔은 웹사이트와 이메일, 심지어 전화 통화까지 동원해서 직불카드를 공격적으로 홍보해나갔다. 프로덕트 팀 직원인 프레멀 샤Premal Shah는 이렇게 말했다. "우리는 데이터베이스를 통해 15만 명의 이베이 우수 판매자를 확인했습니다. 그리고 따로 요청이 없더라도 이들에게 직불카드를 발송했습니다."

다음으로 2001년에는 페이팔숍PayPal Shops을 선보였다. 페이팔숍은 이베이가 아닌 온라인 매장을 기반으로 판매자들이 그들 자신의 온라인 비즈니스를 구축하도록 도움을 주는 서비스였다. 데이비드 색스는 페이팔이 단지 이베이 사이트에서만이 아니라 페이팔 사이트를 통해서도 결제 서비스를 제공하도록 만들기 위해 페이팔숍 서비스를 강력하게 밀어붙였다. 페이팔숍은 판매자에게 수수료 절감을 약속했다. 즉, 판매자가 그들 자신의 온라인 매장을 운영하면 더 이상 이베이에 수수료를 지불할 필요가 없다고 말했다. 페이팔은 페이팔숍 버튼과 온라인 장바구니까지 만들어서 서비스를 강화했고, 이러한 시도는 이후 페이팔의 '머천트 서비스'의 출발점이 되었다. 머천트 서비스는 페이팔의 활동 범위를 경매를 넘어 더 확장하도록 만들어줬다.

이베이는 내부적으로 이와 같은 이베이 외부 거래를 '회색시장gray market'이라고 불렀고, 빌포인트와 더불어 이러한 시장에는 뛰어들지 않았다. 그러나 2001년 6월에 이베이는 '이베이 스토어'를 출시하면서 대응했다. 이베이 스토어는 경매 방식보다 고정가 판매를 선호하는 판매자를 위한 공간이었다. 이베이 스토어에서 활동하는 판매자는 공식적인 신용카드 머천트 계정을 사용하는 방식이나 빌포인트를 사용하는 방식 사이에서 선택할 수 있었다. 이베이는 대부분의 판매자가 머천트 계정의 기준을 충족시키지 못한다는 사실을 알았고, 빌포인트와의 긴밀한 통합을 통해 페이팔이 지배하는 영역을 파고들고자 했다.

이베이 스토어 등장에 페이팔 경영진은 다시 한번 긴장했다. 호프먼은 롭 체스트넛를 통해 이베이에 수정을 요구하는 역할을 맡았다. 이에 이베이는 이베이 스토어에서도 페이팔을 사용할 수 있도록 살짝 수정을 했다. 페이팔은 또한 이베이 스토어에서 페이팔을 사용하는 방법을 자세하게 설명하는 방식으로 대응했다. 나아가 이베이 판매자들에게 페이팔숍의 디렉토리 안에서 매장을 등록하라고 권고했다.

2000년과 2001년에 걸쳐 이베이와 페이팔의 움직임과 싸움은 대부분 언론이 지켜보는 가운데 진행되었다. 그러나 2001년 초에 이베이는 기습 공격을 감행했다. 이베이는 '제품 판매Sell Your Item'의 양식을 변경해서 판매자가 그 양식에 따라 경매 거래를 올리는 과정에서 빌포인트가 기본 결제창으로 뜨도록 만들었다. 이에 대해 잭슨은 이렇게 말했다. "이베이 사이트에서 경매를 올리는 과정을 서둘러 마치고 나면 빌포인트가 결제 옵션으로 등장해 그 존재를 요란하게 알리면서 낙찰자가 빌포인트로 결제하도록 유도했습니다."[28]

그러나 사용자 대부분 이러한 변화를 인식하지 못했다. 그럼에도 페이팔은 심각한 타격을 입었다. 경매 시장에서 빌포인트의 점유율은 실제로 하룻밤 새에 5퍼센트나 치솟았다. 페이팔은 대형 판매자들이 주로 자동화 툴을 사용해서 수백 혹은 수천 개의 경매 거래를 올리기 때문에 '제품 판매' 페이지를 좀처럼 방문하지 않는다는 사실을 발견했다. 그래서 이러한 판매자들은 빌포인트가 경매 거래에서 기본 결제 서비스가 되었다는 사실을 알지 못했다.

페이팔은 그들의 사용자를 대상으로 대량 이메일을 발송해서 경고 메시지를 전했다. 그들은 이메일에서 이렇게 설명했다. "승인받지 않은 빌포인트 로고가 혼란을 느끼는 구매자들이 빌포인트로 결제하도록 유도하고 있으며 이는 여러분에게 피해를 입힐 수 있습니다. 승인받지 않은 빌포인트 로고로부터 스스로를 지키는 유일하게 확실한 방법은 빌포인트 계정을 닫는 것입니다." 또한 페이팔은 이베이 고객 서비스 센터 전화번호도 기재해뒀다.

이후 판매자들이 이와 관련해 이베이 게시판에 글을 올리면서 그 싸움은 널리 알려지게 되었다. 언론도 그 소동을 눈치챘다. 두 기업은 공식적으로 비난을 주고받았다. 페이팔은 이베이의 시도가 공정하지 않았다고 비난했다. 반면 이베이는 페이팔이 사실을 과장했다고 비난하면서 페이팔의 대응이 '선동적'이며 '크게 잘못된' 것이라고 지적했다.

《옥션 길드The Auction Guild》라는 온라인 경매 잡지의 편집자이자 온라인 옥션 분야에서 영향력이 높은 인물인 로잘린다 볼드윈Rosalinda Baldwin은 이번 싸움에서 페이팔 편을 들었다. '빌포인트의 비윤리적인 계략'이라는 제목의 1356단어 분량의 글에서 볼드윈은 빌포인트에 대해 이렇게 말했다. "우리는 그들이 부당한 지불거절에 대해 판매자를 보호하지 못한 방식을 좋아하지 않는다. 우리는 그들이 부정한 카드 지급 거절과 관련해서 판매자를 속였다는 사실을 좋아하지 않는다. 우리는 그들이 판매자가 그들의 서비스를 선택하지 않았는데도 그들의 로고를 경매에 몰래 집어넣었다는 사실을 좋아하지 않는다. 그리고 우리는 그들이 사용자 정보를 보호해줄 것이라고 기대하지 않는다."29

그는 이베이의 제품 판매 변경에 대해 날카로운 비판을 쏟아냈다. 그는 "이베이의 빌포인트가 그들의 로고를 판매자 경매에 몰래 집어넣기 위해 온갖 얄팍한 방법을 사용했다"라고 지적하면서 이번 변경은 그 나머지를 뛰어넘는 것이었다고 주장했다.

그들은 아무런 공지 없이 빌포인트 서비스를 옵트인 방식이 아닌 옵트아웃 방식으로 설정했다. 그리고 목록상 선택이 아님에도 그 로고를 자동적으로 목록에 추가했다. 이베이는 새로운 판매자들이 빌포인트에 가입하도록 유도하고 은행 정보를 요구했다. 그 이유는 그들이 주장하는 대로 사이트 보안을 위해서가 아니라 판매자의 의지와는 무관하게 빌포인트를 사용하도록 만들기 위해서다….

마지막으로 볼드윈은 강편치를 날렸다. "빌포인트는 판매자가 사용하길 원할 만큼 자체적으로 충분히 훌륭한 서비스가 아니다…. 이베이의 간교한 계략에서 벗어나기 위한 유일한 방법은 빌포인트 계좌를 영원히 닫는 것이다." 그러고는 판매자들이 실제로 계좌를 영구적으로 폐쇄하도록 안내하는 링크를 걸어뒀다.

그러나 공정하게 말해 볼드윈의 비난 중 일부는 페이팔에 대해서도 똑같이 적용할 수 있었다. 페이팔은 수차례에 걸쳐 판매자에게 확인하지 않고서 옵션을 활성화했고, 기본 설정을 페이팔 사용자를 늘리는 방향으로 변경했다. 페이팔은 초기에 시도했던 '오토링크auto-link' 기능을 통해 페이팔을 이전에 이용했던 판매자의 경매에 그들의 로고를 집어넣었다. 본질적으로 그것은 이베이의 제품 판매 변경과 똑같은 시도였다.

볼드윈은 또한 이베이 판매자 커뮤니티 내에서 드러나는 뚜렷하게 독립적인 경향에 대해서도 언급했다. 이와 관련해서 이베이의 롭 체스트넛은 이렇게 설명했다. "일부 판매자는 자신의 비즈니스에 대한 권한을 예전만큼 많이 이베이에 넘겨주기를 원치 않았습니다…. [페이팔을 사용하는 것은] 이베이로부터 좀 더 독립적으로 활동하기 위한 기회였습니다. '이베이는 우리가 A를 하기를 원한다. 그래서 우리는 B를 할 것이다.' 바로 이러한 성향이 커뮤니티에 내부에 분명히 존재했습니다."[30]

결론적으로 이베이의 제품 판매 변경 시도는 결제 시장점유율을 되찾기 위한 노력의 차원에서 너무 부족했고, 시기적으로 너무 늦었다. 일반 언론과 '경매 언론', 그리고 그들의 판매자들로부터의 압박에 직면한 이베이는 한발 물러서면서 제품 판매 변경을 원상태로 되돌렸다. 이후 몇 주에 걸쳐 이베이가 이번 변경을 통해 결제와 관련해서 얻었던 이득은 모두 사라져버리고 말았다.

페이팔 설립 후 4년 동안 색스와 틸을 비롯한 나머지 경영진은 이베이가 마음만 먹으면 그들을 얼마든지 무너뜨릴 수 있다고 느꼈다. 색스는 이렇게 말했다. "제가 했던 한 가지 사고 실험은 이런 질문을 던지는 것이었습니다. '내가 이베이 페이먼츠 운영자라면 페이팔을 죽이기 위해 무엇을 할 것인가?' 그리고 다양한 방법이 떠올랐습니다! 언젠가 이베이도 그 방법을 알아내지 않을까 항상 걱정했습니다."[31]

페이팔은 이러한 두려움으로 만일의 사태에 대비해 계획을 세워야 했다. 한번은 이베이가 페이팔의 기업 IP 주소를 차단하면 어떻게 될 것인지 고민했다. 그렇게 된다면 페이팔 버튼은 사라질 것이었다. 이를 대비하는 차원에서 페이팔은 수백 개에 달하는 전화 접속 방식의 AOL 인터넷 계정을 신청했다. 이베이가 페이팔의 IP 주소를 차단해서 페이팔이 로고를 띄우지 못하게 막아버린다면, 페이팔은 AOL 계정으로 계속해서 서비스를 제공할 생각이었다.

이후 긴장의 수위가 높아지면서 페이팔은 이베이가 인내의 한계에 도달하지 않을까 우려했다. 그들이 페이팔을 막아버린다면 그 결과는 최악일 것이었다. 레브친과 호프먼, 틸, 노섹은 급진적인 해결책을 내놨다. 그것은 그들 스스로 온라인 경매 네트워크를 구축하는 방안이었다. 그들은 이 계획을 '오버로드 작전Operation Overlord'이라 불렀고, 이는 제2차 세계대전 당시 연합군이 노르망디를 침공했던 작전의 명칭에서 가져온 것이었다. 페이팔은 파워셀러에 관한 풍부한 정보를 활용해서 그들을 또 다른 경매 네트워크로 끌어올 수 있었다. 하지만 그 계획은 현실적으로 가능하지 않았다. 어쨌든 이러한 계획을 논의했다는 사실만으로 이베이의 위력에 대해 페이팔이 얼마나 두려워했었는지를 잘 보여줬다.

이러한 두려움은 완전히 사라지지는 않았지만, 그래도 이베이 판매자들이 제품 팔기와 관련해서 소동이 일었을 때 이베이보다 페이팔 편을 들면서 조금씩 완화되기 시작했다. 색스는 이렇게 말했다. "이베이는 그 역사 전반에 걸쳐 웹사이트에 변화를 줄 때마다 사용자들의 원성을 들어야 했습니다. 당연하게도 그들은 그런 상황을 두려워했죠."[32]

빌포인트 공동설립자 메이에 따르면, 이베이 경영진은 페이팔 서비스를 전면 중단하는 방안에 대해 논의했다. 하지만 그들은 그렇게 하지 않기로 결정했다. 메이는 이렇게 떠올렸다. "분명하게도 [페이팔을 중단하는 아이디어에 대해] 생각한 적이 있었습니다. 그러나 [이베이 임원들은] 그러지 않기로 마음을 먹었습니다. 그들은 동요에 휩쓸리지 않았고, 그러한 방안을 진지하게 고려하지 않았습니다."[33]

볼드윈이 《옥션 길드》를 통해 이베이를 강하게 비판했을 때 페이팔은 빌포인트에 판정승을 거뒀다. 볼드윈의 비판은 또한 커뮤니티의 전반적인 분위기를 반영하는 것이기도 했다. 이베이의 롭 체스트넛은 이렇게 지적했다. "우리는 커뮤니티의 흐름에 반대하는 일을 하지 않으려 했습니다. 커뮤니티는 페이팔을 선호했습니다. 그들은 페이팔과 함께 성공을 거뒀습니다. 우리는 그게 마음에 들지 않았죠. 하지만 그건 우리 커뮤니티가 원했던 것이었습니다."[34]

충성스러운 사용자 기반의 위력을 이베이 설립자인 피에르 오미디아보다 더 잘 이해한 사람은 아마도 없었을 것이다. 오미디아는 경매 비즈니스를 시작하려는 아마존과 야후의 도전을 강력하게 저지했다. 그는 기자인 애덤 코언에게 이렇게 설명했다. "우리에겐 이베이라고 하는 거대한 자석이 있습니다. 이제 많은 작은 자석들이 등장해 우리에게서 사람들을 빼앗아 가려고 애쓰고 있습니다. 하지만 이베이의 자석이 너무도 강력해서 그들은 시작조차 못 하고 있습니다."[35]

페이팔 역시 그들의 자석을 강화하기 위해 열심히 노력했다. 특히 이베이 파워셀러들에게 많은 관심을 기울였다. 폴 마틴은 이렇게 말했다. "우리는 파워셀러들이 원하는 서비스와 관련해서 그들로부터 많은 제안을 받았습니다. 이제 다음 월요일이면 웹사이트에서 그것을 확인할 수 있을 겁니다."[36] 당시 페이팔은 판매자들이 경매 목록을 개선하도록 도움을 주는 다양한 기능을 내놨다. 우선 '낙찰자 공지Winning Bidder Notification' 기능을 선보였다. 이는 경매 낙찰자에게 페이팔을 활용해 결제하기 위한 안내를 제공했다. 다음으로 '스마트 로고Smart Logo' 기능은 경매가 마감되었을 때 결제 버튼의 색상이 바뀌도록 했다. 사람들의 시선을 사로잡는 업데이트였다.

마틴은 이베이 파워셀러 커뮤니티의 환심을 사기 위한 페이팔의 노력에 대해 이렇게 말했다. "쉬워 보이지만 그 모든 시도는 프로그래밍 관점에서 대단히 까다로운 과제라는 사실을 기억할 필요가 있습니다. 그 이유는 우리 자신의 웹사이트에서 이러한 기능들을 개발하는 것이 아니었기 때문입니다. 우리는 다른 누군가의 웹사이트에서 작동하는 기능을 개발하고 있었습니다. 그것도 우리를 좋아하지 않는 누군가의… 마치 악성 소프트웨어를 만드는 느낌이었습니다."[37]

이베이의 그늘에서 벗어나려는 페이팔의 노력은 성과가 있었다. 페이팔은 초기에 고객 서비스에서 많은 어려움을 겪었지만 오마하에서 성공을 거두면서 판매자들로부터 많은 사랑을 받았다. 사용자들은 게시판으로 몰려와 하루 24시간 서비스 운영에 대해 칭찬했다. 페이팔은 주간 뉴스레터를 통해 그들이 이베이 사용자들 사이에서 성공을 거뒀다는 사실을 말해주는 분명하면서도 이례적인 신호에 대해 말했다. 페이팔 직원이자 이베이 게시판에서 '페이팔 데이먼'으로 활동했던 데이먼 빌리언은 '록스타에 부럽지 않은 인기'를 얻었으며, 이베이 판매자들로부터 사진에서 청혼에 이르기까지 많은 것을 받았다.

1998년 5월에 미 사법부와 20개 주 검찰총장들은 마이크로소프트를 반경쟁적인 독점 행위로 고소했다. 이후 수년 동안 법적 공방이 이어졌고, 그 과정에서 마이크로소프트는 여러 다양한 이유 가운데 웹 브라우저 경쟁사인 넷스케이프를 '제거'하고자 했다는 이유로 비난받았다. 미정부는 마이크로소프트를 해체하겠다고 으름장을 놨다.

그 사건은 미국 전역의 IT 리더들의 간담을 서늘하게 했다. 이베이 경영진도 예외가 아니었다. 이러한 상황에서 페이팔 경영진은 그러한 두려움을 더욱 자극했다. 틸은 당시 페이팔에 막 입사했던 키스 라보이스Keith Rabois에게 이베이의 반독점 행위를 보여주는 증거를 수집하도록 지시했다. 또한 페이팔은 PAC Political Action Committee(정치활동위원회)를 구성해서 하원들을 대상으로 정치 기부금을 보냈고, 그들이 이베이의 독점 행위와 관련해서 연방통상위원회에 서한을 보내도록 요청했다.

2001년 늦은 봄, 페이팔은 한 외부 자문을 통해 11페이지를 가득 메운 서한을 이베이 본사로 보냈다. 팩스와 페덱스를 통해 메그 휘트먼에게 전달된 그 서한은 일종의 경고장이었다. 여기서 그 자문은 이렇게 썼다. "이베이는 온라인 시장에 대한 영향력을 남용함으로써 온라인 결제 서비스 시장의 경쟁을 왜곡하고 제거하려 하고 있습니다. 예를 들어 〈미 정부와 마이크로소프트 판결United States v. Microsoft Corp.〉 87 F. Supp. 2d 30 (D.D.C. 2000)을 참조해주시길 바랍니다. 이베이는 마이크로소프트처럼 핵심 비즈니스(온라인 시장)에서 독점을 강화하고 지키기 위해 2차 시장(온라인 결제 서비스)에서 경쟁을 실질적으로 제거하거나 제한하려고 하고 있습니다. 반독점법은 이베이처럼 시장 영향력을 가진 기업이 페이팔처럼 소비자에게 경쟁을 통한 이익, 즉 더 낮은 가격에 더 좋은 서비스를 제공하는 하위 경쟁자들을 제거함으로써 독점을 강화하려는 시도를 막고 있습니다."[38]

페이팔은 이베이가 독점 기업으로서 느끼는 위협을 한층 강화했으며, 심지어 그 위협을 일상적인 의사소통 과정에서도 활용했다. 예를 들어 호프먼은 제품 팔기 변경과 관련해서 체스트넛에게 분명한 메시지를 전했다. "롭, 게시판에서 일부가 주장하듯이 이베이가 빌포인트를 기본 설정으로 만들고자 한다면, 제품 '결합'에 관한 저의 공식적인 우려를 고려해주길 부탁합니다. 가령 결제 솔루션을 경매 목록의 독점과 결합함으로써 초래한 반경쟁적이고 반독점적인 상황에 대해서 말이죠."[39]

페이팔 커뮤니케이션 책임자 빈스 솔리토는 페이팔의 이러한 전술을 옹호했다. 그는 이렇게 말했다. "[이베이의] 입장은 이런 것이었습니다. '사들이거나, 아니면 파괴할 것이다.' 그리고 그들이 우리를 사들이지 않는 한, 그들은 '파괴'의 범주에 머물러 있을 것이었습니다. 그래서 [홍보와 대정부 관계] 분야에 최대한 집중했습니다. 그들을 압박하기 위해 제가 할 수 있는 일이라고는 그것이 전부였습니다…. 항상 국회의사당을 돌아다니며 그들을 사악한 독점 기업이라고 떠들고 다녔습니다."[40]

이베이의 체스트넛은 페이팔이 느끼는 두려움을 당연하다고 봤다. 그는 이렇게 말했다. "공정하게 말해서 그들의 생존은 우리에게 달려 있었습니다. 그러한 심정을 충분히 이해할 수 있었습니다." 그러나 체스트넛과 이베이 경영진은 페이팔 임원들이 바라는 것만큼 반독점 위협을 심각하게 바라보지 않았다. 체스트넛은 웃으며 이렇게 말했다. "분명했습니다. 그들은 정말로 분명했습니다. 그런데 보세요. 저는 변호사였습니다. 그리고 연방 검사였습니다. 예전에는 저를 쏘아 죽이겠다는 협박도 받았습니다. 그런 저를 반독점 주장으로 위협할 수는 없었습니다."[41]

반독점 소송보다 이베이에게 훨씬 더 위협이 되었던 것은 페이팔이 이베이 사용자와 더불어 구축했던 탄탄한 신뢰 관계였다. 체스트넛은 이렇게 말했다. "제가 정말로 걱정했던 부분은 우리가 페이팔을 차단했을 때 판매자 커뮤니티가 보일 반응이었습니다."

19장
세계 정복

 틸은 CEO 자리에 오르면서 글로벌 성장을 자신의 전략적 과제 중 하나로 꼽았다. 이러한 생각은 2000년 말에 그가 전했던 메시지보다 앞선 것이었다.

 콘피니티는 모바일 지갑Mobile Wallet을 통화를 통제하는 정부와 연방준비은행으로부터 대중을 자유롭게 만들어줄 도구로 봤다. 이러한 생각이 나중에 이베이 사용자들을 빌포인트로부터 자유롭게 만들어주는 것으로 바뀌는 동안 페이팔은 비즈니스를 세계적인 차원에서 키워나가기 위한 계획을 끊임없이 수립해나갔다. 예를 들어 제품의 이름을 지을 때에도 전 세계적으로 사용하기가 얼마나 편리한지를 핵심 요인으로 고려했다. '세계 지배 지수The World Domination Index'나 '새로운 세계 통화New World Currency'처럼 그들이 내부적으로 쓰는 표현들은 페이팔을 국경을 허물어뜨리는 보편적인 결제 시스템으로 만들겠다는 그들의 목표를 말해주는 것이었다.

X.com 역시 처음부터 DNA 속에 세계 지배라는 목표를 품고 있었다. 예전에 머스크는 X.com이 '모든 통화를 위한 글로벌 센터'로 기능하고, 달러와 마르크(조만간 유로로 바뀐), 엔을 저장하는 공간이 되기를 희망했다. 머스크가 보기에 이러한 생각은 혁명적이라기보다는 당연한 것이었다. 머스크는 1948년 클로드 섀넌 박사가 체계적으로 정립한 '정보 이론information theory의 관점'으로 통화를 바라봤다. 머스크는 이렇게 설명했다. "돈은 정보 시스템입니다. 사람들 대부분 돈이 그 자체로 힘을 갖고 있다고 생각합니다. 하지만 사실 돈은 물물교환을 하지 않아도 되도록 만들어주는, 그리고 대출과 지분 등의 형태로 시간을 건너 가치를 이동시키는 정보 시스템입니다."

머스크가 생각하기에 X.com의 계정에 들어 있는 돈이 또 하나의 정보의 표현이라면, 국가가 통제하는 통화는 성가신 물건에 불과했다. 정보를 국경을 통해 간편하고, 빠르고, 경제적으로 이동하는 것을 가능케 했던 인터넷과 같은 보편적인 정보 네트워크를 통해 통화를 거래하는 과정에서 발생하는 마찰과 수수료를 제거할 수 있었다. 이에 대해 머스크는 이렇게 설명했다. "X는 기본적으로 모든 돈이 존재하는 곳이 되고자 했습니다. 세계적인 금융 시스템이 되고자 했던 겁니다."[1]

2000년 말 페이팔은 더 이상 세계적인 금융 혁명을 추구하지는 않았지만, 그럼에도 여전히 해외시장의 기회를 노리고 있었다. 미국은 하나의 국가로서 여전히 가장 많은 인터넷 사용자를 보유하고 있었다. 총 9500만 명의 미국인이 온라인 세상에 살고 있었다. 그러나 대륙의 차원에서 아시아와 유럽 역시 북미와 비슷한 규모의 인터넷 사용자를 확보하고 있었다. 그리고 예전에 '월드와이드웹'에 대해 회의적이었던 해외 지도자들은 이제 적극적인 태도를 보이고 있었다. 1998년 자크 시라 크Jacques Chirac 프랑스 대통령은 전국적으로 인터넷을 기념하는 행사La Fête de l'Internet(인터넷 축제)를 벌였다. 그리고 개인적으로 엘리제궁에 서 온라인 회의를 열었다.[2] 1996년에 시라크는 이동과 클릭으로 컴퓨터 를 조종하는 장비를 마우스라고 부른다는 사실을 미처 몰랐다며 수줍 게 시인했다.

인터넷이 전 세계적으로 확장하면서 미국의 많은 기업이 관심을 기 울였다. 그리고 이들 기업에는 90개국에서 사용자를 확보한 이베이도 포함되었다. 1999년 중반에 이베이는 석 달 된 독일의 경매 사이트인 알란도www.alando.de를 사들였다. 그들은 그 사이트를 www.ebay.de로 전환할 생각이었다. 이어서 같은 목적으로 프랑스의 아이바자iBazar와 한국의 옥션Internet Auction Co.을 사들였다. 이베이는 이러한 사이트 를 통해서 서비스와 언어를 보다 세부적으로 수정했으며 지역의 법률 을 활용했다. 가령 알란도 경매 판매자는 같은 독일인에게 온라인으로 와인을 판매할 수 있었다. 반면 미국인 판매자를 그럴 수 없었다.*

이베이가 해외로 무대를 확장하는 가운데 페이팔도 그들만의 기회를

---

* 이베이는 또한 글로벌 인수를 통해 해외 모방 사이트의 성장을 억제했다. 예를 들어 알론 도 설립자들은 미국의 경매 거물인 이베이를 아무런 거리낌 없이 모방했다. 알란도 공동 설립자 마크 삼워Marc Samwer는 이전에 《월스트리트저널》과의 인터뷰에서 이렇게 말했 다. "우리는 이베이에서 많은 거래를 했습니다. 성공 사례를 모방해서 그것을 더 좋게 만들고 자 했습니다. 굳이 바퀴를 다시 발명해야 할 필요는 없잖아요?"(William Boston. "Purchase of Germany's Alando. de Expands EBay's Global Presence", *Wall Street Journal*, June 23, 1999, https://www .wsj.com/articles/SB930088782376234268.) 알란도는 모방 전략으로 단 몇 주 만에 5만 명의 사용자를 끌어모았고, 몇 달 후 이베이로부터 4200만 달러의 인수 제 안을 받았다.

확인했다. 해외 경매 판매자들 역시 결제 서비스가 필요했다. 이에 대해 보라 청은 이렇게 말했다. "수집가는 단지 미국 시장에만 주목하지 않습니다. 그들은 소장품을 발견하려고 영국과 독일 시장도 살펴봅니다."[3] 페이팔은 사용자들이 해외 IP 주소로 송금하기 시작한다는 사실을 확인했다. 지아코모 디그리골리는 이렇게 말했다. "데이비드 [색스]는 그런 생각을 하고 있었습니다…. 데이터를 들여다보면서 이렇게 말했습니다. '사람들은 우리 시스템을 해킹하고 있습니다. 그 이유는 캐나다나 영국, 혹은 영어권 국가로 송금해야 하기 때문입니다. 우리는 그것을 가능하게 만드는 방법을 찾아내야 합니다.'"[4]

해외 고객의 관심이 높아지면서 페이팔은 해외 진출에 따른 또 하나의 이점을 누리게 되었다. 그것은 자금 조달이었다. 2000년 3월에 1억 달러를 유치한 이후에도 페이팔은 여전히 더 많은 자금을 필요로 했다. 그러나 주식시장이 여전히 내리막인 상태에서 미국 투자자들은 수익을 올리지 못하는 닷컴 기업에 대한 흥미를 잃어버렸다. 반면 해외 투자자들은 여전히 기술 기업의 성장에 많은 관심을 갖고 있었다. 마크 울웨이는 이렇게 설명했다. "실리콘밸리는 모든 혁신의 중심이었습니다. 그러나 파리는 아니었죠. 그들은 미국을 통해 이러한 기술에 접근할 수 있다고 생각했습니다."[5]

페이팔은 세계적인 확장을 통해 두 가지 주요한 목표를 달성하고자 했다. 그것은 성장과 자금 마련이었다. 소규모 계획 수립과 빠른 행동, 그리고 앞으로도 성공할 것이라는 확신과 더불어 페이팔은 지난 몇 년간 해왔던 것처럼 다양한 시도를 했다.

스콧 브라운스타인Scott Braunstein은 페이팔이 해외시장으로 진출하는 과정에 일찍이 기여한 인물 중 하나였다. 그는 스탠퍼드에서 MBA와 법학 박사 학위를 받은 후 자신의 약혼자와 함께 살기를 원했던 런던에 진출한 실리콘밸리 기업들을 물색했다.

마침 그때 페이팔은 세계 시장 진출을 생각하고 있었다. 브라운스타인은 '가장 오래 이어진 면접'을 보는 동안에 페이팔의 혼란을 목격했다. 면접이 시작되었을 때 페이팔의 CEO는 빌 해리스였다. 그리고 합격 통지를 받았을 때 그 기업을 이끄는 사람은 머스크였다. 또한 입사하고 몇 주일 후 틸이 머스크의 자리를 차지했다. 그동안 나스닥은 그 가치의 3분의 1을 잃었다.

브라운스타인은 페이팔에 입사하자마자 런던에 페이팔 조직을 설립하는 일을 맡았다. 그 밖의 지시는 거의 받지 않았다. 브라운스타인은 당시를 이렇게 떠올렸다. "유럽에 기업을 세우지는 않았습니다. 로비를 하거나 규제기관과 관련된 일은 생각도 하지 않았습니다." 그는 그 일을 떠안고 나서야 자신이 거대한 프로젝트를 맡았다는 사실을 이해하게 되었다. 브라운스타인은 이렇게 설명했다. "미국과 비교할 때 유럽의 은행법은 대단히 난해했습니다."[6] 나중에 페이팔의 세계 진출을 이끈 샌딥 랄은 한 걸음 더 나아갔다. 그는 이렇게 말했다. "[미국] 규제기관들은 실제로 혁신의 차원에서 대단히 유능했습니다. 그들은 크게 개입하지 않았습니다… 반면 독일과 모든 [유럽] 국가들의 상황은 달랐습니다."[7]

문제는 단지 해외 정부의 규제만은 아니었다. 페이팔은 환전에 필요한 정확한 기술을 여전히 이해하지 못했다. 1999년 말과 2000년에 걸쳐 페이팔의 거래는 온전히 달러로만 이뤄졌다. 그 무렵 거대한 국제 시장인 유럽은 유로화를 출범하면서 원래 통화의 2.0버전을 시작하고 있었다.

머스크와 틸을 비롯한 페이팔 경영진이 보기에, 당면과제는 세계 시장으로의 확장을 포함해서 그 모든 노력에 대한 기본적인 접근 방식이었다. 머스크가 연설을 위해 런던을 방문했을 때 브라운스톤은 막 그곳에 도착한 상태였다. 두 사람은 런던의 한 작은 사무실에서 만나기로 약속했다. 브라운스타인은 이렇게 떠올렸다. "[일론은] 한 시간 동안 규제 환경과 관련해서 제게 마구 질문을 퍼부어댔습니다. 저는 이렇게 말했죠. '저도 여기 온 지 일주일밖에 되지 않았습니다!'"[8]

페이팔은 처음부터 세계 무대에서 뒤처져 있다고 느꼈다. 비자와 마스터카드는 이미 해외시장에 진출해 있었고, 여러 스타트업 역시 미국을 벗어나 결제 비즈니스 시장에 접근하고 있었다. 2000년 3월에는 시애틀에 기반을 둔 이캐시 테크놀로지eCash Technologies가 독일에 진출하면서 여러 유럽 도시 및 호주에서 파일럿 프로그램을 시작하겠다고 발표했다. 그리고 2000년 4월 25일에는 예전에 페이팔과 경쟁했던 텔레뱅크TeleBank가 스스로 "글로벌 서비스를 시작한 최초의 미국 인터넷 은행"이라고 선언했다.[9]

페이팔은 앞으로 어디로 나아갈 것인지를 놓고 고심에 빠졌다. 그들은 이미 팰로 앨토 사무실을 관리하는 과정에서 충분히 어려움을 겪고 있었다. 이러한 상황에서 해외 지사를 설립한다면, 소프트웨어 시스템 차원에서조차 똑같은 문제가 이들 지역에서 나타나게 될 것이었다. 페이팔이 일본 시장으로 진출할 때 참여했던 한 사용자 경험UX 디자이너는 이렇게 말했다. "모든 언어로 지역화하기 위해 기업이 일반적으로 해결해야 할 첫 번째 과제는 프로그램에서 지역화할 수 있는 부분을 선별하는 일입니다."[10]

복수 및 단위 표기는 언어마다 다르기 때문에 개발자들은 지역의 소프트웨어 시스템을 위한 모국어 표기법을 개발해야 했다. 이는 페이팔에게 중요한 과제였다. 그 디자이너는 이렇게 말했다. "거기 있었을 때 제가 처음으로 발견한 것은 모든 프로그램 안에 지역화해야 할 부분이 들어 있다는 사실이었습니다. 그리고 그것들은 '맥스 코드Max code'로 작성돼 있었습니다."

언어와 규제, 그리고 통화 상징에 관한 문제에 직면해서 페이팔은 비즈니스를 쉽고 완벽한 형태로 확장할 수 없다는 사실을 깨달았다. 핵심이 되는 미국 사이트에서 발생한 문제를 해결하면서 동시에 웹사이트의 많은 부분을 하나씩 복제해야 했다.

처음에 페이팔은 가장 단순한 전략을 선택했다. 그들은 전 세계 사용자가 그 플랫폼상에서 미국 고객들과 미국 달러로 거래할 수 있도록 했다. 다음으로 해외 신용카드를 페이팔에 연동함으로써 서비스를 일부 시장으로 확장하고자 했다. 그러고 나면 해외 합작 투자를 통해 지역적으로 특화된 서비스를 제공할 계획이었다. 그리고 이를 바탕으로 언어 장벽과 환전 및 규제와 관련된 문제를 풀어나가고자 했다.

페이팔이 협력을 모색하고 있다는 이야기가 퍼지면서 많은 기업이 즉각 관심을 드러냈다. 브라운스타인은 이렇게 설명했다. "결제 시장에서는 그다지 많은 혁신이 이뤄지지 않았습니다. 페이팔이 등장했을 때 사람들은 열광했습니다. 그리고 민감하게 반응했습니다."[11] 유럽 지역의 금융 기업 경영자들은 혁신에서 뒤처지지 않을까 걱정했다. 그리고 만약 페이팔이 차세대 거물이라면, 그들은 페이팔과 처음부터 함께하고자 했다.

이러한 관심은 유럽에 국한되지 않았다. 울웨이는 이렇게 기억했다.

"제가 대만에 도착했을 때 누군가 '페이팔에서 오신 마크 씨 환영합니다!'라고 적힌 팻말을 들고서 저를 기다리고 있더군요. 우리를 사랑하는 투자자들이 있었습니다…. 경기 침체 이후에도… 그들은 실리콘밸리 사람들이 서울이나 대만으로 온다는 사실에 기뻐했습니다."[12]

2000년 5월 말, 페이팔은 베이징에서 처음으로 열린 인터넷 금융 컨퍼런스Internet Finance Conference에 초대받았다. 이는 그들이 중국으로부터 인정을 받았음을 말해주는 확실한 신호였다. 리먼 브라더스와 중국개발은행이 공동 후원한 그 행사에는 중국의 금융 산업을 이끄는 기업들이 참여했다. 잭 셀비는 페이팔을 대표하는 자격으로 그 행사에 참석했고, 그로서는 대단히 이례적으로 기업 전체 이메일을 통해 거기서 본 것들을 동료들에게 보고했다.

한 번의 결항과 14시간 비행 끝에 월요일 늦게서야 도착했습니다. 컨퍼런스는 다음 날 오전에 시작되었습니다. 미국과 중국에서 온 40명이 넘는 사람들이 헤드셋과 마이크가 설치된 자리에 앉았습니다(영어와 만다린을 통역하는 UN 회의장 같은 분위기였습니다).

오전 행사가 끝난 뒤 저는 온라인 은행을 위한 오후의 황금 시간대가 '세계 최초의 온라인 은행'인 시큐리티 퍼스트 네트워크 뱅크에 할당되었다는 사실을 확인했습니다. 저는 리먼 베이징 지사장에게 가서 이렇게 설명했습니다. ① SFNB는 별 볼일 없는 기업입니다. 그리고 더 중요하게 ② 내 연설은 이번 행사에서 가장 흥미진진한 15분이 될 것입니다. 약간의 양해가 필요하기는 했지만, 그 지사장은 SFNB CEO의 연설을 중간에서 끊고서 나머지 시간을 제게 줬습니다. SFNB CEO는 달변이기는 했지만 그의 이야기는 결국 SFNB가 세계 최초의 온라인 은행이라는 것뿐이었습니다. 반면 X.com은 겨우 4주 만에 SFNB가 5년 동안 끌어모았던 고객보다 더 많은 고객을 유치했습니다. 그렇게 호기심을 자극하는 이야기를 들려주지 않을 수 없었습니다.

셸비는 초반에 청중들이 '놀란 것인지, 아니면 제가 하는 이야기를 이해하지 못한 것인지' 확신하지 못했다. 그러나 그날 저녁 그는 중국개발은행 부행장의 옆에 자리를 배정받았다. 그 부행장은 중국이 페이팔 서비스를 필요로 한다는 사실에 대해 장황하게 설명했다. 또한 셸비는 중국 금융 업계의 여러 지도자를 소개받았다. 그리고 다음 날 그 부행장은 프레젠테이션을 하는 동안 페이팔을 언급하면서 중국 기업이 페이팔을 모범으로 삼아야 한다고 강조했다.

셸비는 미국 스타트업 문화에 대한 반응이 좋았다고 설명했다. 그는 이렇게 말했다. "3일 동안 행사장에서 넥타이를 매지 않은 사람은 저 혼자였습니다. 사람들은 넥타이를 매지 않은 게 대단한 일이라고 생각하더군요!"[13]

페이팔의 협력 모델은 외국 은행 및 금융기관이 투자하면 페이팔은 공동 브랜드에 기반을 둔 사이트를 제공하는 것이었다. 셸비는 이렇게 설명했다. "우리는 본질적으로 그들이 자국 영토에서 우리의 파트너가 될 수 있는 독점권을 판매하고 있었던 겁니다."[14]

이후 몇 년에 걸쳐 잭 셸비와 그의 비즈니스 개발 동료들은 세계화의 길을 계속해서 걸어갔다. 그들의 노력 덕분에 페이팔은 프랑스의 크레디 아그리콜Crédit Agricole, 네덜란드의 ING, 싱가포르 개발은행 등과 국제적인 협력 관계를 맺을 수 있었다.[15] 이들 기업은 페이팔에 기꺼이 투자했고, 페이팔은 화이트레이블white-label(생산을 맡은 회사는 따로 있고, 유통과 판매를 맡은 회사가 자사의 브랜드를 붙여 판매하는 비즈니스 방식-옮긴이)을 약속했다.

그럼에도 페이팔의 화이트레이블 전략은 아주 천천히 진행되거나, 일부 경우에서는 전혀 이뤄지지 않았다. 울웨이는 이렇게 설명했다. "크레딧 아그리콜과의 협상은 좋은 사례였습니다. 그들은 2000만 달러를 투자했습니다…. 그들은 '페이팔 프랑스'를 세우기를 원했습니다. 하지만 우리의 주목적은 돈을 버는 일이었죠." 셀비는 화이트레이블을 연기했다는 사실을 인정하면서도 협력 관계를 맺은 은행들이 자생적인 페이팔 출시로부터는 아니라고 해도 투자에서 수익을 올렸다는 사실을 지적했다. 셀비는 이렇게 말했다. "우리는 같은 방향으로 노를 저었습니다. 그리고 우리가 성공하면서 그들 역시 성공을 거뒀습니다. 물론 그 시점은 다를 수 있었지만."[16]

랄과 브라운스타인, 셀비 등은 잠시 정비를 통해 미국의 페이팔 조직에 집중하면서, 동시에 흐름을 유지하기 위해 해외 서비스에 많은 노력을 기울였다. 해외 협력업체가 조급해할 때 랄은 때로 페이팔의 힘든 현실을 인정해야 했다. 페이팔은 이베이에서 성공하기 위해 여전히 싸움을 벌이고 있었고, 미국 내에서의 성공은 해외시장의 성공을 위한 필수 조건이었다.

랄은 이렇게 말했다. "저를 포함해 우리 모두는 최고의 우선순위가 미국 시장에서 성공을 거두는 것이라는 사실이라는 점을 분명하게 이해했습니다. 국내에서 성공하지 못하면 해외에서 거둔 성과도 지속될 수 없었으니까요."[17]

해외시장에서 협력을 구축하는 것은 대단히 복잡한 일이었지만, 페이팔은 이러한 협력 관계를 통해 해외에서 페이팔을 모방한 사이트가 등장하는 상황을 최대한 저지할 수 있었다. 그리고 더 중요하게도 페이팔은 협력을 통해 중요한 시점에 자금을 확보할 수 있었다. 또한 인력을 확충하지 않고서도, 그리고 해외시장에서 새로운 페이팔 에디션을 론칭하지 않고서도 국내 서비스를 키워나갈 수 있었다.

비록 걸음마 단계이기는 했지만, 해외시장을 향한 페이팔의 움직임은 또한 빌포인트를 겨냥한 것이기도 했다. 예를 들어 미국 이외의 고객이 달러로 거래할 수 있도록 한 방침은 중요한 첫 번째 단계였다. 이베이의 해외 판매자들은 미국 시장에 들어오기를 원했지만, 국경을 거쳐 송금하려면 상당한 수수료를 물어야 했다. 랄은 이렇게 설명했다. "이전에 그들이 돈을 받기 위해서는 무조건 국제 송금을 이용해야만 했습니다. 가령 웨스턴유니언Western Union에 25달러를 지불해야 했습니다. 아니면 은행에 가서 25달러에다가 엄청난 외환 수수료까지 물어야 했습니다. [그 때문에] 소액 거래는 불가능했습니다."

페이팔은 해외 사용자에게 미국 달러를 받을 수 있도록 허용함으로써 그들을 위한 수문을 열었다. 랄은 태국에 있는 이베이 보석 판매상인 타이젬www.thaigem.com의 사례를 떠올렸다. 그 업체는 한동안 페이팔의 최고 해외 머천트에 올랐으며, 이베이를 벗어난 페이팔의 비즈니스에 관한 사례 연구의 대상이 되었다. 《위클리 팔Weekly Pal》은 타이젬의 사례를 "전자상거래 성공 이야기"라고 부르면서 그 업체가 "이베이에서 다섯 개 제품으로 작게 시작했다가 가공 보석 시장의 주요 업체로 성장했다"라고 언급했다. 페이팔을 통한 타이젬의 거래 규모는 매월 약 60만 달러에 달했다. 하지만 더욱 놀라운 것은 그 업체의 진화였다. "그들은 비즈니스의 95퍼센트를 아마존과 이베이로부터 그들 자신의 웹사이트로 전환했다."**18**

이후 페이팔은 해외시장에 지역화된 서비스를 출시하고자 했다. 초기에 브라운스타인과 랄은 유럽 시장에 집중했다. 그것은 유럽의 전자화폐 라이선스Electronic Money License 프로그램 때문이었다. 랄은 이렇게 설명했다. "그 라이선스를 따면 유럽 내 다른 국가로도 넘어갈 수 있었습니다. 라이선스만 있으면 한 국가에서 운영했던 비즈니스를 [규제기관에 통보해서] 다른 국가에서도 운영할 수 있는 권리를 얻을 수 있었습니다."**19** 페이팔은 힘든 노력 끝에 랄이 '가장 선진화된 규제기관'이라고 자랑했던 영국에서 그 라이선스를 받았다. 이후 페이팔은 유럽의 다른 지역으로 확장해나갔다.

환전 서비스가 모습을 드러내기 시작하면서 페이팔은 엄격한 단순성이라고 하는 그들의 원래 가치로 되돌아갔다. 해외 서비스 분야에서 일했던 지아코모 디그리골리는 사용자들과 적극적으로 '공감'하면서 그들의 편의를 위해 환율에 관한 정보를 최대한 많이 제공하고자 했다. 그는 이렇게 말했다. "우리는 끔찍한 악몽과도 같았던 결제 화면과 같은 기능을 만들어냈습니다."**20** 그러고는 다른 많은 중요한 정보와 함께 지역 환율을 보여주는 복잡한 인터페이스에 대해 자세하게 설명했다.

페이팔의 기술 디자이너 벤자민 리스트원은 다중 통화 페이지의 디자인을 놓고 몇 주에 걸쳐 열띤 논쟁을 벌였던 적을 기억했다. 리스트원은 이렇게 말했다. "모든 기술 기업이 세계 최대의 문제를 해결하는 과정에서 어리석은 사소한 궤변에 사로잡힌 듯 보였습니다."**21**

지아코모 디그리골리는 데이비드 색스가 보인 싸늘한 반응을 잊지 못했다. "데이비드는 한번 쓱 보더니 이렇게 말하더군요. '아닙니다. 더 단순해야 합니다. 누군가 이베이에서 뭔가를 살 때처럼 말입니다. 그리고 그는 상대방에게 80유로를 보내야 합니다. 우리는 80유로와 그 통화의 숫자를 알려주는 항목을 만들어야 합니다. 그리고 여기 있어야 할 다른 모든 것들을 승인 화면으로 집어넣어야 합니다…. 제발 단순하게 만들어주세요.'"[22]

미국에서 비즈니스를 시작한 지 1년이 지난 2000년 10월 31일, 페이팔은 26개국의 고객들에게 서비스를 제공하기 시작했다. 처음에 그 서비스는 다분히 제한적이었다. 통화 표기는 달러로만 되었고, 자국에 있는 사람이나 미국에 있는 사람에게만 송금이 가능했다. 그러나 그 서비스는 계속해서 이어졌고, 결제 건당 0.3달러 및 2.6퍼센트의 수수료와 함께 페이팔에게 새로운 수입원이 되었다.

2001년 말을 기준으로 해외 거래는 페이팔 총수입의 약 15퍼센트에 이르렀다. 그리고 그 실적을 나타내는 그래프는 오른쪽 위를 향했다. 달러 기반 거래가 다중 화폐 거래로 넘어가면서 성장 속도는 더욱 빨라졌고, 페이팔은 글로벌 확장을 통해 200개국 시장에서 25개 통화로 비즈니스를 운영하기 위한 발판을 마련했다.

그러나 모든 새로운 시장으로의 확장이 페이팔의 전통은 아니었다. 그들은 잠재적으로 수익성 있는 모든 시장에 뛰어들지는 않았다. 리드 호프먼은 페이팔을 통해 마리화나를 팔고자 했던 한 사람을 만난 적이 있었다. "그에게 이렇게 말했었죠. '우리 변호사들과 이야기를 나눠봐야겠군요.'" 결국 페이팔은 그의 비즈니스를 승인하지 않았다.[23]

포르노 역시 윤리적인 차원에서 상당히 까다로운 문제였다. 그때까지만 해도 포르노는 인터넷 트래픽을 가장 많이 잡아먹는 데이터 원천이었다. 그러나 많은 페이팔 직원은 그들의 기업이 그러한 문제에 휘말리지 않기를 원했다. 이와 관련해서 틸은 많은 직원과 대화를 나눴다. 당시 페이팔에 들어온 지 얼마 되지 않았던 킴-엘리샤 프록터는 CEO가 "제가 우려하는 바에 귀를 기울여주고 우리가 내리는 의사결정과 그 이유에 대해 기꺼이 이야기를 나누려 했다"[24]는 사실을 대단히 높이 평가했다.

이에 대해 페이팔 임원들은 절충안을 모색했다. 색스는 이렇게 설명했다. "우리는 그런 비즈니스는 추구하지 않을 겁니다. 하지만 그렇다고 해서 [그들을 색출하기 위해] 수많은 사용자를 심문하는 일은 없을 겁니다."[25]

페이팔은 일부 새로운 시장에서 규제적인 난관에 봉착하기도 했다. 2001년 7월 6일, 《뉴욕타임스》는 전면 기사에서 페이팔을 다루면서 그 옆에 페이팔 로고를 실었다. 그 기사는 "미국 기업들이 성장하는 인터넷 도박 시장에서 돈을 벌어들이고 있다"[26]라는 헤드라인과 함께 한 도박 웹사이트의 홈페이지 위에 페이팔의 로고를 올려놓은 이미지를 실었다.

1990년대 말 인터넷이 급성장하면서 그에 따라 온라인 카지노 시장도 폭발적으로 성장했다. 미국의 대부분 지역은 온라인 도박을 불법으로 규정했기 때문에 미국인들은 주로 코스타리카나 카리브해 지역에 본거지를 두고 있는 해외 사이트들을 돌아다녔다. 그리고 이들 사이트가 수십억 달러를 끌어모으면서 많은 미국 기업이 그 시장을 뒷받침하는 비즈니스에 뛰어들었다. 여기에는 도박 소프트웨어를 설계하거나 미국 고속도로에 카지노 광고판을 설치하는 기업들이 포함되었다. 심지어 꽤 유명한 인터넷 기업도 그 흐름에 동참했다. 구글과 야후는 술과 담배 기업의 광고비를 거부했던 반면, 온라인 도박은 받아들였다. 2001년 한 구글 임원은 《뉴욕타임스》와의 인터뷰에서 이렇게 밝혔다. "우리는 도박과 동일한 범주에 있지 않습니다. 법은 이와 관련해서 확실한 기준을 제시하지 못하고 있습니다."

법률의 애매모호함과는 달리, 온라인 도박 비즈니스는 점점 더 뚜렷한 성공을 향해 나아가고 있었다. 한 온라인 도박꾼은 기자에게 이렇게 말했다. "끊임없이 버튼을 클릭하고 클릭합니다. 희열이 몰려옵니다. 마치 현실이 사라진 듯한 느낌이 듭니다."[27] 그 도박꾼은 한 달 만에 1년치 소득의 절반을 날려버렸고, 절망감에 태평양 바다에 뛰어들 생각까지 했다고 말했다.

디지털 카지노 운영에 대한 규제 역시 애매모호했다. 울웨이는 이렇게 말했다. "문제는 단지 단 몇 번의 클릭만으로 많은 돈을 잃을 수 있다는 사실만이 아닙니다. 라스베이거스 카지노처럼 네바다 게임 위원회가 이들 슬롯머신을 검사하지 않는다는 겁니다… 이러한 온라인 카지노의 문제는 사람들이 아루바Aruba(카리브해에 있는 네덜란드령 섬-옮긴이)에 자리 잡은 기업들이 제작한 온라인 슬롯머신으로 게임을 하고 있다는 사실입니다… 이길 확률이 얼마인지 어떻게 알 수 있을까요?"[28]

또한 도박꾼들은 카지노를 운영하는 기업들의 수상한 대응 방식에 대해서도 지적했다. 그들의 증언에 따르면, 도박꾼이 지면 돈은 그 도박꾼의 계좌에서 카지노로 순식간에 빠져나갔다. 반면 도박꾼이 이겼을 때 카지노는 종종 며칠간 지급을 유보했다. 이러한 방식은 그들이 계속해서 도박을 하도록 유인하기 위함이었다.

미국의 유명한 여러 금융기관은 이러저러한 이유로 해외 카지노에 대한 서비스 제공을 거부했다. 하지만 덕분에 고객 기반을 다각화하고자 하는 스타트업에게는 기회의 문이 열렸다. 셸비는 이렇게 말했다.

"아무도 그 시장에 뛰어들려고 하지 않았습니다. 그래서 우리는 들어가 빈 공간을 차지해버렸죠."[29] 2001년 페이팔의 여러 직원은 미국 해안에서 멀리 떨어져 있지 않은 섬에서 카지노를 운영하는 기업들을 방문하는 과정에서 그 어두컴컴한 공간을 경험했다.

1998년과 1999년에는 인터넷 도박으로 돈을 잃은 사람들이 신용카드 기업을 상대로 소송을 제기했다.[30] 캘리포니아에 사는 한 여성은 신용카드 빚이 7만 달러에 이르자 마스터카드와 비자를 지방 법원에 고소했다. 그는 재판에서 이겼고 부채도 사라졌다. 이 사건을 비롯해 이와 유사한 판결이 이어지면서, 그리고 언론의 취재가 강화되면서 비자와 마스터카드, 그리고 아메리칸 익스프레스는 해외 카지노 웹사이트에 대한 서비스를 더 엄격하게 금지했다.

하지만 페이팔이 이베이로부터 배웠듯이 비자와 마스터카드, 아메리칸 익스프레스가 거부한 모든 시장은 페이팔에게 금광이 될 수 있었다. 페이팔은 온라인 도박에 서비스를 제공하는 비즈니스의 위험과 보상에 대해 신중하게 분석했고, 이러한 논의는 이사회 차원에서도 이뤄졌다. 구글과 야후 이사회 멤버인 마이크 모리츠는 그 시장의 가능성을 이해했고 페이팔의 진출을 적극적으로 지지했다. 그는 페이팔이 전체 매출에서 도박이 차지하는 비중을 충분히 낮게 유지하는 한, 경고가 울리는 일은 없을 것이라고 조언했다.

페이팔이 도박 비즈니스에 진입한 것은 사실 생소한 일은 아니었다. 이미 또 다른 웹사이트는 페이팔을 통해 카지노 결제 서비스를 제공하고 있었다. 소위 라스베이거스 전략을 이끌고 있던 비즈니스 개발팀의 댄 메이든은 이렇게 떠올렸다. "[그 업체는] 그들 사이트에서 모든 카지노를 목록에 올려놓고 있었습니다. 그래서 저는 이렇게 말했죠. '이들 카지노에 모두 전화를 걸어 우리와 직접 거래할 수 있다고 제안할 수 있습니다.'"[31]

카지노와 페이팔은 모두 거래를 통해 뭔가를 얻을 수 있다고 생각했다. 카지노들은 점점 유명세를 얻고 있는 브랜드를 그들의 결제 서비스 제공자로 선택할 수 있었다. 그리고 페이팔은 카지노 거래에 높은 수수료를 부과할 수 있었다. 그렇게 해서 메이든과 비즈니스 개발팀은 특이한 조사 임무를 맡게 되었다. 그리고 도미니카공화국과 코스타리카, 안티과, 퀴라소 등 해안 지역에 자리 잡은 전 세계 도박 기업들의 본거지로 향했다.

온라인 도박 세계는 두 개로 나뉘어 있었다. 메이든이 보기에 우선 비즈니스를 카리브해 지역으로 확장하고 싶어 하는 유럽의 도박 기업들이 있었다. 다음으로 법적으로 복잡한 미국 내 비즈니스를 해외로 옮기고자 하는 뉴욕과 마이애미에 기반을 둔 다소 수상쩍은 도박 기업들이 있었다. 메이든은 해외 카지노 거물과 만났던 잊지 못할 기억을 떠올리며 이렇게 말했다. "상당히 불편했습니다. 회의에 참석했을 때 상대가 테이블 위에 권총을 올려놓은 듯한 느낌이 들었거든요."

당시 페이팔의 전체 결제 비즈니스에서 도박 비즈니스가 차지하는 비중은 10퍼센트가 되지 않았지만, 수익률은 20~30퍼센트로 꽤 높았다. 이는 일반적인 경매 결제 시장의 수익률보다 훨씬 높은 것이었다.

처음부터 페이팔은 도박 비즈니스를 이베이라고 하는 더 큰 위험에서 벗어나기 위한 하나의 탈출구로 생각했다. 울웨이는 이렇게 떠올렸다. "우리는 언제나 이베이를 벗어날 방법을 찾고 있었습니다. 당시 도박은 빠르게 성장하는 고수익 사업이었죠. 게다가 우리는 확실한 솔루션을 제공할 수 있는 특별한 위치를 차지하고 있었습니다."[32]

그러나 페이팔이 온라인 도박에 뛰어들면서 더 집중적인 감시를 받게 되었다. 페이팔은 의회 증언에 불려 나왔고, 이는 그들의 평판에 불리하게 작용했다. 또한 산업 분석가와 신용카드 협회 로비스트들은 페이팔이 신용카드 기업이 아니라 결제 중개자이기 때문에 카지노 기업들에게 신용카드 업계의 규범을 무시할 편리한 구실을 제공했다고 주장했다.

페이팔은 도박 시장으로의 확장을 통해 수익성을 개선했지만, 도박 세상에 갑자기 등장한 기업들에게 노출이 되었다. 사기 조사관 멜라니 세르반테스는 이렇게 설명했다. "인근 도시에 카지노가 들어서면 일반적으로 그곳을 중심으로 많은 범죄가 일어나게 됩니다…. 인터넷 세상에서도 그와 비슷한 일이 벌어지고 있습니다. 카지노가 등장하면 이를 둘러싸고 여러 다양한 사기 조직이 생겨납니다."[33]

이는 쉽게 무시할 수 있는 주장이 아니었다. 세르반테스는 말했다. "카지노는 자금의 흐름을 숨길 수 있는 훌륭한 수단입니다…. 블라디미르가 몰타에 있는 누군가에게 매월 셋째 수요일마다 5000달러를 보낸다면, 이는 꽤 체계적인 방식으로 이뤄지고 있을 것이며 아마도 레이어를 사용하고 있을 겁니다." 여기서 레이어란 돈세탁 과정의 단계를 가리키는 말로, 범죄자는 돈을 세탁하는 과정에서 부당하게 얻은 돈의 출처와 목적지 사이에 '레이어'를 추가한다. 세르반테스는 말했다. "돈세탁은 불법입니다. 그리고 현실 세계에서 벌어지는 끔찍한 범죄를 감춰 줍니다." 페이팔은 도박 세상을 조사하면서 마약상에서 청부살인, 그리고 총기 밀매에 이르기는 다양한 연결 고리를 발견했다. 그곳은 페이팔이 앞으로 헤쳐나가고 감시해야 할 거대한 디지털 지하 세계였다.

대단히 복잡한 현실에도 불구하고 페이팔은 인수를 통해 도박 비즈니스에 본격적으로 진입하는 방안을 고려하기 시작했다. 당시 슈어파이어 커머스SureFire Commerce는 도박 시장에서 앞서가는 결제 서비스 업체로 온라인 도박 거래의 60퍼센트를 처리하고 있었다.

페이팔은 작전명 '사파이어 프로젝트'를 통해 슈어파이어에 대한 자체 조사를 벌였고, 몇 달에 걸쳐 실사를 하고 위험을 평가했다. 또한 프라이스워터하우스쿠퍼스PricewaterhouseCoopers에게 위험 분석을 의뢰하고, 슈어파이어의 임원들을 만나 서로의 비즈니스 모델에 대해 질문을 주고받았다.[34]

페이팔 임원들은 슈어파이어의 비즈니스를 깊이 들여다보는 과정에서 위험 요인을 발견했다. 그것은 슈어파이어가 온라인 도박 거래와 관련해서 신용카드 협회의 규범을 따르지 않고 있다는 사실이었다. 신용카드 협회는 도박 시장을 더욱 철저히 감시하기 위해 특별 조항인 코드 7995를 실행하고 있었다. 그 코드를 적용할 경우 도박 거래는 특별 감시를 받게 될 것이며 많은 거래가 즉각 거절될 것이었다.

슈어파이어는 코드 7995 대신에 코드 5999('여러 다양한 인터넷 거래')와 같은 다른 코드를 조용히 선택했다. 이를 통해 비즈니스를 계속해서 운영하면서 신용카드 업체들의 감시를 제한하고자 했다. 이러한 선택은 불법은 아니었지만, 분명하게도 신용카드 협회의 규범을 무시하는 것이었다.

페이팔은 결국 슈어파이어 커머스와의 협상을 포기했다. 그래도 그 과정에서 얻은 교훈을 그들에게 유리한 방향으로 활용했다. 2001년 7월과 8월에 비자와 마스터카드가 기존 규범을 더욱 엄격하게 실행하기 시작하면서 페이팔을 포함해 그들의 규범 체계를 성실하게 따르지 않는 결제 서비스 업체에 주목했다. 비자는 해외 도박 사이트의 일부 거래가 부적절한 방식으로 이뤄지고 있다는 사실을 확인했다. 페이팔은 엄중한 서한을 받았다.

페이팔은 그들의 규범 준수 관행을 변경함으로써 그들의 요구에 따랐다. 그리고 한 걸음 더 나아가 슈어파이어의 위반 사례는 엄격한 감시 대상이라는 사실을 비자와 마스터카드에 알렸다. 이는 대단히 공격적인 전략이었다. 어쨌든 페이팔과 슈어파이어 모두 동일한 유형의 잘못된 관행에 대한 책임을 지고 있었다. 그러나 페이팔은 여기서 기회를 봤다. 슈어파이어의 비즈니스가 타격을 입는다면, 페이팔은 더 넓은 카지노 시장을 차지할 수 있을 것이었다. 그것도 페이팔이 예전에 감히 넘볼 수 없었던 비자가 그 모든 어려운 일을 처리하는 동안에 말이다.

슈어파이어 커머스와 협상하고, 이베이와 싸움을 벌이고, 해외시장으로 진출하는 과정에서 페이팔은 대단히 공격적인 모습을 보였다. 새로운 아이디어를 종종 치열한 기회주의를 통해 실현했다. 가령 잠정적인 화이트레이블 서비스와 의심스러운 해외 업체에 대한 서비스, 그리고 이베이에서 기본적인 서비스로 자리 잡고 그 경매 거물에 대한 사용자들의 저항을 이용해서 변화를 끌어내는 시도가 바로 그것이었다.

각각의 사례에서 게임을 이기기 위한 전략에는 기준이 있었다. 다시 말해 결과가 수단을 정당화하는 논리가 있었다. 이는 수익률이 낮은 결제 비즈니스의 현실을 반영하는 것이었다. 물론 페이팔은 분명하게도 선을 넘지는 않았다. 그들은 마리화나 비즈니스처럼 명백한 불법 비즈니스는 피했으며, 틸이 '오렌지 점프슈트 금지no orange jumpsuits'라고 부른 원칙을 따랐다. 그럼에도 가령 비자와 마스터카드의 서비스 약관과 같은 인위적인 규범은 거리낌 없이 무시했다.

이러한 움직임의 대부분은 페이팔 경영진이 수년 동안 분석했던 엄격한 데이터에 따른 것이었다. 그 데이터는 그들의 비즈니스 대부분이 여전히 이베이를 근간으로 하고 있다는 사실을 말해주고 있었다. 이로 인해 페이팔을 계속해서 불안정한 기반 위에 서 있어야 했다. 그래서 그들은 다른 시장으로의 진출을 최고의 우선순위로 삼았다.

데이비드 색스는 페이팔 뉴스레터의 한 기사에서 새로운 결제 시장으로 진입하는 과제에 대한 자신의 생각을 간략하게 정리했다. 그는 이렇게 썼다. "현실적으로 페이팔이 추구할 수 있는 시장의 수는 다분히 제한돼 있다. 그 이유는 다양한 고객들의 요구에 따라 결제 서비스를 구체적인 방식으로 맞춤화해야 하기 때문이다."

색스는 새로운 시장으로 진출하기 위해 비즈니스 출범 전 준비와 출범 후 공격적인 영업 및 마케팅 과정에 석 달의 시간이 필요할 것으로 예상했다. 이러한 측면에서 페이팔은 가능할 때마다 다음과 같은 시장을 조사했다. "① 기능의 차원에서 우리의 기존 활동 영역과 비교적 가까운 시장 ② 기존 업체들이 충분한 서비스를 제공하지 못해서 우리의 서비스에 대한 강력한 수요가 존재하는 시장."

페이팔은 바로 이러한 기준을 중심으로 확장 가능한 목표물을 선택했다. 가령 색스는 피자헛이나 아마존에서 수익을 올릴 수 있는 시점이 되었다는 주장을 무시했다. 색스가 보기에 오프라인 유통업체는 "지금 [페이팔이 있는] 곳에서 (진화적인 확장이라기보다) 혁명적인 확장에 해당하며, 또한 페이팔이 기존 서비스에 더 많은 가치를 추가할 수 있을지 분명하지 않았다." 또한 색스는 아마존과 같은 사이트로의 확장은 현실적으로 불가능하다고 생각했다. 이베이의 결제 서비스를 파고드는 과정에서 겪은 좌절과 난관을 충분히 이해했기 때문이었다. 그는 이렇게 썼다. 기성 사이트들은 "그들의 결제 서비스를 페이팔에게 넘기는 방식을 끔찍이 싫어한다."

핵심은 페이팔이 정복지를 신중하게 선택해야 한다는 것이었다. 색스는 이렇게 결론을 내렸다. "적진을 향해 무차별적으로 낙하산을 침투시키는 작전으로는 세계를 정복할 수 없다."[35]

20장

기습 기업공개

2000년 여름에 머스크는 이렇게 선언했다. "우리는 핵폭탄급 기업공개를 추진할 것입니다."[1] 직원들은 그 발표를 대단히 인상적인 머스크주의Musk-ism 사건으로 꼽았다.

그러나 페이팔이 설립된 지 1년이 흘러 그 시장은 자체적인 거대한 폭발로부터 간신히 살아남은 정도에 불과했다. 그리고 기술 기업의 기업공개에 관한 관심은 사라져버리고 말았다. 아마존이 지원한 펫츠닷컴이 그 좋은 사례다. 대대적인 광고 캠페인을 벌인 온라인 반려동물 식품 기업인 페츠닷컴은 2000년 2월에 기업공개를 했다. 당시 그 기업의 주식 가격은 주당 11달러로 시작해서 14달러까지 올랐다. 그러나 11월이 되자 주가는 주당 19센트로 곤두박질치고 말았다. 그리고 기업공개 후 불과 몇 달만에 펫츠닷컴은 청산 절차에 들어갔다. 이는 비단 펫츠닷컴만의 문제는 아니었다. 2000년에 인터넷 주식들은 그 가치의

4분의 3을 잃어버렸고 주식시장 전체에서 무려 2조 달러가 사라져버렸다.

이러한 분위기에서 페이팔은 기업공개를 놓고 고민에 빠졌다. 틸은 기업 전체의 새로운 목표를 발표했다. 그것은 2001년 8월까지 수익을 내겠다는 것이었다. 사실 수익은 기업이 나스닥이나 뉴욕증권거래소에 진입하기 위한 전제조건은 아니었다.[2] 2000년 당시 기업공개 이전에 수익을 올린 기업은 14퍼센트에 불과했다. 하지만 기술 주식에 대한 시장의 관심이 가라앉은 상황에서 틸은 어떻게든 수익을 올려야 회의주의자들의 마음을 돌릴 수 있다고 믿었다.

이를 위해 틸과 그의 팀은 다양한 방법을 모색했다. 여기에는 가장 아픈 부위에 허리띠를 졸라매는 방법도 포함되었다. 그것은 다름 아닌 직원들의 먹거리를 줄이는 것이었다. 2001년 봄, 페이팔 뉴스레터는 누구도 예상하지 못한 발표를 했다. 그 내용은 탄산음료와 자판기 스낵을 유료로 전환하겠다는 것이었다. 땅콩버터나 우유와 같은 기본적인 식품은 그대로 무료로 제공하지만, 보조금으로 운영되는 점심 식사는 일주일에 샌드위치를 세 번 지급하는 방식으로 축소될 것이었다. 그 뉴스레터를 작성한 이들은 이렇게 주장했다. 비록 직원들의 배는 꼬르륵 소리를 내겠지만, "그러한 작은 희생이 모여 가치 있는 결과를 이뤄낼 것이다."[3]

그런데 자판기 스낵을 유료로 전환한 정책은 뜻밖에도 직원들의 반항적이면서도 창조적인 행동으로 이어졌다. 짐 켈라스는 당시를 이렇게 떠올렸다. "몇몇은 한목소리로 이렇게 말했습니다. '맘대로 하라 그래. 하지만 돈을 받을 거면 적어도 우리가 원하는 것을 가져다 놓으라고.' 사람들은 실제로 서랍에다가 사탕 같은 것을 한 무더기 집어넣어 놨습니다. 그러고는 직원들의 [회사] 배지 뒷면에 인쇄된 바코드를 읽을 수 있는 스캐너를 만들었습니다. 스캐너로 바코드를 읽으면 자동적으로 해당 직원의 페이팔 계정으로 요금을 부과하는 방식이었죠."[4] 이렇게 과감한 사내 매점을 만든 이들 중 하나인 조지 이시이George Ishii는 그 매점을 '이시이 쇼우텐'이라고 불렀다. 일본말로 '이시이 상점'이라는 뜻이었다.

틸은 페이팔이 수익을 올리도록 격려하기 위해 내기를 걸었다. 2001년 4월 중반에 《위클리 팔》의 기사를 쓴 제니퍼 쿠오는 이렇게 말했다. "기업 내 많은 이들이 기업의 성공에 이바지하고자 많은 것을 기꺼이 희생했다. 우리는 잠과 자유시간, 운동, 햇볕을 포기했다. 그런데 이제 우리의 CEO 피터 틸이 나서서 최종적인 희생에 동참했다. 그는… 8월 한 달 동안 수익을 올릴 경우 자기 머리카락을 파란색으로 염색하기로 했다!!!"[5]

기업은 여러 가지 이유로 공식적인 증권거래소에 진입하기를 희망한다. 첫 번째 이유는 재정적인 것이다. 기업은 지분 일부를 대중에 매각함으로써 기관 투자자와 일반 트레이더 및 공식적인 시장의 많은 이들로부터 자본을 끌어모을 수 있다. 설립자, 그리고 지분을 받은 초기 직원들에게 기업공개는 액면상의 부를 실질적인 돈으로 전환하는 기회다. 그리고 많은 이들에게 기업공개는 처음부터 기업을 세우는 고된 일로부터 빠져나갈 수 있는 탈출구를 의미한다. 또한 기업공개는 대중 투자자가 그 주식에 대해 지불하고자 하는 가격을 기반으로 기업의 공정한 시장 가치를 결정하는 기능을 한다. 마지막으로 기업공개를 둘러싼 언론 보도는 기업의 브랜드 인지도를 끌어올리는 역할을 한다. 즉, 기업의 이름을 대중의 기억 속에 각인시킬 수 있다.

페이팔에게는 기업공개를 추진해야 할 여러 가지 이유가 있었지만, 가장 중요한 이유는 자금 조달이었다. 페이팔은 2001년 3월에 전 세계 투자자를 대상으로 했던 투자 라운드를 통해 9000만 달러를 끌어모았다. 그리고 이제 그들은 수익성을 창출하는 방향으로 나아가고 있었다. 그러나 기업공개를 통해 추가적인 자금을 마련한다면 더욱 단단한 기반을 다질 수 있었다. 특히 이베이에 대한 높은 의존성과 사기율, 그리고 신용카드 업계와의 두텁지 못한 관계 등 여러 다양한 위험 요소에 더욱 신중하게 대처할 수 있을 것이었다.

기업공개 과정은 시장이 호황일 때에도 3개월에서 심지어 몇 년에 이르기까지 길어질 수 있다. 서류 작업은 어마어마하고 수많은 변호사가 참여한다. 그리고 기업공개를 앞둔 기업은 투자은행과 감사 및 규제기관, 언론, 그리고 투자에 관심 있는 대중으로부터 철저한 심사를 받게 된다. 시간적인 비용 외에도 기업공개는 골치 아픈 소송이나 반갑지 않은 언론의 관심을 불러일으킬 수 있다. 그 두 가지는 기업에 장기적으로 피해를 입힐 수 있다. 또한 주식 매도를 통해 자금을 끌어모으는 대가로 기업은 증권거래위원회에 대한 엄격한 보고와 규제 요건에 동의해야 한다. 게다가 기업공개라는 높은 산을 넘은 후에도 기업의 직원들이 자신이 보유한 지분을 매각하려면 '매각 제한 기간'이 끝날 때까지 기다려야 했다.

2001년 7월에 마크 울웨이의 역할은 해외 자금 조달 업무에서 기업공개라는 마라톤을 준비하도록 하는 업무로 바뀌었다. 울웨이는 그 첫 단계로서 기업공개와 관련해서 투자은행을 선정하는 과정에 참여했다. 이는 대단히 중요한 선택이었다. 기업공개에서 은행은 기업이 그 기간에 직면하게 되는 어려움에 대처하도록 도움을 주면서 언더라이터underwriter(유가증권의 인수를 업무로 하는 금융 기업-옮긴이) 역할을 한다. 다시 말해 주식을 발행하는 기업과 그 주식을 사들이는 투자자 사이에서 중개인 노릇을 한다. 또한 다양한 요건을 검증하고, 이와 관련된 정보를 투자자에게 전달하고, 주식에 대한 수요를 파악하면서 기업공개의 효과를 극대화하기 위해 최적의 가격과 시기를 결정한다.

모건스탠리가 주요 언더라이터 역할을 맡기로 동의했을 때 페이팔은 일찍이 성공을 확신했다. 유명 분석가인 메리 미커Mary Meeker가 이끄는 모건스탠리 팀은 특히 기술 기업을 위한 기업공개에서 높은 평판을 자랑했다. 그들의 성공에는 닷컴 붐을 알리는 신호탄으로 인정받은 전설적인 1995년 넷스케이프 기업공개 사례도 포함되었다. 같은 해 미커는 디지털 세상을 향한 '연두교서'라 할 수 있는 《인터넷 트렌드Internet Trends》 창간호를 발간했다.

2001년 8월 중순에 페이팔은 S-1 자료를 준비함으로써 기업공개 과정에 착수했다. S-1은 기업의 재정과 운영, 역사 및 법률적 사안을 상세하게 기술한 수백 페이지에 달하는 문서로서 증권거래위원회에 제출해야 한다. 8월 마지막 주에 모건스탠리 팀은 팰로 앨토로 날아가 페이팔 사람들을 만났고, 그때 그들은 2001년 말 기업공개를 약속했다.

8월 29일에 틸은 페이팔 직원과 주주들을 대상으로 매각 제한 기간에 관한 합의문을 발송하면서 페이팔이 기업공개 절차에 들어갔음을 공식적으로 선언했다. 그 공지에는 또한 강한 경고도 담겨 있었다. 그것은 모든 직원은 그 시점부터 페이팔과 관련된 이야기를 공유함에 있어 신중을 기해야 한다는 내용이었다. 《위클리 팔》 역시 이러한 메시지를 재차 강조하면서 제2차 세계대전 당시의 유명한 격언을 인용했다. "입이 가벼우면 화를 부른다!"[6]

기업공개는 기업 가치를 결정하는 데 도움을 준다. 다양한 인수 사례가 보여줬듯이 기업의 가치를 결정하는 것은 대단히 힘든 일이다. 잭 셀비는 이렇게 설명했다. "우리는 기업공개를 해야 합니다. 그래서 나스닥이 우리가 어느 정도의 가치가 있는지 말하도록 하고, 그래서 사람들이 우리를 사들이도록 해야 합니다."[7]

기업공개 절차가 시작되면서 페이팔의 인수를 희망하는 기업들이 많이 모습을 드러냈다. 그중 하나였던 체크프리CheckFree는 문서 기반의 결제 과정을 디지털화하는 기업으로서 페이팔의 활동 범위와 거대한 결제 규모는 물론 페이팔이 제삼자 플랫폼상에서 비즈니스를 운영하면서 구축한 신뢰에 특히 매력을 느꼈다. 체크프리 설립자 피트 카이트Pete Kight는 이렇게 말했다. "소비자 브랜드는 쉽게 사라지지 않습니다. 그리고 사람들의 돈을 옮기는 비즈니스에서 신뢰를 얻기는 대단히 어렵습니다."[8]

카이트는 페이팔이 이베이의 고장 난 결제 시스템을 완성된 시스템으로 바꿔놨다는 사실에 강한 인상을 받았다. 그는 페이팔에 대해 이렇게 언급했다. "매번 해결책이 문제를 발견하는 것은 아닙니다. 때로 문제가 해결책을 발견하기도 하죠."

카이트는 기업공개에 대한 페이팔의 의지에도 불구하고 틸이 이에 대해 우려하고 있다는 사실을 알았다. 그는 이렇게 기억했다. "[틸은] 줄곧 이렇게 말했었죠. '주식을 공개한 기업을 운영하고 싶지는 않습니다. 저는 그런 CEO가 될 생각은 없습니다. 차라리 다른 일을 하겠습니다. 기업공개는 제가 원하는 바가 아닙니다.' 그는 저를 설득하려 했습니다. 하지만 기업공개가 그렇게 복잡한 문제라고는 생각하지 않았습니다."

그 두 기업은 머지않아 기업 실사를 시작으로 두 번의 합병 시도를 했다. 체크프리는 페이팔에 많은 관심을 갖고 있었지만, 동시에 페이팔이 이베이에 지나치게 의존하고 있다는 사실과 함께 페이팔 경영진이 사용했던 지극히 독립적인 표현에 대해 우려했다. 카이트는 이렇게 말했다. "저는 이런 식으로 말했습니다. '관심은 있지만 그 경영 체제를 뒤엎는 일에는 흥미가 없습니다.'" 틸은 카이트와 이야기를 나누는 동안 이러한 우려를 불식시키고자 애썼다.

그러나 체크프리가 가장 걱정했던 부분은 페이팔이 신용카드 연합의 네트워크에 크게 의존하고 있다는 점이었다. 그는 비자나 마스터카드가 전략을 조금만 수정해도 페이팔은 사라질 수 있다고 우려했다. 그런 일이 벌어진다면 "우리는 비즈니스를 승인받지 못한 기업을 사들인 셈이 되는 거죠."

카이트는 결국 협상이 더 이상 진척될 수 없다고 판단했다. 그는 당시의 결정에 대해 웃으면서 이렇게 말했다. "사람들이 체크프리의 역사에 대해 이야기하면서 '당신은 아주 똑똑합니다'라고 말하면 저는 이렇게 대답합니다. '제가 똑똑하다고 생각하신다면, 페이팔을 인수할 기회가 있었고, 그것도 두 번이나 있었는데 제가 그 기회를 모두 날려버렸다는 사실에 대해서는 뭐라고 말씀하실 건가요?'"

2001년 8월 31일 금요일, 페이팔 가입자 수가 1000만 명을 기록했다. 기업공개를 앞두고 이미 들떠있던 페이팔 사람들은 엠바카데로 1840번지 사무실에서 근무를 마친 후 마르가리타 칵테일을 들고 이를 축하했다. 틸은 그 성과와 관련해서 이렇게 이메일을 썼다.

이번 주 페이팔은 1000만 번째 사용자를 기록했습니다. 특정한 숫자에 너무 많은 의미를 부여하는 게 아닌가 생각하는 사람도 있을 겁니다. 그래도 숫자를 통해 우리가 어디까지 왔는지 확인할 수 있습니다.

1. 1999년 11월 18일: 사용자 1000명. 우리는 여전히 우리의 서비스가 성공할 것인지, 혹은 사용자 수가 초기의 폭발적인 관심 이후에 시들지 않을 것인지 확신하지 못했습니다.

2. 1999년 12월 28일: 사용자 1만 명. 하루에 약 5백 명의 사용자가 페이팔에 가입하면서 사람들의 개인정보를 바탕으로 모든 봉투를 (손으로 일일이) 발송하는 일이 점점 더 힘들어졌습니다. 그래도 성장률은 나날이 높아지고 있었습니다.

3. 2000년 2월 2일: 사용자 10만 명. 분명하게도 기하급수적인 성장이었습니다…. 그러나 우리는 이들 사용자와 더불어 무엇을 해야 할지 알지 못했습니다. 그리고 신규 가입 보너스(개인당 20달러)에 대해 걱정하기 시작했고 이를 계속해서 지급할 수는 없다는 사실을 알게 되었습니다…. 분명하게도 그 비용 역시 기하급수적으로 증가했습니다…. 과거에 X.com 역시 똑같이 보너스를 지급했습니다. 우리는 그 경쟁에서 파산하게 되지 않을까 두려워했습니다(합병 후 X.com 또한 똑같이 두려워하고 있었다는 사실이 드러났습니다).

4. 2000년 4월 15일: 사용자 100만 명. 페이팔과 X.com이 합병하고 높은 성장률이 이어지면서 1억 달러의 자금을 끌어모았습니다. 이제 자본과 직원, 고객 기반을 통해 비즈니스를 창조하는 일은 우리에게 달렸습니다. 야후가 인수한 초창기 경쟁자이자 나중에 페이다이렉트PayDirect로 바뀐 닷뱅크dotBank의 CEO 로버트 사이먼Robert Simon은 500만 명 사

용자 규모에 가장 먼저 도달한 기업이 온라인 결제 경쟁에서 승리할 것이라고 말했습니다.

여러분 모두 수고했습니다.[9]

'특정한 숫자'는 훌륭한 뉴스거리가 되었다. 빈스 솔리토는 기자들에게 그 이야기를 다뤄달라고 요청했고 페이팔은 보도자료를 널리 배포했다. 그러나 8월의 성과가 틸의 염색으로는 이어지지 못했다. 많은 이들의 기대와는 달리 페이팔은 아직 수익을 기록하지 못했다.

주식을 공개한 기업의 CEO를 원치 않았음에도 틸은 기업공개를 서둘러 추진했다. 그와 페이팔의 경영진이 보기에 페이팔의 비즈니스는 여전히 위험으로 가득했다. 그들은 기업공개를 통해 여러 다양한 이익과 함께 그들의 조직을 이베이와 같은 리그에 올려놓고자 했다. 그리고 이를 통해 페이팔이 단지 게임의 규칙을 바꿈으로써 제거할 수 있는 성가신 부속물이 아니라는 사실을 입증하고자 했다.

그러나 뉴욕의 어느 월요일 오후, 이러한 기대는 뜻밖의 난관에 부딪히고 말았다. 페이팔은 모건스탠리와의 회의에서 크게 실망했다. 틸은 자신이 만났던 두 명의 분석가가 페이팔의 비즈니스에 대해 잘 알지 못했으며, 회의에 앞서 페이팔 서비스를 한 번도 이용해본 적이 없었다고 말했다. 틸은 그들이 던진 질문들("사람들은 페이팔에서 어떻게 돈을 받습니까?", "페이팔의 수수료는 어떻게 되나요?", "페이팔은 송금자와 수령자 중 누구에게 수수료를 부과합니까?") 모두 '피상적인' 수준에 불과하다고 느꼈다.

그 회의에서 모건스탠리 팀은 나쁜 소식을 전했다. 그들은 2001년 말 기업공개가 현실적으로 불가능하다고 말했다. 틸은 이사회 멤버인 팀 허드에게 보낸 이메일에서 이렇게 썼다. "그들이 거론한 이유는 주로 분석가들이 페이팔의 전망에 대해 확신을 갖지 못했으며, 기업공개를 진행하기 전에 적어도 2분기 동안 수익을 기록해야 한다는 것이었습니다." 틸에 따르면, 모건스탠리는 또한 페이팔 팀에게 그들의 분석가들이 적어도 반년 동안 페이팔을 살펴보도록 허락할 수밖에 없었다는 말을 전했다.

틸은 페이팔이 모건스탠리 내부의 투자 은행가들과 주식 분석가들 사이의 혼선에 갇혀버렸다고 생각했다. 기업이 자금을 끌어모으도록 도움을 주는 협상을 추진하는 책임을 진 은행가들은 페이팔과 함께 가기를 열정적으로 원했지만, 주식을 추적하고 연구 기반의 투자 지침을 제공할 책임을 진 주식 분석가들은 다분히 회의적이었다.

틸은 허드에게 이렇게 썼다. "분석가들이 '독립성'을 주장하기 위해서는 투자 은행가들과 맞서야 합니다. 하지만 아이러니하게도 이 말은 페이팔에 대한 유일한 '독립적인' 검토가 페이팔이 기업공개에 적합하지 않다는 근거 없는 결론으로 이어지게 될 것이라는 점을 의미합니다. (그 검토에 따른 어떤 다른 결과도 충분히 '독립적'으로 보이지 않을 것이기 때문에) [모건스탠리가] 조직의 내부 갈등으로 인해 우리와 같은 기업에게 피해를 입히는 망가진 조직이라는 사실이 안타까울 뿐입니다."

틸은 이렇게 언급했다. "우리 모두는 이번 과정에서 완전히 뒤통수를 맞았습니다." 그는 모건스탠리 주식 분석가들이 페이팔의 기업공개를 지지하고 있다고 믿었으며, '그러한 점에서 그들을 믿은' 책임이 자신에게 있다고 생각했다. 그는 이렇게 주장했다. "제가 이 회사의 CEO로 있는 한 어떤 경우라도 다시는 [모건스탠리와] 손을 잡지 않을 겁니다."[10] 페이팔은 결국 새로운 주요 언더라이터를 찾아야 했고, 이로 인해 기업 공개 일정은 연기되었다.

페이팔 팀은 기업공개 과정에서 금융 산업 전반에 대한 실망감을 드러냈다. 페이팔의 선임 자문이자 기업공개 과정을 이끌었던 레베카 아이젠버그는 이렇게 말했다. "피터는 투자 은행가들에게 대단히 실망한 듯 보였습니다. 그들은 정직하지 못했습니다…. 그들은 페이팔을 증권거래위원회로 넘기는 방법을 알고 있다고 생각했지만, 자신도 이해하지 못하는 것을 어떻게 넘긴단 말입니까? 그들을 배제하기로 한 피터의 결정은 옳았습니다. 그 투자 은행가들은 페이팔의 성공에 방해가 될 뿐이었으니까요."[11]

그날 회의에서 은행가들을 반박하며 이렇게 말했다고 한다. "페이팔에 대한 우리의 생각이 아주 다른 척하지 않았으면 합니다." 실망스러운 회의가 끝나고 피터 틸과 로엘로프 보타, 제이슨 포트노이Jason Portnoy는 공항으로 향했다. 교통 체증으로 이동은 쉽지 않았다. 틸은 이렇게 말했다. "어서 빨리 이 도시를 떠나고 싶군요."[12]

그러나 공항에 도착하고 나서도 그 도시를 떠나는 일은 생각처럼 쉽지 않았다. 그날 저녁 뇌우가 뉴욕을 강타했고 비행기는 몇 시간 동안 활주로에 대기했다. 대기 시간은 제이슨 포트노이와 로엘로프 보타가 영화 한 편을 볼 정도로 길었다. 어쨌든 그 비행기는 참으로 다행스럽게 이륙했다.

페이팔 팀은 서부로 돌아왔다. 때는 2001년 9월 10일 밤이었다.

태평양 표준시로 새벽 5시 46분, 아메리칸 에어라인 항공 11편이 세계무역센터 북쪽 타워에 충돌했다.

페이팔 직원들이 잠에서 깼을 때 나라는 혼란에 빠져 있었다. 엔지니어 제임스 호건은 그날 페이팔 웹사이트의 트래픽이 갑자기 떨어지는 것을 발견했다. 그는 당시를 이렇게 떠올렸다. "휴게실 벽면에 설치된 모니터에서 사이트의 사용 그래프를 실시간으로 확인할 수 있었습니다. 그 형태는 대부분 비슷했죠. 낮에는 올랐다가 밤에 떨어지는 롤러코스터 모양이었죠. 그런데 그날 그래프가 갑자기 꺾였습니다. 제가 보기에 그것은 그날 세상이 얼마나 다르게 돌아가고 있는지를 보여주는 이례적인 내부 신호였습니다."

마크 울웨이는 자신이 이끌었던 기업공개 사전 작업을 중단했다. 테러 공격으로 여러 금융 서비스 기업이 무너졌고 시장은 며칠 동안 문을 닫았다. 페이팔 직원들은 사무실에서 공포에 질린 표정으로 뉴스를 지켜봤다. 몇몇은 너무 충격을 받아서 업무도 하지 못했다. 페이팔 경영진은 직원들에게 퇴근을 해도 좋다고 말했다. 그럼에도 일부는 업무를 하면서 충격에서 벗어나고자 했다. 호건은 이렇게 기억했다. "혼자 사는 제게 일은 곧 삶이었죠. 직장 동료들은 실제로 제 사회생활이자 공동체였습니다. 동료들과 함께 상황을 지켜보는 게 더 나았습니다."[13]

지아코모 디그리골리는 서부로 넘어온 뉴요커였다. 그에게 9·11은 엄청난 충격이었다. 나중에 그는 두 명의 대학 친구와 한 명의 고등학교 친구가 이번 테러로 사망했다는 소식을 들었다. 페이팔 변호사인 레베카 아이젠버그는 당시 남편과 함께 동부에 머물렀다가 9월 11일에 서부로 돌아올 예정이었다. 그러나 그들은 계획을 수정해서 예정보다 하루 일찍 집으로 돌아왔다. 그들은 원래 뉴어크 국제 공항에서 샌프란시스코 국제 공항으로 가는 항공기 93편을 예약했다. 이는 승객들이 납치

범들과 맞서 싸우는 동안 펜실베이니아에 추락했던 운명의 비행기였다.

해외에서 근무하는 페이팔 팀원들은 그 순간을 좀 다르게 경험했다. 당시 잭 셀비는 스콧 브라운스타인과 함께 런던에 머물고 있었다. 그때 그들은 전화기를 사무실에 두고 가까운 이탈리안 레스토랑으로 점심을 먹으러 나갔다.

사무실로 돌아오는 길에 브라운스타인은 충격에 빠진 한 행인을 발견했다. 그는 이렇게 떠올렸다. "그가 길을 건너면서 이렇게 말하더군요. '그들이 상공에서 비행기를 잡았어요! 비행기 다섯 대를 납치했다고요!'" 셀비와 브라운스타인은 사무실 건물의 계단 아래에 있는 작은 방에서 TV로 뉴스를 지켜봤다. 브라운스타인은 말했다. "도무지 믿을 수 없었습니다."

사무실로 돌아왔을 때 수십 통의 전화와 메시지가 그들을 기다리고 있었다. 브라운스타인은 이렇게 기억했다. "사람들은 마치 제가 미국을 대표하는 인물인 것처럼 '정말로 유감입니다'라고 말하더군요. 비즈니스 동료와 친구들로부터 가슴 아픈 메시지를 많이 받았습니다. '우리는 당신과 함께하겠습니다. 끔찍한 비극입니다.' 이런 말들을요."[14]

9월 14일자 《위클리 팔》 뉴스레터는 직원들이 느낀 충격과 슬픔, 분노를 고스란히 담았다. 한 계정 관리자는 이렇게 썼다. "이번 사건으로 지인을 잃었습니다(친구는 아니지만 제 친구의 가장 가까운 친구). 그리고 섬뜩한 느낌이 들었습니다." 또 다른 직원은 이렇게 썼다. "엄청난 충격을 받았고 심한 무력감에 빠졌습니다. 제겐 피해망상이 조금 있습니다. 어떤 사건이 바로 제게 일어난 일인 것처럼 상상하는 버릇이 있습니다."[15]

피터 틸은 14일 금요일에 전 직원을 대상으로 다음과 같이 이메일을 보냈다.

지난주는 너무나 힘든 시간이었습니다. 이 나라의 모든 사람처럼 페이팔 팀은 남북전쟁 이후로 미국 땅에서 벌어진 최악의 공격으로 감정적인 어려움을 겪었습니다. 우리는 애써 용감한 표정을 지으며 예전으로 돌아갈 것이라고 말했습니다. 그렇지만 우리는 뭔가가 정말로 바뀌었다는 사실을 알고 있습니다. 어쩌면 우리가 아직 정확하게 이해하지 못하는 방식으로 말이죠.

목요일 아침에 저는 회의 참석차 갔던 샌프란시스코 도심에서 이런 일을 겪었습니다. 그날 그 건물의 차고에 주차를 할 수 없었습니다(관리인들이 거기서 일하지 않는 사람에게는 주차를 허용하지 않았기 때문에). 결국 다른 곳에 주차하고 그 건물로 돌아왔을 때 사람들이 우르르 몰려나왔습니다. 누군가 폭탄 협박이 있었다고 말했습니다. 그러나 협박은 없었던 것으로 곧바로 드러났습니다. 하지만 일부는 공포에 휩싸였고 모든 상황이 마비되었습니다. 이와 비슷한 맥락에서 저는 최근에 팰로 앨토 사무실의 많은 직원 역시 불안을 느끼고 있다는 사실을 알게 되었습니다. 그리고 여기 있는 모두에게 함께 이 위기를 이겨나가기 위해 앞으로 몇 주 동안 서로의 감정에 좀 더 관심을 기울여달라고 부탁했습니다.

광기와 살인이 해방을 향한 유일한 탈출구라고 믿는 테러리스트들에 대해 우리는 무슨 말을 해야 할까요? 어떠한 긍정적인 비전을 갖고 있지 않다는 이유만으로 그들을 그저 '이슬람'이라고 불러서는 안 될 것입니다. 그보다 우리는 그들의 정체성을 적에 대한 허무주의적 부정이라고 정의해야 할 것입니다. 즉, 세계화 현대 자본주의, 서구 사회 전반, 특히 미국에 대한 부정으로 말이죠. 저는 개인적으로 이러한 광기에서 벗어나기 위해 오늘날 자본주의 서구 사회에 무엇이 최선인가에 대한 확신, 즉 모든 인간의 존엄성과 가치에 대한 믿음(배경이나 개인적인 특성과는 무관하게)이 필요하다고 생각합니다. 그리고 아이디어와 서비스, 제품의 자유로운 교류를 기반으로 평화로운 세계 공동체를 구축할 수 있다는 소중한 희망이 필요하다고 생각합니다.

저는 테러리스트들이 사악하고 제정신이 아닐 뿐만 아니라 정말로 멍청하다고 생각합니다. 큰 건물을 날려버림으로써 세계 무역을 막을 수는 없습니다. 그 건물이 '세계무역센터'라고 할지라도 말이죠. 오늘날 자본주의 서구 사회를 막기 위해서는 훨씬 더 많은 것을 파괴해야 합니다. 글로벌 커뮤니케이션 네트워크와 전 세계 비즈니스 인프라를 파괴해야 합니다. 인터넷을 차단하고 페이팔과 그 회사가 구축하는 모든 것을 무너뜨려야 합니다. 이러한 점에서 세계무역센터에 대한 공격은 바로 우리를 향한 공격이었습니다. 테러리스트들이 페이팔을 한 번도 들어보지 않았다고 해도 말이죠.

그래도 다행스러운 것은 우리 직원들 모두 무사하다는 사실입니다. 그리고 그들의 모든 가족과 친지 역시 안전한 것으로 보입니다. 우리는 비록 사소하다고 해도 상처 입은 사람들을 위해 우리가 가진 것을 나누는 훌륭한 일을 해냈습니다. 이 글을 쓰는 지금, 2만 2238명에 달하는 페이팔 커뮤니티 회원들이 총 82만 9423달러를 미국 적십자 국가재난구제기금에 기부했습니다.

우리는 뉴욕과 워싱턴을 비롯해 전 세계 모든 곳에서 무자비한 폭력으로 피해 입은 사람들과 함께 생각하고 기도할 것입니다.[16]

페이팔은 많은 다른 기업과 마찬가지로 테러 이후에 구호 사업을 시작했다. 비비안 고는 당시를 이렇게 떠올렸다. "사무실에 들어섰을 때 사람들 모두 이런 생각을 하고 있었습니다. '어떻게 도움을 줄 수 있을까?'"

틸은 구제 활동을 시작하면서 급박함을 강조했다. 고는 이렇게 말했다. "피터는 대단히 영리했습니다. 그는 사람들이 충격이 발생한 초기에는 관대하지만 몇 주가 지나면 충격은 누그러질 것이고… 점차 도움이나 자선과 같은 요청에 피로감을 느낄 것이라는 사실을 이해했습니다…. [우리는] 최대한 빨리 움직여야 했습니다."[17] 데니스 아프테카르는 자신의 동료 노라 그래샴Nora Grasham이 기부 사업에 박차를 가하기 위해 그날 아침 행동을 개시했던 모습을 떠올렸다.

9월 11일 저녁, 기본적인 것들은 모두 마련되었다. 페이팔은 relief@paypal.com을 서둘러 만들고 이를 통해 당시 페이팔의 적십자 기부에 동참하겠다는 이메일을 받았다. 또한 페이팔은 웹사이트에 기부 버튼을 추가했고, '웹 어셉트Web Accept'라는 기능을 만들어 사용자가 그들 자신의 사이트나 경매 페이지에 기부 버튼을 삽입할 수 있도록 했다. 그리고 다음 날 2400명이 총 11만 달러를 기부했다.

페이팔의 노력은 야후 및 아마존과 비슷했다. 언론은 이들 세 기업의 기부 사례를 기사로 실었다. 빈스 솔리토는 페이팔의 대응을 '당연한 선택'이라고 말했으며, 필요한 기간에 걸쳐 그 노력을 계속 이어나가겠다고 다짐했다. 9월 15일에 페이팔을 통한 적십자 기부 금액은 100만 달러를 넘어섰다. 2001년 11월 13일 적십자 베이 에어리어 본사 건물에서 틸은 미국 적십자 베이 에어리어 지부의 CEO인 해롤드 브룩스에게 235만 달러짜리 수표를 크게 확대한 모형을 전달했다.

성공을 향한 페이팔의 의지는 선의를 향한 그들의 의지를 강화했다. 가령 한 엔지니어는 기부 노력에 대해 설명하기 위해 클릭으로 연결된 페이지를 만든 아마존처럼 페이팔도 똑같은 것을 만들어야 한다고 주장했다. 페이팔은 희생자를 위한 기부금을 끌어모으는 과정에서 경쟁사에 뒤처지지 않기 위해 바삐 움직이면서 다양하게 수정하고 적용했다.

페이팔은 그들의 예전 경쟁자인 이베이가 이번 재앙에 대처하는 모습을 신중하게 지켜봤다. 당시 그 경매 거물은 난관에 봉착했다. 경매 판매자들은 오사마 빈라덴이나 세계무역센터와 관련된 불쾌한 물건들을 경매에 올렸고, 그러한 물건 중에는 엽서나 티셔츠, 신문 등이 있었다. 한 판매자는 세계무역센터 건물에서 떨어져 나온 그을린 콘크리트 잔해라고 주장하는 것을 올렸고, 또 다른 이는 그 건물이 화염에 휩싸이면서 무너지는 장면을 직접 찍은 영상을 올리기도 했다. 결국 9월 12일에 이베이는 그러한 물건을 경매에 올리는 행위를 금지했다.

이베이는 자체 구호 활동을 시작했다(이는 나중에 두통을 유발했다). 뉴욕주 주지사 조지 퍼타키와 뉴욕 시장 루디 줄리아니의 직접적인 요청에 대해 이베이는 '옥션 포 아메리카Auction for America'를 시작했다. 이는 공동체를 통해 100일 동안 1억 달러를 모금하겠다는 야심 찬 행사였다. 판매자들은 자선단체에 기부하기 위해 물건을 올렸고, 이베이는 그렇게 모든 돈을 일곱 곳의 자선단체에 전달했다.

많은 이들이 그 행사에 관심을 기울이면서 이베이는 많은 유명한 파트너와 후원자를 확보할 수 있었다. 스타워즈 감독 조지 루카스는 그 행사를 위해 영화 기념품을 기부했고, 레이트나잇 진행자 제이 레노는 아끼던 할리데이비슨 오토바이를 내놨다. 하원은 모든 의원이 서명을 한 깃발을 경매에 올렸고, 38개 주 주지사들은 웨스트버지니아 주지사의 퀼트 작품과 하와이 주지사의 하와이 여행권을 포함해서 다양한 물품을 내놓았다.

이베이의 '옥션 포 아메리카'는 선의에서 시작된 행사였음에도 이베이 공동체는 이에 반발했다. 판매자들은 이베이가 기존 경매보다 자선 경매를 우선시함으로써 그들의 판매를 방해하고 있다고 불만을 드러냈다. 또 다른 논쟁거리는 이베이가 자선 경매에 따른 배송비를 구매자가 아닌 판매자에게 떠넘겼다는 것이었다. 당시 한 판매자는 CNET에 이렇게 불만을 토로했다. "마치 우리가 동참을 원치 않는 몰지각한 사람이 된 듯한 느낌이 듭니다. 문제는 우리가 동참을 원치 않거나, 관심이 없거나, 혹은 기부를 하지 않겠다는 것이 아니라, 이베이가 우리를 하찮게 대하고 있다는 사실입니다."[18]

이베이는 또한 '옥션 포 아메리카'를 진행하면서 사용자들이 경매 거래 과정에서 빌포인트로 결제하도록 함으로써 페이팔에 대한 압박을 강화했다. 이베이는 이를 통해 적절하게 회계 처리를 하고 정확한 액수의 기부금을 전달할 수 있다고 주장했다. 하지만 판매자들은 이베이가 빌포인트 가입을 확대하기 위한 명분으로 기부 행사를 활용하고 있다고 비난했다. 이후 언론이 뛰어들면서 페이팔은 이베이에게 반격할 기회를 얻었다. CNET은 이렇게 보도했다. "페이팔 대변인은 월요일에 CNET 뉴스닷컴을 통해 이번 이베이 행사에 참여하게 된다면 수수료를 면제해줄 것이라고 말했다."

페이팔은 그 이면에서 공격적인 자세를 취했다. 리드 호프먼은 이베이 변호사 롭 체스트넛에게 장문의 이메일을 보냈다. 그는 이렇게 썼다. "이베이가 최근에 벌어진 비극을 '이베이 페이먼츠'(즉, 빌포인트)의 경쟁력을 억지로 높이기 위해 이용한 것과 관련해서 공식적으로 실망감을 전하기 위해 이 글을 씁니다. 이베이는 '옥션 포 아메리카'에 참여하려는 판매자들에게 이베이 페이먼츠 계정 등록을 강요함으로써 이번 테러의 피해자들로부터 많은 지원을 앗아갔습니다."

호프먼은 이베이 판매자들 대부분이 빌포인트를 거부했다고 지적했다.[19] 그리고 이베이는 '경쟁을 억제하려는 욕심' 때문에 많은 후원금을 놓쳤다고 주장했다. 호프먼은 이렇게 썼다. "이베이의 목표가 이번 참사에 대한 기부금을 모으는 것이라면, 페이팔이 적극적으로 동참하도록 하고 우리가 이번 행사의 성공에 기여하길 원한다는 사실을 보여줘야 할 것입니다. 그러나 합리적인 의심은 이베이가 거짓 광고와 강압을 통해 시장 영향력을 행사함으로써 판매자들이 빌포인트를 등록하도록 만들고 있다는 사실을 말해주고 있습니다."

이처럼 이베이가 국가 위기를 결제 시장에서 점유율을 확보하기 위한 기회로 이용한다고 비난할 때조차 페이팔은 점차 누적되는 독점 금지 증거를 쟁점으로 부각시켰다.

9·11 테러는 페이팔의 운영에 직접적인 영향을 미쳤다. 닉 드니콜라스Nick DeNicholas는 소프트웨어 개발 부사장으로 페이팔에 합류했다. 그과정에서 그는 로스앤젤레스를 떠나 베이 에어리어로 건너왔다. 하지만동료들의 기억에 따르면, 그는 9·11 테러 이후 비행기를 통한 출장에서느끼는 긴장감과 가족과 떨어져 있어야 하는 외로움을 이유로 사직서를 제출했다.[20]

존 코타넥은 그 이름이 세글자의 약자로 된 여러 정부 기관이 페이팔의 서비스에 갑작스럽게 관심을 보였던 상황을 떠올렸다. "9·11 이후로… 정부(그냥 '정부'라고 하겠습니다)는 우리를 찾아와 이렇게 말했습니다. '우리는 돈이 어떻게 전 세계에 걸쳐 전자적인 방식으로 이동하는지 알지 못합니다.' 말하자면 그들은 여전히 2B 연필을 쓰는 사람들이었기 때문이죠…. 그들은 이렇게 물었습니다. '우리를 도와줄 수 있을까요?'"

다음으로 페이팔의 기업공개 문제가 있었다.[21] 공식적인 증권거래소들은 9월 11에서 9월 17일까지 문을 닫았다. 이는 1933년 이후로 가장 오랫동안 문을 닫은 기간이었다. 증권거래소들이 다시 문을 열었을 때 그들은 7퍼센트가 넘는 하락을 목격했다. 문을 열고 5일이 지났을 때 전체 시장 가치에서 1조 달러가 넘는 돈이 사라졌다. 2001년 9월에는 단 한 곳의 기업도 기업공개에 뛰어들지 않았다. 9월은 1970년대 말 이후로 기업공개가 없었던 최초의 달이었다.

닷컴 거품이 터진 직후와 마찬가지로 페이팔의 기업공개 전망은 테러 이전에도 불확실했다. 당시 불거진 여러 유명 기업의 회계 스캔들이 어느 방향으로 흘러갈지 모르는 상황이었다. 2000년에 제록스는 실제로 벌어들이지 못한 15억 달러를 소득으로 보고했다는 사실을 시인했다. 2001년 10월에는 미국의 에너지 및 상품 기업인 엔론이 엄청난 규모의 사기에 연루되었다는 보도가 터졌다. 여기에는 외국 정부에 뇌물을 제공하고 미국의 두 개 주 이상에서 에너지 시장을 조작한 혐의가 포함되었다. 그해 12월에는 뉴저지주 사업가인 마사 스튜어트Martha Stewart가 그 자신의 증권 사기 스캔들에 휘말렸다. 매주 수백 달러 규모의 다양한 부정행위 사건이 잇달아 터져 나왔다.

페이팔은 이러한 대혼란 속으로 걸어 들어갔다. 당시 시장 상황에도 불구하고 페이팔은 기업공개를 위한 잠정적인 단계를 이어나갔다. 모건 스탠리와 결별한 이후로 페이팔 경영진은 기업공개 과정을 살로몬 스미스 바니Salomon Smith Barney에 맡기기로 결정했다. 틸은 여전히 신속한 추진을 원했지만, 살로몬 은행가들은 기업공개를 2002년 이후로 미룰 것을 권고했다. 셸비는 이렇게 언급했다. "기업공개가 연기될수록 우리에게는 더 불리했습니다."[22]

은행가들의 만류에도 불구하고 틸에게는 어떻게든 페이팔의 기업공개를 서둘러 추진해야 할 몇 가지 이유가 있었다. 가장 먼저 그는 기업공개 과정이 일반적으로 계속해서 늘어지기 마련이라는 사실을 이해했다. 그는 이렇게 말했다. "3개월 동안 세상이 어떻게 바뀔지 누가 알겠습니까? 그러니 어서 시작합시다."[23]

틸은 대학 시절에 프랑스 문학이론가이자 사회철학자인 르네 지라르René Girard의 저서들을 탐독했다. 지라르는 특히 '모방 욕구'라는 개념으로 잘 알려진 인물이었다. 지라르는 이렇게 썼다. "인간은 자신이 무엇을 원하는지 알지 못하며, 선택을 위해 다른 이들의 생각에 주목한다. 우리는 다른 사람들이 원하는 것을 원한다. 그것은 다른 이들의 욕망을 모방하기 때문이다." 지라르는 그러한 모방이 경쟁과 갈등으로 이어지며, 우리는 이러한 상황을 마땅히 경계해야 한다고 생각했다.

지라르에 대한 관심은 종종 틸을 다른 사람들과 다른 방향으로 이끌었다. 그것은 기업공개와 관련해서도 마찬가지였다. 틸은 이렇게 설명했다. "어느 기업도 공개를 하지 않는다면, 역설적으로 지금이야말로 공개를 위한 최고의 시점입니다. 그건 혼란스러운 상황에 맞서는 긍정적인 차원의 대응입니다."[24]

그러나 페이팔의 기업공개 시점을 결정한 것은 지라르적 논리만은 아니었다. 틸은 경쟁 및 갈등과 함께 감정 또한 중요한 역할을 했다고 털어놨다. 그는 승리를 향한 자신의 의지에 대해 이렇게 말했다. "제 안의 경쟁적인 자아는 비록 은행가들이 우리가 아직 준비되지 않았다고 생각한다고 해도 지금이 그 어느 때보다 중요한 시점이라고 생각했습니다. 말하자면 그건 월스트리트와 실리콘밸리의 대결이었습니다. 마음 한구석에서는 우리가 그들의 영역을 침범했기 때문에 월스트리트 은행가들이 특히 부정적인 입장을 취한 것이라는 느낌이 들었습니다."

틸은 기업공개 이후의 오랜 세월을 떠올렸다. 그리고 지금의 깨달음은 오랜 시간이 지난 이후에 비로소 가능한 것이었다는 사실을 인정했다. 또한 그 유명한 합리주의자는 그러한 느낌을 비웃었다. 그는 이렇게 말했다. "경쟁에서 멀어지기 위해 애를 썼지만 종종 실패했습니다. 치열한 경쟁은 감정적인 차원에서 건강에 해롭습니다. 하지만 솔직히 말해 경쟁은 저를 움직이게 만든 원동력이기도 했습니다."[25]

2001년 9월 28일, 금융 언론은 페이팔이 S-1 등록 서류를 제출했으며 PYPL이라는 종목 코드로 기업공개를 할 것이라는 소식을 전했다. CNN은 이렇게 보도했다. "페이팔은 증권거래위원회에 8050만 달러의 자본을 유치하겠다고 신청하면서 최근 시장에서 대단히 이례적으로 기업공개 계획을 발표했다."[26]

그러나 여론은 페이팔에게 그리 호의적이지 않았다. CNN은 페이팔이 사용자 대부분의 원천이라 할 수 있는 이베이와 특별한 계약 관계를 맺고 있지 않으며, 이베이는 언제든 "페이팔의 광고를 제한하거나 판매자들이 이베이 온라인 페이먼츠를 사용하도록 요구할 수 있다"라고 지적했다. 게다가 그 기사는 이렇게 덧붙였다. "페이팔은 아직 수익을 내지 못하고 있다."

로이터는 페이팔을 '인기는 높지만 적자를 보고 있는 인터넷 결제 서비스'라고 불렀다.[27] AP는 2001년에 세 곳의 기술 기업만이 기업공개를 했고, 그중 마지막 주자인 라우드클라우드 Loudcloud Inc.는 주당 6달러에 거래를 시작했지만 이후 1.12달러로 주저앉았다고 보도했다.[28] 《월스트리트저널》은 기업공개 시장이 "얼어붙었다"라고 말했다.[29] 인터넷 뉴스의 주요 통합 사이트인 스크립팅 뉴스 Scripting News는 존 롭 John Robb이라는 작가가 쓴 페이팔의 기업공개에 관한 논평을 언급하면서 "기업공개를 위한 나쁜 시점에 대해 이야기해보자"라는 그의 말을 인용했다.[30]

페이팔을 지원하는 이들 역시 열악한 상황에 대해 인정했다. 반면 이에 반대하는 의견도 갑작스럽게 모습을 드러냈다.

> 우리는 일반적으로 지극히 수동적인 관찰자들(즉, 언론)이 [페이팔에] 대단히 부정적이라는 사실을 발견하게 된다. 이번 주에 우리는 주요 미국 출판사와 인터뷰를 했다. 그러나 페이팔의 수요에 기반을 둔 규모의 경제와 내재적 가치 제안에 대해 말할 기회는 없었다. 대신에 재무제표상 손실과 페이팔이 성인이나 게임 산업으로의 진출 가능성에 대해 어떻게 생각하는지 질문을 받았다. 결론적으로 말해 페이팔은 언론이, 그리고 어쩌면 대중이 끔찍이 싫어하는 기업이다.[31]

FinancialDNA.com의 개리 크래프트 Gary Craft는 언론의 부정적인 반응에 대해 페이팔의 '경영진이 금융 서비스 내부가 아닌 외부 출신이다'는 사실을 부분적인 이유로 꼽았다.

특히 틸의 심기를 건드렸던 한 기사의 제목은 '국가의 일 — 팰로 앨토에 보내는 경고'였다. 그 기사는 이렇게 물었다. "연간 수익을 올리지 못하면서 2억 5000만 달러의 손실을 계속해서 기록하고 있는, 그리고 최근 증권거래위원회가 그 서비스가 돈세탁과 금융 사기에 활용될 위험이 있다고 경고한 3년 차 기업을 가지고 무엇을 할 것인가? 당신이 팰로 앨토의 페이팔을 움직이는 경영자나 벤처 자본가라면 이를 공개했을 것이다."[32] 그는 페이팔의 기업공개를 불충분한 '후견인 감독'이라고 부르면서, 세상은 '탄저균 전염병만큼' 페이팔의 기업공개를 원한다고 주장했다.

틸은 사무실에서 그 기사를 읽고는 화를 냈다. 엔지니어 러스 시몬스는 이렇게 기억했다. "피터는 정말로 크게 분노했습니다. 그는 전체 회의에서 언론이 얼마나 멍청한지 성토하면서 그들이 틀렸다는 사실을 입증해 보일 것이라고 말했습니다. 그의 화난 모습을 봤던 몇 번 중 하나였습니다."[33]

21장

이베이의 제안

틸은 9월에 머리를 파랗게 물들이지는 않았지만 거의 그럴 뻔했다. 2001년 말 수익을 향한 페이팔의 노력은 마침내 성과를 보였다. 그해 마지막 분기에 페이팔은 매월 수익을 올렸다. 비록 직원들에게 주식을 분배하는 비용과 콘피니티와 X.com의 합병에 따른 '영업권 상각'을 고려하지 않는 조건에서만 그랬지만.

기업의 수익을 평가할 때 그러한 비용을 고려해야 하는지는 회계 분야에서 뜨거운 논쟁거리였다. 그러나 페이팔은 적어도 한 가지 방식을

---

* 회계에서 '영업권goodwill'이란 브랜드 인지도나 교육, 직원 충성도와 같은 무형자산을 정량적으로 평가한 가치를 말한다. 영업권은 콘피니티와 X.com의 합병 사례처럼 무형자산의 가치를 회계 목적으로 결정해야 하는 금융거래에서 특히 중요하다. 2001년 당시에 기업들은 이러한 비용을 특정 기간에 걸쳐 '상각'해야 했으며, 기업의 수익은 그만큼 줄어들었다.

검토하고 난 뒤 흑자를 냈다고 주장할 수 있었다.

틸은 2001년 9월 전체 공지를 통해 페이팔의 전반적인 재정 상태에 대해 설명했다. 그는 이렇게 썼다. "고정비는 높고 변동비는 낮으며, 매출의 변동성은 대단히 큽니다. 더 많은 결제가 페이팔 네트워크를 통해 이뤄질수록 페이팔의 수익은 더 높아집니다. 제품과 마케팅, 영업, 비즈니스 개발팀에서 일하는 모든 직원의 도전 과제는 그 거래 규모를 더욱 확대하는 방향으로 페이팔을 나아가게 만드는 것입니다. 앞으로 두 번 이상의 사분기에 걸쳐 성장률을 유지한다면, 페이팔은 놀라운 성과를 보여주게 될 것입니다."[1]

2001년 말에는 이베이를 통한 결제의 비중이 대단히 고무적인 방향으로 바뀌었다. 수천 곳의 소기업 웹사이트가 페이팔 서비스를 채택했고, 페이팔 거래의 3분의 1이 이제 이베이가 아닌 다른 웹사이트에서 이뤄지고 있었다. 이러한 흐름은 이베이에 대한 의존도를 크게 낮춰줬다. 그리고 더 균형 잡힌 매출의 가능성을 기대하게 했다.

기업공개의 시점(일부 평론가와 외부 전문가를 당황하게 만든) 또한 결론적으로 페이팔에게 유리하게 작용했다. 페이팔은 9월 11에서 17일이 지난 시점에 증권거래위원회에 S-1 서류를 제출했다. 당시 주식시장은 최근 3년을 기준으로 저점을 기록하고 있었다. 그러나 페이팔의 기업공개가 눈앞으로 다가왔을 때 주식시장은 9월의 저점으로부터 30퍼센트 가까이 반등했다. 틸이 국가적 재난 이후로 곧바로 기업공개를 강하게 밀어붙였기 때문에 페이팔은 2002년 초 기업공개를 위해 준비된 소수의 기업 중 하나가 될 수 있었다. 그리고 언론과 투자자의 많은 관심을 받을 수 있었다.

2004년에 틸은 당시를 떠올리면서 그러한 관심이 양날의 검이었다는 사실을 인정했다. 그는 이렇게 말했다. "저는 [이번 기업공개가] 멋진 일이 될 것이라 생각했습니다. 어느 기업도 도전하지 않았기 때문이었죠. 안타까운 부분은 다른 때보다 더 엄격한 감사를 받았다는 것이었습니다."[2] 실제로 페이팔의 기업공개는 감사로 인해 완전히 무산될 뻔했다.

페이팔은 기업공개 디데이를 잠정적으로 2002년 2월 6일로 잡았다. 그리고 이에 맞춰 준비를 해나갔다. 여러 금융 스캔들이 불거지는 상황에서 페이팔은 기업공개를 위해 일반적인 경우보다 더 엄격한 감시를 버텨내야 했다. 회계 기업인 프라이스워터하우스쿠퍼스의 사람들은 페이팔의 한 회의실에서 거의 살다시피 하면서 페이팔의 장부를 꼼꼼히 검토했다.

페이팔은 또한 더 엄격한 방식으로 운영해야 했다. 예를 들어 2001년 말에 페이팔은 직원의 가족과 친구가 주식을 매입하기 위해 등록할 수 있다고 발표했다. 기업공개를 앞둔 기업으로서 이러한 발표는 그 자체로 이례적인 것이 아니었다. 그럼에도 페이팔은 반전을 노렸다. 그들은 페이팔 서비스를 통해 주식을 친구와 가족에게 매각하기로 결정하면서 그러한 움직임이 언론의 관심을 자극할 것으로 기대했다.

그러나 2002년 1월 초 페이팔은 방향을 전환해야 했다. 페이팔은 전체 이메일을 통해 이렇게 공지했다. "자신에게 할당된 부분에 대해 지불할 목적으로 페이팔에 돈을 넣은 사람은 최대한 빨리 다시 인출하길 바랍니다."[3]

기업공개 날짜가 다가올수록 페이팔의 분위기는 더욱 엄숙해졌다. 킴-엘리사 프록터는 이렇게 말했다. "그때의 스트레스와 압박감이 떠오릅니다. 사람들은 이렇게 말했죠. '사이트를 그대로 유지해야 합니다. 너무 생소하거나 사이트를 무너뜨릴 위험이 있는 것을 억지로 집어넣어서는 안 됩니다.'[4] 사무실에 있는 컴퓨터 화면들은 때로 전체 사용자와 활동적인 사용자, 성장률, 거래 규모와 같은 데이터를 보여줬다. 그러나 이제 페이팔은 그러한 데이터를 사용자 통계로 제한했다. 같은 맥락에서 로엘로프 보타의 팀이 작성하고 자유롭게 배포했던 일간 및 주간 보고서는 이제 경영진에게만 공개되었다.

투자자 관계 부사장인 마크 설리번은 가족이나 친구에게조차 회사와 관련해서 침묵을 지켜야 할 필요성에 대해 재차 강조했다. 그는 직원들에게 이렇게 이메일을 보냈다. "비록 순수한 질문처럼 보인다고 해도 아직 공식적으로 논의되지 않은 이야기를 누설할 때 기업으로서 우리는 심각한 피해를 입을 수 있습니다."[5] 페이팔은 의도치 않은 폭로와 내부자 거래 문제로부터 자기 자신을 지켜야 했다.

이처럼 신중한 대비에도 불구하고 페이팔의 오랜 습관은 사라지지 않았다. 자넷 히는 페이팔이 기업공개를 하기 직전에 입사 통지서를 받았다. 그는 페이팔 채용 담당자인 팀 웬젤이 자신에게 제안을 빨리 받아들이고 일을 시작하도록 촉구했던 것을 기억했다. 하지만 그러자면 그는 지금 다니고 있는 회사에 퇴사하기 두 주일 전에 통보해야 하는 규정을 지킬 수 없었다. "[웬젤은] 이렇게 말하더군요. '다음 주 월요일에 출근하도록 하세요. 두 직장을 동시에 다닌다고 해도 문제 될 것은 없습니다.'" 웬젤은 그가 주식공개 이전 가격으로 스톡옵션을 받는 혜택을 누릴 수 있기를 원했다. 그는 웃으며 그때를 떠올렸다. "그는 친절하게도 제게 충고를 했던 겁니다."[6]

페이팔의 기업공개 몇 달 전, 언더라이팅 은행가들은 기관 투자자들 사이에서 관심을 불러일으키기 위해 소위 로드쇼를 조직했다. 잭 셀비는 페이팔의 기업공개를 위해 많은 곳을 돌아다니며 기업의 이야기를 전한 임원 중 한 사람이었다.

그러나 셀비는 즉각적으로 예전 닷컴 실패의 잔해물에 직면하게 되었다. 셀비는 당시를 이렇게 떠올렸다. "테이블 맞은편에 앉은 사람들은… 이런 식으로 말했습니다. '예전에 이런 걸 본 적이 있습니다. 크게 당한 경험이 있습니다. 이처럼 말도 안 되는 것에 다시는 투자하지 않을 겁니다.'"7 페이팔의 비즈니스는 투자자들이 익숙히 알던 범주에 정확하게 들어맞지는 않았다. 그는 이렇게 떠올렸다. "사실 그들은 우리와 같은 유형의 비즈니스는 보지 못했습니다…. 우리는 핀테크 범주에 해당할까요? 기술 범주에 해당할까요? 아니면 서비스 범주에 속할까요? 우리는 이것들의 조합이기 때문에 정확하게 어떤 범주에 속한다고 말하기는 힘들었습니다. 하지만 사람들은 대단히 완고했죠."

페이팔이 비교적 신생 기업이라는 사실도 또 하나의 걱정거리였다. S-1 서류를 작성하는 과정에서 기업은 경영진 구성원의 이름과 나이를 기재해야 한다. 페이팔의 경우에 이들의 평균 연령은 20대 후반이었다. 울웨이는 이렇게 떠올렸다. "[언더라이터들은] 이렇게 말하더군요. '좀 더 경험 많은 임원이 있어야 합니다. 이대로 고객들에게 보여줄 수는 없습니다.' 우리는 이렇게 대답했죠. '아닙니다. 이게 바로 우리 팀입니다.'" 그럼에도 울웨이는 은행가들이 우려하는 부분을 이해했다. 그는 이렇게 말했다. "언더라이터의 역할은 모든 것을 밀어붙이는 겁니다. 그들의 역할은 주식을 파는 겁니다. 그러니까 그들은 주식을 더 쉽게 판매하기 위해 그들이 할 일을 하고 있었던 겁니다."8

기업공개를 앞둔 몇 달은 모든 기업에 대단히 위태로운 기간이다. 조만간 공개될 기업에 새로운 법률적인 사안이 발생할 때 기업은 증권거래위원회에 제출할 서류를 다시 작성해야 한다. 이는 돈이 많이 들고 성가신 일이다. 게다가 달갑지 않은 언론의 관심도 받게 된다. 그래서 경쟁사는 이렇게 노출된 기업공개 준비 기간에 종종 소송을 시작한다. 틸은 이렇게 설명했다. "기업공개는 [소송하기] 좋은 시간입니다. 시간에 대단히 민감해진 기업은 대개 돈을 주고 문제를 무마하려고 하기 때문이죠."[9]

2월 4일 월요일, 페이팔은 그 첫 번째 소송을 당했다.[10] 당시 파산 직전의 서트코CertCo는 뉴욕에 기반을 둔 금융 암호 기술 관련 스타트업으로, 페이팔의 '전자 결제와 거래 시스템'이 그들이 보유한 미국 특허권 602만 9150번을 침해했다고 주장했다. 그들은 '특정할 수 없는 피해'를 거론하면서 배심재판을 요구했다.

그러나 페이팔에서는 누구도 서트코의 존재에 대해 들어본 바가 없었다. 그들은 서트코를 경쟁자로 인식하지도 않았고 그들이 알기로 서트코의 제품으로부터 아이디어나 프로그램의 일부를 훔친 적도 없었다. 그럼에도 레브친은 기술 자문인 댄 보네를 불렀고, 두 사람은 함께 밤을 새워 서트코의 주장을 자세히 들여다봤다.

서트코는 1996년에 문제의 그 특허를 신청했다. 이는 나중에 페이팔로 성장하게 된 모바일 보안 기업인 필드링크가 설립되기 2년 전이었다. 2000년 2월에 승인받은 서트코의 특허는 고객이 '대리인'[11]을 통해 판매자에게 송금하는 결제 시스템에 관한 것이었다. 여기서 고객은 대리인과 커뮤니케이션 채널을 갖고 있으며 판매자 역시 마찬가지다. 서트코의 특허는 고객에서 대리인으로, 대리인에서 판매자로, 그리고 다시 한번 그 반대 방향으로 흘러가는 정보의 보안을 위해 암호를 사용하는 기술에 관한 것이었다.

폭넓게 해석할 때 그 특허는 페이팔의 비즈니스 근간에 관한 개략적인 설명과 닮았다. 다시 말해 서트코의 특허는 여러 다양한 온라인 결제 시스템과 유사한 시스템에 대한 설명이었다. 기술적인 차원에서 보자면 비자와 마스터카드, 대부분의 은행, 그리고 거의 모든 온라인 결제 및 디지털 캐시 스타트업들 또한 서트코의 특허를 침해한 셈이었다.

사실 서트코의 소송은 더 광범위한 문제를 드러내는 사건이었다. 그것은 발명이 아니라 아이디어에 관한 특허 출원을 지나치게 광범위하게 인정하는 미국 특허청의 성향을 말하는 것이었다. 특허청의 이러한 관행에 대한 비판은 특히 기술 분야에서 거세게 제기되었다. 1990년 말한 유명한 사건에서 아마존은 '원클릭' 주문에 관한 특허를 따냈다. 그리고 그들은 이를 근거로 경쟁자인 반즈앤노블에 소송을 제기했다. 이 소송은 2002년에 판결이 나기까지 수년에 걸쳐 이어졌다.

아마존의 소송과 원클릭 특허는 많은 비판을 받았다. 그러한 비판을 제기한 인물 중에는 기술 개척자인 팀 오라일리Tim O'Reilly도 있었다. 그는 '오픈소스'와 '웹 2.0'과 같은 용어를 유행시킨 장본인이다. 오라일리는 제프 베이조스에 대한 공개서한에서 이렇게 썼다. "경쟁자뿐만 아니라 당신이 자신의 비즈니스에서 활용할 수 있는 훌륭한 새로운 아이디어를 내놨을 수도 있는 기술 혁신가들에 대한 진입장벽을 높였다는 점에서, 당신의 것과 같은 특허들은 웹의 가치를 무너뜨리는 첫 단계입니다."[12] 오라일리는 특허청의 판단을 디지털 기술에 대한 이해 부족의 탓으로 돌렸다.

페이팔에 대한 서트코의 소송은 많은 이들이 보기에 아마존의 소송과 유사했다. 즉, 절대 인정할 수 없는 지나치게 폭넓게 특허를 적용한 소송이었다. 게다가 서트코가 소송을 제기한 시점은 그들의 사악한 의도를 의심케 했다. 1998년 말에서 2001년에 이르기까지 서트코는 페이팔이나 그 이전 단계의 조직에 대해 어떠한 법적 행동을 취하지 않았다. 레브친은 이렇게 설명했다. "특허 침해는 모두 돈을 뜯어내기 위한 핑계입니다. 그들은 느닷없이 이렇게 말했습니다. '우리에겐 특허권이 있다. 당신에겐 제품이 있다. 그리고 100만 달러도 있다. 우리는 돈이 없다. 돈을 주지 않으면 당신들을 고소하겠다.'"[13] 이사회 멤버 팀 허드는 서트코의 소송을 원색적으로 비난했다. "그건 완전한 개소리입니다."

페이팔 경영진 역시 분노했고 커트코와 합의하지 않기로 결정했다. 허드는 이렇게 기억했다. "피터는 이렇게 말했습니다 '절대로 안 되지! 그들에겐 한 푼도 줄 수 없어!'"[14] 그 부분적인 이유는 서트코가 해결의 여지를 두고서 소송 가능성을 제기한 게 아니라, 곧바로 소송을 진행했기 때문이었다. 일단 소송이 제기되자 페이팔은 합의할 이유가 없었다. 페이팔 변호사인 크리스 페로는 틸의 신랄한 표현을 떠올렸다. "인질을 쏘고 나서 몸값을 요구한 격입니다."

페이팔은 본격적으로 소송에 맞서기 위해 새로운 로펌과 손을 잡았다. 그리고 2월 11일 월요일에 대응을 시작했다. 하지만 페이팔은 기업공개와 관련해서 서트코의 소송으로부터 이미 피해를 입었다. 페이팔은 이번 소송으로 증권거래위원회에 제출할 서류를 새로 작성해야 했고, 그 때문에 기업공개는 일주일이나 뒤로 미뤄졌다. 틸은 분노했다. 페로는 이렇게 당시를 떠올렸다. "기업공개가 연기되면서 서트코와 했던 통화는 제가 경험했던 가장 감정적인 순간 중 하나였습니다. 기업공개가 연기되자 피터는 분노로 평정심을 잃었고 거의 폭발 직전이었습니다. 저도 화가 났지만, 이번 일이 내게 무엇을 의미하든 지난 4년 동안 끊임없이 달려왔던 그에게는 훨씬 더 많은 것을 의미할 것이라는 생각이 들었습니다."[15]

기업은 원래 S-1 서류에 비즈니스와 관련된 위험 요인을 보고해야 한다. 페이팔은 거기에 이미 경매에 집중된 결제 규모와 끊임없이 등장하는 새로운 경쟁사들, 그리고 설립에서 2001년 말에 이르기까지 기록한 2억 달러가 넘는 적자를 포함시켰다. 그리고 이제 거기에 서트코 소송까지 추가해야 했다. 언론은 서트코 소송과 그에 따른 기업공개 연기에 관한 기사를 계속해서 보도했다. 한 시장 분석가는《포브스》와의 인터뷰에서 이렇게 지적했다. "지금처럼 침체된 [기술 주식] 시장에서 기업공개 연기는 기업에 중대한 오점이 될 수 있습니다. 대단히 부정적인 일입니다."[16]

2월 7일, 페이팔은 또 다른 소송의 피고가 되었다는 사실을 알게 되었다. 이번 소송을 제기한 LPPI Lew Payne Publishing, Inc.는 성인 웹사이트에 온라인 결제 서비스를 제공하는 기업이었다. 그들은 페이팔의 계약 위반과 영업비밀 남용, 의도적인 허위 진술을 걸고 넘어졌다. 그들의 주장에 따르면, LPPI는 그들의 지속적인 결제 서비스와 페이팔의 결제 시스템을 결합하기 위한 협력 관계를 맺었다.

LPPI에 따르면, 페이팔은 합의를 파기하고 자체적으로 포르노 시장에 뛰어들었다. 이에 LPPI는 매출 손실과 피해에 대해 소송을 제기했다. 그러나 여기서도 소송 시점은 그들의 의심스러운 속셈을 드러냈다. 그들은 페이팔이 기업공개 계획을 발표했던 2001년 9월에 처음으로 소송을 제기했다. 그러나 페이팔은 기업공개가 임박했던 2002년 2월 7일에서야 그 소식을 접하게 되었다.

곧이어 세 번째 소송에 따른 두통이 시작되었다. 이번에는 텀블위드 커뮤니케이션Tumbleweed Communications이 페이팔을 특허 침해로 고소했다. 그들은 페이팔이 사용자들에게 보내는 이메일에서 사용한 링크가 텀블위드의 전자 메시지 내부 링크에 관한 특허를 침해했다고 주장했다. 물론 페이팔은 이메일에 그 링크를 사용한 수천 곳의 기업 중 하나였을 뿐이다. 이 역시 특허 시스템의 결함을 보여주는 또 다른 사례였다.

이전 두 소송과는 달리 텀블위드의 경우에는 탈출구가 있었다. 텀블위드는 페이팔에게 소송을 준비하고 있다고 공지했으며, 공식적으로 소송을 제기하지는 않았다. 법원에 소송을 제기하지 않은 이상 페이팔은 증권거래위원회의 서류를 수정해야 할 책임은 없었다. 그래서 그들은 텀블위드 문제를 기업공개 이후로 넘기기로 결정했다.

틸은 이 문제를 허드에게 맡겼다. 당시 텀블위드는 보스턴에 있는 로펌에 의뢰를 했고, 허드는 그 골치 아픈 문제를 해결하기 위해 보스턴으로 넘어갈 계획이었다. 텀블위드가 그때까지 소송을 하지 않으면 페이팔은 예정대로 기업공개를 추진할 생각이었다. 이제 텀블위드가 그날 오후 5시까지 소송을 하지 못하도록 막는 일은 허드의 책임이 되었다. 그는 이렇게 당시를 떠올렸다. "제 유일한 임무였습니다. 저는 거기로 가서 그와 협상을 벌였습니다. 그를 네 시간 동안 그 방에 붙잡아두기 위해 모든 수단을 동원했습니다."[17]

허드는 5시 15분에 텀블위드 사무실을 떠났다. 그는 임무를 완수했다.

소송을 하고 합의를 보고자 했던 원고들과는 다른 차원에서, 증권거래위원회는 페이팔의 기업공개를 철저하게 감시했다. 페이팔에 따르면, 그 감시는 지나치게 엄중했다. 나중에 틸은 스탠퍼드 강연에서 이렇게 말했다. "우린 운이 없었습니다. [증권거래위원회와 관련해서] 지독하게도 운이 따르지 않았습니다. 이념적인 차원에서 기업에 반대하는 [증권거래위원회 감사관이] 우리에게 배정되었습니다. 그는 사기꾼이 미국의 모든 기업을 운영하고 있으며, 증권거래위원회 감사관으로서 자신의 역할은 기업공개를 막는 것이라고 믿었습니다."[18] 울웨이는 페이팔 변호사들의 반응을 떠올리며 이렇게 맞장구쳤다. "그 감사관이 배정되었을 때 우리 변호사들은 이렇게 말했습니다. '젠장 제대로 걸렸군.'"[19]

페이팔은 아무리 힘들어도 닷컴 붕괴와 9·11 테러, 그리고 여러 다양한 회계 부정 사건 이후에 기업공개를 해야 하는 상황에 처했다. 비록 증권거래위원회에는 누적 손실이 2억 달러를 초과하는 닷컴 기업을 특별히 조사할 권리가 있기는 했지만, 그 기관의 한층 강화된 감시는 페이팔에 관련된 문제 때문이 아니라 당시 상황을 반영한 것이었다.

증권거래위원회는 특히 한 가지 사례에서 페이팔을 엄중히 다뤘다. 그들은 페이팔이 기업공개 침묵 기간quiet period을 어겼다고 주장했다. 침묵 기간이란 언더라이팅 기관이 기업의 기업공개를 신청한 때부터 주식거래가 시작되고 몇 주일이 지날 때까지의 기간을 말한다. 이러한 침묵 기간에 기업은 언론과 접촉하거나 신청 서류에 기재하지 않은 새로운 정보를 유출해서는 안 된다. 침묵 기간의 목적은 내부 거래를 막기 위함이다. 그러나 그 제도는 동시에 기업의 일반적인 비즈니스 활동을 더욱 힘들게 만든다.

증권거래위원회는 페이팔이 조사 기관인 가트너에게 대금을 지불했다는 사실을 지적했다. 가트너는 2월 4일에 발표한 보고서를 통해 페이팔이 가장 신뢰받는 개인 간 온라인 결제 서비스 업체가 되었다고 언급했다. 그리고 페이팔의 경쟁력을 강조했다. 그들의 설문조사 결과는 이렇게 말했다. "설문조사에 참여한 온라인 고객의 33퍼센트는 페이팔을 대단히 신뢰할 수 있는 결제 서비스 업체로 인정했다. 그 뒤를 이은 빌포인트를 대단히 신뢰받는 업체로 인정한 응답자는 21퍼센트에 불과했다."[20]

증권거래위원회는 페이팔이 기업공개 전에 잠정적인 결과를 들었다는 사실을 문제 삼았다. 증권거래위원회는 그것이 위반에 해당한다고 단언하지는 않았지만, 위반이 될 수도 있다고 말했다. 하지만 페이팔이 S-1 서류에 새로운 위험을 추가해야 했던 경우도 있었다. 그들은 이렇게 기재했다. "우리 직원이 제삼자가 발행한 조사 보고서의 저자를 최근에 접촉한 것이 1933년 증권법을 위반한 행위에 해당한다면, 이번에 매각한 증권을 재매입해야 할 수도 있다."[21]

기업공개를 신청한 시점부터 실제로 기업공개가 이뤄지기까지 페이팔은 증권거래위원회 서류를 여덟 번에 걸쳐 수정해서 새로 제출했다. 그중 두 번은 이베이가 기업공개 전에 제출한 수정안 때문이었다. 추가적인 감시는 시대 상황을 반영한 것이었지만, 이전에 기업공개 경험이 없었던 페이팔 경영진 대부분은 이를 일반적인 절차 정도로 이해했다. 울웨이는 이렇게 떠올렸다. "과정 전체는 골치 아프고 대단히 길었습니다. 하지만 그 과정이 어떻게 흘러가야 하는지와 관련해서 우리에게는 참조할 만한 기준이 없었습니다."[22]

증권거래위원회와 더불어 이베이 역시 페이팔의 기업공개 전망을 주시했다. 페이팔의 기업공개는 이베이의 위상을 위협했다. 주식시장의 종목 기호는 페이팔에게 신뢰성과 함께 더 많은 자금을 끌어모을 수 있는 기회를 선사할 것이었다. 이베이가 페이팔을 평판이 좋지 않은 성가신 존재로 설명하는 것은 더욱 힘든 일이 될 터였다. 기업공개 이후에 이베이의 통제 범위 안에 있었던 그 결제 서비스 스타트업은 이제 이베이와 마찬가지로 증권거래위원회의 규제를 받는 기업으로 도약할 것이었다.

페이팔 역시 그들 자신의 입장에서 이베이의 반응을 우려했다. 호프먼은 이렇게 설명했다. "우리가 기업공개를 하면 사람들은 이베이의 반응에 주목할 것입니다. 그리고 이베이는 이렇게 말할 겁니다. '오, 우리는 페이팔이 모래로 지은 성이라고 생각합니다. 우리는 최대한 빨리 그들을 우리 플랫폼에서 내쫓을 생각입니다.'"[23] 호프먼은 일반 투자자는 위험을 회피하는 성향이 강하다는 사실을 지적했다. 이베이가 이러한 투자자들에게 부정적인 소문을 퍼뜨린다면 페이팔의 주식 발행은 실패로 돌아갈 것이었다.

2002년 초 침묵 기간 동안 페이팔은 그들이 입장을 옹호하는 발언을 제대로 할 수 없었다. 그래서 호프먼과 페이팔 경영진은 이베이의 입을 틀어막기 위한 또 다른 방안을 찾아야 했다. 호프먼은 이렇게 생각했었다고 털어놨다. '그들이 우리를 인수하기 위해 협상할 때 시장에 협상과 관련해서 무슨 말이라도 한다면 그것은 수탁책임 위반에 해당한다.' 페이팔의 경영진과 이사회는 이베이의 입을 틀어막기 위해 그들과 다시 한번 협상을 추진하기로 결정했다.

물론 호프먼은 이베이가 미래의 어느 시점에 페이팔을 인수할 가능성을 염두에 두고 있었기 때문에 그들과의 관계를 완전히 망치고 싶어 하지는 않았다. 호프먼은 이렇게 떠올렸다. "언젠가는 그들이 우리를 인수할 것이라고 굳게 믿었습니다. 그래서 협상 과정을 깨끗하게 진행함으로써 설령 인수가 이뤄지지 않는다고 해도 그들이 이용당했다는 느낌을 받지 않고 제삼의 협상을 시작할 수 있도록 만들어야 했습니다."

2002년 1월에 호프먼과 틸은 페이팔 이사회와 함께 페이팔의 매각을 위한 가격 제안을 마련했다. 페이팔의 가격은 상당한 수익을 올리기에 충분히 높으면서, 동시에 이베이 경영진을 당황하게 만들 만큼 높지는 않아야 했다. 이에 페이팔 이사회와 경영진은 10억 달러를 제시했다. 페이팔은 기업공개를 통해 기업의 가치가 7억 달러에서 9억 달러 사이에서 결정될 것으로 예상했다. 십억 달러 가격표는 잠재적인 구매자가 기대하는 프리미엄을 포함한 것이었다.

호프먼은 그 제안을 들고서 이베이를 찾았다. 이에 이베이는 수정안을 다시 내놨지만 호프먼은 단호했다. 그는 이렇게 말했다. "제겐 10억 달러에 기업을 매각해야 할 책임이 있습니다. 협상은 하지 않을 것입니다." 그리고 물론 페이팔은 '협상을 하지 않으려는' 입장을 통해 기업공개가 다가오는 시점에서 이베이의 입을 틀어막기 위한 추가 시간을 벌 수 있었다.

이베이는 기업공개 이전에 페이팔을 인수하는 것이 재정적인 차원에서 현명한 선택이라는 사실을 이해했으며, 최종 제안으로 8억 5000만 달러를 제시했다. 호프먼은 이베이에 이렇게 말했다고 기억했다. "최종 제안이 8억 5000만 달러라면, 저는 그렇게 이사회에 보고할 것입니다. 하지만 분명히 말씀드리건대 제게는 기업을 10억 달러에 매각할 책임이 있습니다. 10억 달러를 제시하신다면 분명히 그 기업을 소유하게 될 겁니다."

이베이 CEO 메그 휘트먼은 페이팔이 타협할 생각이 없다는 사실에 실망하면서, 이베이는 제안 가격을 높이면서 강한 신뢰를 보여줬는데 페이팔의 반응은 그렇지 않았다며 호프먼에게 불만을 토로했다고 했다. 호프먼은 이렇게 말했다. "그는 우리가 8억 5000만 달러를 받아들일 것으로 기대했을 겁니다. 그러나 저의 핵심 목표가 기업을 매각하는 것이 아니라 그들의 입을 막는 것이라는 사실은 알지 못했을 겁니다."

호프먼에 따르면, 2002년 초에 휘트먼이 10억 달러를 제시했다면 호프먼은 이를 이사회에 보고했을 것이며, 그 이사회는 아마도 그 제안을 받아들였을 것이다. 호프먼은 이렇게 떠올렸다. "제가 페이팔 이사회에 강조했던 것은 '후퇴 금지'였습니다. 제가 10억 달러의 현금을 가지고 돌아온다면 우리는 받아들일 생각이었습니다. 그렇지 않으면 그들은 우리를 끔찍하게 증오했겠죠."

호프먼은 협상 기간을 최대한 오래 끌었고, 결국 페이팔의 기업공개를 며칠 앞두고서 이베이의 제안을 거절했다. 그때 호프먼은 휘트먼에게 전화를 걸어 페이팔 이사회가 10억 달러 가격표에서 물러설 생각이 없다고 전했다. 휘트먼은 자신이 10억 달러에 동의했다면 페이팔의 반응이 어땠을지를 물었다. 기업공개를 며칠 앞둔 시점에 호프먼은 대답을 얼버무리면서 기업공개 이후에 그 문제를 다시 생각해볼 것이라고만 대답했다.

2002년 초 수많은 기사가 임박한 페이팔의 기업공개를 다뤘다. 다른 기업의 플랫폼 안에 둥지를 튼, 그리고 이제 기업공개를 앞둔 결제 서비스 스타트업에 호기심이 집중되면서 모든 기사는 이베이의 반응을 다뤘다. 그러나 이베이 경영진은 페이팔에 대해 공식적인 차원에서 침묵으로 일관했다.

2002년 2월 7일 목요일, 또 다른 위기가 찾아왔다. 루이지애나 주정부가 페이팔에게 그 주에서 비즈니스 운영을 즉각 중단하라는 통보를 해왔다.

페이팔은 루이지애나를 비롯한 여러 다른 주에서 주 송금 서비스 허가(은행이 그 주에 있는 다른 은행에게 송금할 수 있도록 허용하는 권한)를 받지 않은 상태로 비즈니스를 운영해왔다. 그렇게 했던 주된 이유는 페이팔 스스로 은행이 아니라고 계속해서 주장해왔기 때문이었다. 틸은 이렇게 설명했다. "은행이 무엇이냐에 관한 질문은 언제나 있었습니다. 기본적으로 은행이란 연방준비제도가 보증하는 대출 서비스를 제공하는 기관을 말합니다."[24] 그는 은행을 규제하는 목적이 대출로 인한 파산 위험으로부터 은행 고객을 보호하기 위한 것이라고 지적했다. 그는 페이팔이 대출 서비스를 제공하지 않았기 때문에 은행이 아니며, 그래서 은행처럼 규제를 받아서도 안 된다고 생각했다.

물론 그러한 주장은 페이팔의 이익과도 부합했다. 은행이 된다는 것은 은행에 적용되는 규제를 받는다는 것을 의미했다. 특히 기존 대형 은행을 포함해서 페이팔을 비판하는 이들은 그들의 시각에서 이 문제를 바라봤다. 그들이 보기에 페이팔은 보증금을 받고, 직불카드를 발행하고, 자금을 보유하고, 이자를 지불했다. 그러므로 법률은 페이팔을 실질적인 차원에서 은행으로 간주해야 하며, 여기에는 송금 서비스 허가도 포함되었다.

송금 서비스 허가에 대한 요구가 주마다 크게 달랐기 때문에 페이팔은 지금까지 비즈니스를 운영해나갈 수 있었다. 루이지애나주는 기업 공개를 앞두고 언론이 관심이 보이기 전까지만 해도 페이팔의 송금 서비스 허가를 문제 삼지 않았다. 《비즈니스위크》의 로버트 베이커Robert

Barker 기자는 캘리포니아와 뉴욕, 아이다호, 그리고 루이지애나의 금융기관 사람들을 만났다. 틸에 따르면, 그 이야기는 증권거래위원회에 흘러들어 갔고, 그들은 이 사실을 루이지애나주에 알렸다. 루이지애나 금융기관 사무소 자문인 개리 뉴포트Gary Newport는 베이커에게 이렇게 말했다. "우리는 고객의 자금을 보유하는 기업들을 탐탁지 않게 생각합니다. [그러한 우려가] 해소될 때까지 우리는 페이팔의 비즈니스 운영을 허용하지 않을 것입니다."[25] 캘리포니아와 뉴욕 주정부는 페이팔에게 그들의 송금 서비스 허가는 조사 대상에 해당한다고 통보했다. 이로 인해 페이팔은 증권거래위원회에 S-1 서류를 다시 제출해야 했다.

루이지애나주의 페이팔 사용자는 그들의 전체 사용자 기반에서 작은 일부에 불과했지만(수백만 사용자 중 약 10만 명에 달하는) 페이팔은 한 가닥의 실이 풀어지면 전체가 허물어질 수 있다고 우려했다. 한 분석가는 IPO.com을 통해 이렇게 말했다. "분명하게도 이와 같은 부정적인 일이 지금처럼 시장이 공황에 빠진 상황에서 불거지길 원하는 사람은 없을 것이다. 이 일이 어떻게 될 것인지 현재로서는 말하기 힘들다. 아마도 기업공개에 이미 줄을 섰던 투자자들의 의지에 달렸을 것이다."[26]

페이팔은 그들에게 '적절한 행정 절차를 통해 [루이지애나주의] 명령에 대해 다툴 권리'가 있다고 공개적으로 말했다.[27] 페이팔은 루이지애나주에서 그들의 입장을 옹호하는 규제기관을 찾기 위해 개인적인 차원에서 노력했다. 그러나 페이팔에 대한 루이지애나주의 태도 변화는 사육제 마지막 날인 마르디 그라Mardi Gras 행사를 준비하는 시기와 맞물려 있었기 때문에 그러한 노력은 쉽지 않았다. 틸과 페이팔은 루이지애나주 금융 감독관을 찾아가서 그들의 입장을 해명했다.

여기서 그들은 10만 명에 이르는 루이지애나 주민이 페이팔을 사용하고 있으며, 그 주가 페이팔 서비스를 중단하면 그들이 주 정부 관료들을 비난하게 될 것임을 강조했다. 당시 틸은 이렇게 말했다고 기억했다. "루이지애나 선거에서 투표를 하게 될 이들 주민과 맞서기를 정말로 원합니까?" 틸은 이렇게 떠올렸다. "[그 감독관은] 루이지애나주가 다른 주들의 흐름에 맞서는 지역으로 알려지길 원치 않는다는 데 동의했습니다."[28] 이후 페이팔은 루이지애나주에서 곧바로 비즈니스를 재개할 수 있었다.

페이팔 사람들에 따르면, 그러한 노력을 통해 기업공개를 살려낼 수 있었다. 셀비는 이렇게 말했다. "그러한 성과가 없었다면… 우리는 신청을 연기해야만 했을 겁니다. 대단히 과감하면서도 흐름을 뒤집는 시도였습니다."[29] 루이지애나주 상황이 해결 국면으로 접어들면서, 틸은 경영진에게 캘리포니아와 뉴욕, 아이다호의 관료들을 만나서 다른 주들이 루이지애나 사례를 따라가거나 기업공개 절차를 복잡하게 만들지 못하도록 막으라고 지시했다.

1월 중반에서 2월 초에 이르는 동안 페이팔은 두 건의 소송과 제삼자의 위협, 루이지애나의 금지, 캘리포니아와 뉴욕주의 허가 조사, 그리고 회의적인 투자자들에 직면했다. 이처럼 강력한 역풍을 맞이한 페이팔은 결국 기업공개 일정을 2월 6일에서 2월 15일로 연기해야 했다. 페이팔의 일부 사람들은 기업공개가 과연 이뤄질 것인지 의문을 갖기 시작했다. 틸은 또 다른 문제가 일어나지 않을지 걱정했다. 틸은 동료들에게 이렇게 말했다고 한다. "예상치 못한 일이 또 일어나면 버티기 힘들 거라는 생각이 들었습니다. 모든 게 수포로 돌아갈 수도 있었죠."[30]

틸은 비록 주가가 기대보다 더 낮게 형성된다고 하더라도 기업공개를 최대한 빨리 마무리 짓도록 경영진과 언더라이터를 압박했다. 처음에 페이팔의 은행가들은 그들이 주식시장에 제안하는 540만 주의 주식이 주당 12~15달러 사이에서 팔리면서 최대 8100만 달러를 끌어모을 것으로 예상했다. 이제 틸은 이들 은행가에게 주가가 이보다 더 떨어진다고 해도 기업공개를 빨리 추진하라고 말했다.

페이팔 내부에서는 불확실성이 확산되었다. 또 다른 소송이 있을 것이라는 소문이 돌았다. 심지어 기업공개가 완전히 무산될 것이라는 이야기도 나왔다. 페이팔은 직원의 친구와 가족도 기업공개에 참여할 수 있도록 허용했기 때문에 직원들은 친구와 가족의 걱정까지도 달래야 했다. 뉴욕에서는 켄 호워리와 로엘로프 보타, 잭 셀비를 비롯한 여러 사람이 은행가들과 함께 서류를 보완하고 기관 투자자들의 불안을 잠재우기 위해 애쓰고 있었다. 팰로 앨토에서는 많은 직원이 특허 소송을 해결하고 기업공개 서류를 세부적으로 수정하기 위해 며칠간 야근을 했다.

허드는 손가락으로 꼬집는 시늉을 하면서 이렇게 말했다. "하마터면 기업공개를 하지 못할 뻔했습니다."[31]

2002년 2월 14일 목요일 저녁, AP는 페이팔이 기업공개에서 주식의 가격을 주당 13달러로 정했으며 다음 날 나스닥 거래소에 상장할 것이라는 뉴스를 처음으로 보도했다.

기업공개를 다룬 앞선 보도와 마찬가지로. 전날 밤 기사 내용 또한 화려한 데뷔와는 거리가 멀었다. 기업공개를 보도한 사이트인 IPOFinancial.com의 데이비드 먼로우David Menlow 대표는 이렇게 말했다. "그 기업이 문제를 자처하고 있다고 생각할 수밖에 없었습니다. 서비스가 중단될 위험이 항상 남아 있는 상황에서 왜 사람들이 그 주식을 공격적으로 사들이려 할까요?" 먼로우는 처음에 페이팔을 그 사분기에서 가장 전망 있는 기업공개 중 하나로 꼽았지만, 최근 부정적인 기사가 잇달아 나오면서 페이팔의 기업공개를 '위험한' 수준으로 끌어내렸다. 또 다른 기업공개 분석가는 페이팔의 기업공개 결정에 대해 당혹스러워했다. 그는 이렇게 물었다. "모두가 마음을 졸이고 있을 때 왜 그들은 기업공개를 하려고 하는가?"[32]

페이팔 직원들은 16시간 동안 사무실에 감돌았던 긴장감과 불안감을 떠올렸다. 기업공개에 관여했던 페이팔 직원들에게 2월 14일 저녁은 특별히 불편한 발렌타인데이였다. 많은 이들이 오래전에 계획했던 중요한 저녁 약속, 그리고 페이팔 사무실에서 기업공개와 관련된 세부적인 사안들을 초조한 마음으로 마무리 짓고 있던 동료들 사이에서 괴로워했다.

2002년 2월 15일 금요일 아침에 나스닥이 개장하면서, 페이팔은 540만 주를 대중에 판매하기 위해 시장에 내놨다. 처음에 주당 13달러로 정해진 페이팔 주식은 몇 분 만에 18달러로 상승했다. PYPL는 첫날에 22.44달러까지 치솟았다가 20.09달러로 마감했다. 주가가 놀랍게도 55퍼센트나 상승하면서 2002년에 이뤄진 기업공개 중에서 가장 좋은 출발을 보였다.

《이커머스 타임스》는 이렇게 보도했다. "일주일 동안 부정적인 기사로 두드려맞은 온라인 결제 기업 페이팔(나스닥: PYPL)이 결국 월스트리트의 스포트라이트 속으로 걸어 들어가면서 거의 1년 만에 처음으로 인터넷 기업으로서 기업공개를 단행했다.”[33] 이후 긍정적인 기사들이 이어지면서 페이팔 홍보 책임자 빈스 솔리토는 안도감을 드러냈다. 그날 그는 한 신용카드 산업 잡지와의 인터뷰에서 이렇게 말했다. “탱크가 된 듯한 느낌이 들었습니다. 모든 것이 우리를 향해 날아들었거든요.”[34]

페이팔 직원들은 그들의 가족에게 기쁜 마음으로 전화를 걸었다. 그날 아침 일찍 직원들이 출근하면서 분위기는 더욱 달아올랐다. 엔지니어 산토시 야나르단은 이렇게 떠올렸다. “당시 기업공개는 기업 최고의 과제였습니다. 당시 상황에서 기업공개를 이뤄냈다는 것이 목적지에 도달했다는 사실을 의미할 만큼 우리는 작은 기업이었습니다.”[35]

이베이와 아마존은 기업공개를 진행하는 동안 직원들에게 주식 가격에 집착하지 말라고 당부했다. 페이팔의 경우에 임원들은 의미 없는 전망을 내놓는 대신에 주로 사용자 데이터를 보여주는 화면 속 수치를 공지했다. 스콧 브라운스타인은 이렇게 기억했다. “모두가 3분마다, 혹은 3초마다 그 종목을 확인하고 있었습니다.”[36]

그날 오후에는 캐나다 록밴드인 베어네이키드 레이디스 노래, 〈If I Had a Million Dollars〉가 페이팔 사무실에 울려 퍼졌다. 이는 파티의 시작을 알리는 신호였다. 에이미 로우 클레멘트는 이렇게 말했다. “그때 이런 생각이 들더군요. ‘잠깐. 우리는 오늘 온종일 일을 하지 않았군? 그게 가능한가?’ 그 노래가 마음속에서 울려 퍼지는 느낌이 들었습니다!”[37]

이제 주식시장에서 거래되는 기업으로 성장한 한때 조그마했던 스타트업의 설립자와 초창기 직원들에게 이는 대단히 의미 있는 순간이었다. 에릭 클라인은 이렇게 말했다. “말 그대로 수천 시간 동안 일했고, 이제 세상은 우리가 성공했다고 말했습니다…. 자신의 연봉은 알고 있었지만 그동안 노력으로부터 어떤 객관적인 결과를 얻었는지는 알 수 없었습니다. 적어도 그때까지는 말이죠. 그 순간 모든 것이 우리에게 떨어졌습니다. 그때까지 휴지 조각에 불과했던 것들이요."[38] 그날 하루 많은 직원이 기쁨과 안도의 눈물을 흘렸다.

초창기 콘피니티 엔지니어인 제임스 호건은 기업공개 날을 이렇게 설명했다. "'우리가 해냈다'라는 말보다, 그리고 우리 모두가 느낀 성취감보다 더 심오한 것이었습니다… 단지 다윗과 골리앗의 싸움에서 이긴 게 아니었습니다."

호건에게 그날은 '우리가 창조한 문화와 가치를 입증하는' 순간이었다. 그는 한참 뜸을 들인 후 이렇게 말했다. "그러한 믿음은 성공하게 될 것을 바탕으로 모두가 기꺼이 아이디어를 평가하고자 했다는 사실에서 비롯된 것이었습니다. 우리는 많은 헛소리를 이겨낸 조화로운 가치를 발견해냈습니다. 우리는 이를 통해 세상에서 좋은 것들을 창조하고, 함께 노력하는 과정에서 스트레스를 받거나 영혼이 빨려 나가는 것이 아니라 스스로 힘이 있고 살아 있다는 느낌을 받았습니다."[39]

존 코타넥은 그 모든 것을 일궈낸 사람들이 주차장에 모여 있던 광경을 떠올렸다. 그는 이렇게 말했다. "우리는 대기업이 아니었습니다. 거기 모여 있던 사람은 기껏해야 200명 정도였습니다. 저는 그들에게 이렇게 말했습니다. '우리가 지금 여기에 오기까지 여러분이 무엇을 했는지 알고 있습니다. 우리가 지금 여기에 오기까지 그가 무슨 일을 했는지 알고 있습니다. 우리가 지금 여기에 오기까지… 그들이 무슨 일을 했는지.' 저는 모두가 자랑스럽게 느껴졌습니다."[40]

맥스 레브친은 나중에 그날을 '인생에서 가장 행복한 하루'로 꼽았다.

그의 동료들은 그 금욕적인 CTO가 그날 한껏 자신의 감정에 취했다고 했다. 레브친은 그 순간을 신나게 즐겼다. 그날 찍은 한 사진을 보면, 그는 커다란 플라스틱 칼을 들고서 달러 기호처럼 생긴 녹색 피냐타(아이들이 눈을 가리고 막대기로 쳐서 넘어뜨리는, 장난감과 사탕이 가득 든 통-옮긴이)를 찔러대고 있었다. 레브친은 개인 웹사이트에 그 사진에 대한 설명을 이렇게 달았다. "샴페인 한 병을 다 마셨음에도 나는 놀랍게도 잘 조준을 했다."[41]

1990년대 말 닷컴 기업들의 흥청망청 파티와 비교할 때 페이팔의 기업공개 축하 파티는 소박한 행사였다. 엠바카데로 1840번지 사무실 주차장에서 열린 그 파티에는 유명 가수의 공연이나 화려한 얼음 조각상 혹은 값비싼 요리는 없었다. 대신에 그들은 플라스틱 접이식 테이블을 설치하고 몇 개의 스피커를 통해 음악을 틀었다. 곧이어 맥주 통과 수많은 값싼 샴페인, 그리고 저렴한 요리가 무더기로 도착했다. 일부 직원은 사무실을 몰래 빠져나가 팰로 앨토 크리머리 레스토랑으로 가서는 가장 값비싼 '버들리 버거'를 주문하기도 했다. 그건 차가운 돔 페리뇽 샴페인 한 병이 따라 나오는 150달러짜리 햄버거였다.

사람들은 CEO인 피터 틸과 자문인 존 뮬러John Muller가 케그 스탠드keg stand(물구나무를 서서 맥주를 마시는 의식-옮긴이)를 하는 광경을 놀란 눈으로 지켜봤다. 제레미 로이발은 그 순간을 이렇게 기억했다. "'분명히' 예전에 한 번도 도전해본 적이 없는 사람들이 케그 스탠드를 하고 있었습니다."[42] 오후에 주식시장이 마감하자 틸과 레브친은 종이로 만든 왕관을 썼다. 그들은 아주 오랜만에 몇몇 직원만 금요일 저녁에 야근을 하기로 했다. 클라인은 이렇게 말했다. "모두가 업무 걱정에서 해방된 시간이었습니다."

그날 파티는 페이팔답게도 축하와 경쟁이 한데 어우러진 행사였다. 직원들이 가장 선명하게 기억하는 순간은 피터 틸이 주차장에서 열 번의 스피드 체스 게임을 동시에 했던 때였다. 모든 게임에는 현금이 걸렸고, 판돈은 체스판 양쪽 아래에 깔끔하게 꽂혀 있었다. 틸이 한 체스판에서 다음 체스판으로 재빠르게 이동할 때 많은 사람이 그를 따라 함께 움직였다.

거기서 틸은 열 게임 중 아홉 게임을 이겼다. 야나르단은 이렇게 떠올렸다. "피터는 술이 약합니다…. 게다가 우리는 그 날 그에게 케그 스탠드를 시켰습니다. 그는 반쯤 취했습니다. 그런데도 열 번 중 아홉을 이겼습니다! 놀라웠죠."[43] 데이비드 색스는 그 체스 시합에서 유일하게 틸을 이김으로써 평생 자랑거리를 확보했다. (한 사람은 이렇게 말했다. "피터는 졌을 때 짜증을 냈습니다. 벌떡 일어서더니 인상을 쓰며 화를 냈던 모습이 뚜렷하게 기억납니다.")[44]

날이 저물자 틸은 페이팔의 성공을 주제로 연설을 했다. 브라운스타인은 이렇게 기억했다. "그는 페이팔의 시가총액이 유나이티드 항공과 아메리칸 항공, 그리고 델타 항공을 모두 합한 것보다 얼마나 더 높은지에 대해 말했습니다."[45] 페이팔은 전 임직원에게 페이팔 바람막이 재킷을 나눠줬고, 나중에 '기업공개 재킷'이라고 알려진 그 옷은 초창기 페이팔 직원임을 증명하는 상징이 되었다. 디온 맥크레이는 페이팔 로고를 새긴 흰색 비니를 그날 내내 쓰고 있었다.

파티는 밤까지 이어졌다. 레브친은 이렇게 회상했다. "기업공개 파티는 커다랗고 흐릿한 기억으로 남았습니다."[46] 옥사나 우튼은 그날 '행복감과 축하, 눈물… 그리고 새해 첫날 같은… 흥분감'[47]이 함께 섞여 있었다고 말했다.

이러한 축하 파티에도 불구하고 몇몇 페이팔 리더는 기업공개가 끝이 아니라 시작이라는 사실을 이해했다. 에이미 로우 클레먼트는 1999년 8월에 몇 안 되는 X.com 직원 중 한 사람으로 페이팔에 들어왔다. 그는 페이팔이 공개 기업이 되었다는 사실에 대한 '의심과 기대'를 떠올렸다.[48] 그 의심은 '힘든 노력이 어느 정도 결실로 드러나고 있다'는 사실에 대한 것이었다. 동시에 그러한 의심에는 기대가 함께했다. 그는 이렇게 설명했다. "[그건] 중요한 과제가 남아 있다는 사실에 대한 인식이었습니다. 여러 가지 면에서 그건 새로운 장의 시작이었습니다. 우리는 이제 성숙한 기업이 되었고, 사용자와 투자자에게 막중한 책임을 떠안게 되었습니다."

주식시장은 페이팔의 가치를 10억 달러에 가까운 수준으로 평가했다. 틸과 머스크, 그리고 페이팔 경영진은 회사의 지분을 직원들에게 나눠주기 위해 이사회에 계속해서 로비를 벌였다. 그리고 많은 직원이 기업공개를 통해 경제적으로 엄청난 횡재를 얻었다. 울웨이는 이렇게 기억했다. "일론이 나가고 난 뒤 처음으로 돈이 흘러넘친 최초의 사건이었습니다."[49] 특히 일찍 페이팔에 들어와 오랫동안 혼란스러운 시절을 버틴 이들에게 기업공개는 하나의 증명이었다. 사용자 성장이나 거래 규모보다 더욱 구체적인 성공의 신호였다.

틸과 레브친을 비롯한 페이팔 경영진 모두 백만장자가 되었고, 세쿼이아 캐피털과 노키아 벤처스, 메디슨 디어본 파트너스 등 투자자들 모두 높은 수익률을 얻었다.

그 누구보다 머스크는 개인적으로 최고의 횡재를 누렸다. 공식 자료에 따르면, 머스크는 페이팔 역사상 최대 주주였으며 세월이 흐르면서 점점 더 많은 지분을 확보했다. 페이팔의 종목 기호가 나스닥 화면에 떴을 때 머스크는 노키아 벤처스나 세쿼이아 캐피털과 같은 기업보다 더 많은 페이팔 지분을 보유하고 있었다. 그리고 그의 지분은 이제 1억 달러를 넘어섰다.

4년 후 머스크의 재산은 천만 달러 수준에서 억 달러 수준으로 증가했다. 이를 통해 그는 미래의 도전을 위한 기반을 마련했다. 머스크는 이렇게 말했다. "페이팔 기업공개로 스페이스X를 시작할 자금을 마련했습니다. 주식을 팔거나 주식을 담보로 돈을 빌리는 방식으로 말이죠. 이전에는 그렇게 많은 돈은 없었습니다."[50]

22장
그리고 내게 남은 것은 티셔츠뿐

기업공개 이후로 페이팔 직원들에게는 한 가지 새로운 습관이 생겼다. 그것은 PYPL 주가를 확인하는 일이었다. 몇 달에 걸친 매각 제한 기간에 직원들은 주식을 팔 수 없었다. 그리고 새로 입사한 직원들의 주식은 할당은 되었지만 공식적으로 지급되지 않은 상태로 남아 있었다.

개인의 순자산을 계산하는 일 또한 그들의 건강에 도움이 되는 일로 드러났다. 페이팔의 기업공개 후 일주일이 채 지나지 않아서, 이베이는 웰스파고가 보유한 빌포인트의 35퍼센트 지분에 대해 4350만 달러를 지불하겠다고 발표했다. 이는 페이팔에 문제가 되었다. 가장 먼저 그 금액은 10억 달러에 가까운 페이팔의 가치를 훨씬 커 보이게 만들었다. 월스트리트 분석가들은 이렇게 물었다. 페이팔이 이베이의 거래에 의존하는 상태에서 어떻게 페이팔의 가치가 이베이의 자체 결제 플랫폼보다 8배나 더 높을 수 있단 말인가? 이에 웰스파고의 거래가 발표된 날,

페이팔 주가는 15퍼센트나 하락했다.

　그러나 더 골치 아픈 문제는 이베이가 그 결제 플랫폼을 완전한 형태로 소유할 것이라는 전망이었다. 이베이는 위험을 회피하는 은행가로부터 더 이상 제약을 받지 않았고, 이론적으로 얼마든지 제품을 확장하고, 협상을 맺고, 혹은 마음만 먹는다면 빌포인트를 독립 조직으로 분사할 수 있었다. 언론은 이러한 가능성을 페이팔에 대한 위협으로 다뤘다. 그리고 빌포인트 CEO인 자넷 크레인은 이번 인수로 "장기적인 차원에서 빌포인트와 이베이의 통합이 강화될 것"이라고 약속함으로써 그러한 우려를 더욱 증폭시켰다.[1]

　또한 이베이는 이를 활용함으로써 페이팔에 대한 지배력을 강화하고자 했다. 페이팔과 이베이는 언론이 눈치채지 못한 상태에서 협상을 재개했다. 페이팔의 입장에서 웰스파고 인수는 위협이었다. 협상이 성사되지 않을 경우, 그 경매 거물은 자유로운 상태에서 결제 시장을 차지하기 위해 더욱 공격적으로 나올 것이었다.

　2002년 3월 말을 시작으로, 페이팔은 이베이를 위해 그들의 비즈니스에 관한 세부적인 보고서를 자체적으로 작성했다. 2002년 3월 21일, 이베이는 13억 3000만 달러의 가치 평가를 기반으로 페이팔을 인수하겠다고 제안했다. 그 제안서에서 두 기업은 코드명으로 표기되었다. 페이팔은 'Orca(범고래)', 그리고 이베이는 'Ernie(어니)'였다. [이전의 합병 제안서에서 페이팔은 좀 더 작은 해양 동물을 코드명으로 선택했었다. 공개 기업이 되기 전 페이팔의 코드명은 'Porpoise(쇠돌고래)'였다.]

　2002년 3월 22일 오전에 열린 이사회 회의에서 페이팔 이사들은 그 협상에 대해 논의했다. 이사회 회의록에 따르면, 틸은 이렇게 주장했다.

"이베이 임원들은 [틸에게] 두 기업의 잠재적인 합병에 관한 모든 추측을 뒤로 미루려는 욕망을 드러냈습니다." 그러고는 이렇게 덧붙였다. "이베이에게 대단히 중요한 순간이며, 그들은 페이팔과 정면으로 '싸우거나', 아니면 페이팔을 인수하는 전략적인 결정을 내리고 있습니다."

페이팔 이사회는 두 기업의 운명이 어떠한 형태로든 얽혀 있으며, 이베이의 인수가 또 한 번의 장기적인 싸움보다는 더 낫다고 결론을 내렸다. 이사회는 "모리츠와 틸에게 이베이에 대응하고 잠재적인 합병과 관련해 이베이와 계속해서 협상을 이어나가도록 권한을 일임했다."

페이팔 이사회는 협상이 진행되는 동안에 자주 회의를 열었다. 그러던 4월 10일, "틸은 이전 이사회 모임 이후로 합병 가능성은 더 낮아졌다고 보고했다." 이베이의 제안으로부터 4월 10일에 이르는 동안 페이팔은 공개 기업으로서 첫 번째 공식적인 분기 실적 발표를, 그것도 처음으로 수익을 올린 분기 실적 발표를 준비하고 있었다. 같은 시점에 이베이 주가는 비교적 안정세를 유지했다. 그리고 이베이 경영진은 "협상에서 주가에 대한 변형된 옵션거래에 단호하게 반대하는 입장을 보였다."

4월 11일, 합병의 운명은 한층 더 어두워졌다. "[페이팔] 이사회는 여러 다른 이유와 더불어 수익을 올린 첫 사분기 실적에 대한 발표를 앞둔 시점에서 기존 조건으로 합병을 추진할 준비가 되지 않았다고 결정을 내렸다." 틸은 '교환비율의 인상'이나 '합병을 통해 받게 될 이베이 주식의 가격에 대한 여러 가지 옵션거래'[2] 등을 포함해 또 다른 조건을 제시할 권한을 위임받았다. 하지만 페이팔은 다른 어떤 조건도 이베이의 기준을 통과하지 못할 것이라고 예상했다.

이후 협상에 관한 이야기가 흘러나왔다. 그리고 페이팔이 첫 번째 수익 분기 실적을 발표할 무렵 이베이의 인수 가능성과 수익을 올린 분기 실적이 합쳐지면서 페이팔 주가는 26달러를 넘어섰다. 이 또한 합병 가능성을 더욱 희박하게 만들었다. 일부 페이팔 사람들은 의도적으로 합병을 무산시키기 위해 협상에 관한 정보를 유출한 것으로 의심했다.

어쨌든 원인보다는 결과가 중요했다. 합병은 이제 (다시 한번) 물 건너갔고, 양측은 또다시 적대감을 드러냈다. 기업공개 직전에 페이팔에 들어왔던 캐서린 우Katherine Woo는 이베이를 안건으로 2002년 봄에 열렸던 팀 회의를 떠올렸다. "우리를 회의실로 불러 모았습니다…. 그러고는 연설이 시작되었습니다. 대단히 강력한 연설이었습니다! 그 내용은 이베이가 어떻게 우리를 죽이려 하고 있는지였습니다. 그리고 이베이가 우리를 죽일 목적으로 빌포인트에 수백 명의 엔지니어를 두고 있다고 말했습니다…. 이런 생각이 들더군요. '젠장, 이번 여름엔 정말로 열심히 일해야겠군.'"[3]

2002년 초, 이베이는 이베이 라이브eBay Live를 발표했다. 이는 이베이가 6월 21일 캘리포니아 애너하임에서 시작하기로 예정한 모든 일을 축하하기 위한 행사였다. 이베이는 이 행사를 통해 이베이의 판매자와 구매자, 협력업체, 그리고 그 밖에 여러 이해관계자를 불러 모을 계획이었으며, 또한 CEO 메그 휘트먼이 연설을 할 예정이었다.

빈스 솔리토의 아내는 그 행사 소식을 신문에서 봤다. 솔리토는 이렇게 말했다. "아내는 그 기사에 동그라미를 치고는 잘라서 제게 줬습니다. 그러고는 이렇게 말하더군요. '당신들도 가봐야겠군요.' 저는 그 기사를 데이비드 [색스]에게 전했고 그는 이렇게 말했어요. '맞아요. 우리도 가봐야 합니다.'"[4]

페이팔은 그 행사에 참석해서 다른 이베이 협력업체 및 제삼자 기업들이 할 일을 미리 계획했다. 그들은 행사장에 작은 부스를 설치하기로 했다. 나아가 색스는 이번 행사에서 더욱 극적인 장면을 연출할 수 있다고 생각했다.

색스와 그의 팀은 브레인스토밍을 통해 두 가지 아이디어를 내놨다. 둘 다 이베이를 자극하기 위한 것이었다. 첫째, 페이팔은 이베이 라이브 개막식 전날 저녁에 성대한 행사를 열 것이었다. 페이팔이 초대장을 발송하고 난 후 금융 및 투자 자문 회사인 모틀리 풀Motley Fool은 이렇게 언급했다. "페이팔이 이베이를 무찌르기 위한 파티를 또다시 열고 있다."[5]

다음으로 페이팔은 기발하게도 두 번째 아이디어를 내놨다. 페이팔 마케팅팀은 앞에는 페이팔 로고가 들어간, 그리고 뒤에는 'New World Currency(신세계 통화)'라고 적힌 티셔츠를 수천 장 제작했다. 그리고 이를 행사에서 나눠주면서 보상을 제시하고자 했다. 그것은 이베이 라이브 행사장에 그 티셔츠를 입고 참가한 사람에게 250달러 상금에 응모할 자격을 주는 것이었다. 그 목적은 페이팔이 이베이의 판매자 커뮤니티와 떼려야 뗄 수 없는 관계라는 사실을 이베이 경영진에게 상기시키는 것이었다. 이베이를 열렬하게 지지하는 사람들조차 페이팔 티셔츠를 입고 나타나게 만들 계획이었다.

이베이 라이브가 문을 열었을 때 많은 참석자가 상금을 받기 위해 페이팔 티셔츠를 입고 등장했다. 덕분에 페이팔 로고는 행사장 어디서나 볼 수 있었다. 이베이는 이를 알아챘다. 그들 역시 이번 행사를 위해 자체적으로 티셔츠를 주문해서 판매할 계획이었지만, 페이팔 티셔츠가 행사장에 흘러넘치면서 생각을 바꿨다. 색스는 이렇게 떠올렸다. "이베이는 사람들에게 페이팔 티셔츠와 교환하는 조건으로 이베이 티셔츠를 나눠줬습니다. 그러자 사람들은 우리를 찾아와서 두 번째 무료 티셔츠를 받아 갔고, 이를 가지고 이베이 티셔츠와 교환했습니다."[6]

메그 화이트가 연설을 하기 위해 컨퍼런스 연단에 올랐을 때, 수천만 명의 이베이 사용자들과 함께 놀랍게도 페이팔 티셔츠를 입은 수많은 사람을 봤다. 페이팔 팀이 이베이에 날린 마지막 한 방은 2002년 7월 1일 《USA 투데이》가 '먼데이' 섹션 전면에 게시한 이베이 라이브 관련 기사였다. 그 기사에 실린 사진 속에서 휘트먼은 웃음을 지으며 사람들에게 사인을 해주고 있었다. 그리고 그의 왼쪽에 서서 서명을 받으려고 기다리고 있던 한 사람의 가슴팍에 페이팔 로고가 선명하게 빛나고 있었다.

이베이 북미 사업부를 이끌었던 제프 조던Jeff Jordan은 이베이 라이브 행사에 참석해서 그 모든 광경을 직접 목격했다. 당시 이베이와 페이팔 사이의 갈등은 오랫동안 그의 삶에서 일부로 남아 있었다. 이러한 상황에서 이베이 라이브에서 페이팔이 보여준 전술은 그들과의 경쟁에 대한 싫증을 더욱 심화시켰다.

조던은 1999년에 이베이에 입사했다. 그는 비즈니스스쿨을 졸업하고 경영 컨설팅 업계에서 경력을 쌓고 난 후 디즈니로 자리를 옮겼다. 당시 디즈니 최고경영자는 메그 휘트먼이었다. 이후 조던은 디즈니 스토어의 CFO로 승진했다. 소비자 매장 비즈니스를 하던 조던은 인터넷 화물 열차가 질주하는 것을 목격했다. 그러고는 온라인 비디오 대여 및 주문형 비디오 서비스 웹사이트인 릴Reel.com에 CFO로 들어갔다. 하지만 릴의 비즈니스는 어려움을 겪었다. 조던의 설명에 따르면, 그 아이디어가 '10년 일찍 나왔기' 때문이었다.[7] 그리고 그는 다음 회사를 탐색하기 시작했다.*

  1999년에 메그 휘트먼은 조던을 이베이로 영입했다. 6개월이 지난 2000년 초에 조던은 이베이의 북미 사업부 책임자로 승진했다. 그의 임무에는 결제 비즈니스를 비롯해 짜증 나는 페이팔과의 관계를 감독하는 일도 포함되었다. 이베이가 경쟁을 위해 빌포인트를 사들였을 때 조던은 빌포인트에 대한 감독도 맡을 예정이었다. 그러나 당시 빌포인트의 대표였던 자넷 크레인은 메그 휘트먼에게 자신이 그 비즈니스를 이끌게 해달라고 요청했다. 이에 대해 조던은 이렇게 말했다. "제 경력에

* 그의 탐색은 아주 인상적인 면접으로 이어졌다. 당시 픽사의 CFO를 찾고 있던 스티브 잡스가 조던에게 연락을 해왔다. 조던은 팰로 앨토의 일 포르나이오 레스토랑에서 그와 함께 아침을 먹기로 약속했다. 조던은 이렇게 그때를 떠올렸다. "저는 정장 차림으로 갔습니다. 그런데 [잡스는] 찢어진 옷에다가 샌들을 신고 20분 늦게 나타났습니다." 잡스는 조던에게 두 가지 질문을 던졌다. 첫 번째 질문은 이런 것이었다. "1980년대 말에 스탠퍼드 비즈니스스쿨에 들어갔군요. 그리고 세상에서 가장 흥미진진한 시점에 기업을 창조하는 세상의 중심에 서 있었습니다…. 그런데 왜 그 망할 경영 컨설턴트가 되었습니까?" 두 번째 질문은 이랬다. "어떻게 8년 동안이나 디즈니에 있었습니까? 그곳 사람들은 완전 멍청이들인데…." 조던은 그 질문을 스티브 잡스의 압박 면접으로 이해했다. 그는 이렇게 대답했다. "첫 번째 질문에 대해 말씀드리겠습니다. 돌아오는 길을 발견하기까지 10년의 세월이 걸렸지만, 저는 결국 돌아왔고 여기에 있습니다." 다음으로 디즈니에 관한 질문에는 강하게 응수했다. "디즈니에 대해서 잘못 알고 계시는군요." 그러고는 디즈니 스토어가 소비자 평가에서 디즈니 테마파크보다 더 높은 등급을 받았다고 지적했다. 그는 말했다. "그리고 우리는 제품을 판매합니다!" 잡스는 만족한 표정으로 조던에게 픽사에 관해 설명했다. 그러나 조던은 지금껏 CFO로 일을 해왔으며 이제 다른 일을 해보고 싶다고 말했다. 잡스는 그렇다면 애플에 들어가서 새로운 사업부를 이끌어보는 게 어떻겠냐고 제안했다. 잡스는 말했다. "애플 스토어에 대한 비전을 갖고 있습니다." 그러고는 새롭게 구상한 쇼핑 경험에 대해 처음부터 자세하게 설명하기 시작했다. 조던은 잡스가 '망상적'이라고 생각했고 그의 제안을 공손하게 거절했다. 조던은 잡스가 말한 스토어 아이디어에 대해 이렇게 말했다. "물론 그는 그것을 현실로 만들어냈죠."

550

서 벌어진 일 중에 아마도 최고의 사건이었을 겁니다."

빌포인트가 페이팔에게 점차 시장점유율을 내주면서, 조던은 페이팔이 대단히 힘든 결제 비즈니스의 요소를 효과적으로 처리하고 있다고 생각했다. 조던은 이렇게 설명했다. "페이팔은 위험을 감수했습니다." 이베이의 구매자와 판매자 사이에서 거래를 보증함으로써 페이팔은 네트워크 효과에 따라 증가한 결제 비즈니스 시장에서 작은 일부를 차지했다. 이후 페이팔은 기존 위험 모형을 수정해나가면서 사기를 막았다. 그리고 이를 통해 잠재적인 시장을 실제 비즈니스로 전환했다.

조던은 이베이의 북미 사업부를 담당했기 때문에 페이팔이 그들의 플랫폼상에서 자유롭게 활동하도록 허용한 이베이 경영진의 방침에 불만을 품고 있었다. 그는 자신의 손발이 묶여 있다고 생각했다. 그는 빌포인트를 직접 운영하지 않았고(그것은 크레인의 몫이었다), 페이팔을 막을 수도 없었으며, 또한 빌포인트를 이베이의 기본 결제 시스템으로 만들 수도 없었다. 그 업계의 다른 이들과 마찬가지로 조던 역시 반독점 문제에 대해 합리적인 두려움을 갖고 있었다. 그는 이렇게 기억했다. "우리는 원칙을 철저하게 지켰습니다. 가령 어떤 문서에도 '지배적인'이라는 단어를 쓰지 않도록 했습니다." 페이팔 팀은 그러한 두려움을 의식적으로 자극했다. 조던은 리드 호프먼의 반독점 전략에 대해 이렇게 말했다. "아주 훌륭한 접근 방식이었습니다. 그는 저를 만나 이렇게 말했습니다. '빌포인트를 [이베이와] 통합한다면 실질적인 반독점 문제가 발생하게 될 겁니다. 그렇지 않을까요?'"

조던과 그의 팀은 또한 이베이 커뮤니티에 대해서도 적절하게 대응했다. 그 커뮤니티 안에서 페이팔 사용자 수는 쉽게 확인할 수 있었다. 수백만 명의 이베이 사용자들이 거래 과정에서 페이팔을 적극적으로 선택했다. 조던은 페이팔을 죽이는 과정에서 이베이는 살인만이 아니라 자살을 하게 될지 모른다고 걱정했다. 그는 이렇게 인정했다. "저는 페이팔에 대한 공격에 대해 양가감정을 느꼈습니다. 그 이유는 페이팔이 제 비즈니스가 돌아가게 만들어주고 있었기 때문이죠."

조던과 이베이 사람들은 페이팔에 관한 회의가 끝없이 이어졌다고 기억했다. 그들은 그들의 적과 마찬가지로 페이팔과 경쟁하고 그들을 방해하거나 내쫓기 위해 가능한 모든 계획을 실행에 옮겼다. 그러나 2002년에 그 노력은 실패로 돌아갔다. 페이팔은 이미 충성스러운 사용자를 거느린 공개 기업이 되었고, 이베이는 수치스럽게도 그들의 존재를 인정해야 했다.

당시 페이팔의 위상은 상호의존성 단계로 넘어가 있었다. 이러한 사실을 가장 잘 보여준 것이 바로 이베이 라이브 행사였다. 조던은 웃으며 이렇게 떠올렸다. "그들은 게릴라 마케팅의 귀재였습니다."

이베이의 티셔츠 작전은 조던에게 두 기업을 경쟁 관계가 아니라 공생 관계로 바라봐야 한다는 사실을 뚜렷하게 상기시켜 줬다. 더 나아가 티셔츠를 둘러싼 경쟁은 무엇보다 어리석은 노력이라는 사실을 잘 보여줬다. 사용자들은 이베이와 페이팔을 모두 사랑했다. 반면 그 두 기업은 서로를 미워하고 있었다.

행사장에서 조던은 데이비드 색스에게 손을 흔들어 보였다. 색스는 이렇게 말했다. "우리는 전반적으로 이 경쟁이 얼마나 어리석은 짓인지에 관해 이야기를 나눴습니다. 그곳에서 우리는 티셔츠를 놓고 경쟁을 벌이고 있었죠."[8]

색스는 그의 다른 팀원들과 마찬가지로 오래전에 그러한 결론을 내렸다. 에이미 로우 클레멘트는 이렇게 강조했다. "우리 매출에서 대단히 많은 부분이 이베이에서 비롯되었습니다. 우리는 적에게 전적으로 의존하고 있었습니다."[9] 그럼에도 두 기업 간 합병이 이뤄지지 않은 상태에서 그러한 위험이 사라질 것이라고 생각하는 페이팔 사람은 거의 없었다. 몇 년 뒤 키스 라보이스는 쿼라Quora 웹사이트에 이렇게 썼다. "리드는 그 문제를 대단히 간결하게 설명했다. '당신을 향해 발사한 다섯 발의 총알이 모두 빗나갔다고 해서… 여섯 번째 총알까지 빗나갈 것이라는 보장은 없다.'"[10]

이베이는 분명하게도 여섯 번째 총알을 장전해놓고 있었다. 웰스파고로부터 빌포인트의 지분을 다시 사들이는 것과 더불어 이베이는 씨티은행과 조용히 협상을 시작했다. 그들은 빌포인트를 씨티은행에 매각하면서 결제 수수료를 완전히 없애버리는 방안에 관해 이야기를 나눴다. 이를 통해 이베이는 결제 서비스 문제를 해결하고 페이팔과의 가격 경쟁에서 이길 수 있었다. 또한 씨티은행은 새로운 고객 집단을 확보할 수 있었다. 조던은 이렇게 말했다. "씨티은행과의 협상이 이뤄진다면 [페이팔은] 끝난 겁니다."[11]

그래도 조던은 빌포인트를 시티뱅크에 넘기는 것보다 페이팔을 인수해서 이베이로 통합하는 전략이 더 낫다고 판단했다. 어쨌든 이베이는 은행과의 힘든 관계에서 이제 막 벗어났다. 게다가 씨티은행이 웰스파고가 실패한 지점에서 성공하리라는 보장도 없었다. 또한 조던은 페이팔에게서 자체적으로 성장하는 비즈니스를 봤다. 그리고 그 비즈니스가 이베이 자체보다 더 커질 가능성을 확인했다.

페이팔 팀은 이베이와 씨티은행 간의 협상에 관한 은밀한 이야기를 들었다. 그리고 새로운 공포가 시작되었다. 색스와 레브친은 호프먼에게 반독점 증거 자료를 활용해서 이베이의 시도를 방해하는 전략에 관해 물었다. 그러나 호프먼은 반독점 증거 자료는 기껏해야 제스처에 불과하다고 했다. 이베이와 씨티은행 간의 협상에는 독점을 규제하는 당국이 예방적인 행동을 취하도록 요청할 만한 요소가 하나도 없었다. 게다가 페이팔은 다른 여러 서비스와 더불어 여전히 이베이 플랫폼상에서 움직이고 있었다. 이러한 사실은 반독점 위협을 실질적인 공격이 아니라 위협적인 제스처로 보이게 만들 수밖에 없었다. 호프먼은 이렇게 설명했다. "총은 진짜처럼 생겼습니다. 저는 그 총을 흔들어 보일 수도 있고 쏘는 시늉을 할 수도 있습니다. 그리고 당신을 향해 겨눌 수도 있습니다. 그러나 방아쇠를 당기면 '빵!'이라는 글자가 적힌 작은 깃발이 튀어나올 겁니다. 그 모든 것은 심리적인 설득에 불과합니다."[12]

씨티은행과의 협상은 규제기관이 실제로 움직이도록 자극하지는 못했지만, 또 다른 영향을 미쳤다. 협상에 대한 위협은 데이비드 색스가 이베이와 페이팔 간의 협상을 새롭게 시작하도록 부추겼다.

틸과 호프먼이 기업공개 전에 이베이와의 협상을 취소해야 했을 때 페이팔은 틸이 그 메시지를 휘트먼에게 전하도록 했다. 그리고 협상 결렬에 대한 모든 책임은 호프먼에게 떠넘겼다. 틸은 이베이 경영진에게 호프먼이 페이팔 경영진이 생각한 것보다 더 멀리 나아간 것이라고 설명했다. 그가 그 메시지를 전했을 때 메그 휘트먼은 자리에서 일어나 불같이 화를 냈다. 그는 틸과 페이팔 임원들에게 이렇게 말했다고 한다. "그렇게 전쟁이 하고 싶다면 한번 해봅시다!"[13]

그 협상은 이전 협상과 마찬가지로 씁쓸한 뒷맛을 남겼다. 이베이 경영진 역시 실망했다. 페이팔과 이베이는 합병을 위해 지금까지 네 번의 협상을 했다. 그 과정에서 이베이가 제시한 금액은 3억 달러에서 5억 달러, 그리고 8억 달러를 거쳐 이제 10억 달러로까지 높아졌다. 그러나 매번 가격이나 협상 조건이 합의를 가로막았다.

이번에 조정자 역할을 맡게 된 색스와 조던은 내부적으로는 물론 외부적으로도 현미경을 들이댔다. 협상에 관한 이야기가 언론으로 흘러들어 간다면, 4월에 그랬던 것처럼 그 뉴스가 결과의 운명을 결정하게 될지 몰랐다.

페이팔 경영진은 과거의 불운을 감안할 때 이번에는 틸과 호프먼이 협상에서 한발 물러나야 한다는 데 동의했다. 마침 메그 휘트먼도 남부 캘리포니아로 여행을 떠날 예정이었기 때문에 협상 논의에서 빠지게 되었다. 조던은 이렇게 시인했다. "결국 협상을 성사시킬 유일한 방법은 메그와 피터를 완전히 배제하는 것이었습니다."

7월 3일에서 7월 7일까지 이베이 경영진은 데이비드 색스와 존 맬로이, 로엘로프 보타와 함께 협상 조건에 대해 논의했다. 조던은 이렇게 기억했다. "우리는 토요일에 페이팔을 불시에 방문했습니다. 그리고 부지런히 움직이기 시작했습니다."[14] 주말이 다가왔을 때 조던과 그의 팀은 이베이 이사회를 위한 프레젠테이션을 준비했다. 색스는 이렇게 떠올렸다. "우리는 4~5일 만에 협상 조건에서 최종 합의안까지 모두 마련했습니다."[15]

페이팔의 기업공개는 최종 협상으로 나아가기 위한 길을 열어줬다. 조던은 페이팔의 주가가 보여준 분명한 성과를 언급하면서 이렇게 말했다. "[기업공개는] 협상 과정에서 놀랍게도 큰 도움이 되었습니다. 그건 일종의 표식으로 작용했기 때문이었습니다. 우리는 합병을 위해 다섯 차례나 시도했지만 네 번 동안은 가격에 합의하지 못했습니다. 그러나 주식을 발행하고 어느 정도 거래가 이뤄지면서 페이팔은 14억 달러로 가치 평가를 받았습니다."[16] 색스와 조던 각자 그들의 이사회에 분명하게 의견을 제시했고, 페이팔 이사회 회의록에 따르면 이베이는 '이베이 주가에 대한 옵션거래 금지'를 포함해 여러 다양한 핵심적인 합병 조항을 부드러운 형태로 수정했다.[17]

2002년 7월 6일 토요일에 페이팔 이사회는 엄중한 분위기에서 회의를 열었고 '협상에 대한 대안은 물론 현재 제안된 협상, 그리고 협상을 하거나 독립적으로 계속을 운영하는 방식의 위험성에 대해 구체적으로' 논의했다. 더욱 유리한 조건과 14억 달러의 제안에도 불구하고 페이팔의 여러 이사회 멤버는 여전히 페이팔의 전성기가 아직 찾아오지 않았다고 믿었다. 예를 들어 머스크는 숫자가 여전히 페이팔의 가치를 제대로 반영하지 못하고 있다고 생각했다. 그는 이렇게 말했다. "저도 그렇지만 여러분 역시 제정신이 아닙니다."[18] 페이팔 이사회 일원인 팀 허드와 존 맬로이 역시 의구심을 드러냈다. 맬로이는 이렇게 떠올렸다. "의심을 떨쳐버릴 수 없었습니다. 제가 생각한 기업 가치보다 더 낮게 매각한다고 생각했기 때문이죠."[19]

그 토요일 회의를 기록한 이사회 회의록은 페이팔의 비즈니스 위험에 대해 언급했다. 그리고 이베이와 페이팔의 합병을 통해 어떻게 그 위험을 낮출 수 있는지에 대해 다음과 같이 자세하게 열거했다.

- [페이팔와 이베이의] 통합은 페이팔의 전략적 성장 계획의 위험성을 낮춰줄 것이다.
- 2001년 페이팔의 시장 점검 결과는 이베이가 현실적으로 그 기업에 대한 유일한 잠재적 입찰자임을 확인시켜 줬다.

- 어떤 다른 기업도 페이팔을 인수하거나 합병하겠다는 제안을 하지 않았다. 또한 페이팔과 어떤 다른 협상을 체결하겠다는 매력적인 제안도 하지 않았다.
- 합병은 온라인 경매 사이트에서 결제 서비스에 대한 접근을 잃어버리게 될 위험을 최소화할 것이다.
- 카드 협회의 규정 변화에 따른 위험과 금융 서비스 및 온라인 게임 규제와 관련된 사기와 불확실성에 따른 위험을 줄여줄 가능성.
- 최근의 고려 사항은 이베이와 협상이 가능한 주당 최고 가격이었다.
- 교환비율이 기업공개 가격과 2차 제안에서 팔린 보통주의 가격, 그리고 2002년 7월 5일 현재의 주식 가격을 상회해 제공하는 프리미엄.
- 합병이 성사되지 않았을 때 잠재적 영향, 그리고 핵심 인재를 붙잡아둘 수 없는 잠재적 위험.

궁극적으로 맬로이와 허드, 그리고 머스크의 판단에 결정적인 영향을 미친 것은 경영진과 그들의 부하직원들이 진퇴양난의 상황에 빠져 있다는 경영진의 주장이었다. 스카이 리는 당시를 이렇게 떠올렸다. "그들은 우리에게 이베이가 우리를 인수하길 원하는지 물었습니다. 저는 지쳐 있었습니다. 이렇게 대답했죠. '저는 준비가 되었습니다. 더 이상 이렇게 일을 할 수는 없습니다.'"[20] 맬로이는 맥스 레브친이라면 이처럼 비인간적인 업무 환경을 견뎌낼 수 있다고 생각했다. 그는 이렇게 말했다. "그가 제게 '시간이 되었군'이라고 말했을 때 매각을 해야 한다는 사실을 알았습니다. 매각을 하지 않은 상태로 직원들이 계속해서 똑같이 일하도록 강요할 수는 없었으니까요."[21]

많은 페이팔 사람들에게 그 기업에서 일하는 것은 뭔가를 만들어내는 것이 아니라 인내력을 단련하는 일이 되어버렸다. 루크 노섹은 이렇게 말했다. "죽음에 이르는 반복적인 경험은 사람들이 견뎌낼 수 있는 수준이 아니었습니다. 사람들은 빠져나가길 원했습니다. 지쳤기 때문이죠. 모두가 지쳐서 결국 도망가게 만드는 것보다 재정적인 탈출구를 찾는 편이 더 나은 선택이었죠."[22]

맬로이는 또한 이베이라는 탈출구, 그리고 그에 따른 재정적인 보상에 관한 논의가 이뤄지고 있는 시점에서 되돌아가기는 쉽지 않을 것이라고 지적했다. 그는 틸이 다른 사람보다 탈출 이후에 얻을 부에 대해 관심이 없다는 사실을 알고 있었음에도 이렇게 말했다. "일반적인 사람이 지니를 다시 병으로 집어넣게 만드는 일은 대단히 어렵습니다." 맬로이는 틸에 대해 이렇게 말했다. "그는 이 문제에 관해 다분히 철학적이었습니다. 그는 현실적인 차원에서 생각하지 않았습니다. 위험을 뒤로 미루려는 것 같았습니다."[23]

2002년 7월 7일 일요일 오전, 페이팔 이사회는 이베이의 제안을 최종적으로 검토하기 위해 다시 모였다. 여기서 틸은 투표를 제안했다. 맬로이는 이에 동의했다. 회의록에 따르면, "이사들의 의견을 개별적으로 물었다. 회의에 참석한 모든 이사는 찬성표를 던졌다." 페이팔은 이제 이베이에 매각될 것이었다.

이베이의 경우, 제프 조던은 자신이 해야 할 일에 확신을 갖고 있었다. 그는 익숙한 논쟁에 앞서 준비를 했다. 그는 이렇게 말했다고 떠올렸다. "우리는 아마존입니다. 그런데 카트가 없습니다. 그러니 카트를 사양합니다."

이베이 경영진의 지지에도 불구하고 이사회 멤버이자 스타벅스 CEO

인 하워드 슐츠Howard Schultz는 이사회에 다시 한번 생각해볼 것을 촉구했다. 그는 페이팔이 최근에서야 수익을 기록했으며 그것도 미미한 수준이었다고 지적했다. 그리고 이베이는 14억 달러를 다른 곳에 더 유용하게 쓸 수 있다고 주장했다.

또 다른 이들은 인수를 결제 문제에 대한 단기적인 해결책이 아니라 기업을 위한 장기적인 사안으로 봐야 한다고 생각했다. 이베이 이사회의 또 다른 멤버인, 그리고 인튜이트의 설립자이자 전직 CEO인 스콧 쿡Scott Cook은 페이팔이 이베이 비즈니스에 도움을 줄 수 있으며, 장기적인 차원에서 높은 수익을 가져다줄 것이라고 주장했다.

이는 조던의 주장과도 일치하는 것이었다. 조던은 이렇게 말했다. "저는 이사회에서 [페이팔이] 이베이보다 더 커질 것이라고 말했습니다. 몇몇은 비웃더군요. 페이팔은 이베이에 도움을 줄 것이며 동시에 이베이를 근간으로 하는 엄청난 비즈니스로 성장할 것입니다."

이베이 이사회 대다수가 최종적으로 페이팔 인수에 찬성했지만, 이에 반대하는 표도 나왔다. 조던은 이렇게 말했다. "이베이 역사상 처음으로 만장일치로 합의를 끝내지 못한 투표였습니다."[24]

2002년 7월 8일 월요일 아침, 드디어 뉴스가 터졌다. '이베이가 페이팔을 인수할 것이다.' 두 기업은 계속해서 독자적인 운영을 이어나갈 것이며, 그 협상은 '주주와 정부, 규제기관의 승인'을 얻어야 했다.[25] 언론 발표에 따르면, 빌포인트의 이베이 페이먼트 서비스는 단계적으로 폐지될 예정이었다.

새벽 4시 30분, 살 기암방코는 인수를 공식적으로 발표한 틸의 메시지를 기업 전체로 보냈다. 그리고 몇 분 후 그는 다시 마운틴뷰 사무실에서 일하는 모든 직원에게 전체 회의 공지를 발송했다(그날 오전 전체 회의는 그 규모 때문에 둘로 나뉘어 진행되었다). 월요일에 직원들이 출근하면서 소문과 잡담, 혼란이 사무실에 흘러넘쳤다. 한 직원은 당시의 분위기를 전쟁 중에 휴전 소식을 들은 병사에 비유했다.

메그 휘트먼이 정오에 페이팔 직원들을 찾아가 연설을 할 것이라는 소문이 돌았다. 페이팔 회의실 연단에 다양한 색상의 이베이 로고 스타일로 인쇄된 '메그 휘트먼'의 이름이 붙으면서 그 소문은 사실로 확정되었다. 직원들이 페이팔 건물에서 가장 큰 회의실인 'Arctic Circle(북극권)'(이전 건물의 회의실에서 고장이 났던 온도 조절 장치에서 그 이름이 비롯된)에 모였을 때 틸은 '메그 휘트먼'의 이름으로 장식된 연단에 올랐다. 청중석에서 간간이 웃음소리가 새어 나왔다. 그는 이렇게 농담을 던졌다. "제가 그동안 뭘 참아왔는지 아시겠죠? 그래서 이 회사를 팔기로 마음을 먹었던 겁니다."

에릭 잭슨이 《페이팔 전쟁*The PayPal Wars*》에서 자세하게 설명했듯이, 틸은 이제 매각된 기업의 직원들에게 연설을 했다. 그는 청중에게 이렇게 전했다. "그들은 우리에게 아주 좋은 제안을 했습니다. 우리는 페이팔의 현재 주가에 18퍼센트의 프리미엄을 얻었습니다. 이러한 거래가 과연 합리적인지에 관한 질문은 항상 있었습니다. 그러나 가격 측면에서 좋은 평가를 받았고 기업이 중대한 위험에서 벗어났다는 사실을 고려할 때 저는 합리적이라고 생각합니다."

그러고는 '빌포인트만 제외하고' 누구도 해고되지 않을 것이며, 어떤 자리도 없어지지 않을 것이라고 약속했다. 박수와 환호가 터져 나왔다. 그는 말했다. "협상을 마무리하고 인수가 공식화될 때까지 6개월 정도 시간이 걸릴 겁니다. 그때까지 달라질 것은 없습니다. 두 기업은 계속해서 독자적인 운영을 이어나갈 겁니다. 매각이 끝난 후에도 페이팔은 기존 경영진을 그대로 유지한 상태로 이베이 내부에 독립적인 조직으로 남아 있을 겁니다."[26]

그의 짧은 연설이 끝난 후 직원들은 회의실을 줄지어 빠져나갔다. 한 직원은 동료에게 이렇게 말했다. "우리가 이긴 것 같아요. 그렇게 생각하지 않나요? 비록 인수를 당했지만 그렇게 느껴지진 않아요."[27]

사기 분석가 마이크 그린필드는 이베이 인수에 관한 소식을 라디오로 접했는지, 아니면 기업 이메일을 보고 알게 되었는지 정확하게 기억하지 못했다. 하지만 출근을 하면서 이런 생각이 들었다고 했다. "자전거를 타고 출근하는데 이런 생각이 들더군요. '대학원에 갈까? 여기 더 이상 남아 있을 필요는 없을 것 같은데.'"[28]

직원들 모두 놀라움과 안도감, 그리고 우려를 느꼈다. 그들의 회사는 그들이 몇 년에 걸쳐 싸우고 조롱했던 바로 그 기업에 인수되었다. 틸은 약속했지만, 많은 이들은 그들의 일자리와 페이팔의 미래가 어떻게 될 것인지 걱정했다.

데이비드 색스는 자신의 프로덕트 팀에게 두 기업이 계속해서 싸운다면 누가 '승자'가 될지 알 수 없을 것이라고 말했다. 에릭 잭슨의 설명에 따르면, 색스는 자신의 팀원들에게 이렇게 설명했다. "승패가 분명한 경우, 협상은 일반적으로 성사될 수 없습니다. 승자는 인수되길 원치 않을 겁니다. 자신이 이길 것이라는 사실을 알기 때문이죠. 반면 패자는 다른 기업이 그들을 인수하도록 설득할 수 없을 겁니다."[29] 또한 그는 팀원들에게 페이팔 경영진이 생각하기에 이베이가 제시할 수 있는 최고 수준의 협상 조건을 자신과 보타가 끌어냈다고 자신 있게 말했다.

페이팔 고객들 역시 직원들과 생각을 함께했다. 한편에서 일부는 게시판을 통해 이번 협상 이후로 이베이의 여러 가지 결제 수단으로 인한 혼란이 사라질 것이라고 말했다. 그러나 다른 이들은 페이팔의 경쟁력인 '이해하고 사용하기 간편한 새로운 기능'을 신속하게 출시하는 능력이 새로운 지배 구조 하에서 제약을 받을 것이라고 지적했다.

일부 언론은 그 협상을 의심의 눈초리로 바라봤다. 월스트리트 분석가들은 기업에 대한 기대가 높아지는 상황에서 페이팔이 과연 올바른 선택을 한 것인지 의문을 제기했다. 한 분석가는 흥미롭다는 듯 이렇게 지적했다. "이베이에 매각하는 것이 아마도 손쉬운 탈출구였을 것이다."[30] 다른 이들은 그 협상에서 이기심을 지적했다. CBS 마켓워치MarketWatch의 한 칼럼리스트는 이렇게 썼다. "초기 투자자와 경영진, 그리고 투자 은행가와 같은 몇몇 사람들만 더 부자가 되었다."

사무실 분위기가 떠들썩한 가운데 메그 휘트먼이 정오에 페이팔 야구모자를 쓰고서 모습을 드러냈다. 그는 자신을 위해 마련된 연단에 올라서서 따뜻한 인사를 건넸다. 그는 얼마나 많은 페이팔 직원이 이베이를 사용하는지 물었다. 많은 사람이 손을 들었다. 그러고는 그날 아침 이베이 직원들에게 페이팔을 사용하는지 물었을 때 대부분이 손을 들었다고 했다.

휘트먼은 규모와 성장에 관한 조사 결과를 설명하면서 페이팔 사람들에게 이베이의 비즈니스에 대해 설명했다. 그리고 결론에서 이렇게 말했다. "비록 때로 난관에 봉착하기도 했지만 여러분이 만든 기업을 아주 자랑스럽게 여겨야 합니다."[31] 그리고 협상을 추진했던 색스와 조던에게 감사의 말을 전하면서 연설을 마쳤다. 질문과 대답 시간이 끝나고 난 뒤 페이팔 직원들은 북극권 회의실을 빠져나갔다. 그리고 사무실로 돌아가는 길에 그 순간을 기념하는 이베이 티셔츠를 받았다.

휘트먼은 우아한 이미지를 전하고자 했지만 청중석 분위기는 그리 따뜻하지만은 않았다. 많은 직원은 그의 연설에 공감하지 못했다. 한 직원은 휘트먼의 연설을 '유행어 빙고 게임buzzword bingo'(기업 회의 중에 진행하는 단어 게임-옮긴이)이라고 불렀다. 그는 이렇게 말했다. "세 단어 중 하나는 '시너지'였습니다. 회의실 주변을 둘러봤을 때 그가 연설을 시작하고 5분 만에 분위기를 제대로 이끌어가지 못하고 있다는 사실을 알 수 있었습니다. 사람들 모두 이렇게 생각했을 겁니다. '우리가 알던 회사가 아니다. 너무나 기업적이다.'"[32] 휘트먼은 자신의 입장을 옹호하는 과정에서 페이팔 사람들을 설득하지 못했던 것 같다. 그는 청중에게 이베이의 빌포인트와 페이팔이 경쟁하는 중심에 '메그 휘트먼 피냐타'가 있었다고 말했다.

그날 늦게 도착한 밥 맥그류는 아직 합병 소식을 듣지 못했다. 이베이 티셔츠를 건네받은 그가 그 이유를 묻자 누군가 이렇게 답했다. "이베이가 우릴 인수했거든요."[33]

맥그류는 이렇게 기억했다. "이런 생각이 들더군요. '어떻게 돌아가는 거지?' 그리고 일어날 일이 일어나고 있다는 생각이 들기 시작했습니다."

많은 이들은 기업공개 이후에 이뤄진 이베이의 인수를 페이팔의 하락으로 느꼈다. 그리고 많은 논란이 일었다. 페이팔 사람들은 합병 결정에 따른 이익을 놓고 오랫동안 논쟁을 벌이는 과정에서 서로 뚜렷한 입장 차이를 드러냈다.

어떤 이들은 협상이 중요한 일이었으며, 피할 수 없는 선택이었다고 주장했다. 어쨌든 지쳐서 쓰러지는 것보다 매각이 더 나은 결정이었다. 비비안 고는 이렇게 말했다. "우리에게 선택권이 없었던 게 아니라 기력이 다했던 겁니다. 우리는 많은 노력과 에너지, 자원을 이베이와 싸우느라 모두 소진했습니다. 더 이상 새로운 가치를 만들어낼 수 없었습니다… 많은 이들이 이제 싸움을 끝내야 한다고 느꼈습니다… 그리고 서로를 파괴하기 위해 쓴 모든 자원을 이제 비즈니스를 성장시키는 데 투자하기를 바랐습니다."[34]

이베이를 제외한 사이트를 대상으로 결제 서비스를 제공하는 책임을 맡았던 캐서린 우는 이베이와 페이팔의 협상을 페이팔의 설립으로부터 이베이 이외의 사이트로의 확장으로 이어지는 과정에서 중요한 과도기로 이해했다. 그는 이렇게 설명했다. "당시 우리에겐 지금의 페이팔로 도약하기 위한 발판이 필요했습니다. 그리고 이베이는 정말로 중요한 발판이었죠. 저는 어떤 장벽도 없이, 그리고 어떤 내부 전쟁도 없이 완전한 통합을 위해서는 이베이가 우리를 사들이는 과도기를 거쳐야 한다고 생각했습니다… 이베이를 실질적으로 떠날 수 있을 만큼 충분히 성장하기 위해 그 기간이 필요했습니다."[35] 그는 이베이 상에서 기본적인 결제 서비스 제공자로 자리 잡음으로써 페이팔은 빨리 성장하고, 사기 모형을 신속하게 수정하고, 이베이 이외의 사이트들이 페이팔의 서비스를 채택하도록 쉽게 설득할 수 있었다고 말했다.

그래도 여전히 일부는 페이팔의 진정한 가치는 아직 모습을 드러내지 않았으며, 이베이에 대한 매각이 기업의 성장을 가로막을 것이라고 생각했다. 또 다른 이들은 이번 매각이 금융 시스템을 바꿀 것이라는 페이팔의 장기적인 사명에 오점을 남겼다고 생각했다. 루크 노섹은 이렇게 물었다. "그것이 혁명이라고 해도 돈 받고 팔겠습니까?"[36]

결론적으로 이베이에 대한 매각은 페이팔의 역사에서 쉽게 찾아볼 수 있는, 위험을 낮추기 위한 전술의 또 한 가지 사례였다. 그러한 전술의 목록에는 합병과 보너스 지급 삭감, 사기 방지, 그리고 기업공개가 포함되었다. 어떤 측면에서 페이팔이 성공을 거둘 수 있었던 것은 혁신을 이룩한 만큼 위험을 신중하게 다뤘기 때문이었다. 그리고 이베이에 대한 매각은 위험을 줄이기 위한 가장 최근의 노력이었다. 잭 셀비는 이렇게 말했다. "사람들은 전체적인 구조를 이해하지 못합니다. 그리고 이베이로부터의 경쟁 압박과 로비의 압박을 알지 못합니다. 상황은 보이는 것보다 훨씬 더 복잡했습니다."[37]

그러한 생각을 입증이라도 하듯 협상 직후에 한 가지 위협이 모습을 드러냈다. 7월 9일에 페이팔은 뉴욕주 검찰총장 엘리엇 스피처Eliot Spitzer로부터 소환장을 받았다. 스피처는 페이팔의 해외 도박과의 연관성을 수사하고 있다고 발표했다.

2001년 말 페이팔 임원들은 도박 비즈니스를 더욱 조심스럽게 바라보기 시작했다. 비자와 마스터카드와의 이미 희박한 관계는 온라인 도박 때문에 더욱 소원해질 위험이 있었다. 또한 페이팔이 세계적으로 앞서가는 도박 결제 서비스 업체로 낙인찍힐 때 중동 지역의 잠재 투자자들을 망설이게 만들 수 있다고 우려했다. 하지만 더 큰 위험은 정치 세상에서 모습을 드러냈다. 당시 미 하원은 해외 카지노들을 더욱 면밀히 들여다보기 시작했고, 짐 리치Jim Leach 하원 의원은 미국의 금융기관들이 이들 카지노에게 서비스를 제공하지 못하도록 막는 법안을 발의했다. 뉴욕주 검찰총장 역시 엄중한 단속을 지시했다. 스피처의 소환장이 날아들었을 때 닭들은 집을 찾아 돌아갔다.

그 무렵 이베이와 페이팔은 협상을 발표했지만 여전히 주주와 규제 기관의 승인을 받아야 하는 상태였다. 다시 말해 스피처의 수사는 대단히 민감한 시점에 시작되었다. 그런데 그 수사에서 한 가지 특이한 점이 예상치 못한 선물로 드러났다. 호프먼은 이렇게 떠올렸다. "다행스러운 일 중 한 가지는 그들이 소환장을 우편으로 보냈다는 사실이었습니다. 만약 페덱스로 보냈다면 이베이와의 협상이 마무리되기 전에 도착했을 겁니다."[38]

페이팔의 변호사인 크리스 페로는 그 소환장을 마치 고압선처럼 생각했다. "우리는 이베이가 스피처의 소환장을 '실질적으로 불리한 변화'라고 판단하고 협상에서 빠져나오려 할지 우려했습니다. 피터는 제게 이렇게 지시했습니다. '이 문제가 실질적으로 불리한 변화가 되지 않도록 하세요. 우리는 이 거래를 반드시 마무리해야 합니다. 꼭 그렇게 되도록 만드세요.'"[39]

물론 이베이가 페이팔의 장부에서 수백만 달러에 달하는 도박 수익을 확인하지 못한 것은 아니었다. 실제로 이 문제는 협상 과정에서 한 가지 중요한 쟁점이었다. 색스는 도박 비즈니스를 그대로 유지하길 원했다. 반면 휘트먼은 그 비즈니스를 즉각 중단하고자 했다. 결국 이 싸움에서 이긴 쪽은 이베이였다. 페이팔은 도박 비즈니스를 포기하는 데 동의했고 합병 발표에서도 그렇게 명시했다. 호프먼은 이렇게 떠올렸다. "협상을 발표하면서 그 비즈니스를 포기한다는 선언이 이베이에게는 대단히 중요한 일이었습니다. 드러났듯이, 그건 하느님이 주신 선물이었습니다." (그러나 이베이 협상이 발표되었을 때 쿠라사우 섬에 있었던 댄 메이든에게 그 발표는 전혀 신의 선물이 아니었다. 그의 카지노 고객들로부터 페이팔의 도박 거래 서비스의 운명에 대해 많은 질문 공세를 받았다. 그는 말했다. "정말로 힘든 한 주였습니다."[40]

도박 비즈니스를 종료하겠다는 페이팔의 발표는 스피처의 공격을 완전히는 아니라고 해도 어느 정도 둔화시켰다. 호프먼은 페이팔의 과거 행적에 문제가 전혀 없다고는 생각하지 않았다. 어쨌든 페이팔은 해외 카지노들을 대상으로 결제 서비스를 제공했다. 그리고 비록 법을 어긴 것은 아니라고 해도 결제 서비스 업체들을 곤란하게 만들 회색 지대가 분명히 존재했다.

이제 호프먼과 페이팔 변호사들은 기존에 사용하지 않았던 접근 방식을 택했다. 호프먼은 이렇게 말했다. "홍보팀을 찾아가서 소책자가 필요하다고 말했습니다…. 도박과 관련해서 우리가 이미 확인했던 모든 언론 기사를 담은 소책자 말이죠. 국가적으로 주요한 언론으로 시작해서 뉴욕의 주요한 언론, 그리고 그 밖에 다른 모든 언론으로 이어지는 그 모든 자료를 원했습니다. 그 소책자는 이런 메시지를 담아야 했습니다. '거대 언론의 승리를 원합니까? 그들은 이미 졌습니다. 우리를 괴롭히는 방식으로는 어떤 승리도 얻어내지 못할 겁니다.'"[41]

페이팔은 그들에게 불리한 증거를 수집해서 뉴욕 검찰총장 사무실에 회의를 요청했다. 호프먼은 자신의 전략을 이렇게 설명했다. "우리는 그들에게 편리한 가장 이른 시간에 만나자고 요청했습니다. '그날 우리에게 말씀하신 대로 경영진인 저와 자문을 비롯해서 그 누구든 여러분이 선택한 시간에 나갈 것입니다.' 그들은 이렇게 대답했습니다. '우리는 성인이며 정직합니다. 우리는 협조적입니다. 절대 피하거나 미루지 않을 겁니다.'"

호프먼과 페이팔 변호사들은 검찰총장 팀에게 페이팔의 잘못된 행동을 조목조목 짚었다. 심지어 가장 심각한 위반으로 볼 수 있는 사례까지도 시인했다. 그것은 비자가 도박 비즈니스와 관련해 규칙을 수정하고 페이팔이 결제를 부정확하게 처리했던 두 주일의 기간을 말하는 것이었다. 호프먼은 이렇게 기억했다. "그들의 몸짓에서 변화를 읽을 수 있었습니다…. 모두 등을 기대고는 서류철을 들여다보면서 이렇게 말했습니다. '언제 그런 일이 다시 한번 있었다고 말씀하셨죠?'"

환심을 사기 위한 페이팔의 접근 방식은 검찰의 공격을 다소 부드럽게 만들었다. 심지어 페이팔은 부정행위를 저지른 다른 기업들을 색출하는 과정에서 도움을 주겠다고 제안하기까지 했다. 결국 페이팔은 이러한 노력으로 20만 달러의 벌금을 면제받았다.

7월 말에 페이팔은 독립적인 조직으로서는 마지막으로 외부 모임을 가졌다. 그들은 실리콘밸리를 내려다보는 산타크루즈 마운틴 기슭에 자리 잡은 장소를 선택했다. 틸은 페이팔의 역사를 조망하는 연설로 그 행사를 열었다. 이는 에릭 잭슨의 《페이팔 전쟁》에 잘 나와 있다.

틸은 이렇게 입을 열었다. "우리는 때로 세상 모두가 우리를 미워한다는 말을 하곤 했습니다…. 네, 그랬습니다! 가장 먼저, 사람들은 은행들이 우리를 시장에서 내쫓을 것이라고 했습니다. 그리고 그런 일이 일어나지 않자 그들은 다시 우리 고객들이 더 이상 우리 서비스를 사용하지 않을 것이라고 했습니다. 그리고 또다시 그런 일이 일어나지 않자 그들은 나머지 세상을 향해 그들과 함께하자고 말했습니다."[42]

다음으로 틸은 두 기사를 언급했다. 하나는 '페이팔에 대한 신뢰를 잃어버리다'라는 제목의 기사였고, 다른 하나는 예전부터 좋아했던 '팰로앨토에 고함'이라는 제목의 기사였다. 틸은 두 번째 기사의 흥미로운 대목을 언급했다. "연간 수익을 올리지 못하면서 2억 5000만 달러의 손실을 계속해서 기록하고 있는, 그리고 최근 증권거래위원회가 그 서비스가 돈세탁과 금융 사기에 활용될 위험이 있다고 경고한 3년 차 기업을 가지고 무엇을 할 것인가?"

청중들이 웃음을 터뜨리자 틸은 잠시 뜸을 들였다가 화제를 전환했다.

"21세기에는 두 가지 주요한 흐름이 존재합니다. 첫째, 경제의 세계화입니다. 경제는 세계적으로 성장하고 있으며 전 세계 사람들이 서로 연결되고 있습니다. 오늘날 10억 명의 인구가 고향 땅을 떠나 살아가고 있습니다. 둘째, 보안에 대한 요구가 있습니다. 세계화되고 탈중심화된 세상에서 폭력과 테러가 널리 확산되면서 통제하기 힘든 상황이 되었습니다. 테러는 모든 나라에 오점을 남기고 있습니다. 테러를 막기란 대단히 힘든 일입니다. 우리의 도전과제는 열린 글로벌 경제의 차원에서 폭력에 맞서는 방법을 발견해내는 일입니다."

이어 틸은 워싱턴으로 여행을 떠났을 때 좌파와 우파 모두에 실망했었다는 이야기를 꺼냈다. 그는 양측 모두 오늘날 세상의 문제와 이를 위한 해결책을 잘못 이해하고 있는 것 같다고 말했다. "어느 진영도 오늘날 당면 과제와 관련된 올바른 질문을 던지지 못하고 있습니다.

페이팔에서 우리는 우리 자신의 방식대로 문제를 해결해나가고 있습니다. 우리는 모두를 위해 글로벌 비즈니스를 돌아가게 만드는 시스템을 구축하고 있습니다. 그리고 우리와 우리의 사용자에게 피해를 입히는 사람들과 맞서 싸우고 있습니다. 그것은 점진적이고 반복적인 일이며, 그 과정에서 우리는 수많은 잘못된 것들과 맞닥뜨렸습니다. 하지만 우리는 세상이 외면하고 있을 때 중요한 문제를 해결하기 위해 올바른 방향으로 끊임없이 달려가고 있습니다.

그렇기 때문에 저는 팰로 앨토에서 지구를 향해 다시 메시지를 보내고 싶습니다. 팰로 앨토에서의 삶은 좋습니다. 우리는 여러분이 일하는 많은 방식을 개선해왔습니다. 팰로 앨토를 방문한 사람들은 때로 뭔가를 배우게 될 것입니다. 저는 그들이 팰로 앨토가 지구상 어느 곳보다더 좋은 장소라는 사실을 이해하게 될 것이라고 생각합니다."

일부는 기업공개를 축하하는 연설 도중에 정치적인 이야기를 꺼낸 것에 대해 불편하게 생각했던 반면, 다른 이들은 나중에 당시 분위기를 떠올리면서 페이팔의 드러나지 않은 정치적 가치가 그 기업의 개별적인 성취에 대한 그들의 믿음과 정확하게 일치했다고 말했다. 비비안 고는 페이팔에서 보낸 시절이 "저를 미국인으로 바꿔놨습니다"[43]라고 말했다. 그는 이렇게 떠올렸다. "초창기 시절에 한 가지 모토는 결제를 민주화하는 것이었습니다. 그래서 다른 선택권이 없는 세상의 모든 소규모 판매자들이 비즈니스를 통해 더 나은 삶을 살아가도록 돕는 것이었습니다."

적어도 비비안 고의 경험 속에서 결제의 민주화는 기업의 모든 구성원에게 권한을 부여하려는 페이팔 경영진의 의지와 조화를 이루는 것이었다. "[페이팔 경영진은] 세상을 바꾸는 일에, 그리고 인간으로서 도달할 수 있는 최고의 경지를 축하하는 일에 진정한 관심을 보였습니다. 그래서 그들은 모든 구성원의 기여를 인정했습니다. 그들이 말단 사원인지는 중요하지 않았습니다. 누군가 할 말이 있을 때 그들은 귀를 기울였습니다…. 조직이 아닌 개인을 정말로 신뢰했습니다."

인수를 하루 앞두고서 페이팔은 엠바카데로 1840번지 건물 주차장에서 또 한 번의 축하 행사를 벌였다. 이는 이베이 직원이 되기 전 마지막 행사였다. 경영진 사람들은 부풀린 스모 선수 복장을 하고는 커다란 링에서 모의 스모 경기를 펼치겠다고 했다. 조만간 그들의 기업을 경쟁자의 손에 넘기게 될 페이팔 설립자들은 서로 몸을 부딪치면서 스모 경기를 했고, 그 옆에서는 직원들이 각자의 상사를 위해 응원했다. 페이팔에서는 독립의 마지막 날까지도 우호적인 경쟁이 분위기를 지배했다.

결론

모험의 끝과 새로운 시작

피터 틸은 기업 차원의 전환 계획을 페이팔의 인수 후 몇 달 동안 실행에 옮기지 않았다. 대신에 그는 발표 이후에 데이비드 색스에게 일을 맡기고서 해외여행을 떠났다. 일부는 페이팔에서 COO의 역할을 맡았던 색스가 인수 이후에 페이팔 CEO로 승진할 것으로 예상했다.

인수 협상이 마무리되고 있을 무렵, 사람들은 흩어지기 시작했다. 무엇보다 틸은 다음 행보를 계획하고 있었다. 그는 자신의 대규모 글로벌 투자 펀드로 돌아갈 생각이었다. 잭 셀비와 켄 호워리를 비롯해 여러 페이팔 사람들은 틸과 함께 하면서 그를 도왔다. 셀비는 이렇게 말했다. "매각은 10월에 마무리될 예정이었습니다."[1]

2002년 10월 3일 목요일, 틸은 기업 전체에 보내는 공지에서 이렇게 썼다.

여러분,

오늘 시장이 마감하면서 이베이는 페이팔의 인수를 마쳤습니다. 지난 몇 주를 찬찬히 돌아보면서, 저는 이제 새로운 도전으로 넘어갈 시간이 되었다고 결론을 내렸습니다. 그래서 오늘은 아마도 네가 이 기업과 함께하는 마지막 날이 될 것 같습니다.

페이팔 팀에 있는 모두에게 지난 몇 년은 정말로 믿을 수 없고 잊을 수 없는 시간이었습니다. 저는 어떤 비즈니스에서나 가장 중요한 요소는 사람이라고 항상 생각해왔습니다. 그리고 지금도 그 어느 때보다 그렇게 확신하고 있습니다. 우리가 그러한 사실을 잊지 않을 때 이베이-페이팔 조합의 미래는 밝을 것입니다.

페이팔을 설립할 때 맥스와 저는 많은 친구를 채용했습니다. 그리고 시간이 흐르면서 친구의 친구를, 그리고 다시 그 친구의 친구를 채용하면서 무대를 점차 넓혀나갔습니다. 저는 그러한 관계가 더욱 강해졌다는 것이, 그리고 더 많은 새로운 관계가 탄생했다는 것이 우리의 성공을 말해주는 변함없는 증거라고 생각합니다. 우리는 계속해서 만나게 될 것입니다.

감사합니다.
피터[2]

인수 발표에서 마무리까지 몇 달에 걸쳐 이베이 경영진과 페이팔 경영진 모두 두 조직을 통합하는 과제에 대해 완전한 준비를 갖추지 못했다는 사실이 여실히 드러났다. 페이팔 경영진은 이베이의 직원이 되는 데 별 관심이 없었다. 울웨이는 이렇게 떠올렸다. "우리 모두는 조직에 계속 남으려는 의지와 관련해서 이베이 사람들과 계속해서 이야기를 주고받아야 했습니다. 그러나 분명하게도 이베이 사람들은 어느 누구도 페이팔로 넘어가길 원치 않았습니다… 그리고 [페이팔 동문] 누구도 합병된 기업에서 끝까지 살아남으려고 욕심을 내지는 않았습니다."[3]

양측은 문화적인 차원에서 일시적 혼란 상태를 예상했다. 그리고 실제로 초기의 회의들은 접근 방식에서 양측의 분명한 차이를 보여줬다. 한 페이팔 이사는 이렇게 기억했다. "회의 일정을 잡는 데에만 하루가 걸렸습니다. [이베이는] 지나치게 관료적이었죠." 한번은 페이팔 팀이 이베이로 가서 100장이 넘는 파워포인트 프레젠테이션을 했다. 회의가 끝나고 한 페이팔 임원은 이렇게 농담을 했다. "파워포인트를 전담할 직원을 채용해야겠군요."[4]

이베이의 목표는 인재를 채용하는 것이 아니라 페이팔의 기술과 사용자를 사들이고 통합하는 것이었다. 셸비는 이렇게 설명했다. "우리가 리더십 팀으로서 가지고 온 기술 대부분은 쓸모없는 것이었습니다."[5] 메그 휘트먼은 조직 내에서 경력을 쌓은 임원인 맷 바닉Matt Bannick을 결제 서비스 책임자로 임명했고, 사람들은 그가 나중에 페이팔 사장이 될 것이라고 예상했다. 색스는 그 자리에 오를 생각이 없었다.

이베이는 중요한 역할을 맡고 있는 여러 팀원을 포함해서 특정 인물을 이사회에 붙잡아두기 위해 노력했다. 예를 들어 토드 피어슨은 수년 동안 페이팔에서 비자와 마스터카드와의 관계 유지를 책임졌다. 그의 역량과 인맥은 페이팔 비즈니스가 원활하게 돌아가도록 만들어줬다. 셸비는 이렇게 설명했다. "그가 나간다면 그들은 대단히 난처한 상황에

처하게 될 것이었습니다."[6]

이베이에 남은 여러 페이팔 직원은 대기업의 삶에서 좌절을 느꼈다. 데이비드 월리스는 이렇게 말했다. "청바지를 입는 문화가 카키 바지를 입는 문화로 바뀌어버렸습니다."[7] 그러나 월리스는 문화적인 변화의 흐름에 저항하는 노력이 아무런 쓸모가 없다고 생각했다. 이베이가 "무엇을 해야 할지 결정했고… [페이팔은] 더 이상 거대한 형태의 가족 비즈니스가 아니었습니다."

예전 페이팔 직원들은 사내 정치와 회의, 그리고 보고서 업무가 늘어나는 상황을 불안한 마음으로 인식했다. 그중 일부는 큰 기업의 계열사로 편입되면서 자연스럽게 나타난 부작용이었지만, 자율성과 빠른 속도에 익숙했던 페이팔 직원들은 어찌할 바를 몰랐다. 야나르단은 새로운 이베이 상사가 자신의 업무를 전혀 이해하지 못했다고 했다. 상사는 '자원을 효과적으로 할당하기 위해'[8] 야나르단이 무슨 일을 하는지, 그리고 어떻게 시간을 보내는지를 상세하게 기술한 스프레드시트를 제출하라고 요구했다. 야나르단은 크게 당황했다. "무슨 말씀이세요? 그건 〈뛰는 백수, 나는 건달Office Space〉 같은 영화에나 나올 법한 일이라고요."

페이팔 직원들은 그들이 두 기업 간의 통합을 더 어렵게 만들었다는 사실을 시인했다. 킴-엘리샤 프록터는 이렇게 기억했다. "3~6개월 동안은 끔찍했습니다. 그동안 이베이에서 삶은 지옥과 같았죠."[9]

페이팔 사람들은 불만을 숨기지 않았다. 이를 말해주는 인상적인 사건이 하나 있었다. 이베이는 올바른 목표 수립의 중요성을 조직 전반에 강조하기 위해 천으로 만든 몽구스 인형을 직원들에게 나눠줬다. 그런데 기업 사무실 내 페이팔 구역에서 일하는 직원들은 그 인형들을 학대했다. 한 마리는 이더넷 케이블에 목이 감겨 천장에 매달렸다. 다른 한

마리는 칼이 가슴을 관통한 채 벽에 붙어 있었다. 또 다른 하나는 작은 가시 면류관을 쓰고서 십자가에 매달려 있었다. 그렇게 박해받은 몽구스들은 페이팔 직원들이 새로운 이베이 형제들로부터 사랑받도록 만드는 데 도움이 되지 못했다. 에이미 로우 클레멘트는 이렇게 인정했다. "몇몇 동료의 행동은 당혹스럽고 부적절했습니다. 이베이 상사들이 비윤리적이거나 사악하다는 사실을 말해주는 증거는 없었습니다. 왜 저는 그들에게 기회를 주려고 하지 않았을까요?"[10]

그 기간에 발행된 《위클리 팔》의 한 기사는 이러한 문화적 변화를 잘 보여줬다. 페이팔 사람들은 '통합 회의'란 것을 시작했는데, 한 번은 문화 통합이라는 과제와 더불어 분명하게도 이베이 직원들에게 혐오감을 준 냉소적인 태도를 드러냈다.

제품에 관한 페이팔/이베이 통합 회의는 순조롭게 진행되었다. 이베이 직원들은 다양한 모형을 포함해 오랫동안 회의 준비를 했다. 페이팔 로고가 장식된 다양한 이베이 웹페이지 모형을 살펴보는 것은 꽤 놀라운 일이었다.

제품과 관련된 한 통합 회의에서 그들은 우리에게 아이디와 비밀번호를 공유해줄 수 있는지 물었다. 우리는 그들에게 페이팔 비밀번호를 얻는 것은 곧 사용자의 전체 순자산으로 들어가는 문을 여는 것과 같다고 대답했다. 데이비드 색스는 이어 이렇게 물었다. "당신들 사이트가 해킹을 당한 적이 있나요?" 한 순진한 이베이 직원이 어깨를 으쓱하며 이렇게 대답했다. "물론이죠!" 색스는 말했다. "이제 그런 일은 일어나지 않을 겁니다." 그들은 고개를 끄덕였다.=)

그리고 몇 가지 말들:

"와우. 당신들은 공짜로 콜드컷cold cut(육류를 냉동해 얇게 자른 것-옮긴이)을 얻었군요!?"

(이베이에서는) "1월에 론칭을 하려면 9월 1일까지 경영진 검토를 받기 위해 PRD(즉, 구체적인 사항)을 확정해야 합니다."

이베이 안내 데스크에 도착했을 때의 상황: "어디 소속이죠?"("페이팔입니다.") "예전에 방문한 적이 있습니까?"("아니오.") "무슨 일로 오셨죠?"("당신들이 우리를 인수했으니까요") "오… 좋습니다…. 음… 서명은 하지 않으셔도 됩니다."[11]

맥스 레브친은 많은 이들의 예상보다 CTO 자리에 더 오래 머물렀지만 이베이에서 그의 삶은 순탄치 않았다. 그는 대기업의 삶에서 혼란을 느꼈고 스스로 특정한 역량이 부족하다는 사실을 깨달았다. 존 맬로이는 자신의 경험으로부터 설립자들과 함께 일하기 위한 교훈을 얻었다고 생각했다. 그는 이렇게 말했다. "맥스 때문에… 동료들이 떠날 때 제가 모든 설립자와 계속해서 관계를 유지하고 있다는 사실에 더 신경이 쓰였습니다…. 상실감이 들었기 때문이죠. 마치 우울감과 비슷했습니다…. 제 일상은 그런 감정으로 가득했고 그렇게 흘러갔습니다. 저 자신을 새롭게 만들어내야 했습니다."[12]

2002년 11월 레브친이 조직을 떠났을 때 팀원들은 페이팔의 전설적인 기업공개 파티를 그대로 재현해서 그를 깜짝 놀라게 했다. 그는 나중에 몇몇 사람에게 보낸 이메일에서 이렇게 썼다. "기업공개를 했던 날은 제가 기억하는 한 인생 최고의 순간이었습니다. 그리고 [이번] 파티는 그 순간을 다시 한번 재현해줬습니다. 결국 저는 사람들 앞에서 바보 같은 모습을 보이고 말았군요. 뭐라고 말씀드려야 할지 모르겠습니다…. 그 파티는 무척 마음에 들었습니다. 그리고 그러한 자리를 마련해준 것에 대해, 그리고 여러분이 보여준 여러 가지 놀라움에 대해 모두에게 감사드립니다:-)"[13]

레브친을 비롯해 페이팔의 고위 인사들이 서둘러 조직을 떠나면서 이베이가 인재를 놓치고 있다는 이야기가 나왔다. 하지만 그 이야기는 많은 유능한 페이팔 직원이 인수 이후에 그대로 이베이에 남아서 오랫동안 많은 돈을 받으면서 경력을 쌓아나갔다는 사실은 빠트리고 있었다.

캐서린 우는 2002년에 페이팔에 입사했다. 그는 이렇게 말했다. "페이팔이 아니면 안 된다고 생각하지는 않았습니다. 그만큼 페이팔에 오래 있지도 않았고요." 우는 이베이 인수 후에도 그대로 조직에 남았고 성공적으로 경력을 쌓아나갔다. 그의 설명에 따르면, 자신이 계속해서 남았던 한 가지 이유는 상사인 에이미 로우 클레멘트에 대한 깊은 존경심 때문이었다. 그는 이렇게 말했다. "에이미는 직원들을 잘 보듬었습니다. 그리고 '그들은 나쁘고 우리는 선하다'라는 생각에 사로잡혀 있지 않았습니다."[14]

클레멘트가 이베이에 그대로 남았던 것은 얼마 되지 않는 몇몇 직원들을 데리고 세계적인 금융 기업으로 키워나갔던 열정이었다. 그는 이렇게 설명했다. "제 팀(그리고 디자인과 엔지니어링, 품질 보증, 콘텐츠

등)에 많은 관심을 기울였습니다. 그리고 우리가 만들어낸 성과에 상당한 자부심이 있었습니다. 떠나려는 생각은 들지 않았습니다. 저는 리더로서 역량을 키워나가는 일에 주목했습니다. 아직 배울 게 많이 남아 있다고 생각했습니다." 또한 클레멘트는 이베이가 그들의 비즈니스를 아직 완성하지 못했다고 느꼈다. 그는 이렇게 말했다. "우리는 이베이의 현금등록기 신세로 전락하지 않기 위해 곧바로 싸워야 했습니다. 결제 시장이 어떤 시장보다 크다는 사실을 보여줘야 했죠."[15]

훼이 린은 페이팔의 고위 인사들이 속속 빠져나가는 모습에 실망했지만, 이는 또한 그와 겉은 많은 페이팔 직원에게 새로운 기회를 열어줬다. 그는 말했다. "경영진 모두 회사를 떠나면서 제 역할도 달라졌습니다." 이후 페이팔의 중간 간부들은 고속 승진을 하면서 직원을 관리하고 거대한 조직 시스템을 헤쳐나가는 법을 배웠다.

이베이는 또한 관리자를 대상으로 한 '학습과 개발' 프로그램을 포함해서 다양한 교육 프로그램을 제공했다. 페이팔 직원들에게 이는 생소한 기회였다. 린은 이렇게 떠올렸다. "[관리자 교육은] 페이팔에서는 볼 수 없는 것이었습니다. 우리는 재빨리 적응해야 했습니다."[16] 그를 비롯해 많은 직원은 이러한 프로그램으로부터 도움을 얻었고, 이후에 맡게 될 역할을 위해 새로운 역량을 갖출 수 있었다.

일부 페이팔 사람들은 이베이에서의 성공은 부분적으로 그들이 조직 내부에서 맡게 된 역할에 달렸다고 생각했다. 예를 들어 초창기 페이팔 엔지니어인 데이비드 고즈벡은 아키텍처 팀으로 들어가서 2008년까지 인수 후 6년 동안 일했다. 나중에 그는 직접 스타트업을 설립하기는 했지만, 이베이 직원으로 일한 세월을 소중하게 간직했다. 그는 이렇게 떠올렸다. 그의 팀은 "이베이 비즈니스와는 독자적으로 움직였습니다. 저는 예전과 똑같은 문제를 연구했고, 똑같은 제품을 개발했으며, 그러한 일에 여전히 만족감을 느꼈습니다."[17]

수십 명에 달하는 페이팔 직원은 이베이에 그대로 남았다. 많은 이들은 이베이가 전문성을 개발할 기회를 제공하고 스타트업을 성숙한 조직으로 확장하는 법을 가르치고, 또한 경제적인 측면에서 충분한 보상을 제공한다고 믿었다. 이 글을 쓰는 지금도 일부는 페이팔이나 이베이에서 일하고 있다. 이베이의 넉넉한 보상은 많은 이들에게 영향을 미쳤다. 레브친과 머스크, 틸을 비롯한 많은 이들이 기업공개와 이베이에 대한 매각을 통해—부분적으로 그들의 지분에 대한 '가속화된 수령권accelerated vesting'(보상으로 지급한 제한된 기업 주식이나 스톡옵션에 접근할 수 있는 시기를 앞당기는 것-옮긴이)과 그러한 거래에서 일반적인 관행 덕분에— 큰 이익을 얻었고, 그들의 많은 동료는 아직 지급되지 않은 수천 주에 달하는 주식을 보유하게 되었다. 그들 모두 이베이에서 일하는 동안 큰돈을 벌었다.

많은 이들 가운데 특히 머스크와 틸, 색스, 클레멘트, 그리고 이베이의 제프 조던은 페이팔이 인수 후에도 지속적인 성장을 이어나갈 것이라고 한목소리로 말했다. 그리고 역사는 그들의 예상이 옳았음을 입증해줬다. 2002년 페이팔은 수십 개국에서 2000만 명이 넘는 사용자를 확보했다. 그리고 2010년에는 전 세계 거의 모든 나라에 분포한 전체 사용자 수가 1억 명을 넘어섰다. 이 글을 쓰는 지금, 페이팔 사용자는 3억 5000만 명을 넘었고 전체 거래 규모는 2020년 한 해에만 1조 달러에 달했다.

이베이 생태계 내부에서 페이팔 비즈니스가 차지하는 비중 역시 증가했다. 인수 후 5년 만에 페이팔은 기업 전체 매출에서 3분의 1을 차지했다. 그리고 다시 5년 후에 그 비중은 절반 가까이 이르렀다. 일부 추산에 따르면, 2014년 이베이의 700억 달러 가치 평가에서 절반이 페이팔에서 비롯되었다.

이베이 안에서 페이팔이 놀라운 성장세를 보이자 독립을 요구하는 목소리가 나오기 시작했다. 2002년 틸의 스탠퍼드 연설에서 한 질문자는 페이팔에게 어떤 조언을 해주고 싶은지 물었다. 그는 이렇게 답했다. "더 큰 시장은 이베이 밖에 있습니다. 이제 페이팔은 이베이를 넘어서서 결제 서비스를 제공하는 다양한 상품과 기능을 개발해야 합니다."[18]

이처럼 페이팔의 독립을 요구하는 목소리는 칼 아이칸Carl Icahn이라는 행동주의 투자자로부터 큰 힘을 얻었다. 2013년에 아이칸은 이베이에서 중요한 역할을 맡으면서 페이팔을 분사해야 한다고 주장했다. 이에 대해 이베이는 2014년 1월 분기 보고서에서 이렇게 답변을 내놨다. "아이칸 씨의 주장과 관련해서 이베이 이사회는… 기업을 분할하는 것이 주주 가치를 극대화하는 최고의 선택이라고 생각하지 않는다."[19]

아이칸과 이베이는 그해 봄과 여름에 걸쳐 논쟁을 이어나갔다. 그 과정에서 페이팔 분사에 대한 지속적인 주장과 더불어 그는 이해관계 상충과 기업 지배력 약화에 대해 이베이를 비판했다. 2014년 2월에 아이칸은 이렇게 썼다. "지난 몇 년 동안 많은 골치 아픈 상황에 맞닥뜨렸지만, 이베이의 노골적인 책임 외면이야말로 우리가 목격했던 가장 뻔뻔한 모습이었다."[20] 이에 대해 이베이는 '칼, 사실에 충실하길 바랍니다Stick to the Facts, Carl'라는 제목의 서한에서 아이칸의 주장이 "완전히 잘못되었다"[21]라고 말했다.

아이칸은 주주에게 보내는 공개서한을 통해서, 그리고 언론에 모습을 드러내서 자신의 입장을 공식적으로 밝혔다. 아이칸은《포브스》에서 이렇게 말했다. "페이팔은 보석입니다. 그런데 이베이는 그 가치를 숨기려 하고 있습니다."[22] 페이팔 동문들 또한 그 논쟁에 합류했다. 머스크는 이렇게 말했다. "글로벌 결제 시스템이 경매 웹사이트의 계열사라는 것은 말이 되지 않습니다. 그것은 타깃이 비자와 같은 기업을 소유하는 것과 같습니다…. [페이팔이] 계속해서 이베이의 일부로 남아 있다면 아마존 결제 서비스나 애플과 같은 기업 혹은 스타트업에 의해 조각나고 말 것입니다." 당시 테슬라와 스페이스X에서 동시에 CEO 자리에 올랐던 머스크는 페이팔이 분사되지 않으면 아니면 완전히 가라앉을 것이라고 주장했다. 그는 이렇게 지적했다. "기술에 밝지 않은 칼 아이칸과 같은 사람도 그러한 사실을 이해했습니다."

색스 역시 이러한 생각에 동의를 표하면서 페이팔이 이베이의 손아귀에서 벗어난다면 대부분의 은행보다 더 나은 서비스를 제공할 것이라고 주장했다. 그는 또한《포브스》에서 이렇게 밝혔다. "페이팔이 스스로 운명을 개척하도록 내버려둔다면 세계에서 가장 큰 금융 기업이 될 것입니다." 색스와 머스크는 페이팔의 가치가 이베이의 지배하에서 300억 달러에서 400억 달러로 성장했지만, 그 자체적으로 1000억 달러 기업으로 도약할 잠재력이 있다고 내다봤다.

2014년 여름에 페이팔 사장 데이비드 마커스David Marcus는 페이스북으로 자리를 옮겼다. 애플 페이가 출시되고 알리바바가 기업공개를 하면서(이후 알리바바의 결제 서비스인 알리페이의 인지도가 높아졌다) 모바일 결제에 대한 사람들의 관심이 높아졌다. 이러한 사실은 이베이가 과거의 역사를 되돌리도록 만들었다. 2014년 9월 13일, 이베이는 결국 페이팔을 독립 기업으로 분사할 것이라고 발표했다. 페이팔 CEO인 존 도나호John Donahoe는 페이팔과 이베이가 하나의 조직으로 남을 것이라는 2014년 1월의 발표를 뒤집으면서 이렇게 썼다. "이사회와 함께 철저한 전략적 검토를 추진하는 과정에서 이베이와 페이팔을 2015년 이후로 하나의 조직으로 유지하는 방식은 전략적·경쟁적 차원에서 분명하게도 서로의 비즈니스에 도움이 되지 않을 것이라는 사실을 확인하게 되었다."[23] 이에 따라 이베이 주주들은 그들이 보유한 이베이 주식 한 주에 대해 페이팔 주식 한 주를 할당받았다.

결국 페이팔은 이베이 인수 발표 후 13년의 세월이 흐른 2015년 7월 중반에 두 번째 기업공개를 했다. 이 글을 쓰는 지금, 나스닥에서 이베이의 시가총액은 400억 달러를 넘었다. 그리고 현재 페이팔의 가치는 3000억 달러를 넘어섰다. 이는 2002년 기업공개 당시의 가치에서 300배 넘게 성장한 것이다.

이제 스무 살이 넘은 페이팔은 설립자들이 상상했던 세계적인 결제 시스템으로 우뚝 섰다. 그럼에도 일부는 아직 이러한 성장조차 충분하지 않다고 생각한다. 머스크는 이렇게 주장했다. "이제 페이팔은 세계에서 가장 가치가 높은 금융기관이 되어야 한다."[24] 그들이 모든 것을 뒤로하고 페이팔을 떠난 지 몇 년이 흘러 머스크는 리드 호프먼에게 페이팔 설립팀이 다시 그 기업을 인수해서 세계적인 금융망의 중심으로 키워야 한다고 말했다.

이에 대해 호프먼은 전기차와 우주 기술, 대중교통, 태양열 에너지, 주문 제작형 제트기 사업을 버킷리스트에 담아놓았던 지나치게 야심 찬 그 친구를 떠올리며 유머러스하게 답했다. "이렇게 말해주고 싶었습니다. 일론, 그냥 내버려두게나."[25]

페이팔 자체와 마찬가지로 설립자와 초창기 직원 중 많은 이들 역시 성공했다. 그중 여러 사람은 유튜브와 옐프, 링크드인, 스페이스X, 테슬라처럼 누구나 아는 기업을 설립하는 과정에 참여했다. 그리고 많은 경우에 이들 기업은 페이팔 동문 네트워크로부터 초기 투자를 받았다. 예를 들어 옐프는 레브친으로부터 처음 투자를 받았다. 레브친은 옐프의 공동창업자인 제레미 스토펠만, 러스 시몬스와 함께 현지화된 검토에 대해 논의했던 자신의 생일 파티 다음 날 투자에 동의했다고 한다.

그리고 직접 기업을 설립하지 않은 이들은 페이팔 동문이 세운 기업에 들어갔다. 예를 들어 팀 웬젤과 브랜든 스파이크스, 줄리 앤더슨은 머스크가 설립한 기업에 잠시 몸담았다. 틸은 나중에 파운더스 펀드Founder's Fund라는 벤처캐피털 기업을 세웠다. 두 사람 모두 그들 자신의 스타트업에 투자하면서 많은 페이팔 동문을 고용했다.

물론 모두가 성공을 거두지는 못했다. 루크 노섹은 이렇게 말했다. "페이팔을 나오고 나서 1년 동안은 일을 하지 못했습니다."[26] 퇴사 후 그는 세계여행을 떠났다. 다른 이들은 좀 더 여유로운, 그리고 스타트업이 아닌 분야에 도전했다. 밥 맥그류와 레브친은 학술 세상을 기웃거렸다. 맥그류는 스탠퍼드에서 박사과정을 시작했다. 레브친 역시 암호학으로 박사과정을 밟았고, 콘피니티의 초기 기술 자문인 댄 보네와 함께 여름 동안 일했다. 그런데 레브친은 보네 때문에 학문을 향한 열정을 잃어버렸다고 했다.

보네는 말했다. "별로 도움이 안 될 겁니다."[27]

레브친은 대답해다. "왜요? 저는 그 일을 사랑합니다"

보네는 말했다. "그렇지 않아요. 당신은 이야기를 나눌 때마다 항상 그것을 어디에 써먹을 것인지 알고 싶어 했습니다. 당신은 다음에 할 일을 찾고 있었던 겁니다. 당신이 해야 할 일은 어려운 수학 문제를 푸는 게 아니라 다음의 기업을 설립하는 겁니다." 맥그류는 결국 박사과정을 포기했다. 틸은 그런 그에게 빅데이터 분석 스타트업인 팔란티어 테크놀로지Palantir Technologies에 기술 이사로 들어올 것을 제안했다.

색스가 페이팔을 떠나 처음 진출한 곳은 뜻밖에도 할리우드였다. 레브친과 올웨이, 틸, 머스크와 더불어 그는 풍자적인 영화 〈땡큐 포 스모킹Thank You for Smoking〉을 제작했다. 이 영화는 2007년 골든 글로브에서 두 부문의 후보로 올랐다. 영화는 성공을 거뒀지만 색스는 이후 영화 제작을 그만뒀다. 2012년에 그는 한 기자에게 이렇게 말했다. "3년 동안 페이팔을 세웠고 3년 동안 영화를 제작했습니다. 모두 대단한 경험이었지만, 페이팔은 오늘날 1억 명이 넘는 사용자를 거느린 10억 달러 기업으로 성장했습니다…. 기술 세상에서는 영화에서는 불가능한 거대한 가치를 만들어낼 수 있습니다."[28] 이후 실리콘밸리로 돌아온 색스는 기업용 소셜 네트워크인 야머Yammer를 만들었다. 그리고 2012년에 이를 마이크로소프트에 12억 달러를 받고 팔았다.

페이팔과 경쟁하고 다툼을 벌였던 몇몇 인물은 이후 몇 년 동안 자신의 자리를 지키면서 실리콘밸리 세상에 이름을 널리 알렸다. 그런데 어떤 갈등은 예상치 못하게 치유되기도 했다. 가령 2010년에 메그 휘트먼은 캘리포니아 주지사 선거에 출마했는데, 그의 지지자들 가운데에는 피터 틸도 있었다. 과거 비즈니스 경쟁자였던 틸은 휘트먼 선거 캠프에 2만 5900달러를 기부했고 언론에 출연해서 그를 응원했다.

2006년에는 언론들이 페이팔 인맥들에 관한 이야기를 기사로 다뤘다. 《뉴욕타임스》는 이와 관련해서 장황한 스토리를 실었다. 2007년에는 《포춘》의 한 기사가 페이팔 동문의 결속력을 전설적인 이야기로 보도했다. 그 기사의 제목은 다름 아닌 '페이팔 마피아'[29]였다. 그 기사에 실린 유명한 사진 속에는 틸과 레브친 외에 열한 명의 페이팔 동문이 마치 마피아 복장을 하고 있었다. 영화 〈대부〉에서 영감을 얻은 그 사진은 가죽 소파와 이탈리아 벽화로 장식된, 샌프란시스코의 상징적인 레스토랑인 토스카 카페에서 촬영되었다.

그 사진은 많은 관심을 불러일으켰지만, 정작 페이팔 동문들은 그 사진과 기사 내용을 마음에 들어 하지 않았다. 일부는 마피아라는 이름이 억지스럽다고 했다. 킴-엘리샤 프록터는 이렇게 말했다. "'마피아'[라는 이름에] 짜증이 났습니다…. 페이팔은 마피아가 아닙니다. 솔직하게 말해 그들은 마음먹은 대로 할 수 있다고 믿고, 열심히 일하고, 정말로 똑똑하고, 위험을 감수하고, 얼마든지 패배를 받아들일 각오를 한 친구들의 거대한 집단이었습니다. 뭔가 원대한 계획이 있었던 것은 아니었습니다."[30]

페이팔 동문을 잘 알고, 그리고 계속해서 함께 일했던 몇몇 이들에게 마피아라는 이름은 그 기업의 투박한 사람들에게서는 찾아볼 수 없는 반짝임과 신비로움을 의미했다. 맬로이는 이렇게 말했다. "대부분 스스로 아웃사이더라고 느꼈습니다. 멋진 녀석은 없었습니다…. 이제 페이팔 사람들이 멋진 녀석들이라고 말들 하지만, 사실은 정반대였습니다."[31]

호프먼은 그보다 '페이팔 네트워크'라는 이름을 더 좋아했다. 그는 《뉴욕타임스》에서 이렇게 말했다. "페이팔 마피아라는 이름 때문에 사람들은 아마도 그들이 똑같은 방식으로 세상을 바라보는 이들이라고 생각할 겁니다. 그러나 사실 그들은 강렬한 경험을 함께 나눈 동료들입니다…. TV 드라마 〈밴드 오브 브라더스〉처럼 함께 전쟁터에 뛰어들지만 각자 다른 방향으로 흩어졌습니다."[32]

X.com에 다섯 번째 직원으로 입사한 줄리 앤더슨은 페이팔의 설립자 네트워크를 마피아로 표현한 것에 대해 이의를 제기했다. 전부 남성 페이팔 동문들만 나온 그 사진을 처음 봤을 때 그는 이렇게 말했다. "혐오감이 들었습니다. 우리를 대표하는 사람은 아무도 없었기 때문이죠."[33] 그의 지적에는 일리가 있었다. 2000년 11월을 기준으로 150명에 달했던 페이팔 전화부 목록에서 3분의 1은 여성이었다. 여기에는 줄리 앤더슨과 데니스 아프테카르, 캐시 도노반Kathy Donovan, 도나 드리스콜Donna Driscoll, 사라 임바흐, 스카이 리, 라우리 슐테이스, 에이미 로우클레멘트 등 경영진 일원으로 일을 했으며, 기업이 성장하고 성공을 거두는 과정에서 중요한 역할을 맡았던 많은 이들도 들어 있었다.

페이팔 마피아 사진은 거짓 우상이자 걱정거리로 드러났다. 에밀리 창Emily Chang이 《브로토피아Brotopia》라는 책에서 조심스럽게 다뤘던 것처럼 실리콘밸리는 고용과 투자, 승진, 이사회 대표, 그리고 성공 및 인정과 관련해서 오랫동안 여성들을 평등한 존재로 대우하지 않았다. 페이팔 마피아 사진과 신화는 이러한 문제를 더욱 두드러져 보이게 만들었고, '보이 클럽'을 비판하는 이들에게 사진 증거가 되어줬다.

일부 페이팔 동문들이 보기에 그 사진은 한때 하나였던 팀이 어떻게 페이팔 이후로 무너졌는지를 보여주는 불행한 상징이었다. 한 페이팔 동문은 이메일에서 이렇게 썼다. "우리가 (전반적으로) 업무를 잘 처리하는 동안에 남성들은 그들끼리 뭉치고, (전반적으로) 우리를 따돌리고, 세상의 리더가 되었다는 사실에 대해 좌절과 슬픔, 분노로 가득한 깊은 우물이 존재했습니다."[34] 그를 비롯한 많은 이들은 페이팔에서 어느 정도 권한이 있다고 느꼈지만, 기업의 영광으로부터 소외돼 있다는 느낌을 받았다. 오늘날 많은 페이팔 동문은 그 사진과 '마피아'라는 이름이 안타깝게도 페이팔의 초창기 팀에 대한 일면만을 보여주고 그 산업의 부정적인 고정관념을 강화할 뿐이라고 생각했다.

페이팔이라는 이름을 만들어냈고 기업과 브랜드가 스스로 어떻게 불러야 할지를 놓고 많은 고민을 했던 S. B. 마스터 역시 '마피아'라는 이름이 적절치 않다고 지적했다. 페이팔의 여러 초창기 직원들이 나가서 기업을 설립했을 때 조언을 줬던 그는 예전에도 그랬던 것처럼 그들을 기술 전문가 집단이라기보다 기이한 괴짜들이라고 생각했다. 그는 페이팔 초창기 시절의 많은 인재를 떠올리면서 '페이팔 집단 이주Paypal Diaspora'[35]라는 말이 페이팔 동문들이 다양한 분야로 진출한 지금의 상황을 적절하게 설명하는 표현이라고 생각했다.

데이비드 색스 역시 마피아 사진에 등장했음에도 '집단 이주'라는 표현을 더 좋아했다. 그는 이렇게 말했다. "클럽 같은 건 없었습니다. 집단 이주에 더 가까웠습니다. 알다시피 기본적인 사실은 우리가 고향을 빼앗겼다는 겁니다. 그들은 우리의 사원을 불태웠고 우리를 쫓아냈습니다. 우리는 시칠리아인보다 유대인에 더 가까웠습니다."[36]

이후 페이팔 동문들은 여러 차례 모임을 가졌다. 그들은 색스의 집과 틸의 집에서도 모였다. 핵심 그룹에서 멀리 떨어진 이들도 그들의 동료가 유니버시티 애비뉴 시절로부터 얼마나 성장했는지 확인하고는 깜짝 놀랐다. 브랜든 스파이크스는 예전 동료들을 만나고 많은 용기를 얻었다. 그는 나중에 이렇게 말했다. "많은 이들이 제 옆자리에서 프로그램을 작성하고 시스템을 개발하던 사람들이었습니다. 그런 그들이 이제 세상에 나가서 지금도 남아 있는 최고의 기업들을 세웠습니다. 그들과 함께 과거로 돌아가 그들의 이야기를 들으면서 많은 영감을 얻었습니다."³⁷ 그 모임에 참석한 후 스파이크스는 스스로 기업을 설립하기 위해 투자를 받기 시작했다.

많은 이들이 페이팔 시절의 기념품을 간직하고 있었다. 이 책을 쓰기 위해 인터뷰를 나눴던 많은 이들은 X.com 티셔츠를 입고 있거나 컴퓨터 화면 속에서 로고가 들어간 머그잔을 자랑스럽게 들어 보였다. 그리고 많은 이들은 페이팔 동문이라는 사실이 기술 세상에서 대단한 경력으로 인정받았다고 했다. 그들은 지금까지도 그 시절에 무엇을 배웠는지 질문을 받는다고 했다.

그래도 일부는 그 집단에 대해 거북하게 느꼈다. 레브친은 이렇게 말했다. "저는 단지 '페이팔을 만든 사람'으로 남고 싶지는 않습니다."³⁸ 페이팔 설립자들은 이후로 20년 동안 각자의 삶에서 참으로 많은 경험을 했다. 이 책을 쓰기 위해 처음으로 이메일을 주고받는 동안 머스크는 왜 자신의 두 번째 스타트업의 역사에 대해서는 아무도 궁금해하지 않느냐고 물었다. 그는 이렇게 적었다. "이 시점에서 그건 너무 오래된 이야기일 뿐입니다."³⁹

그러나 그 오래된 이야기는 긴 그림자를 드리웠고, 머스크는 향수를 불러일으키는 이야기를 들려줬다. 그가 X.com의 URL을 사들이고 수십 년의 세월이 흐른 2017년에 그것을 다시 한번 사들였다. 머스크는 그 도메인을 다시 인수했던 이야기를 들려주면서 웃음을 지어 보였다. 그에게 그 URL을 팔았던 브로커는 그 거래를 최고의 성취로 꼽았다. 머스크는 이렇게 말했다. "[URL은] 그가 삶에서 열정을 바친 대상이었습니다. 그는 자신이 무슨 일을 하는지 잘 알고 있었습니다…. 그리고 진심을 담은 장문의 편지를 제게 보내왔습니다."⁴⁰

그 URL에 어떤 야망을 품고 있는지 질문을 받았을 때 머스크는 트위터에 이런 글을 남겼다. "내가 X.com을 다시 사들이도록 허락한 페이팔에게 감사를 표한다! 지금 당장은 아무 계획이 없지만 적어도 내게는 감정적인 차원에서 큰 의미가 있다."[41] 이 글을 쓰는 지금 X.com에 접속하면 달랑 'x'라는 글자 하나만 뜨고 페이지의 나머지 공간은 텅 비어 있다.

그래도 머스크는 아무것도 없는 X.com 사이트에 뭔가를 숨겨놓기는 했다. 이 글을 쓰는 지금, www.x.com/q나 www.x.com/z와 같은 주소로 접속하면 'y'라는 글자가 뜬다.

페이팔 설립자들은 '기업 문화'에 대해서도 이야기를 나눴지만, 사실 페이팔의 기업 문화는 실리콘밸리 인재 세대의 접근 방식을 분명하게 보여줬다. 페이팔을 만든 아웃사이더들은 오늘날 기술 및 공학 분야에서 대단히 영향력 높은 인사이더가 되었다. 많은 사람이 그들의 발언을 놓고 해석하고, 분석하고, 논쟁한다. 그들은 기업을 이끌고 투자하고 있으며, 아이디어와 야심, 열정으로 가득한 전도유망한 사람들로부터 일주일에 수백 건의 제안을 받는다.

그들은 팟캐스트나 컨퍼런스 혹은 연설을 통해 그들이 페이팔 시절에 배웠던 교훈을 사람들에게 들려준다. 나 역시 그들과의 대화로부터 많은 도움을 얻었다. 그럼에도 많은 이들은 부연 설명을 재빨리 덧붙인다. 틸은 이렇게 말했다. "어떤 교훈을 얻었는지는… 항상 분명하지 않았습니다. 이러한 기업 중 한 곳에서 두 번 경험을 할 수는 없으니까요."[42]

그래도 페이팔 시절의 경험이 미래의 도전에 많은 도움을 줬다는 사실에는 의심의 여지가 없다. 무엇보다 페이팔은 유능한 아웃사이더들이 하나의 산업을 창출할 수 있다는 사실을 그 설립자들에게 입증해 보였다. 이들 아웃사이더는 기업용 소셜 네트워크에서 정부 인프라 계약에 이르기까지 모든 것을 똑같이 만들어냈다. 호프먼은 이렇게 말했다. "우리가 페이팔 시절에 배운 교훈은… 똑똑하고 성실한, 그리고 예전에 보지 못했던 기술을 활용하는 사람들과 함께 산업을 혁신할 수 있다는 사실이었습니다. 그리고 페이팔 경험 덕분에 우리가 진출할 수 있는 분야는 갑작스럽게 더욱 넓어졌습니다."[43] 에이미 로우 클레멘트는 비슷한 맥락에서 이렇게 언급했다. "우리가 아니면 누가 하겠습니까? 우리 괴짜들이 함께 모여 무에서 유를 창조할 수 있다는 생각은 그야말로 놀라운 것이었습니다."[44]

페이팔 동문들은 또한 그때의 경험을 소중한 자산으로 여겼다. 사기 분석팀에서 일했던 마이크 그린필드는 이렇게 말했다. "그 기업의 최고 성과자들 중에서 결제 서비스를 이전에 경험해본 사람은 거의 없었습니다. 그리고 많은 우수한 직원 중에도 인터넷 서비스를 개발한 경력이 있는 사람은 거의 없었습니다." 그러고는 이어서 이렇게 말했다. 페이팔이 전통적인 방식으로 사기 방지 시스템을 구축했더라면 "은행에서 회귀분석법 모형을 개발했지만 혁신하지는 못했던 사람들을 20년 동안 고용했을 겁니다. 그리고 사기에 따른 손실은 그 조직을 완전히 삼켜버렸을 겁니다."[45]

라우리 슐테이스는 경험이 없는 사람을 고용했던 상황을 구체적으로 떠올렸다. "사기 방지팀 직원을 채용하려고 했을 때 우리는 실제로 사기 분야에서 경험이 없는 이들을 물색했습니다. 페이팔에서 맡게 될 업무에 대해 선입견이 없기를 바랐으니까요…. 우리는 그들이 '이러저러한 은행에서 이러저러한 일을 했고, 여기서 이런 방식으로 일해야 합니다'라고 말하기보다 방향을 전환하고, 기발한 생각을 떠올리고, 다른 관점에서 문제를 바라보길 원했습니다."[46]

팀 웬젤은 한 입사 지원자가 틸과 최종 면접을 봤던 때를 기억했다. 면접을 마친 후 틸은 그 지원자를 웬젤의 자리로 안내했고, 웬젤은 그가 사무실을 나가는 모습을 지켜봤다. 그러고 나서 컴퓨터 화면을 들여다봤을 때 틸에게서 이메일이 와 있었다. 거기에는 이렇게 적혀 있었다. "됐습니다. 결제 분야에서 일했던 사람은 더 이상 뽑지 마세요."[47]

많은 이들은 또 다른 측면에서 아웃사이더였다. X.com과 콘피니티의 최초 공동설립자 열 명 중 대다수는 외국에서 태어났다. 색스는 이렇게 말했다. "이민은 지극히 기업가적인 행동입니다. 이민자는 긍정적인 확신으로 고국을 떠납니다. 그리고 모든 것을 뒤로 남겨둡니다. 이것은 궁극적으로 기업가적인 행동입니다. 그렇기 때문에 그들이 미국에 도착했을 때 끊임없이 사업에 도전하고 자신을 둘러싼 환경을 개척해나가는 것은 그리 놀라운 모습이 아닙니다."[48]

레브친은 페이팔의 성공에, 그리고 나중에 페이팔 동문들의 성공에 기여한 페이팔 사람들의 특별한 자질에 대해 이렇게 말했다. "어떤 자리에서 일하든, 그리고 어느 정도의 책임을 지든 간에 최고의 직원은 일반적으로 그 자리를 다른 사람 밑에서 일하는 마지막 기회라고 생각합니다. 그들이 다음으로 시작하는 일은 스스로 기업을 세우는 겁니다. 그러한 직원을 최대한 많이 보유하는 기업은 놀라운 변화를 만들어내고 미래의 기업가를 위한 풍요로운 토양을 조성합니다."[49] 이사회 멤버인 팀 허드는 페이팔 직원의 자질을 좀 더 단순하게 표현했다. "지성적인 록스타입니까? 무엇보다 우리가 정말로 원하는 일을 할 수 있습니까? 그리고 이를 위해 정말로 열심히 노력할 수 있습니까? 그러면 충분했습니다."[50]

실리콘밸리에서 성공하려면 미래를 열어갈지도 모를 비정통적인 아웃사이더와 거리를 둬야 한다. 오늘날 페이팔 설립자 중 많은 이들은 톰 피텔(데모씬 분야의 전설적인 인물-옮긴이)보다 총리에 더 가까운 모습을 보이고 있다. 맬로이는 이렇게 말했다. "어느 정도 편안한 삶을 누리고 있다면, 다시 한번 모든 것을 걸거나 그렇게 하려는 사람을 소중하게 생각하기는 힘듭니다. 맨바닥에서 잠을 청하는 사람을 정말로 이해할 수 있습니까?"[51]

페이팔 설립자들, 특히 투자자로서 재능을 갖춘 이들은 도전을 통해 일하는 방법을 발견해냈다. 레브친은 자신이 방문한 여러 대학에서 소규모 학생 그룹과 종종 만나면서 자신의 ACMAssociation for Computing Machine(컴퓨터협회) 시절을 떠올렸다. 틸은 궤도를 벗어나 다양한 일에 관심을 기울이는 것으로 유명하다. 한번은 고등학생으로부터 대단히 인상적인 메시지를 받기도 했다. 호프먼은 사람들에게 종종 이렇게 묻곤 한다. "당신이 알고 있는 사람 중에 가장 특이한 사람은 누군가요? 그를 만나볼 수 있을까요? 그는 아마도 미쳤거나, 아니면 천재일 겁니다."[52] 호프먼은 예전에 미숙했던 자신의 동료와 닮은 미숙한 설립자를 찾고 있는 듯 보였다. 그 동료들은 '미숙한 조직'을 세계 최대의 기업 중 하나로 만들어낸 사람들이었다.

페이팔 직원들의 이러한 특질은 지금도 많은 것을 설명해준다. 1990년대 말에 실리콘밸리는 사회적인 삶을 포기하고 스타트업 성공의 제단에서 잠을 청하는 기이한 '지성적인 록스타'들로 활기가 넘쳤다. 그러나 페이팔의 성공은 다른 원천에서 비롯되었다.

한 가지는 제품을 뒷받침하는 기술뿐만 아니라 제품 자체에 대한 끈질긴 집중이었다. 머스크는 Zip2와 페이팔에서 자신의 노력에 대해 이렇게 말했다. "우리는 최근에 우리가 만들 수 있는 최고의 제품을 개발하는 과제에 집중했습니다… 최고의 고객 경험을 만들어내기 위한 아이디어를 뽑아내는 일에 정말로 몰두했습니다. 그것은 거대한 세일즈 인력이나 마케팅 전술 혹은 12단계 과정과 같은 것보다 훨씬 더 효과적인 판매 도구였습니다."[53]

데이비드 색스와 그가 이끄는 프로덕트 팀만큼 제품에 집중한 이들은 없었다. 그들 중 많은 이들은 미래의 제품 개발 분야에서 특별한 경력을 쌓아나갔다. 색스는 특히 제품의 보급을 포함해 제품과 관련해서 페이팔로부터 얻은 교훈을 자신의 다음번 도전으로 이어나갔다. 색스는 말했다. 페이팔에서 "우리는 아무것도 없는 상태에서 시작했습니다. 자원도 거의 없었죠. 우리는 제품을 널리 보급하는 방법을 알아내야 했습니다. 팜파일럿 시절에서… 웹 제품에 이르기까지 우리는 항상 이렇게 생각했습니다. '어떻게 사람들이 이것을 찾아내서 사용하도록 만들 수 있을까?'"[54]

디자이너 라이언 도나휴는 그 팀을 이렇게 떠올렸다. "그들은 제품 보급에 몰두해 있었습니다. 정보에 해박했고 제품을 사람들의 손에 쥐여주는 것이 얼마나 중요한 일인지에 대해 대단히 성숙한 생각을 갖고 있었습니다. 그리고 그것은 제품의 품질을 비롯해 여러 다양한 요소보다 실제로 더 중요했습니다."[55] 에이미 로우 클레멘트는 프로덕트 팀이 내부적으로는 물론 외부적으로도 '고객과 공감할 수 있는 감성지능이 높은 관리자'를 영입했다고 말했다. 그는 이렇게 지적했다. "우리는 고객과 공감하고 우수한 제품을 개발할 뿐만 아니라 기업을 하나로 뭉치기 위해 프로덕트 관리 그룹을 조직했습니다."[56]

제품 관련 문제를 해결하고 나서 페이팔이 빠른 성장을 이어나가는 동안 그 설립자들은 미래의 도전에 많은 도움을 받은 또 다른 교훈을 얻었다. 예를 들어 리드 호프먼이 만든 신조어인 '블리츠스케일링blitzscaling'(Blitzkrieg와 Scale up의 합성어로 짧은 기간에 기업의 규모를 급격하기 키우는 성장 전략-옮긴이)과 고속 성장을 향한 실리콘밸리의 집착은 유니버시티 애비뉴 지역의 두 스타트업에서 비롯되었다. 러스 시몬스는 이러한 성장 속도가 미친 한 가지 의도하지 않은 부작용은 미래의 스타트업 경험을 바라보는 자신의 시각을 바꿔놓은 것이라고 말했다. 그는 이렇게 말했다. "나중에 분명하게도 저를 망쳐놨습니다. 이런 식으로 생각했으니까요. '오, 당신은 막 시작했고 성공을 거뒀군요. 그렇죠?'"[57]

페이팔의 제품과 그 성공은 닷컴 기업들이 무너져내리는 동안에 이루어졌다. 많은 페이팔 동문들은 외부 압박의 긍정적인 힘에 대해 언급했다. 닷컴 붐이 한창이던 때 탄생한 페이팔은 산업 전반이 무너질 때 날아오르기 시작했다. 잭 셀비는 말했다. "우리의 경험 대부분은 폭발 이후의 이야기입니다."[58]

페이팔 역시 불시착할 위기가 있었다. 2000년에 페이팔이 추가 투자를 받지 않고 버틸 수 있는 기간은 경비 지출 속도를 고려할 때 몇 개월에 불과했다. 그러나 이러한 상황은 오히려 놀라운 결과를 향해 달려가도록 그들을 자극했다. 이후 페이팔은 수수료를 부과하기 시작했고 사기에 맞섰다. 그들은 이 두 전선에서 재빠르게 움직이며 싸움을 이어나갔다. 페이팔의 많은 이들은 외부의 재정적인 압박이 없었더라면 그들이 그처럼 많은 혁신을 만들어내지 못했을 것으로 생각했다. 맬로이는 이렇게 말했다. "최고의 팀은 유성을 바라봅니다. 우리 머리로 떨어지지 않은 이상 유성은 새로운 기회를 만들어냅니다."[59]

한 페이팔 동문은 이베이와의 싸움도 그들의 투지를 불태웠다고 말했다. 이베이가 그들의 안방에서 페이팔 사용을 방해했을 때 페이팔은 끊임없이 개발하고, 내놓고, 반복했다. 스카이 리는 이렇게 말했다. "우리를 정말로 뭉치게 한 것은 이베이와의 싸움이었습니다. 거대한 적과 맞서 싸우는 것만큼 조직을 하나로 뭉치게 해주는 것은 없으니까요."

틸은 이러한 압박을 페이팔 경험의 핵심적인 특성으로 꼽았다. 그는 이렇게 설명했다. "당신이 마이크로소프트나 구글처럼 엄청난 성공을 이룩한 기업에 있다면, 새로운 비즈니스를 시작하는 일이 너무나 쉽다고 생각할 겁니다. 그러고는 많은 잘못된 것을 배울 겁니다. 반면 실패한 기업에 있다면, 새로운 비즈니스는 불가능한 과제라고 배우게 될 겁니다. 페이팔에서 우리는 그 중간에 있었습니다. 우리는 실리콘밸리의 엄청난 기업만큼 성공적이지는 못했지만, 사람들은 목표를 향해 달렸고 힘들지만 할 수 있다는 최고의 교훈을 배웠습니다."[60]

또한 그들은 페이팔 시절의 경험 덕분에 미래의 스타트업 설립자를 평가하는 엄격한 심사위원이 될 수 있었다. 셀비는 성공적인 스타트업 설립에 대해 이렇게 말했다. "사람들이 생각하는 것보다 훨씬 더 힘든 일입니다."[61] 그들은 투자자로서 기발한 아이디어만큼이나 설립 팀의 인내력에 주목했다. 얼마나 빨리 움직이는가? 얼마나 민첩하게 변화에 적응하는가? 실패를 배움의 기회로 삼는가? 호프먼은 이렇게 지적했다. "실패하지 않기 위해 안전 비행만 고집한다면 충분히 빠른 속도로 배워나가지 못할 겁니다."[62]

물론 이처럼 치열한 환경에는 단점이 있다. 파산이나 이베이, 혹은 새로운 경쟁자에 대한 두려움이 사람들을 강하게 만들 수도 있지만, 동시에 사기를 떨어뜨리기도 한다. 페이팔의 여러 직원은 반쯤은 농담으로 '페이팔의 외상 후 스트레스 장애', 다시 말해 벼랑 끝에 내몰린 회사에서 무시무시하게 똑똑한 동료와 함께 항상 일해야 하는 심리적 고통에 관해 이야기했다.

레브친은 페이팔의 내부 갈등을 설명하기 위해 자신이 다음으로 설립했던 사진 공유 서비스 기업인 슬라이드Slide와 페이팔을 비교했다. 이러한 생각은 스타트업에 관한 스탠퍼드 강의를 주제로 출판된 자료에 담겼다.

페이팔의 경영진은 종종 서로를 용납하지 않았다. 경영진 회의는 순조롭게 진행되지 못했다. 이사회 회의는 더 심각했다. 그러한 회의는 대단히 생산적이었다. 그들은 분명히 의사결정을 내렸고 업무를 처리했다. 하지만 그들은 빌미가 있을 때마다 서로를 바보라고 불렀다.

다음으로 슬라이드에서 우리는 더 부드러운 환경을 구축하기 위해 노력했다. 사람들이 서로를 정말로 좋아하는 회의를 만들어보자는 생각은 대단해 보였다. 그러나 그건 어리석은 선택이었다. 우리의 실수는 분노를 존경의 결핍과 결합했다는 것이었다. 똑똑하고 열정적인 사람들은 종종 화를 냈다. 그것은 대개 서로에 대한 분노가 아니라, 가령 이런 식이었다. 우리는 '아직도 해내지 못했다.' 다시 말해 더 중요한 문제에 집중해야 할 때 x를 해결하지 못했다고 자책했다. 사실 페이팔의 갈등은 대단히 건강한 역동적인 방식에 따른 한 가지 부작용이었던 셈이다.

사람들이 뒤에서 험담할 때 문제가 생긴다. 사람들이 서로 잘 해낼 것이라고 신뢰하지 않을 때 문제가 생긴다. 그러나 동료들이 잘 해낼 것으로 생각할 때 문제는 없다. 비록 서로를 바보라고 부른다고 해도 말이다.[63]

색스는 페이팔의 갈등 문화가 진실의 문화였다고 말했다. "우리는 '진실을 추구'했습니다…. 많은 다툼이 있었습니다. 그래도 모두 서로를 존중했고, 그래서 잘 돌아갔던 겁니다. 많은 소란이 있었지만, 우리가 결국 관심을 기울인 것은 정답을 찾아내는 일이었습니다."[64]

자신의 목소리를 적극적으로 내지는 않았던 데이비드 고즈벡은 페이팔의 문화에 대해 갈등이 지배적인 문화라기보다 높은 기준이 특징인 문화였다고 말했다. 나중에 3D 미디어 플랫폼인 매터포트Matterport를 설립하고 CTO로 일했던 고즈벡은 페이팔에서 효과적으로 기능했던 팀의 정신적 모형을 그대로 받아들였다. 그는 이렇게 설명했다. "우리는 기대의 수준을 높였습니다. 페이팔에서 일할 때 제가 모든 팀원이 유능할 것이라고 기대했던 것처럼 말이죠. 그건 제 경험에서 우러나온 겁니다."[65]

힘든 노력과 제품 보급, 그리고 기분 좋은 솔직함을 강조하면서도 페이팔 동문들은 또 다른 뭔가로부터 은혜를 입었다는 사실에 감사해했다. 그것은 그들에게 따른 행운이었다. 셀비는 이렇게 떠올렸다. "많은 기술과 똑똑한 사람들이 있었지만, 그것보다 더 중요한 것은 어느 정도의 행운이 따랐다는 사실이었습니다. 사건이 잇달아 일어났습니다. 별들이 제자리를 잡았습니다. 어떤 방식으로 설명하든 간에 우리는 행운이 따랐기에 성공할 수 있었습니다."[66]

맬로이는 말했다. "사람들은 언제나 단순한 이야기를 기대합니다. 하지만 현실은 그렇게 돌아가지 않습니다. 엄청나게 많은 운이 작용했습니다. 그건 동전을 줍는 것 같은 행운을 말하는 게 아닙니다. 우리는 변화의 물살을 버텨냈고 스스로 운을 개척해나갔습니다. 그러나 흐름이 우리 아이디어의 편을 들어주지 않았더라면 얼마든지 실패할 수도 있었습니다."[67]

페이팔의 경우에 행운은 다양한 모습으로 그들을 찾아왔다. 우선 그 설립자들이 함께 뭉친 것이 행운이었다. 또한 시기도 좋았다. 페이팔이 사람들의 기억 속에서 사라진 팜파일럿의 액세서리나 실패한 금융 서비스 백화점으로 끝나지 않았다는 사실은 그들이 어떤 서비스를 내놨는지는 물론 언제 그것을 내놨는지와 깊은 관련이 있었다. 또한 그들은 시장이 곤두박질치기 직전인 2000년 봄에 수억 달러의 거대한 투자를 유치했다.

페이팔의 제품 디자인 또한 시기적으로 적절했다. 페이팔은 이메일 사용이 보편화되고 인터넷이 필수 요소가 되는 시점에 등장했다. 1년만 빨랐거나 늦었어도 힘들었을 것이다. 그리고 어쩌면 이머니메일이나 페이플레이스PayPlace, 씨투잇c2it을 비롯해 그 시절에 사라져버린 수많은 결제 스타트업의 길을 따라갔을 것이다.

그 모든 시련에도 이베이 생태계 속으로 집요하게 파고든 페이팔의 전략 또한 현명한 선택이었다. 만일 이베이가 1999년 봄에 빌포인트를 기본적인 결제 서비스로 만들었다면, 페이팔은 확장의 기반이 된 초기 사용자들을 확보할 수 없었을 것이다. 페이팔은 이베이 덕분에 활동적이고 주장이 강한 사용자 커뮤니티를 확보했고, 이를 기반으로 서비스 범위를 넓혀갈 수 있었다. 틸은 이렇게 지적했다. "페이팔과 같은 기업을 시작하기 위한 기회가 있었습니다. 하지만 3년 후에 나왔더라면 과연 성공할 수 있었을지 장담하지는 못하겠습니다."[68]

또한 페이팔은 인터넷 르네상스가 시작되기 직전에 기업공개를 했고 이베이에 인수되었다. 페이팔 동문들은 회의적인 목소리가 점차 높아지는 동안에도 인터넷을 향한 진정한 믿음을 끝까지 놓지 않았다. 그들은 많은 기업이 쓰러지는 과정을, 그리고 들판에 시체가 널브러진 광경을 목격했다. 그러나 페이팔은 살아남았다. 그래서 차세대 인터넷 기업을 설립하고 투자하는 '웹 2.0' 흐름 속으로 뛰어들 수 있었다.

페이팔 동문들은 행운을 그 이야기의 핵심 요소로 선택함으로써 그들의 운명적인 성공에 관한 모든 신화에 구멍을 내버렸다. 맬로이는 말했다. "실리콘밸리에서 유명해졌다고 해도 결국에는 아웃사이더가 될 수 있습니다. 하지만 실리콘밸리가 우리를 선택하면 전설이 될 수 있습니다. 그 전설은 널리 퍼져나갑니다…. 우리 모두는 이야기를 지어내는 데 너무나 익숙합니다. 그리고 그 이야기 속에서 인간적인 요소를 간과합니다…. 사실 누가 성공하고 성공하지 못했는지는 종이 한 장 차이일 뿐입니다."[69] 어쨌든 페이팔은 그 미세한 차이에서 운 좋은 쪽에 섰기 때문에 그 출신들 중 일부는 활동 무대를 넓혀나갈 수 있었다. 에이미 로우 클레멘트는 이렇게 말했다. "우리는 페이팔 덕분에 어떻게 다른 분야에서 꿈을 실현할 수 있을지 진지하게 고민할 수 있었습니다."[70]

페이팔의 초창기 직원들 역시 여러 분야로 진출한 설립자들과 똑같은 찬사를 받을 자격이 있다. 맥스 레브친은 페이팔을 떠나고 몇 년이 흘러 자신의 블로그에 이렇게 썼다. "위대한 아이디어를 거칠고 예측 불가능한 현실 속으로 가져온 이들은 모두 실천가이며 영향력이 강한 사람들입니다. 저는 그들을 진심으로 존경합니다. 그러한 사람이 되기 위한 한 가지 핵심 요소는 실패에 대한 두려움을 떨쳐버리고 무모한 낙관주의로 무장하는 것입니다. 또한 거기에는 전술적인 요소도 있습니다. 그들은 그 모든 사소한 문제에 집착하지 않았습니다…. 정말로 중요한 것을 분명하게 인식하면서 말이죠."[71]

맥스 레브친 역시 자신의 삶에서 여러 가지 아이디어를 '거칠고 예측 불가능한 현실' 속으로 가져왔다. 그럼에도 그는 간곡한 부탁으로 말을 맺었다. "영향력이 높은 사람이 되도록 만들어주는 많은 중요한 요소가 있을 겁니다. 저는 그러한 사람을 더 잘 이해하고 싶습니다…. 제 자신의 영향력을 극대화하기 위해서 말이죠. 뭔가 조언을 해주실 수 있을까요?"

이 책을 마무리하면서 나는 '페이팔 마피아'라는 용어를 디지털 알람으로 설정해놨다. 그 이야기의 세상을 살았던 사람들과 마찬가지로 나는 그 표현 자체와 복잡한 관계를 맺게 되었다. 한편으로 그것은 언론이 좋아할 만한 용어다. 즉, 내가 다루는 주제를 신속하게 설명하는 방법이다. 다른 한편으로 이 용어는 충분한 설명을 들려주지 못한다. 그 이유는 페이팔 그 자체의 창조가 아니라 이후의 비즈니스 도전과 인맥만을 설명하기 때문이다. 내가 확인했던 것처럼 이 용어와 관련된 사진은 그 이야기 속에 등장하는 많은 주요 인물을 소외시켰다. 그리고 그들을 실제보다 더 동질적인 집단으로 묘사했다.

나는 그 주인공들을 지나치게 동시대화하지 않기 위해 애를 쓰면서 (최근의 이러저러한 트윗이나 발언에 집착하지 않으면서) 그들의 영향력을 하나의 집단으로서 추적해보고 싶었다. 놀랍지 않게도 '페이팔 마피아'라는 이름은 기술 세상에 널리 알려져 있다. 그리고 기업공개 혹은 중요한 기업 인수 이후로 트위터와 다양한 게시판들은 이러저러한 미래의 '마피아'에 관한 이야기로 떠들썩했다.

사실 마피아라는 용어는 해외에서 더 유명하다. 유럽에서는 레볼루트Revolut와 몬조Monzo가 성공을 거두면서 '핀테크 마피아'라는 용어가 등장했다.[1] 캐나다에서는 워크브레인Workbrain 출신들이 비슷한 차원에서 집중 조명을 받았다.[2] 아프리카에서는 케냐의 코포코포Kopo Kopo 설립자들이 '동아프리카의 페이팔 마피아'를 만들고 싶다는 야심을 분명하게 드러냈다.[3] 인도의 경우 전자상거래 거물인 플립카트Flipkart의 성공이 어떻게 '플립카트 마피아'의 등장으로 이어졌는지에 관한 이야기가 있다.[4] '비건 마피아'[5]처럼 마피아에 대한 표현은 기술 세상에서 시작되지는 않았지만, 사람들은 '마피아'라는 말을 붙임으로써 다음과 같은 감정과 욕망을 드러낸다. '초기의 작은 그룹이 과연 생태계를 만들어나갈 수 있을까?'

나는 이와 관련된 수십 가지의 사례를 알람이나 친구를 통해 알게 되었다. 하지만 '페이팔 마피아'를 세상에 적용한 가장 흥미로운 사례는 기술 세상의 기업가정신과는 전혀 상관없는 곳에서 발견했다. 사실 나는 이 이야기를 여기서 해야 할지 좀 망설였다. 그러나 후세를 위해 언급해야 할 가치가 있다고 판단했다. 이것은 하나의 이야기다. 그리고 이러한 이야기는 실리콘밸리에서 미국 전역에 이르기까지 분명하게 이어지고 있다.

1997년 12월, 흰색 밴 차량이 크리스 윌슨Chris Wilson이라는 한 10대 청소년을 볼티모어 외곽의 메릴랜드주 제섭Jessup에 위치한 최대 보안 교정 시설인 파투센 인스티투션Patuxent Institution로 데리고 왔다.

마약이 널리 퍼지던 시절, 크리스는 워싱턴DC에 살고 있었다. 많은 어린 아프리카계 미국인들이 그들을 둘러싼 혼란 속에서 희생되었다. 크리스는 일곱 살 무렵에 밖에서 날아오는 총탄에 맞지 않기 위해 침대에서 내려와 바닥에서 잠을 자야 했다. 그리고 열 살 때는 생일 파티보다 장례식에 더 자주 가야 했다. 열네 살에는 외출할 때면 항상 총기를 소지했다.

그런데 크리스가 총기를 사용할 일이 발생하고 말았다. 어느 늦은 밤에 두 남자가 편의점 밖에 서 있던 크리스에게 다가왔다. 한 사람이 말했다. "크리스, 너한테 전해줄 메시지가 있어."[6] 그러나 크리스는 그게 무슨 내용인지 듣기 위해 기다리지 않았다. 그는 갖고 있던 38구경 권총을 꺼내 여섯 발을 쐈다. 한 명은 그 자리에서 즉사했고 다른 한 명은 도망쳤다. 크리스는 성인의 신분으로 재판정에 섰고 종신형을 선고받았다.

그의 삶은 결코 이런 식으로 흘러가서는 안 되었다. 크리스에게는 자신을 보살펴주는 가족이 있었다. 그는 책 읽는 것을 좋아했다. 그리고 체스와 첼로 연주를 좋아했다. 그는 자신의 미래를 믿었다. 그러나 그의 주변에서 일어난 학살과 범죄의 물결이 그를 집어삼켰다. 크리스는 두려움에 총을 들고 다녔다. 하지만 그것은 그가 두려워해야 할 만한 것들을 목격했기 때문이었다.

크리스 어머니의 한 남자친구는 포악한 경찰이었다. 크리스는 이렇게 말했다. "어느 날 그가 저를 때려눕히고는 제가 보는 앞에서 엄마를 강간했어요. 그리고 무기를 들고 엄마의 머리를 세게 내리쳤어요."[7] 크리스의 어머니는 목숨은 구했지만, 그도 크리스도 더 이상 예전으로 돌아갈 수는 없었다.

크리스는 어느 날 저녁 할머니 집으로 걸어가는 길에 거리에 널브러진 시체들을 넘어가야 했던 기억을 떠올렸다. 그는 물었다. "사람들이 파리처럼 여기저기 쓰러져 있는 광경을 보고 어떻게 제정신일 수 있었겠습니까?"

교도소의 삶은 남들보다 끔찍한 장면을 더 많이 봐왔던 크리스에게
도 충격이었다. 교도소에 들어왔을 때 교도관들은 크리스와 아홉 명의
남성을 한 방에 몰아놓고 옷을 벗기고는 항문 검사를 위해 몸을 구부리
라고 했다. 크리스는 그때가 삶에서 가장 수치스러운 순간이라고 했다.

그는 현실에 적응했다. 파투센은 이제 평생을 살아가야 할 그의 집
이었다. 암울한 나날 속에서 한 해가 지났다. 어느 날 잠에서 깬 크리스
는 자신의 빛나는 청춘이 어쩌다가 이처럼 씁쓸한 결말에 이르게 되었
는지 궁금했다. 자살도 생각했다. 그는 몰래 들여온 마약을 했고 자신을
여기로 데려온 운명을 저주했다.

스티븐 에드워즈Stephen Edwards가 파투센으로 들어오게 된 과정은 크
리스의 경우와 비슷했다. 그는 열여섯의 나이에 일급 살인으로 유죄를
받았다. 그러나 교도소에 들어오기 전 스티븐의 삶은 크리스와는 크게
달랐다. 스티븐의 부모는 신실한 기독교인이었으며 그는 복음 속에서
자라났다. 그는 비교적 편안하고 유복한 어린 시절을 보냈다. 아버지는
연방준비제도에서 일했고 가족은 어린 나이에 드러난 그의 재능을 키
워주기 위해 애썼다.

스티븐은 수학을 잘했다. 그의 아버지는 퇴근을 하면서 업무용 컴퓨
터를 집으로 들고 왔고, 스티븐은 그 컴퓨터를 가지고 어떻게 프로그램
을 짜고 놀 수 있는지 오랫동안 연구했다. 그는 특히 컴퓨터 애니메이션
에 관심을 보였다. 스티븐은 8개월에 걸쳐 NASA 로켓을 발사하는 5분
짜리 애니메이션 프로그램을 만들었다. 픽셀로 이뤄진 로켓이 발사에
성공했을 때 스티븐의 얼굴은 환하게 빛났다.

스티븐은 열두 살에 워싱턴DC에 있는 공립학교에 들어갔다. 그러나 거기서 그의 뛰어난 지능은 걸림돌이 되었다. 그는 아이들로부터 심한 괴롭힘을 계속해서 당했다. 어느 날 저녁에 스티븐은 열두 명의 상급생과 마주쳤다. 그들은 쇠지렛대를 가지로 그의 머리를 때리고 가슴을 찔렀다. 몸의 상처는 아물었지만, 마음의 상처는 그렇지 못했다. 그는 다시 공격을 당할지 모른다는 두려움에 빠졌고, 자신을 지키기 위해 총을 들고 다니기 시작했다. 그리고 열여섯 살의 그는 자신을 죽이려 한다고 생각했던 한 남성에게 총을 발사해 사망에 이르게 했다. 그 사건으로 스티븐은 종신형을 선고받았다.

스티븐은 크리스처럼 교도소에서 힘든 한 해를 보내면서 똑같은 물음을 던졌지만 대답을 얻지 못했다. 그러나 안개가 걷히기 시작하면서 스티븐은 자신이 좋아했던 것, 즉 컴퓨터를 향한 열정으로 되돌아갔다. 그는 투옥 생활을 하는 동안에 컴퓨터가 자신을 지탱해줄 것으로 믿었다.

스티븐의 부모는 그에게 오래된 프로그래밍 책들을 가져다줬다. 그는 그 책을 읽으면서 새로운 프로그래밍 언어들을 배워나갔다. 하지만 실제 컴퓨터를 사용할 수는 없었기에 줄이 그어진 노란색 종이 위에 손으로 가상의 프로그램을 작성했다. 어린 시절에 맥스 레브친이 키이우Kiev에서 그랬던 것처럼 말이다. 프로그램을 시험해볼 컴퓨터가 없었기에 스티븐은 프로그램의 정확성을 추측할 수밖에 없었다. 그래도 프로그래밍 문제를 해결하는 일은 즐거웠고 뭔가를 창조한다는 것에 만족감을 느꼈다.

교도소에 들어온 지 1년이 되었을 때 크리스는 스티븐을 만났다. 크리스는 이렇게 기억했다. "종신형을 받은 한 소년을 만났는데 그 아이는 뭔가에 대단히 몰두해 있는 것처럼 보였습니다. 그 아이는 컴퓨터 프로그래머가 되기 위해 공부를 하고 있었어요. 그는 이러한 목표가 있었기에 교도소에서 나가길 원했습니다. 저는 그 아이를 비웃었죠. 거기서는 컴퓨터 근처에도 갈 수 없었으니까요." 두 소년은 빨리 가까워졌고 교도소 친구가 되었다.

자기 계발을 향한 스테판의 의지는 크리스를 자극했다. 두 사람은 운동 프로그램과 교육, 기도, 일기 쓰기, 독서에 몰두했다. 그리고 서로에게 과제를 내줬다. 크리스가 검정고시 모의시험에서 수학 문제를 틀리면 스티븐은 크리스에게 팔굽혀펴기를 시켰다.

스티븐의 야심은 크리스의 상상력에 불을 지폈다. 컴퓨터 없이도 컴퓨터 프로그래밍 공부에 몰두했던 스티븐에게 자극받은 크리스는 대단히 야심 찬 인생 목표를 작성했다. 그는 이를 '마스터플랜'이라고 불렀다. 그 목록에는 스페인어 배우기, 대학과 MBA 졸업장 따기, 콜벳 스포츠카 사기, 세계여행 등이 들어 있었다. 그는 그 목록을 적어서 자신에게 종신형을 내린 판사에게 편지로 보냈다.

크리스와 스티븐이 그렇게 모범수가 되었다. 몇 달 후 크리스는 검정고시를 통과했고, 스티븐은 교도소 행정실에 요청해서 그곳에 단 한 대밖에 없는 사무용 컴퓨터를 쓸 수 있게 되었다. 대신에 그 조건으로 교도소의 행정 업무를 지원하는 소프트웨어를 개발하기로 약속했다. 스티븐의 기억에 따르면, 그가 프로그래밍 작업을 할 때 한 교도관이 다른 죄수들이 '함부로 컴퓨터 주변을 어슬렁거리지 못하도록'[8] 감시했다.

스티븐은 하루에 몇 시간이나 프로그래밍에 매달렸지만 그걸로는 만족하지 못했다. 그는 이렇게 생각해다. '여기서 무엇보다 이 일을 하고 싶어! 어떻게 더 많은 시간을 얻어낼 수 있을까?' 그의 재능에 관한 이야기가 퍼지면서 교도소의 다른 부서장이 그를 찾아와 '미니 프로그램'을 만들어달라고 요청했다. 스티븐은 그 대가로 더 오랫동안 컴퓨터를 사용할 수 있도록 허락해달라고 했다. 머지않아 스티븐은 파투센의 무급 시스템 관리자가 되었다. 그는 이렇게 떠올렸다. "교도소에 있는 동안 50가지의 응용 프로그램을 완성했습니다."

얼마 후 교도소 행정실은 크리스와 스티븐에게 더 많은 임무를 부여했다. 두 사람은 새로 들어오는 재소자를 대상으로 강의를 맡았다. 그리고 독서 클럽과 직업 센터를 조직했다. 게다가 비즈니스 기회도 발견했다. 재소자의 가족들은 사랑하는 이들의 사진을 원했다. 그래서 두 사람은 행정실을 설득해서 디지털카메라를 구입했다. 그들은 재소자에게 사진을 찍어주고 돈을 받았으며, 그 수익금을 재소자를 위해 다양한 개선 사업을 벌이는 재소자 복지 기금Inmate Welfare Fund에 기부했다.

크리스는 매년 마스터플랜의 진행 상황을 적어서 판사에게 편지를 보냈다. 그리고 자신이 완수한 항목은 그 목록에서 자랑스럽게 지웠다. 그러나 한 번도 답장은 오지 않았다. 그럼에도 단지 상상 속 도전으로 시작했던 그의 마스터플랜은 결국 의미 있는 성과로 이어졌다. 크리스는 여러 가지 학위를 받고, 세 가지 언어를 익히고, 수많은 책을 읽었으며, 새로운 비즈니스를 시작했다.

교도소에서 열여섯 번째 해를 맞이했을 때 크리스의 마스터플랜 편지는 새로운 판사에게 전달되었다. 그 판사는 크리스의 편지 속에서 교정 시스템이 독려해야 할 개선의 모범 사례를 확인했다. 그리고 그는 선고를 수정해서 크리스가 가석방을 받을 수 있도록 했다.

크리스는 나중에 《볼티모어 선Baltimore Sun》이라는 신문 기사를 통해 이렇게 말했다. "다시 법정에 섰을 때 후회는 없었습니다. 내 손에 성취의 증거가 있었으니까요. 저는 고등학교 졸업장과 준학사 학위를 받았습니다. 혼자서 스페인어와 이탈리아어, 중국어를 익혔고 새로 들어온 많은 어린 재소자들을 가르쳤습니다. 그리고 더 중요하게도 저를 담당한 판사에게 마스터플랜을 실현하기 위해 10년 동안 꾸준히 노력해왔다는 사실을 보여줬습니다."[9]

그 새로운 판사는 크리스에게 이렇게 말했다. "넌 정말로 놀라운 일을 해냈어." 크리스는 파투센에 처음 들어온 지 16년이 흐른 서른두 살에 자유의 몸이 되었다. 그리고 그의 수감 동료인 스티븐은 그로부터 2년 후에 20년 형기를 채우고 석방되었다.

나는 이 책을 쓰는 동안에 가석방으로 풀려난 크리스와 스테판과 친구가 되었다. 스티븐은 교도소를 나온 이후로 프로그래밍 기술을 활용해서 소프트웨어 컨설팅 서비스를 운영하면서 스타트업을 설립해 전략적인 기술을 기반으로 다양한 학교와 기업 및 다양한 분야에 도움을 주고 있다. 그는 코로나 전염병이 유행하는 와중에도 계속해서 자신의 스타트업을 운영했다. 또한 스티븐은 자연어 처리에 관한 연구로 특허를 따냈다(US10417204B2, '역동적인 커뮤니케이션의 창조와 실행을 위한 방법과 시스템').

크리스 역시 뒤처지지 않았다. 그는 두 기업을 세웠고, 널리 찬사를 받은 책을 썼으며, 세계를 돌아다니는 아티스트로서 두 번째 경력을 시작했다. 출소 후 그의 놀라운 행적은 자신의 책, 《더 마스터플랜The Master Plan》을 홍보하기 위해 남아프리카공화국 코미디언인 트레버 노아Trevor

Noah와 함께 〈더 데일리 쇼The Daily Show〉에 출연했을 때 정점을 찍었다.

크리스와 스티븐은 모두 보기 드물게도 급박함에 대한 인식으로 세상을 살아가고 있다. 그들이 느끼는 급박함은 삶의 소중함에 대한 강렬한 인식에서 비롯되었다. 그들을 만난 많은 이들처럼 나 역시 궁금한 생각이 일었다. 그들은 어떻게 그런 일을 해냈던 걸까? 어떻게 환경을 이겨내고 자유로운 세상에서 살아가는 사람들보다 더 많은 일을 교도소 안에서 해낼 수 있었던 걸까?

크리스는 운이 좋았다고 솔직하게 털어놨다. 그의 행운은 스티븐을 만난 것, 그리고 물론 자비로운 판사를 만난 것이었다. 그러나 그는 또한 노력의 중요성도 분명히 인정했다. 그는 구체적인 목표를 세웠고 종교에 가까운 믿음으로 목표를 추구했다. 그는 수년 동안 매일 마스터플랜을 떠올렸고 그에 관해 일기를 썼다. 그리고 그 목록에 들어 있던 항목들을 살아가면서 하나씩 지워나갔다. 그가 수감된 방 안에 붙여놨던 한 장의 종이는 그가 일어날 때마다, 그리고 잠자리에 들 때마다 쳐다봤던 두 가지 중 하나였다.

그리고 크리스가 매일 영감을 얻었던 다른 하나는 마스터플랜 옆에 붙어 있던 사진이었다. 그 사진은 마스터플랜이 자신에게 의미한 것을 시각적으로 보여주는 이미지였다. 파투센 교도소에서 크리스 윌슨이 수감돼 있었던 방의 벽에는 마스터플랜과 함께 잡지에서 오려낸 사진이 붙어 있었다. 그 잡지는 '페이팔 마피아'에 관한 기사가 실린 《포춘》 2007년 11월호였다.

크리스와 스티븐은 그 잡지의 사진을 시작으로 더 많은 이야기에 관심을 기울였다. 두 사람은 메릴랜드 교도소 안에서 페이팔 설립자의 삶과 성공에 관한 아마추어 전문가가 되었다.

그 모든 일은 스티븐의 가족이 그의 기업가적 관심을 지지하기 위해 몇 가지 비즈니스 잡지(《잉크Inc.》와 《엔터프레뉴어》, 《포브스》, 《포춘》, 《패스트컴퍼니》)를 보내주면서 시작되었다. 2007년 말에 《포춘》 잡지가 교도소에 도착했을 때 스티븐은 그 기사를 처음으로 읽고 매료되었다. 그의 눈앞에 컴퓨터 프로그램을 성공적인 삶으로 바꾸는 로드맵이 펼쳐졌다.

스티븐은 앉은자리에서 그 기사를 두 번 읽었다. 그리고 그 잡지를 크리스에게 건네면서 이렇게 말했다. "한번 읽어봐. 죽여주는 이야기야." 크리스 역시 큰 감명을 받았다. "이런 생각이 들었어요. '세상에. 이건 미쳤어.' '밖에 나간다면 이렇게 살 거야. 지금부터 노력을 시작해야 해.'"

크리스는 그 기사에서 '십억'이라는 단어를 봤다. 그리고 그 금액에 넋을 잃었다. 그는 말했다. "십억 달러가 어느 정도인지 가늠해보려고 했어요. 십억이라니! 누가 그만한 돈을 갖고 있을까요? … 저는 아무것도 없이 시작해서 이제 그 많은 돈을 번 페이팔 사람들의 모든 글을 읽기 시작했어요. 그러고 나서 우리는 함께 이야기를 나눴어요. '그만한 돈이 있으면 뭘 할 거야? 어떻게 세상을 바꿀 수 있을까?' 그러고는 실제로 그렇게 했던 사람들이 나온 사진을 봤습니다."

스티븐과 크리스는 영감을 얻기 위해 그 사진을 소중히 간직했다. 크리스는 이렇게 기억했다. "투명 테이프를 잘라서 여러 겹으로 붙여놨습니다. 좀 우스워 보였지만 그래도 효과가 있었습니다." 테이프를 덕지덕지 붙인 그 사진은 마스터플랜 옆에 좋은 자리를 차지했다. 크리스는 말했다. "일어나면 바로 보였어요. 잠잘 때도 봤죠. 그 사진은 제게 동기를 불어넣어 줬습니다. 팔굽혀펴기를 하면서도 사진을 쳐다봤습니다. 거기 있는 동안에는 항상 봤습니다. 〈케이프 피어Cape Fear〉에 나온 로버트 드 니로 같았어요." 스티븐은 매일 그 사진을 보면서 "마음속에 새겨넣었 다"고 했다.

크리스는 말했다. "제가 붙여놓은 사진을 본 이들에게 이렇게 말했습 니다. '나는 교도소에서 나갈 거야. 이러한 삶을 살 거야. 내가 사는 지역 에서 영향력이 강한 사람이 될 거야.' 그러면 동료들은 이렇게 말했죠. '이봐, 완전히 제정신이 아냐.'"

두 사람은 일론 머스크와 피터 틸, 맥스 레브친, 리드 호프먼을 비롯 한 페이팔 동문에 관해 찾을 수 있는 모든 이야기와 기사를 모았다. 페 이팔 설립자들이 점차 유명해지면서 크리스와 스티븐은 방대한 분량의 자료를 수집했고 그렇게 모은 자료를 경전 대하듯 모셨다. 스티븐은 이 렇게 털어놨다. "그건 제가 관심을 쏟은 유일한 대상이었습니다. 저를 살아가게 만든 유일한 것이었으니까요. 그것은 분명한 진실이었습니다. 저는 그러한 이야기를 떠올리고, 당신과 나와 같은 사람의 실제 사례를 갖고 싶었습니다."

두 사람은 출소 후 기업가로 살아가는 삶에 대해 진지하게 고민하기 시작했다. 스티븐은 설명했다. "우리가 출소할 때 사회는 우리를 환영하 지 않을 것이라는 사실을 이미 알고 있었습니다. 실제로 '재진입'은 없 었습니다. 우리에게 재진입이란 무릎을 꿇고 사회에 나와 조금의 지원 금을 받으면서 맥도날드에서 일하거나 폐지를 줍는 것을 의미했습니다. 그러나 그런 일을 해보지 않았던 우리 같은 사람들이 그런 삶에 도전한 다면, 행운을 빕니다. 그래서 우리는 또 다른 길이 존재한다는 사실을 알아야 했습니다. 스스로 비즈니스를 시작하는 것은 자신을 가두는 한계에서 벗어날 수 있는 유일한 길이었습니다."

그때까지만 해도 스티븐도, 크리스도 페이팔의 야심 찬 비즈니스에 대해, 혹은 그러한 비즈니스를 가능하게 만든 네트워크에 대해 알지 못했다. 스티븐과 크리스가 속했던 네트워크는 돈세탁과 마약, 폭력에 노출되었고, 그것은 또 다른 이름인 '갱'이라고 불렸다. 스티븐은 말했다. "페이팔 마피아는 갱의 긍정적인 사례였습니다. 교도소에서 많은 이들은 잘못된 목적을 중심으로 서로 연결돼 있었습니다. 거기서는 긍정적인 우정을 찾아볼 수 없었습니다."

그 이야기는 그들의 감방으로부터 흘러나갔다. 크리스와 스티븐은 새로운 재소자 동료를 위한 첫 강의의 제목을 '페이팔 마피아에게서 배워야 할 교훈'으로 정했다. 그들은 지금껏 모은 자료를 복사해서 사람들에게 나눠줬다. 그 자료의 표지에는 페이팔 마피아 사진이 실려 있었다. 스티븐은 말했다. "사진은 거무칙칙했습니다. 사람들이 원본을 복사하려고 해서 저는 짜증을 내곤 했습니다. 원본을 훼손하지 않으려고 사람들이 복사본을 다시 복사하도록 했었거든요!"

두 사람은 동료 수감자들에게 페이팔 마피아들이 어떻게 맨바닥에서 시작했는지 들려줬다. 그리고 그들 중 많은 이가 이민자였고, 설립자들은 어렸으며, 또한 경험과 확신이 없었고, 심지어 실패한 삶을 살아왔다는 이야기를 들려줬다. "우리는 페이팔 이야기를 들려줬습니다. 그리고 시너지를 발견했어요. 그 이야기는 계속해서 이어졌습니다."

물론 그들은 돈에 관한 이야기도 했다. 그리고 재소자 동료들이 익숙하게 알고 있던 부의 사례와 비교했다. 스티븐은 말했다. "100만 달러를 벌기 위해 마약상의 길을 선택한다면(그것도 폭력과 총, 공격, 투옥, 죽음과 더불어 자신을 목숨을 걸고서) 현실적으로 생각해볼 필요가 있습니다. 그 돈을 번다고 해도 그것은 지옥을 경험하고 난 이후입니다. 저는 사람들에게 반대 사례를 보여줬죠. 그런 경험을 하나도 겪지 않고서도 십억 달러를 번 사람들의 이야기를요. 페이팔 이야기에 사람들은 당황했습니다. 이전에 누구도 그런 선택지가 있다는 사실을 그들에게 말해주지 않았기 때문이었죠."

새로운 수감자들은 머스크와 레브친의 삶에 관한 이야기를 듣고는 입을 다물지 못했다. 스티븐은 이렇게 떠올렸다. "사람들은 저를 보고 말했습니다. '잠깐만요. 제가 그런 일을 할 수 있었다고요? 그랬다면 얼마나 멋진 인생이었을까요?'" 스타트업을 통해 길거리의 삶에서 부자의 삶으로 넘어갈 수 있다는 생각은 그야말로 놀라운 깨달음이었다. 그리고 수감자들이 여태껏 보지 못했던 세상의 지도였다. 크리스는 말했다. "지금의 자신보다 더 큰 존재가 되고 싶다고 말하는 모든 이에게 깨달음을 전하기 위해 그 이야기를 들려줬습니다. 저는 대부분 그런 사람들에 둘러싸여 있었습니다. 우리가 있던 곳은 최대 보안 교도소였으니까요."

페이팔 이야기로 전도 활동을 벌이는 동안 스티븐과 크리스는 '마피아'라는 주제를 의식적으로 강조했다. 그것은 페이팔의 설립자와 직원들이 서로에게 힘이 되어줬다는 믿음이었다. 스티븐은 말했다. "갱단에서 활동했던 젊은이들과 이야기를 나눌 때 그러한 믿음은 그들과도 관련이 있었습니다." 그들이 재소자들에게 실천을 하고, 사진 속 인물들을 모델로 삼고, 생각이 비슷한 사람과 친분을 맺으라고 격려했다. 스티븐은 이렇게 말했다. "그들의 배경을 들여다보면 당신과 비슷하다는 사실을 알게 됩니다…. 그들이 뭘 했는지 보세요. 그들은 당신과 다르지 않습니다. 똑같이 피가 흐르고 똑같이 숨을 쉽니다."

스티븐과 크리스는 또한 어떤 이야기가 효과가 있고 없는지 이해했다. 그리고 그들은 청중을 잘 알았다. 그들은 똑같이 험한 동네에서 자랐고 똑같이 교도소에 들어왔다. 그들 모두 자신과 상관없거나 거짓처럼 보이는 이야기에는 반응을 보이지 않았다. 그들은 거짓을 구별해내는 진실의 귀를 갖고 있었다.

하지만 스티븐과 크리스가 페이팔에 관한 이야기를 들려줬을 때 의자에 앉은 청중은 몸을 앞으로 기울였다. 그것은 실제 이야기였다. 그 네트워크는 실제로 존재했다. 사진은 진짜였다. 돈도 진짜였다. 스티븐은 이렇게 말했다. "그 이야기는 제 삶에, 그리고 교도소에서 함께 생활했던 많은 이들에게 중요한 의미가 있었습니다. 그들이 이룩한 것을, 그리고 그들이 추구했던 것을 결코 부정할 수 없습니다. 누구도 이를 부인할 수 없습니다. 그래서 우리는 쉽게 설득할 수 있었던 겁니다."

감사의 글

맥스 레브친과 피터 틸은 처음에 필드링크 프로젝트를 만만하게 봤다. 그 프로젝트는 기업을 설립하고, 신속하게 확장하고, 초기 인터넷 골드러시 기회를 활용해서 이를 매각하는 것이었다. 그들이 원래 1년으로 예상했던 그 프로젝트는 5년짜리 비즈니스가 되었다. 그리고 그 기업은 비즈니스 세상에 20년 넘게 남아 있다.

이 책 역시 약 2년 반짜리 프로젝트로 시작했다가 5년으로 늘어났다. 그 5년 동안 수많은 사람이 이 책이 나오기까지 도움을 줬다. 그리고 집착이 강한 저자로부터 1990년대 말 닷컴에 관한 이야기와 일화들을 끈기 있게 들어줬다. 이처럼 많은 너그러운 이들에게 감사의 글을 쓸 수 있게 되어 다행으로 생각한다. 그렇다. 이 프로젝트는 마침내 끝났다. 드디어 나는 페이팔 책에 관해 입을 다물 수 있게 되었다.

페이팔을 세우고 거기서 일했던 수백 명의 사람이 없었다면 나는 이 책을 쓰지 못했을 것이다. 그들은 어떻게 그 기업에 합류하게 되었는지, 거기서 무슨 일을 했는지, 그리고 그 시절이 그들에게 어떤 의미였는지를 전혀 알지 못하는 내게 소중한 시간을 내어 이야기를 들려줬다. 이번 프로젝트에서 내가 누린 최고의 기쁨은 그들과 오랫동안 이야기를 나눌 수 있었다는 사실이었다. 나는 그들의 시간과 솔직함, 숙고, 정보, 기억에 크게 감사함을 느낀다.

사이먼&슈스터가 이번 프로젝트를 허락한 것은 이제 고인이 된 앨리스 메이휴 편집자 때문이었다. 그는 일찍이 내가 봤던 것을 봤다. 즉, '지금' 시점에서 '이' 회사에 관해 많은 이들이 생각하는 것보다 더 긴 그림자를 드리운 무언가를, 그리고 그 회사의 설립과 관련해서 아무도 알지 못하고 있다는 사실을 이해했다. 앨리스는 이 책이 나오기까지 최초의 챔피언이었다. 그리고 더 중요하게도 내가 이번 프로젝트에 대한 자신감을 잃어버렸을 때 용기를 북돋워준 사람이었다.

앨리스는 또한 그가 진행했던 모든 프로젝트에서 그러했듯이 이번 책에 대해서도 높은 기준을 세워놓았다. 그는 이렇게 말했다. "지미, 당신이 쓴 글이 세월의 시험대를 버틸 수 있다는 사실을 제게 보여줘야 합니다! 이야기가 지금으로부터 50년 후에도 의미가 있을 이유는 뭘까요? 왜 우리는 이 책을 출간 목록에 집어넣어야 할까요?" 앨리스는 '오랫동안 남을' 책을 원하는 편집자였다. 그리고 저자들에게 그런 책을 요구했다.

나는 이 책이 앨리스의 높은 기준을 통과했는지 알 수 없다. 그래도 그와 나눈 마지막 대화에서 이 책이 그 기준에 근접했다는 사실을 눈치챌 수 있었다. 앨리스는 X.com과 콘피니티의 역사에 관한 앞부분을 읽어보고 그 기업들이 성장했던 상황에 대해 이렇게 말했다. "에디슨이라고 해도 깜짝 놀랐을 겁니다." 나는 앨리스가 이야기의 후반부 역시 자랑스러워하기를 소망한다. 그가 없었다면 이 책은 나올 수 없었을 것이다.

2020년 초 앨리스가 세상을 떠났을 때 나는 큰 충격을 받았다. 이 책은 나 자신만이 아니라 그 프로젝트에 도전할 만큼 충분히 용감한 모든 편집자에게 거대한 과제였다. 감사하게도 똑똑하면서도 독창적인 스테파니 프레리히가 앨리스의 작업을 이어받았다. 사이먼&슈스터에서 스테파니의 상사가 그에게 이 프로젝트를 넘겨줄 때까지 나는 그와 이야기를 나눠본 적이 없었다. 그리고 그가 나의 글로 어떤 작품을 만들 것인지, 혹은 이미 가득한 접시에 어떻게 이 작품을 추가할 것인지 알지 못했다. 그 역시 나를 전혀 알지 못했다. 그가 이번 프로젝트를 거절하지 않은 것만으로도 내겐 다행이었다.

나는 그가 이번 프로젝트를 승낙했다는 소식을 듣고 기뻤다. 스테파니 프레리히가 이번 프로젝트를 책임진 것은 내게 최고의 축복이었다. 그는 내가 쓴 모든 글을 수차례 꼼꼼히 읽었다. 그리고 헌신적이면서 고집스럽게 내 생각을 물었고, 계속해서 연기되는 상황과 세계적인 전염병 속에서도 이번 프로젝트를 위해 고군분투했다. 스테파니가 바로잡은 모든 오류와 단단하게 잡아준 모든 부실한 문장을 여기서 일일이 언급할 수는 없을 것이다. 그래도 이 책이 페이팔 이야기를 신뢰 있게 다뤘다면, 그것은 모두 그의 공이다. 그는 모든 저자가 바라는 편집자였다. 즉, 저자만큼이나 프로젝트에 열정적인 편집자였다. 그의 헌신을 떠올리면 가슴이 뭉클하다. 그에게 무한한 감사의 말을 전한다.

결국에는 잘될 거라고 '그렇게 믿었던' 한 사람은 나 자신의 믿음이 흔들리는 동안에도 이번 프로젝트에 대한 신뢰를 끊임없이 보여줬다. 로라 요크는 여전히 나를 참을성 있게 바라보고 있으며(그 이유가 궁금하기는 하다) 잠재력을 확인한 에이전트로서 열정을 다해 이번 프로젝트를 지켜봐 줬다. 자신이 쓴 원고를 창밖으로 던져버리고 프로젝트 중

618

단을 선언하는 작가들에 관한 많은 이야기가 있다. 그리고 위기에 처한 프로젝트를 살려내고 저자가 다시 똑바로 걸어가게 만든 에이전트에 관한 수많은 속편 이야기도 있다. 이 책이 나오기까지 로라는 그 어떤 에이전트보다 그러한 노력을 더 많이 해야 했다. 그런 그에게 감사한 마음을 전한다.

내 친구 저스틴 리치몬드는 초고의 거의 모든 문장과 이 책에 담긴 생각과 인용을 끈기 있게 읽어줬다(그것도 대개 내가 이른 아침에 문자 메시지로 보낸). 나는 이번 프로젝트에 대한 아이디어가 떠오르자마자 그에게 전화를 걸었다. 그리고 이후로 수천 통의 메시지와 메일, 전화를 주고받았다. 그렇게 그와 매일 이야기를 나눴기에 이번 프로젝트는 가능했다. 나는 그러한 노력에 대해, 그리고 그가 보여준 우정에 대해 감사드린다.

그렉 파브르는 한마디로 정의할 수 없는 사람이다. 그는 소방수이자 공공 안전요원이며, 해군 장교이고, 재능 있는 운동선수, 그리고 깊은 영혼의 소유자다. 또한 그는 장대한 프로젝트를 완성하기 위해 필요한 인내력을 중요하게 여기는 친구다. 나는 그가 내게 용기를 주고, 스토아학파의 지혜를 전하고, 혹은 내가 앞으로 나아가도록 도움을 준 모든 순간에 감사의 마음을 전한다. 그렉이 내게 "빌어먹을 안장에 그대로 앉아 있어!"(존 랜다우가 《도전자들*The Defiant Ones*》에서 지미 아이오빈에게 했던 조언)라고 말할 때마다 내가 5센트짜리 동전을 받았더라면 나는 지금쯤 갑부가 되었을 것이다. 그렉에게 고마움을 전한다. 이제 다음 산을 오를 차례다.

로렌 로드먼은 이 책을 마무리하는 힘든 과제를 즐거운 여정으로 바꿔놓았다. 로렌은 최초의 인터뷰나 초고 완성, 혹은 중요한 수정 등 의미 있는 모든 성취를 축하해줬다. 그는 단계마다 조그마한 성공을 기념하기 위해 함께 저녁을 했다. 세상의 모든 사람에겐 로렌 로드먼과 같은 친구가 필요하다. 그는 내게 오랜 기간에 걸쳐 우리의 프로젝트가 얼마나 진행되었는지 상기시켜 줬다.

내 친구 그레이스 해리는 이 프로젝트에서 가능성을 발견했고, 크고 작은 방식으로 열정을 활활 타오르게 만들어줬다. 그레이스는 재능이 뛰어난 음악가들의 뮤즈로 평생을 살았다. 또한 자신의 모든 지성과 통찰력을 동원해서 이 책과 야심, 그리고 그 영향력에 관한 대화에 참여했다. 그레이스와 그의 파트너인 아미르 '퀘스트러브' 톰슨은 내가 페이팔, 그리고 특정한 문화적 환경 속에서 성장한 예술가와 시인, 작가 및 음악가 등 여러 시대에 걸친 창조적인 사람들의 집단을 잇는 연결 고리를 발견하도록 도움을 줬다. 또한 그레이스는 내가 가장 절실할 때 창조적인 격려를 건네고 새로운 관점을 제시해줬다. 비록 스튜디오에서 함께 작업하지는 않았지만, 왜 그토록 많은 전설적인 뮤지션들이 스튜디오에서 그를 '필요'로 했는지 이제 알 것 같다. 그는 이 프로젝트의 탄생에 참여했고 이 책 곳곳에 자신의 흔적을 남겼다.

나의 스승이자 친구, 그리고 코치인 로렌 잰더에게 무한한 감사를 전한다. 그가 내가 시작하고 완성하도록 재촉하지 않았더라면 이 책은 아직도 내 머릿속에 아이디어로 있을 것이다. 작가들 대부분 불안과 가면 증후군, 두려움, 자기 의심, 그리고 그에 따른 스트레스에 직면한다. 이러한 점에서 나는 특히 예민했다. 로렌은 그러한 어려움으로부터 나를 지켜줬고, 나의 결심과 의지, 혹은 동정을 담은 그 모든 불같은 메시지에 일일이 응답해줬다. 그는 작가에게는 더없이 좋은 친구다. 그의 재촉과 격려에 감사할 따름이다.

많은 이들이 이 책을 세상 밖으로 끄집어내는 데 참여했다. 사이먼&
슐스터의 에밀리 시몬슨은 편집 과정 내내 끈기 있고 친절하게 나를 이
끌어줬다. 엘리자베스 톨러리코는 이 책의 앞부분을 자발적으로 읽어
줬고, 초고를 쓰고 다듬는 힘든 순간에도 지원과 조언을 아끼지 않았다.
마지 슈림턴과 미란다 프럼, 롭 굿맨 모두 내가 글을 쓰는 동안 편집자
의 손길로 도움을 줬다. 그들 덕분에 내 글은 더욱 단단해졌다.

칼렙 오스트롬은 이 프로젝트에 늦게 참여했다. 내가 그에게 수십 번
강조했듯이, 그를 좀 더 일찍 만났더라면 하는 아쉬움이 있다. 그는 최
고의 사고 파트너였다. 내 문장에 생기를 불어넣어 준 모든 노력에 감사
드린다. 또한 그는 내 다양한 이야기와 아이디어, 전화 통화를 끈기 있
게 열정적으로 들어줬다. 이 모든 수고를 감내한 칼렙에게 고마움을 전
한다.

저자에게는 저자 동료가 필요하다. 이러한 점에서 나는 축복 받은 작
가다. 내 친구 라이언 홀리데이는 피터 틸을 내게 처음 소개해줬다. 그
것은 바위를 언덕 아래로 굴리는 일이었다. 앨런 가넷은 우리의 정기적
인 '저자의 테라피' 저녁 모임에 열심히 참석했고, 이 프로젝트에 대한
확신을 통해 그것을 가치 있는 일로 만들어줬다. 일론 머스크에 관한 중
요한 전기를 쓴 새슐리 반스는 예전에 한 번도 만난 적이 없는 나와 함
께 식사하기 위해 오랫동안 자리를 지켰다. 이후 우리는 중요한 만남을
가졌고, 나는 그만이 줄 수 있는 편집에 관한 지혜를 얻을 수 있었다.

이 프로젝트를 시작하면서, 또 다른 '앨리스 메이휴의 저자'인 월터
아이작슨은 내가 프로젝트의 의미와 가능성을 믿도록 만들어줬다. 그리
고 마지막에는 같은 분야에서 수년간 활동해온 사람만이 줄 수 있는 소
중한 조언을 베풀었다. 주석에서 팩트 체크, 그리고 인터뷰에 이르기까

지 모든 일에 대한 조언에 감사드린다.

내 친구인 데이비드와 케이트 헤일브로너는 내가 '숲속 오두막' 생활을 원했을 때 그들의 집을 기꺼이 빌려줬다. 또한 데이비드는 다큐멘터리 스토리텔링과 삶보다 더 큰 캐릭터에 대한 열정으로 프로젝트를 향한 나의 의지에 불을 지폈다. 쉬르와 마니 니르는 편집과 수정 작업을 위해 또 다른 한적한 장소가 필요했을 때 그들의 집을 내줬다. 게다가 따뜻한 포옹과 살아 있는 대화와 함께 맥앤치즈를 넉넉히 내어줬다. 크리스 윌슨과 앤디 유먼, 리아 페이긴, 벤틀리 미커, 나디아 롤스, 브랜든 클라인먼, 케이티 보일, 파커 브리든, 제이콥 호킨스, 아서 찬, 케빈 커리, 브라이언 위시, 엔나 에스킨, 스티브 베레스, 마이크 마르토시오, 맷 글레드힐, 맷 호프먼, 톰 뷰캐넌, 미호 쿠바가와, 트리샤 베일리, 니키 아킨, 알렉스 레비, 브론윈 루이스, 케이 라슨, 매건 커크패트릭, 벤자민 하디에게 너무도 많은 격려의 말(그리고 내가 없는 상황을 참아준 것)에 대해 감사드린다. 이 책과 관련해서 더 이상 문자를 보내는 일은 없을 것이다. 정말이다.

그리고 마지막으로 이 책을 내 아들 베니스에게 바친다. 이 프로젝트의 아이디어는 네가 한 살이었을 때 시작되었고 네가 여섯 살이 되어서야 끝났다. 그 5년은 내 삶에서 가장 행복한 시절이었다. 그건 네가 그렇게 만들어줬기 때문이다. 너도 맥스 레브친과 일론 머스크의 이야기를 좋아했고, 이 프로젝트에 대한 의심이 들 때마다 너는 내게 너만의 지혜를 들려줬다. 너는 지난 5년 동안 무슨 일이 있었는지 대부분 기억하지 못하겠지만 나는 절대 잊지 못할 것이다.

이러한 책을 쓰는 저자는 독자에게 절대 '교훈'이라는 부담을 지우지 말아야 할 것이다. 그들은 <u>스스로</u> 교훈을 깨달을 만큼 똑똑하기 때문이다. 그러나 저자이자 아버지인 내게는 그런 원칙에 대한 예외가 허용될 것이며, 나는 그 예외를 핑계로 네가 이 글을 읽게 되었을 때를 위해 병에 담은 메시지를 남기고자 한다.

그 이야기는 다음과 같다. 너의 삶은 네가 창조하는 것, 그리고 그것을 함께 만들어나가는 사람에게 이뤄질 것이다. 우리는 전자를 더 소중하게 생각하는 경향이 있다. 그리고 후자에 대해서는 크게 걱정하지 않는다. 페이팔 이야기는 함께 모여 제품을 만든 사람들에 관한 이야기만은 아니다. 이는 또한 함께 모인 사람들이 서로를 어떻게 만들어나갔는지에 관한 이야기이기도 하다. 페이팔의 설립자들과 초창기 직원들은 서로를 격려하고 자극했으며, 서로에게 더 나은 모습을 요구했다.

나는 네가 바로 그런 사람들을 발견하고 그들과 함께 만들어나가기를 바란다. 간단하게 들리겠지만 이는 너무나 힘든 일이다. 나는 운이 좋았다. 나는 살아가면서 그런 사람들을 계속해서 만났고, 그들 중 많은 이를 앞에서 소개했다. 너는 아마도 그들을 '로렌 이모'나 '그레이스 아줌마', '저스틴 삼촌' 등으로 알고 있을 것이다. 그들은 내게 사명을 일깨워준 사람들이다. 우리는 함께하는 시간을 단지 즐기지만은 않았다. 우리는 동시에 서로를 더 좋은 모습으로 가꿔줬다. 우리의 우정은 생산적인 불편함에 기반을 두고 있으며, 우리 모두는 해야 할 이야기는 할 정도로 충분히 서로를 아꼈다.

우습게 들리겠지만 내가 너에게 그런 역할을 할 수 있을지는 잘 모르겠다. 너에게 전하고픈 교훈은 너무나 많다. 너는 자라면서 그 교훈을 <u>스스로</u> 배워야 할 것이다. 그 과정에서 동료 여행자들이 네게 도움을 줄 것이다. 책을 쓰기 위해서는 편집자의 도움이 필요하듯이 삶도 마찬가지다.

　내 모든 조언과 마찬가지로 그 교훈들을 '아주 배고픈 애벌레' 크기의 설탕 알갱이와 함께 먹길 바란다. 그러나 나는 아마도 걱정할 필요가 없을 듯하다. 네가 결국 이 책을 펼쳐서 오랫동안 들여다보고 지금까지 읽었다면, 너는 아마도 잘 해낼 것이기 때문이다.

J. S.
뉴욕에서

출처와 방식에 관한 언급

나는 일어난 지 약 20년의 세월이 지난 사건들을 다뤘다. 내가 이전에 쓴 책들은 모두 역사 전기였다. 그리고 이번 프로젝트 역시 전작과 비슷한 방식으로 시작했다. 가장 먼저 나는 페이팔과 그 전신인 필드링크, 콘피니티, X.com에 관한 모든 책과 기사, 논문을 비롯해 이미 발표된 방대한 자료를 수집했다.

특히 1988년에서 2000년대 초반에 이르기까지 발표된 자료에 최대한 집중했다. 또한 페이팔과 가장 밀접한 관련이 있는 초창기 설립자와 직원들의 블로그와 인터뷰 및 방송 출연 자료를 가지고서 스프레드시트를 작성했다. 그리고 그들의 이야기를 들여다보면서 가치 있는 것들을 찾았다. 이러한 수천 건의 기사와 수백 시간의 노력은 특히 내가 다뤘던 사건들을 떠올리게 만드는 핵심적인 것이었다.

가장 중요한 자료는 2003년 일론 머스크의 스탠퍼드 연설, 그리고 2004년 피터 틸과 맥스 레브친의 합동 프레젠테이션을 비롯해 Q&A 플랫폼인 쿼라에 페이팔 동문들에게 남긴 답글들이었다. 이번 프로젝트를 진행하는 동안 나는 대학들의 기록물과 목록, 언론 매체, 도서관을 비롯해 여러 다양한 조직으로부터 많은 도움을 얻었다. (유튜브가 없었다면 이 책을 쓰는 일은 불가능했을 것이라는 사실은 조금도 아이러니하지 않다. 그것은 페이팔에서 경력을 쌓은 이들이 만든 디지털 비디오 네트워크이기 때문이다.)

또한 인터넷 아카이브Internet Archive에 보관된 기록물로부터도 많은 도움을 받았다. 이 비영리 도서관은 대단히 힘들고 중요한 일을 하고 있다. 만약 외계 문명이 인류의 암호를 해독하고자 한다면, 그들은 마땅히 archive.org에서 시작해야 할 것이다.

책과 기사, 그리고 기존의 시청각 자료 외에도 나는 전직 페이팔 직원과 투자자, 투자 관련자, 경쟁자, 그리고 페이팔 세상의 안팎에서 활동한 많은 이들을 폭넓게 만났다. 나는 이 프로젝트를 진행하는 동안 수백 명의 사람에게 연락을 취했다. 그중 200명이 넘는 사람이 응답을 해왔으며 나와 이야기를 나눴다. 그동안 인터뷰 요청에 응해줬던 페이팔 동문들에게 감사를 드린다. 그중 많은 이들은 바쁜 일정 속에서도 나와 오랫동안 이야기를 나눠줬다. 부디 그 결과물이 페이팔 이야기 속을 살았던 이들에게도 신선하고 생각을 깨우는 작품으로 다가가길 바란다.

책 속에 실린 특정한 장면이나 논의의 경우, 가급적 그 상황을 자세히 알고 있는 두 명 이상의 사람과 인터뷰를 나누기 위해 노력했다. 그리고 가능하면 이사회 회의록과 연설문, 내부 메모 등 문서나 이메일 기록으로 이러한 순간을 뒷받침하고자 했다. 내가 인터뷰를 진행한 많은 이들은 수집광이었다. 덕분에 그들이 보관하고 있는 다양한 기록물과 이메일, 문서, 서신으로부터 많은 도움을 받을 수 있었다. 특히 그동안 작성된 몇 기가에 달하는 이메일을 들여다볼 수 있었다. 이를 인쇄했다면 수십만 장에 달했을 것이다. 나는 이를 통해 크고 작은 순간들을 이해했다. 특히 4년 동안 작성된 페이팔 기업 뉴스레터를 발견한 것은 내겐 큰 행운이었다(《위클리 엑스퍼트》는 나중에 《위클리 팔》이 되었다). 이는 내 조사 작업에 구체성과 직접성을 부여했고 나는 그것을 이 책에 최대한 반영하고자 했다.

이 책에 실린 인용문은 모두 인터뷰와 직간접적인 출처에서 비롯된 것이다. 가독성을 높이는 차원에서 모든 출처를 언급하지는 않았지만, 인용에 대한 설명을 제공하기 위해 주석을 꼼꼼하게 작성했다. 나는 기꺼이 출처가 되어준 사람들이 말하고자 했던 것을 존중했고, 출처를 밝히지 않은 익명의 인용은 최대한 자제했다.

이 책은 수많은 수정과 편집 점검, 그리고 철저한 통독을 거쳤다. 사이먼&슈스터에 있는 최고의 편집자들이 이 글을 읽었고, 또한 그들과 계약 맺은 로펌인 밀러 코르제닉 소머스 레이먼 LLP는 법적 검토를 맡아줬다. 그와 더불어 노련한 팩트체커인 벤자민 칼린으로부터 많은 도움을 받았다. 그는 날카로운 눈으로 이 글을 살펴줬다. 벤자민은 진실에 냉철하면서도 깊은 관심을 가진 인물이다. 이 여정에서 그와 함께한 시간에 감사드린다.

이 정도 규모에 해당하는 모든 프로젝트가 그렇겠지만, 오류가 전혀 없지는 않을 것이다. 그리고 그것들 모두 전적으로 내 책임이다. 나는 수십만 단어 분량의 이번 프로젝트를 위해 글을 썼다. 그중 인터뷰만 15일 동안 들어야 하는 분량이다. 당신이 지금 손에 쥐고 있는 이 책은 많은 탁월한 의견과 고된 편집의 결과물이다. 편집실 바닥이 그 흔적으로 가득하다.

이 프로젝트는 의식적으로 서사 오류로부터 어려움을 겪었다. 기업의 특정한 순간에 관한 글을 쓰는 것은 옆자리에서 벌어지는 일을 쓰는 것과는 다른 일이다. 브래드 스톤이 아마존에 관한 그의 첫 번째 책을 쓰

기 위해 제프 베이조스와 함께 이야기를 나눴을 때 베이조스는 그 저자
에게 선형적인 스토리텔링의 한계를 어떻게 풀어나갈 것인지 물었다.
"기업이 아이디어를 내놓을 때 그것은 대단히 복잡한 과정으로 이뤄집
니다. '아하'의 순간 같은 것은 없습니다."

그의 말은 절대적으로 옳았다. 물론 이에 대한 스톤의 대답 역시 옳
았지만 말이다. 저자는 서사 오류를 염두에 두면서 '어떻게든 앞으로 나
아가야 한다.' 나는 이러한 책의 핵심은 그 복잡함을 파악하는 것이라는
말을 덧붙이고 싶다. (이 책을 포함해서) 뭔가를 만들어내는 과정은 가
망 없는 일, 가보지 않은 길, 그리고 시간의 모래로 흩어져버린 순간들
로 가득하다. 바라건대 이 책이 기술이나 비즈니스 전략에 관한 거대한
통찰력만큼이나 이처럼 험난하고 반복적인 노력을 잘 드러내 보여줬으
면 한다.

글을 쓰면서 나는 인터뷰 속에서 계속해서 등장하는 주제를 다루기
위해 노력하면서, 동시에 내게 감동과 놀라움을 선사한 이야기와 아이
디어를 위한 공간을 남겨뒀다. 물론 그것은 편집자의 선택이다. 다른 선
택은 다른 책으로 이어진다. 나는 페이팔의 역사에 관한 여러 가지 버전
이 앞으로 등장할 것이라고 감히 예상해본다. 미래의 저자는 그 시절을
다시 한번 탐험할 것이다.

그래서 나는 뒤에 이어지는 세부적인 주석을 위해 많은 공을 들였다.
용감한 영혼이 그 물을 새롭게 정리하고자 한다면, 다음의 주석은 내가
여행하는 동안 발견한 강물이다. 나는 당신이 자신만의 연구를 통해 새
로운 강물을 드러내 보이길 바란다. 그러는 동안에도 내가 여전히 활동
하고 있다면 내게 연락을 주길 바란다. 나는 페이팔 시절을 파고드는 작
업에 기쁜 마음으로 함께할 것이다.

주석

※ 저자 인터뷰는 '인터뷰이, 날짜' 순이며, 인터뷰이 이름과 그 밖의 다른 출처들은 영어로 표현했다.

들어가는 말

1   저자 인터뷰, Elon Musk, January 19, 2019.

2   저자 인터뷰, Amy Rowe Klement, September 24, 2021.

3   저자 인터뷰, Derek Krantz, July 29, 2021.

4   저자 인터뷰, Denise Aptekar, May 14, 2021.

5   저자 인터뷰, Jason Portnoy, December 15, 2020.

6   저자 인터뷰, John Malloy, July 25, 2018.

7   George Kraw, Law.com, "Affairs of State-Earth to Palo Alto", accessed July 25, 2021, https://www.law.com/almID/900005370549/.

8   "PandoMonthly: Fireside Chat with Elon Musk", accessed July 29, 2021, https://www.youtube.com/watch?v=uegOUmgKB4E.

9   저자 인터뷰, Huey Lin, August 16, 2021.

10 David Gelles, "The PayPal Mafia's Golden Touch", *New York Times*, April 1, 2015, https://www.nytimes.com/2015/04/02/business/dealbook/the-paypal-mafias-golden-touch.html.

11 저자 인터뷰, Amy Rowe Klement, October 1, 2021.

12 저자 인터뷰, Oxana Wootton, December 4, 2020.

13 저자 인터뷰, Jeremy Roybal, September 3, 2021.

14 Brian Eno commentary at the 2009 Luminous Festival at the Sydney Opera House, Australia, http://www.moredarkthanshark.org/feature_luminous2.html.

15 저자 인터뷰, James Hogan, December 14, 2020.

1부. 다양한 시작

1장. 프로그래머를 꿈꾼 난민 소년

1   "Peace and Plenty in Pripyat", *Soviet Life*, February 1986 (Washington, DC: Embassy of the Soviet Union in the US, 1986), 8–13.

2 "Working Hard & Staying Humble", Sarah Lacy interview with Max Levchin, Startups.com, December 9, 2018, https://www.startups.com/library/expert-advice/max-levchin.

3 저자 인터뷰, Max Levchin, June 29, 2018.

4 "Working Hard & Staying Humble", Sarah Lacy interview with Max Levchin, Startups.com, December 9, 2018, https://www.startups.com/library/expert-advice/max-levchin.

5 F. Lukatskaya, "Autocorrelative Analysis of the Brightness of Irregular and Semi-Regular Variable Stars", Symposium—International Astronomical Union, 1975, 67, 179–182, doi:10.1017/S0074180900010251.

6 David Rowan, "Paypal Cofounder on the Birth of Fertility App Glow", *Wired*, May 20, 2014, https://www.wired.co.uk/article/paypal-procreator.

7 "Working Hard & Staying Humble", Sarah Lacy interview with Max Levchin, Startups.com, December 9, 2018, https://www.startups.com/library/expert-advice/max-levchin.

8 저자 인터뷰, Max Levchin, June 29, 2018.

9 Sarah Lacy, *Once You're Lucky, Twice You're Good* (New York: Gotham Books, 2008), 21.

10 저자 인터뷰, Jim Kellas, December 7, 2020.

11 Sarah Lacy, "'I Almost Lost My Leg to a Crazy Guy with a Geiger Counter': Max Levchin and Other Valley Icons Share Their Stories of Luck", August 17, 2017, https://pando.com/2017/08/17/i-almost-lost-my-leg-crazy-guy-geiger-counter-max-levchin-and-other-valley-icons-share-their-stories-luck/.

12 저자 인터뷰, Max Levchin, June 29, 2018.

13 University of Illinois Computer Science Alumni Association, Alumni News, Spring 1996 (vol. 1, no. 6), 26, https://ws.engr.illinois.edu/sitemanager/getfile.asp?id=550.

14 Kim Schmidt and Abigail Bobrow, "Maximum Impact", STORIED series from the University of Illinois, May 30, 2018, https://storied.illinois.edu/maximum-impact/.

15 저자 인터뷰, Scott Banister, July 25, 2018; Max Levchin, June 29, 2018; Luke Nosek, October 28, 2018.

16 "Scott Banister and Jonathan Stark: ACMers reunited at idealab!", *Department of Computer Science Alumni News*, January 2001 (vol. 2, no. 4), https://ws.engr.illinois.edu/sitemanager/getfile.asp?id=542.

17 저자 인터뷰, Luke Nosek, October 28, 2018.

18 저자 인터뷰, Ken Howery, June 26, 2018.

19 저자 인터뷰, Max Levchin, June 29, 2018.

20 Ibid.

21 저자 인터뷰, Scott Banister, July 25, 2018.

22 Max Levchin, "Seven Sixty Four", Max Levchin Personal Blog, July 15, 2016.

23 저자 인터뷰, Luke Nosek, October 28, 2018.

24 저자 인터뷰, Max Levchin, June 29, 2018.

25 "CS Alums as Media Darlings", University of Illinois Computer Science Alumni Association, *Alumni News*, Spring 1995 (vol. 1, no. 5), 17, https://ws.engr.illinois.edu/sitemanager/getfile.asp?id=551.

26 저자 인터뷰, Jawed Karim, December 14, 2020.

27 Kim Schmidt and Abigail Bobrow, "Maximum Impact", *STORIED* series from the University of Illinois, May 30, 2018, https://storied.illinois.edu/maximum-impact/.

28 저자 인터뷰, Max Levchin, June 29, 2018.

29 Dan Fost, "Max Levchin Likes the Edge", *San Francisco Chronicle*, February 26, 2006, https://www.sfgate.com/business/article/Max-Levchin-likes-the-edge-Starting-another-2540752.php.

30 저자 인터뷰, Max Levchin, June 29, 2018.

2장. 틸과의 만남

1 Peter Thiel, Commencement Speech, Hamilton College, May 2016, https://www.hamilton.edu/commencement/2016/ad dress.

2 저자 인터뷰, Peter Thiel, November 28, 2017; See also: Dina Lamdany, "Peter Thiel and the Myth of the Exceptional Individual", *Columbia Spectator*, November 22, 2016, https://www.columbiaspectator.com/opinion/2014/09/28/column/; Bill Kristol conversation with Peter Thiel, July 29, 2014, https://conversationswithbillkristol.org/transcript/peter-thiel-transcript/; Harriet Green, "PayPal Co-founder Peter Thiel Talks Quarter-Life Crises and How to Tackle the State", *City A.M.*, November 2, 2014, https://www.cityam.com/real-thiel/.

3 "Editor's Note", *Stanford Review*, June 1987.

4 Andrew Granato, "How Peter Thiel and the *Stanford Review* Built a Silicon Valley Empire", *Stanford Politics*, November 27, 2017, https://stanfordpolitics.org/2017/11/27/peter-thiel-cover-story/.

5   저자 인터뷰, Ken Howery, June 26, 2018.

6   저자 인터뷰, Luke Nosek, June 25, 2018.

7   저자 인터뷰, Peter Thiel, November 28, 2017.

8   저자 인터뷰, Luke Nosek, June 25, 2018.

9   *NerdTV* episode 2, Robert Cringley interview with Max Levchin, September 13, 2005, https://ar chive.org/details/ntv002.

10   저자 인터뷰, Max Levchin, June 29, 2018.

11   저자 인터뷰, Max Levchin, June 29, 2018; Peter Thiel, November 28, 2017.

12   Jessica Livingston, "Max Levchin", Founders at Work (New York: Apress, 2018), 2.

13   Ibid., 3.

14   저자 인터뷰, Max Levchin & Peter Thiel, 2017, 2018, 2021.

15   저자 인터뷰, Luke Nosek, May 31, 2018.

16   저자 인터뷰, Max Levchin, June 29, 2018.

17   저자 인터뷰, Erik Klein, April 25, 2021.

18   저자 인터뷰, Santosh Janardhan, June 15, 2021.

19   저자 인터뷰, early X.com employee. Commentary on background.

20   Thiel Capital's initial investment is detailed in the S-1 documents for PayPal's IPO, https://www.sec.gov/Archives/edgar/data/1103415/000091205701533855/a2059025zs-1.htm.

21   저자 인터뷰, John Powers, August 3, 2018.

22   저자 인터뷰, Max Levchin, July 24, 2018.

23   저자 인터뷰, John Powers, August 3, 2018.

24   저자 인터뷰, Max Levchin, July 24, 2018.

25   저자 인터뷰, John Malloy, July 25, 2018.

3장.머스크의 모험

1   Peter Nicholson biographical details drawn from author interview with Nicholson, July 19, 2019; Lawrence Powell, *Cape Breton Post*, November 19, 2017; as well as published biographies from the Canadian Institute for Climate Choices and Macdonald-Laurier Institute.

2   저자 인터뷰, Peter Nicholson, July 19, 2019.

3   저자 인터뷰, Elon Musk, January 19, 2019.

4   저자 인터뷰, Peter Nicholson, July 19, 2019.

5   Amit Katwala, "What's Driving Elon Musk?", *Wired*, September 8, 2018.

6   저자 인터뷰, Peter Nicholson, July 19, 2019.

7 Lawrence Powell, "Curious by Nature—Order of Nova Scotia recipient Peter Nicholson always in the thick of things", *Cape Breton Post*, November 19, 2017.

8 저자 인터뷰, Elon Musk, January 19, 2019.

9 저자 인터뷰, Peter Nicholson, July 19, 2019.

10 저자 인터뷰, Elon Musk, January 19, 2019.

11 Alaina Levine, "Profiles in Versatility", *APS News*, October 2013 (vol. 22, no. 9).

12 Alaina Levine, "Profiles in Versatility", *APS News*, November 2013 (vol. 22, no. 10).

13 "Computer History Museum Presents: An Evening with Elon Musk", January 22, 2013, https://www.youtube.com/watch?v=A5FMY-K-o0Q.

14 Alaina Levine, "Profiles in Versatility", *APS News*, October 2013 (vol. 22, no. 9).

15 Douglas Adams, *The Hitchhiker's Guide to the Galaxy*, 1st edition (New York: Del Rey, 1995).

16 "Computer History Museum Presents: An Evening with Elon Musk", January 22, 2013, https://www.youtube.com/watch?v=A5FMY-K-o0Q.

17 Ashlee Vance, *Elon Musk* (New York: Ecco, 2017), 53–54.

18 Alaina Levine, "Profiles in Versatility", *APS News*, October 2013 (vol. 22, no. 9).

19 Email from Mark Greenough to author, June 24, 2020.

20 Elon Musk, "Blastar", *PC and Office Technology*, December 1984, 69.

21 *Queen's Journal* (vol. 118, no. 28), January 22, 1991, 2.

22 Kevin Rose interview, "Foundation 20: Elon Musk", September 7, 2012, https://www.youtube.com/watch?v=L-s_3b5fRd8.

23 "Computer History Museum Presents: An Evening with Elon Musk", January 22, 2013, https://www.youtube.com/watch?v=A5FMY-K-o0Q.

24 저자 인터뷰, Peter Nicholson, July 19, 2019.

25 "Computer History Museum Presents: An Evening with Elon Musk", January 22, 2013, https://www.youtube.com/watch?v=A5FMY-K-o0Q.

26 Phil Leggiere, "From Zip to X", *Pennsylvania Gazette*, November 1999.

27 저자 인터뷰, Elon Musk, January 19, 2019.

28 저자 인터뷰, Jean Kouri, September 12, 2021.

29 저자 인터뷰, Elon Musk, October 3, 2021.

30 Joseph Keating and Scott Haldeman, "Joshua N. Haldeman, DC: The Canadian Years, 1926–1950", *Journal of the Canadian Chiropractic Association*, (vol. 39, issue 3), September 1995.

31 Editors, "Datelines", *San Francisco Chronicle*, February 2, 1996.

32 Ashlee Vance, *Elon Musk* (New York: Ecco, 2017), 66.

33 Alice LaPlante, "Zipping Right Along", Upside US ed., *Foster City* (vol. 10, issue 11), November 1998, 57–60.

34 Chris Bucholtz, "Internet Directory May Help Carriers Dial in New Business", *Telephony* (vol. 231, issue 4), July 22, 1996, 28.

35 Zip2 Press Release from September 30, 1996, PR Newswire.

36 Heidi Anderson, "Newspaperdom's New Superhero: Zip2", *Editor and Publisher*, January 1996, 4–8.

37 Zip2 Press Release from September 30, 1996, PR Newswire.

38 Heidi Anderson, "Newspaperdom's New Superhero: Zip2", Editor and *Publisher*, January 1996, 4–8.

39 Ashlee Vance, Elon Musk (New York: Ecco, 2017), 73.

40 저자 인터뷰, Elon Musk, January 19, 2019.

41 Laurie Flynn, "Online City Guides Compete in Crowded Field", *New York Times*, September 14, 1998.

42 Max Chafkin, "Entrepreneur of the Year, 2007: Elon Musk", *Inc.*, December 1, 2007.

43 Laurie Flynn, "Online City Guides Compete in Crowded Field", *New York Times*, September 14, 1998.

44 저자 인터뷰, Elon Musk, January 19, 2019.

45 Alice LaPlante, "Zipping Right Along", Upside US ed., *Foster City*, (vol. 10, issue 11), November 1998, 57–60.

46 저자 인터뷰, Elon Musk, January 19, 2019.

4장. "나는 이기고 싶다"

1 Alyssa Bentz, "First in online banking", March 14, 2019, Wells Fargo corporate history, https://www.wells fargo history.com/first-in-online-banking/.

2 저자 인터뷰, Elon Musk, October 3, 2021. (See also: Elon Musk, interviewed by Walter Issaccson, at Vanity Fair's New Establishment Summit, 2014, https://www.youtube.com/watch?v=fPsHN1KyRQ8.)

3 저자 인터뷰, Elon Musk, January 19, 2019.

4 저자 인터뷰, Peter Nicholson, July 19, 2019.

5 저자 인터뷰, Harris Fricker, July 31, 2019.

6 저자 인터뷰, Chris Payne, September 13, 2019.

7 저자 인터뷰, Ed Ho, August 8, 2019.

8 저자 인터뷰, Elon Musk, January 19, 2019.

9   Email from Dave Weinstein to author on August 9, 2019, containing "The Early History of X.com" as a Word document.

10 Lisa Bransten, "Bartering for Equity Can Offer Sweet Rewards in Silicon Valley", *Wall Street Journal*, September 2, 1999, https://www.wsj.com/articles/SB936223888144908543.

11 저자 인터뷰, Elon Musk, January 19, 2019.

12 저자 인터뷰, Chris Payne, September 13, 2019.

13 저자 인터뷰, Ed Ho, August 8, 2019.

14 저자 인터뷰, Chris Payne, September 13, 2019.

15 저자 인터뷰, Harris Fricker, July 31, 2019.

16 저자 인터뷰, Elon Musk, October 3, 2021.

17 저자 인터뷰, Ed Ho, August 8, 2019.

18 저자 인터뷰, Harris Fricker, July 31, 2019.

19 저자 인터뷰, former X.com employee. Commentary on background.

20 저자 인터뷰, Ed Ho, August 8, 2019.

21 "Virtual Banker", *Forbes*, June 15, 1998, https://www.forbes.com/forbes/1998/0615/6112127a.html?sh=3fa9fe86432b.

22 저자 인터뷰, Ed Ho, August 8, 2019.

23 Elon Musk presentation to Stanford University Entrepreneurial Thought Leaders, October 8, 2003, https://spacenews.com/video-elon-musks-2003-stanford-university-entrepreneurial-thought-leaders-lecture/.

24 저자 인터뷰, Chris Payne, September 13, 2019.

25 저자 인터뷰, early X.com employee. Commentary on background.

26 저자 인터뷰, Chris Payne, September 13, 2019.

27 저자 인터뷰, Harris Fricker, July 31, 2019.

28 저자 인터뷰, Chris Payne, September 13, 2019.

29 저자 인터뷰, Ed Ho, August 8, 2019.

30 "Elon Musk Talks About a New Type of School He Created for His Kids 2015", Elon Musk interviewed on BTV Chinese television, 28: 15, https://www.youtube.com/watch?v=y6909DjNLCM.

31 저자 인터뷰, Ed Ho, August 8, 2019.

32 저자 인터뷰, Chris Payne, September 13, 2019.

33 Email to Elon Musk, May 9, 1999, shared with author by Harris Fricker.

34 저자 인터뷰, Ed Ho, August 8, 2019.

35 저자 인터뷰, Peter Nicholson, July 19, 2019.

36 저자 인터뷰, Chris Payne, September 13, 2019.

37 저자 인터뷰, Doug Mak, June 18, 2019.

38 저자 인터뷰, Chris Payne, September 13, 2019.

39 저자 인터뷰, Elon Musk, January 19, 2019.

40 저자 인터뷰, Chris Chen, August 26, 2019.

41 저자 인터뷰, Ed Ho, August 8, 2019.

42 저자 인터뷰, Doug Mak, June 18, 2019.

43 저자 인터뷰, Julie Anderson, July 19, 2019.

44 저자 인터뷰, Elon Musk, January 19, 2019.

45 저자 인터뷰, Harris Fricker, July 31, 2019.

46 저자 인터뷰, Peter Nicholson, July 19, 2019.

5장. 전자이체에 미친 사람들

1   John Powers email to author, July 17, 2021.

2   저자 인터뷰, Max Levchin, June 29, 2018.

3   저자 인터뷰, Ken Howery, June 26, 2018.

4   저자 인터뷰, Max Levchin, June 29, 2018.

5   저자 인터뷰, Russel Simmons, August 24, 2018.

6   저자 인터뷰, Yu Pan, July 24, 2018.

7   저자 인터뷰, Max Levchin, June 29, 2018.

8   저자 인터뷰, Russel Simmons, August 24, 2018.

9   Email from Max Levchin (delph@netmeridian.com) to Russel Simmons (resimmon@uiuc.edu) on September 16, 1998, shared with author.

10 저자 인터뷰, Russel Simmons, August 24, 2018.

11 저자 인터뷰, Luke Nosek, June 25, 2018.

12 저자 인터뷰, Luke Nosek, June 25, 2018; Max Levchin, June 29, 2018.

13 저자 인터뷰, Max Levchin, June 29, 2018.

14 저자 인터뷰, Luke Nosek, May 31, 2018.

15 저자 인터뷰, Max Levchin, June 29, 2018.

16 저자 인터뷰, Max Levchin, June 29, 2018.

17 Jessica Livingston, "Max Levchin", *Founders at Work* (New York: Apress, 2018), 3.

18 Investment documents shared with author.

19 저자 인터뷰, Graeme Linnett, June 19, 2019.

20 "Pals Make Ideas Pay", Contact, May 16, 2016. https://alumni.uq.edu.au/contact-magazine/article/2016/05/pals-make-ideas-pay.

21   Confinity February 1999 business plan shared with author.

22   Adam Grant, "Want to Build a One-of-a-Kind Company? Ask Peter Thiel", Authors@Wharton podcast, October 3, 2014, https://knowledge .whar ton. upenn.edu/article/peter-thiels-notes-on-startups/; see also: Jackie Adams, "5 Tips from Peter Thiel on Starting a Startup", LA, October 3, 2014, https://www. lamag.com/culturefiles/5-tips-peter-thiel-starting-startup/.

23   저자 인터뷰, David Wallace, December 5, 2020.

24   저자 인터뷰, Santosh Janardhan, June 15, 2021.

25   "A Fireside Chat with David Sacks '98", University of Chicago Law School, May 16, 2014, https://www.youtube.com/watch?v=9KX920RJTp0.

26   Peter Thiel commentary at Stanford eCorner Entrepreneurial Thought Leader session, "Selling Employees, Selling Investors, and Selling Customers", January 21, 2004.

27   저자 인터뷰, Vince Sollito, April 25, 2019.

28   저자 인터뷰, Santosh Janardhan, June 15, 2021.

29   저자 인터뷰, Tom Pytel, December 4, 2020.

30   저자 인터뷰, Max Levchin, June 29, 2018.

31   저자 인터뷰, Russel Simmons, August 24, 2018.

32   저자 인터뷰, Tom Pytel, December 4, 2020.

33   저자 인터뷰, Russel Simmons, August 24, 2018.

34   저자 인터뷰, Tom Pytel, December 4, 2020.

35   Jessica Livingston, "Max Levchin", *Founders at Work* (New York: Apress, 2001), 3.

36   Bill Dyzel, "Beaming Items with Your Palm Device", *PalmPilot for Dummies*, October 1, 1998, https://www.dummies.com/consumer-electronics/ smartphones/blackberry/beaming-an-item-from-your-palm/.

37   A. J. Musgrove, "The PalmPilot's Infrared Port", Dr. Dobb's Journal, April 1, 1999, https://www.drdobbs.com/the-palmpilots-infrared-port/184410909?quer yText=musgrove.

38   Jessica Livingston, "Max Levchin", *Founders at Work* (New York: Apress, 2001), 3.

39   저자 인터뷰, Lauri Schulteis, December 11, 2020.

40   저자 인터뷰, Peter Thiel, November 28, 2017.

41   Peter Thiel commentary at Stanford eCorner Entrepreneurial Thought Leader session, "Beating Competitors—and the Conventional Wisdom", January 21, 2004.

42   저자 인터뷰, Mark Richardson, September 6, 2019.

43   Peter Thiel commentary at Stanford eCorner Entrepreneurial Thought Leader session, "Selling Employees, Selling Investors, and Selling Customers", January 21, 2004.

44   저자 인터뷰, John Malloy, July 25, 2018.

45   저자 인터뷰, Pete Buhl, July 30, 2018.

46   저자 인터뷰, Max Levchin, June 29, 2018.

47   저자 인터뷰, Steve Jurvetson, April 8, 2019; Luke Nosek, October 28, 2018.

48   저자 인터뷰, Scott Banister, July 25, 2018.

49   저자 인터뷰, Max Levchin, October 30, 2018.

50   저자 인터뷰, John Malloy, October 29, 2018.

6장. 망할 뻔하다

1   저자 인터뷰, Elon Musk, January 19, 2019.

2   저자 인터뷰, Max Levchin, June 29, 2018.

3   저자 인터뷰, Yu Pan, July 24, 2018.

4   Max Levchin commentary to Stanford eCorner, January 21, 2004.

5   저자 인터뷰, Max Levchin, June 29, 2018.

6   저자 인터뷰, Pete Buhl, July 30, 2018.

7   저자 인터뷰, Max Levchin, July 24, 2018.

8   Peter Thiel commentary at Stanford eCorner Entrepreneurial Thought Leader session, January 21, 2004, https://ecorner.stanford.edu/videos/selling-investors-beaming-at-bucks/.

9   저자 인터뷰, Luke Nosek, May 31, 2018.

10   Ibid.

11   Ibid.

12   저자 인터뷰, SB Master, October 31, 2018; July 15, 2021.

13   Slide from 1999 naming presentation shared by SB Master.

14   Author email from SB Master, September 23, 2021.

15   저자 인터뷰, SB Master, October 31, 2018.

16   Slide from PayPal presentation shared by SB Master.

17   저자 인터뷰, SB Master, October 31, 2018.

18   저자 인터뷰, Russel Simmons, August 24, 2018.

19   저자 인터뷰, Jack Selby, October 30, 2018.

20   저자 인터뷰, Pete Buhl, July 30, 2018.

21   저자 인터뷰, David Wallace, December 5, 2020.

22 저자 인터뷰, Scott Banister, July 25, 2018.

23 May 12, 2020, email from SB Master to author.

24 저자 인터뷰, James Hogan, December 14, 2020.

25 Blake Masters, "Peter Thiel's CS183: Startup—Class 1 Notes Essay", http://doc. xueqiu.com/13bd54e4b2f11b3fbbcbbbab.pdf.

26 저자 인터뷰, James Hogan, December 14, 2020.

27 저자 인터뷰, Erik Klein, April 25, 2021.

28 저자 인터뷰, Santosh Janardhan, June 15, 2021.

29 저자 인터뷰, Luke Nosek, October 28, 2018.

30 저자 인터뷰, Skye Lee, September 24, 2021.

31 저자 인터뷰, Denise Aptekar, May 14, 2021.

32 저자 인터뷰, Benjamin Listwon, May 21, 2021.

33 Blake Masters, Peter Thiel's CS183: Startup—Class 1 Notes Essay, http://doc. xueqiu.com/13bd54e4b2f11b3fbbcbbbab.pdf.

34 저자 인터뷰, early stage PayPal employee. Commentary on background.

35 Blake Masters, "Peter Thiel's CS183: Startup—Class 1 Notes Essay", http://doc. xueqiu.com/13bd54e4b2f11b3fbbcbbbab.pdf.

36 저자 인터뷰, Scott Banister, July 25, 2018.

37 James Niccolai and Nancy Gohring, "A Brief History of Palm", PC World, April 28, 2010, https://www.pcworld.com/article/195199/article.html.

38 저자 인터뷰, Reid Hoffman, July 30, 2018.

39 저자 인터뷰, Max Levchin, June 29, 2018.

40 저자 인터뷰, Erik Klein, April 25, 2021.

41 Suzanne Herel, "Meet the Boss: David Sacks, CEO of Yammer", SFGATE, February 22, 2012, https://www.sfgate.com/business/meettheboss/article/Meet-the-Boss-David-Sacks-CEO-of-Yammer-3347271.php.

42 저자 인터뷰, early stage PayPal employee. Commentary on background.

43 저자 인터뷰, David Sacks, November 28, 2018.

44 Jason Calacanis interview with David Sacks, "This Week in Startups—David Sacks, CEO of Yammer", June 29, 2010, https://www.youtube .com/ watch?v=TYA_vdHSD8w.

45 저자 인터뷰, Giacomo DiGrigoli, December 9, 2020.

46 저자 인터뷰, Max Levchin, June 29, 2018.

47 저자 인터뷰, Erik Klein, April 25, 2021.

48 저자 인터뷰, Russel Simmons, August 24, 2018.

49   SlashDot thread "Beaming Money", July 27, 1999, https://slashdot.org/story/99/07/27/1754207/beaming-money#comments.

50   FAQ section of paypal.com website, October 12, 1999, accessed through Internet Archive paypal.com/FAQ.HTML.

51   저자 인터뷰, Max Levchin, June 29, 2018.

52   저자 인터뷰, David Wallace, December 5, 2020.

53   저자 인터뷰, Erik Klein, April 25, 2021.

54   Blake Masters, "Peter Thiel's CS183: Startup—Class 1 Notes Essay", http://doc.xueqiu.com/13bd54e4b2f11b3fbbcbbbab.pdf.

55   저자 인터뷰, David Gausebeck, January 31, 2019.

56   저자 인터뷰, Max Levchin, June 29, 2018; July 24, 2018.

57   uthor interviews with Dan Boneh (June 27, 2018) and Max Levchin (July 24, 2018).

7장. 머스크의 비전

1   Milford Green, "Venture Capital Investment in the United States 1995–2002", *Industrial Geographer* (vol. 2, issue 1), October 2011, 2–30.

2   저자 인터뷰, Elon Musk, January 19, 2019.

3   Nicholas Carlson, *Marissa Mayer and the Fight to Save Yahoo!* (New York: Grand Central Publishing), January 2015.

4   저자 인터뷰, Mike Moritz, December 19, 2019.

5   저자 인터뷰, Elon Musk, January 19, 2019.

6   저자 인터뷰, Mike Moritz, December 19, 2019.

7   저자 인터뷰, Steve Armstrong, January 29, 2021.

8   저자 인터뷰, Scott Alexander, June 17, 2019.

9   "Zip2 Founder Launches 2nd Firm: Readies Financial Supersite", *Computer Business Review*, August 29, 1999, https://techmonitor.ai/technology/zip2_founder_launches_2nd_firm_readies_financial_supersite.

10   Lee Barney, "John Story Astutely Shifts Directions", *Mutual Fund Market News*, September 13, 1999.

11   저자 인터뷰, Chris Chen, August 26, 2019.

12   저자 인터뷰, Elon Musk, January 19, 2019.

13   저자 인터뷰, Tim Wenzel, December 4, 2020.

14   저자 인터뷰, Deborah Bezona, October 13, 2020.

15   저자 인터뷰, Elizabeth Alejo, October 14, 2020.

16 Ken Schachter, "Will X.com Mark the Spot for Financial Services?", Ignites.com, September 2, 1999.

17 저자 인터뷰, Mark Sullivan, October 19, 2019.

18 저자 인터뷰, Sandeep Lal, May 19, 2021.

19 저자 인터뷰, Elon Musk, October 3, 2021.

20 저자 인터뷰, Amy Rowe Klement, September 24, 2021; October 1, 2021.

21 저자 인터뷰, Elon Musk, October 3, 2021.

22 저자 인터뷰, Oxana Wootton, December 4, 2020.

23 저자 인터뷰, Colin Catlan, April 5, 2019.

24 저자 인터뷰, Branden Spikes, April 25, 2019.

25 Internet archive, X.com, October 13,

26 저자 인터뷰, Satnam Gambhir, July 28, 2020.

27 "X.com Uses Barclays to Close Retail Loop", *American Banker*, November 1, 1999.

28 Carol Curtis, "Move Over, Vanguard", CNBC.com, November 12, 1999.

29 "Zip2 Founder Launches 2nd Firm: Readies Financial Supersite", *Computer Business Review*, August 29, 1999, https://techmonitor .ai/techonology/zip2_founder_launches_2nd_firm_readies_financial_supersite.

30 John Hechinger and Pui-Wing Tam, "Vanguard's Index Funds Attract Many Imitators", *Wall Street Journal*, November 12, 1999, https://www.wsj.com/articles/SB942358046539516245?st=jjzy7eh1f8w5jwp&reflink=mobilewebshare_permalink.

31 Mark Gimein, "Fast Track", Salon.com, August 17, 1999, https://www.salon.com/1999/08/17/elon_musk/.

32 저자 인터뷰, Colin Catlan, April 5, 2019.

33 저자 인터뷰, Mark Sullivan, October 19, 2019.

34 저자 인터뷰, Colin Catlan, April 5, 2019.

35 저자 인터뷰, Branden Spikes, April 25, 2019.

36 저자 인터뷰, Mark Sullivan, October 19, 2019.

37 저자 인터뷰, Wensday Donahoo, December 11, 2020.

38 저자 인터뷰, Nick Carroll, March 29, 2019.

39 저자 인터뷰, Branden Spikes, April 25, 2019.

40 저자 인터뷰, Nick Carroll, March 29, 2019.

41 저자 인터뷰, Scott Alexander, June 17, 2019.

42 저자 인터뷰, Nick Carroll, March 29, 2019.

43   저자 인터뷰, Mark Sullivan, October 19, 2019.

44   저자 인터뷰, Scott Alexander, June 17, 2019.

45   저자 인터뷰, Elon Musk, January 19, 2019.

46   저자 인터뷰, Nick Carroll, March 29, 2019.

47   저자 인터뷰, Amy Rowe Klement, October 1, 2021.

48   저자 인터뷰, Scott Alexander, June 17, 2019.

49   저자 인터뷰, Mark Sullivan, October 19, 2019.

2부. 페이팔의 탄생
8장. X.com과 콘피니티

1   저자 인터뷰, Colin Catlan, April 5, 2019.

2   저자 인터뷰, Julie Anderson, July 19, 2019.

3   저자 인터뷰, Colin Catlan, April 5, 2019.

4   저자 인터뷰, Ken Miller, January 21, 2021.

5   저자 인터뷰, Steve Armstrong, January 29, 2021.

6   Email from Maye Musk to Elon Musk, January 21, 2000.

7   저자 인터뷰, Elon Musk, January 19, 2019.

8   저자 인터뷰, Branden Spikes, April 25, 2019.

9   John Markoff, "Security Flaw Discovered at Online Bank", *New York Times*, January 28, 2000.

10   Kevin Featherly. "Online Banking Breach Sparks Strong Concerns", Newsbytes PM, *Washington Post*, January 28, 2000.

11   John Engen, "X.com Tries to Stare Down the Naysayers", *US Banker*,, March 2000, 11, 3.

12   저자 인터뷰, Julie Anderson, July 19, 2019.

13   저자 인터뷰, David Gausebeck, January 31, 2019.

14   저자 인터뷰, Max Levchin, June 29, 2018.

15   Caption on levchin.net photo, http://www.levchin.com

16   저자 인터뷰, David Wallace, December 5, 2020.

17   저자 인터뷰, Colin Catlan, April 5, 2019.

18   저자 인터뷰, Ryan Donahue, May 5, 2021.

19   저자 인터뷰, Elon Musk, January 19, 2019.

20   저자 인터뷰, Nick Carroll, March 29, 2019.

21   저자 인터뷰, Elon Musk, January 19, 2019.

22   저자 인터뷰, Amy Rowe Klement, September 24, 2021.

23 Elon Musk commencement speech at Caltech, 2012.

24 저자 인터뷰, Elon Musk, January 19, 2019.

25 저자 인터뷰, David Sacks, November 28, 2018.

26 저자 인터뷰, Denise Aptekar, May 14, 2021.

27 저자 인터뷰, Giacomo DiGrigoli, December 9, 2020.

28 Lee Gomes, "Fix It and They Will Come", *Wall Street Journal*, February 12, 2001, https://www.wsj.com/articles/SB981489281131292770.

29 저자 인터뷰, David Wallace, December 5, 2020.

30 Tim Draper and Steve Jurvetson, "Viral Marketing", Netscape M-Files, May 1, 1997.

31 저자 인터뷰, David Jaques, August 12, 2021.

32 저자 인터뷰, David Sacks, November 28, 2018.

33 저자 인터뷰, Erik Klein, April 25, 2021.

34 저자 인터뷰, Nick Carroll, March 29, 2019.

35 저자 인터뷰, Elon Musk, January 19, 2019.

36 저자 인터뷰, Colin Catlan, April 5, 2019.

37 Adam Cohen, *The Perfect Store: Inside eBay*, 1st ed. (Boston: Little, Brown and Co, 2002), 4–5.

38 Email from Peter Thiel (Peter@confinity.com) to Graeme Linnett and Peter Davison, April 8, 1999, shared with author by Peter Davison.

39 Peter Thiel commentary. "Selling Customers— Getting the Product Out", Stanford Entrepreneurial Thought Leaders forum, January 21, 2004, https://ecorner.stanford.edu/videos/selling-customers-getting -the-product-out/.

40 저자 인터뷰, Luke Nosek, June 25, 2018.

41 저자 인터뷰, David Wallace, December 5, 2020.

42 저자 인터뷰, David Sacks, November 28, 2018.

43 저자 인터뷰, Max Levchin, October 30, 2018.

44 저자 인터뷰, Doug Mak, June 18, 2019.

45 저자 인터뷰, Skye Lee, September 24, 2021.

46 저자 인터뷰, Vivien Go, May 6, 2021.

47 "Philosophy 80: Mind, Matter, and Meaning", syllabus for Stanford's winter term 1986, shared with author by Dr. Michael Bratman.

48 저자 인터뷰, Reid Hoffman, July 30, 2018.

49 "ASSU Spring Election Pamphlet", 1987, 5–6, https://archives.stanforddaily.com/1987/04/09?page=6&section=MODSMD_ARTICLE4#issue.

50 "Nominations and Elections Committee", Daily Pennsylvanian (vol. CIX, no. 26), March 1, 1993, 12.

51 저자 인터뷰, Reid Hoffman, July 30, 2018.

52 저자 인터뷰, Pete Buhl, July 30, 2018.

53 저자 인터뷰, Vivien Go, May 6, 2021.

54 저자 인터뷰, Luke Nosek, May 31, 2018.

55 Reid Hoffman, "Game O", Greylock (blog), May 18, 2021, http://greylock.com/greymatter/reid-hoffman-game-on/.

56 저자 인터뷰, Dan Madden, May 6, 2021.

57 "Digits: Gambits & Gadgets In the World of Technology", *Wall Street Journal*, March 9, 2000, https://www.wsj.com/articles/SB9525 59753465844367.

58 저자 인터뷰, Tom Gerace, March 21, 2019.

59 저자 인터뷰, Pat George, March 26, 2019.

60 저자 인터뷰, Tom Gerace, March 21, 2019.

61 저자 인터뷰, Pat George, March 26, 2019.

62 저자 인터뷰, Tom Gerace, March 21, 2019.

63 저자 인터뷰, Pat George, March 21, 2019.

64 저자 인터뷰, Elon Musk, January 19, 2019.

65 저자 인터뷰, Bill Harris, July 3, 2019.

66 저자 인터뷰, Colin Catlan, April 5, 2019.

67 저자 인터뷰, Elon Musk, January 19, 2019.

68 "Ex-Intuit Exec Joins Internet Financial Services Startup as CEO", Gomez Staff, Gomez.com, December 7, 1999.

9장. 위젯 전쟁

1 저자 인터뷰, John Malloy, July 25, 2018.

2 저자 인터뷰, Max Levchin, October 30, 2018.

3 저자 인터뷰, David Wallace, December 5, 2020.

4 저자 인터뷰, Elon Musk, January 19, 2019.

5 저자 인터뷰, Ken Howery, September 26, 2018.

6 Ibid.

7 저자 인터뷰, Yu Pan, July 24, 2018.

8 저자 인터뷰, Denise Aptekar, May 14, 2021.

9 저자 인터뷰, Oxana Wootton, December 4, 2020.

10 저자 인터뷰, David Gausebeck, January 31, 2019.

11   저자 인터뷰, Elon Musk, January 19, 2019.

12   저자 인터뷰, Doug Mak, June 18, 2019.

13   저자 인터뷰, Luke Nosek, May 31, 2018.

14   저자 인터뷰, Elon Musk, January 19, 2019.

15   저자 인터뷰, Julie Anderson, July 19, 2019.

16   저자 인터뷰, Colin Catlan, April 5, 2019.

17   Peter Thiel interview with Dave Rubin of *The Rubin Report*, September 12, 2018, https://www.youtube.com/watch?v=h10kXgTdhNU.

18   저자 인터뷰, Yu Pan, July 24, 2018.

19   Max Levchin—Startup School 2011, https://www.youtube.com/watch?v=9R2xgM-pu18.

20   저자 인터뷰, Max Levchin, June 29, 2018.

21   저자 인터뷰, Jack Selby, October 30, 2018.

22   저자 인터뷰, Luke Nosek, May 31, 2018.

23   저자 인터뷰, John Malloy, July 25, 2018.

24   George Packer, "No Death, No Taxes", *New Yorker*, November 28, 2011, https://www.newyorker.com/magazine/2011/11/28/no-death-no-taxes.

25   저자 인터뷰, David Wallace, December 5, 2020.

26   저자 인터뷰, Ed Bogas, July 29, 2019.

27   저자 인터뷰, Ken Howery, September 26, 2018.

28   Anthony Deden, "Reflections on Prosperity", *Sage Chronicle*, December 29, 1999.

29   저자 인터뷰, Ken Howery, September 26, 2018.

30   저자 인터뷰, Vince Sollitto, April 25, 2019.

31   저자 인터뷰, Bill Harris, July 3, 2019.

32   저자 인터뷰, Max Levchin, October 30, 2018.

33   저자 인터뷰, Pete Buhl, July 30, 2018.

34   저자 인터뷰, John Malloy, October 29, 2018.

35   저자 인터뷰, Luke Nosek, June 25, 2018.

36   저자 인터뷰, Elon Musk, January 19, 2019.

37   저자 인터뷰, Bill Harris, July 3, 2019.

38   저자 인터뷰, Max Levchin, October 30, 2018.

39   저자 인터뷰, Bill Harris, July 3, 2019; Max Levchin, October 30, 2018.

40   저자 인터뷰, Max Levchin, October 30, 2018.

41   저자 인터뷰, Elon Musk, January 19, 2019.

42   저자 인터뷰, Bill Harris, July 3, 2019.

43   저자 인터뷰, John Malloy, July 25, 2018.

44   저자 인터뷰, Luke Nosek, October 30, 2018.

10장. 두 회사의 합병

1   Personal blog of Sami Aaltonen, reviewing each one of the cars that joined for the McLaren F1 Owners Club 25th Anniversary Tour in the South of France, https://samiaal.kuvat.fi/kuvat/1993-1998+MCLAREN+F1+/MCLAREN+F1+-+ENGLISH/CHASSIS+067/.

2   Andrew Frankel. "The Autocar Road Test: McLaren F1", *Autocar*, May 11, 1994.

3   저자 인터뷰, Erik Reynolds, July 22, 2021.

4   Rowan Atkinson's McLaren F1: From Twice-Crashed Mess to £8m Icon", *CAR magazine*, accessed October 15, 2021, https://www.carmagazine.co.uk/car-news/motoring-issues/2015/rowan-atkinsons-mclaren-f1-from -twice-crashed-mess-to-8m-icon/.

5   Darius Senai, "Three Killed as Pounds 627,000 McLaren Crashes", *The Independent*, October 23, 2011, https://www.independent.co.uk/news/three-killed-pounds-627-000-mclaren-crashes-1082273.html.

6   Peter Robinson, "Tested: 1994 McLaren F1 Humbles All Other Supercars", *Car and Driver*, August 1994, https://www.caranddriver.com/reviews/a15142653/mclaren-f1-supercar-road-test-review/.

7   Elon Musk commentary in CNN interview, "Watch a Young Elon Musk Get His First Supercar in 1999", CNN, https://www.youtube.com/watch?v=s9mczdODqzo.

8   Musk commentary to Sarah Lacy, "Elon Musk: How I Wrecked an Uninsured McClaren F1", *Pando Daily*, July 16, 2012, https://www.youtube.com/watch?v=mOI8GWoMF4M.

9   저자 인터뷰, Peter Thiel, September 11, 2021.

10   저자 인터뷰, Elon Musk, January 19, 2019. See also: Musk commentary to Sarah Lacy, "Elon Musk: How I Wrecked an Uninsured Mclaren F1", Pando Daily, July 16, 2012, https://www.youtube.com/watch?v=mOI8GWoMF4M.

11   Ibid.

12   Ibid.

13   저자 인터뷰, Bill Harris, July 3, 2019.

14   저자 인터뷰, Elon Musk, January 29, 2019.

15   저자 인터뷰, Peter Thiel, September 11, 2021.

16   Max Levchin commentary to Stanford University eCorner, January 21, 2004, https://ecorner.stanford.edu/videos/when-and-why-to-merge-with-a-competitor-to-dominate-a-market/.

17   Email from user to Julie Anderson and Vince Sollitto, March 5, 2000.

18   "eBay's Billpoint Might Tap Visa", *CBS Market Watch*, February 29, 2000.

19   저자 인터뷰, Amy Rowe Klement, September 24, 2021.

20   저자 인터뷰, Ken Miller, January 21, 2021.

21   Reid Hoffman commentary to Sarah Lacy, "Pando-Monthly: Fireside Chat with Reid Hoffman", *PandoDaily*, August 12, 2012,

22   저자 인터뷰, Elon Musk, January 19, 2019.

23   저자 인터뷰, Colin Catlan, April 5, 2019.

24   저자 인터뷰, David Gausebeck, January 31, 2019.

25   Eric Jackson, *The PayPal Wars* (Los Angeles: World Ahead Publishing, 2004), 72.

26   저자 인터뷰, Ken Howery, September 26, 2018.

27   저자 인터뷰, Erik Klein, April 25, 2021.

28   저자 인터뷰, Todd Pearson, October 8, 2018.

29   저자 인터뷰, Julie Anderson, July 19, 2019.

30   저자 인터뷰, Lee Hower, November 1, 2018.

31   Sal Giambanco email to all@paypal.com and all@x.com. March 30, 2000.

32   Press release titled "X.com Announces $100 Million Financing Round", April 5, 2000, https://www.paypalobjects.com/html/pr-040500.html.

33   저자 인터뷰, Jack Selby, October 30, 2018.

34   저자 인터뷰, Elon Musk, January 19, 2019.

35   Peter Thiel commentary to Stanford University eCorner, January 21, 2004, https://ecorner.stanford.edu/wp-content/uploads/sites/2/2004/01/1027.pdf.

36   저자 인터뷰, David Sacks and Mark Woolway, November 28, 2018.

37   저자 인터뷰, Ken Howery, September 26, 2018.

38   Phil Leggiere, "From Zip to X", *Pennsylvania Gazette*, October 26, 1999, https://www.upenn.edu/gazette/1199/leggiere.html.

39   Ibid.

40   저자 인터뷰, Elon Musk, January 19, 2019.

41   저자 인터뷰, Tim Hurd, November 15, 2018.

42   'X.com Announces $100 Million Financing Round'라는 제목의 보도자료, April 5, 2000, https://www.paypalobjects.com/html/pr-040500.html.

43 Catherine Tymkiw, "Bleak Friday on Wall Street", CNNFn, April 14, 2000, https://money.cnn.com/2000/04/14/markets/markets_new york/.

44 Catherine Tymkiw, "The Internet Lives On", CNNFn, December 23, 2000, https://money.cnn.com/2000/12/23/technology/internet_review/index.htm.

45 저자 인터뷰, Peter Thiel, November 28, 2017.

46 저자 인터뷰, David Sacks, November 28, 2018.

47 저자 인터뷰, Vince Sollitto, April 25, 2019.

48 저자 인터뷰, Amy Rowe Klement, September 24, 2021.

49 저자 인터뷰, Mark Woolway, January 29, 2019.

50 저자 인터뷰, David Wallace, December 5, 2020.

51 저자 인터뷰, Tim Hurd, November 15, 2018.

52 저자 인터뷰, John Malloy, July 25, 2018.

11장. 틸의 사임과 머스크의 귀환

1 *Weekly eXpert*, June 9, 2000.

2 저자 인터뷰, Colin Catlan, April 5, 2019.

3 저자 인터뷰, Jim Kellas, December 7, 2020.

4 저자 인터뷰, Reid Hoffman, August 24, 2018.

5 저자 인터뷰, David Sacks, November 28, 2018.

6 Customer complaint sent to X.com on February 22, 2000.

7 Email from Elon Musk to X.com team on April 10, 2000.

8 BEWARE OF "X.COM"!!! by: wzardofodd. E-pinions, February 26, 2000.

9 저자 인터뷰, Vivien Go, May 6, 2021.

10 저자 인터뷰, Skye Lee, September 24, 2021.

11 저자 인터뷰, Dionne McCray, May 18, 2021.

12 저자 인터뷰, Elon Musk, January 19, 2019.

13 저자 인터뷰, Julie Anderson, July 19, 2019.

14 저자 인터뷰, Elon Musk, January 19, 2019.

15 저자 인터뷰, Julie Anderson, July 19, 2019.

16 Email from *Weekly eXpert* to all@x.com, May 12, 2000.

17 저자 인터뷰, Michelle Bonet, January 7, 2021.

18 저자 인터뷰, Amy Rowe Klement, October 1, 2021.

19 저자 인터뷰, Elon Musk, January 19, 2019.

20 저자 인터뷰, Julie Anderson, July 19, 2019.

21 저자 인터뷰, Ryan Donahue, May 5, 2021.

22 저자 인터뷰, Giacomo Drigoli, December 9, 2020.

23 "Elon Musk's First Public Speech—Talks Paypal and SpaceX, 2003", accessed July 29, 2021, https://www.youtube.com/watch?v=n3yfa0MU01s.

24 저자 인터뷰, early X.com employee.Commentary on background.

25 저자 인터뷰, David Sacks, November 28, 2018.

26 저자 인터뷰, early X.com employee. Commentary on background.

27 저자 인터뷰, Bill Harris, July 3, 2019.

28 Email from Bill Harris to all@x.com, March 9, 2000, subject line: "X.com Announcements—REVISED."

29 저자 인터뷰, Bill Harris, July 3, 2019.

30 Eric Jackson, *The PayPal Wars* (Los Angeles: World Ahead Publishing, 2004), 95.

31 저자 인터뷰, Luke Nosek, October 25, 2019.

32 저자 인터뷰, early X.com engineer. Commentary on background.

33 저자 인터뷰, Amy Rowe Klement, September 24, 2021.

34 Email from Peter Thiel to all@x.com. May 5, 2000.

35 저자 인터뷰, David Sacks, November 28, 2018.

36 저자 인터뷰, Elon Musk, January 19, 2019.

37 저자 인터뷰, ex-PayPal executive. Commentary on background.

38 Ibid.

39 저자 인터뷰, Elon Musk, January 19, 2019.

40 Email from Elon Musk to all@x.com. May 12, 2000.

41 저자 인터뷰, Sandeep Lal, May 19, 2021.

42 저자 인터뷰, Denise Aptekar, May 14, 2021.

43 저자 인터뷰, Bill Harris, July 3, 2019.

44 Mark Gimein, "CEOs Who Manage Too Much", *Fortune*, September 4, 2000, https://money.cnn.com/magazines/fortune/fortune_archive/2000/09/04/286794/.

45 저자 인터뷰, John Malloy, July 25, 2018.

46 저자 인터뷰, David Sacks, November 28, 2018.

47 저자 인터뷰, Elon Musk, January 19, 2019.

48 저자 인터뷰, David Sacks, November 28, 2018.

49 저자 인터뷰, Elon Musk, January 19, 2019.

50 저자 인터뷰, Luke Nosek, May 31, 2018.

12장. 이 일을 우리가 해낼 수 있다면

1   저자 인터뷰, Mark Woolway, January 29, 2019.

2   Email from Elon Musk to all@x.com on June 8, 2000.

3   저자 인터뷰, James Hogan, December 14, 2020.

4   Frederick Brooks, *The Mythical Man Month* (Boston: Addison Wesley Pub. Co., 1975; 25th anniversary edition, 2000), 14.

5   저자 인터뷰, David Sacks, November 28, 2018.

6   저자 인터뷰, Janet He, June 30, 2021.

7   저자 인터뷰, David Sacks, November 28, 2018.

8   저자 인터뷰, Jeremy Stoppelman, January 31, 2019.

9   저자 인터뷰, Kim-Elisha Proctor, May 15, 2021.

10   Robert Cringely, *Nerd TV*, episode 2, "Max Levchin", September 13, 2005, https://archive.org/details/ntv002.

11   저자 인터뷰, William Wu, December 5, 2020.

12   저자 인터뷰, Dionne McCray, May 18, 2021.

13   저자 인터뷰, Oxana Wootton, December 4, 2020.

14   저자 인터뷰, early X.com employee. Commentary on background.

15   저자 인터뷰, early X.com employee. Commentary on background.

16   Email exchange, July 11, 2001, subject line: "RE: Debit cards for cat1 buyers."

17   Email from David Sacks to all@x.com on June 22, 2000.

18   저자 인터뷰, Vince Sollitto, April 25, 2019.

19   저자 인터뷰, Todd Pearson, October 8, 2018.

20   저자 인터뷰, Tim Hurd, November 15, 2018.

21   저자 인터뷰, Elon Musk, January 19, 2019.

22   저자 인터뷰, David Sacks, November 28, 2018.

23   저자 인터뷰, Elon Musk, January 19, 2019.

24   저자 인터뷰, Sanjay Bhargava, January 22, 2019.

25   저자 인터뷰, Todd Pearson, October 8, 2018; Sanjay Bhargava, January 22, 2019.

26   저자 인터뷰, Skye Lee, September 24, 2021.

27   Email from David Sacks to all@x.com, July 21, 2000, subject line: "FW: Live: PayPal's $10,000 Lucky Bank Account Sweepstakes."

28   저자 인터뷰, Elon Musk, January 19, 2019.

29   David Sacks email to all@x.com on June 14, 2000.

30   저자 인터뷰, Daniel Chan, April 26, 2021.

31   저자 인터뷰, David Sacks, November 28, 2018.

32 저자 인터뷰, Ryan Donahue, May 5, 2021.

33 From March 24, 2000, Word document file name "XClick Product Description 2.doc" that reviews the X-Click product.

34 저자 인터뷰, Amy Rowe Klement, September 24, 2021.

35 저자 인터뷰, Sandeep Lal, May 19, 2021.

36 저자 인터뷰, Elon Musk, January 19, 2019.

37 저자 인터뷰, Rob Chestnut, July 19, 2021.

38 Email from update@paypal.com to all users, June 15, 2000, "Important News About Your PayPal Account."

39 저자 인터뷰, Sandeep Lal, May 19, 2021.

40 Email from update@paypal.com to all users, June 15, 2000, "Important News About Your PayPal Account."

41 저자 인터뷰, David Wallace, December 5, 2020.

42 Elon Musk email to all@x.com, May 18, 2000.

43 ulie Anderson email to all@x.com, July 14, 2000.

44 "Can Community Banks Win Over the 'Nintendo Generation' While Still Appealing to Their Grandparents?", ABA Banking Journal, September 1, 2000.

45 Email from Eric Jackson to all@x.com, June 1, 2000, subject line: "Daily User Data (6/1/00)."

46 *Weekly eXpert*, May 12, 2000.

47 *Weekly eXpert*, June 16, 2000.

48 *Weekly eXpert*, July 7, 2000.

49 *Weekly eXpert*, June 23, 2000.

50 *Weekly eXpert*, June 30, 2000.

51 *Weekly eXpert*, August 4, 2000.

52 Elon Musk email to all@x.com, June 1, 2000.

13장. 페이팔 2.0 프로젝트

1 저자 인터뷰, Roelof Botha, December 11; December 19, 2019.

2 저자 인터뷰, Luke Nosek, October 28, 2018.

3 저자 인터뷰, Ken Brownfield, December 28, 2020.

4 저자 인터뷰, David Gausebeck, January 31, 2019.

5 Charles Mann, "Living with Linux", The Atlantic,, August 1999, https://www.theatlantic.com/magazine/archive/1999/08/living-with-linux/377729/.

6 저자 인터뷰, early PayPal employee. Commentary on background.

7   저자 인터뷰, Elon Musk, January 19, 2019.

8   *Weekly eXpert*, July 21, 2000.

9   저자 인터뷰, Luke Nosek, October 28, 2018.

10   저자 인터뷰, Ken Brownfield, December 28, 2020.

11   저자 인터뷰, early PayPal employee. Commentary on background.

12   저자 인터뷰, Jawed Karim, December 14, 2020.

13   저자 인터뷰, David Kang, December 10, 2020.

14   Email from X.com engineer to Robert Frezza, July 20, 2000.

15   저자 인터뷰, early X.com employee. Commentary on background.

16   저자 인터뷰, early X.com employee. Commentary on background.

17   저자 인터뷰, Sugu Sougoumarane, December 3, 2020.

18   저자 인터뷰, Doug Mak, June 18, 2019.

19   저자 인터뷰, early X.com employee. Commentary on background.

20   "Is Linux server more secure than Windows server?" nixCraft, https://www. cyberciti.biz/tips/page/87.

21   저자 인터뷰, Ken Brownfield, December 28, 2020.

22   저자 인터뷰, Jawed Karim, December 14, 2020.

23   저자 인터뷰, William Wu, December 5, 2020.

24   저자 인터뷰, David Kang, December 10, 2020.

25   Elon Musk email to several recipients, including engineering@x.com, August 27, 2000, Subject: "spicing up the V2 launches."

26   저자 인터뷰, Todd Pearson, October 8, 2018.

27   *Weekly eXpert,* September 22, 2000, sent to all@x.com.

28   저자 인터뷰, Reid Hoffman, September 1, 2018.

29   저자 인터뷰, Santosh Janardhan, June 15, 2021.

30   저자 인터뷰, Elon Musk, January 9, 2019.

31   저자 인터뷰, Vivien Go, May 6, 2021.

32   저자 인터뷰, Rena Fischer, January 8, 2021.

33   저자 인터뷰, Amy Rowe Klement, October 1, 2021.

34   저자 인터뷰, Reid Hoffman, September 1, 2018.

35   저자 인터뷰, Elon Musk, January 9, 2019.

36   저자 인터뷰, Peter Thiel, September 11, 2021.

37   저자 인터뷰, Reid Hoffman, September 1, 2018.

38   저자 인터뷰, Peter Thiel, September 11, 2021.

39   저자 인터뷰, Elon Musk, January 19, 2019.

40   저자 인터뷰, Max Levchin, September 23, 2021.

14장. 머스크의 퇴출

1   저자 인터뷰, Elon Musk, January 19, 2019.

2   저자 인터뷰, Giacomo DiGrigoli, December 9, 2020.

3   저자 인터뷰, early X.com employee. Commentary on background.

4   저자 인터뷰, Elon Musk, January 19, 2019.

5   저자 인터뷰, John Malloy, October 29, 2018.

6   저자 인터뷰, early PayPal board member. Commentary on background.

7   저자 인터뷰, Tim Hurd, November 15, 2018.

8   저자 인터뷰, Sandeep Lal, May 19, 2021.

9   저자 인터뷰, John Malloy, October 29, 2018.

10   저자 인터뷰, Elon Musk, January 19, 2019.

11   Email from early X.com employee to board member Tim Hurd and group of
X.com employees, September 23, 2000, subject line: "Elon Musk."

12   Email from Elon Musk to early X.com employees, September 23, 2000, subject
line: "RE: Elon Musk."

13   저자 인터뷰, Elon Musk, January 19, 2019.

14   저자 인터뷰, Sandeep Lal, May 26, 2021.

15   Email from Peter Thiel to all@x.com, September 24, 2000, subject line: "Email to
all employees."

16   Email from Elon Musk email to all@x.com, September 25, 2000, subject line:
"Taking X.com to the next level."

17   저자 인터뷰, Branden Spikes, April 25, 2019.

18   Elon Musk remarks at the 2008 Inc. 5000 conference in National Harbor,
Maryland, https://www.youtube.com/watch?v=Xcut1JfTMoM.

19   저자 인터뷰, John Malloy, October 29, 2018.

20   저자 인터뷰, Max Levchin, September 23, 2021.

21   1 Kings 3:27, New American Standard Bible.

22   저자 인터뷰, Elon Musk, January 19, 2019.

23   저자 인터뷰, Jawed Karim, December 14, 2020.

24   William Shakespeare, *Julius Caesar*, act 3, scene 1.

25   저자 인터뷰, Erik Klein, April 25, 2021.

26   저자 인터뷰, Mark Woolway, January 29, 2019.

27   저자 인터뷰, Jawed Karim, December 14, 2020.

28 저자 인터뷰, Amy Rowe Klement, October 1, 2021.

29 저자 인터뷰, Jeremy Stoppelman, January 31, 2019.

30 저자 인터뷰, Sandeep Lal, May 26, 2021.

31 저자 인터뷰, Sandeep Lal, May 19, 2021.

32 저자 인터뷰, Branden Spikes, April 25, 2019.

33 저자 인터뷰, Jeremy Stoppelman, January 31, 2019.

34 저자 인터뷰, Lee Hower, November 1, 2018.

35 저자 인터뷰, Elon Musk, January 19, 2019.

36 Elon Musk remarks at the 2008 Inc. 5000 conference in National Harbor, Maryland, https://www.youtube.com/watch?v=Xcut1JfTMoM.

37 저자 인터뷰, Elon Musk, January 9, 2019.

38 Charles Dickens, A Tale of Two Cities (New York: Penguin Classics, 2003), 1.

39 Note shared with author by Seshu Kanuri.

40 Email from Scott Alexander to author, June 18, 2019.

41 저자 인터뷰, Mark Woolway, January 29, 2019.

42 "SpaceX Launches Falcon 1 Liquid Fuel Rocket into Orbit", October 3, 2008, https://www.militaryaerospace.com/home/article/16718119/spacex-launches-falcon-1-liquid-fuel-rocket-into-orbit.

3부. 궤도에 오르다

15장. 새로운 과제

1 저자 인터뷰, board member. Commentary on background.

2 저자 인터뷰, John Malloy, October 29, 2018.

3 저자 인터뷰, Reid Hoffman, September 1, 2018.

4 저자 인터뷰, David Sacks and Mark Woolway, November 28, 2018.

5 저자 인터뷰, Peter Thiel, February 23, 2019.

6 저자 인터뷰, David Solo, February 26, 2019.

7 저자 인터뷰, Tim Hurd, November 15, 2018.

8 저자 인터뷰, Peter Thiel, February 23, 2019.

9 저자 인터뷰, early PayPal employee. Commentary on background.

10 저자 인터뷰, Rebecca Eisenberg, September 1, 2021.

11 저자 인터뷰, Oxana Wootton, December 4, 2020.

12 저자 인터뷰, Mark Woolway, January 29, 2019.

13 Email from Peter Thiel email to all@x.com, September 28, 2000, subject line: "Company update."

14 ommentary by Max Levchin to Stanford eCorner, "Coping with Fraud", January 21, 2004, https://ecorner.stanford.edu/wp-content/uploads/sites/2/2004/01/1028.pdf.

15 저자 인터뷰, Roelof Botha, January 21, 2019.

16 저자 인터뷰, Tim Hurd, November 15, 2018.

17 Akira Kurosawa, *Seven Samurai* [Shichinin no samurai]. Directed by Akira Kurosawa, Toho Company, 1954.

18 저자 인터뷰, Luke Nosek, May 31, 2018.

19 저자 인터뷰, Todd Pearson, October 8, 2018.

20 TURING, A. M. "I.—COMPUTING MACHINERY AND INTELLIGENCE", *Mind* (vol. LIX, no. 236), October 1, 1950, 433–60, https://doi.org/10.1093/mind/LIX.236.433.

21 저자 인터뷰, David Gausebeck, January 31, 2019.

22 John Mulaney, "Robots", segment of *Kid Gorgeous* Netflix special featuring John Mulaney, https://www.facebook.com/watch/?v=10155540742988870.

23 저자 인터뷰, David Sacks, November 28, 2019.

24 저자 인터뷰, Skye Lee, September 24, 2021.

25 저자 인터뷰, David Sacks, November 28, 2019.

26 Email from David Sacks to author, December 1, 2018.

27 저자 인터뷰, Ken Miller, January 21, 2021.

28 Email from Peter Thiel to Bill Frezza, March 2, 2000.

29 저자 인터뷰, Max Levchin, October 30, 2018.

30 저자 인터뷰, Jawed Karim, December 14, 2020.

31 저자 인터뷰, Max Levchin, October 30, 2018.

32 저자 인터뷰, Bob McGrew, November 1, 2018.

33 저자 인터뷰, John Kothanek, May 11, 2021.

34 "How a Scam Artist Helped the Art of Monitoring", *American Banker*, August 28, 2006.

35 저자 인터뷰, Bob McGrew, November 1, 2018.

36 저자 인터뷰, Ken Miller, January 21, 2021.

37 저자 인터뷰, John Kothanek, May 11, 2021.

38 저자 인터뷰, Ken Miller, January 21, 2021.

39 저자 인터뷰, Santosh Janardhan, June 15, 2021.

40 저자 인터뷰, Bob McGrew, November 1, 2018.

41 저자 인터뷰, Santosh Janardhan, June 15, 2021.

42   저자 인터뷰, Mike Greenfield, August 7, 2020.

43   Commentary by Max Levchin to Stanford eCorner, "Coping with Fraud", January 21, 2004, https://ecorner.stanford.edu/wp-content/uploads/sites/2/2004/01/1028.pdf.

44   Mike Greenfield. "Data Scale—Why Big Data Trumps Small Data", Numerate Choir (blog), accessed July 22, 2021, http://numerat echoir.com/data-scale-why-big-data-trumps-small-data/.

45   "PayPal is, more or less": Commentary by Peter Thiel to Stanford eCorner, "Coping with Fraud", January 21, 2004, https://ecorner.stanford.edu/wp-content/uploads/sites/2/2004/01/1028.pdf.

46   저자 인터뷰, Ken Miller, January 21, 2021.

47   "Innovator Under 35: Max Levchin, 26", MIT Technology Review, accessed July 22, 2021, http://www2.technologyreview.com/tr35/profile.aspx?TRID=224.

48   System and method for depicting on-line transactions, accessed July 22, 2021, https://patents.google.com/patent/US7249094B2/en.

49   Nicholas Chan, "Heart Failure Claims Talented Senior Frezza", Stanford Daily, January 8, 2001.

50   저자 인터뷰, Tim Wenzel, December 4, 2020.

51   Email from Max Levchin to PayPal.com-1840Embar cadero@paypal.com, December 20, 2001.

52   Email Max Levchin forwarded to PayPal .com-1840Embarcadero@paypal.com, December 30, 2001. The email contains the text of a note from Bill Frezza to PayPal employees Max Levchin, Nellie Minkova, Peter Thiel, and Sal Giambanco.

16장. 힘을 사용하라

1   "The Investor Show: PayPal Founder Member Paul Martin on Starting PayPal", accessed July 23, 2021, https://www.youtube.com/watch?v=EATXYARdMZI.

2   Adam Cohen, The Perfect Store: Inside eBay (1st ed.) (Boston: Little, Brown and Co, 2002), 42.

3   Multiple authors, Word document titled "X.COM UPSELL CAMPAIGN TALKING POINTS", September 12, 2000.

4   Multiple authors, Interstitial page "A message to our sellers", September 12, 2000.

5   Email from Eric Jackson to all@x.com, September 13, 2002, subject line: "The Upsell Clickthrough Page is Live."

6   David Baranowski, "PayPal's Plea for Honesty", *Auction Watch*, September 13, 2000.

7   Greg Sandoval, "PayPal 'Reminds' Businesses to Pay Up", CNET, September 13, 2000.

8   Email from Damon Billian to community@x.com, September 13, 2000.

9   Ibid.

10 Email from Damon Billian to community@x.com, September 15, 2000.

11 Email from Eric Jackson to all@x.com, September 13, 2000.

12 Multiple authors, Interstitial page, "A message to our sellers", September 12, 2000.

13 David Baranowski. "PayPal's Plea for Honesty", *Auction Watch*, September 13, 2000.

14 Commentary by Peter Thiel to Stanford eCorner, "Coping with Fraud", January 21, 2004, https://ecorner.stanford.edu/wp-content/uploads/sites/2/2004/01/1028.pdf.

15 Email from Amy Rowe Klement to author, October 4, 2021.

16 Multiple authors, Interstitial page, "A message to our sellers", September 12, 2000.

17 저자 인터뷰, Amy Rowe Klement, September 24, 2021.

18 Barbara Findlay Schenck, "Freemium: Is the Price Right for Your Company?", *Entrepreneur*, February 7, 2011, https://www.entrepreneur.com/article/218107.

19 "The Investor Show: PayPal Founder Member Paul Martin on Starting PayPal", accessed July 23, 2021, https://www.youtube.com/watch?v=EATXYARdMZI.

20 저자 인터뷰, David Sacks, November 28, 2018.

21 Damon Billian email to community@x.com, October 4, 2000.

22 Damon Billian email to community@x.com, October 5, 2000.

23 Damon Billian email to community@x.com, October 4, 2000.

24 "Freemium Business Model | The Psychology of Freemium | Feedough", September 28, 2017, https://www.feedough.com/freemium-business-model/.

25 *Weekly eXpert,* December 8, 2000.

26 Email from Branden Spikes to all@x.com, November 27, 2000.

27 *Weekly eXpert,* October 13, 2000.

28 *Weekly eXpert,* November 3, 2000.

17장. 범죄의 진화

1 Steve Schroeder, The Lure: *The True Story of How the Department of Justice Brought Down Two of the World's Most Dangerous Cyber Criminals* (1st ed.) (Boston: Cengage Learning PTR, 2011,) 40–72.

2 Mike Brunker, "FBI Agent Charged With Hacking", MSNBC, August 15, 2002, https://www.nbcnews.com/id/wbna3078784.

3 Raymond Pompon, "Russian Hackers, Face to Face", F5 Labs, August 1, 2017, https://www.f5.com/labs/articles/threat-intelligence/russian-hackers-face-to-face.

4 저자 인터뷰, John Kothanek, May 11, 2021.

5 Email from JKothanek@x.com to all@x.com, June 16, 2000.

6 저자 인터뷰, John Kothanek, May 11, 2021.

7 Dan Fost, "Max Levchin Likes the Edge", S*an Francisco Chronicle*, February 26, 2006.

8 Steve Schroeder, *The Lure: The True Story of How the Department of Justice Brought Down Two of the World's Most Dangerous Cyber Criminals* (1st ed.) (Boston: Cengage Learning PTR, 2011), 104.

9 Dan Fost, "Max Levchin Likes the Edge", *San Francisco Chronicle*, February 26, 2006.

10 Steve Schroeder, *The Lure: The True Story of How the Department of Justice Brought Down Two of the World's Most Dangerous Cyber Criminals* (1st ed.) (Boston: Cengage Learning PTR, 2011), 108.

11 an Fost, "Max Levchin Likes the Edge", *San Francisco Chronicle*, February 26, 2006.

12 Deborah Radcliff, "Firms Increasingly Call on Cyberforensics Teams", CNN. com, January 16, 2002", accessed July 23, 2021, https://www.cnn.com/2002/TECH/internet/01/16/cyber.sleuthing.idg/index.html? related.

13 Dan Fost, "Max Levchin Likes the Edge", *San Francisco Chronicle*, February 26, 2006.

14 저자 인터뷰, Elon Musk, January 19, 2019.

15 저자 인터뷰, Melanie Cervantes, June 25, 2021.

16 Deborah Radcliff, "Firms Increasingly Call on Cyberforensics Teams", CNN. com, January 16, 2002", accessed July 23, 2021.

17 Steve Schroeder, *The Lure: The True Story of How the Department of Justice Brought Down Two of the World's Most Dangerous Cyber Criminals* (1st ed.)

(Boston: Cengage Learning PTR, 2011), 108.

18 저자 인터뷰, David Gausebeck, January 31, 2019.

19 저자 인터뷰, Bob McGrew, November 1, 2018.

20 저자 인터뷰, Huey Lin, August 16, 2021.

21 저자 인터뷰, Colin Corbett, July 16, 2021.

22 저자 인터뷰, Kim-Elisha Proctor, May 15, 2021.

23 저자 인터뷰, Melanie Cervantes, June 5, 2021.

24 저자 인터뷰, Jeremy Roybal, September 3, 2021.

25 저자 인터뷰, Melanie Cervantes, June 5, 2021.

26 저자 인터뷰, John Kothanek, May 11, 2021.

27 "Max Levchin of Affirm: Why I Built Affirm after PayPal", Evolving for the Next Billion podcast, February 24, 2021, https://nextbn.ggvc.com/podcast/s2 -ep-38-max-levchin-of-affirm-after-paypal/.

28 저자 인터뷰, Melanie Cervantes, June 5, 2021.

29 저자 인터뷰, John Kothanek, May 11, 2021.

30 Mike Brunker, "FBI Agent Charged with Hacking", NBC News, accessed July 23, 2021, https://www.nbcnews.com/id/wbna3078784.

18장. 이베이와 페이팔의 충돌

1 "EBay Inc. Releases Third Quarter 2000 Financial Results", accessed July 24, 2021, https://investors.ebayinc.com/investor-news/press-release-details/2000/EBay-Inc-Releases-Third-Quarter-2000-Financial-Results/default.aspx.

2 David Kathman, "EBay Shows Why It's the Cream of the Internet Crop", Morningstar, Inc., October 19, 2000, https://www.morningstar.com/articles/8203/ebay-shows-why-its-the-cream-of-the-internet-crop.

3 David Sacks email to group of X.com employees, October 15, 2000.

4 ceo@Billpoint.com email titled "New Lower Fees from eBay Online Payments" to customers, September 19, 2000.

5 Billpoint email to customers, posted to forums on October 13, 2000, Damon Billian sent to full company on October 13, 2000.

6 David Sacks email to group of X.com employees, October 15, 2000.

7 저자 인터뷰, Reed Maltzman, June 27, 2019.

8 CBR Staff Writer, "Auction Universe Re-launches With Anti-Fraud Guarantee", TechMonitor, September 15, 1998.

9 Meg Whitman and Joan O'C. Hamilton, *The Power of Many: Values for Success in*

Business and in Life (New York: Currency, 2010), 66.

10   저자 인터뷰, Jason May, June 11, 2019.

11   저자 인터뷰, Ken Howery, September 26, 2018.

12   Ibid.

13   Eric M. Jackson, *The PayPal Wars: Battles with EBay, the Media, the Mafia, and the Rest of Planet Earth* (1st ed.) (Los Angeles: World Ahead Pub, 2004), 176.

14   Note from eBay to its sellers, cited in Damon Billian "End of day for October 25th" note, October 25, 2000.

15   Email from Joanna Rockower to X.com employees, October 23, 2000.

16   Damon Billian email to Community@X.com, November 22, 2000.

17   Grant Du Bois, " 'Buy It Now' Feature Flawed", eWeek/ZDNet.

18   Adam Cohen, *The Perfect Store: Inside EBay* (1st ed.) (Boston: Little, Brown, 2002), 231.

19   Eric Jackson email to early X.com employees, November 28, 2000.

20   David Kathman. "EBay Shows Why It's the Cream of the Internet Crop", Morningstar, Inc., October 19, 2000.

21   저자 인터뷰, early PayPal employee. Commentary on background.

22   저자 인터뷰, Rob Chestnut, July 19, 2021.

23   Meg Whitman and Joan O'C. Hamilton, The Power of Many: Values for Success in Business and in Life (New York: Currency, 2010), 65.

24   Email from Reid Hoffman to robc@ebay.com, October 11, 2000.

25   Email from Reid Hoffman to full company, November 10, 2000.

26   Email from Reid Hoffman to full company, November 10, 2000.

27   저자 인터뷰, Premal Shah, August 23, 2021.

28   Eric M. Jackson, *The PayPal Wars: Battles with EBay, the Media, the Mafia, and the Rest of Planet Earth* (1st ed.) (Los Angeles: World Ahead Pub, 2004), 207.

29   Rosalinda Baldwin,. "Billpoint's Unethical Tactics", *Auction World*, July 14, 2001, accessed July 24, 2021, http://auctionguild.com/ebart/ebayart012.htm.

30   저자 인터뷰, Rob Chestnut, July 19, 2021.

31   저자 인터뷰, David Sacks, November 28, 2018.

32   저자 인터뷰, David Sacks, November 28, 2018.

33   저자 인터뷰, Jason May, June 11, 2019.

34   저자 인터뷰, Rob Chestnut, July 19, 2021.

35   Adam Cohen, *The Perfect Store: Inside EBay* (1st ed.) (Boston: Little, Brown and Co., 2002), 101.

36 "The Investor Show: PayPal Founder Member Paul Martin on Starting PayPal", accessed July 23, 2021, https://www.youtube.com/watch?v=EATXYARdMZI.

37 Ibid.

38 Letter to Meg Whitman, shared with company board in June 2001.

39 Reid Hoffman email to robc@ebay.com, January 2, 2001.

40 저자 인터뷰, Vince Sollitto, April 25, 2019.

41 저자 인터뷰, Rob Chestnut, July 19, 2021.

19장. 세계 정복

1 저자 인터뷰, Elon Musk, October 3, 2021.

2 Bruno Giussani, "France Gets Along With Pre-Web Technology", *EuroBytes*, September 23, 1997, https://archive.nytimes.com/www.nytimes.com/library/cyber/euro/092397euro.html.

3 저자 인터뷰, Bora Chung, August 16, 2021.

4 저자 인터뷰, Giacomo Drigoli, December 9, 2020.

5 저자 인터뷰, Mark Woolway, January 29, 2019.

6 저자 인터뷰, Scott Braunstein, November 6, 2018.

7 저자 인터뷰, Sandeep Lal, May 19, 2021.

8 저자 인터뷰, Scott Braunstein, November 6, 2018

9 Jessica Toonkel, "Web-Only Telebank First in US to Plan Operations Overseas", *American Banker*, April 25, 2000.

10 저자 인터뷰, early X.com employee, June 23, 2021.

11 저자 인터뷰, Scott Braunstein, November 6, 2018.

12 저자 인터뷰, Mark Woolway, January 29, 2019.

13 Email from Jack Selby to all@x.com, May 28, 2000, subject line: "X.com has friends in China, specifically the China Development Bank."

14 저자 인터뷰, Jack Selby, October 30, 2018

15 저자 인터뷰, Mark Woolway, January 29, 2019.

16 저자 인터뷰, Jack Selby, October 30, 2018.

17 저자 인터뷰, Sandeep Lal, May 26, 2021.

18 Weekly Pal, June 14, 2002.

19 저자 인터뷰, Sandeep Lal, May 19, 2021.

20 저자 인터뷰, Giacomo DiGrigoli, December 9, 2020.

21 저자 인터뷰, Benjamin Listwon, May 21, 2021.

22 저자 인터뷰, Giacomo DiGrigoli, December 9, 2020.

23 저자 인터뷰, Reid Hoffman, September 1, 2018.

24 uthor interview with Kim-Elisa Proctor, May 15, 2021.

25 저자 인터뷰, David Sacks, November 28, 2018.

26 Matt Richtel, "US Companies Profit from Surge in Internet Gambling", *New York Times*, July 6, 2001.

27 Matt Richtel, "Bettors Find Online Gambling Hard to Resist", *New York Times*, March 29, 2001.

28 저자 인터뷰, Mark Woolway, January 29, 2019.

29 저자 인터뷰, Jack Selby, October 30, 2018

30 Davan Maharaj, "Courts Toss Online Gambling Debts", *Los Angeles Times*, November 23, 1999. (See also: Matt Richtel, "Who Pays Up If Online Gambling Is Illegal?", *New York Times*, August 21, 1998.)

31 저자 인터뷰, Dan Madden, May 6, 2021.

32 저자 인터뷰, Mark Woolway, January 29, 2019.

33 저자 인터뷰, Melanie Cervantes, June 25, 2021.

34 Company emails and documents related to Project Sapphire, May 16 to May 29, 2001.

35 Weekly Pal newsletter, November 30, 2001.

20장. 기습 기업공개

1 Several employees shared this memory from their time at X.com during the year 2000.

2 Corrie Driebusch and Maureen Farrell, "IPO Market Has Never Been This Forgiving to Money-Losing Firms", *Wall Street Journal*, October 1, 2018.

3 Weekly Pal newsletter, April 6, 2001.

4 저자 인터뷰, Jim Kellas, December 7, 2020.

5 Weekly Pal newsletter, April 13, 2001.

6 Weekly Pal newsletter, September 7, 2001.

7 저자 인터뷰, Jack Selby, October 30, 2018.

8 저자 인터뷰, Pete Kight, January 7, 2019.

9 Peter Thiel, "Presidential Reflections", *Weekly Pal*, August 31, 2001.

10 Email from Peter Thiel to Tim Hurd, September 12, 2001.

11 저자 인터뷰, Rebecca Eisenberg, September 1, 2021.

12 저자 인터뷰, Peter Thiel, September 11, 2021.

13 저자 인터뷰, James Hogan, December 14, 2020.

14 저자 인터뷰, Scott Braunstein, November 6, 2018.

15 Weekly Pal newsletter, September 14, 2001.

16 Email from Peter Thiel sent to full company by Sarah Jane Wallace, September 14, 2001, subject line: "FW: presidential reflections."

17 저자 인터뷰, Vivien Go, May 6, 2021.

18 Troy Wolverton, "eBay's Charity Auction Upsets Some Sellers", CNET, September 18, 2001.

19 Email from Reid Hoffman to robc@paypal.com, September 18, 2001.

20 저자 인터뷰, John Kothanek, May 11, 2021.

21 Alexander Osipovich, "After the 9/11 Attacks, Wall Street Bolstered Its Defenses", *Wall Street Journal*, September 7, 2021. (See also: David Westenberg and Tim Gallagher, "IPO Market Remains Dormant in the Third Quarter of 2001", WilmerHale law firm website publication, https://www.wilmerhale.com/en/insights/publications/ipo-market-remains-dormant-in-the-third-quarter-of-2001-october-18-2001.)

22 저자 인터뷰, Jack Selby, October 30, 2018.

23 저자 인터뷰, Peter Thiel, September 11, 2021.

24 Rene Girard, "Generative Scapegoating", in Robert G. Hammerton-Kelly, ed., *Violent Origins: Walter Burkert, René Girard, and Jonathan Z. Smith on Ritual Killing and Cultural Formation.* (Stanford University Press, 1988), 122.

25 저자 인터뷰, Peter Thiel, September 11, 2021.

26 "PayPal Files $80.5M IPO—Oct. 1, 2001", CNNFn, accessed July 24, 2021, https://money.cnn.com/2001/10/01/deals/paypal/.

27 Reuters, "News Scan: December 17, 2001", https://www.forbes.com/2001/12/17/1217autonewsscan10.html?sh=3116310144a3.

28 "PayPal Inc. Files Plans to Test Frosty IPO Market", accessed July 25, 2021, https://www.foxnews.com/story/paypal-inc-files-plans-to -test-frosty-ipo-market.amp.

29 Don Clark, "PayPal Files for an IPO, Testing a Frosty Market", *Wall Street Journal*, October 1, 2001, https://www.wsj.com/articles/SB1001792898981822840.

30 John Robb comment from aggregator Scripting News, September 30, 2001, aggregated links, http://scripting.com/2001/09.html.

31 Gary Craft, "The Week of January 25th in Review", Weekly report from FinancialDNA.com, January 26, 2002.

32 George Kraw, "Affairs of State—Earth to Palo Alto", Law.com, accessed July 25,

2021, https://www.law.com/almID/900005370549/.

33   저자 인터뷰, Russel Simmons, August 24, 2018.

21장. 이베이의 제안

1   "Presidential Reflections … by Peter Thiel", *Weekly Pal* newsletter, September 7, 2001.

2   Peter Thiel—The Initial Public Offering (IPO), accessed July 25, 2021, https://www.youtube.com/watch?v=nlh9XB0KbeY.

3   Weekly Pal newsletter, February 1, 2001.

4   저자 인터뷰, Kim-Elisha Proctor, May 15, 2021.

5   Email from Mark Sullivan to all@paypal.com, January 14, 2002.

6   저자 인터뷰, Janet He, June 30, 2021.

7   저자 인터뷰, Jack Selby, October 30, 2018.

8   저자 인터뷰, Mark Woolway, January 29, 2019.

9   Peter Thiel—The Initial Public Offering (IPO), accessed July 25, 2021, https://www.youtube.com/watch?v=nlh9XB0KbeY.

10   Kristen French, "PayPal IPO Not Coming Before Monday", *TheStreet.* [February 7, 2002, https://www.thestreet.com/opinion/paypal-ipo-not-coming-before-monday-10008463.

11   David Kravitz, Payment and transactions in electronic commerce system, US Patent Number 6029150A.

12   Tim O'Reilly, "Tim O'Reilly Responds to Amazon's 1-Click and Associates Program Patents in His 'Ask Tim' Column", February 29, 2000, accessed July 25, 2021. https://www.oreilly.com/pub/pr/537.

13   Max Levchin commentary to Stanford eCorner, January 21, 2004, https://ecorner.stanford.edu/wp-content/uploads/sites/2/2004/01/1029.pdf.

14   저자 인터뷰, Tim Hurd. November 15, 2018.

15   저자 인터뷰, Chris Ferro, September 3, 2021.

16   "PayPal's IPO Delayed", *Forbes*, February 7, 2002, accessed July 25, 2021, https://www.forbes.com/2002/02/07/0207paypal.html.

17   저자 인터뷰, Tim Hurd, November 15, 2018.

18   Peter Thiel—The Initial Public Offering (IPO), accessed July 25, 2021, https://www.youtube.com/watch?v=nlh9XB0KbeY.

19   저자 인터뷰, Mark Woolway, January 29, 2019.

20   Trintech's Marketspace Digest, February 7, 2002.

21   "Risks Related to This Offering", SEC FORM S-1. 2002, https://www.sec.gov/ Archives/edgar/data/1103415/000091205702005893/a2060419zs-1a.htm.

22   저자 인터뷰, Mark Woolway, January 29, 2019.

23   저자 인터뷰, Reid Hoffman, September 1, 2018.

24   Peter Thiel commentary to Stanford eCorner, January 21, 2004, https://ecorner. stanford.edu/wp-content/uploads/sites/2/2004/01/1036.pdf.

25   Robert Barker, "Why PayPal Might Not Pay Off", Businessweek, Feburary 3, 2002, https://www.bloomberg.com/news/articles/2002-02-03/why-pay pal-might-not-pay-off.

26   Michael Liedtke, "PayPal May Shut Down in Louisiana, Casting Cloud Over IPO", Associated Press, February 12, 2002.

27   Troy Wolverton, "PayPal Asked to Stay Out of Louisiana", ZDNet, February 12, 2002, accessed July 26, 2021, https://www.zdnet.com/article/paypal-asked-to-stay-out-of-louisiana/.

28   Peter Thiel commentary to Stanford eCorner, January 21, 2004, https://ecorner. stanford.edu/wp-content/uploads/sites/2/2004/01/1029 .pdf.

29   저자 인터뷰, Jack Selby, October 30, 2018.

30   Eric M. Jackson, *The PayPal Wars: Battles with EBay, the Media, the Mafia, and the Rest of Planet Earth*, 1st ed. (Los Angeles: World Ahead Pub, 2004), 242.

31   저자 인터뷰, Tim Hurd, November 15, 2018.

32   Michael Liedtke, "PayPal Prices IPO at $13 Per Share", Associated Press, February 14, 2002.

33   Keith Regan, "PayPal IPO Off to Spectacular Start", ECommerce Times, February 15, 2002, accessed July 26, 2021, https://www.ecommercetimes.com/story/16368.html.

34   Thomson Financial's Card Forum, "PayPal Has a Successful Debut on the Nasdaq", February 15, 2002.

35   저자 인터뷰, Santosh Janardhan, June 15, 2021.

36   저자 인터뷰, Scott Braunstein, November 6, 2018.

37   Email from Amy Rowe Klement to author, October 4, 2021.

38   저자 인터뷰, Erik Klein, April 25, 2021.

39   저자 인터뷰, James Hogan, December 14, 2020.

40   저자 인터뷰, John Kothanek, May 11, 2021.

41   Max Levchin personal website, http://www .levchin.com/paypal-slideshow/13.html.

42   저자 인터뷰, Santosh Janardhan, June 15, 2021.

43 저자 인터뷰, X.com employee. Commentary on background.

44 저자 인터뷰, Scott Braunstein, November 6, 2018.

45 Max Levchin commentary to Stanford eCorner, January 21, 2004, https://ecorner.stanford.edu/wp-content/uploads/sites/2/2004/01/1029.pdf.

46 저자 인터뷰, Oxana Wootton, December 4, 2020.

47 Email from Amy Rowe Klement to author, October 4, 2021.

48 Email from Amy Rowe Klement to author, October 4, 2021.

49 저자 인터뷰, Mark Woolway, January 29, 2019.

50 저자 인터뷰, Elon Musk, January 19, 2019.

22장. 그리고 내게 남은 것은 티셔츠뿐

1   Ina Steiner, "EBay Spends $43.5 Million to Gain 100% Control of Billpoint Payment Service", *eCommerceBytes*, February 22, 2002, accessed July 27, 2021, https://www.ecommercebytes.com/cab/abn/y02/m02/i22/s01.

2   Merger agreement drafts and board minutes from early 2002.

3   저자 인터뷰, Katherine Woo, July 1, 2021.

4   저자 인터뷰, Vince Sollitto, April 25, 2019.

5   Rick Aristotle Munarriz, "PayPal Crashing eBay's Party, Again", Motley Fool Take, June 14, 2002.

6   저자 인터뷰, David Sacks, January 29, 2019.

7   저자 인터뷰, Jeff Jordan, April 26, 2019.

8   저자 인터뷰, David Sacks, January 29, 2019.

9   Email from Amy Rowe Klement to author, October 4, 2021.

10 Keith Rabois, "Why Did PayPal Sell to EBay?—Quora", September 5, 2010, accessed July 27, 2021, https://www.quora.com/Why-did-PayPal-sell-to-eBay.

11 저자 인터뷰, Jeff Jordan, April 26, 2019.

12 저자 인터뷰, Reid Hoffman, August 24, 2018.

13 Adam Penenberg, *Viral Loop: From Facebook to Twitter, How Today's Smartest Businesses Grow Themselves* (1st ed.) (New York: Hyperion, 2009), 179.

14 저자 인터뷰, Jeff Jordan, April 26, 2019.

15 저자 인터뷰, David Sacks, January 29, 2019.

16 저자 인터뷰, Jeff Jordan, April 26, 2019.

17 PayPal board minutes, July 6, 2002.

18 저자 인터뷰, Elon Musk, January 19, 2019.

19 저자 인터뷰, John Malloy, October 29, 2018.

20   저자 인터뷰, Skye Lee, September 24, 2021.

21   저자 인터뷰, John Malloy, October 29, 2018.

22   저자 인터뷰, Luke Nosek, May 31, 2018.

23   저자 인터뷰, John Malloy, October 29, 2018.

24   저자 인터뷰, Jeff Jordan, April 26, 2019.

25   SEC.gov, "eBay to Acquire PayPal", https://www.sec.gov/Archives/edgar/data/1103415/000091205702026650/a2084015zex-99_1.htm.

26   Eric M. Jackson, *The PayPal Wars: Battles with eBay, the Media, the Mafia, and the Rest of Planet Earth* (1st ed.) (Los Angeles: World Ahead, 2004), 282.

27   Eric M. Jackson, *The PayPal Wars: Battles with eBay, the Media, the Mafia, and the Rest of Planet Earth* (1st ed.) (Los Angeles: World Ahead, 2004), 283.

28   저자 인터뷰, Mike Greenfield, August 7, 2020.

29   Eric M. Jackson, *The PayPal Wars: Battles with eBay, the Media, the Mafia, and the Rest of Planet Earth* (1st ed.) (Los Angeles: World Ahead, 2004), 287.

30   Bambi Francisco, "Who's Really Getting Paid, Pal?" MarketWatch, July 9, 2002, accessed July 27, 2021, https://www.marketwatch.com/story/whos-really-getting-paid-pal.

31   Eric M. Jackson, *The PayPal Wars: Battles with eBay, the Media, the Mafia, and the Rest of Planet Earth* (1st ed.) (Los Angeles: World Ahead, 2004), 284.

32   저자 인터뷰, early X.com employee. Commentary on background.

33   저자 인터뷰, Bob McGrew, November 1, 2018.

34   저자 인터뷰, Vivien Go, May 6, 2021.

35   저자 인터뷰, Katherine Woo, July 1, 2021.

36   저자 인터뷰, Luke Nosek, May 31, 2018.

37   저자 인터뷰, Jack Selby, October 30, 2018.

38   저자 인터뷰, Reid Hoffman, September 1, 2018.

39   저자 인터뷰, Chris Ferro, September 3, 2021.

40   저자 인터뷰, Dan Madden, May 6, 2021.

41   저자 인터뷰, Reid Hoffman, September 1, 2018.

42   Eric M. Jackson, *The PayPal Wars: Battles with eBay, the Media, the Mafia, and the Rest of Planet Earth* (1st ed.) (Los Angeles: World Ahead, 2004), 294–295.

43   저자 인터뷰, Vivien Go, May 6, 2021.

결론: 모험의 끝과 새로운 시작

1   저자 인터뷰, Jack Selby, October 30, 2018.

2   Email from Peter Thiel to all@x.com, October 3, 2002, subject line: "My departure from PayPal."

3   저자 인터뷰, Mark Woolway, January 29, 2019.

4   저자 인터뷰, former X.com board member and executive team member. Commentary on background.

5   저자 인터뷰, Jack Selby, October 30, 2018.

6   Ibid.

7   저자 인터뷰, David Wallace, December 5, 2020.

8   저자 인터뷰, Santosh Janardhan, June 15, 2021.

9   저자 인터뷰, Kim-Elisha Proctor, May 15, 2021.

10   Email from Amy Rowe Klement to author, October 4, 2021.

11   Weekly Pal newsletter, August 16, 2002.

12   저자 인터뷰, John Malloy, July 25, 2018.

13   Email from Max Levchin to a small group of PayPal employees, November 25, 2002, subject line: "Thank you!!!"

14   저자 인터뷰, Katherine Woo, July 1, 2021.

15   Email from Amy Rowe Klement to author, October 4, 2021.

16   저자 인터뷰, Huey Lin, August 16, 2021.

17   저자 인터뷰, David Gausebeck, January 31, 2019.

18   Peter Thiel commentary to Stanford eCorner, January 21, 2004, https://ecorner. stanford.edu/wp-content/uploads/sites/2/2004/01/1034.pdf.

19   "eBay Inc.'s Statement on Carl Icahn's Investment and Related Proposals", January 22, 2014, https://www.ebayinc.com/stories/news/ebay-incs-statement-carl-icahns-investment-and-related-proposals/.

20   Maureen Farrell, "Carl Icahn Charges eBay's Board with 'Complete Disregard for Accountability'", Wall Street Journal, February 24, 2014, https://blogs.wsj. com/moneybeat/2014/02/24/carl-icahn-charges-ebays-board-with-complete-disregard-for-accountability/.

21   "Stick to the Facts, Carl: eBay Inc. Responds to Carl Icahn", February 26, 2014, https://www.ebayinc.com/stories/news/stick-facts-carl-ebay-inc-responds-carl-icahn/.

22   Steven Bertoni, "Carl Icahn Attacks eBay, Marc Andreessen and Scott Cook in Shareholder Letter", Forbes, accessed July 29, 2021, https://www.forbes.com/sites/stevenbertoni/2014/02/24/carl-icahn -attacks-ebay-marc-andreessen-and-scott-cook-in-shareholder-letter/.

23 "eBay Inc. to Separate eBay and PayPal Into Independent Publicly Traded Companies in 2015", September 30, 2014, https://www .businesswire.com/news/home/20140930005527/en/eBay-Inc.-to-Separate -eBay-and-PayPal-Into-Independent-Publicly-Traded-Companies-in-2015.

24 저자 인터뷰, Elon Musk, January 19, 2019.

25 저자 인터뷰, Reid Hoffman, September 1, 2018.

26 저자 인터뷰, Luke Nosek, May 31, 2018.

27 저자 인터뷰, Max Levchin, July 24, 2018.

28 Suzanne Herel, "Meet the Boss: David Sacks, CEO of Yammer", SFGATE, February 22, 2012, https://www.sfgate.com/business/meettheboss/article/Meet-the-Boss-David-Sacks-CEO-of-Yammer-3347271.php.

29 eff O'Brien, "The PayPal Mafia", *Fortune*, November 13, 2007.

30 저자 인터뷰, Kim-Elisha Proctor, May 15, 2021.

31 저자 인터뷰, John Malloy, July 25, 2018.

32 David Gelles, "Reid Hoffman: 'You Can't Just Sit on the Sidelines'", *New York Times*, May 31, 2019, https://www.nytimes.com/2019/05/31/business/reid-hoffman-linkedin-corner-office.html.

33 저자 인터뷰, Julie Anderson, July 19, 2019.

34 Email from early PayPal employee to author. This quote was used with the employee's approval, and it was kept on background at both the employee's and author's discretion.

35 저자 인터뷰, SB Master, October 31, 2018. (One year prior to the "PayPal Mafia" headline in *Fortune*, writer Rachel Rosmarin used the term "PayPal Diaspora" in a piece for *Forbes* on July 12, 2006, titled "The PayPal Exodus.")

36 "This Week in Start-Ups: David Sacks of Yammer", *TWiST* #245, April 6, 2012, topicplay.com/v/2180.

37 저자 인터뷰, Branden Spikes, April 25, 2019.

38 저자 인터뷰, Max Levchin, March 1, 2018.

39 Email from Elon Musk to author, December 11, 2018.

40 저자 인터뷰, Elon Musk, January 19, 2019.

41 Elon Musk, tweet sent July 10, 2017.

42 Peter Thiel commentary at Stanford, January 21, 2004, ecorner.stanford.edu/videos/1021/Lucky-or-Brilliant/.

43 Peter Thiel and Reid Hoffman Discuss PayPal and Startup Success, accessed October 14, 2021, https://www.youtube.com/watch?v=qvpCN3DqORo.

44   mail from Amy Rowe Klement to author, October 4, 2021.

45   Mike Greenfield post on Quora, "What Strong Beliefs on Culture for Entrepreneurialism Did Peter, Max, and David Have at PayPal?" accessed October 14, 2021, https://www.quora.com/What-strong-beliefs-on-culture-for-entrepreneurialism-did-Peter-Max-and-David-have-at-PayPal.

46   저자 인터뷰, Lauri Schulteis, December 11, 2020.

47   저자 인터뷰, Tim Wenzel, December 4, 2020.

48   저자 인터뷰, David Sacks, November 28, 2018.

49   Max Levchin commentary at panel discussion, Startup2Startup: PayPal Mafia 2.0 (Part 1), accessed October 14, 2021, https://www.youtube.com/watch?v=1WPud4dmdG4.

50   저자 인터뷰, Tim Hurd, November 15, 2018.

51   저자 인터뷰, John Malloy, July 25, 2018.

52   저자 인터뷰, Reid Hoffman, October 10, 2021.

53   Elon Musk presentation to Stanford eCorner, October 8, 2003, https://ecorner.stanford.edu/wp-content/uploads/sites/2/2003/10/384.pdf.

54   저자 인터뷰, David Sacks, November 28, 2018.

55   저자 인터뷰, Ryan Donahue, May 5, 2021.

56   저자 인터뷰, Amy Rowe Klement, October 1, 2021.

57   저자 인터뷰, Russel Simmons, August 24, 2018.

58   저자 인터뷰, Jack Selby, October 30, 2018.

59   저자 인터뷰, John Malloy, October 29, 2018.

60   Binary Truths with Peter Thiel | Disrupt SF 2014, accessed July 29, 2021, https://www.youtube.com/watch?v=Kl8JvF5id6Q.

61   저자 인터뷰, Jack Selby, October 30, 2018.

62   LinkedIn Speaker Series with Reid Hoffman, accessed July 29, 2021, https://www.youtube.com/watch?v=m_m1BaO9kcY.

63   Blake Masters, "Peter Thiel's CS183: Startup-Class 5 Notes Essay", Tumblr, Blake Masters (blog), April 20, 2012, https://blakemasters.tumblr.com/post/21437840885/peter-thiels-cs183-startup-class-5-notes-essay.

64   "This Week in Start-Ups: David Sacks of Yammer", *TWiST* #245, accessed July 29, 2021, https://www.youtube.com/watch?v=lomz3f7kdy8.

65   저자 인터뷰, David Gausebeck, January 31, 2019.

66   저자 인터뷰, Jack Selby, October 30, 2018.

67   저자 인터뷰, John Malloy, July 25, 2018.

68 "Trump, Gawker, and Leaving Silicon Valley | Peter Thiel | TECH | Rubin Report", accessed July 29, 2021, https://www.youtube.com/watch?v=h10kXgTdhNU.

69 저자 인터뷰, John Malloy, October 29, 2018.

70 Email from Amy Rowe Klement to author, October 4, 2021.

71 Max Levchin, "High Leverage Individuals", too long to tweet, 2013, accessed July 29, 2021, https://max.levch.in/post/35659523095/high-leverage-individuals.

에필로그

1 "Europe's Fintech 'Mafia': Meet the Employees-Turned-Founders", Sifted, accessed July 25, 2021, https://sifted.eu/articles/digital-bank-mafia/.

2 The Surprising Afterlife of Workbrain, the 2000s-Era Startup That Inspired Some of Canada's Most Promising Tech Companies", The Logic, December 30, 2020, https://thelogic.co/news/the-big -read/canadas-paypal-mafia-the-surprising-afterlife-of-workbrain-the-2000s -era-startup-that-inspired-some-of-canadas-most-promising-tech-companies/.

3 Eric M. K. Osiakwan, "The KINGS of Africa's Digital Economy", Digital Kenya, 2017, 55–92, https://doi.org/10.1057/978-1-137-57878-5_3.

4 "How The Flipkart Mafia Flipped the Fate of the Indian Startup Ecosystem", Inc42 Media, May 6, 2017, https://inc42.com/features/flipkart-mafia/.

5 Christina Farr, "Meet the 'Vegan Mafia,' a Secret Group of Investors Betting on the Future of Food", CNBC, August 12, 2017, https://www.cnbc.com/2017/08/11/vegan-mafia-food-investor-network-includes-bill-maris-kyle-vogt.html.

6 저자 인터뷰, Chris Wilson, September 18, 2018.

7 Isaac Simpson. "After Life." Breakout, February 17, 2017, https://medium.com/breakout-today/after-life-5ea4c1ea6d72.

8 저자 인터뷰, Stephen Edwards, September 18, 2018.

9 Chris Wilson, "Allow Children Sentenced to Life a Second Chance", Baltimore Sun, accessed July 25, 2021, https://www.baltimoresun.com/opinion/op-ed/bs-ed-parole-wilson-20150308-story.html.

부의 설계자들

초판 1쇄 인쇄 2024년 8월 8일
초판 1쇄 발행 2024년 8월 21일

지은이 지미 소니
옮긴이 박세연, 임상훈
펴낸이 최순영

출판1 본부장 한수미
와이즈 팀장 장보라
편집 진송이
디자인 윤정아, 푸른나무디자인

펴낸곳 ㈜위즈덤하우스 **출판등록** 2000년 5월 23일 제13-1071호
주소 서울특별시 마포구 양화로 19 합정오피스빌딩 17층
전화 02) 2179-5600 **홈페이지** www.wisdomhouse.co.kr

ISBN 979-11-7171-265-6 (03320)